Köbler
Rechtsspanisch

Katharina Feyrer

Rechtsspanisch

Deutsch – Spanisch
Spanisch – Deutsch

Rechtswörterbuch für jedermann

von
Gerhard Köbler
o. Universitätsprofessor

3., überarbeitete Auflage

Verlag Franz Vahlen München

ISBN 978 3 8006 4249 6

Wilhelmstraße 9, 80801 München
Satz: DTP-Vorlagen
Druck und Bindung: Nomos Verlagsgesellschaft
In den Lissen 12, 76547 Sinzheim
Gedruckt auf säurefreiem, alterungsbeständigem Papier,
hergestellt aus chlorfrei gebleichtem Zellstoff

VORWORT

Die geschichtliche Entwicklung der Menschheit hat es verhindert, dass die vielleicht ursprünglich an einem Ort entstandene Sprache, mit deren Hilfe die Menschen am leichtesten Wissen ermitteln und vermitteln können, in der Gegenwart eine einzige große Einheit bildet. Vielmehr sprechen die auf etwa 200 Staaten aufgeteilten sechs Milliarden Erdenbürger des beginnenden 21. Jahrhunderts weit mehr als fünftausend unterschiedliche Sprachen (geschätzt 6500, davon mehr als die Hälfte mit weniger als zehntausend Sprechern, rund 50 mit nur noch einem Sprecher, derzeit stirbt alle zwei Wochen eine Sprache mit ihrem letzten Sprecher aus). Deshalb kann weder ein einziger Mensch mit allen anderen Menschen noch wenigstens eine Mehrheit der Menschen mit einer anderen Mehrheit unmittelbar sprachlich Wissen tauschen, sondern zahlreiche Minderheiten verstehen sich problemlos nur unter sich selbst.

In auffälligem Gegensatz zu dieser geschichtlich entstandenen sprachlichen Zerstreutheit und Unterschiedlichkeit verdichtet und vereinheitlicht sich das gesamte irdische Zusammenleben in unseren Tagen immer rascher. Mit Hilfe der modernen Verkehrsmittel kann jeder Mensch jeden beliebigen Ort der Erde in wenigen Tagen oder Stunden erreichen. Durch die elektronische Datenverarbeitung ist es sogar möglich geworden, in Sekundenschnelle jede Nachricht überall verfügbar zu machen.

Damit müssen auch die unterschiedlichen Sprachgemeinschaften und Rechtsordnungen notwendigerweise in immer engere Verbindung zueinander treten. Geschäfte werden immer häufiger mit ausländischen Partnern abgeschlossen. Leistungen werden immer öfter in fremden Ländern erbracht.

Die dadurch wachsende moderne globale Internationalisierung zeigt sich für uns Europäer am deutlichsten in der Europäischen Union. Zwar werden wegen der egoistischen Machtinteressen der die Staaten beherrschenden Kräfte dort noch für lange Zeit die jeweiligen partikularen Rechte vorherrschen. Aber schon seit vielen Jahren werden an vielen Stellen gesamteuropäische Gemeinsamkeiten immer klarer sichtbar, ist die gesamteuropäische Zusammenarbeit längst Wirklichkeit geworden und bricht sich europäisches Recht und als augenfälligste Erscheinungsform seit 2002 europäisches Geld in der Form von Euro und Cent in den europäischen Staaten trotz ihrer unverantwortlichen Überschuldung allerorten Bahn.

Umso wichtiger wird es von Tag zu Tag, fremde Sprachen und die in ihnen ablaufenden Wirklichkeitsausschnitte zu kennen und zu begreifen. Nicht umsonst verwenden die europäischen Gemeinschaften umfangreiche Mittel für Kommunikationsprogramme wie Erasmus, Sokrates oder Leonardo. Nicht ohne Grund gewinnt auch für den Juristen das außerdeutsche Recht immer mehr an Gewicht. Über die Kenntnis der eigenen Rechtsordnung hinaus wird von ihm heute aus den tatsächlichen Gegebenheiten heraus immer öfter auch Wissen über fremde

Rechtsordnungen erwartet. Dieses steht dem Einzelnen aber aufgrund seiner stets begrenzten Studienzeit jeweils nur in beschränktem Umfang zur Verfügung. Darüber hinaus ist es selbst hier in seinem Bestand von ständiger Veränderung bedroht.

In dieser schwierigen Lage ist es zwar für die Aufgabe, Texte aus einer Ausgangssprache in eine Zielsprache so zu übersetzen, als wären sie bereits in der Zielsprache geschrieben, theoretisch an sich in jedem internationalen Rechtsfall erforderlich, umfangreiche Vergleiche der unterschiedlich artikulierten betroffenen Rechtsordnungen anzustellen, was dem am leichtesten fällt, der sie kurz vorher durch kostbare Lebenszeit verschlingende Studien kennen gelernt hat. Dieser zeitliche Aufwand ist aber immer nur einigen und für jeweils eine oder höchstens zwei fremde Rechtskulturen möglich. Umfassende, erhebliche Anstrengungen und beträchtliche Mittel erfordernde Terminologiebanken stehen dem Einzelnen, insbesondere dem Studierenden oder dem praktisch tätigen Juristen, kaum jemals wirklich für die Alltagsarbeit zu Gebote.

Vielmehr muss er sich in der zur sofortigen Lösung zwingenden Wirklichkeit trotz des eindeutigen Bewusstseins möglicher Verschiedenheiten von Gegebenheiten, Voraussetzungen und Folgen zumindest vorläufig mit (seinem Wissen und als Unterstützung mit) dem klaren schlichten mehrsprachigen Wörterbuch bescheiden und gegebenenfalls bei der Übersetzung Begriffe der Ausgangssprache in Klammern hinzugefügt beibehalten, so bedauernswert dies dem auslandsrechtlichen Spezialisten auch erscheinen mag. Um jedem Interessenten ein unmittelbares Hilfsmittel in besonders einfacher und preiswerter Form für die gegenwärtig aktuellen Fragen zur Verfügung zu stellen, habe ich mit dem Ziel integrativer europäischer Legistik auf der sachlichen Grundlage meines in vielen Auflagen vorliegenden, alle Gebiete der gesamten Rechtswissenschaft angemessen einbeziehenden deutschen Juristischen Wörterbuchs den Plan gefasst, mit Hilfe mehrsprachiger Mitarbeiter zweisprachige Übersichten über den gegenwärtigen Grundwortschatz wichtiger Fremdsprachen herzustellen. Sie sollen trotz aller mit dieser demokratisierenden Vereinfachung verbundenen Schwierigkeiten jedermann grundsätzlich in den Stand versetzen, auf Grund seiner allgemeinen Kenntnisse der jeweiligen fremden Sprache im Rechtskernbereich fremde Rechtswörter in der eigenen Sprache zu verstehen und eigene Rechtswörter in der fremden Sprache verständlich zum Ausdruck zu bringen.

Bei der Verwirklichung dieses Plans an die Spitze gestellt habe ich das weltweit besonders bedeutsame Neuenglische (370 Millionen Muttersprachler, vielleicht eine Milliarde Zweitsprachler). Für dieses Rechtsenglisch habe ich eine kurze sachliche Einführung in Geschichte und Gegenwart geboten, für die wichtigsten deutschen Rechtswörter die wichtigsten englischen und amerikanischen Bedeutungen ermittelt und dieses einfache Ergebnis in ein englisch/amerikanisch-deutsches Gegenstück umgekehrt. In gleicher Weise bin ich seitdem mit Französisch, Italienisch, Spanisch, Russisch, Polnisch, Chinesisch und Türkisch sowie weiteren Sprachen verfahren.

Konzeption und Ausführung dieser ganz einfachen Hilfsmittel, wie sie inzwischen im Verlag Vahlen außer für Rechtsdeutsch (Juristisches Wörterbuch,

14. A. 2007) für Rechtsenglisch, Rechtsfranzösisch, Rechtsitalienisch, Rechtsspanisch, Rechtsportugiesisch, Rechtsrumänisch, Rechtsrussisch, Rechtspolnisch, Rechtstschechisch, Rechtstürkisch, Rechtschinesisch gedruckt und für weitere Sprachen auf meiner Website als Dateien oder Planungen vorliegen, sind auf sehr großes Interesse der Öffentlichkeit gestoßen.
Für Rechtsspanisch ist nach Verkauf der zweiten Auflage erneut der gesamte Grundstock überprüft, verdichtet und verbessert worden. Er umfasst mehr als 10900 deutsche Stichwörter. Ihnen stehen mehr als 13500 spanische Entsprechungen gegenüber.
Möglich geworden ist mir dieses Werk durch den liebenswürdigen Einsatz Monika Hohenauers. Zu danken habe ich für die formale Gestaltung wieder Veronika Schönegger und Josef Schönegger, für sonstige Förderung Judith Köbler, Sandra Distler und Eva Tiefenbrunner sowie dem mir seit langem verbundenen Verlag. Möge unsere gemeinsame, für Anregungen stets offene und dankbare Anstrengung (nobody is perfect) dazu beitragen, dass die Rechtswörterbücher den Einstieg in die globale moderne Welt der internationalen Jurisprudenz für jedermann eröffnen.
Wer die sachlichen Inhalte der deutschen Rechtswörter näher kennen lernen will, kann dazu mein Juristisches Wörterbuch verwenden. Wer sich entstehungsanalytisch für die geschichtliche Herkunft der deutschen Rechtswörter interessiert, kann mein Deutsches Etymologisches Rechtswörterbuch zu Rate ziehen. Wer die sachgeschichtlichen Hintergründe erfahren will, kann mein Lexikon der europäischen Rechtsgeschichte befragen.
Hinweisen lässt sich bei dieser Gelegenheit vielleicht auch noch darauf, dass Hinweise mich am schnellsten erreichen über meine e-mail-Adresse Gerhard.Koebler@uibk.ac.at. Viele meiner Arbeiten sind ganz oder teilweise im Internet unter der Adresse http://www.koeblergerhard.de einsehbar. Dort haben auch die aktuellsten jusnews und die schlichten Anfänge eines systematisch orientierenden Fernkernlernkurses einen ersten einfachen Platz. Die beste Übersicht über die Entwicklungen des europäischen Rechts ist seit 5. 2. 2000 in dem Alfred Söllner gewidmeten Sammelband Europas universale rechtsordnungspolitische Aufgabe im Recht des dritten Jahrtausends greifbar.

In veritate libertas!

Berlin/Sevilla, im März 2012 *Gerhard Köbler*

EINFÜHRUNG

Lit.: Kleffens, E. v., Hispanic Law, 1968; Spanienlexikon, hg. v. Bernecker, W. u.a., 1990; El tercer poder, ed. por Scholz, J., 1992; Adomeit, K./Frühbeck, G., Einführung in das spanische Recht, 1993, 2. A. 2001, 3. A. 2007; Becher, H., Wörterbuch der Rechts- und Wirtschaftssprache, Spanisch-Deutsch, 5.A. 1999, Deutsch-Spanisch, 5. A. 1999; Becher, H., Spanisch-Deutsch – Deutsch-Spanisch (CD-ROM), 2003; Daum, U., Fachterminologie der Justiz und Verwaltung mit spanischem Glossar, 1994; Ibán, I., Einführung in das spanische Recht, 1995; Rothe, M., Rechtswörterbuch Spanisch-Deutsch/Deutsch-Spanisch, 1996; Kirchheim, P., Hochzeit auf Spanisch, Anwalt 2001, Heft 3, 24; Fernández-Nespral, J./Walcher, A., Rechtswörterbuch zum Zivilprozessrecht Deutsch-Spanisch/Spanisch-Deutsch, 2002; Garay, C., Rechtswörterbuch Spanisch-Deutsch/Deutsch-Spanisch, 2. A. 2003, 3. A. 2008; Naudi, A./Cascante, C., Grundwortschatz der Rechtssprache Deutsch-Spanisch/Spanisch-Deutsch, 2003; Daum, U./Blanco Ledesma, M./Martin Bueno, I., Einführung in die spanische Rechtssprache, 2. A. 2004; Alcaraz, E./Hughes, B., Diccionario de términos jurídicos Inglés-Español y Spanish-English, 7. A. 2003; Investitionsführer Spanien, 2003; Daum/Sánchez/Becher, Wörterbuch Recht Spanisch-Deutsch Deutsch-Spanisch, 2005; Becher, H., Wörterbuch Recht, Wirtschaft, Politik, Spanisch-Deutsch Deutsch-Spanisch, 2007

A. Geschichte

Lit.: Rauchhaupt, F., Geschichte der spanischen Rechtsquellen, 1923; Islamische Geschichte Spaniens, hg. v. Hoenerbach, W., 1970; Payne, S., A history of Spain and Portugal, 1973; Handbuch der Quellen und Literatur der neueren europäischen Privatrechtsgeschichte, hg. v. Coing, H., Bd. 1ff. 1973ff., 2,1,55ff.; Lalinde Abadía, J., Iniciación historica al Derecho, 3. A. 1983; Garcia Gallo, A., Manual de historia del derecho español, 10. A. 1984; David, R./Grasmann, G., Einführung in die großen Rechtssysteme der Gegenwart, 2. A. 1988; Reconquista und Landesherrschaft, hg. v. Engels, O., 1989; Bernecker, W./Pietschmann, H., Geschichte Spaniens, 4. A. 2004

I. Iberer, Phönizier und Römer

Die im Südwesten Europas gelegene, von Atlantik, Mittelmeer und Pyrenäen begrenzte Halbinsel wurde noch in der Steinzeit von Afrika aus durch die Iberer besiedelt. Seit etwa 1100 v. Chr. drangen Phönizier von Südwesten her ein. Sie zogen auch jüngere griechische Siedlungen an sich. Ein bedeutender Ort phöni-

zisch-karthagischer Herrschaft wurde Carthago Nova (Cartagena). In den Punischen Kriegen verloren die Karthager ihre Gebiete 201 v. Chr. an Rom.
Bis zur Zeitenwende dehnten die Römer ihre Herrschaft über die gesamte (iberisch benannte) Halbinsel aus. Sie teilten sie zunächst in zwei Provinzen auf (Hispania citerior im Nordosten [des Ebro], Hispania ulterior im Süden und Westen). Aus ihnen führten sie hauptsächlich Wein, Öl, Silber und Gold ein.
Mit den Römern kam auch das römische Recht zur Anwendung. Dies betraf neben der römischen Rechtswissenschaft insbesondere die Kaisergesetze (lat. [F.Pl.] constitutiones). Im Gefolge der Römer setzte sich das Christentum durch.

II. Goten, Mauren und Reconquista

409 n.Chr. strömten die germanischen Völker der Sweben, Alanen und Wandalen über die Pyrenäen in die Halbinsel ein und drangen ganz nach Westen (Sweben) und Süden (Wandalen) vor ([W]andalusia/Andalusien). An die Stelle der nach Nordafrika weiterziehenden Vandalen traten bald von Norden her Westgoten. 475 n. Chr. erkannten die Römer kurz vor Auflösung des weströmischen Reichsteils die Unabhängigkeit eines westgotischen Reiches um Toulouse an, das nach 507 unter dem Druck der von Norden nachrückenden Franken auf das Gebiet südlich der Pyrenäen beschränkt wurde und seinen neuen Mittelpunkt in Toledo fand.
585 unterwarf der westgotische König Leowigild die Sweben im Nordwesten. 587 trat König Rekkared I. vom arianischen Christentum zum Katholizismus über. Die westgotische Herrschaft in Spanien endete, als die 711 von der westgotischen Königsfamilie in Nachfolgestreitigkeiten um Hilfe gebetenen, dem Islam zugewandten nordafrikanischen Mauren in kurzer Zeit fast die gesamte Halbinsel an sich rissen und erst 732 durch die Franken unter Karl Martell bei Tours und Poitiers aufgehalten werden konnten.
Die Mauren (Araber) ordneten 714 das maurisch-arabische Andalus(ien) als Emirat des Kalifen von Damaskus ein. 756 verselbständigte sich der Emir als Emir von Córdoba und erhöhte sich selbst 929 zum Kalifen. Seit 1030 zerfiel das Kalifat aber in verschiedene Teilherrschaften.
Bereits seit der ersten Hälfte des 8. Jahrhunderts hatten sich umgekehrt einzelne nördliche Gebiete aus der arabischen Herrschaft zu lösen vermocht, wobei sich etwas später aus der spanischen Mark Kaiser Karls des Großen die nach einem Fluss benannte Grafschaft Aragon am Fuße der mittleren Pyrenäen entwickelte. Mit Asturien und León legten christliche Herrscher dann den Grund für die allmähliche Rückgewinnung (reconquista). 1035 verselbständigte sich Kastilien als eigenes Königreich. Es eroberte 1085 Toledo, 1236 Córdoba, 1243 Murcia, 1248 Sevilla und 1262 Cadiz. Andererseits musste es am Ende des 11. Jahrhunderts die Ablösung der Grafschaft um Porto und 1139 die daraus folgende Bildung eines besonderen Königreichs Portugal hinnehmen. 1479 vereinigte sich Kastilien durch die Heirat Isabellas I. von Kastilien mit Ferdinand II. von Aragonien in Personalunion mit dem nordöstlich gelegenen Aragonien. 1492 fiel mit Granada die letzte arabische Herrschaft an dieses vereinigte Spanien.

Im Recht hatten die Westgoten ihr eigenes Volksrecht dem überkommenen römischen Recht zur Seite gestellt und im sog. Codex Euricianus (Gesetzbuch des Königs Eurich) bzw. in der Lex Visigothorum (gotisches Volksrecht) ebenso aufgezeichnet wie das römische Recht in der Lex Romana Visigothorum (römisches Recht der Westgoten bzw. gotisches Recht für die Römer). Die Mauren hatten zwar die christlich gebliebene Bevölkerung (Mozaraber) mit Abgaben belastet, das vorhandene Recht aber nicht grundlegend verändert. Allerdings löste sich das gotische Volksrecht seit dem 11. Jahrhundert in lokale und regionale Rechte auf (sog. fueros, zu lat. forum [N.] Markt, Gericht). Dieses Foralrecht wurde vielfach aufgezeichnet (fuero de León 1017, fuero de Jaca 1063, fuero juzgo 1085, fuero de Francos 1095, fuero de Aragón 1247, fuero viejo de Castilla 1248, fuero real 1263). Eine weitere, besonders bedeutsame Rechtsaufzeichnung des Spätmittelalters sind die 1256-1265 unter König Alfons X. von Kastilien-Leon aus unterschiedlichen Quellen erarbeiteten und 1348 mit subsidiärer Geltung in Kraft gesetzten, seit dem 16. Jh. nach ihrer Gliederung in sieben Teile benannten Siete Partidas (Rechtsquellen und Kirchenrecht, politisches Recht, Verfahrensrecht und Königsrecht, Privatrecht und Lehnsrecht [3 Teile], Strafrecht und Strafverfahrensrecht).

III. Das neuzeitliche Spanien

Einige Jahrzehnte nach ihrer Eheschließung vereinbarten König Ferdinand II. (von Aragonien) und Königin Isabella I. (von Kastilien) auf der Suche nach günstigen Erwerbsmöglichkeiten am 17. 4. 1492 mit dem genuesischen, 1486 nach Spanien gelangten Seefahrer Christoph Kolumbus eine westwärts gerichtete Entdeckungsfahrt dreier Schiffe nach Ostasien (Indien), in deren Verlauf Kolumbus die von ihm für Westindien gehaltene Neue Welt (der westindischen Inseln bzw. Amerika) entdeckte. Im Anschluss hieran eroberte Spanien dort umfangreiche Gebiete, deren Abgrenzung gegenüber Portugal 1494 der Papst als Schiedsrichter festlegte. Da Ferdinands II. Enkel Karl über seine Eltern 1516 Erbe Spaniens und 1519 auch Erbe seines väterlichen Großvaters Maximilian von Habsburg und damit Burgunds und Österreichs wurde und ihn die Kurfürsten des Heiligen Römischen Reiches (deutscher Nation) anschließend zum König (Karl V.) wählten, stieg Habsburg in kürzester Zeit zur bedeutendsten europäischen Macht auf. Zwar teilten die Habsburger bereits 1521/1526 ihr damit riesig gewordenes Herrschaftsgebiet, in dem die Sonne nicht unterging, zwischen einer österreichischen Linie und einer spanischen, auch Burgund erlangenden Linie auf, doch konnte die spanische, seit 1561 in Madrid residierende Linie 1571 die Vorherrschaft der islamischen Seefahrer im westlichen Mittelmeer brechen und 1580/1581 Portugal annektieren.

Die dadurch erwachsende Spannung im Verhältnis zu England führte 1588 zur kriegerischen Auseinandersetzung, die mit einer folgenreichen Niederlage der spanischen Flotte (Armada) endete, durch die Spanien seine führende Stellung in Europa und der übrigen Welt einbüßte. 1640 löste sich Portugal wieder. 1648

musste Spanien die über Maria von Burgund und Maximilian von Habsburg erworbenen Niederlande in die Selbständigkeit entlassen. Gleichzeitig sank im Inneren die Bevölkerung und verfiel die Wirtschaft. Reformen unterblieben. 1700 starben die spanischen Habsburger aus. Im anschließenden Erbfolgekrieg geriet Spanien an die französischen Bourbonen (1700-1808), während die Habsburger nur einzelne Güter in Italien gewinnen konnten.
Im Mai des Jahres 1808 ersetzte Napoleon die bourbonische Königsfamilie durch seinen Bruder Joseph, gegen den ein spanischer Befreiungskampf entbrannte. Seit April 1810 strebten in dieser Lage die spanischen Kolonien in Amerika nach Unabhängigkeit von Spanien (1811 Venezuela, 1816 Argentinien, 1822 Mexiko, 1824 Peru usw.). 1812 verabschiedete die Versammlung der Stände (Cortes) eine liberale Verfassung einer konstitutionellen Monarchie, in der die Gesetzgebung den Cortes zustehen sollte.
1814 kehrte nach dem Ende der napoleonischen Herrschaft über große Teile Europas der bourbonische König nach Spanien zurück. Er lehnte die liberale Verfassung ab. Nach langjährigen Spannungen und Unruhen riefen 1873 die Cortes die (erste) Republik aus, mussten aber im Dezember 1874 die Wiedereinsetzung des Königs hinnehmen.
1898 verlor Spanien weitere Kolonien (Kuba, Puerto Rico, Philippinen). Im September 1923 stimmte der König zwecks Abwehr der Auflösung Spaniens in einzelne Teile (z. B. Galicien, Baskenland, Katalonien) einer Militärdiktatur M. Primo de Riveras zu. Nach Wahlsiegen der republikanisch ausgerichteten Kräfte im April 1931 verließ er das Land. Gegen die daraufhin ausgerufene (zweite) Republik begann im Sommer 1936 eine Militärrevolte, deren Führung im September 1936 General Franco übernahm. Er verband konservative Gedanken mit faschistischen Grundsätzen und errichtete nach seinem Sieg im Bürgerkrieg ein antidemokratisches, antiliberales Regime, das er als sog. caudillo leitete.
Bereits 1947 sah Franco jedoch für seine Nachfolge die Wiedereinführung der Monarchie vor. 1969 sicherte er gesetzlich die Thronfolge durch Juan Carlos. Dieser wurde im November 1975 nach dem Tod Francos zum König ausgerufen. Unter ihm nahm Spanien eine demokratische Entwicklung. Nach dem Baskenland und Katalonien (März 1979) errangen dabei auch Galicien, Andalusien und 13 weitere Gebiete in Aufgabe der seit dem 18. Jahrhundert verstärkten Zentralisierung weitreichende Autonomie (17 autonome Gemeinschaften).
Das grundsätzlich partikular ausgerichtete spanische Recht (nach den mittelalterlichen fueros oder foros so genanntes Foralrecht) war erst im 19. Jh. stärker vereinheitlicht worden. Bei diesem Vorgang folgte man im Wesentlichen dem von Napoleon geschaffenen französischen Vorbild der Kodifikationen, weshalb das spanische Recht im Gegensatz zum angloamerikanischen Recht zum kontinentaleuropäischen Typ des durch Gesetze (Verordnungen und Dekrete) bestimmten Rechtes zählt. Dementsprechend entstand 1829 ein Handelsgesetzbuch (Código de comercio), 1848 ein Strafgesetzbuch (Código penal, grundlegend verändert 1995) und 1888/1889 ein Bürgerliches Gesetzbuch (Código civil). Das Bürgerliche Gesetzbuch beansprucht nur für einen Teil seiner Bestimmungen primäre Geltung. Insbesondere im Eherecht und im Erbrecht gilt es gegenüber

Partikularrechten (Foralrechten z. B. in Katalonien, Galizien, Aragonien, Navarra, Baskenland, Balearen) nur subsidiär.
Nach dem Tod des Generalissimo Franco (1975) wurde Spanien ein mitteleuropäisch geprägter Rechtsstaat. Seit dem Eintritt Spaniens in die Europäische Gemeinschaft (1. 1. 1986, Europäische Union 1993) wird das bereits vielfach an moderne Entwicklungen angepasste spanische Recht auch durch die gesamteuropäische Rechtsentwicklung stark beeinflusst. In der Europäischen Union zählt Spanien (bzw. das Königreich Spanien) mit seinen 504645 Quadratkilometern Fläche und seinen etwa 47 Millionen Einwohnern (94 Einwohner pro Quadratkilometer) zu den größeren Mitgliedstaaten. Amtssprachen in Spanien sind außer Spanisch auch Katalanisch, Aranesisch, Baskisch und Galizisch (Galicisch).

B. Öffentliches Recht

I. Verfassung

Lit.: Alvarez Conde, E., El Régimen politico español, 4. A. 1990; López Guerra, L., Derecho constitucional, 1991; Spanisches Verfassungsrecht, hg. v. López Pina, A., 1993; Pérez Royo, J., Curso de derecho constitucional, 11. A. 2007; Martino, A., Spanien zwischen Regionalismus und Föderalismus, 2004

Die älteren Verfassungen z.B. von 1812, 1869 und 1878 folgende, als supralegal geltende Verfassung (constitución) Spaniens (Constitución Española) stammt vom 27. 12. 1978 und wurde seitdem kaum verändert. Danach ist Spanien ein sozialer und demokratischer Rechtsstaat. Die an Grundrechte (vor allem Freiheit und Gleichheit) gebundene Staatsgewalt geht vom Volk aus, das seinen Willen durch Parteien bildet, die (durch Eintragung in ein vom Innenminister geführtes Register Rechtspersönlichkeit erlangen und) sich allgemeinen, unmittelbaren, freien, gleichen und geheimen Wahlen stellen. Staatsform ist die konstitutionelle Erbmonarchie mit parlamentarischem Regierungssystem (parlamentarische Monarchie, also weder die Demokratie noch die Republik).
Staatsoberhaupt ist demnach der König bzw. bei weiblicher Erbfolge die Königin. Der König vertritt den Staat nach außen. Er hat den Oberbefehl über die Streitkräfte (mit politischer Verantwortlichkeit der Regierung). Er macht die Gesetze bekannt. Er beruft das Parlament ein und löst es auf. Er ernennt und entlässt den Ministerpräsidenten und die Minister. Seine Urkunden bedürfen der Gegenzeichnung.
Die ausführende Gewalt steht im Übrigen der Regierung zu. Der vom König auf Grund der Mehrheitsverhältnisse im Parlament vorgeschlagene Bewerber für das Amt des Ministerpräsidenten bedarf der absoluten Mehrheit bzw. hilfsweise der einfachen Mehrheit der Stimmen des Kongresses der Deputierten (Congreso de

los Diputados). Dieser Kongress kann der Regierung mit absoluter Mehrheit das Misstrauen aussprechen. Auf Vorschlag des Ministerpräsidenten ernennt der König die weiteren Mitglieder der Regierung. Die Regierung kann Verordnungen erlassen. Der Regierung steht vor allem für die Begutachtung von Gesetzesvorhaben ein Staatsrat zur Seite.

Für zahlreiche Aufgaben ist nicht die Zentralregierung zuständig, sondern die jeweilige der insgesamt 17 autonomen Gemeinschaften (comunidades autónomas mit unterschiedlich starker Autonomie, z. B. Catalunya, Euskadi, Galicia, Andalucía). Zentral sind vor allem Verteidigung, Justiz und auswärtige Angelegenheiten. Auch die Koordinierung der Beziehungen zwischen den verschiedenen autonomen Gemeinschaften steht der Zentralregierung zu.

Die gesetzgebende Gewalt hat das Parlament (Cortes). Es besteht aus dem Kongress der Deputierten und dem Senat (Senado). Dem Kongress der Deputierten gehören zwischen 300 und 400 auf vier Jahre gewählte Abgeordnete an (Geschlechtsquote von 40 Prozent für Kandidatenlisten). Die Mitglieder des Senates werden in den (50) Provinzen auf vier Jahre gewählt. Jeder Provinz stehen dabei grundsätzlich vier Senatoren zu. Dazu kommen je ein Senator für die autonomen Gemeinschaften und für jede Million Einwohner des Gebietes.

Die von Gesetzesinitiativberechtigten (Regierung, Kongress der Deputierten, Senat) eingebrachten Gesetzesvorschläge werden zuerst im Kongress der Deputierten beraten. Billigt der Kongress einen Entwurf, wird er dem Senat zugeleitet. Binnen zweier Monate kann der Senat mit absoluter Mehrheit ein Veto einlegen oder Änderungen vorschlagen. Diese kann der Kongress der Deputierten zurückweisen.

Die rechtsprechende Gewalt (poder judicial) ist unabhängig. An ihrer Spitze steht ein Verfassungsgericht mit 12 auf je neun Jahre gewählten Richtern. Es ist vor allem für Normenkontrolle und Verfassungsbeschwerde zuständig.

II. Verwaltung

Lit.: Martin Mateo, R., Manual de Derecho Administrativo, 28. A. 2009; García de Enterría, E./Fernández, E., Curso de Derecho Administrativo, 6. A. 1993; Pielow, Autonomía Local in Spanien und Kommunale Selbstverwaltung in Deutschland, 1993; Dähne, C., Spanisches und deutsches Wasserrecht, 2000; Kieserling, H., Das Fernsehrecht Spaniens, 2002; Reckhorn-Hengemühle, M., Aktuelles spanisches Erbschafts- und Schenkungsteuerrecht, 2003; Kaiser, T., Steuerliche Gewinnermittlung in Spanien und Deutschland, 2008; Gamero Casado, E., Manual básico de derecho administrativo, 7. A. 2011

Die Verwaltung ist verfassungsgemäß dem Allgemeinwohl verpflichtet. Sie ist an Gesetz und Recht gebunden. Sie unterliegt den Grundsätzen der Wirksamkeit, Zuständigkeit, Dezentralisation und Koordination.

Das Verwaltungsrecht ist nicht in einem Gesetzbuch zusammengefasst, sondern in vielen Einzelgesetzten geregelt.

In der Rechtswirklichkeit begegnet die Verwaltung, wie auch andernorts, vielfacher Unzufriedenheit.

III. Verfahren

Lit.: Pina, R. de, Instituciones de derecho procesal civil, 29. A: 2007; Miras, A., Die Entwicklung des spanischen Zivilprozessrechts, 1994; Artz, M., Kollisionsrecht und ausländisches Recht in spanischen und deutschen Zivilverfahren, 2004; Pense, T., Das spanische Schwurgericht, 2006

Die Gerichtsbarkeit, zu der auch das besondere Verfassungsgericht gehört, ist gegliedert. Nach Art. 20 der Ley Orgánica del poder judicial (Gerichtsverfassungsgesetz) wird die Gerichtsbarkeit ausgeübt durch juzgados de paz, juzgados de primera instancia e instrucción, de lo penal, de lo contencioso-administrativo (Verwaltungsgericht), de lo social, de menores y de vigilancia penitenciaria, audiencias provinciales (Landgericht), tribunales superiores de justicia (Oberlandesgericht), audiencia nacional (Oberlandesgericht für zentrale Fragen) und das tribunal supremo (oberster Gerichtshof). Friedensgerichten (juzgados de paz) ist ein dreistufiges Gerichtssystem übergeordnet. In ihm sind Gerichte erster Instanz (juzgados de primera instancia e instrucción) für Zivilsachen und Strafsachen zuständig. In zweiter Instanz bestehen Obergerichte (tribunales superiores de justicia). Dritte Instanz und Kassationsgerichtshof ist der Oberste Gerichtshof (Tribunal Supremo) mit fünf Senaten für Zivilgerichtsbarkeit, Strafgerichtsbarkeit und Sozialgerichtsbarkeit, einem Senat für streitige Verwaltungsangelegenheiten und einem Militärrechtssenat.

Das Verfahren in Zivilstreitigkeiten war in der Ley de Enjuiciamiento Civil (Zivilprozessgesetz) von 1881 bzw. 1992 geordnet, die dem Streitwert große Bedeutung zumaß. Allgemein gelten die Grundsätze der Öffentlichkeit und der Mündlichkeit. Urteile sind zu begründen. Seit 8. 1. 2001 gilt eine neue 2000 beschlossene Zivilprozessordnung. Sie will durch die Einführung eines Mahnverfahrens und durch die Betonung der Mündlichkeit zu einer wesentlichen Beschleunigung der Verfahren führen. Sie belässt es bei der hergebrachten Trennung zwischen inhaltlich steuerndem Abogado (Anwalt) und formal vor Gericht vertretendem Procurador (Prozessagenten).

In der Rechtswirklichkeit wird die Justiz als langsam und schwerfällig eingestuft. Vielfach wird deshalb von Rechtsstreitigkeiten abgeraten. Als vorteilhafte Alternative werden Schiedsgerichte angesehen.

Das Insolvenzrecht wurde 2003 neu geordnet.

Für Arbeitsstreitigkeiten gilt die Ley de Procedimiento Laboral (Arbeitsgerichtsverfahrensgesetz) vom 27. 4. 1990 mit vereinfachten Verfahrensgrundsätzen (1995 geändert).

IV. Strafrecht

Das Strafrecht ist im Código penal (Strafgesetzbuch) geordnet. Das von 1848 stammende Gesetzbuch wurde 1995 (23. 11. 1995) erneuert. Unterschieden wird zwischen dem allgemeinen Strafrecht der Straftat als solcher und dem besonderen Strafrecht der einzelnen verschiedenen Straftatbestände. Eine ausdrückliche Trennung von Verbrechen und Vergehen fehlt, doch wird zwischen penas graves, penas menores graves und penas leves gesondert. Der Umfang der Haftstrafe kann von 6 Monaten bis zu 20 Jahren reichen. Strafzweck ist die Wiedereingliederung des Straftäters in die Gesellschaft (Resozialisierung).

C. Privatrecht

Lit.: Código civil, hg. v. Peuster, W., 2002; Cassio, A. de, Instituciones de Derecho civil, 1987; Castresana, A., Grundbegriffe des spanischen Privatrechts, 1999; Das spanische Bürgerliche Gesetzbuch – Código civil español, 2002; Stadler, P., Das interregionale Recht in Spanien, 2008

I. Bürgerliches Recht

Lit.: Kohtes, S., Das Recht der vorformulierten Vertragsbedingungen in Spanien, 2004; Echl, C., Treu und Glauben im spanischen Vertragsrecht, 2007

1. Allgemeines

Der vom französischen Code civil (1804) beeinflusste spanische Código civil (Bürgerliches Gesetzbuch) von 1888/1889 mit seinen etwa 2000 Artikeln kennt keinen allgemeinen Teil. Er gliedert sich in vier Bücher. Diese betreffen die Person (einschließlich Ehe, Ehescheidung, Kindschaft und Vormundschaft), das Vermögen (Eigentum, Besitz, Nießbrauch, Dienstbarkeit, aber ohne Übertragung dieser Rechtsstellungen), die Erwerbstitel (Aneignung, Schenkung, Erbfolge) sowie die Verpflichtungen (eher allgemeiner Teil, vertragliche Schuldverhältnisse, Geschäftsführung ohne Auftrag, unerlaubte Handlungen).
Das Gesetzbuch ist ein Erzeugnis des Liberalismus. Seine wesentlichen Grundsätze sind deshalb die Förderung der Freiheit und der Schutz des Eigentums. Seine Gestaltung der Familie war konservativ-patriarchalisch geprägt.
Vor allem seit der zweiten Hälfte des 20. Jahrhunderts erfuhr der Código civil erhebliche Veränderungen. 1980 wurde das Arbeitsrecht einer besonderen gesetzlichen Regelung unterworfen (Estatuto de los Trabajadores, 10. 3. 1980, 92 Artikel). 1981 fand eine umfassende, säkularisierende Reform des Familienrechts statt (Ley de Modificación del Código civil en Materia de Filiación, Patria Potestad y Régimen económico del Matrimonio). 1984 wurde der Verbraucherschutz verbessert. Weitere bedeutende Gesetzesänderungen betreffen die Durch-

führung der Gleichberechtigung von Mann und Frau, den rechtlichen Schutz Minderjähriger und das internationale Privatrecht. Sonderrecht gilt für die Wohnungsmiete (Ley de Arrendamientos).
Rechtsfähig ist der Mensch mit der Geburt, wenn er menschliche Gestalt hat und 24 Stunden außerhalb des Mutterleibs gelebt hat. Geschäftsfähigkeit erlangt er uneingeschränkt mit der Vollendung des 18. Lebensjahres. Die Rechtsfähigkeit endet mit dem Tod.
Neben dem Menschen als natürlicher Person gibt es die juristische Person. Sie wird im Código civil nur allgemein angesprochen. Im Besonderen sind Gesellschaftsrecht und öffentliches Recht anzuwenden.
Gut (bien) ist alles, was Gegenstand der Aneignung sein kann. Güter sind entweder beweglich oder unbeweglich. Das Gut steht entweder im privaten Eigentum oder im öffentlichen Eigentum.
Rechte entstehen vor allem durch Verträge. Voraussetzungen für die Wirksamkeit eines Vertrags sind die Übereinstimmung der Beteiligten, ein bestimmter Vertragsgegenstand und ein Grund (lat. [F.] causa wie z. B. Aussicht auf eine Gegenleistung, unentgeltliche Zuwendung) der Verpflichtung. Das Fehlen einer vorgesehenen Form macht den Vertrag nicht unwirksam.

2. Schuldrecht

Lit.: Fischer, K., Verbraucherschutz im spanischen Vertragsrecht, 2000; Versondert, G., Schuldnerverzug im spanischen Zivilrecht, 2001; Hellmich, S., Kreditsicherungsrechte in der spanischen Mehrrechtsordnung, 2001; Rodríguez y Rowinski, M., Die Haftung für Hilfspersonen im spanischen Recht, 2001; Pagenkemper, F., Die Mängelhaftung des Bauunternehmers, 2002; Berg, D., Die Rückabwicklung gescheiterter Verträge, 2002; Badelt, T., Aufrechnung und internationale Zuständigkeit, 2005; Mannsdorfer, T./Navas Navarro, S., Spanisches Haftungs- und Versicherungsrecht, 2008

Die wichtigsten rechtsgeschäftlichen Schuldverhältnisse sind (Ehevertrag,) Kauf (einschließlich des Verbrauchsgüterkaufs), Miete, Dienstvertrag, Werkvertrag, Auftrag, Leihe bzw. Darlehen, Verwahrung, Spiel/Wette, Bürgschaft(, Pfandrecht und Hypothek). Gesetzliche Schuldverhältnisse sind die Geschäftsführung ohne Auftrag, die nur die Leistung auf eine Nichtschuld erfassende ungerechtfertigte Bereicherung sowie die unerlaubte Handlung, bei der ein mit Schuld oder Nachlässigkeit einen anderen Schädigender grundsätzlich den entstandenen Schaden ausgleichen muss.

3. Sachenrecht

Lit.: Díez-Picazo, L., Fundamentos de Derecho Civil Patrimonial, Bd. 1ff. 1992ff.; Gonzalez Pérez, J., Comentarios a la Ley de Suelo, 6. A. 1992; Gantzer, P., Spanisches Immobiliarrecht, 9. A. 2003; Löber, B., Grundeigentum in Spanien, 6. A. 2000; Huzel, E./Löber, B., Wohnungseigentum in Spanien, NJW 2002, 3003

An der Sache gibt es Innehabung (tenencia) oder Besitz (posesión). Demgegenüber ist Eigentum das Recht, eine Sache zu nutzen oder über sie zu verfügen, wobei der Eigentümer die Sache grundsätzlich vom Innehaber und vom Besitzer herausverlangen kann.
Die Übereignung erfordert einen Erwerbsgrund (título) und eine Erwerbsart (modo). Der Übergabe muss also beispielsweise ein Kaufvertrag oder eine andere (lat. [F.]) causa zugrunde liegen. Ein gutgläubiger Erwerb von einem Nichtberechtigten ist möglich.
Das Eigentum an Grundstücken ist in ein Register (registro de la propiedad) einzutragen. Die Eintragung (des Eigentums und anderer dinglicher Rechte) hat jedoch grundsätzlich nur deklaratorische Wirkung. Mit ihr kann das Eigentum einem Dritten entgegengehalten werden.
Sonstige dingliche Rechte sind vor allem Hypothek, Nießbrauch und Dienstbarkeit. Hinzu kommen besondere Wasserrechte. Ein Wohnungseigentum begründet die 1988/90 Ley sobre propiedad horizontal.

4. Familienrecht

Lit.: Rinne, T., Das spanische Ehegüterrecht, 1994; Nake, A., Der spanische Güterstand der Errungenschaftsgemeinschaft, 1996; Messer, K., Spanisches Abstammungsrecht, 2000; Reiners, N., Die Errungenschaftsgemeinschaft des gemeinspanischen Código Civil, Diss. jur. Bonn 2001; Spaethe, J., Spaniens Abstammungsrecht, 2004

Eine Ehe kann seit 1981 entweder staatlich (zivil) oder kirchlich (en forma religiosa, d. h. in der Rechtswirklichkeit ganz überwiegend katholisch) geschlossen werden und steht seit 2005 auch gleichgeschlechtlichen Beteiligten offen, während die nichteheliche Lebensgemeinschaft keine zusätzlichen Rechte eröffnet. Für die volle rechtliche Wirksamkeit der Ehe ist eine Eintragung in das Zivilregister (registro civil) erforderlich. Mann und Frau sind gleichberechtigt.
Hinsichtlich ihrer vermögensrechtlichen Verhältnisse können die Ehegatten Vereinbarungen treffen. Unterlassen sie dies, so bilden sie eine Errungenschaftsgemeinschaft (sociedad de gananciales, ein ähnliches System wie die deutsche Zugewinngemeinschaft, die aber grundsätzlich Gütertrennung bedeutet). Die Errungenschaften werden gemeinsames Vermögen (mancomunidas) von Mann und Frau. Über dieses Gesamthandsvermögen kann jeder Ehegatte verfügen. Verfügungen über unbewegliche Sachen und Veräußerungen von Geschäftslokalen können nur gemeinsam erfolgen.
Auf einverständlichen Antrag eines oder beider Ehegatten kann das zuständige Gericht die Trennung der Ehe aussprechen. Bei einem einseitigen Antrag eines Ehegatten ist eine derartige Trennung nur bei Vorliegen besonders aufgeführter Gründe möglich. Der Trennung kann die 2005 sehr erleichterte Ehescheidung folgen.
Über Kinder haben Vater und Mutter eine väterliche (elterliche) Gewalt. Sie ist zum Wohl der Kinder auszuüben. Die Unterscheidung zwischen legitimen und

illegitimen Kindern ist seit 1979 (Verfassung) bzw. 1981 (Privatrecht) aufgehoben. Alle nichtehelichen Kinder sind mit den ehelichen Kindern gleichgestellt. Vormundschaft und Pflegschaft sind möglich.

5. Erbrecht

Lit.: Löber, Erben und Vererben in Spanien, 4. A. 2004; Sachez-Henke, R., Das Ehegattenerbrecht im spanischen Recht, 1999; Schömmer, H./Gebel, D., Internationales Erbrecht, 2003

Beim Tod eines Menschen gelangt sein Vermögen an seine Erben. Gesetzliche Erben sind die Kinder und sonstigen Abkömmlinge, danach die Eltern und sonstigen Vorfahren, danach der überlebende Ehegatte, danach die Verwandten der Seitenlinie sowie zuletzt der Staat. Sind Abkömmlinge vorhanden, kann der Erblasser nur über ein Drittel seines Vermögens durch Testament verfügen, sind Vorfahren vorhanden, dann nur über die Hälfte, so dass die Angehörigen Zwangserben und nicht nur schuldrechtliche Pflichtteilsberechtigte sind. Ein gemeinschaftliches Testament oder ein Erbvertrag ist nur nach einzelnen Regionalrechten (Foralrechten z. B. Aragonien, Katalonien, Navarra) zulässig.

II. Handelsrecht

Lit. : Sánchez Calero, F., Instituciones de Derecho Mercantil, 16. A. 1992; Reckhorn-Hengemühle, M., Die spanische Aktiengesellschaft, 1992; Fischer, K./Fischer, A., Spanisches Handels- und Wirtschaftsrecht, 2. A. 1995; Wirth, A., Das neue Recht des unlauteren Wettbewerbs in Spanien, 1996; Reckhorn-Hengemühle, M., Die neue spanische GmbH, 1997; Müller, S., Das neue spanische Urheberrecht, 1997; Stücken, U., Das spanische internationale Gesellschaftsrecht, 1999; Dicken, A., Spanisches Bilanzrecht, 2000; Löber, B./Wendland, M./Fröhlingsdorf, J., Die neue spanische GmbH, 2. A. 2001; Bettinger, T., Der Werkbegriff, 2001; Das spanische Aktien- und GmbH-Gesetz, 2002; Rentsch, K., Spanisches Konzern- und Übernahmerecht, 2003; Haas, M., Der Durchgriff im deutschen und spanischen Gesellschaftsrecht, 2003; Otto/Haneke/Sánchez, Standardvertragsmuster zum Handels- und Gesellschaftsrecht Deutsch-Spanisch, 2007; Ochs, C., Die Haftung des GmbH-Geschäftsführers im deutschen und spanischen Recht, 2008; Rades, N., Die Sociedad Limitada Nueva Empresa, 2008; Handels- und Wirtschaftsrecht in Spanien, hg. v. Löber, B. u. a., 2. A. 2008; Mimentza, J., Der Auskunftsanspruch im deutschen und spanischen Markenrecht, 2008

Das spanische Handelsgesetzbuch ([1829 bzw.] 1885, reformiert 1989) gilt für alle Handelsgeschäfte (objektives System). Diese sind formfrei. Einzelkaufleute und Handelsgesellschaften sind in ein Handelsregister einzutragen.
Handelsgesellschaften sind die offene Handelsgesellschaft, die Kommanditgesellschaft, die Aktiengesellschaft und die 1995 neu gestaltete Gesellschaft mit

beschränkter Haftung. Seit dem Gesetz Nr. 7/2003 gibt es eine einfachere sociedad limitada nueva empresa. 2004 wurde die Europäische Aktiengesellschaft eingeführt.
Als besondere Handelsgeschäfte werden angesehen stille Beteiligung, Kommission, Lagergeschäft, Handelsdarlehen, Handelskauf, Leasing, Fracht, Versicherung und Franchising.

III. Arbeitsrecht

Lit.: Montoya Melgar, A., Derecho del trabajo, 32. A. 2011; Freyer, H., Spanien. Arbeitsrecht, 1995; Cremades, J., Arbeitsrecht in Spanien, 1996; Endres, N., Die Lohnzahlung bei Fernwirkungen von Streiks, Diss. jur. Berlin (FU) 1999; Schnelle, S., Der Europäische Betriebsrat in Spanien, 1999; Karsten, C., Spanisches Arbeitsrecht im Umbruch, 1999; Reineke, T., Das Recht der Arbeitnehmerüberlassung, 2004; Darsow-Faller, I., Kündigungsschutz in Deutschland und Spanien, 2008

Für das Arbeitsrecht gilt das Estatuto de los Trabajadores von 1980. Rechtsquellen sind vor allem Gesetz, Tarifvertrag, Einzelvertrag und betriebliche Übung. Bei ausgeführter Arbeit wird grundsätzlich das Bestehen eines Arbeitsvertrages vermutet.

D. Juristen

In Spanien werden die Schüler in zehn Pflichtschuljahren bis zum 16. Lebensjahr in einer einheitlichen Schulform unterrichtet. Danach ist eine zweijährige gymnasiale Sekundarstufe II in Geisteswissenschaft, Sozialwissenschaft, Naturwissenschaft oder schönen Künsten möglich. Ihr Absolvent kann sich einer Aufnahmeprüfung an einer Universität stellen, die von mehr als 90% der Bewerber bestanden wird.
Das Studium der Rechtswissenschaft, das 1995 etwa 125000 Studenten an knapp 40 Rechtsfakultäten betrieben, gliederte sich in Spanien lange Zeit in fünf Jahreskurse, wurde jedoch in den 90er Jahren auf vier Jahre verkürzt und in Quatrimester eingeteilt. Der Stoff ist in Kurse von zwei bis vier Stunden zerlegt. Die Kurse bestehen in Vorlesungen (clases), in denen vielfach diktiert und am Ende das auswendig Gelernte abgeprüft wird. Wer alle Prüfungen bestanden hat, ist Jurist (licenciado en derecho).
Danach kann sich der Absovent ohne zusätzliche Prüfung in eine regionale Anwaltskammer (colegio de abogados) aufnehmen lassen. Er ist damit Rechtsanwalt (abogado, 1995 72000, von gerichtlichen Prokuratoren zu trennen). Aussicht auf auskömmlichen Verdienst bietet aber erst der Eintritt in eine bereits erfolgreich geführte Kanzlei.

Möglich ist auch die Teilnahme an einer Aufnahmeprüfung in den Staatsdienst. Derartige Prüfungen werden ausschließlich nach staatlichem Bedarf ausgeschrieben. Wer sie besteht, erlangt eine gesicherte berufliche Stellung.
Berichte über das Recht, die Studien oder eine sonstige Weiterbildung deutscher Juristen in Spanien finden sich beispielsweise in JuS 1987, 78, JuS 1990, 860, JuS 1994, 715, JuS 1996, 950.
Die wichtigste spanische Rechtszeitschrift ist die Tageszeitung La Ley.

Hinzuweisen ist auf
Deutsch-spanische Juristenvereinigung, Sant Pere més Alt, 16 pral., 1a,
E 08003 Barcelona/Spanien, Tel. 334933190185
http://dsjv-ahaj.org/Botschaft der Bundesrepublik Deutschland, C/Fortuny 8,
E 28010 Madrid, Tel. 334915579000 Fax 334913102104
Generalkonsulat der Bundesrepublik Deutschland, Paseo de Gracia 111,
E 08080 Barcelona/Spanien, Tel. 334932921000 Fax 334932921002
Deutsche Handelskammer für Spanien, Avenida Pio XII 26-28,
E 28016 Madrid, Tel. 334913530910 Fax 334913591213
ahk_spanien@ccape.es
Argentinisch-deutsche Juristenvereinigung c/o Prof. Dr. Burghard Piltz,
Hochstraße 19, D 33332 Gütersloh, Tel. 05241/53580 Fax 05241/535840
Spanien betreffende links s. auch unter http://www.koeblergerhard.de
(unter Publikationen, Juslinks)

ABKÜRZUNGSVERZEICHNIS

Adj.	Adjektiv
Adv.	Adverb
am.	amerikanisch
brit.	britisch
engl.	englisch
F.	Femininum
franz.	französisch
griech.	griechisch
jur.	juristisch
lat.	lateinisch
M.	Maskulinum
N.	Neutrum
Part.	Partikel
Pl.	Plural
Präp.	Präposition
V.	Verb

Deutsch - Spanisch

A

abändern derogar, modificar, alterar
Abänderung (F.) modificación (F.), derogación (F.), alteración (F.)
Abänderungsklage (F.) demanda (F.) de adaptación, demanda (F.) de reforma
Abandon (M.) abandono (M.), dejación (F.)
abandonnieren renunciar a un derecho, abandonar
abberufen revocar, retirar, destituir
Abberufung (F.) revocación (F.), retiro (M.), destitución (F.)
abbrechen romper, suspender, derribar, interrumpir
Abbruch (M.) der Schwangerschaft interrupción (F.) del embarazo
Abbruch (M.) rompimiento (M.), rotura (F.), ruptura (F.), derribo (M.), suspensión (F.)
abbuchen abandonar, amortizar, cancelar
Abbuchung (F.) abandono (M.), amortización (F.), cancelación (F.)
ABC-Waffe (F.) arma (F.) nuclear o biológica o química
ABC-Waffen (F.Pl.) armas (F.Pl.) nucleares o biológicas o químicas
abdanken abdicar, dimitir
abdingbar derogable, voluntario (Adj.)
abdingen derogar
aberkennen denegar, desconocer, privar
Aberkennung (F.) privación (F.), pérdida (F.), denegación (F.)
aberratio (F.) ictus (lat.) (Abirrung des Geschosses) error (M.) aberratio ictus (lat.), error (M.) en el golpe
Abfall (M.) desechos (M.Pl.), desperdicios (M.Pl.)
Abfallbeseitigung (F.) eliminación (F.) de los residuos
Abfallentsorgung (F.) eliminación (F.) de los residuos, tratamiento (M.) de residuos
abfertigen despachar, consignar, expedir
Abfertigung (F.) despacho (M.), consignación (F.), expedición (F.), indemnización (F.) por despido
abfinden indemnizar
Abfindung (F.) indemnización (F.)
Abfindungsvereinbarung (F.) contrato (M.) de transacción
Abgabe (F.) contribución (F.), tributo (M.), tasa (F.), emisión (F.)
Abgabenordnung (F.) ordenanza (F.) tributaria, código (M.) impositivo, ley (F.) general tributaria
Abgabenüberhebung (F.) exacción (F.) ilegal
Abgas (N.) gas (M.) perdido, gas (M.) de escape
Abgasuntersuchung (F.) inspección (F.) del escape de gas
abgeleitet derivado (Adj.)
abgeleiteter Eigentumserwerb (M.) adquisición (F.) derivada de la propiedad
Abgeordnetenbestechung (F.) soborno (M.) de diputados
Abgeordnetenhaus (N.) congreso (M.) de los diputados, parlamento (M.)
Abgeordnetenkammer (F.) (Abgeordnetenkammer in Spanien) Cortes (F.Pl.)
Abgeordneter (M.) delegado (M.), diputado (M.)
abgeschlossen perfecto
abhanden kommen perderse
Abhandenkommen (N.) pérdida (F.), extravío (M.)
abhängig dependiente (Adj.)
Abhängigkeitsverhältnis (N.) relación (F.) de dependencia
abheben retirar, reintegrarse
Abhebung (F.) retiro (M.), reintegro (M.)
abhelfen remediar, estimar
Abhilfe (F.) remedio (M.)
abholen retirar, cobrar
Abholung (F.) retirada (F.), recogida (F.)
Abhören (N.) interceptación (F.)
abhören escuchar
Abhörgerät (N.) dispositivo (M.) de escucha, micrófono-espía (M.)
Abhörverbot (N.) interdicción (F.) de escucha telefónica
Abitur (N.) bachillerato (M.), examen (M.) de bachillerato
Abiturient (M.) bachiller (M.)
Abkommen (N.) acuerdo (M.), convención (F.), tratado (M.)
Abkömmling (M.) descendiente (M.)
Abkunft (F.) descendencia (F.)
abkürzen reducir, abreviar
Abkürzung (F.) reducción (F.), abreviatura (F.), atajo (M.)

Ablass (M.) indulgencia (F.)
Ablauf (M.) vencimiento (M.), proceso (M.), extinción (F.), finalización (F.)
ablaufen vencer, expirar, terminar, decursar
ablehnen rehusar, denegar, reprobar, recusar, rechazar
Ablehnung (F.) recusación (F.), negación (F.), rechazo (M.)
Ablehnungsantrag (M.) escrito (M.) de recusación
Ablehnungsgrund (M.) causa (F.) de recusación
ableiten deducir, derivar
abliefern entregar
Ablieferung (F.) entrega (F.)
ablösbar rescatable, redimible
ablösen amortizar, extinguir, reembolsar, liberar, relevar
Ablösung (F.) (Tilgung) reembolso (M.), amortización (F.), extinción (F.), relevación (F.)
Ablösungsrecht (N.) derecho (M.) de rescate
abmachen convenir, concluir, estipular, fijar
Abmachung (F.) convenio (M.), acuerdo (M.), pacto (M.), convención (F.), estipulación (F.)
Abmahnung (F.) nota (F.) de advertencia, aviso (M.) de despido
abmarken alindar, demarcar
Abmarkung (F.) alindamiento (M.), demarcación (F.)
abmelden anular la inscripción, causar baja
Abmeldung (F.) anulación (F.) de la inscripción, baja (F.)
Abnahme (F.) reducción (F.), recepción (F.), retiro (M.), toma (F.)
abnehmen bajar, recepcionar, comprar, tomar, retirar
Abnehmer (M.) tomador (M.), adquiridor (M.), comprador (M.), consumidor (M.)
abnutzen desgastar, deteriorar(se)
Abnutzung (F.) desgaste (M.), deterioro (M.)
Abolition (F.) abolición (F.)
Abonnement (N.) abono (M.), suscripción (F.)
abonnieren abonar(se), suscribir(se)
abordnen delegar, legar, diputar
Abordnung (F.) delegación (F.), diputación (F.), comisión (F.)
abrechnen descontar, saldar, liquidar
Abrechnung (F.) liquidación (F.), descuento (M.), saldo (M.)
Abrechnungssaldo (M.) saldo (M.) compensatorio
Abrechungsstelle (F.) giro (M.) mutuo, caja (F.) de compensación
Abrede (F.) convenio (M.), acuerdo (M.)
abreden convenir
Abriss (M..) demolición (F.), derribo (M.)
Abrogation (F.) derogación (F.)
abrogieren abrogar, derogar
Abruf (M.) reclamación (F.) de la entrega de un pedido, requerimiento (M.)
abrufen utilizar, reclamar, retirar
Absage (F.) contraorden (F.), negativa (F.), anulación (F.), cancelación (F.)
absagen anular, revocar
Absatz (M.) párrafo (M.), aparte (M.), salida (F.), venta (F.)
abschaffen abolir, eliminar, quitar
Abschaffung (F.) abolición (F.), eliminación (F.), supresión (F.)
abschieben poner en la frontera, expulsar
Abschiebung (F.) puesta (F.) en la frontera, expulsión (F.) por vía de apremio
Abschiebungshaft (F.) internación (F.), internamiento (M.)
Abschiebungsverbot (N.) prohibición (N.) de expulsión
Abschlag (M.) descuento (M.), reducción (F.)
Abschlagszahlung (F.) pago (M.) a cuenta, pago (M.) parcial
abschließen terminar, clausurar, finalizar, concluir, saldar, concertar, contratar, pactar
abschließend limitativo, definitivo
Abschluss (M.) contratación (F.), conclusión (F.), fin (M.), término (M.), saldo (M.)
Abschlussfreiheit (F.) libertad (F.) de contratación
Abschlussprüfung (F.) revisión (F.), revisoría (F.)
Abschlussvertreter (M.) agente (M.) de negocios, agente (M.) de comisiones
Abschlussvollmacht (F.) poder (M.) para contratar
Abschlusszwang (M.) obligatoriedad (F.) de contratar
Abschnitt (M.) título (M.), resguardo (M.)
abschöpfen absorber
Abschöpfung (F.) gravamen (M.)
abschrecken intimidar

Abschreckung (F.) intimidación (F.)
abschreiben amortizar, descontar, anular, cancelar, segregar, copiar, plagiar
Abschreibung (F.) amortización (F.), depreciación (F.), deducción (F.), desgravación (F.)
Abschreibungsgesellschaft (F.) sociedad (F.) de amortización
Abschrift (F.) copia (F.)
Absehen (N.) dispensa (F.), omisión (F.) de la ejecución
absehen omitir, prescindir
absenden consignar, remitir
Absender (M.) remitente (M.), consignador (M.)
absetzbar amovible, vendible, deducible
Absetzbarkeit (F.) amovilidad (F.), vendibilidad (F.), deducibilidad (F.)
absetzen amortizar, desgravar, deducir, destituir, amover, vender
Absetzung (F.) amortización (F.), deducción (F.), destitución (F.)
absichern asegurar
Absicherung (F.) cobertura (F.), garantía (F.)
Absicht (F.) intento (M.), intención (F.), ánimo (M.)
absichtlich intencional, intencionado
Absichtserklärung (F.) declaración (F.) de intención, memorándum (M.) de acuerdo
absolut absoluto
absolute Fahruntüchtigkeit (F.) incapacidad (F.) absoluta de conducir
absolute Mehrheit (F.) mayoría (F.) absoluta
absolute Nichtigkeit (F.) nulidad (F.) absoluta, nulidad (F.) radical
absoluter Revisionsgrund (M.) causal (M.) absoluto de casación
absolutes Recht (N.) derecho (M.) absoluto
Absolution (F.) absolución (F.)
Absolutismus (M.) absolutismo (M.)
Absolvent (M.) graduado (M.)
Absolventin (F.) graduada (F.)
absolvieren sufrir
absondern separar, disgregar
Absonderung (F.) separación (F.)
Absonderungsrecht (N.) derecho (M.) de separación relativa
absorbieren absorber
Absorption (F.) absorción (F.)
Absorptionsprinzip (N.) principio (M.) de absorción
absperren cerrar, acordonar
Absperrung (F.) señal (M.) indicadora
Absprache (F.) (Absprache zwischen Angeklagtem und Staatsanwalt) principio (M.) de consenso
Absprache (F.) convenio (M.), acuerdo (M.)
abstammen descender, proceder
Abstammung (F.) descendencia (F.), filiación (F.), origen (M.)
Abstammungsnachweis (M.) prueba (F.) de filiación
Abstand (M.) distancia (F.), traspaso (M.)
abstellen reparar, enviar, aplicar
abstimmen votar, dar voto
Abstimmung (F.) votación (F.), voto (M.)
abstrahieren resumir
abstrakt abstracto
Abstraktion (F.) abstracción (F.)
Abstraktionsprinzip (N.) principio (M.) de abstracción
abstreiten desmentir, negar, disputar
Abt (M.) abad (M.)
Abtei (F.) abadía (F.)
Abteilung (F.) sección (F.), departamento (M.), jefatura (F.), casilla (F.)
Äbtissin (F.) abadesa (F.)
abtreiben abortar
Abtreibung (F.) aborto
Abtreibungsmittel (N.) abortivo (M.)
abtrennen separar
abtretbar cesible, transferible
abtreten ceder, traspasar, retirarse, renunciar
Abtretender (M.) cedente (M.)
Abtretung (F.) cesión (F.)
Abtretungsanzeige (F.) aviso (M.) de cesión, declaración (F.) de cesión
Abtretungsempfänger (M.) cedido (M.), cesionario (M.)
Abtretungserklärung (F.) declaración (F.) de cesión
Abtretungsformular (N.) formulario (M.) de cesión
Abtretungsurkunde (F.) escritura (F.) de cesión
Abtretungsverbot (N.) convenio (M.) por la no cesión
Abwasser (N.) agua (M.) residual
Abwehr (F.) defensa (F.)
abwehren defender
abweichen desviar, divergir

abweichend derogatorio
abweichendes Verhalten (N.) comportamiento (M.) derogatorio
Abweichung (F.) desviación (F.), aberración (F.), divergencia (F.)
abweisen denegar, recusar, rechazar, rehusar
Abweisung (F.) denegación (F.), recusación (F.), rechazo (M.)
abwerben sonsacar
Abwerbung (F.) sonsacamiento (M.)
abwerten devaluar
Abwertung (F.) devaluación (F.)
abwesend ausente (Adj.)
Abwesender (M.) ausente (M.), rebelde (M.)
Abwesenheit (F.) ausencia (F.), rebeldía (F.)
Abwesenheitspfleger (M.) curador (M.) de ausente, defensor (M.) del desparecido
Abwesenheitspflegschaft (F.) curatela (F.) de ausentes
Abwesenheitsverfahren (N.) procedimiento (M.) de rebeldía
abwickeln tramitar, efectuar, ejecutar, liquidar
Abwicklung (F.) tramitación (F.), ejecución (F.), liquidación (F.), realización (F.)
Abwicklungsgesellschaft (F.) sociedad (F.) en liquidación
abzahlen pagar por cuotas, pagar a plazos
Abzahlung (F.) pago (M.) a plazos
Abzahlungskauf (M.) venta (F.) a plazos
Abzahlungskredit (M.) crédito (M.) de pago a plazos
abzeichnen rubricar, signar
abziehen detraer, deducir, retener
Abzug (M.) deducción (F.), descuento (M.)
Acht (F.) (Vorsicht) cuidado (M.), consideración (F.), precaución (F.)
Acht (F.) destierro (M.), proscripción (F.)
achten estimar, apreciar
ächten proscribir
achtlos imprudente, incauto
Achtung (F.) estimación (F.), atención (F.), respeto (M.)
Achtung (F.) vor dem Gesetz respeto (M.) a las leyes
actio (F.) (lat.) acción (F.)
ad hoc (lat.) (bis jetzt) ad hoc (lat.)
Adäquanz (F.) adecuación (F.)
Adäquanztheorie (F.) teoría (F.) de la adecuación
adäquat adecuado
Adel (M.) hidalguía (F.), nobleza (F.)
adeln conceder la nobleza
Adelsstand (M.) hidalguez (M.), nobleza (F.)
Adhäsion (F.) adhesión (F.)
Adhäsionsverfahren (N.) proceso (M.) de adhesión, juicio (M.) de faltas
Adjutant (M.) ayudante (M.)
Administration (F.) administración (F.)
administrativ administrativo
Administrativenteignung (F.) expropiación (F.) administrativa
Admiral (M.) almirante (M.)
adoptieren adoptar, ahijar
Adoptierte (F.) adoptada (F.)
Adoptierter (M. bzw. F.) adoptado (M.), hijado (M.)
Adoption (F.) adopción (F.), afiliación (F.), ahijiamiento (M.)
Adoptiveltern (Pl.) padres (M.Pl.) adoptivos
Adoptivkind (N.) hijo (M.) adoptivo
Adressat (M.) consignatario (M.), destinatario (M.)
Adresse (F.) dirección (F.), domicilio (M.)
adressieren consignar, dirigir
Advokat (M.) abogado (M.)
Affekt (M.) afecto (M.), pasión (F.)
Affektion (F.) afección (F.)
Affektionsinteresse (N.) interés (M.) de afección
Affektionswert (M.) valor (M.) afectivo
Affidavit (N.) afidávit (M.)
affirmativ afirmativo
Afrika (N.) Africa (F.)
Agent (M.) agente (M.)
agent (M.) provocateur (franz.) agente (M.) provocador
Agentur (F.) agencia (F.), oficina (F.)
Agentur (F.) für Arbeit agencia (F.) de trabajo
Aggression (F.) agresión (F.)
aggressiv agresivo
agieren obrar, operar
Agio (N.) agio (M.), prima (F.)
Agnat (M.) agnado (M.)
Agrarrecht (N.) derecho (M.) agrario
Agrément (N.) beneplácito (M.)
Ahn (M.) progenitor (M.)
ahnden castigar, sancionar
Ahndung (F.) castigo (M.), sanción (F.)
ähnlich similar (Adj.)
Aids (N.) (acquired immune deficiency

syndrome) A.I.D.S. (M.), SIDA (M.) (Síndrome de Inmuno-Deficiencia Adquirida)
Akademie (F.) academia (F.)
akademisch académico (Adj.)
Akklamation (F.) aclamación (F.)
Akkord (M.) destajo (M.), acuerdo (M.)
Akkordlohn (M.) salario (M.) a destajo
akkreditieren acreditar
Akkreditierung (F.) acreditación (F.)
Akkreditiv (N.) crédito (M.), crédito (M.) documentado
Akt (M.) acto (M.)
Akte (F.) acta (F.), expediente (M.), pieza (F.)
Akteneinsicht (F.) vista (F.) de autos
aktenkundig apud acta (lat.)
Aktenlage (F.) situación (F.) de autos
Aktenvermerk (M.) nota (F.), anotación (F.)
Aktenversendung (F.) remesa (F.) de los autos
Aktenzeichen (N.) número (M.) expediente, número (M.) de registro
Aktie (F.) acción (F.)
Aktienbuch (N.) libro (M.) de acciones
Aktiengesellschaft (F.) (AG) sociedad (F.) anónima (S.A.), sociedad (F.) por acciones
Aktiengesetz (N.) ley (F.) de las sociedades anónimas, ley (F.) de acciones
Aktieninhaber (M.) tenedor (M.) de acciones, accionista (M.)
Aktienrecht (N.) derecho (M.) de sociedades anónimas
Aktienschein (M.) certificado (M.) de acción, título (M.)
Aktion (F.) acción (F.), operación (F.)
Aktionär (M.) accionista (M.)
Aktionärin (F.) accionista (F.)
aktiv activo (Adj.)
Aktiva (N.Pl.) activo (M.), valores (M.Pl.) positivos
aktives Wahlrecht (N.) voz (F.) activa, derecho (M.) electoral activo
Aktivlegitimation (F.) legitimación (F.) activa
Aktivschuld (F.) crédito (M.)
Aktivum (N.) activo (M.)
Aktivvertretung (F.) representación (F.) activa
Akzept (N.) aceptación (F.), letra (F.) de cambio aceptada
akzeptabel aceptable
Akzeptant (M.) aceptante (M.)
Akzeptanz (F.) aceptación (F.)
akzeptieren aceptar
Akzessorietät (F.) accesoriedad (F.)
akzessorisch accesorio (Adj.)
akzidentiell adicional
Akzise (F.) derechos (M.Pl.) de consumo
Alarm (M.) alarma (F.)
Alarmanlage (F.) sistema (M.) de alarma
Alarmzustand (M.) estado (M.) de alarma
aleatorisch aleatorio
Alibi (N.) coartada (F.)
Aliment (N.) alimento (M.)
Alimentation (F.) alimentación (F.)
Alimentationspflicht (F.) deber (M.) de alimentos
Alimente (N.Pl.) alimentos (M.Pl.)
aliud (anderes) aliud (M.) (lat.)
Alkohol (M.) alcohol (M.)
Alkoholdelikt (N.) delito (M.) de alcoholismo
Alleinerbe (M.) heredero (M.) único, heredero (M.) universal
Alleinerbin (F.) heredera (F.) única, heredera (F.) universal
Alleinerziehende (F.) familia (F.) monoparental
Alleinerziehender (M.) familia (F.) unipaternal
Alleingesellschafter (M. bzw. F.) socio (M.) único
Alleingesellschafterin (F.) socia (F.) única
allgemein general (Adj.), universal
allgemeine Geschäftsbedingung (F.) condición (F.) general
allgemeine Geschäftsbedingungen (F.Pl.) condiciones (F.Pl.) generales de contrato, condiciones (F.Pl.) generales
allgemeine Gütergemeinschaft (F.) comunidad (F.) general de bienes
allgemeine Handlungsfreiheit (F.) libertad (F.) general de actuar
allgemeine Staatslehre (F.) teoría (F.) fundamental del Estado
allgemeine Wahl (F.) elección (F.) general
allgemeiner Rechtsgrundsatz (M.) principio (M.) general del derecho
allgemeiner Teil (M.) parte (F.) general
allgemeines Gesetz (N.) ley (F.) general
allgemeines Gewaltverhältnis (N.) relación (F.) general de poder
allgemeines Persönlichkeitsrecht (N.) de-

recho (M.) general de la personalidad, derecho (M.) moral, derecho (M.) personal
allgemeinverbindlich eficaz erga omnes
Allgemeinverbindlichkeit (F.) eficacia (F.) general, eficacia (F.) erga omnes (lat.)
Allgemeinverfügung (F.) acto (M.) general
Allgemeinwohl (N.) bien (M.) común, bienestar (M.) público
Allianz (F.) alianza (F.)
Alliierte (M.Pl.) aliados (M.Pl.)
Alliierter (M.) aliado (M.)
Allmende (F.) pastos (M.Pl.) comunes
Allod (N.) alodio (M.)
Allonge (F.) taloncillo (M.), suplemento (M.)
allzuständig de plena competencia
Allzuständigkeit (F.) plena competencia (F.), competencia (F.) general, competencia (F.) total
Alm (F.) pasto (M.) alpestre
Almosen (N.) limosna (F.), caridad (F.)
Alpe (F.) pasto (M.) alpestre
Altenteil (M.) retiro (M.), reserva (F.) rústica
Alter (N.) edad (F.), vejez (F.)
alternativ alternativo
Alternative (F.) alternativa (F.)
Alternativobligation (F.) obligación (F.) alternativa
Altersgrenze (F.) límite (M.) de edad
Altershilfe (F.) asistencia (F.) a ancianos
Alterspräsident (M.) presidente (M.) de edad
Altersrente (F.) pensión (F.) de vejez
Altersruhegeld (N.) pensión (F.) de vejez
Altersversorgung (F.) retiro (M.), jubilación (F.)
Ältestenrat (M.) conferencia (F.) de presidentes, junta (F.) de portavoces
ambulant ambulante
Amerika (N.) América (F.)
Amnestie (F.) amnistía (F.)
amnestieren amnistiar
Amok (M.) amok (M.)
Amortisation (F.) amortización (F.)
amortisieren amortizar
Amt (N.) oficio (M.), cargo (M.)
amtieren ejercer un cargo
amtlich oficial (Adj.)
Amtmann (M.) funcionario (M.)
Amtsanmaßung (F.) intrusión (F.), usurpación (F.) de funciones
Amtsanwalt (M.) fiscal (M.)
Amtsarzt (M.) médico (M.) del Estado
Amtsbetrieb (M.) impulso (M.) oficial
Amtsblatt (N.) boletín (M.) oficial, gaceta (F.) oficial
Amtsdelikt (N.) delito (M.) de un funcionario, delito (M.) contra la administracíon pública
Amtsermittlung (F.) investigación (F.) de oficio
Amtsgeheimnis (N.) sigilo (M.) profesional
Amtsgericht (N.) (Amtsgericht in Spanien) juzgado (M.) de primera instancia
Amtsgericht (N.) juzgado (M.) local, juzgado (M.) municipal, juzgado (M.) de partido
Amtshaftung (F.) responsabilidad (F.) oficial
Amtshilfe (F.) auxilio (M.) administrativo, ayuda (F.) oficial
Amtshilfeersuchen (N.) oficio (M.) rogatorio
Amtsmissbrauch (N.) abuso (M.) de autoridad
Amtspflicht (F.) carga (F.), deber (M.) oficial
Amtspflichtverletzung (F.) prevaricación (F.), violación (F.) de un deber oficial
Amtsträger (M.) titular (M.), cargo (M.)
Amtsvergehen (N.) delito (M.) de un funcionario contra la administración pública
Amtsverschwiegenheit (F.) secreto (M.) profesional
Amtsvormundschaft (F.) tutela (F.) oficial
Amtszeit (F.) período (M.) de servicios, duración (F.) del cargo
an Zahlungs Statt en lugar de pagamiento
analog análogo
Analogie (F.) analogía (F.)
Analogieschluss (M.) conclusión (F.) analógica
Analogieverbot (N.) prohibición (F.) de analogía
Anarchie (F.) anarquía (F.), acracia (F.)
anarchisch anárquico
Anarchist (M.) anarquista (M.), ácrata (M.)
Anathema (N.) anatema (M. bzw. F.)
Anatozismus (M.) anatocismo (M.)
anberaumen señalar, emplazar, convocar
Anberaumung (F.) emplazamiento (M.), señalamiento (M.)
anbieten ofrecer, ofertar
andere otro
Anderkonto (N.) cuenta (F.) fiduciaria de un abogado
ändern modificar, cambiar, enmendar, mudar, revisar

Änderung (F.) der Rechtsprechung cambio (M.) de la jurisprudencia
Änderung (F.) modificación (F.), cambio (M.), enmienda (F.), mutación (F.), revisión (F.)
Änderungskündigung (F.) denuncia (F.) novatoria, aviso (M.) de modificación
androhen conminar, amenazar
Androhung (F.) conminación (F.), amenaza (F.)
aneignen apropiar
Aneignung (F.) apropiación (F.), ocupación (F.)
Anerbe (N.) heredero (M.) rural único
anerkennen reconocer, aprobar, aceptar, convalidar
Anerkenntnis (N.) reconocimiento (M.), allanamiento (M.)
Anerkenntnisurteil (N.) sentencia (F.) de allanamiento
Anerkennung (F.) reconocimiento (M.), aprobación (F.), convalidación (F.)
Anfall (M.) delación (F.), devolución (F.)
anfallen revertirse, deferir
Anfang (M.) der Ausführung principio (M.) de ejecución
Anfang (M.) principio (M.)
anfänglich inicial (Adj.)
anfangs al principio
anfechtbar impugnable, atacable, apelable, reclamable
Anfechtbarkeit (F.) impugnabilidad (F.), atacabilidad (F.)
anfechten impugnar, apelar, atacar
Anfechtung (F.) impugnación (F.), apelación (F.), recurso (M.)
Anfechtungsgesetz (N.) ley (F.) revocatoria, ley (F.) de impugnación
Anfechtungsklage (F.) acción (F.) de impugnación, acción (F.) de nulidad, recurso (M.) de anulación
anfordern demandar, pedir
Anforderung (F.) demanda (F.), petición (F.)
Anfrage (F.) pregunta (F.), demanda (F.), petición (F.) de informes, interpelación (F.)
anfragen pedir informes, interpelar
Angabe (F.) dato (M.), mención (F.), expresión (F.), declaración (F.), instrucción (F.), información (F.)
angeben consignar, indicar, declarar
angeblich sedicente
Angebot (N.) oferta (F.), ofrecimiento (M.)
angehören pertenecer
angehörig familiar (Adj.)
Angehöriger (M.) familiar (M.), miembro (M.)
Angeklagte (F.) acusada (F.)
Angeklagter (M.) acusado (M.), reo (M.), procesado (M.)
Angelegenheit (F.) asunto (M.), caso (M.), causa (F.)
angemessen adecuado, razonable
Angeschuldigte (F.) inculpada (F.)
Angeschuldigter (M.) inculpado (M.), culpado (M.), encausado (M.)
angestellt empleado (Adj.)
Angestellte (F.) empleada (F.)
Angestelltenversicherung (F.) seguro (M.) de empleados, seguridad (F.) social de empleados
Angestellter (M.) empleado (M.), funcionario (M.)
angreifen atacar, agredir, asaltar
Angreifer (M.) agresor (M.), asaltador (M.)
angrenzen colindar, limitar
Angriff (M.) ataque (M.), asalto (M.)
Angriffskrieg (M.) guerra (F.) agresiva
Angriffsnotstand (M.) estado (M.) de necesidad agresivo
Anhalt (M.) indicio (M.)
Anhaltspunkt (N.) indicio (M.), elemento (M.) probatorio
Anhang (M.) apéndice (M.), adherencia (F.), anexo (M.)
anhängen anexar, adjuntar
anhängig pendiente, seguido, sometido
Anhängigkeit (F.) pendencia (F.)
anheben aumentar, levantar
anheften fijar, sujetar
anhören oír, dar audiencia, escuchar
Anhörung (F.) audición (F.), audiencia (F.)
Anklage (F.) acusación (F.), querella (F.)
Anklagebank (F.) banco (M.) de los acusados, banquillo (M.)
Anklagemonopol (N.) monopolio (M.) de la acusación
anklagen acusar, encausar
Ankläger (M.) acusante (M.), acusador (M.)
Anklageschrift (F.) acusación (F.), libelo (M.) acusatorio
Anklagevertreter (M. bzw. F.) representante (M.) de la acusación

ankündigen anunciar, notificar
Ankündigung (F.) anuncio (M.), anunciación (F.), notificación (F.)
Anlage (F.) instalación (F.), construcción (F.), inversión (F.), colocación (F.), anexo (M.)
Anlagevermögen (N.) activo (M.), capital (M.) fijo
Anlandung (F.) desembarco (M.), desembarque (M.)
Anlass (M.) causa (F.), ocasión (F.), razón (F.)
anlegen emplear, invertir, colocar
Anleger (M.) inversor (M.)
Anlegerschutz (M.) protección (F.) del inversor
Anleihe (F.) empréstito (M.)
Anlieger (M.) colindante (M.), ribereño (M.)
anmelden anunciar, avisar, notificar
Anmeldung (F.) aviso (M.), notificación (F.), solicitud (F.)
anmerken notar
Anmerkung (F.) nota (F.), glosa (F.)
Annahme (F.) an Kindes Statt adopción (F.), prohijamiento (M.)
Annahme (F.) supuesto (M.), recepción (F.), aceptación (F.), aprobación (F.)
Annahmeverzug (M.) mora (F.) accipiendi (lat.)
annehmen aceptar, recibir, asumir, suponer
annektieren anexionar, anejar
Annexion (F.) anexión (F.)
annullieren anular, invalidar, infirmar
Annullierung (F.) anulación (F.), cancelación (F.)
anonym anónimo
anordnen disponer, decretar, ordenar
Anordnung (F.) der aufschiebenden Wirkung suspensión (F.) de la ejecución
Anordnung (F.) disposición (F.), orden (F.), ordenanza (F.)
anormal anomal
anpassen adaptar, ajustar, actualizar
Anpassung (F.) adaptación (F.), actualización (F.), reconversión (F.)
Anrainer (M.) adyacente (M.)
Anrecht (N.) derecho (M.), título (M.)
anregen fomentar, estimular, insinuar
Anregung (F.) insinuación (F.), iniciativa (F.)
anrufen apelar, recurrir
ansässig residente (Adj.), domiciliado
Anschein (M.) apariencia (F.)
anscheinend aparente
Anscheinsbeweis (M.) adminículo (M.)
Anscheinsvollmacht (F.) poder (M.) de aparlencia, autorización (F.) ostensible
Anschlag (M.) estimación (F.), anuncio (M.), golpe (M.), atentado (M.)
anschlagen fijar, golpear
anschließen (sich) unir, adherir(se), afiliar(se)
Anschließung (F.) adhesión (F.)
Anschluss (M.) unión (F.), adhesión (F.), afiliación (F.)
Anschlussberufung (F.) apelación (F.) adhesiva, contraapelación (F.)
Anschlusspfändung (F.) embargo (M.) adhesivo, reembargo (M.)
Anschlussrevision (F.) casación (F.) adhesiva
anschuldigen acusar, inculpar, incriminar
Anschuldigung (F.) acusación (F.), inculpación (F.)
Anschwärzung (F.) denigración (F.)
Anschwemmung (F.) aluvión (F.)
Ansehen (N.) reputación (F.), fama (F.), crédito (M.)
Ansehung (F.) consideración (F.)
Ansetzen (N.) zur Tatbestandsverwirklichung punto (M.) de entrada
ansetzen tasar, fijar
Ansicht (F.) opinión (F.), inspección (F.)
Ansichtssendung (F.) envío (M.) para inspección
Anspruch (M.) pretensión (F.), reclamación (F.), derecho (M.), acción (F.)
Anspruchsgrundlage (F.) fundamento (M.) de derecho
Anspruchskonkurrenz (F.) concurrencia (F.) de pretensiones
Anstalt (F.) des öffentlichen Rechts institución (F.) de derecho público, establecimiento (M.) público
Anstalt (F.) establecimiento (M.), institución (F.), instituto (M.), servicio (M.)
Anstand (M.) decencia (F.)
ansteigen ascender, subir
anstellen contratar, emplear, colocar
Anstellung (F.) empleo (M.), colocación (F.)
Anstieg (M.) alza (F.)
anstiften inducir, instigar, incitar
Anstifter (M.) inductor (M.), instigador (M.), incitador (M.)
Anstiftung (F.) instigación (F.), inducción (F.)
Anteil (M.) parte (F.), prorrata (F.), cuota (F.)

anteilig proporcional
Anteilsbesitzer (M.) poseedor (M.) de participación
Anteilsschein (M.) título (M.) de participación
Antichrese (F.) anticrésis (F.)
Antinomie (F.) antinomia (F.)
Antisemitismus (M.) antisemitismo (M.)
antizipieren anticipar
Antrag (M.) solicitud (F.), petición (F.), propuesta (F.), súplica (F.)
Antragsdelikt (N.) delito (M.) perseguible por querella
Antragsteller (M.) solicitador (M.), proponente (M.)
Antwort (F.) respuesta (F.)
antworten contestar
anvertrauen confiar, encomendar
anwachsen crecer, acrecerse, aumentarse
Anwachsung (F.) acrecencia (F.), acrecentamiento (M.)
Anwalt (M.) abogado (M.), letrado (M.), jurisconsulto (M.)
Anwältin (F.) abogada (F.)
Anwaltschaft (F.) abogacía (F.)
Anwaltsgebühr (F.) honorario (M.) de abogado
Anwaltsgehilfe (M.) asistente (M.) de abogado
Anwaltskammer (F.) colegio (M.) de abogados, consejo (M.) general de la abogacía
Anwaltsnotar (M.) abogado (M.) notario
Anwaltsprozess (M.) juicio (M.) con intervención forzosa de abogado
Anwaltszwang (M.) intervención (F.) forzosa de abogado, defensa (F.) formal
Anwärter (M.) aspirante (M.), candidato (M.)
Anwartschaft (F.) expectativa (F.), esperanza (F.) de derecho
Anwartschaftsrecht (N.) derecho (M.) expectante, expectativa (F.)
anweisen ordenar, mandar, asignar, consignar, librar, girar, transferir
Anweisende (F.) asignante (F.), giradora (F.)
Anweisender (M.) asignante (M.), girador (M.)
Anweisung (F.) instrucción (F.), precepto (M.), consignación (F.), asignación (F.), libranza (F.), vale (M.), giro (M.)
anwendbar aplicable, de aplicación
anwenden aplicar, emplear
Anwender (M.) aplicante (M.)
Anwendung (F.) aplicación (F.), empleo (M.)
Anwendungsvorrang (M.) prevalencia (F.) de aplicación
anwerben enganchar, reclutar
Anwesen (N.) inmueble (M.), propiedad (F.)
anwesend presente (Adj.), circunstante (Adj.)
Anwesende (F.) presente (F.), circunstante (F.), interesente (F.)
Anwesender (M.) presente (M.), circunstante (M.), interesente (M.)
Anwesenheit (F.) presencia (F.)
anzahlen pagar a cuenta
Anzahlung (F.) pago (M.) a cuenta
Anzeichen (N.) indicio (M.)
Anzeige (F.) denuncia (F.), denunciación (F.), anuncio (M.)
anzeigen denunciar, acusar, notificar
Anzeigepflicht (F.) denuncia (F.) obligatoria, obligación (F.) de denuncia
anzeigepflichtig sujeto (Adj.) a declaración obligatoria
Apanage (F.) anualidad (F.), presupuesto (M.) de la Casa Real
apostolisch apostolico
Apotheke (F.) farmacia (F.)
Apotheker (M.) farmacéutico (M.)
Appellation (F.) apelación (F.), demanda (F.) de apelación
Appellationsgericht (N.) corte (F.) de apelación, tribunal (M.) de apelación
appellieren apelar, recurrir
Approbation (F.) aprobación (F.)
approbieren aprobar
äquivalent equivalente (Adj.)
Äquivalenz (F.) equivalencia (F.)
Äquivalenzprinzip (N.) principio (M.) de equivalencia
Äquivalenztheorie (F.) teoría (F.) de la equivalencia
Arbeit (F.) trabajo (M.), obra (F.), labor (M.)
arbeiten trabajar
Arbeiter (M.) trabajador (M.), obrero (M.), operario (M.)
Arbeitgeber (M.) patrón (M.), empleador (M.)
Arbeitgeberanteil (M.) cuota (F.) patronal
Arbeitgeberverband (M.) asociación (F.) patronal
Arbeitnehmer (M.) empleado (M.), asalariado (M.)

Arbeitnehmererfindung (F.) invención (F.) de empresa, invención (F.) del empleado
Arbeitnehmerfreibetrag (M.) importe (M.) exento por trabajadores
Arbeitnehmerfreizügigkeit (F.) libertad (F.) de elección del lugar de trabajo
arbeitnehmerfreundlich pro-operario (Adj.)
Arbeitnehmerhaftung (F.) responsabilidad (F.) de trabajadores
Arbeitnehmerin (F.) empleada (F.), asalariada (F.)
Arbeitnehmerüberlassung (F.) cesión (F.) de trabajadores
Arbeitnehmervertretung (F.) representación (F.) colectiva
Arbeitsagentur (F.) agencia (F.) de trabajo, oficina (F.) de trabajo
Arbeitsamt (N.) oficina (F.) de trabajo, servicio (M.) de colocación, oficina (F.) de empleo
Arbeitsaufsicht (F.) inspección (F.) de trabajo
Arbeitsbereitschaft (F.) disposición (F.) para el trabajo
Arbeitsbeschaffungsmaßnahme (F.) medida (F.) de fomento de empleo, medida (F.) de creación de empleos
Arbeitsbewilligung (F.) permiso (M.) de trabajo
Arbeitsdirektor (M.) director (M.) de trabajo
Arbeitseinkommen (N.) ingreso (M.), remuneración (F.)
Arbeitsentgelt (N.) salario (M.) laboral
Arbeitsförderung (F.) fomento (M.) de empleo
Arbeitsgericht (N.) tribunal (M.) de trabajo, órgano (M.) de trabajo
Arbeitskampf (M.) conflicto (M.) laboral
Arbeitskraft (F.) mano (F.) de obra, capacidad (F.)
Arbeitslohn (M.) salario (M.) laboral
arbeitslos parado (Adj.), desempleado
Arbeitslosengeld (N.) compensación (F.) por paro, prestaciones (F.Pl.) por desempleo
Arbeitslosenhilfe (F.) subsidio (M.) de paro
Arbeitslosenversicherung (F.) seguro (M.) de paro
Arbeitsloser (M.) parado (M.)
Arbeitslosigkeit (F.) paro (M.), desempleo (M.)
Arbeitsmündigkeit (F.) mayoría (F.) de edad para trabajar
Arbeitsprozess (M.) proceso (M.) laboral
Arbeitsrecht (N.) derecho (M.) del trabajo, derecho (M.) laboral
Arbeitsschutz (M.) protección (F.) del trabajo, previsión (F.) laboral
Arbeitssicherheit (F.) seguridad (F.) del trabajo
Arbeitssicherheitsgesetz (N.) ley (F.) de estabilidad laboral
Arbeitsstätte (F.) lugar (M.) de trabajo
arbeitsunfähig incapaz (Adj.) para el trabajo, inválido (Adj.)
Arbeitsunfähigkeit (F.) incapacidad (F.) laboral, invalidez (F.)
Arbeitsunfall (M.) accidente (M.) laboral
Arbeitsverhältnis (N.) relación (F.) de trabajo, relación (F.) laboral, nexo (M.) laboral
Arbeitsvermittlung (F.) oficina (F.) de colocación, servicio (M.) de colocación
Arbeitsvertrag (M.) contrato (M.) de trabajo
Arbeitsverwaltung (F.) administración (F.) laboral, administración (F.) del trabajo
Arbeitszeit (F.) jornada (F.) laboral, tiempo (M.) laboral
Arbeitszeitregelung (F.) ordenamiento (M.) del tiempo de trabajo
Arbitrage (F.) arbitraje (M.), arbitración (F.)
archaisch arcaico
Architekt (M.) arquitecto (M.)
Architektenrecht (N.) derecho (M.) de arquitecto
Archiv (N.) archivo (M.), estanco (M.)
Archivar (M.) archivero (M.)
Arglist (F.) dolo (M.), maliciosidad (F.)
arglistig doloso (Adj.), malicioso
arglistige Täuschung (F.) dolo (M.) esencial, dolo (M.) principal
arglos ingenuo, confiado
Argument (N.) argumento (M.)
argumentieren argumentar
Argwohn (M.) sospecha (F.), recelo (M.)
Aristokrat (M.) aristócrata (M.)
Aristokratie (F.) aristocracia (F.)
arm pobre
Armee (F.) ejército (M.)
Armenrecht (N.) asistencia (F.) legal, beneficio (M.) de pobreza
Arrest (M.) arresto (M.), detención (F.), embargo (M.)
arrestieren detener, arrestar

arrha arra
Art (F.) género (M.), clase (F.), modo (M.), manera (F.)
Artikel (M.) artículo (M.), espositivo (M.)
Arznei (F.) medicamento (M.)
Arzneimittel (N.) medicina (F.), medicamento (M.)
Arzneimittelgesetz (N.) ley (F.) del medicamento
Arzt (M.) médico (M.), facultativo (M.)
ärztlich médico (Adj.)
Asien (N.) Asia (F.)
asozial asocial (Adj.), antisocial (Adj.)
Asperation (F.) asperación (F.)
Asperationsprinzip (N.) principio (M.) de asperación
Aspirant (M.) aspirante (M.)
Assekuranz (F.) seguro (M.), aseguro (M.), aseguración (F.)
Assessor (M.) asesor (M.)
Assistent (M.) asistente (M.), ayudante (M.)
Assoziation (F.) asociación (F.)
assoziieren asociar
Assoziierungsabkommen (N.) contrato (M.) asociativo, acuerdo (M.) de asociación
Asyl (N.) asilo (M.), refugio (M.)
Asylant (M.) solicitante (M.) de asilo, persona (F.) en busca de asilo, asilado (M.)
Asylrecht (N.) derecho (M.) de asilo, inmunidad (F.)
Aszendent (M. bzw. F.) ascendiente (M. bzw. F.)
Aszendenten (M.Pl. bzw. F.Pl.) ascendientes (M.Pl. bzw. F.Pl.)
Aszendenz (F.) ascendencia (F.)
Atom (N.) átomo (M.)
Atomenergiegesetz (N.) ley (F.) de energía nuclear
Attaché (M.) agregado (M.), attaché (M.)
Attentat (N.) atentado (M.)
Attentäter (M.) atentador (M.)
Attest (N.) certificado (M.)
Audienz (F.) audiencia (F.), recepción (F.)
aufbewahren depositar, custodiar
aufdecken abrir, descubrir
aufdrängen imponer
Aufenthalt (M.) residencia (F.), estancia (F.), permanencia (F.)
Aufenthaltserlaubnis (F.) permiso (M.) de residencia, autorización de residencia
Aufenthaltsgenehmigung (F.) permiso (M.) de residencia, autorización (F.) de residencia, tarjeta (F.) de residente
Aufenthaltsort (M.) residencia (F.), lugar (M.) de residencia
auferlegen suplir, imponer
Auffahrunfall (M.) colisión (F.) por alcance, alcance (M.)
auffordern intimar, invitar, requerir
Aufforderung (F.) requisición (F.), conminación (F.)
Aufgabe (F.) tarea (F.), función (F.), abandono (M.), expedición (F.)
aufgeben enviar, expedir, dejar, abandonar, derrelinquir
Aufgebot (N.) proclama (F.), intimación (F.), publicación (F.), proclamas (F.Pl.) matrimoniales, amonestaciones (F. Pl.)
Aufgebotsverfahren (N.) procedimiento (M.) edictal
Aufgeld (N.) premio (M.), prima (F.), agio (M.)
aufheben anular, casar (V.) (1), abrogar, derogar, abolir
Aufhebung (F.) anulación (F.), cancelación (F.), derogación (F.), rescisión (F.), extinción (F.) por mutuo acuerdo de las partes
Aufhebungsvertrag (M.) contrato (M.) cancelatorio
aufhetzen incitar, soliviantar
aufklären esclarecer, dilucidar
Aufklärung (F.) esclarecimiento (M.), aclaración (F.), epoca (F.) de las luces
Aufklärungspflicht (F.) obligación (F.) de aclaración, deber (M.) de esclarecimiento
Auflage (F.) condición (F.), obligación (F.), instrucción (F.), emisión (F.)
auflassen cancelar, transferir, declarar el consentimiento bilateral de inscripción
Auflassung (F.) cancelación (F.), transferencia (F.), consentimiento (M.) bilateral de inscripción
Auflassungsvormerkung (F.) prenotación (F.) registral de cancelación
Auflauf (M.) tumulto (M.), reunión (F.) ilegal
auflaufen acumularse
auflösen disolver, liquidar, disociar
auflösend resolutorio
auflösende Bedingung (F.) condición (F.) resolutoria, condición (F.) final
Auflösung (F.) disolución (F.), disociación (F.), liquidación (F.)

Aufnahme (F.) recepción (F.), admisión (F.), inscripción (F.), ingreso (M.), integración (F.), entrada (F.), acceso (M.), lanzamiento (M.)
Aufnahmeprüfung (F.) prueba (F.) de acceso a la universidad
aufnehmen recibir, admitir, asumir, alzar
aufopfern sacrificar
Aufopferung (F.) sacrificio (M.)
Aufopferungstheorie (F.) teoría (F.) del sacrificio
aufrechenbar compensable
aufrechnen compensar, saldar, contar
Aufrechnung (F.) compensación (F.), ajuste (M.) de cuentas
Aufruf (M.) proclama (F.), llamamiento (M.), convocación (F.)
aufrufen llamar, convocar
Aufruhr (M.) tumulto (M.), amotinamiento (M.)
Aufrührer (M.) perturbador (M.), sedicioso (M.)
aufschieben prolongar, dilatar, diferir
aufschiebend suspensivo, dilatorio
aufschiebende Bedingung (F.) condición (F.) suspensiva, condición (F.) dilatoria
aufschiebende Wirkung (F.) efecto (M.) suspensivo, efecto (M.) dilatorio
Aufschub (M.) dilatación (F.), demora (F.), suspensión (F.), prórroga (F.)
Aufseher (M.) guarda (M.), inspector (M.), vigilante (M.), celador (M.)
Aufsicht (F.) vigilancia (F.), inspección (F.), superintendencia (F.)
Aufsichtsbehörde (F.) autoridad (F.) inspectora, inspección (F.)
Aufsichtspflicht (F.) deber (M.) de vigilancia
Aufsichtsrat (M.) consejo (M.) de inspección, consejo (M.) de administración, consejo (M.) de vigilancia, consejo (M.) de supervisión
aufspüren descubrir
Aufstand (M.) rebelión (F.), rebelación (F.), revolución (F.)
aufstellen establecer, instalar, nombrar, presentar, fijar
Aufstellung (F.) especificación (F.), nombramiento (M.), presentación (F.), establecimiento (M.)
aufteilen dividir, prorratear, cuotizar, parcelar
Aufteilung (F.) reparto (M.), distribución (F.), asignación (F.), desglose (M.), parcelación (F.)
Auftrag (M.) orden (F.), mandato (M.), misión (F.)
Auftraggeber (M.) mandante (M.), cliente (M.), delegante (M.), comitente (M.), arrendatario (M.)
Auftragnehmer (M.) mandatario (M.), arrendador (M.)
Auftragsangelegenheit (F.) asunto (M.) delegado, competencia (F.) asognada
Auftragsbestätigung (F.) confirmación (F.) de una orden, acuse (M.) de recibo de pedido
Auftragsverwaltung (F.) realización (F.) fiduciaria de funciones ajenas
Aufwand (M.) dispendio (M.), insumo (M.), inversión (F.)
Aufwandsentschädigung (F.) gastos (M.Pl.) de representación, indemnización (F.)
aufwenden gastar, invertir
Aufwendung (F.) impensa (F.), gasto (M.)
aufwerten revaluar, revalorizar, valorizar
Aufwertung (F.) revalorización (F.), valorización (F.)
aufwiegeln agitar, incitar
aufzeichnen anotar, asentar
Aufzeichnung (F.) anotación (F.), asiento (M.), registro (M.), memoria (F.)
Auge (F.) oculo (M.)
Augenschein (M.) inspección (F.) ocular, testimonio (M.) ocular
Augenzeuge (M.) testigo (M.) ocular
Auktion (F.) subasta (F.), remate (M.)
Auktionator (M.) subastador (M.), rematador (M.)
ausbeuten utilizar, explotar
Ausbeutung (F.) explotación (F.)
ausbilden educar, formar
Ausbildender (M.) instructor (M.), formador (M.)
Ausbildung (F.) formación (F.), educación (F.)
Ausbildungsförderung (F.) protección (F.) escolar
Ausbleiben (N.) inasistencia (F.)
ausbleiben constituirse en rebeldía, no comparecer
ausbrechen fugarse, evadirse
Ausbruch (M.) fuga (F.), evasión (F.)
ausbürgern expatriar, desnacionalizar

Ausbürgerung (F.) expatriación (F.), desnaturalización (F.), desnacionalización (F.)
ausdrücklich expreso, explicito
Ausdrücklichkeitsgebot (N.) obligación (F.) de cita expresa
auseinandersetzen liquidar, partir
Auseinandersetzung (F.) conflicto (M.), liquidación (F.), partición (F.)
Ausfall (M.) ausencia (F.), falta (F.)
Ausfallzeit (F.) período (M.) de interrupción temporal, jornada (F.) de baja
ausfertigen otorgar, redactar, despachar, formalizar, librar, expedir
Ausfertigung (F.) copia (F.), ejemplar (M.), formalización (F.), otorgamiento (M.), expedición (F.)
ausforschen explorar, escudriñar, sondear
Ausforschung (F.) exploración (F.)
Ausfuhr (F.) exportación (F.)
ausführen ejecutar, cometer, practicar
Ausfuhrerlaubnis (F.) licencia (F.) de exportación
Ausführung (F.) ejecución (F.), cumplimiento (M.)
Ausführungsgesetz (N.) ley (F.) de ejecución
Ausführungsverordnung (F.) reglamento (M.) ejecutivo
ausfüllen llenar, rellenar, ocupar
Ausgabe (F.) gasto (M.), expedición (F.), emisión (F.), edición (F.)
ausgeben gastar, emitir
Ausgleich (M.) equilibrio (M.), igualación (F.), indemnización (F.)
ausgleichen equilibrar, igualar, indemnizar
Ausgleichsabgabe (F.) tasas (F.Pl.) compensatorias, derechos (M.Pl.) de compensación
Ausgleichsanspruch (M.) acción (F.) de nivelación
Ausgleichsaufgabe (F.) función (F.) de compensación
Auskunft (F.) información (F.), informe (M.)
Auskunftsgesuch (N.) demanda (F.) de información
Auskunftspflicht (F.) deber (M.) de información
Auskunftsverweigerungsrecht (N.) derecho (M.) de rehusar la información
ausladen descargar
Auslage (F.) gasto (M.), expensa (F.)
Ausland (N.) exterior (M.), extranjero (M.)
Ausländer (M.) extranjero (M.), forastero (M.)
Ausländerbehörde (F.) autoridad (F.) de extranjeros
Ausländerrecht (N.) derecho (M.) de extranjería
ausländisch extranjero (Adj.), extraño (Adj.)
Auslandsdelikt (N.) delito (M.) cometido en el extranjero
auslegen interpretar, explicar, exhibir
Auslegung (F.) interpretación (F.), definición (F.), exposición (F.)
Auslegungsregel (F.) regla (F.) interpretativa, máxima (F.) interpretativa
ausleihen prestar
ausliefern extraditar, entregar, despachar
Auslieferung (F.) extradición (F.), entrega (F.)
Auslieferungsantrag (M.) demanda (F.) de extradición
Auslieferungshaft (F.) prisión (F.) preventiva extradicional, detención (F.) previa a la extradición
Auslieferungsverbot (N.) prohibición (F.) de extradición
Auslieferungsvertrag (M.) tratado (M.) de extradición
Auslobung (F.) promesa (F.) de premio, premio (M.) de consolación
auslosen sortear, rescatar
Auslosung (F.) sorteo (M.), reembolso (M.), rifa (F.)
Ausnahme (F.) excepción (F.), exclusión (F.)
Ausnahmegericht (N.) tribunal (M.) especial
Ausnahmezustand (M.) estado (M.) de excepción
ausreichend suficiente
Aussage (F.) dicho (M.), testimonio (M.), declaración (F.)
Aussageerpressung (F.) obtención (F.) de una declaración mediante la fuerza
Aussagegenehmigung (F.) autorización (F.) a declarar
aussagen declarar
Aussagepflicht (F.) obligación (F.) de declarar
Aussageverweigerungsrecht (N.) facultad (F.) de no responder, derecho (M.) a denegarse a declarar
ausschlagen recusar, rechazar, repudiar
Ausschlagung (F.) repudiación (F.), dejación (F.), rechazimiento (M.)

ausschließen excluir, echar, eliminar
ausschließlich exclusivo
ausschließliche Gesetzgebung (F.) legislación (F.) exclusiva
ausschließliche Zuständigkeit (F.) competencia (F.) absoluta
Ausschließung (F.) exclusión (F.), eliminación (F.)
Ausschluss (M.) exclusión (F.), separación (F.), extinción (F.)
Ausschlussfrist (F.) plazo (M.) preclusivo, plazo (M.) de caducidad
Ausschuss (M.) comisión (F.), comité (M.), junta (F.), diputación (F.)
außen fuera
Außenbereich (M.) sector (M.) no urbano
Außengesellschaft (F.) sociedad (F.)
Außenminister (M.) ministro (M.) de Estado, ministro (M.) de asuntos exteriores
Außenministerium (N.) ministerio (M.) de Estado, ministerio (M.) de asuntos exteriores
Außenprüfung (F.) intervención (F.) externa, inspección (F.)
Außensteuerrecht (N.) derecho (M.) tributario internacional
Außenverhältnis (N.) relaciones (F.Pl.) externas, materia (F.) externa
Außenvollmacht (F.) poder (M.) externo
Außenwirtschaft (F.) economía (F.) exterior
Außenwirtschaftsgesetz (N.) ley (F.) de transacciones exteriores
außer excepto, salvo, fuera de
außerehelich fuera de matrimonio, natural, ilegítimo
außergerichtlich no jurisdiccional, extrajudicial
außergerichtliche Geltendmachung (F.) reclamación (F.) extrajudicial
außergewöhnlich extrordinario (Adj.)
Außerkraftsetzung (F.) abolición (F.), derogación (F.)
äußern exteriorizar, opinar
außerordentlich extraordinario
außerordentliche Kündigung (F.) despido (M.) extraordinario
Äußerung (F.) exteriorización (F.), expresión (F.), opinión (F.)
aussetzen sobreseer, suspender, dejar en suspenso, exponer, abandonar, ofrecer
Aussetzung (F.) (Aussetzung von Menschen) exposición (F.), abandono (M.)
Aussetzung (F.) suspensión (F.), cesación (F.)
aussiedeln evacuar
Aussiedler (M.) evacuado (M.)
aussondern detraer, excluir
Aussonderung (F.) clasificación (F.), separación (F.), selección (F.), exclusión (F.)
Aussonderungsrecht N.) derecho (M.) de exclusion, derecho (M.) de separación
aussperren excluir del trabajo, declarar cierre patronal
Aussperrung (F.) cierre (M.) patronal, huelga (F.) patronal
ausspielen premiar
Ausspielung (F.) sorteo (M.), juego (M.), rifa (F.)
Ausspielvertrag (M.) contrato (M.) de juego
Ausstand (M.) huelga (F.)
ausstatten dotar, equipar, asignar
Ausstattung (F.) dotación (F.), equipo (M.), asignación (F.)
ausstehend pendiente
ausstellen levantar, expedir, girar, exponer
Aussteller (M.) (Aussteller eines Wechsels) emisor (M.), girador (M.)
Aussteller (M.) mandante (M.), expositor (M.), otorgante (M.)
Ausstellung (F.) emisión (F.), expedición (F.), exposición (F.)
Aussteuer (F.) dote (M. bzw. F.), equipo (M.)
Austausch (M.) canje (M.), intercambio (M.)
austauschen canjear, cambiar
Austauschpfändung (F.) embargo (M.) de cambio
austreten separarse, retirarse, dejar
Austritt (M.) retirada (F.), retiro (M.), salida (F.)
ausüben ejercer, practicar, profesar
Ausübung (F.) ejercicio (M.), ejecución (F.)
Ausübungsrecht (N.) derecho (M.) de ejercicio
Ausverkauf (M.) venta (F.) total, saldo (M.)
Auswahl (F.) selección (F.), selectividad (F.)
auswählen seleccionar, escoger
auswandern emigrar, transmigrar
Auswanderung (F.) emigración (F.)
auswärtig extraño (Adj.), exterior (Adj.)
auswärtige Angelegenheit (F.) asunto (M.) exterior
auswärtiger Dienst (M.) servicio (M.) exterior

ausweichen eludir, desviarse
Ausweis (M.) carnet (M.), carné (M.), documento (M.) de identidad
ausweisen registrar, mostrar, indicar, legitimar, identificar, expulsar, extrañar
Ausweispflicht (F.) deber (M.) de estar documentado
Ausweisung (F.) expulsión (F.), proscripción (F.)
auswirken producir efecto, indicir, repercutir
Auswirkung (F.) efecto (M.), repercusión (F.), consequencia (F.)
auszahlen pagar
Auszahlung (F.) pago (M.), liquidación (F.)
Auszubildender (M.) aprendiz (M.)
Auszug (M.) compendio (M.), extracto (M.), salida (F.)
authentisch auténtico
authentische Interpretation (F.) interpretación (F.) auténtica
Auto (N.) auto (M.), automóvil (M.), coche (M.)
Autobahn (F.) autopista (F.)
Automat (M.) aparato (M.) automático, distribuidor (M.) automático, autómata (M.)
Automatenmissbrauch (M.) abuso (M.) de aparatos automáticos
automatisch automático (Adj.)
autonom autónomo, autonómico
autonome Region (F.) Comunidad (F.) Autonoma (C.A.)
Autonomie (F.) autonomía (F.)
Autopsie (F.) autopsia (F.)
Autor (M.) autor (M.)
autorisieren autorizar, licenciar
Aval (M.) aval (M.)
Avis (M.) aviso (M.)
Axiom (N.) axioma (M.)

B

baccalaureus (M.) (lat.) bachiller (M.)
Baden (N.) Baden (M.)
Baden-Württemberg (N.) Baden-Wurtemberg (M.) (Land Baden-Wurtemberg)
Bagatelldelikt (N.) delito (M.) bagatelo
Bagatelle (F.) bagatela (F.), nimiedad (F.)
Bagatellsache (F.) cosa (F.) sin importancia, asunto (M.) de mínima cuantía
Bagatellschaden (M.) siniestro (M.) leve
Bahn (F.) camino (M.), vía (F.), ferrocarril (M.)
Baisse (F.) baja (F.), descenso (M.)
Bande (F.) (1) banda (F.), bando (M.), cuadrilla (F.)
Bandendiebstahl (M.) hurto (M.) en cuadrilla
Bandit (M.) bandido (M.), bandolero (M.)
Bank (F.) banco (M.), banca (F.), caja (F.)
Bankakzept (N.) aceptación (F.) bancaria
Bankauskunft (F.) información (F.) bancaria
Bankbürgschaft (F.) fianza (F.) bancaria, aval (M.) bancario
Bankdepot (N.) depósito (M.) bancario, imposición (F.) en un banco
Bankgeheimnis (N.) secreto (M.) bancario
Bankgeschäft (N.) negocio (M.) bancario, transacción (F.)
Bankguthaben (N.) cuenta (F.) bancaria, haber (M.) bancario
Bankier (M.) banquero (M.)
Bankkonto (N.) cuenta (F.) bancaria
Banknote (F.) papel-moneda (M.), billete (M.) de banco
Bankomat (M.) cajero (M.) automático
Bankraub (M.) robo (M.) bancario
Bankrecht (N.) derecho (M.) bancario
Bankrott (M.) bancarrota (F.), quiebra (F.)
bankrott fallido (Adj.), alzado, insolvente (Adj.), quebrado (Adj.)
Bankrotteur (M.) bancarrotista (M.), fallido (M.)
Banküberweisung (F.) transferencia (F.) bancaria
Bann (M.) bando (M.), anatema (M. bzw. F.)
Bannkreisverletzung (F.) protección (F.) de la paz del lugar
Bannmeile (F.) hito (M.) señorial
bar contado, en caja, en metálico, en efectivo
Bargebot (N.) postura (F.) en metálico
Bargeld (N.) metálico (M.), efectivo (M.), moneda (F.) contante
Barkauf (M.) compra (F.) en efectivo, compra (F.) al contado
Barscheck (M.) cheque (M.) en efectivo
Barzahlung (F.) pago (M.) al contado, pago (M.) franco, pago (M.) en metálico, pago (M.) en efectivo
Basis (F.) base (F.)
Basiszins (M.) interés (M.) de base

Bau (M.) edificación (F.), construcción (F.), obra (F.)
Bauaufsicht (F.) inspección (F.) urbanística, inspección (F.) de obras
Baubehörde (F.) autoridad (F.) de edificación, inspección (F.) de obras
bauen construir, edificar
Bauer (M.) campesino (M.), agricultor (M.)
baufällig ruinoso
Baufreiheit (F.) libertad (F.) de edificación
Baugebiet (N.) territorio (M.) edificable
Baugenehmigung (F.) liciencia (F.) de obras, licencia (F.) de construcción
Baugesetzbuch (N.) código (M.) de edificación, ley (F.) de edificación
Bauherr (M.) constructor (M.), arrendatario (M.)
Baukosten (F.Pl.) gastos (M.Pl.) de construcción
Baukostenzuschuss (M.) entrada (F.), contribución (F.) a los costes de construcción
Bauland (N.) terreno (M.) edificable, suelo (M.) urbanizable
Baulanderschließung (F.) puesta (F.) en valor de terrenos para edificar
Bauleiter (M.) jefe (M.) de obras, aparejador (M.)
Bauleitplan (M.) plan (M.) general de urbanización, plan (M.) general de ordenación urbana
Bauleitplanung (F.) planificación (F.) general de ordenación urbana
Baulinie (F.) alineación (F.), línea (F.) de edificación
Baumarkt (M.) mercado (M.) de la construcción
Baumeister (M.) maestro (M.) de obras
Bauordnung (F.) reglamento (M.) sobre edificación
Bauordnungsamt (N.) policía (F.) de la construcción
Bauordnungsbehörde (F.) policía (F.) de la construcción, policía (F.) urbanística
Bauplan (M.) planta (F.), plan (M.) de construcción
Bauplanung (F.) urbanismo (M.)
Bauplanungsamt (N.) concejalía (F.) de urbanismo
Bauplatz (M.) solar (M.)
Baupolizei (F.) policía (F.) de la construcción
Baurecht (N.) derecho (M.) de construcción, ordenanza (F.) de construcción, derecho (M.) de la edificación
baureif edificable
Bauschein (M.) permiso (M.) de construcción, liciencia (F.) de construcción
Bausparkasse (F.) caja (F.) de ahorros para la construcción, cooperativa (F.) de crédito a la construcción
Bausparvertrag (M.) contrato (M.) de ahorro
Bauunternehmer (M.) constructor (M.), contratista (M.) de edificación
Bauwerk (N.) construcción (F.), obra (F.)
Bauwich (M.) distancia (F.) entre edificaciones
Bayer (M.) Baviero (M.)
Bayern (N.) Baviera (F.)
beabsichtigen pensar, proyectar
beachten considerar
Beachtung (F.) observancia (F.), atención (F.)
Beamtenbestechung (F.) cohecho (M.), soborno (M.) de funcionarios
Beamtenhaftung (F.) responsabilidad (F.) de los funcionarios
Beamtenrecht (N.) derecho (M.) funcionario, derecho (M.) de funcionarios
Beamtenverhältnis (N.) relación (F.) funcionarial
Beamter (M.) funcionario (M.), agente (M.) público
beanspruchen pretender, reclamar, reivindicar
beanstanden objetar, reclamar
beantragen solicitar, pedir, proponer
bearbeiten despachar, tramitar
Bearbeitung (F.) trabajo (M.), tramitación (F.)
beaufsichtigen controlar, inspeccionar
beauftragen delegar, comisionar, mandar
beauftragt encargado (Adj.)
Beauftragter (M.) mandatario (M.), comisario (M.)
bebauen cultivar, urbanizar
Bebauungsplan (M.) plan (M.) de urbanización
Bedarf (M.) necesidad (F.), demanda (F.)
Bedenken (N.) duda (F.)
bedeuten significar
Bedeutung (F.) importancia (F.), significación

bedienen servir, manejar
Bediensteter (M.) servidor (M.)
Bedienung (F.) servicio (M.), manejo (M.)
Bedienungsanleitung (F.) instrucción (F.), pliego (M.) de instrucciones
bedingen condicionar, clausular, estipular
bedingt condicional (Adj.), bajo condición, condicionado
bedingter Vorsatz (M.) dolo (M.) condicional
Bedingung (F.) condición (F.)
bedrohen amenazar
Bedrohung (F.) amenaza (F.), intimidación (F.)
Bedürfnis (N.) necesidad (F.), exigencia (F.)
Bedürfnisprüfung (F.) determinación (F.) de la necesidad
bedürftig necesitado, indigente (Adj.)
Bedürftigkeit (F.) necesidad (F.), indigencia (F.)
beeiden jurar, juramentar
beeidigen jurar, juramentar
Beeidigung (F.) juramento (M.)
beeinflussen influenciar
beeinträchtigen injuriar, perturbar
Beeinträchtigung (F.) agravio (M.), perjuicio (M.)
beenden finalizar, fenecer, terminar, concluir
beendet concluso, fenecido
beendigen terminar, finalizar
Beendigung (F.) terminación (F.), finalización (F.), extinción (F.), conclusión (F.)
beerben suceder, heredar
beerdigen enterrar, sepultar
Beerdigung (F.) sepelio (M.), entierramiento (M.)
Beerdigungskosten (F.Pl.) gastos (M.Pl.) de sepelio
befähigen habilitar, facultar
Befähigung (F.) aptitud (F.), capacidad (F.)
Befähigungsnachweis (M.) certificado (M.) de aptitud
befangen sein tener interés en la causa
Befangenheit (F.) parcialidad (F.), interés (M.)
befassen tocar, ocupar
Befehl (M.) orden (F.), mandato (M.)
befehlen mandar, encomendar, ordenar
befolgen observar, cumplir
befördern transportar, promover
Beförderung (F.) ascenso (M.), promoción (F.), transporte (M.)
Beförderungsvertrag (M.) contrato (M.) de transporte
befragen consultar, inquirir
befreien liberar, libertar
Befreiung (F.) liberación (F.), dispensa (F.), exención (F.)
befrieden pacificar, inmunizar
befriedet inmunizado
befriedigen satisfacer, cubrir
Befriedigung (F.) satisfacción (F.), arreglo (M.), pago (M.)
Befriedung (F.) pacificación (F.)
befristen aplazar, limitar
Befristung (F.) aplazamiento (M.), temporalidad (F.)
Befugnis (F.) competencia (F.), autorización (F.), permiso (M.)
befugt competente, facultado, legítimo (Adj.), autorizado (Adj.)
befürworten recomendar
Befürwortung (F.) recomendación (F.)
begabt dotado
Begabtenauslese (F.) elección (F.) de dotados
begebbar cotizable, negociable
begebbares Wertpapier (N.) título (M.) cotizable, título (M.) negociable
begeben emitir, transferir, negociar, endosar
begehen cometer, perpetrar
Begehren (N.) petición (F.)
begehren pedir
Begehung (F.) comisión (F.), inspección (F.)
Begehungsdelikt (N.) delito (M.) de acción
Beginn (M.) comienzo (M.)
beginnen comenzar
beglaubigen legalizar, certificar
Beglaubigung (F.) legalización (F.), certificación (F.)
Beglaubigungsschreiben (N.) cartas (F.Pl.) credenciales
Beglaubigungsvermerk (M.) nota (F.)
begleichen pagar, saldar, satisfacer
begleiten acompañar
Begleittat (F.) hecho (M.) acompañante
begnadigen indultar, perdonar
Begnadigung (F.) indulto (M.), perdón (M.), gracia (F.)
begreifen comprender
begrenzen limitar
begrenzt limitado
Begrenzung (F.) limitación (F.)

Begriff (M.) concepto (M.), idea (F.)
Begriffsjurisprudenz (F.) jurisprudencia (F.) conceptual
begründen argumentar, motivar, sustenciar, fundar
begründet fundado, legítimo (Adj.)
Begründetheit (F.) fundabilidad (F.), fundamentación (F.), justicia (F.)
Begründung (F.) argumentación (F.), motivación (F.)
begünstigen beneficiar, favorecer
begünstigend beneficioso
Begünstigter (M.) favorecedo (M.), beneficiado (M.)
Begünstigung (F.) privilegio (M.), favorecimiento (M.), encubrimiento (M.)
behandeln tratar
Behandlung (F.) trato (M.), tratamiento (M.)
behaupten afirmar, asentar, mantener
Behauptung (F.) afirmación (F.), aseveración (F.), alegación (F.)
Behelf (M.) adminículo (M.), recurso (M.)
beherbergen aposentar, hospedar
Beherbergung (F.) hospedaje (M.)
beherrschen dominar, controlar
Beherrschung (F.) dominio (M.), control (M.)
Beherrschungsvertrag (M.) contrato (M.) de dominación
behindern dificultar
Behinderter (M.) minusválido (M.), disminuido (M.)
Behinderung (F.) estorbo (M.), obstaculización (F.)
Behinderungswettbewerb (M.) competencia (F.) por obstaculización
Behörde (F.) autoridad (F.), negociado (M.), administración (F.)
behördlich administrativo, oficial
beibringen aportar, alegar, producir
Beibringung (F.) presentación (F.), aportación (F.)
Beibringungsgrundsatz (M.) principio (M.) de controversia
beifügen adjuntar, poner
Beigeladener (M.) interviniente (M.), parte (F.) coadyuvante, coadyuvante (M.)
Beigeordneter (M.) adjunto (M.) del alcalde
Beihilfe (F.) ayuda (F.), asistencia (F.), complicidad (F.)
Beihilfenrecht (N.) derecho (M.) de ayuda
beiladen llamar en causa, citar
Beiladung (F.) llamada (F.) en causa, emplazamiento (M.)
beilegen arreglar, avenir
Beilegung (F.) arreglo (M.)
Beirat (M.) consejo (M.)
Beischlaf (M.) cohabitación (F.), yacimiento (M.)
beischlafen cohabitar
Beisitzer (M.) adjunto (M.), audito (M.), magistrado (M.)
Beispiel (N.) ejemplo (M.)
Beistand (M.) asistencia (F.), ayuda (F.)
beistehen ayudar, socorrer, asistir
Beitrag (M.) cuota (F.), contribución (F.)
Beitragsbemessung (F.) tasación (F.) de la cuota
Beitragsbemessungsgrenze (F.) salario (M.) de cotización
beitreiben recaudar, cobrar
Beitreibung (F.) recaudación (F.), contracción (F.), cobro (M.)
beitreten entrar, adherirse, coadyuvar
Beitritt (M.) ingreso (M.), adhesión (F.)
beiwohnen cohabitar
Beiwohnung (F.) cohabitación (F.)
bejahen afirmar
bekannt (Adj.) conocido (Adj.), reputado (Adj.)
Bekanntgabe (F.) aviso (M.), publicación (F.), notificación (F.)
bekanntgeben anunciar, publicar, notificar
bekanntmachen anunciar, comunicar, notificar, publicar
Bekanntmachung (F.) publicación (F.), aviso (M.), notificación (F.)
bekennen confesar, profesar
Bekenntnis (N.) confesión (F.)
Bekenntnisfreiheit (F.) libertad (F.) religiosa, libertad (F.) de confesión
Bekenntnisschule (F.) escuela (F.) confesional
beklagt demandado (Adj.), acusado (Adj.)
Beklagte (F.) demandada (F.), acusada (F.)
Beklagter (M.) demandado (M.), parte (F.) demandada, acusado (M.), convenido (M.)
bekräftigen assegurar, convalidar, confirmar, reforzar, corroborar
Bekräftigung (F.) comprobación (F.), confirmación (F.), corroboración (M.), reforzamiento (M.)

Belang (M.) importancia (F.), interés (M.)
belasten adeudar, debitar, imputar, cargar, gravar, incriminar
belastend incriminatorio, oneroso, comprometedor
belästigen molestar
Belästigung (F.) molestia (F.)
Belastung (F.) recargo (M.), débito (M.), gravamen (M.)
Belastungszeuge (M.) testigo (M.) de cargo
belaufen subir, llegar, ascender
Beleg (M.) justificante (M.), documento (M.) justificativo, recibo (M.), prueba (F.)
belegen (Adj.) situado, sito, radicante, ubicado
belegen (V.) imponer, reservar, matricularse, comprobar, documentar
Belegenheit (F.) situación (F.), ubicación (F.)
Belegschaft (F.) plantilla (F.), personal (M.)
belehren instruir
Belehrung (F.) informe (M.), instrucción (F.)
Belehrungspflicht (F.) deber (M.) de informar
beleidigen injurar, insultar
Beleidigung (F.) injuria (F.), insulto (M.), ofensa (F.)
beleihen pignorar, prendar
belohnen retribuir, premiar, gratificar
Belohnung (F.) premio (M.), gratificación (F.), recompensa (F.)
bemerken observar, comentar
Bemerkung (F.) observación (F.), comentario (M.)
bemessen mensurar
Bemessung (F.) calcular, cálculo (M.), mensuración (F.)
Bemessungsgrundlage (F.) base (F.) de cálculo, base (F.) imponible
beneficium (N.) (lat.) beneficio (M.)
Benehmen (N.) conducta (F.), comportamiento (M.)
Benelux (Sb.) Benelux
Benelux-Wirtschaftsunion (F.) Unión (F.) Económica Benelux
benutzen usar, utilizar
Benutzer (M.) usuario (M.), prestatario (M.)
Benutzerkennung (F.) identificación (F.)
Benutzung (F.) utilización (F.), uso (M.)
Benutzungsgebühr (F.) tasa (F.) de utilización
Benutzungsordnung (F.) reglamento (M.) de servicios
Benutzungsvereinigung (F.) asociación (F.) de usuarios
Benzin (N.) gasolina (F.), bencina (F.)
beobachten observar, cumplir
beraten (V.) deliberar, considerar, dictaminar
Berater (M.) consultor (M.), consejero (M.), asesor (M.)
Beratung (F.) consulta (F.), consultación (F.), discusión (F.), toma (F.) en consideración
Beratungshilfe (F.) turno (M.) de oficio, asesoría (F.) jurídica
Beratungszimmer (N.) sala (F.) de sesiones, sala (F.) de conferencias
berauben robar, expoliar, privar
Beraubung (F.) expolio (M.), expoliación (F.)
berechnen contar, facturar, computar, calcular
Berechnung (F.) calculación (F.), cuenta (F.), cotización (F.)
berechtigen justificar, autorizar, habilitar
berechtigt autorizado (Adj.)
Berechtigter (M.) autorizado (M.), derecho-habiente (M.), beneficiario (M.)
Berechtigung (F.) justificación (F.), autorización (F.), derecho (M.), título (M.)
Bereich (M.) ámbito (M.), zona (F.), área (F.), distrito (M.)
bereichern enriquecer, lucrar
Bereicherung (F.) enriquecimiento (M.)
Bereicherungsabsicht (F.) ánimo (M.) de enriquecimiento
Bereicherungsanspruch (M.) pretensión (F.) de enriquecimiento
bereinigen depurar, deflactar, actualizar
Bereinigung (F.) depuración (F.), ajuste (M.)
bereit listo, dispuesto
Bereitschaft (F.) disposición (F.)
Bereitschaftsdienst (M.) turno (M.) de guardia, guardias (F.Pl.)
Bereitschaftspolizei (F.) policía (F.) móvil, policía (F.) de guardia
Berg (M.) monte (M.), montaña (F.)
Bergarbeiter (M.) minero (M.)
Bergbau (M.) minería (F.), industria (F.) minera
Bergelohn (M.) salario (M.) de salvamento, precio (M.) de salvación
bergen salvar

Bergrecht (N.) derecho (M.) minero, derecho (M.) de minas
Bergregal (N.) derecho (M.) de regalía, regalía (F.) minera
Bergung (F.) salvamento (M.)
Bergwerk (N.) mina (F.)
Bergwerk (N.) mina (F.)
Bergwerkseigentum (N.) dominio (M.) minero, propiedad (F.) minera
Bericht (M.) informe (M.), relación (F.), nota (F.)
berichten informar, dar cuenta
Berichterstatter (M.) ponente (M.), informador (M.)
berichtigen corregir, rectificar
Berichtigung (F.) corrección (F.), rectificación (F.)
Berlin (N.) Berlín (M.)
Berlin-Abkommen (N.) Acuerdo (M.) sobre Berlín, Tratado (M.) de Berlín
berücksichtigen considerar
Beruf (M.) profesión (F.)
berufen (V.) llamar, convocar
beruflich profesional (Adj.)
Berufsausübung (F.) ejercicio (M.) profesional, práctica (F.) profesional, ejercicio (M.) de la profesión
Berufsbeamter (M.) funcionario (M.) profesional, funcionario (M.) de carrera
Berufsberatung (F.) orientación (F.) profesional
Berufsbildung (F.) formación (F.) profesional
Berufsfreiheit (F.) libertad (F.) de la profesión
Berufsgeheimnis (N.) secreto (N.) profesional
Berufsgenossenschaft (F.) mutua (F.) profesional, mutualidad (F.) de accidentes de trabajo
Berufskrankheit (F.) enfermedad (F.) profesional, enfermedad (F.) laboral
Berufsrichter (M.) juez (M.) profesional, juez (M.) de carrera, juez (M.) técnico
Berufsschule (F.) escuela (F.) de aprendizaje, escuela (F.) profesional
Berufsunfähigkeit (F.) incapacidad (F.) profesional
Berufsunfähigkeitsversicherung (F.) seguro (M.) contra accidentes del trabajo
Berufsverband (M.) asociación (F.) profesional, organización (F.) profesional
Berufsverbot (N.) interdicción (F.) profesional
Berufswahl (F.) elección (F.) de profesión
Berufung (F.) apelación (F.), demanda (F.) de apelación
Berufungsgericht (N.) tribunal (M.) de apelación, audiencia (F.)
Berufungsverfahren (N.) juicio (M.) apelatorio, juicio (M.) de apelación
berühmen jactar
Berühmung (F.) jactancia (F.)
Besatzung (F.) ocupación (F.)
Besatzungsgebiet (N.) zona (F.) de ocupación
Besatzungsmacht (F.) potencia (F.) ocupante
Besatzungsrecht (N.) derecho (M.) de ocupación
Besatzungsstatut (N.) estatuto (M.) de ocupación
Besatzungszone (F.) zona (F.) de ocupación
beschädigen lesionar, dañar, deteriorar
Beschädigung (F.) lesión (F.), injuria (F.), deterioro (M.)
beschaffen (V.) procurar, aportar
Beschaffung (F.) provisión (F.), aportación (F.)
beschäftigen ocupar, emplear
beschäftigt empleado (Adj.), ocupado (Adj.)
Beschäftigung (F.) empleo (M.), ocupación (F.)
Beschäftigungspflicht (F.) deber (M.) de ocupación
Bescheid (M.) decisión (F.), notificación (F.), información (F.)
bescheiden (V.) avisar, notificar
bescheinigen certificar, autenticar, atestar
Bescheinigung (F.) certificación (F.), atestado (M.)
beschimpfen insultar
Beschimpfung (F.) insulto (M.), afrenta (F.)
Beschlag (M.) embargo (M.)
Beschlagnahme (F.) embargo (M.), confiscación (F.)
beschlagnahmen embargar, confiscar
beschleunigen acelerar
beschleunigt acelerado
beschließen deliberar, decidir, decretar, terminar

Beschluss (M.) decisión (F.), acuerdo (M.), auto (M.)
beschlussfähig competente para decidir
Beschlussfähigkeit (F.) quórum (M.)
Beschlussfassung (F.) décision (F.), resolución (F.), toma (F.) de decisión
beschlussunfähig sin reunir el quórum
Beschlussverfahren (N.) proceso (M.) sumario
beschränken limitar, coartar
beschränkt limitado
beschränkte Geschäftsfähigkeit (F.) incapacidad (F.) relativa
beschränkte Haftung (F.) responsabilidad (F.) limitada
beschränkte persönliche Dienstbarkeit (F.) servidumbre (F.) personal limitada
beschränktes dingliches Recht (N.) derecho (M.) real limitado
Beschränkung (F.) restricción (F.), limitación (F.)
beschuldigen acusar, inculpar, culpar
Beschuldigte (F.) inculpada (F.), imputada (F.), procesado (F.)
Beschuldigter (M.) inculpado (M.), imputado (M.), procesado (M.)
Beschwer (F.) agravio (M.), gravamen (M.)
Beschwerde (F.) queja (F.), recurso (M.) de alzada
Beschwerdeführer (M.) recurrente (M.), querellante (M.), apelante (M.)
Beschwerdeverfahren (N.) proceso (M.) de recurso
beschweren cargar, agraviar, reclamar, protestar
beseitigen eliminar, suprimir, abolir
Beseitigung (F.) eliminación (F.), supresión (F.), sustracción (F.)
besetzen ocupar, proveer, dotar, cubrir
Besetzung (F.) (Besetzung eines Territoriums) ocupación (F.), provisión (F.)
Besitz (M.) posesión (F.), dominio (M.), patrimonio (M.)
Besitzdiener (M.) detentador (M.), servidor (M.) de la posesión
Besitzeinweisung (F.) toma (F.) de posesión
besitzen poseer, tener en su haber
Besitzentziehung (F.) deposesión (F.), privación (F.)
Besitzer (M.) posesor (M.), poseedor (M.)
Besitzergreifung (F.) toma (F.) de posesión, acto (M.) de posesión
Besitzkonstitut (N.) constituto (M.) posesorio
Besitzmittler (M.) mediador (M.) posesorio
Besitznahme (F.) toma (M.) de posesión
Besitzrecht (N.) derecho (M.) de posesión
besitzrechtlich posesorio
Besitzschutz (M.) protección (F.) posesoria, tutela (F.) de la posesión
Besitzstand (M.) estado (M.) posesorio, situación (F.) adquirida
Besitzsteuer (F.) impuesto (M.) sobre bienes
Besitzstörung (F.) perturbación (F.) posesoria, turbación (F.) en la posesión
Besitztitel (M.) título (N.) posesorio
Besitzwehr (F.) defensa (F.) de la posesión
besolden asalariar, dotar
Besoldung (F.) salario (M.), sueldo (M.)
Besoldungsdienstalter (N.) antigüedad (F.)
Besoldungsordnung (F.) plan (M.) de sueldos
besondere particular (Adj.), peculiar
besonderes Gewaltverhältnis (N.) relación (F.) especial de poder
Besonderheit (F.) peculiaridad (F.)
besorgen procurar, agenciar, ejecutar, gestionar
Besorgnis (F.) sospecha (F.), temor (M.)
Besorgung (F.) ejecución (F.), gestión (F.)
bessere mejor
bessern corregir, mejorar
Besserung (F.) corrección (F.), mejoramiento (M.)
bestallen instalar, agraciar
Bestallung (F.) instalación (F.), nombramiento (M.)
Bestand (M.) reserva (F.), existencias (F.Pl.)
Bestandskraft (F.) consistencia (F.) material, firmeza (F.)
bestandskräftig irrevocable
Bestandsschutz (M.) protección (F.) de existencia
Bestandteil (M.) parte (F.) integrante, integrante (M.)
bestätigen certificar, confirmar
Bestätigung (F.) certificado (M.), confirmación (F.)
Bestätigungsschreiben (N.) carta (F.) confirmadora, carta (F.) confirmatoria, carta (F.) confirmativa

bestechen sobornar, corromper, dadivar
bestechlich corruptible, sobornable
Bestechlichkeit (F.) corruptela (F.), corruptibilidad (F.)
Bestechung (F.) soborno (M.), corrupción (F.), cohecho (M.)
Bestehen (N.) existencia (F.), reserva (F.), estado (N.), vida (F.), superación (F.)
bestellen mandar, nominar, designar, pedir, encargar
Bestellschein (N.) noda (F.) de pedido, papeleta (F.)
Bestellung (F.) demanda (F.), constitución (F.)
besteuern imponer, tasar, gravar
Besteuerung (F.) imposición (F.), tasación (F.), tributación (F.)
Besteuerungsverfahren (N.) procedimiento (M.) tributario
bestimmen destinar, disponer, estipular, prescribir
bestimmt destinado, determinado, fijo
Bestimmtheit (F.) determinación (F.), precisión (F.), certeza (F.)
Bestimmtheitserfordernis (F.) principio (M.) de precisión
Bestimmtheitsgebot (N.) mandato (M.) de determinación, garantía (F.) de la tipificación
Bestimmtheitsgrundsatz (M.) principio (M.) de certeza
Bestimmung (F.) disposición (F.), cláusula (F.), canon (M.), designación (F.)
Bestimmungsort (M.) destino (M.), lugar (M.) de destino
bestrafen penar, multar, corregir
Bestrafung (F.) pena (F.), castigo (M.), sanción (F.), penalización (F.)
bestreiten impugnar, negar, contestar, discutir
besuchen visitar
Besuchsrecht (N.) derecho (M.) de visita
betäuben aturdir, narcotizar
Betäubung (F.) aturdimiento (M.), narcosis (F.)
Betäubungsmittel (N.) narcótico (M.), anestésico (M.)
beteiligen tomar interés, interesar, concurrir, participar
Beteiligter (M.) interesado (M.), participante (M.), cómplice (M.), socio (M.)
Beteiligung (F.) participación (F.), contribución (F.), complicidad (F.)
Beteiligungsdarlehen (N.) préstamo (M.) participativo
Beteiligungsgesellschaft (F.) sociedad (F.) partícipe
Betracht (M.) consideración (F.)
betrachten considerar
Betrachtung (F.) consideración (F.)
Betrachtungsweise (F.) consideración (F.), método (M.) de examen
Betrag (M.) suma (F.), cantidad (F.), cuota (F.)
Betreiben (N.) impulso (M.), instrucción (F.), promoción (F.)
betreiben impulsar, instruir, explotar
Betreten (N.) entrada (F.)
betreten (V.) entrar
betreuen asistir, atender, ocuparse
Betreuer (M.) tutor (M.), asistente (M.), asesor (M.)
Betreuerin (F.) assistente (F.)
Betreuung (F.) asistencia (F.)
Betrieb (M.) explotación (F.), empresa (F.), industria (F.), fábrica (F.)
Betriebsanlage (F.) instalación (F.)
Betriebsausgabe (F.) gasto (M.) de explotación, gasto (M.) operativo
Betriebseinnahme (F.) ingreso (M.) procedente de la actividad de la empresa, renta (F.), producto (M.) de explotación
Betriebsgefahr (F.) riesgo (M.) de explotación, riesgo (M.) empresarial
Betriebsprüfung (F.) inspección (F.) de la explotación, comprobación (F.) interna
Betriebsrat (M.) consejo (M.) de empresa, enlace (M.) sindical
Betriebsrente (F.) pensión (F.) de jubilación
Betriebsrentensatzung (F.) reglamento (M.) de explotación
Betriebsrisiko (N.) riesgo (M.) de explotación
Betriebsstörung (F.) interrupción (F.) de servicio
Betriebsüberlassung (F.) cesión (F.) de la explotación
Betriebsvereinbarung (F.) acuerdo (M.) empresarial, reglamento (M.) de empresa
Betriebsverfassung (F.) régimen (M.) empresarial, organización (F.) de las empresas

Betriebsverfassungsgesetz (N.) ley (F.) de régimen de empresa
Betriebsversammlung (F.) asamblea (F.) de la empresa
Betriebswirtschaft (F.) economía (F.) de la empresa
betrinken (sich) emborrachar(se)
Betroffener (M.) interesado (M.)
Betrug (M.) fraude (M.), estafa (F.), engaño (M.)
betrügen estafar, engañar
Betrüger (M.) defraudador (M.), estafador (M.), engañador (M.)
betrügerisch fraudulento, engañoso
betrunken borracho (Adj.)
Bettelei (F.) mendicidad (F.)
betteln mendigar, pedir limosna
Bettler (M.) mendigo (M.), limosnero (M.)
Beugemittel (F.) medio (M.) de doblegamiento
beugen doblar, encorvar
Beugestrafe (F.) pena (F.) coactiva
beurkunden documentar, autentificar, certificar
Beurkundung (F.) autentificación (F.), autorización (F.), documentación (F.)
beurlauben dar vacaciones, licenciar, dar permiso
Beurlaubung (F.) permiso (M.), concesión (F.) de vacaciones
beurteilen apreciar, juzgar, valorar, estimar
Beurteilung (F.) apreciación (F.), valoración (F.), juicio (M.)
Beurteilungsspielraum (M.) margen (M. bzw. F.) de discrecionalidad, margen (M. bzw. F.) de confianza
Beute (F.) despojo (M.), botín (M.)
bevollmächtigen apoderar, autorizar
Bevollmächtigter (M.) apoderado (M.), poderhabiente (M.)
Bevollmächtigung (F.) apoderamiento (M.), autorización (F.), procuración (F.)
bevorrechtigt privilegiado (Adj.)
Bevorrechtigung (F.) privilegio (M.)
bewachen custodiar
Bewachung (F.) custodia (F.)
bewähren hacer méritos
Bewährung (F.) remisión (F.) condicional
Bewährungsauflage (F.) condición (F.) de la condena condicional
Bewährungshelfer (M.) auxiliar (M.) de prueba, oficial (M.) probatorio
Beweggrund (M.) motivo (M.), móvil (M.)
beweglich mueble (Adj.), variable
bewegliche Sachen (F.Pl.) enseres (M.Pl.), bienes (M.Pl.) muebles
Beweis (M.) prueba (F.), demonstración (F.)
Beweisantrag (M.) proposición (F.) de prueba, petición (F.) de recibimiento a prueba
Beweisantritt (M.) oferta (F.) de la prueba, aducción (F.) de pruebas
Beweisaufnahme (F.) recibimiento (M.) a prueba, práctica (F.) de prueba
beweisen probar, comprobar, poner a prueba, demostrar
Beweiserhebung (F.) probanza (F.), diligencia (F.) de prueba
Beweiserleichterung (F.) facilitación (F.) de la prueba
Beweisführung (F.) probanza (F.), demostración (F.), argumentación (F.)
Beweisgegenstand (M.) pieza (F.) de convicción, instrumento (M.) de prueba
Beweisgrund (M.) motivo (M.) de prueba, argumento (M.)
Beweisinterlokut (N.) interlocutoria (F.) de prueba
Beweislast (F.) carga (F.) de la prueba, peso (M.) de la prueba
Beweislastumkehr (F.) inversión (F.) de la prueba, regla (F.) de presunción
Beweismittel (N.) medio (M.) probatorio, elemento (M.) de prueba
Beweisregel (F.) regla (F.) de evidencia
Beweissicherung (F.) aseguramiento (M.) de la prueba, prueba (F.) anticipada
Beweisstück (N.) pieza (F.) de convicción, documento (M.) probatorio, cuerpo (M.) del delito
Beweisthema (N.) tema (M.) probatorio
Beweisverfahren (N.) procedimiento (M.) probatorio, recibimiento (M.) a prueba
Beweiswürdigung (F.) apreciación (F.) de prueba, estimación (F.) de prueba
bewerben pretender, aspirar, solicitar
Bewerber (M.) candidato (M.), aspirante (M.)
Bewerbung (F.) candidatura (F.), solicitación (F.)
bewerten valorar, valuar, avalorar
Bewertung (F.) valorización (F.), avaloración (F.)

bewilligen conceder, otorgar, consentir, licenciar
Bewilligung (F.) permiso (M.), concesión (F.), otorgamiento (M.)
bewirken determinar, operar
bewusst consciente
bewusste Fahrlässigkeit (F.) culpa (F.) consciente, culpa (F.) con previsión
bewusstlos sin conocimiento, desmayado
Bewusstlosigkeit (F.) desmayo (M.)
Bewusstsein (N.) conciencia (F.)
Bewusstseinsstörung (F.) perturbación (F.) de conciencia, trastorno (M.) mental
bezahlen pagar, abonar, saldar, liquidar
Bezahlung (F.) pago (M.), satisfacción (F.), saldo (M.), liquidación (F.)
bezeugen testimoniar, testificar
bezichtigen incriminar
Bezichtigung (F.) inculpación (F.)
beziehen percibir, comprar, cobrar
Beziehung (F.) relación (F.), conexión (F.), vínculo (M.)
Bezirk (M.) distrito (M.), territorio (M.), comarca (F.)
Bezirksanwalt (M.) fiscal (M. bzw. F.)
Bezirksgericht (N.) tribunal (M.) circuito, tribunal (M.) de distrito
Bezirksnotar (M.) secretario-notario (M.)
Bezirksregierung (F.) jefatura (F.) del distrito
Bezogener (M.) librado (M.), girado (M.)
Bezug (M.) percepción (F.), adquisición (F.), cobro (M.)
Bezugnahme (F.) referencia (F.)
Bezugsrecht (N.) derecho (M.) de opción, derecho (M.) de suscripción
Bibliographie bibliografía (F.)
Bibliothek (F.) biblioteca (F.)
Biene (F.) abeja (F.)
Bienenrecht (N.) derecho (M.) de abejas
Bier (N.) cerveza (F.)
bieten ofrecer, pujar, hacer postura
Bigamie bigamia (F.)
Bilanz (F.) balance (M.), estado (M.) de situación
Bilanzrichtlinie (F.) criterio (M.) contable
Bilanzsteuerrecht (N.) normas (F.Pl.) sobre el balance fiscal
bilateral bilateral
Bild (N.) imagen (F.), cuadro (M.)
bilden formar, constituir, instaurar, instruir
Bildschirm (M.) pantalla (F.), monitor (M.)
Bildung (F.) instrucción (F.), cultura (F.), formación (F.)
Bildungsrecht (N.) legislación (F.) educativa
billig barato, equitativo
billigen aprobar, sancionar
Billigkeit (F.) barata (F.), baratura (F.), equidad (F.)
Billigkeitsregel (F.) regla (F.) de equidad
Billigung (F.) aprobación (F.)
binden vincular, ligar
bindend obligatorio
Bindung (F.) vinculación (F.), vínculo (M.)
Bindungswirkung fuerza (F.) obligatoria, efecto (M.) vinculante
binnen en el término de
Binnenhandel (M.) comercio (M.) interior
Binnenmarkt (M.) mercado (M.) interior, mercado (M.) nacional
Binnenschifffahrt (F.) navegación (F.) fluvial, navegación (F.) interior
Binnenzoll (M.) aduana (F.) interior
Bischof (M.) obispo (M.), ordinario (M.)
Bistum (N.) diócesis (F.), obispado (M.)
Bitte (F.) petición (F.), súplica (F.)
bitten pedir, rogar
Blankett (N.) carta (F.) blanca, firma (F.) en blanco
Blankettmissbrauch (M.) abuso (M.) de firma en blanco
Blankettvorschrift (F.) norma (F.) en blanco
blanko blanco, enblanco, al descubierto
Blankogeschäft (N.) operación (F.) al descubierto
Blankoindossament (N.) endoso (M.) en blanco
Blankoscheck (M.) cheque (M.) en blanco
Blankounterschrift firma (F.) en blanco
Blankovollmacht (F.) carta (F.) blanca, poder (M.) en blanco
Blankowechsel (M.) letra (F.) en blanco, delegación (F.) en blanco
Blankozession (F.) cesión (F.) en blanco
Blasphemie (F.) blasfemia (F.), reniego (M.)
bleiben quedar, permanecer
Bleiberecht (N.) derecho (M.) de permanecer
blind ciego
Blinklicht (N.) luz (F.) intermitente, rotativo (M.)

Blockade (F.) bloqueo (M.)
blockieren bloquear
blöd idiota (Adj.)
Blödmann (M.) idiota (M.), imbécil (M.)
Blut sangre (F.)
Blutalkohol (M.) alcohol (M.) en la sangre
Blutprobe (F.) prueba (F.) de la sangre, análisis (M. bzw. F.) sanguíneo
Blutrache (F.) venganza (F.) de la sangre
Blutschande (F.) incesto (M.), cópula (F.) fornicaria, estupro (M.) incestuoso
Blutsverwandtschaft (F.) consanguinidad (F.), parentesco (M.) de sangre
Bluttat (F.) delito (M.) de sangre
Boden (M.) tierra (F.), suelo (M.), terreno (M.)
Bodenbeschaffenheit (F.) naturaleza (F.) del suelo
Bodenkredit (M.) crédito (M.) territorial
Bodenordnung (F.) ordenación (F.) territorial, ordenación (F.) del suelo
Bodenrecht (N.) derecho (M.) fundiario, derecho (M.) del suelo
Bodenreform (F.) reforma (F.) agraria
Bodenschatz (M.) riqueza (F.) mineral
Bodenverkehr (M.) mercado (M.) de terrenos
Bodenverkehrsgenehmigung (F.) permiso (M.) de tráfico del suelo, licencia (F.) de parcelación de terrenos
Bodmerei (F.) préstamo (M.) a riesgo marítimo, ventura (F.) de mar
Bombe (F.) bomba (F.)
Bon (M.) bono (M.)
bona fides (F.) (lat.) (guter Glaube bzw. gute Treue) buena fe (F.)
Bonität (F.) solvencia (F.), calidad (F.)
Bonus (M.) bono (M.), bonus (M.)
Bord (N.) bordo (M.)
Bordell (N.) burdel (M.)
Borg (M.) crédito (M.), préstamo (M.)
borgen tomar prestado, dar a crédito, fiar
Börse (F.) bolsa (F.), lonja (F.)
Börsengesetz (N.) ley (F.) de bolsa, ley (F.) del mercado de valores
Börsenrecht (N.) derecho (M.) de la bolsa
böse malo
böser Glaube (M.) mala fe (F.)
bösgläubig de mala fe
Bösgläubigkeit (F.) mala fe (F.), fe (F.) púnica
böswillig con malicia, malo (Adj.)
Bote (M.) nuncio (M.), ordenanza (M.), emisario (M.)
Botschaft (F.) mensaje (M.), embajada (F.), misión (F.)
Botschafter (M.) embajador (M.), emisario (M.)
Boykott (M.) boicot (M.), boycoteo (M.)
boykottieren boicotear
Branche (F.) rama (F.), ramo (M.)
Brand (M.) incendio (M.)
Brandenburg (N.) Brandeburgo (M.)
Brandmauer (F.) pared (F.) medianera
Brandschutz (M.) protección (F.) contra incendios
Brandstifter (M.) incendiario (M.), incendiador (M.), pirómano (M.)
Brandstiftung (F.) incendio (M.), incendiarismo (M.)
Brauch (M.) uso (M.), costumbre (F.), usanza (F.)
brauchen necesitar
Braut (F.) novia (F.), prometida (F.)
Bräutigam (M.) novio (M.), desposado (M.)
brechen romper, vulnerar, infringir, conculcar
Bremen (N.) Bremen
brennen quemar, arder
Brief (M.) carta (F.), misiva (F.)
Briefgeheimnis (N.) secreto (M.) de correspondencia, secreto (M.) postal
Briefgrundschuld (F.) deuda (F.) inmobiliaria de cédula
Briefhypothek (F.) hipoteca (F.) de carta, hipoteca (F.) de cédula
Briefmarke (F.) sello (M.), timbre (M.)
Briefporto (N.) porte (M.) de correos, franqueo (M.)
Briefrecht (N.) régimen (M.) de cartas
Briefwahl (F.) voto (M.) por correo, votación (F.) por correspondencia
Brigade (F.) brigada (F.)
bringen traer
Bringschuld (F.) obligación (F.) de aportar
Bruch (M.) infracción (F.), violación (F.), rotura (F.)
Bruchteil (M.) parte (F.) fraccionaria, cuota (F.)
Bruchteilseigentum (N.) propiedad (F.) por fracciones, propiedad (F.) proindiviso
Bruchteilsgemeinschaft (F.) comunidad (F.) por cuotas, comunidad (F.) por partes ideales

Bruder (M.) hermano (M.)
Brüssel (N.) Brussel (Sb.)
Brüsseler Vertrag (M.) Tratado (M.) de Brussel
brutto bruto, total (Adj.)
Buch (N.) libro (M.), título (M.)
Bucheintragung (F.) registro (M.), empadronamiento (M.)
buchen contabilizar, asentar, datar
Buchführung (F.) contabilidad (F.), contabilización (F.), función (F.) contable, teneduría (F.) de libros
Buchgeld (N.) dinero (M.) bancario, moneda (F.) giral
Buchgrundschuld (F.) deuda (F.) im mobiliaria registrada
Buchhalter (M.) contable (M.), empleado (M.) de contabilidad
Buchhaltung (F.) contabilidad (F.), contabilización (F.)
Buchhypothek (F.) hipoteca (F.) registral, hipoteca (F.) sin cédula
Buchung (F.) partida (F.), asiento (M.) contable, anotación (F.)
Buchwert (M.) valor (M.) contable, valor (M.) según libros
Budget (N.) presupuesto (M.), plan (M.) presupuestario
Budgetrecht (N.) derecho (M.) presupuestario
Bulle (F.) bula (F.)
Bulletin (N.) boletín (M.)
Bund (M.) federación (F.), unión (F.), conjunto (M.)
Bundesagentur (F.) für Arbeit Instituto (M.) Federal de Empleo
Bundesamt (N.) oficina (F.) federal
Bundesangelegenheit (F.) asunto (M.) federal
Bundesangestelltentarif (M.) (BAT) tarifa (F.) federal de empleados públicos
Bundesanstalt (F.) instituto (M.) federal
Bundesanwalt (M.) fiscal (M.) federal, abogado (M.) federal
Bundesanwaltschaft (F.) Fiscalía (F.) Federal, Abogacía (F.) Federal
Bundesanzeiger (M.) Boletín (M.) Oficial del Gobierno Federal
Bundesarbeitsgericht (N.) Tribunal (M.) Federal de Trabajo
Bundesaufsicht (F.) supervisión (F.) federal
Bundesauftragsverwaltung (F.) administración (F.) de los Länder por encargo del Bund
Bundesausbildungsförderungsgesetz (N.) ley (F.) federal de fomento para la realización de estudios superiores
Bundesbahn (F.) Ferrocarriles (M.Pl.) Federales
Bundesbank (F.) Banco (M.) Federal
Bundesbaugesetz (N.) ley (F.) federal de ordenación urbanistica
Bundesbeamter (M.) funcionario (M.) federal
Bundesbeauftragter (M.) encargado (M.) federal
Bundesbehörde (F.) autoridad (F.) federal
Bundesfinanzhof (M.) Tribunal (M.) Federal Fiscal
Bundesflagge (F.) bandera (F.) federal
Bundesgebiet (N.) territorio (M.) federal
Bundesgebührenordnung (F.) für Rechtsanwälte ordenanza (F.) federal sobre los honorarios de abogados
Bundesgericht (N.) tribunal (M.) federal
Bundesgerichtsbarkeit (F.) poder (M.) judicial federal
Bundesgerichtshof (M.) Tribunal (M.) Federal, Corte (F.) Federal de Justicia
Bundesgesetz (N.) ley (F.) federal
Bundesgesetzblatt (N.) Gaceta (F.) Federal, Boletín (M.) de Leyes de la Federación, Boletín (M.) Oficial del Estado
Bundesgesetzgebung (F.) legislación (F.) federal
Bundesgesundheitsamt (F.) delegación (F.) federal de sanidad
Bundesgrenzschutz (M.) Policía (F.) Federal de Fronteras
Bundeshaushalt (M.) presupuesto (M.) federal
Bundesheer (N.) ejército (M.) federal, fuerzas (F.Pl.) armadas federales
Bundesjustizminister (M.) ministro (M.) federal de justicia
Bundesjustizministerium (N.) ministerio (M.) federal de justicia
Bundeskabinett (N.) consejo (M.) de ministros federal
Bundeskanzler (M.) canciller (M.) federal, primer canciller (M.)
Bundeskanzleramt (N.) cancillería (F.) federal, presidencia (F.) del gobierno

Bundeskartellamt (N.) Oficina (F.) Federal Antimonopolio, Agencia (F.) federal de carteles
Bundeskriminalamt (N.) Departamento (M.) Criminal Federal, Oficina (F.) Federal de Investigación Criminal
Bundesland (N.) Estado (M.) particular, Estado (M.) miembro, land (M.)
Bundesminister (M.) ministro (M.) federal
Bundesnotarkammer (F.) colegio (M.) federal de notarios
Bundesoberbehörde (F.) autoridad (F.) superior federal
Bundespatentamt (N.) oficina (F.) registral federal de patentes
Bundespatentgericht (N.) Corte (F.) Federal de Patentes
Bundespolizei (F.) policía (F.) federal
Bundespost (F.) Correos (M.Pl.) Federales
Bundespräsident (M.) presidente (M.) federal
Bundesrat (M.) Consejo (M.) Federal
Bundesrechnungshof (M.) Tribunal (M.) Federal de Cuentas
Bundesrecht (N.) derecho (M.) federal
Bundesrechtsanwaltsgebührenordnung (F.) arancel federal de honorarios de abogado
Bundesrechtsanwaltsordnung (F.) estatuto (M.) general de la abogacía, ley (F.) federal de la abogacía
Bundesregierung (F.) gobierno (M.) federal, gabinete (M.) federal
Bundesrepublik (F.) república (F.) federal
Bundesrichter (M.) juez (M.) federal, magistrado (M.) federal
Bundessozialgericht (N.) Tribunal (M.) Federal Social
Bundessozialhilfegesetz (N.) ley (F.) social federal, ley (F.) federal de la ayuda social
Bundesstaat (M.) Estado (M.) federal, federación (F.), Estado (M.) federado
bundesstaatlich federal, federativo
Bundesstaatlichkeit (F.) principio (M.) de Estado federal
Bundesstraße (F.) carretera (F.) nacional
Bundestag (M.) Asamblea (F.) Federal, Parlamento (M.) Federal
Bundestreue (F.) lealtad (F.) federal
Bundesverfassung (F.) constitución (F.) federal
Bundesverfassungsgericht (N.) Tribunal (M.) Constitucional Federal
Bundesversammlung (F.) Asamblea (F.) Federal
Bundesversicherungsamt (N.) Oficina (F.) Federal de Seguros
Bundesverwaltung (F.) administración (F.) federal, administración (F.) del Estado
Bundesverwaltungsgericht (N.) Tribunal (M.) Administrativo Federal
Bundeswahlgesetz (N.) ley (F.) electoral federal
Bundeswappen (N.) blasón federal
Bundeswehr (F.) ejército (M.) federal, fuerzas (F.Pl.) armadas federales
Bundeswehrverwaltung (F.) administración (F.) militar federal
Bundeszentralregister (N.) registro (M.) central federal
Bundeszwang (M.) coacción (F.) estatal de la federación, ejecución (F.) estatal forzosa
Bündnis (N.) alianza (F.), féderacion (F.)
Bürge (M.) fiador (M.), garante (M.)
bürgen fiar, afianzar, garantir
Bürger (M.) ciudadano (M.), administrado (M.)
Bürgerbegehren (N.) iniciativa (F.) popular
Bürgerinitiative (F.) iniciativa (F.) popular, plataforma (F.) cívica
bürgerlich civil, cívico (Adj.)
bürgerlicher Tod (M.) muerte (F.) civil
Bürgerliches Gesetzbuch (N.) código (M.) civil
bürgerliches Recht (N.) derecho (M.) civil
Bürgermeister (M.) alcalde (M.), burgo maestre (M.)
Bürgerrecht (N.) derecho (M.) cívico, derecho (M.) del ciudadano
Bürgerversammlung (F.) asamblea (F.) vecinal
Bürgschaft (F.) fianza (F.), caución (F.), garantía (F.)
Büro (N.) oficina (F.), buró (M.)
Bürokratie (F.) burocracia (F.)
Buße (F.) daños (M.Pl.) punitivos, multa (F.), penitencia (F.)
büßen expiar
Bußgeld (N.) multa (F.), pena (F.) administrativa
Bußgeldbescheid (M.) decisión (F.) sobre la imposición de una multa

Bußgeldkatalog (M.) cuadro (M.) de multas
Bußgeldverfahren (N.) procedimiento (M.) de imposición de multa, procedimiento (M.) por infracción pública
Büttel (M.) alguacil (M.)

C

case-law (engl.) (Fallrecht) case-law (engl.), derecho (M.) casuístico
Cassis-de-Dijon-Formel (F.) Cassis-de-Dijon-formula (N.)
causa (lat.) (Grund) causa (F.)
cessio (lat.) (Abtretung) cesión (F.)
Chance (F.) oportunidad (F.)
Chancengleichheit (F.) igualdad (F.) de oportunidades
Charta (F.) carta (F.)
Charter (F.) flete (M.), charter (M.)
chartern fletar
Chartervertrag (M.) contrato (M.) de fletamento, contrato (M.) de chárter
Chemie (F.) química (F.)
Chemiewaffe (F.) arma (F.) química
Chemikalie (F.) producto (M.) químico
Chip (M.) chip (M.)
Christ (M.) cristiano (M.)
christlich cristiano (Adj.)
CIF-Klausel (F.) cláusula (F.) CIF
clausula (F.) rebus sic stantibus (lat.) (Klausel der gleichbleibenden Verhältnisse) cláusula (F.) rebus sic stantibus (lat.)
Clearing (N.) compensación (F.), clearing (M.)
codex (M.) (lat.) (Gesetzbuch) código (M.)
Computer (M.) ordenador (M.), computadora (F.)
Computerbetrug (M.) fraude (M.) por computadora, estafa (F.) informática
Computerkriminalität (F.) délincuencia (F.) informática
Computerkriminalität (F.) delito (M.) por computadora, criminalidad (F.) informática
Computerpiraterie (F.) piratería (F.) informatica
condicio (F.) sine qua non (lat.) (Bedingung ohne die nicht) condición (F.) sine qua non
Copyright (N.) derechos (M.Pl.) de copia, derecho (M.) de autores
corpus (N.) delicti (lat.) (Gegenstand des Verbrechens) cuerpo (M.) del delito
Coupon (M.) cupón (M.), talón (M.)
Cousin (M.) primo (M.)
culpa (F.) (lat.) (Schuld) culpa (F.)
culpa (F.) in contrahendo (lat.) (Verschulden bei Vertragsschluss) culpa (F.) precontractual
culpa (F.) in eligendo (lat.) (Verschulden bei der Auswahl) culpa (F.) in eligendo (lat.)

D

Dachgesellschaft (F.) sociedad (F.) tutelar, sociedad (F.) central
Dachverband (M.) organización-cúpula (F.)
Damnationslegat (N.) legado (M.) (2) per damnationem (lat.)
damnum (N.) (lat.) (Schaden) daño (M.)
Darlegung (F.) exposición (F.), demonstración (F.)
Darlegungslast (F.) carga (F.) de delegación
Darlehen (N.) préstamo (M.), empréstito (M.), mutuo (M.), crédito (M.)
Darlehensaufnahme (F.) toma (F.) del préstamo
Darlehensgeber (M.) prestamista (M.)
Darlehensnehmer (M.) prestatario (M.)
Darlehensvertrag (M.) contrato (M.) de préstamo, contrato (M.) de mutuo
darleihen prestar
Dasein (N.) existencia (F.)
Daseinsvorsorge (F.) asistencia (F.) vital, procura (F.) existencial
Dassonville-Formel (F.) Dassonville formula (N.)
Datei (F.) archivo (M.) de datos
Datei (F.) archivo (M.) de datos, fichero (M.) de datos
Daten (N.Pl.) datos (M.Pl.)
Datenbank (F.) banco (M.) de datos
Datenschutz (M.) protección (F.) de datos
Datenschutzbeauftragter (M.) delegado (M.) de la protección de los datos
Datenübertragung (F.) transmisión (F.) de datos
Datenverarbeitung (F.) elaboración (F.) de datos, proceso (M.) de datos
Datum (N.) fecha (F.), data (F.), dato (M.)

Dauer (F.) duración (F.), tiempo (M.), perdurabilidad (F.)
Dauerarrest (M.) arresto (M.) permanente
Dauerauftrag (M.) orden (F.) permanente
Dauerdelikt (N.) delito (M.) continuo, delito (M.) permanente
dauern durar
dauernd permanente
Dauerschuldverhältnis (N.) obligación (F.) de tracto sucesivo, contrato (M.) de ejecución sucesiva
de facto (lat.) (tatsächlich) de facto (lat.), de hecho
de iure (lat.) (rechtlich) legal
Debatte (F.) debate (M.), discusión (F.)
Debet (N.) debe (M.), débito (M.), cargo (M.)
Debitor (M.) deudor (M.)
decken cubrir, sufragar, compensar, prestar cobertura
Deckung (F.) cubrimiento (M.), cobertura (F.), remesa (F.), respaldo (M.)
Deckungsverhältnis (N.) proporción (F.) del cubrimiento, relación (F.) de cobertura
Deckungszusage (F.) nota (F.) de cobertura
defensiv defensivo
definieren definir
Definition (F.) definición (F.)
Defizit (N.) déficit (M.)
degradieren degradar, retrotergar
degressiv degresivo (Adj.), decreciente (Adj.)
Deich (M.) dique (M.)
Deichrecht (N.) derecho (M.) de diques
Dekan (M.) decano (M.), deán (M.)
Dekanat (N.) decanato (M.)
Deklaration (F.) declaración (F.)
deklaratorisch declarativo, declaratorio
deklarieren declarar, aduanar
Dekonzentration (F.) desconcentración (F.)
dekonzentrieren desconcentrar
Dekret (N.) decreto (M.)
Delegation (F.) delegación (F.)
delegieren delegar
Delegierter (M.) delegado (M.), diputado (M.)
Delikt (N.) delito (M.), infracción (F.)
deliktisch delictual, delictivo, delictuoso
deliktsfähig capaz de delinquir
Deliktsfähigkeit (F.) capacidad (F.) delictual, capacidad (F.) delictiva
Deliktshaftung (N.) responsabilidad (F.) delictiva
Delinquent (M.) delincuente (M.), reo (M.)
Delkredere (N.) delcrédere (M.), recambio (M.)
Delkredereprovision (F.) comisión (F.) de garantía
Demagoge (M.) demagogo (M.)
Demarkation (F.) demarcación (F.)
Dementi (N.) mentís (M.), dementido (M.)
dementieren desmentir, desautorizar
Demission (F.) dimisión (F.), resignación (F.)
Demokrat (M.) demócrata (M.)
Demokratie (F.) democracia (F.), soberanía (F.) popular del pueblo
demokratisch democrático
Demonstrant (M.) manifestante (M.)
Demonstration (F.) manifestación (F.), demostración (F.)
demonstrativ ostentativo, demostrativo
demonstrieren manifestar, demostrar
Demoskopie (F.) demoscopia (F.), investigación (F.) de opiniones
Denkmal (N.) monumento (M.)
Denkmalschutz (M.) protección (F.) de monumentos, conservación (F.) de monumentos
Denunziant (M.) denunciador (M.), denunciante (M.)
Denunziation (F.) denunciación (F.), denuncia (F.), delación (F.)
denunzieren denunciar, delatar
Departement (N.) departamento (M.), cartera (F.) ministerial
Deponie (F.) depósito (M.)
deponieren depositar, deponer, consignar
Deportation (F.) deportación (F.), relegación (F.)
deportieren deportar, desterrar
Depositen (N.Pl.) depósitos (M.Pl.), imposiciones (M.Pl.)
Depositengeschäft (N.) operación (F.) de depósitos
Depositenkonto (N.) cuenta (F.) de depósitos
Depositum (N.) depósito (M.)
depositum (N.) irregulare (lat.) (unregelmäßige Verwahrung) depósito (M.) irregular
Depot (N.) depósito (M.), depositaría (F.)
Depotgeschäft (N.) operación (F.) de depósitos, custodia (F.) de valores
Depotschein (M.) certificado (M.) de depósito, hoja (F.) de depósito, resguardo (M.) de depósito

Deputat (N.) emolumentos (M.Pl.), remuneración (F.) en especie
Deputation (F.) diputación (F.), comisión (F.)
Deputierte (F.) diputada (F.)
Deputierter (M.) diputado (M.)
deregulieren desregular
Deregulierung (F.) desregulación (F.)
Dereliktion (F.) derrelicción (F.), desamparo (M.)
derelinquieren derrelinquir
Derivat (N.) derivado (M.)
Derogation (F.) derogación (F.)
derogieren derogar
Deserteur (M.) desertor (M.), tránsfuga (M.)
desertieren desertar
Designation (F.) designación (F.)
designieren designar
Despot (M.) déspota (M.)
Despotie (F.) monarquía (F.) despótica
despotisch despótico
Destinatär (M.) destinatario (M.)
Deszendent (M.) descendiente (M.)
Deszendenz (F.) descendencia (F.)
Detektiv (M.) detective (M.)
deutsch alemán (Adj.)
Deutsche (F.) alemana (F.)
Deutsche Mark (F.) marco (M.) alemán
Deutscher (M.) alemán (M.)
Deutscher Gewerkschaftsbund (M.) (DGB) Confederación (F.) Alemana de Sindicatos, Federación (F.) Alemana de Sindicatos
Deutschland (N.) Alemania (F.)
Deutschlandvertrag (M.) Acuerdos (M.Pl.) de Bonn
Devise (F.) divisa (F.)
Devisen (F.Pl.) divisas (F.Pl.), moneda (F.) extranjera
Devisenkurs (M.) cambio (M.), curso (M.) de devisas
Devisenmarkt (M.) mercado (M.) de divisas
Devisenreserve (F.) reserva (F.) de divisas
Devolution (F.) devolución (F.), acción (F.) de recaer
Devolutiveffekt (M.) efecto (M.) devolutivo
Dezentralisation (F.) descentralización (F.)
dezentralisieren descentralizar
Dezernat (N.) sección (F.), división (F.) administrativa
Dezernent (M.) jefe (M.) de sección, jefe (M.) de división
DGB (M.) (Deutscher Gewerkschaftsbund) Confederación (F.) Alemana de Sindicatos
Diakon (M.) diácono (M.)
Diät (F.) dieta (F.)
Diäten (F.Pl.) dietas (F.Pl.), indemnización (F.)
Dieb (M.) ladrón (M.), hurtador (M.), gancho (M.)
Diebstahl (M.) hurto (M.), latrocinio (M.)
dienen servir
dienendes Grundstück (N.) predio (M.) sirviente, fundo (M.) sirviente
Diener (M.) sirviente (M.), servidor (M.)
Dienst (M.) servicio (M.), ejercicio (M.), oficio (M.), función (F.)
Dienstalter (N.) antigüedad (F.), orden (M.) de antigüedad
Dienstaufsicht (F.) inspección (F.) jerárquica, poder (M.) jerárquico
Dienstaufsichtsbeschwerde (F.) queja (F.) de servicio, reclamación (F.) de queja
Dienstbarkeit (F.) servidumbre (F.), serventía (F.)
Dienstbezug (M.) retribución (F.), remuneración (F.)
Dienstbote (M.) doméstico (M.), servidor (M.)
Diensteid (M.) juramento (M.) profesional
Diensterfindung (F.) invención (F.) contractual, invención (F.) de servicio
Dienstflucht (F.) abandono (M.) de destino
Dienstgeheimnis (N.) secreto (M.) profesional
Dienstgrad (M.) grado (M.), escalón (M.)
Dienstherr (M.) señor (M.), patrón (M.)
Dienstleistung (F.) servicio (M.), prestación (F.)
Dienstleistungsfreiheit (F.) libre prestación (F.) de servicios
Dienstleistungsmarke (F.) marca (F.) de servicios
dienstlich oficial (Adj.)
Dienstrang (M.) rango (M.), grado (M.)
Dienstrecht (M.) derecho (M.) disciplinario, derecho (M.) señorial
Dienstsiegel (N.) sello (M.) oficial, estampillo (M.) oficial
Dienststelle (F.) oficina (F.), servicio (M.), gestión (F.), departamento (M.)
Dienstvereinbarung (F.) pacto (M.) de servicio

Dienstvergehen (N.) falta (F.) disciplinaria, delito (M.) administrativo
Dienstverhältnis (N.) contrato (M.) de servicio, relación (F.) de servicio
Dienstverschaffung (F.) suministro (M.) de servicios
Dienstverschaffungsvertrag (M.) contrato (M.) de suministro de servicios
Dienstvertrag (M.) contrato (M.) de servicios, contrato (M.) de prestación de servicios
Dienstvorgesetzter (M.) superior (M.) jerárquico, superior (M.) en jerarquía
Dienstweg (M.) vía (F.) jerárquica, trámite oficial
Dienstzeit (F.) tiempo (M.) habil, tiempo (M.) de grado, horas (F.Pl.) de oficina, años (M.Pl.) de servicio
Dietrich (M.) ganzúa (F.), llave (F.) falsa
diffamieren difamar
Diffamierung (F.) difamación (F.)
Differenz (F.) diferencia (F.)
differenzieren diferenciar
Differenzierung (F.) diferenciación (F.)
Differenzierungskriterium (N.) criterio (M.) de la diferenciación
differieren diferir
Diktat (M.) dictado
Diktator (M.) dictador (M.)
Diktatur (F.) dictadura (F.)
diktieren dictar
dilatorisch dilatorio
Ding (N.) cosa (F.), objeto (M.)
dinglich real (Adj.), realista (Adj.), de índole real
dingliche Belastung (F.) vinculación (F.), carga (F.) real, gravamen (M.) real
dingliches Recht (N.) derecho (M.) real, derecho (M.) en la cosa
Diözese (F.) diócesis (F.)
Diplom (N.) diploma (M.), título (M.)
Diplomat (M.) diplomático (M.), agente (M.) diplomático
Diplomatie (F.) diplomacia (F.)
Diplomatik (F.) diplomática (F.)
diplomatisch diplomático (Adj.)
diplomatische Beziehung (F.) relación (F.) diplomática
Diplom-Jurist (M.) diplomado (M.) en derecho
direkt directo
direkte Stellvertretung (F.) representación (F.) directa
direkte Steuer (F.) impuesto (M.) directo, contribución (F.) directa
direkter Vorsatz (M.) dolo (M.) directo, dolo (M.) inmediato
Direktion (F.) dirección (F.), junta (F.) directiva
Direktionsrecht (N.) poder (M.) directivo, derecho (M.) de dirección
Direktive (F.) directiva (F.)
Direktor (M.) director (M.), dirigente (M.)
Direktversicherung (F.) seguro (M.) directo
Dirne (F.) prostituta (F.), ramera (F.)
Disagio (N.) disagio (M.)
Diskont (M.) descuento (M.), bonificación (F.)
diskontieren descontar
Diskontsatz (M.) tasa (F.) de descuento, tipo (M.) de descuento
diskriminieren discriminar
Diskriminierung (F.) discriminación (F.), trato (M.) discriminatorio
Diskriminierungsverbot (N.) principio (M.) de no discriminación, prohibición (F.) de discriminación
Dispens (M.) dispensa (F.), exención (F.)
dispensieren dispensar, relajar
disponieren disponer, colocar pedidos
Disposition (F.) disposición (F.), instrucción (F.)
Dispositionskredit (M.) crédito (M.) de descubierto
Dispositionsmaxime (F.) principio (M.) dispositivo, principio (M.) de justicia rogada
dispositiv dispositivo (Adj.)
dispositives Recht (N.) derecho (M.) dispositivo
Disput (M.) disputa (F.)
Disputation (F.) disputación (F.)
Dissens (M.) disenso (M.), disentimiento (M.)
Dissertation (F.) disertación (F.), tesis (F.) doctoral
Dissident (M.) disidente (M.)
distinguieren distinguir
Distinktion (F.) distinción (F.)
Distrikt (M.) distrito (M.), círculo (M.)
Disziplin (F.) disciplina (F.)
Disziplinargericht (N.) tribunal (M.) disciplinario, tribunal (M.) correccional

disziplinarisch disciplinario
Disziplinarmaßnahme (F.) medida (F.) disciplinaria, correctivo (M.)
Disziplinarrecht (N.) derecho (M.) disciplinario, orden (M.) disciplinario
Disziplinarverfahren (N.) procedimiento (M.) disciplinario, acción (F.) disciplinaria
Diversion (F.) diversión (F.)
Dividende (F.) dividendo (M.), interés (M.)
dividieren dividir, partir
Division (F.) división (F.)
Dogma (N.) dogma (M.)
Doktor (M.) doctor (M.)
Doktorgrad (M.) doctorado (M.), grado (M.) de doctor
Doktorin (F.) doctora (F.)
Doktorprüfung (F.) examen (M.) de doctorado
Doktrin (F.) doctrina (F.), escuela (F.)
Dokument (N.) documento (M.), carta (F.)
Dokumentation (F.) documentación (F.)
Dokumentationspflicht (F.) obligación (F.) de documentación
Dokumentenakkreditiv (N.) crédito (M.) documentado
dolmetschen interpretar, traducir
Dolmetscher (M.) intérprete (M.)
dolos doloso (Adj.)
dolus (M.) (lat.) (Vorsatz) dolo (M.)
dolus (M.) eventualis (lat.) (bedingter Vorsatz) dolo (M.) eventual, dolo (M.) condicional
dolus (M.) indirectus (lat.) (bedingter Vorsatz) dolo (M.) condicionado
dolus (M.) malus (lat.) (Arglist) dolo (M.) malo
Dom (M.) catedral (F.)
Domäne (F.) patrimonio (M.), dominio (M.)
Domizil (N.) domicilio (M.)
Domkapitel (N.) capítulo (M.), cabildo (M.)
Doppel... doble (Adj.)
Doppelbesteuerung (F.) doble agente (M.), doble imposición (F.)
Doppelehe (F.) matrimonio (M.) plural, matrimonio (M.) polígam
Doppelstaatsangehörigkeit (F.) doble nacionalidad (F.), ciudadanía (F.) doble
doppelt doble (Adj.)
Doppelversicherung (F.) seguro (M.) doble
Dossier (N.) expediente (M.), documentación (F.)
Dotation (F.) dotación (F.), provisión (F.)
dotieren dotar
Doyen (M.) (franz.) decano (M.)
Dozent (M.) profesor (M.) libre
drakonisch draconiano
Drang (M.) impulsión (F.)
Draufgabe (F.) señal (F.), arras (F.Pl.) confirmatorias
drei tres
Dreieck (N.) triangulo (M.)
Dreieckverkehr (M.) sistema (M.) triangular
Drei-Elemente-Lehre (F.) doctrina (F.) de los tres elementos
Dreiklassenwahlrecht (N.) derecho (M.) electoral de tres clases
Dreimeilenzone (F.) zona (F.) de tres millas
Dreißigster (M.) derecho (M.) de la treintena, legado (M.) (2) legal de sustentación por treinta días en favor de personas sostenidas por el difunto
dringend urgente
dringlich urgente
Dringlichkeit (F.) urgencia (F.), prioridad (F.)
dritte tercero (Adj.)
Dritter (M.) tercero (M.)
Drittland (N.) tercero país (M.)
Drittorganschaft (F.) órganos (M.Pl.) extraños
Drittschaden (M.) daño (M.) a tercero
Drittschuldner (M.) tercer deudor (M.)
Drittwiderspruchsklage (F.) tercería (F.), demanda (F.) de tercería
Drittwirkung (F.) eficacia (F.) frente a terceros, efecto (M.) hacia terceros
Droge (F.) droga (F.), estupefaciente (M.)
Drohbrief (M.) carta (F.) conminatoria, escrito (M.) de amenazas, carta (F.) de amenaza
drohen amenazar
drohend amenazador (Adj.), inminente
Drohung (F.) amenaza (F.), intimidación (F.)
Druck (M.) impresión (F.), presión (F.)
Druckbuchstabe (M.) carácter (M.) de imprenta
drucken imprimir
Drucksache (F.) impreso (M.)
Druckschrift (F.) impreso (M.)
Dualität (F.) dualidad (F.)
Duell (N.) duelo (M.)
dulden tolerar, aguantar
Duldung (F.) tolerancia (F.)

Duldungsvollmacht (F.) poder (M.) de tolerancia
Dumping (N.) dumping (M.)
dunkel oscuro, negro
Dunkelfeld (N.) campo (M.) negro
Dunkelziffer (F.) cifra (F.) negra
Duplik (F.) dúplica (F.), duplicación (F.), contraréplica (F.)
Duplikat (N.) duplicado (M.), copia (F.) duplicada
durchbrechen derribar, romper
Durchbrechung (F.) ruptura (F.)
durchführen conducir en tránsito, ejecutar, efectuar, verificar
Durchführung (F.) ejecución (F.), aplicación (F.), realización (F.)
Durchführungsverordnung (F.) decreto (M.) de ejecución
Durchgang (M.) tránsito (M.)
Durchgangshandel (M.) comercio (M.) de tránsito
Durchgangsrecht (N.) derecho (M.) de paso
durchgehen pasar en tránsito
Durchgriff (M.) penetración
Durchgriffshaftung (F.) responsabilidad (F.) velada
Durchschnitt (M.) media (F.), término (M.) medio
durchschnittlich medio (Adj.)
Durchschnittsalter (M.) edad (F.) media
durchsuchen buscar, investigar, cachear
Durchsuchung (F.) vista (F.), registro (M.), rebusca (F.), cacheo (M.)
Durchsuchungsbefehl (M.) auto (M.) de allanamiento
dürftig escaso, pobre, insuficiente
Dürftigkeit (F.) insuficiencia (F.)
Dürftigkeitseinrede (F.) excepción (F.) de insuficiencia
dynamisch dinámico
dynamische Rente (F.) pensión (F.) dinámica
Dynastie (F.) dinastía (F.)

E

e. V. (M.) (eingetragener Verein) sociedad (F.) registrada, asociación (F.) registrada
ebenbürtig igual, de igual valor
echt legítimo (Adj.), real (Adj.), auténtico, propio
echte Urkunde (F.) instrumento (M.) auténtico
echtes Unterlassungsdelikt (N.) delito (M.) de omisión propio, delito (M.) propio de omisión
Echtheit (F.) legitimidad (F.), autenticidad (F.)
Ecke (F.) rincón (M.)
Ecklohn (M.) salario-base (M.), salario (M.) básico
edel noble, generoso
Edikt (N.) edicto (M.)
Edition (F.) edición (F.)
EDV (F.) (elektronische Datenverarbeitung) PED (M.) (procesamiento electrónico de datos)
Effekt (M.) efecto (M.)
Effekten (M.Pl.) efectos (M.Pl.), títulos (M.Pl.), valores (M.Pl.) bursátiles
effektiv efectivo (Adj.), a términos reales
Effektivklausel (F.) cláusula (F.) de efectividad
effet (M.) util (franz.) principio (M.) de effet util
Effizienz (F.) eficacia
EG (F.) (Europäische Gemeinschaft) Comunidad (F.) Europea
Ehe (F.) matrimonio (M.), connubio (M.)
Eheaufhebung (F.) disolución (F.) del matrimonio
ehebrechen adulterar
Ehebrecher (M.) adúltero (M.)
Ehebrecherin (F.) adúltera (F.)
ehebrecherisch adulterino, adúltero (Adj.)
Ehebruch (M.) adulterio (M.), fornicación (F.)
Ehefähigkeit (F.) aptitud (F.) matrimonial
Ehefrau (F.) esposa (F.), senora (F.), mujer (F.), consorte (F.)
Ehegatte (M.) cónyuge (M.), consorte (M.)
Ehegattenerbrecht (N.) derecho (M.) hereditario del cónyuge
Ehegattenunterhalt (M.) alimentos (M. Pl.) de cónyuges
Ehegattin (F.) esposa (F.), señora (F.), mujer (F.), consorte (F.)
Ehegesetz (N.) ley (F.) de matrimonio
Ehegüterrecht (N.) régimen (M.) de bienes en el matrimonio
Ehehindernis (N.) impedimento (M.) matrimonial

ehelich matrimonial, conyugal, legítimo (Adj.)
eheliche Lebensgemeinschaft (F.) vida (F.) conyugal, comunidad (F.) de vida matrimonial
ehelichen maridar, casarse
Ehelicherklärung (F.) legitimación (F.), declaración (F.) de legitimidad
Ehelichkeit (F.) legitimidad (F.)
Ehelichkeitsanfechtung (F.) impugnación (F.) de legitimitad, repudiación (F.) de la paternidad
Ehelichkeitserklärung (F.) legitimación (F.), declaración (F.) de legitimidad
Ehemann (M.) esposo (M.), marido (M.)
ehemündig de edad matrimonial
Ehemündigkeit (F.) mayoría (F.) de edad matrimonial
Ehenichtigkeit (F.) nulidad (F.) matrimonial
Ehepartner (M.) conyuge (M.), consorte (M.)
Eheprozess (M.) proceso (M.) matrimonial
Eherecht (N.) derecho (M.) matrimonial
Ehesache (F.) asunto (M.) matrimonial
Ehescheidung (F.) divorcio (M.) del matrimonio
Eheschließung (F.) casamiento (M.), matrimonio (M.)
Ehestreitigkeit (F.) riña (F.) matrimonial
Eheverbot (N.) impedimento (M.) matrimonial
Eheverfehlung (F.) infracción (F.) matrimonial
Ehevermittler (M.) corredor (M.) matrimonial
Ehevermittlung (F.) corretaje (M.) matrimonial
Eheversprechen (N.) promesa (F.) matrimonial
Ehevertrag (M.) contrato (M.) matrimonial, capitulaciones (F.Pl.) matrimoniales, contrato (M.) nupcial
Ehewirkung (F.) efecto (M.) matrimonial
Ehewohnung (F.) domicilio (M.) conyugal, domicilio (M.) matrimonial
Ehre (F.) honor (M.), honra (F.), fama (F.)
Ehrenamt (N.) dignidad (F.), cargo (M.) honorífico
ehrenamtlich honorífico, ad honorem (lat.)
Ehrenbeamter (M.) funcionario (M.) honorario
Ehrendoktor (M.) doctor (M.) honoris causa (lat.)
Ehrendoktorat (N.) doctorado (M.) honoris causa
Ehrengericht (N.) tribunal (M.) profesional, tribunal (M.) de honor
Ehrenrecht (N.) derecho (M.) civil, derecho (M.) honorífico
Ehrenstrafe (F.) pena (F.) contra el honor, pena (F.) infamante
Ehrenwort (N.) palabra (F.) de honor, fianza (F.) juratoria
eichen contrastar, verificar
Eid (M.) juramento (M.), jura (F.)
eidesmündig de edad para jurar
Eidesmündigkeit (F.) mayoría (F.) de edad para jurar
eidesstattlich bajo protesta de decir verdad, jurado (Adj.)
Eifersucht (F.) celos (M.Pl.)
eifersüchtig celoso (Adj.)
eigen propio
Eigenbedarf (M.) necesidad (F.) propia
Eigenbesitz (M.) posesión (F.) civil, posesión (F.) en concepto de dueño
Eigenbesitzer (M.) poseedor (M.) con ánima de propietario
Eigenbetrieb (M.) empresa (F.) propia
eigener Wirkungskreis (M.) radio (M. bzw. F.) de acción propio
Eigengeschäft (N.) operación (F.) por cuenta propia
Eigengesellschaft (F.) empresa (F.) comunal
eigenhändig geschrieben autógrafo
eigenhändig hológrafo, ológrafo, de propio
eigenhändiges Testament (N.) testamento (M.) ológrafo
Eigenhändler (M.) comerciante (M.) por cuenta propia
Eigenheim (N.) casa (F.) propia, casa (F.) de propiedad
Eigenjagdbezirk (M.) coto (M.) propio de caza
Eigenkapital (N.) propio capital (M.), capital (M.) fiscal
Eigenmacht (F.) uso (M.) de propia fuerza
eigenmächtig arbitrario (Adj.), sin titulo
eigenmächtiger Besitzer (M.) poseedor (M. bzw. F.) sin titulo, intruso (M.)
Eigenname (M.) nombre (M.) propio
Eigenschaft (F.) cualidad (F.), calidad (F.), propiedad (F.)

Eigentum (N.) dominio (M.), propiedad (F.)
Eigentümer (M.) propietario (M.), dueño (M.)
Eigentümergrundschuld (F.) hipoteca (F.) unilateral, deuda (F.) inmobiliaria de propietario
Eigentümerhypothek (F.) hipoteca (F.) de propietario
Eigentümerin (F.) propietaria (F.), dueña (F.)
Eigentumsaufgabe (F.) desapropio (M.), derrelicción (F.), abandono (M.) de cosas
Eigentumsbeschränkung (F.) limitación (F.) de propiedad, desapropiación (F.)
Eigentumserwerb (M.) adquisición (F.) de la propiedad, acceso (M.) a la propiedad
Eigentumsherausgabe (F.) reivindicación (F.)
Eigentumsherausgabeanspruch (M.) derecho (M.) a reclamar, derecho (M.) a reivindicar
Eigentumsstörung (F.) perturbación (F.) del dominio
Eigentumstitel (M.) titulo (M.) dominical
Eigentumsübergang (M.) paso (M.) de propiedad
Eigentumsübertragung (F.) transmisión (F.) de propiedad, translación (F.) de dominio
Eigentumsvermutung (F.) presunción (F.) de propiedad
Eigentumsvorbehalt (M.) reserva (F.) de propiedad, reserva (F.) de dominio
Eigentumswohnung (F.) piso (M.) en propiedad, vivienda (F.) propia
eignen prestarse, ser (V.) apropiado
Eignung (F.) competencia (F.), aptitud (F.), capacidad (F.), calificación (F.)
eilbedürftig urgente
Eile (F.) prisa (F.)
ein un
Einbahn (F.) dirección (F.) única
Einbahnstraße (F.) dirección (F.) obligatoria, vía (F.) de dirección única
Einbehalt (N.) retención (M.)
einberufen llamar, convocar
einbrechen romper, escalar, irrumpir, fracturar
Einbrecher (M.) ladrón (M.), escalador (M.), salteador (M.)
einbringen originar, aportar, integrar, presentar, rendir, rentar, dejar beneficio
Einbringung (F.) integración (F.), presentación (F.), depósito (M.)
Einbruch (M.) irrupción (F.), escalo (M.), fractura (F.), robo (M.) domiciliario
Einbruchsdiebstahl (M.) escalamiento (M.), robo (M.) con fractura
einbürgern naturalizar, nacionalizar
Einbürgerung (F.) naturalización (F.), nacionalización (F.)
Einbuße (F.) pérdida (F.), descenso (M.)
eindringen penetrar, invadir
einfach simple (Adj.)
Einfuhr (F.) importación (F.), entrada (F.), introducción (F.)
einführen introducir, importar, internar
Einführung (F.) introducción (F.), institución (F.), implantación (F.), iniciación (F.), aplicación (F.), lanzamiento (M.)
Einführungsgesetz (N.) ley (F.) introductora
Eingabe (F.) petición (F.), pedimento (M.), propuesta (F.), memorial (M.), solicitud (F.)
Eingang (M.) entrada (F.), ingreso (M.), recibo (M.), recepción (F.)
Eingangsgericht (N.) tribunal (M.) de entrada
eingeben introducir, internar
eingehen ingresar, entrar
Eingehungsbetrug (M.) estafa (F.) contractual
eingemeinden incorporar, agregar
Eingemeindung (F.) incorporación (M.), agregación (F.)
eingetragene Genossenschaft (F.) cooperativa registrada
eingetragener Verein (M.) (e. V.) sociedad (F.) registrada, asociación (F.) registrada
eingreifen intervenir, entrometerse
Eingriff (M.) intervención (F.), intromisión (F.), ingerencia (F.)
Eingriffsverwaltung (F.) administración (F.) intervencionista
einhalten atender, observar, cumplir
Einhaltung (F.) observancia (F.), cumplimiento (M.)
einheimisch interior (Adj.), nacional (Adj.)
Einheit (F.) unidad (F.), módulo (M.), conjunto (M.)
einheitlich uniforme (Adj.), unitario (Adj.)
Einheitlichkeit (F.) uniformidad (F.), unidad (F.)
Einheitsstaat (M.) Estado (M.) unitario

Einheitsstrafe (F.) pena (F.) unitaria, pena (F.) privativa de libertad unificada
Einheitstäterbegriff (M.) concepto (M.) unitario de autor
Einheitswert (M.) valor (M.) unitario, valor-base (M.), valor (M.) fiscal
einig acorde, conforme
einigen convenir, avenir
Einigung (F.) acuerdo (M.), convenio (M.), arreglo (M.), consenso (M.)
Einigungsmangel (M.) disenso (M.), disentimiento (M.), vicio (M.) del consentimiento
Einigungsstelle (F.) comisión (F.) de conciliación, órgano (M.) conciliador
Einigungsvertrag Tratado (M.) de Unificación
Einkammersystem (N.) unicameralismo (M.), monocameralismo (M.)
Einkauf (M.) compra (F.)
einkaufen comprar, adquirir
Einkaufskommission (F.) comisión (F.) de compra
Einkaufspreis (M.) precio (M.) de compra, precio (M.) de adquisición
einklagen demandar, reclamar
Einkommen (N.) renta (F.), ingresos (M.Pl.)
Einkommensteuer (F.) impuesto (M.) sobre la renta, impuesto (M.) sobre los ingresos
Einkommensteuergesetz (N.) ley (F.) del impuesto sobre la renta
Einkunft (F.) renta (F.), rendimiento (M.)
einladen invitar
Einladung (F.) invitación (F.)
Einlage (F.) depósito (M.), imposición (F.), inversión (F.), aporte (M.), participación (F.) social
einlassen (sich) personar(se)
Einlassung (F.) admisibilidad (F.), litiscontestación (F.)
Einlassungsfrist (F.) plazo (M.) de contestación, plazo (M.) de comparecencia
einlegen imponer, interponer, proponer, promover, depositar
Einleger (M.) imponente (M.)
einleiten iniciar, incoar, instruir abrir, vertir
Einleitung (F.) introducción (F.), iniciación (F.), instrucción (F.), vertido (M.)
einliefern depositar, entregar
Einmanngesellschaft (F.) sociedad (F.) unipersonal, sociedad (F.) individual
einmischen intervenir
Einmischung (F.) intervención (F.), ingerencia (F.)
Einnahme (F.) toma (F.), percepción (F.), ingreso (M.), entrada (F.), utilidad (F.)
Einnahmen (F.Pl.) ingresos (M.Pl.), entradas (F.Pl.), utilidades (F.Pl.)
einnehmen recibir, cobrar, recaudar, ocupar
einräumen conceder, otorgar
Einrede (F.) excepción (F.), hecho (M.) excluyente
einreichen entregar, presentar, entablar, formular
einreisen entrar, ingresar
einrichten establecer, instalar
Einrichtung (F.) institución (F.), entidad (F.), ente (M.)
einschlägig pertinente, correspondiente
einschließen encerrar
Einschließung (F.) encierro (M.), encerramiento (M.), internamiento (M.)
einschränken limitar, restringir, reducir
Einschränkung (F.) restricción (F.), limitación (F.), reducción (F.)
Einschreiben (N.) certificado (M.), correo (M.) certificado
einschreiben inscribir, registrar, certificar
Einschreiten (N.) intervención (F.)
einschreiten intervenir, proceder
einsehen comprender, entender, examinar, verificar, consultar
einseitig unilateral
einseitig verpflichtend unilateral oneroso
einseitiges Rechtsgeschäft (N.) negocio (M.) jurídico unilateral
einsetzen instituir, constituir, instalar, investir, instaurar, estabelecer, poner
Einsetzung (F.) institución (F.), investidura (F.), instauración (F.), establecimiento (M.)
Einsicht (F.) conocimiento (M.), comprensión (F.), inspección (F.), examen (M.)
einsichtsfähig capaz de comprender, capaz de discernir
Einsichtsfähigkeit (F.) capacidad (F.) de comprender, discernimiento (M.)
einsperren encerrar, arrestar
Einsperrung (F.) encarcelamiento (M.), internamiento (M.)
Einspruch (M.) reclamación (F.), protesta (F.), recurso (M.)

Einspruchsrecht (N.) derecho (M.) de reclamación, veto (M.)
einstehen responder, garantizar
einstellen emplear, colocar, suprimir, cesar, suspender
Einstellung (F.) contratación (F.), colocación (F.), ideas (F.Pl.), opinión (F.), sobreseimiento (M.), suspensión (F.), cierre (M.), terminación (F.), absolución (F.)
Einstellungsbeschluss (M.) auto (M.) de sobreseimiento, orden (F.) de clausura
einstufen clasificar, graduar, tasar
Einstufung (F.) clasificación (F.), graduación (F.), tasación (F.)
einstweilig provisional, provisorio (Adj.), precautorio
einstweilige Anordnung (F.) precautoria (F.), medida (F.) provisional
einstweilige Einstellung (F.) suspension (F.) provisional, terminación (F.) provisional
einstweilige Verfügung (F.) interdicto (M.) provisorio, providencia (F.) precautoria
einstweiliger Ruhestand (M.) cesantía (F.), excedencia (F.)
Eintrag (M.) inscripción (F.), registro (M.)
eintragen inscribir, registrar, anotar
Eintragung (F.) inscripción (F.), registración (F.), anotación (F.)
Eintragungsbewilligung (F.) autorización (F.) para la inscripción
eintragungsfähig inscribible, registrable
Eintragungsfähigkeit (F.) inscribilidad (F.), registrabilidad (F.)
Eintragungshindernis (N.) obstáculo (M.) de registración
Eintragungspflicht (F.) obligación (F.) de registro
eintreiben cobrar, exigir, recaudar
eintreten entrar, ingresar, sobrevenir, ocurrir, suceder
Eintritt (M.) entrada (F.), ingreso (M.), representación (F.), producción (F.), acaecimiento (M.)
Eintrittsrecht (N.) derecho (M.) de entrada, derecho (M.) de representación
einverleiben anexionar, incorporar
Einverleibung (F.) anexión (F.), incorporación (F.)
Einvernahme (F.) interrogatorio (M.), examen (M.), indagatoria (F.)
Einvernehmen (N.) acuerdo (M.), conformidad (F.)
einvernehmen interrogar, examinar, oír
einvernehmlich consensual, de común acuerdo
einverstanden de acuerdo, acorde
Einverständnis (N.) avenimiento (M.), acuerdo (M.), consenso (M.)
Einwand (M.) excepción (F.), objeción (F.), reparo (M.)
Einwanderer (M.) inmigrante (M.)
einwandern inmigrar
Einwanderung (F.) inmigración (F.)
einweisen investir, instruir, internar
Einweisung (F.) investidura (F.), puesta (F.), instrucción (F.), internación (F.)
einwenden excepcionar, oponer, poner objeciones, objetar
Einwendung (F.) oposición (F.), reparo (M.), réplica (F.), excepción (F.), objeción (F.)
einwilligen consentir, asentir, conformarse
Einwilligung (F.) consentimiento (M.), consenso (M.), asenso (M.)
einwirken influir, obrar
Einwirkung (F.) influencia (F.), efecto (M.)
Einwohner (M.) habitante (M.), vecino (M.), íncola (M.)
einzahlen pagar, ingresar
Einzahlung (F.) ingreso (M.), pago (M.), abono (M.)
Einzelfall (M.) caso (M.) particular
Einzelhaft (F.) prisión (F.) incomunicada, reclusión (F.) solitaria
Einzelhandel comercio (M.) por menor, comercio (M.) minorista
Einzelkaufmann (M.) particular (M.), comerciante (M.) individual
einzeln singular, único, especial, personal (Adj.)
Einzelner (M.) individual (M. bzw. F.)
Einzelrechtsnachfolge (F.) sucesión (F.) singular
Einzelrichter (M.) juez (M.) único, juez (M.) singular
Einzelvollmacht (F.) poder (M.) especial, poder (M.) personal
einziehen confiscar, poner al cobro, reembolsar, cobrar, recaudar
Einziehung (F.) cobro (M.), confiscación (F.), reclamación (F.), recaudación (F.)
Einziehungsermächtigung (M.) comisión (F.) de cobranza, autorización (F.) para el cobro

Einziehungsverfahren (N.) proceso (M.) de cobro, procedimiento (M.) de cobro
Eisenbahn (F.) ferrocarril (M.)
elektrisch eléctrico
Elektrizität (F.) electricidad (F.)
elektronisch electrónico
elektronische Datenverarbeitung (F.) (EDV) procesamiento (M.) electrónico de datas (PED)
elektronische Fußfessel (F.) grillete (M.) electronico
Elter (M. bzw. F.) padre (M.), madre (F.)
elterlich paternal
elterliche Gewalt (F.) patria potestad (F.), autoridad (F.) paternal
elterliche Sorge (F.) patria potestad (F.), autoridad (F.) paternal, cuidado (M.) paternal
Eltern (Pl.) padres (M.Pl.)
Eltern-Kind-Verhältnis (N.) relación (F.) paterno-filial, padernidad (F.) y filiación (F.)
Elternteil (M.) padre (M.), madre (M.)
Elternzeit (F.) tiempo (M.) paternal
Emanzipation (F.) emancipación (F.)
emanzipieren emancipar
Embargo (N.) embargo (M.), interdicción (F.)
Embryo (M.) embrio (M.)
Embryonenschutz (M.) protección (N.) de embriones
emeritiert emérito (Adj.)
Emigrant (M.) emigrante (M.), emigrado (M.)
Emigration (F.) emigración (F.)
emigrieren emigrar, exilarse
Emission (F.) emisión (F.)
emittieren emitir
Empfang (M.) recepción (F.), recibo (M.)
empfangen (V.) recibir, acoger, recoger
Empfänger (M.) receptor (M.), perceptor (M.), destinatario (M.)
Empfängnis (F.) concepción (F.)
Empfängnisverhütung (F.) contracepción (F.)
Empfängniszeit (F.) período (M.) de concepción
empfangsbedürftig de carácter recepticio
Empfangsbedürftigkeit (F.) carácter (M.) recepticio
Empfangsbestätigung (F.) recibo (M.)
empfehlen recomendar
Empfehlung (F.) recomendación (F.)
Empfehlungsschreiben (N.) carta (F.) de recomendación
Ende (M.) fin (M.), término (M.)
Endurteil (N.) definitiva (F.), sentencia (F.) definitiva, fallo (M.)
Energie (F.) energía (F.)
Energieeinsparung (F.) ahorros (M.Pl.) de energía
Energieversorgungsunternehmen (N.) empresa (F.) energética
England (N.) Inglaterra (F.)
englisch inglés (Adj.)
engrasar schmieren
Enkel (M.) (1) nieto (M.)
Enkelin (F.) nieta (F.)
Enklave (F.) enclave (M.)
Enquête (F.) encuesta (F.)
Enquêtekommission (F.) comisión (F.) de encuesta, comisión (F.) investigadora
enteignen expropiar, enajenar, confiscar
Enteignung (F.) expropiación (F.), enajenación (F.) forzosa
enteignungsgleicher Eingriff (M.) intervención (F.) con efectos semejantes a los expropiatorios
enterben desheredar, exheredar
Enterbung (F.) desheredación (F.), desheredamiento (M.), exheredación (F.)
entfalten desarrollar
Entfaltung (F.) desdoblamiento (M.), desarrollo (M.)
entfernen alejar, eliminar
Entfernung (F.) alejamiento (M.), distancia (F.), privación (F.), destitución (F.), separación (F.)
entfremden alienar
Entfremdung (F.) alienación (F.), enajenación (F.)
entführen secuestrar, raptar, desviar
Entführer (M.) secuestrador (M.), raptor (M.)
Entführung (F.) secuestro (M.), rapto (M.), robo (M.)
entgangen no obtenido
entgangener Gewinn (M.) beneficio (M.) no obtenido, lucro (M.) frustrado
entgehen escapar, huir, no obtenir
Entgelt (N.) remuneración (F.), recompensación (F.), prestación (F.) retributiva
entgelten remunerar, recompensar
Entgeltfortzahlungsgesetz (N.) ley (F.) de continuación del sueldo
entgeltlich remunerable
Entgeltlichkeit (F.) remunerabilidad (F.), onerosidad (F.)

enthaften excarcelar
Enthaftung (F.) excarcelación (F.)
enthalten (sich) abstener(se)
Enthaltung (F.) abstención (F.)
enthaupten decapitar, descabezar
Enthauptung (F.) decapitación (F.)
enthüllen revelar
Enthüllung (F.) revelación (F.)
entlassen (V.) despedir, destituir
Entlassung (F.) despido (M.), despedida (F.), dimisión (F.)
entlasten exculpar, justificar, exonerar
Entlastung (F.) exculpación (F.), exoneración (F.), crédito (M.), descargo (M.)
Entlastungsbeweis (M.) prueba (F.) de descargo
entleihen tomar prestado
entmündigen incapacitar, inhabilitar
Entmündigung (F.) incapacitación (F.), inhabilitación (F.)
Entnahme (F.) saca (F.), detracción (F.)
entnazifizieren desnacificar
Entnazifizierung (F.) desnacificación (F.), depuración (F.)
entnehmen sacar, tomar
entschädigen indemnizar, recompensar
Entschädigung (F.) indemnización (F.), desagravio (M.), enmienda (F.), compensación (F.), reparación (F.)
Entscheid (M.) decisión (F.), notificación (F.)
entscheiden decidir, tomar decisiones, resolver, entender
Entscheidung (F.) decisión (F.), resolución (F.), deliberación (F.), proveído (M.), auto (M.), fallo (M.), sentencia (F.)
Entscheidung nach Lage der Akten (F.) resolución (F.) según el estado de los autos
Entscheidungsgrund (M.) fundamento (M.) jurídico, motivo (M.) de la decisión
Entscheidungsgründe (M.Pl.) fundamentos (M.Pl.) jurídicos, motivos (M.Pl.) de la decisión
Entscheidungssammlung (F.) colección (F.) de sentencias, colección (F.) de jurisprudencia
entschließen (sich) decidir(se), determinar(se), resolver(se)
Entschließung (F.) resolución (F.), providencia (F.), acuerdo (M.)
Entschluss (M.) decisión (F.), determinación (F.), resolución (F.) de voluntad
entschuldigen excusar, disculpar
Entschuldigung (F.) excusa (F.), disculpa (F.), exculpación (F.), inculpabilidad (F.)
Entschuldigungsgrund (M.) causa (F.) de exculpación, causa (F.) de inculpabilidad
entsorgen tratar, eliminar
Entsorgung (F.) eliminación (F.)
entwenden sustraer, quitar, ratear
Entwendung (F.) sustracción (F.), hurto (M.) leve
entwerfen trazar, bosquejar
entwerten desvalorar, desvalorizar
Entwertung (F.) desvaloración (F.), desvalorización (F.), devaluación (F.)
entwickeln desenvolver, desarrollar
Entwicklung (F.) desarrollo (M.), evolución (F.), desenvolvimiento (M.)
Entwicklungshilfe (F.) ayuda (F.) al desarrollo, cooperación (F.) al desarrollo
entwidmen desafectar
Entwidmung (F.) desafectación (F.)
Entwurf (M.) proyecto (M.), concepto (M.), plan (M.)
entziehen (sich entziehen) rehuir
entziehen sustraer, suprimir, desposeer, privar
Entziehung (F.) privación (F.), sustracción (F.), retirada (F.)
Entziehungsanstalt (F.) establecimiento (M.) de deshabituación, casa (F.) de templanza
Entzug (M.) privación (F.), sustracción (F.), evicción (F.), retirada (F.)
Enumeration (F.) enumeración (F.)
enumerativ a título enunciativo
enumerieren enumerar
Enzyklika (F.) encíclica (F.)
Enzyklopädie (F.) enciclopedia (F.)
Erbanfall (M.) delación (F.), delación (F.) de herencia, devolución (F.) de herencia
Erbantritt (M.) adición (F.) de herencia
Erbbaurecht (N.) superficie (F.), derecho (M.) de superficie
Erbbauzins (M.) canon (M.) enfiteútico
erbbiologisch heredo-biológico
erbbiologisches Gutachten (N.) dictamen (M.) heredo-biológico
Erbe (M.) heredero (M.), heredado (M.), sucesor (M.)
Erbe (N.) herencia (F.), heredad (F.)
Erbeinsetzung (F.) institución (F.) de heredero, institución (F.) de herencia
erben heredar, suceder

Erbengemeinschaft (F.) comunidad (F.) sucesoria, comunidad (F.) hereditaria
Erbenhaftung (F.) responsabilidad (F.) del heredero
Erbersatzanspruch (M.) derecho (M.) sucesorio del hijo ilegítimo
Erbfall (M.) sucesión (F.), caso (M.) sucesorio
Erbfolge (F.) sucesión (F.) hereditaria, sucesión (F.) mortis causa (lat.)
Erblasser (M.) testador (M.), heredante (M.), causante (M.) difunto
erblich heredero (Adj.), hereditario
Erbpacht (F.) enfiteusis (F.), censo (M.) enfitéutico
Erbrecht (N.) herencia (F.), derecho (M.) hereditario, sucesiones (M.Pl.)
Erbschaft (F.) herencia (F.), heredad (F.), sucesión (F.)
Erbschaftsanspruch (M.) derecho (M.) sucesorio, derecho (M.) de herencia
Erbschaftsbesitzer (M.) poseedor (M.) hereditario
Erbschaftserwerbstitel (M.) título (M.) sucesorio
Erbschaftskauf (M.) compra (F.) de herencia
Erbschaftsklage (F.) petición (F.) de herencia, acción (F.) petitoria de herencia
Erbschaftsteuer (F.) impuesto (M.) hereditario, derechos (M.Pl.) reales
Erbschein (M.) declaración (F.) de herederos, certificado (M.) sucesorio
Erbschleicher (M.) heredípeta (M.), captador (M.) de herencias
Erbteil (M.) cuota (F.) hereditaria, cuota (F.) sucesoria
Erbteilung (F.) partición (F.) de la herencia
erbunfähig incapaz (Adj.) de heredar, incapaz (Adj.) para suceder
Erbunfähigkeit (F.) incapacidad (F.) sucesoria, incapacidad (F.) para suceder
erbunwürdig indigno de suceder, indigno para suceder
Erbunwürdigkeit (F.) indignidad (F.) sucesoria, indignidad (F.) para suceder
Erbvertrag (M.) contrato (M.) sucesorio, heredamiento (M.)
Erbverzicht (M.) renuncia (F.) sucesoria, renuncia (F.) a la herencia
ereignen (sich) suceder, ocurrir, acontecer
Ereignis (N.) evento (M.), acontecimiento (M.), caso (M.)
erfahren (V.) saber
Erfahrung (F.) experiencia (F.)
erfassen comprender, registrar, secuestrar
Erfassung (F.) registro (M.), secuestro (M.), sujeción (F.)
erfinden inventar, descubrir
Erfinder (M.) inventor (M.), descubridor (M.)
Erfinderschutz (M.) protección (F.) de inventor
Erfindung (F.) invención (F.), invento (M.), descubrimiento (M.)
Erfolg (M.) resultado (M.), éxito (M.)
Erfolgsdelikt (N.) delito (M.) de resultado, delito (M.) material
Erfolgshaftung (F.) responsabilidad (F.) por el resultado
Erfolgshonorar (N.) cuota (F.) litis (lat.), quota (F.) litis (lat.)
erfolgsqualifiziert preterintencional, calificado por el resultado
Erfolgsunrecht (N.) injusto (M.) del resultado
erforderlich necesario
Erforderlichkeit (F.) necesidad (F.)
erfordern necesitar, requerir, exigir
Erfordernis (N.) requisito (M.), exigencia (F.), necesidad (F.)
erfüllbar posible de cumplir
Erfüllbarkeit (F.) posibilidad (F.) de cumplir
erfüllen cumplir, satisfacer, pagar
Erfüllung (F.) cumplimiento (M.), satisfacción (F.), solución (F.), pago (M.)
Erfüllungsanspruch (M.) derecho (M.) de cumplimiento
Erfüllungsbetrug (M.) estafa (F.) de cumplimiento
Erfüllungsgehilfe (M.) auxiliar (M.) ejecutivo
Erfüllungsgeschäft (N.) cumplimiento (M.)
Erfüllungsort (M.) lugar (M.) del pago, lugar (M.) de cumplimiento
Erfüllungsübernahme (F.) asunción (F.) de cumplimiento, aceptación (F.) de cumplimiento
Erfüllungsverweigerung (F.) declaración (F.) anticipada de incumplimiento de contrato
ergänzen completar, suplir, complementar
ergänzend supletorio, complementario
ergänzende Auslegung (F.) interpretación (F.) supletoria, interpretación (F.) complementaria

ergänzende Vertragsauslegung (F.) interpretación (F.) supletoria de contrato
Ergänzung (F.) suplemento (M.), complemento (M.)
Ergänzungspfleger (M.) curador (M.) ad hoc (lat.)
Ergänzungsurteil (N.) sentencia (F.) complementaria
Ergebnis (N.) resultado (M.)
Erhalt (M.) recibo (M.), recepción (F.)
erhalten (V.) recibir, conservar
erheben levantar, cobrar, percibir, introducir, intentar, recaudar, imponer
erheblich relevante, considerable, importante
Erhebung (F.) presentación (F.), inspección (F.), exacción (F.), alzamiento (M.)
erhöhen aumentar, elevar
Erhöhung (F.) aumento (M.), elevación (F.)
erinnern recordar, evocar
Erinnerung (F.) recuerdo (M.), recurso (M.), reposición (F.), impugnación (F.), recordatorio (M.)
Erinnerungsschreiben (N.) carta (F.) recordatoria, recordatorio (M.)
Erkennbarkeit (F.) conocibilidad (F.)
erkennen conocer, intender, juzgar
Erkenntnis (F.) (Einsicht) cognición (F.), aprehensión (F.), cognoscitiva (F.)
Erkenntnis (N.) (Entscheidung) conocimiento (M.), fallo (M.), sentencia (F.)
Erkenntnisverfahren (N.) juicio (M.) de cognición, juicio (M.) declarativo, procedimiento (M.) cognitivo
erklären declarar, manifestar, exponer
Erklärung (F.) declaración (F.), explicación (F.)
Erklärungsirrtum (M.) error (M.) en la declaración, error (M.) obstativo
Erklärungstheorie (F.) teoría (F.) de la declaración
Erklärungswille (M.) voluntad (F.) de declaración
erkundigen (sich) informar(se)
Erkundigung (F.) información (F.)
erlangen (V.) obtener, adquirir
Erlass (M.) ordenamiento (M.), mandamiento (M.), decreto (M.), dictación (F.), otorgamiento (M.) (de una ley), liberación (F.), remisión (F.), quita (F.)
erlassen promulgar, aprobar, dictar, remitir, perdonar, cancelar, librar
erlauben permitir, conceder, licenciar
Erlaubnis (F.) permiso (M.), permisión (F.), licencia (F.), concesión (F.)
Erlaubnisirrtum (M.) error (M.) de permisión
Erlaubnisvorbehalt (M.) reserva (F.) de permiso
erlaubt lícito
erläutern explicar, comentar
Erläuterung (F.) aclaración (F.), explicación (F.), comentario (M.)
erledigen tramitar, diligenciar, cumplir
Erledigung (F.) trámite (M.), despacho (M.), arreglo (M.), ejecución (F.)
erleichtern facilitar
Erleichterung (F.) facilitación (F.)
Erlös (M.) precio (M.), ingreso (M.)
Erlöschen (N.) cesación (F.), rescisión (F.), caducidad (F.), extinción (F.), autoridad (F.)
erlöschen caducar, extinguirse
erlösen salvar, redimir
ermächtigen autorizar, legitimar, facultar
Ermächtigung (F.) autorización (F.), legitimación (F.)
Ermächtigungsgesetz (N.) ley (F.) de autorización, ley (F.) delegante
Ermächtigungsgrundlage (F.) base (F.) jurídica del poder de promulgar
ermahnen exhortar, conminar
Ermahnung (F.) admonición (F.), exhortación (F.)
ermäßigen reducir
Ermäßigung (F.) reducción (F.), rebaja (F.)
Ermessen (N.) discreción (F.), discrecionalidad (F.), arbitrio (M.)
ermessen juzgar, estimar, considerar
Ermessensfehler (M.) defecto (M.) en el ejercicio de la potestad discrecional
Ermessensmissbrauch (M.) desviación (F.) de poder, abuso (M.) de discrecionalidad
Ermessensspielraum (M.) margen (M. bzw. F.) discrecional, ámbito (M.) discrecional
Ermessensüberschreitung (F.) desviación (F.) de poder, desborde (M.) de poder
Ermessensvorschrift (F.) disposición (F.) discrecional, precepto (M.) potestativo
ermitteln indagar, averiguar, pesquisar
Ermittler (M.) investigador (M.)
Ermittlung (F.) investigación (F.), pesquisa (F.), indagación (F.)
Ermittlungsrichter (M.) instructor (M.), juez (M.) instructor

Ermittlungsverfahren (N.) juicio (M.) de inquisición, sumario (M.)
ernähren alimentar
Ernährung (F.) alimentación (F.)
ernennen nominar, nombrar, designar
Ernennung (F.) nominación (F.), nombramiento (M.)
Ernennungsurkunde (F.) carta (F.) de nombramiento, título (M.) de empleo
eröffnen abrir, establecer, inaugurar, revelar
Eröffnung (F.) apertura (F.), comienzo (M.), inauguración (F.), notificación (F.), revelación (F.)
Eröffnungsbeschluss (M.) acuerdo (M.) de apertura, auto (M.) de procesamiento
Eröffnungsbilanz (F.) balance (M.) inicial, balance (M.) de apertura
Eröffnungsverhandlung (F.) procedimiento (M.) de apertura
erörtern discutir, debatir
Erörterung (F.) discusión (F.)
erpressen extorsionar, chantajear, coaccionar
Erpresser (M.) extorsionador (M.), chantajista (M.)
erpresserisch extorsivo
erpresserischer Menschenraub (M.) secuestro (M.) extorsivo
Erpressung (F.) delito (M.) de extorsión, extorsión (F.), chantaje (M.)
erregen causar, provocar, excitar
Erregung (F.) öffentlichen Ärgernisses escándalo (M.) público, ultraje (M.) público al pudor
erringen ganar, adquirir, obtener
Errungenschaft (F.) gananciales (M.Pl.), ganancialidad (F.)
Errungenschaftsgemeinschaft (F.) sociedad (F.) de gananciales
Ersatz (M.) sustitución (F.), sustitutivo (M.), compensación (F.), indemnización (F.)
Ersatzerbe (M.) sustituto (M.), heredero (M.) sustituto
Ersatzfreiheitsstrafe (F.) prisión (F.) subsidiaria, arresto (M.) supletorio
Ersatzkasse (F.) caja (F.) asimilada de enfermedad
Ersatzlösung (F.) solución (F.) de recambio
Ersatzvermächtnis (N.) vicelegado (M.)
Ersatzvornahme (F.) ejecución (F.) subsidiaria, sustitución (F.) ejecutiva
Ersatzzeit (F.) período (M.) sustitutivo
Ersatzzustellung (F.) notificación (F.) supletoria, insinuatio (F.) ad domum (lat.)
Ersatzzwangshaft (F.) arresto (M.) coercitivo subsidiario
Erscheinen (N.) comparecencia (F.), comparición (F.), publicación (F.)
erscheinen comparecer, aparecer, presentarse
Erschleichen (N.) captación (F.)
erschleichen captar
erschließen explorar, desarrollar, colonizar
Erschließung (F.) exploración (F.), colonización (F.), urbanización (F.)
erschöpfen agotar, extenuar
ersetzen sustituir, restituir, recompensar, resarcir
Ersetzung (F.) sustitución (F.), subrogación (F.)
Ersetzungsbefugnis (F.) obligación (F.) facultativa, facultas (F.) alternativa (lat.)
ersitzen prescribir, usucapir
Ersitzung (F.) prescripción (F.) adquisitiva, usucapión (F.)
erstatten reintegrar, reembolsar, resarcir, presentar
Erstattung (F.) reintegro (M.), reembolso (M.), restitución (F.)
Erstattungsanspruch (M.) demanda (F.) de restitución, indemnización (F.)
erstinstanzlich ordinario (Adj.), en primera instancia
Ersuchen (N.) requisición (F.), requisa (F.), suplicatorio (M.), petición (F.)
ersuchen suplicar, requerir, exhortar
ersuchter Richter (M.) juez (M.) exhortado, juez (M.) requerido
erteilen conceder, dar, hacer
Erteilung (F.) concesión (F.), otorgamiento (M.)
Ertrag (M.) rendimiento (M.), rendición (F.), ganancia (F.)
Ertragshoheit (F.) soberanía (F.) sobre el producto
Ertragsteuer (F.) impuesto (M.) sobre beneficios
erwachsen (Adj.) adulto (Adj.)
Erwachsener (M.) adulto (M.)
erwägen considerar
Erwägung (F.) consideración (F.)
erweitern aumentar, extender, ampliar
Erweiterung (F.) extensión (F.), ampliación (F.)

Erwerb (M.) adquisición (F.), adquirimiento (M.)
erwerben adquirir, devengar
Erwerber (M.) adquirente (M.), comprador (M.), cesionario (M.)
erwerbslos cesante (Adj.)
erwerbstätig empleado (Adj.), activo (Adj.)
Erwerbstätigkeit (F.) actividad (F.) lucrativa
erwerbsunfähig incapaz (Adj.) para el trabajo
Erwerbsunfähigkeit (F.) incapacidad (F.) funcional, incapacidad (F.) de trabajo
Erwerbsverbot (N.) prohibición (F.) de adquirir
erwidern replicar
Erwiderung (F.) réplica (F.), respuesta (F.)
Erzbischof (M.) arzobispo (M.)
erzeugen producir, generar
Erzeugnis (N.) producto (M.), fabricado (M.)
erziehen educar
Erziehung (F.) educación (F.), formación (F.), enseñanza (F.)
Erziehungsbeistand (M.) asistente (M.) en la educación
Erziehungsgeld (N.) remuneración (F.) de vacaciones después de un parto
Erziehungshilfe (F.) ayuda (F.) a la educación, asistancia (F.) educativa
Erziehungsmaßregel (F.) medida (F.) educativa, corrección (F.) educativa
Erziehungsstrafe (F.) pena (F.) educativa
erzwingbar coercible
erzwingen forzar
Erzwingung (F.) coacción (F.), obtención (F.) coactiva
Erzwingungshaft (F.) arresto (M.) coactivo
Esel (M.) burro (M.), asno (M.)
Etat (M.) presupuesto (M.)
Ethik (F.) ética (F.)
ethisch ético
ethnisch étnico
EU (F.) (Europäische Union) Unión (F.) Europea
Euratom (F.) Euratom (F.)
Euro (M.) euro (M.)
Eurocheque (M.) eurocheque (M.)
Europa (N.) Europa (F.)
europäisch europeo (Adj.)
europäische Akte (F.) Acta (F.) Europea
Europäische Aktiengesellschaft (F.) sociedad (F.) europea, sociedad (F.) europea anónima
Europäische Atomgemeinschaft (F.) Comunidad (F.) Europea de la Energía Atómica
Europäische Gemeinschaft (F.) Comunidad (F.) Europea
Europäische Gemeinschaft (F.) für Kohle und Stahl Comunidad (F.) Europea del Carbón y del Acero
Europäische Kommission (F.) Comisión (F.) de la Unión Europea
Europäische politische Zusammenarbeit (F.) Cooperación (F.) politica europea
Europäische Sozialcharta (F.) Carta (F.) Social Europea
Europäische Union (F.) Unión (F.) Europea
Europäische Universität (F.) universidad (F.) europea
Europäische Wirtschaftliche Interessenvereinigung (F.) (EWIV) Asociación (F.) Europea de Intereses Económicos, Agrupación (F.) Europea de Interés Económico
Europäische Wirtschaftsgemeinschaft (F.) Comunidad (F.) Económica Europea
Europäischer Gerichtshof (M.) für Menschenrechte Tribunal (M.) Europeo de Derechos Humanos
Europäischer Gerichtshof (M.) Tribunal (M.) de Justicia Europea
Europäischer Rat (M.) Consejo (M.) Europeo
Europäischer Verband (M.) asociación (F.) europea
Europäischer Wirtschaftsraum (M.) Área (F.) Económica Europea, Espacio (M.) Económico Europeo
europäisches Gemeinschaftsrecht (N.) derecho (M.) comunitario
Europäisches Parlament (N.) Parlamento (M.) Europeo
Europäisches Patent (N.) patente (F.) europea
Europäisches Patentamt (N.) Registro (M.) Europeo de patentes
Europäisches Polizeiamt (N.) Oficina (F.) Europea de Policía, Central de Policía (Europol)
europäisches Recht (N.) derecho (M.) europeo
europäisches Währungssystem (N.) Sistema (M.) Monetario Europeo
Europarat (M.) Consejo (M.) de Europa
Europarecht (N.) derecho (M.) europeo

europarechtswidrig contrario (Adj.) al derecho comunitario
Europarechtswidrigkeit (F.) contrariedad (F.) al derecho comunitario
Europaregion (F.) euroregión (F.)
Europawahl (F.) elección (F.) europea, euroelección (F.)
europrechtsgemäß conforme (Adj.) al derecho comunitario
Euthanasie (F.) eutanasia (F.)
evakuieren evacuar
Evakuierung (F.) evacuación (F.)
Evaluation (F.) evaluación (F.)
evaluieren evaluar
evangelisch evangélico (Adj.)
eventual eventual
Eventualaufrechnung (F.) compensación (F.) eventual
Eventualmaxime (F.) principio (M.) de inmediación, principio (M.) de acumulación eventual
Eventualvorsatz (M.) dolo (M.) eventual
evident evidente
Evidenz (F.) evidencia (F.)
Eviktion (F.) evicción (F.)
Evokation (F.) avocación (F.)
Evokationsrecht (N.) derecho (M.) de avocación
evozieren avocar
EWIV (F.) Europäische Wirtschaftliche Interessenvereinigung (F.) Asociación (F.) Europea de Intereses Económicos, Agrupación (F.) Europea de Interés Económico
ex lege (lat.) (auf Grund Gesetzes) ex lege (lat.), legalmente, peso de la ley
ex nunc (lat.) (ab jetzt) ex nunc (lat.), a partir de ahora
ex officio (lat.) (von Amts wegen) ex officio (lat.), de oficio
ex tunc (lat.) (von damals an) ex tunc (lat.), desde entonces
Examen (N.) examen (M.)
exceptio (F.) (lat.) (Einrede) exceptio (F.) (lat.), excepción (F.)
exceptio (F.) doli (lat.) (Arglisteinrede) exceptio (F.) doli (lat.)
exekutieren ejecutar
Exekution (F.) ejecución (F.)
exekutiv ejecutivo (Adj.)
Exekutive (F.) ejecutivo (M.), poder (M.) ejecutivo
Exequatur (N.) exequátur (M.), pase (M.)
Exhibitionist (M.) exhibicionista (M.)
exhumieren exhumar
Exhumierung (F.) exhumación (F.)
Exil (N.) exilio (M.)
Existenz (F.) existencia (F.)
Existenzminimum (N.) mínimo (M.) vital, nivel (M.) mínimo de vida
existieren existir
Exklave (F.) exclave (M.)
exklusiv exclusivo
Exklusivität (F.) exclusividad (F.)
Exkommunikation (F.) excomunión (F.)
exkommunizieren excomulgar
Exkulpation (F.) exculpación (F.)
exkulpieren exculpar
exmatrikulieren darse de baja
Experte (M.) esperto (M.)
Expertise (F.) pericia (F.), peritación (F.), dictamen (M.)
explodieren explosionar, explotar
Explosion (F.) explosión (F.)
Export (M.) exportación (F.)
exportieren exportar
expressis verbis (lat.) (ausdrücklich) expressis verbis (lat.)
extensiv extensivo
exterritorial extraterreno, extraterritorial
Exterritorialität (F.) extraterritorialidad (F.)
extrem extremo (Adj.)
Extremismus (M.) extremismo (M.)
Extremist (M.) extremista (M.)
Exzess (M.) exceso (M.), preterintención (F.)
exzessiv excesivo

F

Fabrik (F.) fábrica (F.)
Fabrikant (M.) fabricante (M.), industrial (M.)
Fabrikation (F.) fabricación (F.)
Fabrikationsfehler (M.) defecto (M.) de fabricación
Fach (N.) rama (F.), disciplina (F.), especialidad (F.)
Fachanwalt (M.) abogado (M.) especial, abogado (M.) especialista, abogado (M.) con especialidad
Fachanwalt (M.) für Arbeitsrecht abogado (M.) laboralista

Fachanwalt (M.) für Steuerrecht abogado (M.) fiscalista
Facharbeit (F.) trabajo (M.) especial
Facharbeiter (M.) obrero (M.) especializado, especialista (M.)
Fachaufsicht (F.) control (M.) de oportunidad
Fachbereich (M.) departamento (M.)
Fachgericht (N.) tribunal (M.) especializada, tribunal (M.) especialista
Fachhochschule (F.) escuela (F.) técnica superior, escuela (F.) universitaria
Fachmann (M.) experto (M.), especialista (M.), profesional (M.)
Fachschaft (F.) sindicato (M.), organización (F.) gremial
Factoring (N.) descuento (M.) de facturas, factoring (M.)
facultas (F.) (lat.) facultad (F.)
facultas (F.) alternativa (lat.) (Ersetzungsbefugnis) obligación (F.) con facultad alternativa, facultas (F.) alternativa (lat.)
fähig capaz
Fähigkeit (F.) capacidad (F.), calidad (F.)
fahnden pesquisar
Fahndung (F.) pesquisa (F.), busca (F.)
Fahndungsliste (F.) requisitoria (F.)
Fahne (F.) bandera (F.), enseña (F.)
Fahnenflucht (F.) deserción (F.)
fahnenflüchtig prófugo (Adj.), desertor (Adj.)
Fahrbahn (F.) calzada (F.)
fahren conducir, circular
Fahrerflucht (F.) huida (F.) del lugar del accidente, fuga (F.)
Fahrerlaubnis (F.) permiso (M.) de conducir, licencia (F.) de conducir
Fahrhabe (F.) bienes (M.Pl.) muebles
Fahrkarte (F.) billete (M.), pasaje (M.)
fahrlässig culposo (Adj.), descuidado
Fahrlässigkeit (F.) descuido (M.), culpa (F.), negligencia (F.), imprudencia (F.)
Fahrlässigkeitsdelikt (N.) delito (M.) culposo, delito (M.) de imprudencia
Fahrnis (F.) bienes (M.Pl.) muebles
Fahrnisgemeinschaft (F.) comunidad (F.) de muebles
Fahrpreis (M.) precio (M.) de billete, tarifa (F.)
Fahrt (F.) viaje (M.), recorrido (M.)
Fahrtenbuch (N.) carnet (M.) de ruta
fahrtüchtig capaz para conducir, apto para concucir
Fahrtüchtigkeit (F.) aptitud (F.) para conducir, capacidad (F.) de conducir
Fahrverbot (N.) prohibición (F.) de conducir, prohibición (F.) del paseo
Fahrzeug (N.) vehículo (M.)
Fahrzeughalter (M.) titular (M.) del vehículo
fair íntegro, recto
Fairness (F.) integridad (F.), rectitud (F.)
Faksimile (N.) facsímil (M.), facsímile (M.)
faktisch real (Adj.), fáctico, de hecho
faktische Gesellschaft (F.) sociedad (F.) de hecho
faktischer Vertrag (M.) contrato (M.) fáctico
Faktor (M.) factor (M.)
Faktum (N.) hecho (M.)
Faktura (F.) factura (F.), cuenta (F.)
Fakultät (F.) facultad (F.)
fakultativ facultativo (Adj.), potestativo
Fall (M.) caso (M.), causa (F.)
fällig vencido, debido (Adj.)
Fälligkeit (F.) vencimiento (M.)
Fälligkeitstermin (M.) fecha (F.) de vencimiento, plazo (M.) de vencimiento
Fallrecht (N.) derecho (M.) casuístico, derecho (M.) del caso
Fallsammlung (F.) casuística (F.)
falsch falso (Adj.), falsificado, erroneo
Falschaussage falso testimonio (M.), declaración (F.) falsa
Falschbeschuldigung (F.) denuncia (F.) falsa
Falscheid (M.) juramento (M.) falso
fälschen falsificar, falsear
Fälscher (M.) falsificador (M.), falseador (M.)
Falschgeld (N.) moneda (F.) falsa, dinero (M.) falso
Falschmünzer (M.) falsificador (M.) de moneda
Fälschung (F.) falsificación (F.), falsedad (F.)
falsus procurator (M.) (lat.) (Vertreter ohne Vertretungsmacht) representante (M.) sin poder, falsus procurator (M.) (lat.)
Familie (F.) familia (F.)
Familienbuch (N.) libro (M.) familiar
Familienfideikomiss (F.) fideicomiso (M.) familiar, mayorazgo (M.)
Familiengericht (N.) juzgado (M.) de familia
Familiengesellschaft (F.) sociedad (F.) familiar
Familienhilfe (F.) ayuda (F.) a la familia, subsidios (M.Pl.) familiares

Familienname (N.) apellido (M.)
Familienrecht (N.) derecho (M.) de familia
Familienrolle (F.) rol (M.) familiar
Familiensache (F.) causa (F.) de familia
Familienstand (M.) estado (M.) civil, estado (M.) familiar
Familienunternehmen (N.) empresa (F.) familiar
fangen prender, capturar
Faschismus (M.) fascismo (M.)
fassen tomar, captar, concebir, redactar
Fassung (F.) capacidad (F.), redacción (F.)
Faust (F.) puño (M.)
Faustpfand (N.) prenda (F.) mobiliaria, prenda (F.) manual
Faustrecht (N.) derecho (M.) de la fuerza
Fax (N.) telefax (M.), fax (M.), copia (F.) facsimil
Fehde (F.) desafío (M.)
Fehlen (N.) der Geschäftsgrundlage falta (F.) de base (F.) del negocio
fehlen faltar
Fehler (M.) vicio (M.), falta (F.), defecto (M.)
fehlerhaft defectuoso, vicioso
Fehlerhaftigkeit (F.) viciosidad (F.), deficiencia (F.)
Fehlgeburt (F.) aborto (M.) natural
Fehlurteil (N.) sentencia (F.) equivocada, fallo (M.) errado
Feier (F.) fiesta (F.)
Feiertag (M.) día (M.) festivo, día (M.) de fiesta
feil vendible
feilbieten poner en venta
feilschen regatear
Feind (M.) enemigo (M.)
feindlich hostil
Ferialsache (F.) negocio (M.) de vacaciones
Ferien (F.Pl.) vacaciones
fern lejos, tele…
Fernabsatz (M.) televenta (F.)
Fernkommunikation (F.) telecomunicación (F.)
Fernkommunikationsmittel (M.) medio (M.) de telecomunicación
Fernmeldegeheimnis (N.) secreto (M.) de las comunicaciones
Fernmelden (N.) telecomunicación (F.)
Fernmeldenetz (N.) red (F.) de telecomunicaciones
Fernsehen (N.) televisión (F.)
Fernsehgebühr (F.) tasa (F.) de televisión
Fernsprechamt (N.) central (F.) telefónica, operadora (F.)
fernsprechen telefonear
Fernstraße (F.) carretera (F.) principal
Fernunterricht (M.) enseñanza (F.) por correspondencia
fertig pronto
fertigstellen terminar
Fertigstellung (F.) terminación (F.), conclusión (F.)
fest firme
Festgeld (N.) dinero (M.) a plazo fijo
festhalten detener
Festnahme (F.) aprehensión (F.), detención (F.)
festnehmen detener, aprehender, arrestar, capturar
Festpreis (M.) precio (M.) fijo
festsetzen fijar, establecer, regular, estipular
Festsetzung (F.) fijación (F.), establecimiento (M.)
feststellen constatar, fijar, concluir
Feststellung (F.) constatación (F.), conclusión (F.), determinación (F.)
Feststellungsantrag (M.) solicitud (F.) de determinación
Feststellungsklage (F.) acción (F.) declarativa
Feststellungsurteil (N.) sentencia (F.) declarativa
Festungsanlage (F.) fortificación (F.)
feudal feudal
Feudalismus (M.) feudalismo (M.)
Feuer (N.) fuego (M.), incendio (M.)
Feuerversicherung (F.) seguro (M.) contra incendios
Feuerwehr (F.) cuerpo (M.) de bomberos
Fideikommiss (M.) fideicomiso (M.)
Fideikommisserbe (M.) fideicomisario (M.)
fiduziarisch fiduciario (Adj.)
Fiktion (F.) ficción (F.)
fiktiv ficiticio, presunto (Adj.)
Filiale (F.) sucursal (F.), empresa (F.) filial
Film (M.) film (M.)
Filmrecht (N.) legislación (F.) cinematográfica
final final
finale Handlungslehre (F.) doctrina (F.) del finalismo
Finanz (F.) finanza (F.)

Finanzamt (N.) hacienda (F.), fiscalía (F.)
Finanzausgleich (M.) ajuste (M.) financiero
Finanzdienstleistung (F.) servicio (M.) financiero
Finanzen (F.Pl.) finanzas (F.Pl.), hacienda (F.)
Finanzgericht (N.) tribunal (M.) de hacienda, tribunal (M.) fiscal, tribunal (M.) económico-administrativo
Finanzgerichtsbarkeit (F.) jurisdicción (F.) fiscal
finanziell financiero (Adj.), económico
finanzieren financiar, habilitar
Finanzierung (F.) financiación (F.), financiamiento (M.)
Finanzminister (M.) ministro (M.) de hacienda
Finanzmonopol (N.) monopolio (M.) fiscal
Finanzplanung (F.) planificación (F.) financiera, contabilidad (F.) presupuestaria
Finanzrecht (N.) derecho (M.) financiero
Finanzverfassung (F.) constitución (F.) financiera
Finanzvermögen (N.) patrimonio (M.) financiero
Finanzverwaltung (F.) administración (F.) fiscal, hacienda (F.)
Findelkind (N.) niño (M.) expósito (M.), encontrado (M.)
finden encontrar, hallar
Finder (M.) hallador (M.), descubridor (M.)
Finderlohn (M.) hallazgo (M.), recompensa (F.) del hallador
Finger (M.) dedo (M.)
Fingerabdruck (M.) digital (M.), huella (F.) digital
fingieren fingir, simular
Firma (F.) firma (F.), empresa (F.), razón (F.) social
Firmenwert (M.) mayor valía (F.)
fischen pescar
Fischer (M.) pescador (M.)
Fischerei (F.) pesquería (F.), pesca (F.)
Fischereirecht (N.) derecho (M.) pesquero
Fischwilderei (F.) pesca (F.) en vedado, infracción (F.) de pesca
fiskalisch fiscal (Adj.), tributario (Adj.)
Fiskus (F.) fisco (M.), hacienda (F.) pública
fix fijo
Fixgeschäft (N.) negocio (M.) fijo, operación (F.) a plazo fijo
Fläche (F.) llano (M.), terreno (M.), espacio (M.), zona (F.), perímetro (M.), suelo (M.)
Flächennutzung (F.) aprovechamiento (M.) del suelo
Flächennutzungsplan (M.) plan (M.) de ordenación, plan (M.) general de urbanización
Flagge (F.) bandera (F.), pabellón (M.)
flexibel flexible
fliegen volar
fliehen huir
fließen correr, fluir
Flotte (F.) flota (F.)
Flucht (F.) fuga (F.), huida (F.)
Fluchtgefahr (F.) peligro (M.) de fuga
flüchtig fugado, fugaz
flüchtig sein haberse fugado, encontrarse huido
Flüchtling (M.) refugiado (M.)
Fluchtlinie (F.) alineación (F.), línea (F.) de fuga
Flug (M.) vuelo (M.)
Flugblatt (N.) volante (M.), hoja (F.) volante
Flugschein (M.) pasaje (M.), boleto (M.) de pasaje
Flugzeug (N.) avión (M.)
Flur (F.) campo (M.)
Flurbereinigung (F.) concentración (F.) parcelaria
Flurstück (N.) parcela (F.), unidad (F.) castral
fob (free on board) fob
föderal federal
Föderalismus (M.) federalismo (M.)
Föderation (F.) federación (F.)
Folge (F.) consecuencia (F.)
folgen resultar, suceder
Folgenbeseitigung (F.) eliminación (F.) de consecuencias
Folgenbeseitigungsanspruch (M.) pretensión (F.) de eliminación de consecuencias
Folgerecht (N.) derecho (M.) de persecución
Folgeschaden (M.) daño (M.) consecuencial
Folter (F.) tortura (F.), tormento (M.)
foltern torturar, atormentar
Fond (M.) fondo (M.)
Fonds (M.) fondo (M.), efectos (M.Pl.)
fordern pedir, demandar, pretender
fördern extraer, promover
Forderung (F.) pretensión (F.), demanda (F.), petición (F.)

Förderung (F.) extracción (F.), promoción (F.)
Forderungspfändung (F.) embargo (M.) de derechos
Forderungsrecht (N.) derecho (M.) de crédito
Forderungsübergang (M.) subrogación (F.)
Forderungsverletzung (F.) violación (F.) de obligaciones, perjuicio (M.) de derecho de crédito
Forderungsverzicht (M.) renuncia (F.) a una reclamación
forensisch forense
Form (F.) forma (F.), formalidad (F.)
formal formal
Formalbeleidigung (F.) injuria (F.) formal
Formalismus (M.) formalismo (M.)
Formalität (F.) formalidad (F.), forma (F.)
formbedürftig formal
Formbedürftigkeit (F.) solemnidad (F.)
Formel (F.) fórmula (F.)
formell formal
formelle Rechtskraft (F.) cosa (F.) juzgada formal, fuerza (F.) formal de cosa juzgada
formelle Verfassung (F.) constitución (F.) formal
formelles Recht (N.) derecho (M.) formal, derecho (M.) de forma
formfrei informe, libre (Adj.) de forme
Formfreiheit (F.) libertad (F.) formal, libertad (F.) de forma
Förmlichkeit (F.) formalidad (F.), forma (F.)
Formular (N.) formulario (M.), modelo (M.), impreso (M.)
Formularvertrag (N.) contrato (M.) uniforme, formulario-tipo (M.)
formulieren formular
Formulierung (F.) formulación (F.)
Forst (M.) bosque (M.)
Forsten (M.Pl) terreno (M.) forestal
Förster (M.) guarda (M.) forestal
fort fuera, pro...
fortbilden perfeccionar
Fortbildung (F.) formación (F.) permanente
fortführen continuar
Fortführung (F.) continuación (F.)
fortgesetzt continuado
fortgesetzte Gütergemeinschaft (F.) comunidad (F.) continuada
fortgesetzte Handlung (F.) acto (M.) continuado
fortsetzen continuar, proseguir
Fortsetzung (F.) continuación (F.), prosecución (F.)
Fortsetzungsfeststellungsantrag (M.) solicitud (F.) de determinación
Fortsetzungszusammenhang (M.) conexión (F.) continuada
forum (N.) (lat.) (Markt bzw. Gericht) forum (N.) (lat.), foro (M.)
Foto (N.) foto (M.)
Fotokopie (F.) fotocopia (F.)
Fötus (M.) (Leibesfrucht) feto (M.)
Fracht (F.) carga (F.), flete (M.)
Frachtbrief (M.) carta (F.) de porte, guía (F.) de carga
frachtfrei franco (Adj.) de porte, libre (Adj.) de porte
Frachtführer (M.) transportista (M.), porteador (M.)
Frachtgut (N.) carga (F.), mercancías (F.Pl.) en pequeña velocidad
Frachtvertrag (M.) contrato (M.) de transporte, contrato (M.) de fletamento
Frage (F.) cuestiòn (F.), pregunta (F.), demanda (F.), problema (M.)
Fragebogen (M.) cuestionario (M.)
fragen preguntar, interrogar
Fragepflicht (F.) obligación (F.) de preguntar
Fragerecht (N.) derecho (M.) de interrogación, derecho (M.) de preguntar
Fragestunde (F.) hora (F.) de preguntas, turno (M.) de preguntas
Fraktion (F.) fracción (F.), grupo (M.)
Fraktionszwang (M.) disciplina (F.) de la fracción
Franchisegeber (M.) concedente (M.)
Franchisenehmer (M.) concesionario (M.)
Franchisevertrag (M.) acuerdo (M.) de franquicia, contrato (M.) de concesión exclusiva
Franchising (N.) franquicia (F.)
frankieren franquear
franko franco de porte, libre
Frankreich (N.) Francia (F.)
französisch francés
Frau (F.) mujer (F.), señora (F.)
Frauenhandel (M.) trata (F.) de mujeres, trata (F.) de blancas
Frauenhaus (N.) casa (F.) para mujeres maltratadas
Frauenquote (F.) cuota (F.) de mujeres, cuota (F.) femenina

Frauenraub (M.) rapto (M.) de mujer, robo (M.) de mujeres
free on board (fob) francobordo (fob), free on board (fob)
frei Haus franco a domicilio, puesto (Adj.) a domicilio
frei libre, independiente (Adj.)
Freiberufler (M.) profesionista (M.), profesional (M.) autónomo
freiberuflich de profesión independiente
Freibetrag (M.) franquicia (F.), exento (M.)
Freibeweis (M.) prueba (F.) libre
freibleibend sujeto (Adj.) a confirmación, sin compromiso, salvo venta
Freibrief (M.) carta (F.) de franquicia, privilegio (M.)
freie Berufe (M.Pl.) profesiones (F.Pl.) liberales, servicios (M.Pl.) profesionales
freier Beruf (M.) profesión (F.) liberal, servicio (M.) profesional
Freiexemplar (N.) ejemplar (M.) gratis, ejemplar (M.) de regalo
Freigabe (F.) desembargo (M.), liberalización (F.)
Freigang (M.) permiso (M.) penitenciario
Freihafen (M.) puerto (M.) franco, puerto (M.) libre
Freihandel (M.) libre-cambio (M.), comercio (M.) libre
freihändig fuera de subasta, por licitación privada
freihändiger Verkauf (M.) venta (F.) voluntaria, venta (F.) por gestión directa
Freiheit (F.) libertad (F.), exención (F.)
freiheitlich liberal (Adj.)
freiheitlich-demokratische Grundordnung (F.) ordenamiento (M.) constitucional democrático-liberal
Freiheitsberaubung (F.) privación (F.) de libertad, detención (F.) ilegal
Freiheitsentziehung (F.) privación (F.) de libertad, reclusión (F.)
Freiheitsrecht (N.) derecho (M.) de libertad
Freiheitsstrafe (F.) pena (F.) contra la libertad, pena (F.) privativa de libertad
Freikarte (F.) pase (M.), billete (M.) de favor
freilassen libertar, liberar
Freilassung (F.) libertad (F.), puesta (F.) en libertad
Freimaurer (M.) masón (M.)
freisprechen absolver, dictar la absolución
Freisprechung (F.) relevación (F.), absolución (F.)
Freispruch (M.) absolución (F.), sentencia (F.) absolutoria
Freistaat (M.) Estado (M.) libre
freistellen liberar, librar, dejar libre
Freistellung (F.) liberación (F.), exención (F.), exoneración (F.)
Freistellungsregelung (F.) reglamento (M.) relativo a las exenciones de categorías
Freitod (M.) suicidio (M.)
Freiverkehr (M.) mercado (M.) libre
freiwillig voluntario (Adj.), a voluntad
freiwillige Gerichtsbarkeit (F.) jurisdicción (F.) voluntaria
freiwillige Versicherung (F.) seguro (M.) libre, seguro (M.) voluntario
Freizeichen (N.) denominación (F.) genérica, indicador (M.) de libre
Freizeichnung (F.) exención (F.), cláusula (F.) de exención, cláusula (F.) de irresponsabilidad
Freizeichnungsklausel (F.) cláusula (F.) de exención
Freizeit (F.) ratos (M.Pl.) de ocio, tiempo (M.) libre, asueto (M.), horas (F.Pl.) de descanso
Freizeitarrest (M.) arresto (M.) de días festivos, arresto (M.) de tiempo libre
freizügig libre
Freizügigkeit (F.) libertad (F.) de circulación, libre circulación (F.)
fremd extranjero (Adj.), alieno, ajeno
Fremdbesitz (M.) posesión (F.) natural, posesión (F.) impropiamento dicha
Fremdbesitzer (M.) poseedor (M.) alieno nomine
Fremde (F.) (2) extranjera (F.), forastera (F.)
Fremdenrecht (N.) extranjería (F.), derecho (M.) de extranjería
Fremder (M.) extranjero (M.), forastero (M.)
Fremdgeschäftsführung (F.) gestión (M.) ajena
Fremdkapital (N.) capital (M.) ajeno
Freude (F.) alegría (F.), gozo (M.)
Freudenhaus (N.) prostíbulo (M.), burdel (M.)
Freudenmädchen (F.) prostituta (F.), ramera (F.)
Freund (M.) amigo (M.)
Freundin (F.) amiga (F.)

Freundschaft (F.) amistad (F.)
Freundschaftsvertrag (M.) tratado (M.) de amistad
Frevel (M.) infracción (F.), delito (M.)
freveln cometer un delito
Frevler (M.) criminal (M.), malhechor (M.)
Friede (M.) paz (F.)
Friedensbruch (M.) quebrantamiento (M.) de la paz
Friedenspflicht (F.) deber (M.) de paz
Friedensrichter (M.) juez (M.) de paz
Friedensverrat (M.) traición (F.) a la paz
Friedensvertrag (M.) tratado (M.) de paz, acuerdo (M.) de paz
Friedhof (M.) cementerio (M.)
Friedhofsschändung (F.) violación (F.) de cementerios
Frist (F.) plazo (M.), término (M.), dilación (F.)
fristlos inmediato, sin plazo, sin demora
Fristsetzung (F.) determinación (F.)
Fristverlängerung (F.) dilación (F.), sobreplazo (M.)
Frucht (F.) fruto (M.)
Fruchtgenuss (M.) usufructo (M.), disfrute (M.)
führen dirigir, gobernar, ejercer, gestionar
Führer (M.) líder (M.), caudillo (M.)
Führerschein (M.) carnet (M.) de conducir, licencia (F.) de conducir
Führung (F.) conducta (F.), conducción (F.), dirección (F.)
Führungsaufsicht (F.) vigilancia (F.) de conducta, custodia (F.)
Führungszeugnis (N.) certificación (F.) de conducta, certificado (M.) de buena conducta
Fund (M.) hallazgo (M.), hallada (F.), invención (F.)
fünf cinco
Fünfprozentklausel (F.) cláusula (F.) de cinco por ciento
fungieren hacer las veces, hacer, actuar
Funk (M.) radio (M. bzw. F.), radiodifusión (F.)
funken transmitir por radio
Funktion (F.) función (F.)
Funktionär (M.) funcionario (M.)
Funktionärin (F.) funcionaria (F.)
funktionell funcional
Funktionsnachfolge (F.) sucesión (F.) funcional, sucesión (F.) de la función
Furcht (F.) miedo (M.), temor (M.)
fürchten temer, temblar
Fürsorge (F.) asistencia (F.), acción (F.) social
Fürsorgeerziehung (F.) educación (F.) correccional, educación (F.) en una institución asistencial
Fürsorgepflicht (F.) deber (M.) de protección, deber (M.) de asistencia
Fürsorger (M.) tutor (M.)
Fürsprache (F.) intercesión (F.)
Fürsprecher (M.) intercesor (M.)
Fürst (M.) príncipe (M.)
Fürstentum (N.) principado (M.), principalidad (F.)
Fürstin (F.) principesa (F.)
furtum (N.) usus (lat.) (Gebrauchsentwendung) hurto (M.) de uso
Fusion (F.) fusión (F.), fusionamiento (M.)
fusionieren fusionar, incorporar
Fusionskontrolle (F.) control (M.) de fusiones
Fuß (M.) pie (M.)
Fußgänger (M.) peaton (M.)
Fußgängerzone (F.) zona (F.) de peatones, área (F.) peatonal

G

Gabe (F.) donativo (M.), don (M.), dádiva (F.)
Gage (F.) salario (M.), sueldo (M.), emolumento (M.)
Galgen (M.) patíbulo (M.), horca (F.)
Garage (F.) garaje (M.)
Garant (M.) garante (M.), garantizador (M.), fiador (M.)
Garantenpflicht (F.) deber (M.) de garante
Garantenstellung (F.) posición (F.) de garante
Garantie (F.) garantía (F.), fianza (F.), seguridad (F.)
Garantiefrist (F.) plazo (M.) de garantía, tiempo (M.) de garantía
garantieren garantizar, dar garantía, responder
Garantievertrag (M.) contrato (M.) de garantía, caución (F.) personal
Garde (F.) guardia (F.) de corps
Gas (N.) gas (M.)
Gast (M.) huésped (M.), invitado (M.), convidado (M.)
Gasthaus (N.) fonda (F.)

Gasthof (M.) fonda (F.)
Gastrecht (N.) derecho (M.) de hospitalidad, hospitalidad (F.)
Gastronomie (F.) gastronomía (F.)
Gaststätte (F.) establecimiento (M.) público
Gastwirt (M.) fondista (M.)
Gatte (M.) marido (M.), esposo (M.)
Gattin (F.) esposa (F.), señora (F.)
Gattung (F.) clase (F.), categoría (F.), género (M.)
Gattungskauf (M.) venta (F.) de cosa genérica
Gattungsschuld (F.) obligación (F.) genérica, obligación (F.) de género
Gattungsvermächtnis (N.) legado (M.) (2) genérico, legado (M.) (2) de cosa genérica
Gau (M.) comarca (F.)
Gebärde (F.) ademán (M.), gesto (M.)
Gebaren (N.) conducta (F.), actitud (F.), gestión (F.)
gebären parir, dar a luz
Gebäude (N.) edificio (M.), inmueble (M.)
geben dar, conceder
Gebiet (N.) región (F.), área (F.), distrito (M.)
gebieten mandar, imponer, dominar
Gebietshoheit (F.) soberanía (F.) territorial, derecho (M.) de dominio
Gebietskörperschaft (F.) corporación (F.) territorial, entidad (F.) pública territorial
Gebot (N.) mandato (M.), oferta (F.), proposición (F.), puja (F.)
Gebrauch (M.) uso (M.), usanza (F.), utilización (F.)
gebrauchen usar, utilizar, emplear
Gebrauchsanmaßung (F.) hurto (M.) de uso, delito (M.) de uso
Gebrauchsanweisung (F.) instrucción (F.) para el uso
Gebrauchsentwendung (F.) hurto (M.) de uso, delito (M.) de uso
Gebrauchsgegenstand (M.) objeto (M.) de uso
Gebrauchsmuster (N.) modelo (M.) de utilidad
Gebrauchsrecht (N.) derecho (M.) de uso
gebrechlich frágil, débil, decrépito
Gebrechlichkeit (F.) fragilidad (F.), debilidad (F.), decrepitud (F.)
Gebrechlichkeitspfleger (M.) curador (M.) de una persona débil
Gebühr (F.) derecho (M.), tasa (F.), tarifa (F.), gasto (M.)
gebührenfrei franco de derechos, sin gastos
Gebührenordnung (F.) arancel (M.), tarifa (F.), reglamento (M.) de tasas
gebührenpflichtig tasable
Gebührenüberhebung (F.) exacción (F.) ilegal
gebunden bloqueado, controlado, subordinado (Adj.)
Gebundenheit (F.) vinculación (F.), rigidez (F.), inmovilización (F.)
Geburt (F.) nacimiento (M.)
Geburtenbuch (N.) libro (M.) de nacimientos, registro (M.) de nacimientos
gebürtig natural, nativo
Geburtsname (M.) nombre (M.) de soltera
Geburtsurkunde (F.) certificado (M.) de nacimiento, certificación (F.) de nacimiento
Gedanke (M.) pensamiento (M.), idea (F.)
Gedankenfreiheit (F.) libertad (F.) de pensamiento
gedenken intentar, recordarse
Gefahr (F.) im Verzug peligro (M.) en la demora
Gefahr (F.) peligro (M.), riesgo (M.)
gefährden poner en peligro
gefährdet peligrado (Adj.)
Gefährdung (F.) peligro (M.), puesta (F.) en peligro
Gefährdungsdelikt (N.) delito (M.) de peligro, delito (M.) de riesgo
Gefährdungshaftung (F.) responsabilidad (F.) por riesgo, responsabilidad (F.) sin culpa, responsabilidad (F.) civil causal
Gefahrenabwehr (F.) acción (F.) administrativa de garantía
Gefahrenzulage (F.) incremento (M.) por peligrosidad
gefährlich peligroso, arriesgado
gefährliche Körperverletzung (F.) lesión (F.) grave
Gefahrtragung (F.) aceptación (F.) de riesgos
gefällig complaciente, servicial, agradable
Gefälligkeit (F.) complacencia (F.), favor (M.)
Gefälligkeitsattest (N.) certificado (M.) de complacencia, certificado (M.) de favor
gefangen preso (Adj.), recluso (Adj.), cautivo (Adj.)
Gefangene (F.) encarcelada (F.), detenida (F.), recluida (F.), prisionera (F.)

Gefangenenbefreiung (F.) liberación (F.) de presos, evasión (F.) de presos
Gefangenenmeuterei (F.) motín (M.) carcelario, amotinamiento (M.) carcelario
Gefangener (M.) encarcelado (M.), detenido (M.), recluido (M.), prisionero (M.)
Gefangennahme (F.) captura (F.)
Gefangenschaft (F.) prisión (F.), cautividad (F.)
Gefängnis (N.) prisión (F.), cárcel (F.), penitenciaría (F.)
Gefängnisstrafe (F.) penitenciaría (F.), pena (F.) carcelaria, pena (F.) detentiva
gefügig dócil, manejable
Gegen... contra...
Gegenanspruch (M.) contrapretensión (F.)
Gegenbeweis (M.) contraprueba (F.), prueba (F.) en contra
Gegendarstellung (F.) contrainformación (F.), escrito (M.) de réplica, rectificación (F.)
Gegenforderung (F.) contrarreclamación (F.), contracrédito (M.)
Gegenleistung (F.) contrapartida (F.), contraprestación (F.), remuneración (F.)
Gegensatz (M.) contraposición (F.)
Gegenschlag (M.) contraataque (M.)
Gegenseite (F.) parte (F.) contraria, parte (F.) opositora
gegenseitig mutuo (Adj.), recíproco, bilateral, conmutativo
gegenseitiger Vertrag (M.) contrato (M.) conmutativo, contrato (M.) recíproco, contrato (M.) bilateral
gegenseitiges Testament (N.) testamento (M.) recíproco
Gegenseitigkeit (F.) mutualidad (F.), reciprocidad (F.)
Gegenstand (M.) cosa (F.), sujeto (M.), objeto (M.)
gegenstandslos sin contenido, sin objeto, caduco
Gegenstandswert (M.) cuantía (F.) del asunto
Gegenstimme (F.) voto (M.) contrario
Gegenüberstellung (F.) confrontación (F.), afronta (F.), oposición (F.), identificación (F.) selectiva
Gegenvormund (M.) protutor (M.)
Gegenvorstellung (F.) reconvención (F.), representación (F.)
Gegenwart (F.) presencia (F.), presente (M.), actualidad (F.)
gegenwärtig presente (Adj.), actual, del momento
gegenwärtige Gefahr (F.) peligro (M.) actual
Gegenzeichnung (F.) contrafirma (F.), contraseña (F.), refrendo (M.)
Gegner (M.) opositor (M.), contrario (M.), oponente (M.)
Gehalt (N.) sueldo (M.), salario (M.)
Gehaltserhöhung (F.) aumento (M.) retributivo, subida (F.) salarial
Gehaltspfändung (F.) embargo (M.) del salario
geheim secreto (Adj.)
Geheimbund (M.) sociedad (F.) secreta
Geheimdienst (M.) servicio (M.) secreto, servicio (M.) de información
geheime Wahl (F.) escrutinio (M.) secreto, votación (F.) secreta
geheimer Vorbehalt (M.) reserva (F.) secreta, reserva (F.) tácita, segunda intención (F.)
Geheimhaltung (F.) mantenimiento (M.) del secreto
Geheimnis (N.) secreto (M.), reserva (F.)
Geheimnisverrat (M.) violación (F.) de secretos
Geheimpolizei (F.) policía (F.) secreta
gehen ir, caminar
Gehilfe (M.) auxiliar (M.), cómplice (M.)
Gehirn (N.) cerebro (M.)
Gehör (N.) audiencia (F.), derecho (M.) de audiencia, audiencia (F.) jurídica
gehorchen obedecer
gehören pertenecer, ser (V.) propiedad
Gehorsam (M.) obediencia (F.)
gehorsam obediente
Gehorsamspflicht (F.) deber (M.) de obediencia, obediencia (F.) debida
Gehsteig (M.) acera (F.), vereda (F.)
Gehweg (M.) acera (F.), vereda (F.)
Geisel (F.) rehén (M.)
Geiselnahme (F.) toma (F.) de rehenes, secuestro (M.) de rehenes
Geist (M.) espiritu (M.), ingenio (M.)
geisteskrank enfermo (Adj.) mental
Geisteskrankheit (F.) enfermedad (F.) mental
geistesschwach débil mental
Geistesschwäche (F.) debilidad (F.) mental
geistig espiritual, intelectual (Adj.)
geistiges Eigentum (N.) propiedad (F.) intelectual

geistlich eclesiástico (Adj.), clerical
Geistlicher (M.) clérigo (M.), eclesiástico (M.)
Geld (N.) dinero (M.), moneda (F.)
Geldbetrag (M.) monto (M.), importe (M.)
Geldbuße (F.) multa (F.), sanción (F.) pecuniaria
Geldentschädigung (F.) indemnización (F.) pecuniaria
Geldersatz (M.) indemnización (F.) pecuniaria
Geldfälschung (F.) falsificación (F.) monetaria, falsificación (F.) de moneda
Geldforderung (F.) crédito (M.) en dinero, crédito (M.) pecuniario, obligación (F.) dineraria
Geldgeschäft (N.) negocio (M.) monetario
Geldmittel (N.) recurso (M.) financiero
Geldschein (M.) billete (M.) de banco
Geldschuld (F.) deuda (F.) dineraria, deuda (F.) de dinero, obligación (F.) dineraria
Geldstrafe (F.) multa (F.), pena (F.) pecuniaria, penalidad (F.)
Geldstück (N.) pieza (F.), moneda (F.) metal
Geldwäsche (F.) blanqueo (M.) de dinero, lavado (M.) de dinero
Geldwert (M.) valor (M.) monetario, valor (M.) de la moneda
Geldwertsicherung (F.) garantía (F.) monetaria
Geldwertsicherungsklausel (F.) cláusula (F.) de estabilidad, cláusula (F.) de estabilización, cláusula (F.) de garantía monetaria
gelegen situado, sito, ubicado, radicante, oportuno
Gelegenheit (F.) ocasión (F.), oportunidad (F.)
Gelegenheitsgesellschaft (F.) sociedad (F.) a medias, sociedad (F.) momentánea
Gelegenheitstäter (M.) delincuente (M.) casual, delincuente (M.) ocasional, autor (M.) ocasional
gelegentlich ocasional
Geleit (N.) séquito (M.)
geloben votar
Gelöbnis (N.) voto (M.), promesa (F.)
gelten valer, ser (V.) válido, estar vigente
geltend válido, vigente
Geltendmachung (F.) ejercicio (M.), reclamación (F.)
Geltung (F.) validez (F.), vigencia (F.)
Geltungsbereich (M.) ámbito (M.), campo (M.) de aplicación
Gelübde (N.) promisión (F.), voto (M.), profesión (F.)
Gemahl (M.) esposo (M.)
Gemahlin (F.) esposa (F.)
Gemarkung (F.) demarcación (F.)
gemein común
Gemeinde (F.) comunidad (F.), entidad (F.) municipal
Gemeindebeamter (M.) funcionario (M.) municipal
Gemeindebehörde (F.) autoridad (F.) municipal
Gemeindebetrieb (M.) empresa (F.) municipal
Gemeindedirektor (M.) director (M.) municipal, secretario (M.) del ayuntamiento
gemeindeeigen concejil, municipal
gemeindefrei fuera de un término municipal
Gemeindegebiet (N.) término (M.) municipal
Gemeindegericht (N.) juzgado (M.) municipal
Gemeindeordnung (F.) ley (F.) de régimen local, ley (F.) de administración local, ley (F.) municipal, reglamento (M.) municipal
Gemeinderat (M.) municipio (M.), pleno (M.) municipal, cabildo (M.) municipal, consejo (M.) municipal, consejal (M.), edil (M.), electo (M.) local
Gemeinderecht (N.) derecho (M.) local, derecho (M.) municipal, régimen (M.) municipal
Gemeindesatzung (F.) bando (M.) municipal
Gemeindesteuer (F.) impuestos (M.Pl.) municipales, contribuciones (F.Pl.) municipales, tributos (M.Pl.) locales
Gemeindeverband (M.) comunidad (F.), mancomunado (M.), agrupación (F.) municipal, mancomunidad (F.)
Gemeindeverfassung (F.) régimen (M.) local, régimen (M.) municipal
Gemeindeverwaltung (F.) municipalidad (F.), ayuntamiento (M.), administración (F.) local
gemeine Gefahr (F.) peligro (M.) común
Gemeineigentum (N.) propiedad (F.) común, propiedad (F.) comunitaria
gemeines Recht (N.) derecho (M.) común

Gemeingebrauch (M.) uso (M.) común, disfrute (M.) general
gemeingefährlich de peligro común, peligroso para la comunidad
gemeingefährliche Mittel (N.Pl.) medios (M.Pl.) de peligro común
gemeingefährliches Mittel (N.) medio (M.) de peligro común
Gemeingefährlichkeit (F.) peligrosidad (F.) común
Gemeingut (N.) bien (M.) común
Gemeinkosten (F.Pl.) gastos (M.Pl.) generales, costes (M.Pl.) comunes
gemeinnützig benéfico-privado, de beneficio común
Gemeinnützigkeit (F.) utilidad (F.) pública, interés (M.) social
gemeinsam común, conjunto (Adj.), colectivo (Adj.)
gemeinsamer Markt (M.) mercado (M.) común
gemeinsamer Senat (M.) cámara (F.) conjunta de los tribunales federales
gemeinschädlich nocivo (Adj.)
Gemeinschaft (F.) comunidad (F.), colectividad (F.)
gemeinschaftlich en común, mancomún, colectivo (Adj.)
gemeinschaftliches Testament (N.) testamento (M.) mancomunado, testamento (M.) de mancomún, testamento (M.) correspectivo
Gemeinschaftsaufgaben (F.Pl.) gastos (M. Pl.) comunes, gastos (M.Pl.) comunitarios
Gemeinschaftsgeschmacksmuster (N.) invención (F.) comunitaria de modelo
Gemeinschaftsgut (N.) bien (M.) colectivo
Gemeinschaftspatent (N.) patente (F.) comunitaria
Gemeinschaftsrecht (N.) derecho (M.) comunitario, legislación (F.) comunitaria, normativa (F.) comunitaria
Gemeinschaftsumweltpolitik (F.) política (F.) comunitaria del medio ambiente
Gemeinschaftsunternehmen (N.) empresa (F.) común, empresa (F.) comunitaria
Gemeinschaftswert (M.) valor (M.) comunitario
Gemeinschuldner (M.) deudor (M.) común, quebrado (M.), comerciante (M.) fallido
Gemeinwesen (N.) comunidad (F.), sociedad (F.), colectividad (F.)
Gemeinwohl (N.) bien (M.) común, bien (M.) público, bienestar (M.) común
gemischt mezclado, mixto
gemischter Vertrag (M.) contrato (M.) mixto, contrato (M.) múltiple
Gen gen (M.)
genehm aceptable, conveniente
genehmigen autorizar, permitir, conceder, aceptar, ratificar
genehmigtes Kapital (N.) capital (M.) en acciones autorizado
Genehmigung (F.) autorización (F.), licencia (F.), permiso (M.), concesión (F.), ratificación (F.)
General (M.) general (M.)
Generalamnestie (F.) indulto (M.) general
Generalanwalt (M.) abogado (M.) general, fiscal (M.)
Generalbundesanwalt (M.) (Generalbundesanwalt in Deutschland) fiscal (M.) general
Generalbundesanwalt (M.) (Generalbundesanwalt in Spanien) general (M.) del Estado, fiscal (M.) del tribunal supremo
Generalermächtigung (F.) apoderamiento (M.) genérico
generalisieren generalizar
Generalklausel (F.) cláusula (F.) general, poderes (M.Pl.) generales
Generalkonsens (M.) consenso (M.) general
Generalkonsul (M.) cónsul (M.) general
Generalprävention (F.) prevención (F.) general
Generalsekretär (M.) secretario (M.) general
Generalstaatsanwalt (M.) fiscal (M.) general
Generalstreik (M.) huelga (F.) general, paro (M.) general, huelga (F.) nacional
Generalversammlung (F.) asamblea (F.) general, junta (F.) general, consejo (M.) general
Generalvollmacht (F.) poder (M.) general, autorización (F.) general, procuración (F.) general
generell general (Adj.)
genetisch genético
genetischer Fingerabdruck (M.) digital (M.) genético
Genf (N.) Ginebra (F.)
Genfer Konvention (F.) Convenio (M.) de Ginebra
genießen disfrutar

Genosse (M.) socio (M.), asociado (M.), cooperativo (M.)
Genossenschaft (F.) cooperativa (F.), sociedad (F.) cooperativa, colectividad (F.)
genossenschaftlich cooperativo (Adj.), cooperativista
Genossenschaftsregister (N.) registro (M.) de sociedades cooperativas
Genozid (M.) genocidio (M.)
Gentechnik (F.) ingenería (F.) genética
Genugtuung (F.) satisfacción (F.), reparación (F.)
Genus (N.) género (M.)
Genuss (M.) goce (M.), provecho (M.), disfrute (M.)
Genussmittel (N.) articulo (M.) de consumo, producto (M.) estimulante
Genussschein (M.) bono (M.) de disfrute, título (M.) de goce, acción (F.) de goce
gepfändet judicialmente retenido
Gepflogenheit (F.) práctica (F.), rito (M.)
gerade directo, recto
gerade Linie (F.) línea (F.) directa, línea (F.) recta
Gerät (N.) utensilio (M.), aparato (M.), herramientas (F.Pl.)
Gerätesicherheit (F.) seguridad (F.) de aparatos
Gerätesicherheitsgesetz (N.) ley (F.) de seguridad técnica, ley (F.) de seguridad de aparatos
gerecht justo, ajustado, justiciero, recto
gerechter Krieg (M.) guerra (F.) justa
gerechter Preis (M.) precio (M.) justo
gerechtfertigt justificado, equitativo
Gerechtigkeit (F.) justicia (F.), privilegio (M.), servidumbre (F.)
Gericht (N.) der Europäischen Union tribunal (M.) de la Unión Europea
Gericht (N.) erster Instanz tribunal (M.) de primera instancia
Gericht (N.) tribunal (M.), corte (F.), tribunal (M.) judicial, audiencia (F.)
gerichtlich judicial, jurisdiccional, forense
gerichtliche Verfolgung (F.) enjuiciamiento (M.)
gerichtliche Verfügung (F.) disposición (F.) judicial, decreto (M.) judicial, resolución (F.) interlocutoria
gerichtlicher Vergleich (M.) arreglo (M.) judicial
Gerichtsassessor (M.) conjuez (M.), juez (M.) asesor
Gerichtsbarkeit (F.) jurisdicción (F.), judicatura (F.), función (F.) jurisdiccional
Gerichtsdiener (M.) ministril (M.), ujier (M.), alguacil (M.)
Gerichtsferien (Pl.) vacaciones (F.Pl.) judiciales, feria (F.) judicial
Gerichtsgebrauch (M.) usos (M.Pl.) forenses, uso (M.) judicial, práctica (F.) judicial
Gerichtshilfe (F.) auxilio (M.) judicial, asistencia (F.) judicial
Gerichtshof (M.) der Europäischen Union tribunal (M.) de Justicia de la Unión Europea, corte (F.) de Justicia de la Unión Europea
Gerichtshof (M.) tribunal (M.) de justicia, corte (F.) de justicia
Gerichtskasse (F.) caja (F.) del tribunal
Gerichtskosten (F.Pl.) gastos (M.Pl.) judiciales, costas (F.Pl.) judiciales, tasa (F.) judicial
Gerichtskostenfestsetzung (F.) fijación (F.) de las costas
Gerichtsordnung (F.) orden (M.) jurisdiccional
Gerichtsorganisation (N.) organización (F.) judicial
Gerichtsschreiber (M.) escribano (M.), escribiente (M.) del juzgado, registrador (M.)
Gerichtssitzung (F.) sesión (F.), audiencia (F.)
Gerichtssprache (F.) lenguaje (M.) forense, estilo (M.) forense
Gerichtssprengel (M.) jurisdicción (F.), partido (M.) judicial
Gerichtsstand (M.) fuero (M.), fuero (M.) competente, tribunal (M.) competente, jurisdicción (F.), forum (N.) (lat.)
Gerichtsstandsvereinbarung (F.) prorrogación (F.) de fuero, prorrogación (F.) de la competencia
Gerichtssystem (N.) sistema (M.) judiciario
Gerichtstag (M.) día (M.) jurídico, día (M.) hábil
Gerichtstermin (M.) vista (F.), comparecencia (F.)
Gerichtsurteil (N.) sentencia (F.), dictamen (M.) judicial
Gerichtsverfahren (N.) procedimiento (M.), juicio (M.), proceso (M.)

Gerichtsverfassung (F.) organización (F.) judicial, constitución (F.) de los tribunales
Gerichtsverfassungsgesetz (N.) ley (F.) de organización (F.) de tribunales, ley (F.) orgánica del poder judicial
Gerichtsverhandlung (F.) vista (F.), causa (F.), sesión (F.) judicial
Gerichtsverwaltung (F.) administración (F.) judicial
Gerichtsvollzieher (M.) ejecutor (M.) judicial, agente (M.) judicial, agente (M.) ejecutivo
gering pequeño
geringfügig insignificante, fútil, ligero
Geringfügigkeit (F.) bagatela (F.)
geringstes Gebot (N.) postura (F.) mínima, precio-base (M.), tipo (M.) mínimo
gesamt total (Adj.), universal, global, entero
Gesamtakt (M.) acto (M.) conjunto, acto (M.) colectivo
Gesamtgläubiger (M.) acreedor (M.) común, acreedor (M.) solidario
Gesamtgläubigerschaft (F.) solidaridad (F.) activa, mancomunidad (F.) de acreedores
Gesamtgut (N.) patrimonio (M.) común, bienes (M.Pl.) comunes
gesamthänderisch en mano común, mancomunado (Adj.)
Gesamthandseigentum (N.) propiedad (F.) en mano común
Gesamthandsgemeinschaft (F.) comunidad (F.) mancomunada, comunidad (F.) en mano común
Gesamtheit (F.) conjunto (M.), unidad (F.) jurídica, entidad (F.)
Gesamthypothek (F.) hipoteca (F.) solidaria, hipoteca (F.) conjunta
Gesamtprokura (F.) poder (M.) colectivo
Gesamtrechtsnachfolge (F.) sucesión (F.) universal, herencia (F.) universal
Gesamtschuld (F.) obligación (F.) solidaria, obligación (F.) mancomunada, deuda (F.) solidaria
Gesamtschuldner (M.) deudor (M.) solidario, obligado (M.) solidario
gesamtschuldnerisch solidario (Adj.), mancomún, in solidum (lat.)
Gesamtschule (F.) escuela (F.) unitaria
Gesamtstrafe (F.) pena (F.) global, pena (F.) total
Gesamtvereinbarung (N.) acuerdo (M.) total, pacto (M.) colectivo
Gesamtvertretung (F.) representación (F.) colectiva
Gesamtvollstreckung (F.) ejecución (F.) colectiva, ejecución (F.) universal
Gesamtvorsatz (M.) dolo (M.) global, unidad (F.) de resolución criminosa
Gesandter (M.) enviado (M.), ministro (M.), embajador (M.)
Gesandtschaft (F.) legación (F.), embajada (F.)
Geschädigter (M.) damnificado (M.), agraviado (M.), víctima (F.), siniestrado (M.)
Geschäft (N.) negocio (M.), tienda (F.), firma (F.), establecimiento (M.) mercantil
geschäftlich comercial (Adj.), económico
Geschäftsanteil (M.) participación (F.) en el capital, cuota (F.) de participación
Geschäftsbedingung (F.) condición (F.) comercial
Geschäftsbedingungen (F.Pl.) condiciones (F.Pl.) comerciales, régimen (M.)
Geschäftsbericht (M.) informe (M.) comercial, informe (M.) anual
Geschäftsbesorgung (F.) mandato (M.) retribuido, mandamiento (M.), gestión (F.) de negocios
Geschäftsbesorgungsvertrag (M.) contrato (M.) de mandato
Geschäftsbetrieb (M.) actividad (F.) mercantil, negocio (M.), giro (M.) de la empresa
Geschäftsbrief (M.) carta (F.) comercial
geschäftsfähig capaz de contratar, capaz de obrar
Geschäftsfähigkeit (F.) capacidad (F.) de contratar, capacidad (F.) negocial
Geschäftsführer (M.) gerente (M.), gestor (M.) de negocios, administrador (M.)
Geschäftsführung (F.) gerencia (F.), gestión (F.), administración (F.)
Geschäftsführung (F.) ohne Auftrag gestión (F.) de negocios ajenos
Geschäftsgeheimnis (N.) secreto (M.) comercial
Geschäftsgewinn (M.) beneficio (M.) comercial, utilidad (F.) mercantil
Geschäftsgrundlage (F.) base (F.) del negocio, fundamentación (F.) negocial
Geschäftsherr (M.) titular (M.) de negocio, señor (M.) de negocio, dueño (M.)

Geschäftsjahr (N.) ejercicio (M.) comercial, año (M.) económico, año (M.) comercial
geschäftsmäßig comercial (Adj.), de carácter negocial
Geschäftsordnung (F.) reglamento (M.) interno, reglamento (M.) orgánico, orden (M.)
Geschäftsraum (M.) oficina (F.), local (M.) comercial
Geschäftsraummiete (F.) arrendamiento (M.) de local comercial, arrendamiento (M.) de negocio
Geschäftsstelle (F.) secretaría (F.), relatoría (F.), negociado (M.), entidad (F.) gestora, cámara (F.)
Geschäftsträger (M.) ministro (M.) público, encargado (M.) de negocios, titular (M.)
geschäftsunfähig incapaz (Adj.)
Geschäftsunfähigkeit (F.) incapacidad (F.) jurídica, incapacidad (F.) absoluta, incapacidad (F.) negocial
Geschäftsverkehr (M.) tráfico (M.) comercial, circulación (F.)
Geschäftsverteilung (F.) distribución (F.) de asuntos, reparto (M.) de asuntos, repartimiento
Geschäftsverteilungsplan (M.) plan (M.) de distribución
Geschäftswert (M.) valor (M.) comercial, valor (M.) extrínseco
Geschäftswille (M.) voluntad (F.) contractual, voluntad (F.) de negocio
Geschäftszeit (F.) horas (F.Pl.) de despacho
Geschehen (N.) suceso (M.), acontecimiento (M.)
geschehen ocurrir, suceder, acontecer
Geschenk (N.) regalo (M.)
Geschichte (F.) historia (F.), antecedentes (F.Pl.)
geschichtlich histórico (Adj.)
Geschlecht (N.) linaje (F.), estirpe (F.), sexo (M.)
geschlechtlich sexual
Geschlechtstrieb (M.) instinto (M.) sexual
Geschmacksmuster (N.) invención (F.) de modelo
geschwind veloz, rápido
Geschwindigkeit (F.) velocidad (F.)
Geschwister (N.) hermano (M.), hermana (F.)
Geschwister (N.Pl.) hermanos (M.Pl.)
Geschworenenbank (F.) (Geschworenenbank im angloamerikanischen Recht) mesa (F.) de jurados
Geschworener (M.) jurado (M.)
Geselle (M.) compañero (M.), oficial (M.)
Gesellschaft (F.) mit beschränkter Haftung (GmbH) sociedad (F.) de responsabilidad limitada (SRL)
Gesellschaft (F.) sociedad (F.), compañía (F.)
Gesellschafter (M.) socio (M.), asociado (M.), compañero (M.)
Gesellschafterbeschluss (M.) acuerdo (M.) social
Gesellschafterin (F.) socia (F.), asociada (F.), compañera (F.)
Gesellschafterversammlung (F.) junta (F.) social, junta (F.) de socios
gesellschaftlich social
Gesellschaftskapital (N.) capital (M.) social
Gesellschaftsrecht (N.) derecho (M.) de sociedades
Gesellschaftsschuld (F.) débito (M.) social
Gesellschaftsvermögen (N.) patrimonio (M.) social
Gesellschaftsvertrag (M.) contrato (M.) de sociedad
Gesellschaftszweck (M.) objeto (M.) social, razón (F.) social
Gesetz (N.) ley (F.), estatuto (M.), lex (F.) (lat.)
Gesetzblatt (N.) boletín (M.) oficial, gaceta (F.) oficial
Gesetzbuch (N.) código (M.), cuerpo (M.) legal, ordenamiento (M.)
Gesetzentwurf (M.) proyecto (M.) de ley, proposición (F.) de ley
Gesetzesanalogie (F.) analogía (F.) legal, analogía (F.) legis (lat.)
Gesetzesänderung (F.) modificación (F.) de la ley
Gesetzesanwendung (F.) aplicación (F.) de la ley, aplicación (F.) jurídica
Gesetzeseinheit (F.) unidad (F.) de ley
Gesetzesinitiative (F.) iniciativa (F.) legislativa, iniciativa (F.) de las leyes
Gesetzeskonkurrenz (F.) concurso (M.) de leyes, concurrencia (F.) de leyes
Gesetzeskraft (F.) fuerza (F.) de la ley, fuerza (F.) legal
Gesetzeslücke (F.) laguna (F.) jurídica, insuficiencia (F.) legal

Gesetzesrecht (N.) derecho (M.) legislado, derecho (M.) legal
Gesetzessammlung (F.) recopilación (F.) legislativa, repertorio (M.) legislativo, legislación (F.)
Gesetzesumgehung (F.) fraude (M.) legal, fraude (M.) a la ley, actos (M.Pl.) in fraudem legis (lat.)
Gesetzesverordnung (F.) (Gesetzesverordnung in Spanien) decreto-ley (M.)
Gesetzesvorbehalt (M.) reserva (F.) legal, preferencia (F.) de ley
Gesetzesvorlage (F.) proyecto (M.) de ley
gesetzgebend legislador (Adj.), legislativo, legiferante
gesetzgebende Gewalt (F.) poder (M.) normativo, potestad (F.) legislativa
Gesetzgeber (M.) legislador (M.)
Gesetzgebung (F.) legislación (F.), codificación (F.), actividades (F.Pl.) legislativas
Gesetzgebungsnotstand (M.) estado (M.) de necesidad legislativa
Gesetzgebungsverfahren (N.) proceso (M.) legislativo, procedimiento (M.) legislativo
Gesetzgebungszuständigkeit (F.) competencia (F.) legislativa, competencia (F.) reglamentaria
gesetzgemäß formal
gesetzlich legítimo (Adj.), legal, ope legis (lat.)
gesetzliche Erbfolge (F.) sucesión (F.) legítima, sucesión (F.) ab intestato (lat.)
gesetzliche Vermutung (F.) presunción (F.) legal, presunción (F.) de derecho
gesetzlicher Güterstand (M.) régimen (M.) legal de bienes, régimen (M.) económico del matrimonio
gesetzlicher Richter (M.) juez (M.) ordinario, juez (M.) legal
gesetzlicher Vertreter (M.) representante (M.) legal, representante (M.) legítimo
gesetzliches Erbrecht (N.) sucesión (F.) legítima, sucesión (F.) legal
gesetzliches Grundpfandrecht (N.) hipoteca (F.) legal
gesetzliches Zahlungsmittel (N.) moneda (F.) legal, moneda (F.) legítima
gesetzmäßig legítimo (Adj.), legal, conforme a la ley
Gesetzmäßigkeit (F.) legitimidad (F.), legalidad (F.), legalismo (M.), conformidad (F.) con la ley
gesetzwidrig ilegítimo (Adj.), ilegal, contra la ley, contra legem (lat.)
Gesetzwidrigkeit (F.) ilegalidad (F.), ilegitimidad (F.)
Gesicht (N.) rostro (M.), vista (F.)
Gesichtspunkt (M.) aspecto (M.), punto (M.) de vista
Gestalt (F.) forma (F.), figura (F.)
gestalten formar, configurar
Gestaltung (F.) formación (F.), configuración (F.)
Gestaltungsfreiheit (F.) libertad (F.) configuratora, autonomía (F.) reguladora
Gestaltungsklage (F.) demanda (F.) estructural, acción (F.) constitutiva
Gestaltungsrecht (N.) derecho (M.) de formación, derecho (M.) potestativo
Gestaltungsurteil (N.) sentencia (F.) constitutiva, sentencia (F.) de transformación, decisión (F.) creadora
geständig confeso (Adj.)
Geständnis (N.) confesión (F.), confesión (F.) penal, confesión (F.) de derecho procesal civil
gestatten autorizar, permitir, tolerar
gestehen confesar
Gestehungskosten (F.Pl.) gastos (M.Pl.) directos
Gesuch (N.) expediente (M.), pedido (M.), petición (F.)
gesund sano, bien de salud, saludable
Gesundheit (F.) salud (F.), salubridad (F.), sanidad (F.)
Gesundheitsamt (N.) oficina (F.) de sanidad, autoridad (F.) de sanidad, delegación (F.) de sanidad
Gesundheitsbescheinigung (F.) certificado (M.) de sanidad, certificado (M.) sanitario
Gesundheitsgefährdung (F.) peligro (M.) para la salud
gesundheitsschädlich insalubre, malsano, nocivo (Adj.) para la salud
Gesundheitszustand (M.) estado (M.) de salud, estado (M.) sanitario
Getreide (N.) cereales (M.Pl.), granos (M.Pl.)
getrennt separado
Getrenntleben (N.) separación (F.) conyugal de hecho, vida (F.) separada
Getto (N.) gueto (M.)
Gewähr (F.) garantía (F.), fianza (F.)
gewähren conceder, dar, otorgar, acreditar

gewährleisten garantir, garantizar, sanear
Gewährleistung (F.) saneamiento (M.), garantía (F.)
Gewährleistungsanspruch (M.) derecho (M.) de garantía
Gewährleistungsrecht (N.) derecho (M.) de garantía, derecho (M.) a saneamiento
Gewahrsam (M.) custodia (F.), guardería (F.), detención (F.), posesión (F.), poder (M.)
Gewahrsamsbruch (M.) ruptura (F.) de la posesión
Gewalt (F.) poder (M.), potencia (F.), autoridad (F.), fuerza (F.), violencia (F.)
Gewaltenteilung (F.) separación (F.) de poderes, división (F.) de poderes
Gewalthaber (M.) poder (M.) habiente, mandatario (M.)
gewaltsam violento, brutal
Gewalttat (F.) delito (M.) violento, crimen (M.) violento
gewalttätig violento, desaforado
Gewalttätigkeit (F.) violencia (F.), brutalidad (F.), atropello (M.)
Gewaltverhältnis (N.) relación (F.) de poder
Gewässer (N.) agua (F.), aguas (F.Pl.), medio (M.) aquatico
Gewässerschutz (M.) protección (F.) del medio acuático
Gewehr (N.) fusil (M.), escopeta (F.)
Gewerbe (N.) industria (F.), manufactura (F.), arte (M.) industrial
Gewerbeaufsicht (F.) inspección (F.) industrial, inspección (F.) de trabajo
Gewerbeaufsichtsamt (N.) inspección (F.) industrial
Gewerbebetrieb (M.) empresa (F.) industrial, actividad (F.) comercial, oficio (M.)
Gewerbefreiheit (F.) libertad (F.) industrial, libertad (F.) de industria
Gewerbegebiet (N.) zona (F.) industrial, polígono (M.) industrial
Gewerbegericht (N.) tribunal (M.) industrial
Gewerbeordnung (F.) código (M.) industrial, ley (F.) de industria, reglamentación (F.) de la industria
Gewerbepolizei (F.) policía (F.) del trabajo
Gewerberaummiete (F.) arrendamiento (M.) de local comercial
Gewerberecht (N.) derecho (M.) industrial
Gewerbeschein (M.) licencia (F.), patente (F.) industrial
Gewerbesteuer (F.) impuesto (M.) industrial, contribución (F.) industrial
Gewerbetreibender (M.) industrial (M.), comerciante (M.), fabricante (M.)
Gewerbeuntersagung (F.) prohibición (F.) industrial
gewerblich industrial (Adj.), comercial (Adj.), profesional (Adj.), fabril
gewerblicher Rechtsschutz (M.) protección (F.) de la propiedad comercial, protección (F.) de la propiedad industrial
gewerbsmäßig profesional (Adj.), comercial (Adj.), industrial (Adj.)
Gewerbsmäßigkeit (F.) profesionalidad (F.)
Gewerke (M.) miembro (M.) de una sociedad minera
Gewerkschaft (F.) sindicato (M.), sindicato (M.) obrero, central (F.) sindical
Gewerkschaftler (M.) sindicado (M.), sindicalista (M.)
gewerkschaftlich sindical
Gewicht (N.) peso (M.), importancia (F.)
gewillkürt voluntario (Adj.), convenido (Adj.)
gewillkürte Erbfolge (F.) sucesión (F.) testada, sucesión (F.) voluntaria
Gewinn (M.) ganancia (F.), beneficio (M.), lucro (M.), interés (M.), fruto (M.)
Gewinnabschöpfung absorción (F.) del excedente de beneficios
Gewinnanteil (M.) parte (F.) de la ganancia, participación (F.) en beneficios
gewinnen ganar
Gewinnermittlung (F.) cálculo (M.) de beneficios, averiguación (F.) de beneficios
Gewinnrechnung und Verlustrechnung (F.) cuenta (F.) de pérdidas y ganancias
Gewinnzusage (F.) promesa (F.) de beneficio
gewiss cierto, seguro (Adj.)
Gewissen (N.) conciencia (F.)
Gewissensfreiheit (F.) libertad (F.) de conciencia, libertad (F.) de actuar de la conciencia
Gewissheit (F.) certeza (F.)
Gewohnheit (F.) costumbre (F.), hábito (M.)
gewohnheitsmäßig habitual
Gewohnheitsmäßigkeit (F.) habitualidad (F.)
Gewohnheitsrecht (N.) derecho (M.) consuetudinario, ley (F.) común
Gewohnheitsverbrecher (M.) delincuente (M.) habitual, criminal (M.) habitual, delincuente (M.) por costumbre

gewöhnlich habitual, usual, ordinario (Adj.)
gezogen girado
gezogener Wechsel (M.) letra (F.) girada
Gier (F.) avidez (F.), codicia (F.), apetencia (F.)
Gift (N.) veneno (M.)
giftig venenoso, toxico (Adj.)
Gilde (F.) asociación (F.) gremial, gremio (M.)
Giralgeld (N.) dinero (M.) bancario, moneda (F.) escritural
Giro (N.) giro (M.), transferencia (F.) de dinero
Girokonto (N.) cuenta (F.) de giros
Girovertrag (M.) acuerdo (M.) de compensación
Glaube (M.) fe (F.)
glauben creer
Glaubensfreiheit (F.) libertad (F.) de cultos
glaubhaft creíble, admisible
Glaubhaftmachung (F.) acreditamiento (M.)
Gläubiger (M.) acreedor (M.), creditor (M.), sujeto (M.) activo
Gläubigeranfechtung (F.) acción (F.) pauliana, impugnación (F.) por parte de los acreedores
Gläubigerversammlung (F.) junta (F.) de acreedores, reunión (F.) de acreedores
Gläubigerverzug (M.) mora (F.) del acreedor, mora (F.) accipiendi (lat.)
glaubwürdig fehaciente, veraz
Glaubwürdigkeit (F.) credibilidad (F.), abonamiento (M.), crédito (M.)
gleich igual, igualitario, idéntico
gleichartig idéntico, homogéneo, semejante
Gleichartigkeit (F.) identidad (F.), homogeneidad (F.)
Gleichbehandlung trato (M.) igual
Gleichbehandlungsgrundsatz (M.) principio (M.) de trato igual, principio (M.) de la igualdad de trato
gleichberechtigt con igualdad de derechos
Gleichberechtigung (F.) igualdad (F.) de derechos, igualdad (F.) jurídica, equiparación (F.)
gleiche Wahl (F.) sufragio (M.) igual
Gleichheit (F.) igualdad (F.)
Gleichheitsgrundsatz (M.) derecho (M.) constitucional de la igualdad, principio (M.) de igualdad
gleichwertig equivalente (Adj.)
gleichzeitig simultáneo
gleiten resbalar
Gleitklausel (F.) cláusula (F.) de escala móvil
Glied (N.) miembro (M.)
global global
Globalzession (F.) cesión (F.) global, cesión (F.) en bloque
Glück (N.) suerte (F.)
Glücksspiel (N.) juego (M.) de suerte, juego (M.) de azar
Glücksvertrag (M.) contrato (M.) aleatorio, contrato (M.) de azar
GmbH & Co. KG (F.) sociedad (F.) limitada
GmbH (F.) (Gesellschaft mit beschränkter Haftung) SRL (F.) (sociedad de responsabilidad limitada)
Gnade (F.) gracia (F.)
Gnadenakt (M.) acto (M.) de gracia, indulto (M.) individual
Gnadenerlass (M.) rescripto (M.) de gracia, decreto (M.) de indulto
Gnadenfrist (F.) plazo (M.) de gracia
Gnadengesuch (N.) solicitud (F.) de gracia, recurso (M.) de gracia
Gold (N.) oro (M.)
golden de oro
Goodwill (M.) mayor valía (F.), plusvalía (F.)
Gott (M.) dios (M.)
Gottesdienst (M.) oficio (M.) divino
Gottesdienstsperre (F.) entredicho (M.)
Gotteslästerung (F.) blasfemia (F.)
Gouverneur (M.) gobernador (M.), intendente (M.)
Grad (M.) grado (M.)
gradual gradual
Gradualsystem (N.) sucesión (F.) por línea
graduieren graduar
Graduierter (M.) graduado (M.)
Graduierung (F.) graduación (F.)
Graf (M.) conde (M.)
Grafschaft (F.) condado (M.)
Grammatik (F.) gramatica (F.)
grammatikalisch (Adj.) gramatical
Gratifikation (F.) gratificación (F.)
gratis gratuito, gratis, gratuitamente
grausam cruel, feroz
Grausamkeit (F.) crueldad (F.), ferocidad (F.)
greifen tomar, coger
Gremium (N.) gremio (M.), asamblea (F.)
Grenze (F.) línea (F.) fronteriza, confines (M.Pl.), frontera (F.)

Grenzstein (M.) coto (M.), mojón (M.)
grob grave
grobe Fahrlässigkeit (F.) imprudencia (F.) grave, culpa (F.) grave, negligencia (F.) temeraria
grober Unfug (M.) desorden (M.) grave
grober Unverstand (M.) falta (F.) de comprensión burda
groß grande
Großbritannien (N.) Gran Bretaña (F.)
großer Senat (M.) claustro (M.)
Großhandel (M.) comercio (M.) al por mayor, comercio (M.) mayorista
Großhändler (M.) mayorista (M.), comerciante (M.) al por mayor
Großstadt (F.) gran ciudad (F.), urbe (F.), metrópoli (F.)
Grube (F.) hoyo (M.), fosa (F.), mina (F.)
Grund (M.) motivo (M.), causa (F.), razón (F.), suelo (M.), terreno (M.), tierra (F.), fondo (M.)
Grundabgabe (F.) contribución (F.) territorial
Grundbesitz (M.) bienes (M.Pl.) raíces, propiedad (F.) inmobiliaria
Grundbesitzer (M.) propietario (M.), terrateniente (M.)
Grundbuch (N.) registro (M.) de propiedad, registro (M.) inmobiliario
Grundbuchamt (N.) juzgado (M.) del registro de propiedad
Grundbuchauszug (M.) certificación (F.) registral
Grundbuchberichtigung (F.) inscripción (F.) rectificadora, inscripción (F.) declarativa
Grundbuchblatt (N.) hoja (F.) registral, folio (M.) registral
Grundbucheintragung (F.) inscripción (F.) en el registro inmobilario
Grundbuchordnung (F.) reglamento (M.) del registro de la propiedad, ordenanza (F.) hipotecaria
Grundbuchrang (M.) rango (M.) registral
Grunddienstbarkeit (F.) servidumbre (F.) real, servidumbre (F.) predial, servidumbre (F.) inmobiliaria
Grundeigentum (N.) dominio (M.) territorial, propiedad (F.) inmobiliaria
Grundeigentümer (M.) propietario (M.), propietario (M.) de inmuebles
gründen fundar, establecer, crear, instituir
Gründer (M.) fundador (M.)
Grunderwerb (M.) adquisición (F.) de bienes inmuebles
Grunderwerbsteuer (F.) impuesto (M.) sobre la adquisición de bienes inmuebles
Grundfreibetrag (M.) deducción (F.) general, importe (M.) exemto básico
Grundgehalt (N.) salario-base (M.), salario (M.) básico, sueldo (M.) base
Grundgesetz (N.) ley (F.) fundamental, ley (F.) constitucional, norma (F.) fundamental
Grundherr (M.) señor (M.) territorial
Grundherrschaft (F.) señorío (M.) inmobiliario
Grundkapital (N.) capital (M.) social, fondo (M.) capital
Grundlage (F.) fundamento (M.), base (F.)
grundlegend primordial, fundamental, básico
Grundlohn (M.) salario-base (M.), salario (M.) básico
Grundordnung (F.) orden (M.) fundamental
Grundpfand (N.) prenda (F.) inmobiliaria, hipoteca (F.)
Grundpfandgläubiger (M.) acreedor (M.) hipotecario
Grundpfandrecht (N.) derecho (M.) de prenda inmobiliaria, derecho (M.) de garantía inmobiliaria
Grundpflicht (F.) deber (M.) fundamental
Grundrecht (N.) derecho (M.) fundamental, garantía (F.) individual, garantía (F.) constitucional
Grundrechtecharta (F.) carta (F.) de los derechos fundamentales
Grundrechtsfähigkeit (F.) capacidad (F.) jurídica en materia de derechos fundamentales
Grundrechtsmündigkeit (F.) capacidad (F.) de obrar en materia de derechos fundamentales
Grundrechtsschutz (M.) protección (F.) de los derechos fundamentales, defensa (F.) de los derechos fundamentales
Grundrente (F.) renta (F.) inmueble, renta (F.) inmobiliaria, canon (M.) de censo, pensión (F.) básica, pensión-base (F.)
Grundsatz (M.) principio (M.), precepto (M.) fundamental, máxima (F.)
Grundsatzentscheidung (F.) decisión (F.) fundamental
Grundschuld (F.) carga (F.) real, deuda (F.) inmobiliaria, deuda (F.) territorial
Grundschuldbrief (M.) cédula (F.) de deuda inmobiliaria

Grundsteuer (F.) contribución (F.) territorial, impuesto (M.) inmobiliario
Grundstück (N.) inmueble (M.), fondo (M.), finca (F.), propiedad (F.) inmobiliaria, predio (M.)
Grundstückskauf (M.) compra (F.) de bienes raíces, compraventa (F.) de inmueble
Grundstücksrecht (N.) derecho (M.) inmobiliario, derecho (M.) fundiario
Grundstücksverkehr (M.) tráfico (M.) inmobiliario, transacciones (F.Pl.) inmobiliarias
Grundstückszufahrt (F.) aceso (M.) rodado
Gründung (F.) fundación (F.), constitución (F.), institución (F.), creación (F.)
Gründungsfreiheit (F.) libertad (F.) de constitución
Gründungsgesellschaft (F.) sociedad (F.) en formación
Gründungsvertrag (M.) contrato (M.) de constitución, escritura (F.) de fundación
Grundurteil (N.) sentencia (F.) con reserva de liquidación
Grundvermögen (N.) bienes (M.Pl.) inmuebles
Grundvertrag (M.) acta (F.) fundamental
Grundwehrdienst (M.) servicio (M.) básico
Gruppe (F.) grupo (M.), agrupación (F.), colectividad (F.), equipo (M.)
Gruppenfreistellung (F.) exención (F.) por categoría
Gruppenwahl (F.) elección (F.) por grupos
Guerillakämpfer (M.) guerrillero (M.)
Guerillakrieg (M.) guerra (F.) de guerrilla
Guerillero (M.) guerrillero (M.)
Guillotine (F.) guillotina (F.)
gültig válido, valedero, vigente, en vigor, legítimo (Adj.)
Gültigkeit (F.) validez (F.), vigor (M.), legitimidad (F.)
Gunst (F.) favor (M.)
günstig favorable, oportuno
Günstigkeitsprinzip (N.) principio (M.) de favor, principio (M.) de favorecimiento
Gut (N.) bien (M.), mercancía (F.)
Gutachten (N.) peritaje (F.), dictamen (M.), pericia (F.)
Gutachter (M.) perito (M.), experto (M.)
Güte (F.) bondad (F.), dulzura (F.), calidad (F.)
gute Sitte (F.) buena costumbre (F.)
gute Sitten (F.Pl.) buenas costumbres (F.Pl.)
guter Glaube (M.) buena fe (F.), bona fide (lat.)
Güterabwägung (F.) valoración (F.) de los bienes jurídicos, evaluación (F.) de bienes
Güterfernverkehr (M.) transporte (M.) de mercancías a larga distancia
Gütergemeinschaft (F.) comunidad (F.) de bienes, comunidad (F.) plena, régimen (M.) de comunidad universal
Güterkraftverkehr (M.) transporte (M.) de mercancías por carretera
Güterrecht (N.) derecho (M.) patrimonial
Güterrechtsregister (N.) registro (M.) del matrimonio, registro (M.) de bienes matrimoniales
Güterstand (M.) estado (M.) patrimonial, régimen (M.) de bienes
Gütertrennung (F.) separación (F.) de bienes, régimen (M.) de separación de bienes, régimen (M.) sin comunidad
Güteverfahren (N.) procedimiento (M.) conciliatorio, conciliación (F.) previa
Güteverhandlung (F.) procedimiento (M.) amistoso, juicio (M.) de conciliación
gutgläubig de buena fe, sin previo conocimiento
gutgläubiger Erwerb (M.) adquisición (F.) de buena fe
gutgläubiger Erwerber (M.) adquirente (M.) de buena fe, adquirente (M.) sin previo conocimiento
Gutgläubigkeit (F.) buena fe (F.)
Guthaben (N.) haber (M.), saldo (M.) activo, crédito (M.)
Gutschein (M.) bono (M.), vale (M.), cupón (M.), póliza (F.)
Gutschrift (F.) abono (M.), bonificación (F.)
Gutshof (M.) granja (F.)
Gutsverwaltung (F.) mayordomía (F.), administración (F.) de una finca
Gymnasium (N.) escuela (F.) secundaria, liceo (M.)

H

Haag (N.) (Den Haag) la Haya (F.)
Haager Internationaler Gerichtshof (M.) Tribunal (M.) Internacional de Justicia de La Haya
Haager Kaufrechtsübereinkommen (N.)

Convenio (M.) de La Haya del Derecho de compraventa
Haager Landkriegsordnung (F.) Reglamento (M.) de La Haya sobre la guerra terrestre
Habe (F.) bienes (M.Pl.), patrimonio (M.), hacienda (F.), propiedad (F.), fortuna (F.)
Haben (N.) haber (M.), crédito (M.)
Habgier (F.) codicia (F.), avidez (F.)
habgierig codicioso (Adj.)
Habilitation (F.) cualificación (F.) para una cátedra universitaria, habilitación (F.)
habilitieren cualificarse para una cátedra universitaria
Hafen (M.) puerto (M.)
Haft (F.) cárcel (F.), carcelaje (M.), encarcelación (F.), prisión (F.), detención (F.), arresto (M.)
haftbar responsable (Adj.)
Haftbefehl (M.) orden (F.) de detención, orden (F.) de prisión
Haftbeschwerde (F.) recurso (M.) contra el auto de detención, recurso (M.) contra el auto de prisón
haften responder, garantir, salir garante
haftfähig apto para el arresto
Haftgrund (M.) motivo (M.) de detención
Haftpflicht (F.) responsabilidad (F.) civil, responsabilidad (F.) obligatoria, responsabilidad (F.) económica
Haftpflichtgesetz (N.) ley (F.) sobre la responsabilidad obligatoria, ley (F.) sobre responsabilidad económica
haftpflichtig responsable (Adj.)
Haftpflichtversicherung (F.) seguro (M.) de responsabilidad civil, seguro (M.) de responsabilidad frente a terceros
Haftprüfung (F.) examen (M.) sobre el mantenimiento de la detención
Haftprüfungsverfahren (N.) (Haftprüfungsverfahren in Deutschland) procedimiento (M.) en cual se decide sobre el mantenimiento de la prisión preventiva
Haftstrafe (F.) pena (F.) carcelaria, pena (F.) detentiva, penitenciaría (F.)
haftunfähig no apto para el arresto
Haftung (F.) responsabilidad (F.), fianza (F.)
Haftungsausschluss (M.) exención (F.) de responsabilidad, exoneración (F.) de responsabilidad (F.)
Haftungsbegründung (F.) negocio (M.) creativo de responsabilidad
Haftungsbescheid (M.) declaración (F.) de responsabilidad, acto (M.) de declaración de responsabilidad
Haftungsbeschränkung (F.) limitación de la responsabilidad
Haftungsgrundlage (F.) causa (F.) de responsabilidad
Haftungsrecht (N.) derecho (M.) de la responsabilidad
Hafturlaub (M.) permiso (M.) eventual
Hagel (M.) granizo (M.)
Hagelschaden (M.) daño (M.) por granizo
Hagelversicherung (F.) seguro (M.) de granizo
Halbwaise (M.) huérfano (M.) de un padre
Halde (F.) colina (F.), loma (F.)
Hälfte (F.) mitad (F.)
halten tener, mantener, conservar, durar
Halter (M.) tenedor (M.), operador (M.)
Hamburg (N.) Hamburgo (M.)
Hammelsprung (M.) votación (F.) por grupos, división (F.)
Hand (F.) mano (F.)
Handel (M.) comercio (M.), mercado (M.), relaciones (F.Pl.) comerciales, negocio (M.), tráfico (M.)
Handeln (N.) actuación (F.), acción (F.), actividad (F.), acto (M.)
handeln comerciar, tratar, negociar, actuar, accionar, obrar, operar, regatear
Handelnde (F.) agente (F.)
Handelnder (M.) agente (M.)
Handelsabkommen (N.) acuerdo (M.) comercial, convenio (M.) comercial
Handelsbilanz (F.) balanza (F.) comercial, balance (M.) comercial, balance (M.) de comercio
Handelsbrauch (M.) uso (M.) comercial, costumbre (F.) comercial
Handelsbuch (N.) libro (M.) de contabilidad, libro (M.) de comercio
Handelsembargo (N.) embargo (M.) comercial
Handelsfreiheit (F.) libertad (F.) de comercio
Handelsgericht (N.) tribunal (M.) comercial, tribunal (M.) de comercio
Handelsgerichtsbarkeit (F.) jurisdicción (F.) mercantil, jurisdicción (F.) comercial
Handelsgeschäft (N.) operación (F.) de comercio, acto (M.) de comercio, establecimiento (M.) mercantil, hacienda (F.) mercantil, fondo (M.) de comercio

Handelsgesellschaft (F.) sociedad (F.) mercantil, compañia (F.) mercantil, asociación (F.) mercantil
Handelsgesetzbuch (N.) código (M.) mercantil, código (M.) de comercio
Handelsgewerbe (N.) industria (F.) mercantil, comercio (M.)
Handelskammer (F.) cámara (F.) de comercio
Handelskauf (M.) compraventa (F.) mercantil, venta (F.) mercantil
Handelsklasse (F.) clase (F.), categoría (F.)
Handelsmakler (M.) corredor (M.) de comercio, agente (M.) mediador
Handelsmission (F.) misión (F.) comercial, delegación (F.) comercial
Handelsrecht (N.) derecho (M.) mercantil, derecho (M.) comercial
Handelsregister (N.) (Handelsregister in Deutschland) registro (M.) mercantil, registro (M.) comercial
Handelsregister (N.) (Handelsregister in Spanien) matrícula (F.) de comerciantes
Handelsrichter (M.) juez (M.) de un tribunal comercial, juez (M.) de las salas comerciales
Handelssache (F.) materia (F.) mercantil, asunto (M.) comercial
handelsüblich corriente (Adj.) en el comercio, usual en el comercio
Handelsverkehr (M.) comercio (M.), tráfico (M.) comercial
Handelsvertreter (M.) representante (M.) mercantil, agente (M.) comercial, representante (M.) de comercio
Handgeschäft (N.) contrato (M.) de ejecución instantánea
handhaben gestionar, aplicar
Handkauf (M.) compraventa (F.) al contado, venta (F.) natural
Händler (M.) comerciante (M.), traficante (M.), negociante (M.)
Handlung (F.) acción (F.), acto (M.), hecho (M.), actividad (F.)
Handlungsbevollmächtigter (M.) apoderado (M.) especial, apoderado (M.), dependiente (M.) de comercio, dependiente (M.)
Handlungseinheit (F.) unidad (F.) de acción, acción (F.) unitaria
handlungsfähig capaz, capacitado
Handlungsfähigkeit (F.) capacidad (F.) de actuar, capacidad (F.) de hecho, capacidad (F.) de obrar
Handlungsfreiheit (F.) libertad (F.) de acción, libertad (F.) para obrar
Handlungsgehilfe (M.) (Handlungsgehilfe in Deutschland) auxiliar (M.) mercantil, auxiliar (M.) del comerciante
Handlungsgehilfe (M.) (Handlungsgehilfe in Spanien) dependiente (M.) de comercio, mancebo (M.) de comercio
Handlungslehre (F.) teoría (F.) finalista
Handlungsmehrheit (F.) pluralidad (F.) de acción
Handlungsobjekt (N.) objeto (M.) de la acción, objeto (M.) del acto
Handlungsort (M.) lugar (M.) de la acción
Handlungspflicht (F.) deber (M.) de acción, deber (M.) de hacer
Handlungsvollmacht (F.) poder (M.) mercantil
Handlungswille (M.) voluntad (F.) de obrar, voluntad (F.) de actuar, voluntad (F.) de realizar la acción
Handschelle (F.) esposa (F.), muleta (F.)
Handschenkung (F.) donación (F.) directa, donación (F.) verbal
Handschrift (F.) escritura (F.), manuscrito (M.)
handschriftlich por escrito propio
Handwerk (N.) artesanía (F.), artesanado (M.), oficio (M.)
Handwerker (M.) artesano (M.), trabajador (M.) manual
Handwerksinnung (F.) corporación (F.) de artesanos, gremio (M.) de artesanos
Handwerkskammer (F.) cámara (F.) de artesanía, cámara (F.) del artesanado
Handwerksordnung (F.) reglamento (M.) del artesanado
Handwerksrolle (F.) registro (M.) de oficios
hängen suspender
Hansestadt (F.) ciudad (F.) hanseática
Hardware (F.) (engl.) hardware (M.)
hart duro (Adj.)
Härte (F.) dureza (F.), rigor (M.)
Härtefall (M.) caso (M.) de rigor
Haschisch (N.) hachís (M.), hash (M.), grifa (F.)
Hass (M.) odio (M.)
häufig frecuente
Häufung (F.) acumulación (F.)

Haupt... principal (Adj.), esencial, capital (Adj.)
Hauptaktionär (M.) accionista (M.) principal
Hauptantrag (M.) lo principal, petición (F.) principal, reclamación (F.) principal
Hauptforderung (F.) crédito (M.) principal
Hauptintervention (F.) intervención (F.) principal, tercería (F.) excluyente
Hauptmangel (M.) vicio (M.) redhibitorio, vicio (M.) principal
Hauptpflicht (F.) obligación (F.) principal, deber (M.) principal
Hauptsache (F.) lo principal, cosa (F.) principal, negocio (M.) principal
hauptsächlich principal (Adj.), esencial, capital (Adj.)
Hauptsatzung (F.) reglamento (M.) general
Hauptstadt (F.) capital (F.), metrópoli (F.), corte (F.)
Hauptstrafe (F.) pena (F.) principal
Haupttäter (M.) autor (M.) principal
Hauptverfahren (N.) plenario (M.), vista (F.) de causa, decisoria (F.) principal
Hauptverhandlung (F.) plenario (M.), procedimiento (M.) de plenario, vista (F.) de causa, causa (F.) oral, juicio (M.) oral
Hauptversammlung (F.) junta (F.) general, asamblea (F.) general
Hauptverwaltung (F.) administración (F.) central
Hauptzeuge (M.) testigo (M.) principal
Haus (N.) casa (F.)
Hausarbeit (F.) trabajo (M.) domiciliario, servicio (M.) doméstico
Hausarrest (M.) arresto (M.) domiciliario
Hausdurchsuchung (F.) registro (M.) domiciliario, entrada (F.) y registro (M.), visita (F.) domiciliaria
Hausfriede (M.) paz (F.) doméstica, paz (F.) del hogar
Hausfriedensbruch (M.) allanamiento (M.) de morada
Hausgehilfe (M.) empleado (M.) doméstico
Hausgemeinschaft (F.) comunidad (F.) doméstica, comunidad (F.) familiar, comunidad (F.) de inquilinos
Haushalt (M.) economía (F.) doméstica, economía (F.) de consumo, hogar (M.), presupuesto (M.), presupuesto (M.) de ingresos y egresos
Haushaltsgesetz (N.) ley (F.) presupuestaria, ley (F.) de presupuestos
Haushaltsgrundsatz (M.) principio (M.) de la clasificación económica
Haushaltsgrundsätze (M.Pl.) código (M.) de la clasificación económica de los gastos públicos
Haushaltsplan (M.) presupuesto (M.), plan (M.) de contabilidad pública, ley (F.) suntuaria
Haushaltsrecht (N.) derecho (M.) presupuestario, finanzas (F.Pl.)
Haushaltsvorlage (F.) proyecto (M.) de presupuesto, petición (F.)
hausieren vender por las casas, vender por las calles
Hausierer (M.) vendedor (M.) ambulante, buhonero (M.)
häuslich doméstico (Adj.)
Hausmeister (M.) portero (M.), mantenedor (M.)
Hausordnung (F.) norma (F.) de la casa
Hausrat (M.) mobiliario (M.) doméstico, menaje (M.), efectos (M.Pl.) domésticos, enseres (M.Pl.) domésticos
Hausratsversicherung (F.) seguro (M.) sobre riesgos del hogar, seguro (M.) de los utensilios domésticos
Hausrecht (N.) derecho (M.) doméstico, poderes (M.Pl.) administrativos
Hausse (F.) alza (F.)
Haussuchung (F.) registro (M.), registro (M.) domiciliario, visita (F.) domiciliaria
Haustier (N.) animal (M.) doméstico
Haustüre (F.) puerta (F.)
Haustürgeschäft (N.) venta (F.) domiciliaria, venta (F.) a domicilio
Havarie (F.) avería (F.)
Hebamme (F.) comadrona (F.), partera (F.)
heben alzar, levantar, elevar
Hebesatz (M.) tipo (M.) estimativo, tarifa (F.) de cobro
Heer (N.) ejército (M.)
Hegemonie (F.) hegemonía (F.), heguemonía (F.)
hegen cuidar, guardar
hehlen encubrir
Hehler (M.) alcahuete (M.), encubridor (M.), perista (M.)
Hehlerei (F.) alcahuetería (F.), encubrimiento (M.), receptación (F.)
heil entero, intacto, sano

Heilanstalt (F.) sanatorio (M.)
heilen convalidar, validar, purificar
heilig santo (Adj.), sagrado
Heiliger Stuhl (M.) Santa Sede (F.)
Heilkunde (F.) terapéutica (F.)
Heilmittel (N.) medicamento (M.)
Heilung (F.) sanación (F.), convalidación (F.), validación (F.), reparación (F.)
Heim (N.) domicilio (M.)
Heimarbeit (F.) trabajo (M.) doméstico, trabajo (M.) a domicilio
Heimarbeiter (M.) trabajador (M.) doméstico, trabajador (M.) a domicilio
Heimat (F.) patria (F.), patria (F.) chica
heimatlos sin patria, apátrida (Adj.)
heimatloser Ausländer (M.) extranjero (M.) apátrida, persona (F.) desarraigada
Heimatvertriebener (M.) desplazado (M.), refugiado (M.), exilado (M.)
Heimfall (M.) devolución (F.), reversión (F.), comiso (M.)
Heimfallsrecht (N.) derecho (M.) de comiso, derecho (M.) de reversión
heimlich clandestino, en escondido
Heimstätte (F.) hogar (M.) familiar
Heimtücke (F.) alevosía (F.), insidia (F.)
heimtückisch alevoso (Adj.), insidioso, encubierto
Heirat (F.) matrimonio (M.), casamiento (M.), nupcias (F.Pl.), boda (F.)
heiraten casarse, tomar estado
Heiratsaufgebot (N.) amonestaciones (F.Pl.) matrimoniales
Heiratsbuch (N.) registro (M.) matrimonial, registro (M.) de liciencias de matrimonio
Heiratserlaubnis (F.) permiso (M.) de matrimonio
Heiratsgut (N.) dote (M. bzw. F.), bien (M.) matrimonial
Heiratsregister (N.) registro (M.) matrimonial, registro (M.) de matrimonio
Heiratsschwindler (M.) estafador (M.) matrimonial, timador (M.) matrimonial
Heiratsurkunde (F.) certificado (M.) de matrimonio, partida (F.) matrimonial
Heiratsvermittler (M.) agente (M.) matrimonial, casamentero (M.)
Heiratsvermittlerin (F.) agente (F.) matrimonial, casamentera (F.)
Heiratsversprechen (N.) promesa (F.) matrimonial
heißen mandar, ordenar, llamarse
heizen calentar
Heizkosten (F.Pl.) gastos (M.Pl.) de calefacción
Hektar (M.) hectárea (F.)
helfen ayudar, asistir, auxiliar (V.)
Heller (M.) ardite (M.), maravedí (M.)
hemmen suspender, inhibir, detener, impedir, retardar, restringir
Hemmung (F.) suspensión (F.), inhibición (F.), detención (F.), retardación (F.)
Henker (M.) verdugo (M.), ejecutor (M.) de la justicia
herabsetzen reducir, depreciar
Herabsetzung (F.) reducción (F.), rebaja (F.), disminución (F.)
Heranwachsender (M.) jóven-adulto (M.), semiadulto (M.)
Herausgabe (F.) entrega (F.), restitución (F.), devolución (F.), publicación (F.)
Herausgabeanspruch (M.) derecho (M.) a devolución, pretensión (F.) de entrega
Herausgabeklage (F.) acción (F.) reivindicatoria
herausgeben restituir
Herausgeber (M.) director (M.), coordinador (M.), editor (M.)
herausverlangen reivindicar, repetir
Herberge (F.) alojamiento (M.), albergue (M.)
Herde (F.) hato (M.), rebaño (M.), manada (F.)
hergebracht tradicional
Herkommen (N.) procedencia (F.), origen (M.), descendencia (F.)
Herkunft (F.) origen (M.)
herleiten deducir, derivar
Heroin (N.) heroína (F.), blanca (F.)
Herold (M.) heraldo (M.)
Herr (M.) señor (M.), caballero (M.), dueño (M.)
herrenlos sin dueño, mostrenco
Herrschaft (F.) dominio (M.), poder (M.), dominación (F.)
Herrschaftsrecht (N.) soberanía (F.), jurisdicción (F.)
herrschen dominar, gobernar
herrschende Lehre (F.) doctrina (F.) dominante
herrschende Meinung (F.) opinión (F.) predominante, tesis (F.) dominante

herrschendes Grundstück (N.) fundo (M.) dominante, predio (M.) dominante
Herrscher (M.) soberano (M.)
herstellen producir, fabricar, elaborar
Hersteller (M.) fabricante (M.), productor (M.)
Herstellung (F.) producción (F.), fabricación (F.), fábrica (F.), elaboración (F.)
Herz (N.) corazón (M.)
Herzog (M.) duque (M.)
Herzogin (F.) duquesa (F.)
Herzogtum (N.) ducado (M.)
Hessen (N.) Hesse
hetzen cazar, acosar
Heuchelei (F.) hipocresia (F.), falsedad (F.), mojigatería (F.)
heucheln fingir, disimular
Heuchler (M.) hipócrita (M.)
Heuer (F.) paga (F.)
Heuervertrag (M.) contrato (M.) de embarco, contrato (M.) de ajuste
Hexe (F.) bruja (F.)
Hierarchie (F.) jerarquía (F.)
Hilfe (F.) ayuda (F.), asistencia (F.), auxilio (M.), socorro (M.)
Hilfeleistung (F.) asistencia (F.), prestación (F.) de socorro, auxilio (M.)
hilflos desamparado, sin recursos, abandonado
Hilflosigkeit (F.) desamparo (M.), abandono (M.)
Hilfsantrag (M.) petición (F.) alternativa, demanda (F.) subsidiaria
Hilfsbeamter (M.) funcionario (M.) auxiliar, ayudante (M.)
hilfsbedürftig indigente (Adj.), sin oficio ni beneficio
Hilfsbedürftigkeit (F.) indigencia (F.)
Hilfsmittel (N.) medio (M.) auxiliar
hindern impedir, dilatar, obstacular
hindernd dilatorio
Hindernis (N.) obstáculo (M.), impedimento (M.)
hingeben dar
hinken cojear
hinkend cojo
hinreichen bastar
hinreichend probable,bastante
hinrichten ejecutar, ajusticiar, dar garrote
Hinrichtung (F.) ejecución (F.), ajusticiamento (M.)
hinterblieben supérstite (Adj.), superviviente (Adj.)
Hinterbliebener (M.) supérstite (M.), superviviente (M.)
hinterlegen depositar, consignar, dar en depósito
Hinterleger (M.) depositador (M.), depositante (M.), fiador (M.)
Hinterlegung (F.) depósito (M.), consignación (F.), constitución (F.) en depósito
Hinterlist (F.) alevosía (F.), astucia (F.), estratagema (F.)
hinterlistig aleve, alevoso (Adj.)
hinterziehen defraudar, desfalcar
Hinterziehung (F.) fraude (M.), defraudación (F.)
Hinweis (M.) indicación (F.)
hinweisen indicar
Hirn (M.) cerebro (M.)
Hirte (M.) pastor (M.)
Hirtenbrief (M.) pastoral (F.), carta (F.) pastoral
historisch histórico (Adj.)
hoch alto
Hochachtung (F.) respeto (M.), gran estima (F.)
Hochschulabschluss (M.) graduación (F.)
Hochschulabsolvent (M.) egresado (M.) universitario
Hochschuldozent (M.) catedrático (M.) de universidad, profesor (M.)
Hochschule (F.) centro (M.) de enseñanza superior, escuela (F.) superior, universidad (F.)
Hochschulreife (F.) bachillerato (M.)
Hochschulstudium (N.) estudios (M.Pl.) universitarios, estudios (M.Pl.) superiores
Hochstapler (M.) timador (M.), estafador (M.)
Höchstbetrag (M.) máximo (M.), importe (M.) máximo
Höchstbetragshypothek (F.) hipoteca (F.) de máximo, hipoteca (F.) cerrada
höchste mayor (Adj.), máximo (Adj.)
Höchstgebot (N.) postura (F.) mayor
Höchstgericht (N.) supremo tribunal (M.)
höchstpersönlich personalísimo, estrictamente personal
Höchstpreis (M.) precio (M.) máximo, precio (M.) legal
Hochverrat (M.) alta traición (F.)
Hochzeit (F.) boda (F.), casamiento (M.), nupcias (F.Pl.)

Hof (M.) granja (F.), finca (F.), hacienda (F.), corte (F.), palacio (M.), patio (M.)
Höfeordnung (F.) ordenanza (F.) de haciendas agrícolas
Hoferbe (M.) heredero (M.) rural único
Hofgericht (N.) tribunal (M.) curial
Hofrat (M.) consejero (M.) aulico
Hoheit (F.) alteza (F.), majestad (F.), soberanía (F.), jurisdicción (F.)
hoheitlich soberano (Adj.), de soberanía
Hoheitsakt (M.) acto (M.) de soberanía, acto (M.) de imperio
Hoheitsbefugnis (F.) soberanía (F.), jurisdicción (F.)
Hoheitsgebiet (N.) territorio (M.), jurisdicción (F.)
Hoheitsgewalt (F.) soberanía (F.), jurisdicción (F.)
Hoheitsgewässer (N.) aguas (F.Pl.) jurisdiccionales, aguas (F.Pl.) fiscales
Hoheitsrecht (N.) derecho (M.) soberano, soberanía (F.)
Hoheitsträger (M.) poder (M.)
Hoheitszeichen (N.) emblema (M.) nacional, símbolo (M.) de la soberanía
höhere Gewalt (F.) fuerza (F.) mayor, causa (F.) mayor
hohl hueco
Hohlmaß (N.) medida (F.) de capacidad
Hohn (M.) escarnio (M.), sarcasmo (M.)
Holding (F.) holding (M.)
Holdinggesellschaft (F.) sociedad (F.) holding, sociedad (F.) de control
Hölle (F.) infierno (M.)
holographisch ológrafo
holographisches Testament (N.) testamento (M.) ológrafo
Holschuld (F.) obligación (F.) de entrega, obligación (F.) de prestación
Homosexualität (F.) homosexualidad (F.)
homosexuell homosexual (Adj.)
Honorar (N.) honorario (M.), retribución (F.)
Honorarrechnung (F.) minuta (F.) de honorarios, cuenta (F.) de honorarios
Honorarvereinbarung (F.) pacto (M.) sobre costas
honorieren pagar honorarios, honorar
hören oír, escuchar
Hörensagen (N.) oídas (F.Pl.), referencia (F.)
hörig siervo (Adj.)
Hörigkeit (F.) servidumbre (F.)
Horizont (M.) horizonte (M.)
horizontal horizontal
horizontaler Finanzausgleich (M.) equilibrio (M.) de los poderes financieros horizontal
Hospital (N.) hospital (M.)
Hospitant (M.) oyente (M.) pasajero
huldigen rendir homenaje, tributar homenaje
Huldigung (F.) homenaje (F.)
Hund (M.) perro
hundert ciento
Hundesteuer (F.) tasa (F.) por perros, impuesto (M.) sobre tenencia de perros
Hündin (F.) perra (F.)
Hure (F.) prostituta (F.), ramera (F.), fulana (F.)
hüten guardar
Hüter (M.) guardián (M.)
Hymne (F.) himno (M.)
Hypothek (F.) hipoteca (F.)
Hypothekar (M.) hipotecario (M.)
Hypothekenbank (F.) banco (M.) hipotecario, caja (F.) de crédito hipotecario
Hypothekenbrief (M.) carta (F.) hipotecaria, escritura (F.) de hipoteca
Hypothekendarlehen (N.) préstamo (M.) hipotecario
Hypothekenpfandbrief (M.) obligación (F.) hipotecaria, título (M.) hipotecario
Hypothekenregister (N.) registro (M.) hipotecario
Hypothekenschuldner (M.) deudor (M.) hipotecario, hipotecante (M.)
Hypothekenübernahme (F.) asunción (F.) de hipoteca
Hypothese (F.) hipótesis (F.)
hypothetisch hipotético

I

ideal ideal (Adj.)
Idealkonkurrenz (F.) concurso (M.) ideal, concurrencia (F.) ideal
Idee (F.) idea (F.)
identifizieren identificar
identisch idéntico
Idiot (M.) idiota (M.), imbécil (M.), tonto (M.)
illegal ilegal
illegitim ilegítimo (Adj.)

im Zweifel (M.) in dubio (lat.)
immanent inmanente
Immaterialgut (N.) bien (M.) inmaterial
immateriell inmaterial, incorpóreo, moral (Adj.)
immaterieller Schaden (M.) daño (M.) inmaterial, daño (M.) moral
Immatrikulation (F.) inmatriculación (F.), matrícula (F.)
immatrikulieren inmatricular
Immission (F.) inmisión (F.), intromisión (F.)
Immissionsschutz (M.) protección (F.) atmosférica
immobil inmobil
Immobiliarzwangsvollstreckung (F.) ejecución (F.) inmobiliaria
Immobilie (F.) inmueble (M.)
Immobilien (F.Pl.) inmuebles (M.Pl.), raíces (F.Pl.)
immun inmune, inviolable
Immunität (F.) inmunidad (F.), inviolabilidad (F.)
imperativ imperativo (Adj.)
imperatives Mandat (N.) mandato (M.) imperativo
Imperialismus (M.) imperialismo (M.)
Imperium (N.) imperio (M.)
impfen vacunar
Impfstoff (M.) vacuna (F.)
Impfung (F.) vacunación (F.)
Import (M.) importación (F.), entrada (F.)
Importeur (M.) importador (M.)
importieren importar
Impressum (N.) pie (M.) de imprenta
in dubio pro reo (lat.) (im Zweifel für den Angeklagten) in dubio pro reo (lat.), beneficio (M.) de la duda
in flagranti (lat.) (bei der Tat) in fraganti
in Verkehr bringen poner en circulación
Inauguration (F.) inauguración (F.)
Inbegriff (M.) quintaesencia (F.), suma (F.), sustancia (F.)
inbegriffen incluido (Adj.)
Inbesitznahme (F.) toma (F.) de posesión, apoderamiento (M.)
Indemnität (F.) privilegio (M.) de fuero
Index (M.) índice (M.), tabla (F.)
Indexklausel (F.) cláusula (F.) de índice variable
Indikation (F.) indicación (F.)
indirekt indirecto
indirekte Stellvertretung (F.) representación (F.) indirecta
indirekte Steuer (F.) impuesto (M.) indirecto
indirekter Verbotsirrtum (M.) error (M.) indirecto de prohibición
indirekter Vorsatz (M.) dolo (M.) condicionado, dolo (M.) eventual
Individualarbeitsrecht (N.) derecho (M.) individual laboral, derecho (M.) individual del trabajo
Individualrechtsgut (N.) bien (M.) jurídico individual
individuell individual (Adj.)
Individuum (N.) individuo (M.)
Indiz (N.) indicio (M.), presunción (F.) de hecho
Indizienbeweis (M.) prueba (F.) por indicios, evidencia (F.) circunstancial
indizieren indicar
Indossament (N.) endoso (M.), contenta (F.), respaldo (M.)
Indossant (M.) endosante (M.), endosador (M.)
Indossat (M.) endosado (M.)
indossieren endosar
Indossierung (F.) endoso (M.)
Induktion (F.) inducción (F.)
Industrie (F.) industria (F.)
Industrie- und Handelskammer (F.) cámara (F.) de industria y comercio
Industriegebiet (N.) zona (F.) industrial
industriell industrial (Adj.)
infam infame, vil
Infamie (F.) infamia (F.)
Infanterie (F.) infantería (F.)
Inflation (F.) inflación (F.)
Informant (M.) informante (M.), informador (M.), comunicante (M.)
Informatik (F.) informática (F.)
Information (F.) información (F.)
Informationsfreiheit (F.) libertad (F.) de información, libertad (F.) de informar
Informationspflicht (F.) deber (M.) de información
Informationssystem (N.) sistema (M.) de información
informell informal
informieren informar
Ingerenz (F.) ingerencia (F.)
Inhaber (M.) portador (M.), tenedor (M.), propietario (M.), titular (M.)

Inhaberaktie (F.) acción (F.) al portador
Inhaberklausel (F.) cláusula (F.) al portador
Inhaberpapier (N.) valor (M.) al portador, documento (M.) al portador, papel (M.) al portador
Inhaberscheck (M.) cheque (M.) al portador
Inhaberschuldverschreibung (F.) obligación (F.) al portador, promesa (F.) escrita al portador
Inhaberzinsschein (M.) cupón (M.) de intereses al portador
inhaftieren detener, encarcelar, llevar a prisión
Inhaftierter (M.) detenido (M.)
Inhaftierung (F.) detención (F.), encarcelación (F.)
Inhalt (M.) contenido (M.), sustancia (F.)
Inhaltsirrtum (M.) error (M.) sobre el contenido de la declaración, error (M.) in substantia (lat.)
Initiale (F.) inicial (F.)
Initiative (F.) iniciativa (F.)
Initiativrecht (N.) derecho (M.) de iniciativa, iniciativa (F.)
Injurie (F.) injuria (F.)
Inkasso (N.) cobro (M.)
Inkassobüro (N.) agencia (F.) de cobro
Inkassogeschäft (N.) operación (F.) de cobro
Inkassozession (F.) cesión (F.) de cobranza
inklusiv inclusive, incluido (Adj.)
inkognito incógnito, de incógnito
inkompatibel incompatible
Inkompatibilität (F.) incompatibilidad (F.)
inkompetent incompetente
Inkorporation (F.) incorporación (F.)
inkorporieren incorporar
Inkrafttreten (N.) entrada (F.) en vigor, entrada (F.) en vigencia
Inland (N.) interior (M.), territorio (M.) nacional
inländisch interior (Adj.), nacional (Adj.)
innehaben poseer, tener, haber
Innehabung (F.) detención (F.), tenencia (F.)
innen dentro
Innenbetrieb (M.) actividad (F.) interior
Innengesellschaft (F.) sociedad (F.) clandestina
Innenhaftung (F.) responsibilidad (F.) interior
Innenminister (M.) ministro (M.) del interior
Innenministerium (N.) ministerio (M.) del interior, Interior (M.)
Innentendenz (F.) tendencia (F.) interna
Innenverhältnis (N.) relación (F.) interna, régimen (M.) interior
Innenvollmacht (F.) poder (M.) interno
innere interior (Adj.), interno
innere Verwaltung (F.) administración (F.) interior, servicio (M.) de gobierno interior
innergemeinschaftlich intracomunitario
innerstaatlich infraestatal
Innung (F.) corporación (F.) de artesanos, gremio (M.)
Innungskrankenkasse (F.) caja (F.) gremial de enfermedad
inoffiziell extraoficial, oficioso, no oficial
inquirieren inquirir
Inquisition (F.) inquisición (F.)
Inquisitionsmaxime (F.) principio (M.) inquisitivo, sistema (M.) inquisitivo
Inquisitionsprozess (M.) proceso (M.) inquisitivo, procedimiento (M.) inquisitivo
inquisitorisch inquisitorio, inquisitorial (Adj.)
Insasse (M.) recluido (M.), recluso (M.), ocupante (M.)
Insemination (F.) inseminación (F.), fecundación (F.)
Inserat (N.) anuncio (M.)
Insichgeschäft (N.) negocio (M.) consigo mismo
Insignie (F.) insignia (F.), distintivo (M.)
Insignien (F.Pl.) insignias (F.Pl.), distintivos (M.Pl.)
Insinuation (F.) insinuación (F.)
insinuieren insinuar
insolvent insolvente (Adj.)
Insolvenz (F.) insolvencia (F.)
Insolvenzantrag (M.) petición (F.) de insolvencia
Insolvenzausfallgeld (N.) dinero (M.) del fondo de garantía salarial
Insolvenzeröffnung (F.) apertura (F.) del concurso
Insolvenzforderung (F.) crédito (M.) de insolvencia
Insolvenzgeld (N.) dinero (M.) del fondo de garantía salarial
Insolvenzgrund (M.) causa (F.) de la insolvencia
Insolvenzordnung (F.) ley (F.) reguladora de la insolvencia
Insolvenzrecht (M.) derecho (M.) de insolvencia

Insolvenzschuldner (M.) concursado (M.), fallido (M.)
Insolvenzstraftat (F.) delito (M.) de insolvencia punible
Insolvenztabelle (F.) lista (F.) de acreedores
Insolvenzverschleppung (F.) dilación (F.) de insolvencia
Insolvenzversicherung (F.) seguro (M.) de insolvencia
Inspekteur (M.) interventor (M.), inspector (M.)
Inspektion (F.) inspección (F.), visitación (F.), revisión (F.)
inspizieren inspeccionar, visitar
Installateur (M.) fontanero (M.)
installieren collocar, arreglar
instandhalten mantener
instandsetzen reparar, arreglar
Instanz (F.) instancia (F.), grado (M.)
Instanzenweg (M.) instancia (F.), jerarquía (F.), trámite (M.)
Instanzenzug (M.) trámite (M.), vía (F.) jerárquica, curso (M.) de instancias
Institut (N.) instituto (M.), institución (F.)
Institution (F.) institución (F.)
institutionell institucional
instruieren instruir
Instruktion (F.) instrucción (F.), directiva (F.)
Instrument (N.) instrumento (M.)
Integrated Services Digital Network (N.) (ISDN) Red (F.) Digital de Servicios Integrados (RDSI)
Integration (F.) integración (F.)
integrieren integrar
Integrität (F.) integridad (F.)
Interaktion (F.) interacción (F.)
Interdikt (N.) entredicho (M.)
Interesse (N.) interés (M.)
Interessenabwägung (F.) ponderación de intereses
Interessenjurisprudenz (F.) jurisprudencia (F.) de intereses
Interessenkollision (F.) colisión (F.) de intereses
Interessenvereinigung (F.) agrupación (F.) de interés
Interim (N.) ínterin (M.), interinidad (F.)
Interimsschein (M.) certificado (M.) de acción, resguardo (M.) provisional
Interlokut (N.) auto (M.) interlocutorio
interlokutorisch interlocutorio
International Bank (N.) of Reconstruction and Development (IBRD) Banco (M.) Internacional de Reconstrucción y Desarrollo
International Chamber (N.) of Commerce (ICC) Cámara (F.) de Comercio Internacional
International Civil Aviation Organization (N.) (ICAO) Organización (F.) internacional de la aviación civil
International Court (N.) of Justice (ICJ) Tribunal (M.) Internacional de Justicia
international internacional
Internationale Kriminalpolizeiliche Organisation (F.) (INTERPOL) Policía (F.) Internacional de Investigación Criminal
internationale Zuständigkeit (F.) competencia (F.) internacional
Internationaler Gerichtshof (M.) Tribunal (M.) Internacional de Justicia
Internationaler Seegerichtshof (M.) Tribunal (M.) Internacional del Derecho del Mar
internationaler Währungsfonds (M.) (IWF) Fondo (M.) Monetario Internacional (FMI)
internationales Privatrecht (N.) (IPR) derecho (M.) internacional privado
internationales Recht (N.) derecho (M.) internacional
Internet (N.) internet (M.), red (F.)
internieren internar
Internierung (F.) internamiento (M.), internación (F.)
Interpellation (F.) interpelación (F.)
Interpellationsrecht (N.) derecho (M.) de interpelación
interpellieren interpelar
Interpol (F.) Organización (F.) internacional de policía criminal
Interpolation (F.) interpolación (F.)
Interpretation (F.) interpretación (F.)
interpretieren interpretar
Interregnum (N.) interregno (M.)
Intervenient (M.) interviniente (M.), tercerista (M.), parte (F.) interviniente
intervenieren intervenir, interceder
Intervention (F.) intervención (F.), intercesión (F.)
Interventionsklage (F.) acción (F.) de intervención
Interzession (F.) intercesión (F.)
Intestaterbe (M.) heredero (M.) ab intestato (lat.), intestado (M.)

Intestaterbfolge (F.) sucesión (F.) intestada, herencia (F.) ab intestato (lat.)
intim íntimo
Intimität (F.) intimidad (F.)
Intimsphäre (F.) intimidad (F.)
Invalide (M.) inválido (M.)
Invalidenversicherung (F.) seguro (M.) de invalidez
Invalidität (F.) invalidez (F.)
Inventar (N.) inventario (M.), censo (M.) de bienes, balance (M.) de inventario
Inventur (F.) inventarización (F.), inventario (M.), recuento (M.) de existencias
Inverkehrbringen (N.) expendición (F.), puesta (F.) en circulación
investieren invertir, colocar
Investition (F.) inversión (F.), colocación (F.)
Investitur (F.) investidura (F.)
Investment (N.) inversión (F.)
Investmentfonds (M.) fondo (M.) de inversiones
Investmentgesellschaft (F.) sociedad (F.) de inversiones, compañía (F.) de inversiones, sociedad (F.) de inversión de capitales
Inzest (M.) incesto (M.), estupro (M.) incestuoso
ipso iure (lat.) (durch das Recht selbst) de pleno derecho
irreführen engañar, desorientar
Irrenanstalt (F.) maniconio (M.)
Irrer (M.) loco (M.), demente (M.)
irreversibel irreversible
Irrtum (M.) error (M.), equivocación (F.)
irrtümlich por equivocación
ISDN (N.) (Integrated Services Digital Network) RDSI (F.) (Red Digital de Servicios Integrados)
Italien (N.) Italia (F.)
ius (N.) (lat.) (Recht) ius (N.) (lat.), derecho (M.)
ius (N.) commune (lat.) derecho (M.) común
IWF (M.) (Internationaler Währungsfonds) FMI (M.) (Fondo Monetario Internacional)

J

Jagd (F.) caza (F.)
Jagdausübung (F.) aprovechamiento (M.) cinegético
Jagdberechtigung (F.) derecho (M.) de caza
Jagdbezirk (M.) local (M.) de caza, coto (M.) de caza
Jagdgenossenschaft (F.) asociación (F.) de caza, sociedad (F.) de cazadores
Jagdpacht (F.) arrendamiento (M.) de caza
Jagdrecht (N.) derecho (M.) de caza, derecho (M.) a cazar
Jagdschein (M.) licencia (F.) de caza
Jagdwilderei (F.) caza (F.) furtiva
jagen cazar
Jäger (M.) cazador (M.)
Jahr (N.) año (M.)
Jahresabschluss (M.) fin (M.) de ejercicio, cuentas (F.Pl.) anuales
Jahresbericht (M.) memoria (F.) anual
Jahresbilanz (F.) balance (M.) anual, contabilidad (F.) anual
Jahreseinkommen (N.) anualidad (F.), renta (F.) anual
Jahresfrist (F.) año (M.) emergente
Jahresmiete (F.) renta (F.) anual, alquiler (M.) anual
Jahresversammlung (F.) asamblea (F.) anual
jährlich anual
Joint venture (N.) (engl.) joint-venture (M.), acción (F.) conjunta
Jude (M.) judío (M.)
Judikationsbefehl (M.) mandato (M.) de juzgar
Judikative (F.) poder (M.) judicial
Judikatur (F.) jurisprudencia (F.), sentencias (F.Pl.)
judizieren juzgar
Jugend (F.) juventud (F.)
Jugendamt (N.) departamento (M.) de juventud, autoridad (F.) tutelar de jóvenes, patronato (M.) de menores
Jugendarbeit (F.) trabajo (M.) juvenil
Jugendarbeitsschutz (M.) protección (F.) jurídica del trabajo juvenil
Jugendarrest (M.) arresto (M.) juvenil, arresto (M.) de jóvenes
jugendgefährdend corruptor (Adj.) para la juventud, peligroso para la juventud
Jugendgericht (N.) tribunal (M.) juvenil, sala (F.) de menores
Jugendgerichtsgesetz (N.) ley (F.) de tribunales juveniles, ley (F.) de tribunales de menores
Jugendgerichtshilfe (F.) asistencia (F.) judicial a la juventud

Jugendhilfe (F.) asistencia (F.) a la juventud
Jugendkriminalität (F.) criminalidad (F.) juvenil, delincuencia (F.) juvenil
jugendlich juvenil, joven (Adj.)
Jugendlicher (M.) menor (M.)
jugendlicher Straftäter (M.) delincuente (M.) juvenil, reo (M.) juvenil
Jugendrecht (N.) derecho (M.) del menor
Jugendrichter (M.) juez (M.) de menores
Jugendschutz (M.) protección (F.) de los menores, protección (F.) de la juventud y de la infancia
Jugendschutzrecht (N.) derecho (M.) de protección de los menores
Jugendstrafanstalt (F.) establecimiento (M.) penal juvenil
Jugendstrafe (F.) pena (F.) juvenil, pena (F.) de prisión de menores
Jugendstrafrecht (N.) derecho (M.) penal juvenil, derecho (M.) penal de los menores y jóvenes
Jugendstraftat (F.) delito (M.) cometido por memores
Jugendvertretung (F.) representación (F.) juvenil
Jugendwohlfahrt (F.) beneficiencia (F.) juvenil, protección (F.) juvenil
jung joven (Adj.)
Jungarbeiteraustausch (M.) intercambio (M.) de trabajadores jóvenes
Jungfrau (F.) virgen (F.)
Junggeselle (M.) soltero (M.)
Junta (F.) junta (F.)
Jura (N.) derecho (M.)
juridisch jurídico (Adj.)
Jurisdiktion (F.) jurisdicción (F.)
Jurisprudenz (F.) jurisprudencia (F.), sciencia (F.) jurídica, jurispericia (F.)
Jurist (M.) jurista (M.), jurídico (M.), hombre (M.) de leyes
Juristenrecht (N.) derecho (M.) de los juristas
Juristenvereinigung (F.) asociación (F.) de juristas
juristisch jurídico (Adj.)
juristische Ausbildung (F.) enseñanza (F.) jurídica
juristische Person (F.) persona (F.) jurídica, persona (F.) incorporal, persona (F.) de derecho, ente (M.) jurídico
Jury (F.) jurado (M.)
Jus (N.) jus (N.) (lat.), derecho (M.)
Justitiar (M.) asesor (M.) jurídico, consultor (M.) jurídico
Justiz (F.) justicia (F.), judicatura (F.)
Justizapparat (M.) aparato (M.) judicial
Justizaufsichtsbehörde (F.) comisión (F.) judicial inspectora
Justizgebäude (N.) palacio (M.) de justicia
Justizgewährung (F.) otorgamiento (M.) de justicia
Justizhoheit (F.) soberanía (F.) judicial
justiziabel justiciable
Justizirrtum (M.) error (M.) judicial, extravío (M.) de la justicia
Justizminister (M.) ministro (M.) de justicia
Justizministerium (N.) ministerio (M.) de justicia
Justizmord (M.) asesinato (M.) jurídico, asesinato (M.) judicial
Justizverwaltung (F.) administración (F.) de justicia, gobierno (M.) del tribunal
Justizverwaltungsorgan (N.) organismo (M.) gubernativo del tribunal
Justizverweigerung (F.) denegación (F.) de justicia
Justizvollzugsanstalt (F.) centro (M.) penitenciario, establecimiento (M.) penitenciario
Justizwachtmeister (M.) ujier (M.)

K

Kabel (N.) cable (M.)
Kabinett (N.) gabinete (M.), consejo (M.) de gabinete, consejo (M.) de ministros
Kabinettsbeschluss (M.) acuerdo (M.) de gabinete, acuerdo (M.) del consejo de ministros
Kabinettsverfügung (F.) decreto (M.) del consejo de ministros
Kabotage (F.) cabotaje
kaduzieren caducar
Kaduzierung (F.) caducidad (F.), declaración (F.) de caducidad
Kaiser (M.) emperador (M.)
Kaiserin (F.) emperatriz (F.)
kaiserlich imperial
Kaiserreich (N.) imperio (M.)
kalendarisch según calendario
Kalender (M.) calendario (M.)
Kalkulation (F.) calculación (F.), cálculo (M.), cómputo (M.)

Kalkulationsirrtum (M.) error (M.) matemático, error (M.) de cálculo
kalkulieren calcular
Kammer (F.) sala (F.), cámara (F.), entidad (F.) colegial, sección (F.)
Kämmerer (M.) camarista (M.)
Kammergericht (N.) (in Berlin) tribunal (M.) cameral
Kampagne (F.) campaña (F.)
Kampf (M.) lucha (F.), combate (M.), batalla (F.)
kämpfen luchar, combatir
Kanal (M.) canal (M.), acequia (F.)
Kandidat (M.) candidato (M.), aspirante (M.)
Kandidatin (F.) candidata (F.), aspirante (F.)
Kandidatur (F.) candidatura (F.)
kandidieren presentar candidato
Kannbestimmung (F.) disposición (F.) facultativa
Kannvorschrift (F.) precepto (M.) facultativo
Kanon (M.) canon (M.)
Kanone (F.) cañón (M.)
kanonisch canónico (Adj.), canonical
kanonisches Recht (N.) derecho (M.) canónico, cánones (M.Pl.)
Kanton cantón (M.)
Kanzlei (F.) cancillería (F.), oficina (F.), despacho (M.), bufete (M.)
Kanzler (M.) canciller (M.), presidente (M.) del gobierno
Kanzleramt (N.) cancillería (F.), presidencia (F.) del gobierno
Kapazität (F.) capacidad (F.)
Kapelle (F.) capilla (F.)
Kaperei (F.) captura (F.)
kapern apresar, capturar
Kapital (N.) capital (M.), principal (M.)
Kapitalanlage (F.) inversión (F.) de capital, capital (M.) empleado, inversión (F.) patrimonial
Kapitalanlagegesellschaft (F.) compañía (F.) de inversiones, sociedad (F.) inversora por obligaciones
Kapitalanleger (M.) inversor (M.)
Kapitalanteil (M.) cuota (F.) de participación, participación (F.) en el capital
Kapitalerhöhung (F.) aumento (M.) de capital
Kapitalertrag (M.) renta (F.) del capital, rendimiento (M.) de capital
Kapitalertragsteuer (F.) impuesto (M.) sobre la renta del capital
Kapitalgesellschaft (F.) sociedad (F.) de capital, compañía (F.) capitalista
Kapitalherabsetzung (F.) reducción (F.) de capital
kapitalisieren capitalizar
Kapitalismus (M.) capitalismo (M.)
Kapitalist (M.) capitalista (M.)
kapitalistisch capitalista (Adj.)
Kapitalmarkt (M.) mercado (M.) financiero
Kapitalverbrechen (N.) delito (M.) capital
Kapitalverkehr (M.) tráfico (M.) de capitales, circulación (F.) de capitales, transacciones (F.Pl.) de capital
Kapitalverkehrsbeschränkung (F.) restricción (F.) a la libre circulación de capitales
Kapitalverkehrsteuer (F.) impuesto (M.) sobre transacciones, impuesto (M.) sobre la transferencia de capital
Kapitän (M.) capitán (M.), patrón (M.)
Kapitel (N.) capítulo (M.)
Kapitulation (F.) capitulación (F.), entrega (F.)
kapitulieren capitular, entregarse
Karat (N.) quilate (M.), ley (F.)
Kardinal (M.) cardenal (M.)
Karenz (F.) carencia (F.)
Karenzentschädigung (F.) indemnización (F.) de carencia
Karenzzeit (F.) período (M.) carencial, plazo (M.) de espera
Karte (F.) carta (F.)
Kartei (F.) fichero (M.), portafichas (M.)
Kartell (N.) cartel (M.), kártell (M.)
Kartellamt (N.) autoridad (F.) cartelaria, agencia (F.) de ententes
Kartellbehörde (F.) autoridad (F.) cartelaria
Kartellrecht (N.) derecho (M.) de carteles, derecho-antimonopolio (M.)
Karzer (M.) calabozo (M.)
Kaserne (F.) cuartel (M.)
Kasko (F.) casco (M.)
Kaskoversicherung (F.) seguro (M.) de casco, seguro (M.) de daños propios
Kassation (F.) casación (F.), anulación (F.)
kassatorisch casatorio, de caducidad
Kasse (F.) caja (F.), fondos (M.Pl.) disponibles
Kasse gegen Akzept documentos (M.) contra aceptación

Kasse gegen Dokumente pago (M.) contra documentos, pago (M.) contra entrega de documentos
Kassenarzt (M.) médico (M.) del seguro, médico (M.) de caja
Kassier (M.) cajero (M.), cobrador (M.)
kassieren casar (V.) (1), anular, cobrar
Kaste (F.) casta (F.)
Kastration (F.) castración (F.)
kastrieren castrar
Kasuistik (F.) casuística (F.), casuismo (M.)
Katalog (M.) catálogo (M.)
Katalogtat (F.) acción (F.) de catálogo
Kataster (M. bzw. N.) catastro (M.), registro (M.) catastral
Katasterauszug (M.) extracto (M.) de catastro
Katastrophe (F.) catástrofe (F.)
katholisch católico
Kauf (M.) auf Probe venta (F.) según muestra
Kauf (M.) compra (F.), compraventa (F.), adquisición (F.)
Kauf (M.) nach Probe compra (F.) según muestra, compra (F.) sobre muestra
kaufen comprar, adquirir
Käufer (M.) comprador (M.), adquirente (M.)
Kauffrau (F.) negociante (F.), mercante (F.), comerciante (F.)
Kaufgesetz (N.) ley (F.) de compraventa
Kaufmann (M.) negociante (M.), mercante (M.), comerciante (M.)
kaufmännisch mercantil, comercial (Adj.), mercante (Adj.)
kaufmännisches Zurückbehaltungsrecht (N.) gravamen (M.) del vendedor
Kaufmannsgericht (N.) tribunal (M.) mercantil
Kaufpreis (M.) precio (M.), precio (M.) de compra, precio (M.) de compraventa
Kaufschein (M.) boleto (M.)
Kaufvertrag (M.) contrato (M.) de compra, contrato (M.) de compraventa
kausal causal (Adj.)
Kausalgeschäft (N.) negocio (M.) causal, acto (M.) causal
Kausalität (F.) causalidad (F.)
Kausalzusammenhang (M.) relación (F.) causal, causalidad (F.), relación (F.) de causa-efecto, nexo (M.) causal
Kautele (F.) condición (F.), reserva (F.)
Kaution (F.) caución (F.), fianza (F.), garantía (F.)
kennen conocer
Kennenmüssen (N.) deber (M.) de conocer, deber (M.) de conocimiento
Kenntnis (F.) conocimiento (M.), saber (M.)
Kenntnisnahme (F.) noticia (F.), conocimiento (M.)
Kerker (M.) cárcel (F.), calabozo (M.)
Kern (M.) hueso
Kette (F.) cadena (F.), collar (F.)
Kettenarbeitsverhältnis (N.) trabajo (M.) en cadena, contrato (M.) en cadena
Ketzer (M.) hereje (M.)
Ketzerei (F.) herejía (F.)
keusch casto, púdico
kidnappen secuestrar, raptar, robar, kidnapping
Kidnapper (M.) secuestrador (M.), raptor (M.)
Killer (M.) matador (M.), matón (M.)
Kind (N.) niño (M.), hijo (M.), infante (M.)
Kindererziehung (F.) educación (F.) de niños
Kinderfreibetrag (M.) desgravación (F.) por cargas familiares, importe (M.) libre por hijos
Kindergeld (N.) subsidio (M.) familiar por hijos, indemnización (F.) familiar por hijos
Kinderhilfswerk (N.) der Vereinten Nationen (UNICEF) Fondo (M.) de las Naciones Unidas para la Infancia
Kindesannahme (F.) adopción (F.)
Kindesaussetzung (F.) abandono (M.) de hijos, abandono (M.) de menores
Kindeskind (N.) nieto (M.)
Kindesraub (M.) rapto (M.) de niño, robo (M.) de infante
Kindestötung (F.) infanticidio (M.), parricidio (M.)
Kindesunterschiebung (F.) sustitución (F.) de niños
Kindeswohl (N.) bien (M.) del niño, bienestar del hijo
Kindschaft (F.) filiación (F.)
Kindschaftssache (F.) proceso (M.) de paternidad y filiación
Kiosk (M.) kiosko (M.), quiosco (M.)
Kirche (F.) iglesia (F.)
Kirchenbuch (N.) libro (M.) parroquial, registro (M.) parroquial

Kirchengemeinde (F.) parroquia (F.)
Kirchenrecht (N.) derecho (M.) eclesiástico, derecho (M.) canónico
Kirchenstaat (M.) Estado (M.) Pontificio, Iglesia (F.)
Kirchensteuer (F.) impuesto (M.) eclesiástico, asignación (F.) tributaria a fines religiosos
Kirchenverfassung (F.) organización (F.) de la iglesia
Kirchenverwaltung (F.) fábrica (F.) de la iglesia
Kirchgeld (N.) asignación (F.) tributaria a fines religiosos
kirchlich eclesiástico (Adj.), canónico (Adj.)
Kirchspiel (N.) anejo (M.), falegresía (F.)
klagbar procesable, ejercitable
Klage (F.) demanda (F.), acción (F.), reclamación (F.)
Klageabweisung (F.) desestimaciòn (F.) de la demanda
Klageänderung (F.) modificación (F.) de la demanda, enmienda (F.), alteración (F.) de la demanda inicial
Klageantrag (M.) demanda (F.), pedimento (M.) de la demanda, petición (F.), súplica (F.)
Klageart (F.) forma (F.) de acción
Klagebefugnis (F.) capacidad (F.) de demanda, legitimación (F.) para ejercitar una acción
Klagebegehren (N.) petición (F.) del demandante
Klagebegründung (F.) fundamentación (F.) de la demanda
Klageerhebung (F.) deducción (F.) de la demanda, interposición (F.) de la demanda, presentación (F.) de la demanda
Klageerwiderung (F.) contestación (F.) a la demanda, litiscontestación (F.), oposición (F.) a la demanda
Klagefrist (F.) plazo (M.) de interposición de la demanda
Klagegrund (M.) causa (F.) de la demanda
klagen demandar, reclamar, accionar, deducir una acción
Klagenhäufung (F.) acumulación (F.) de acciones, litisconsorcio (M.), unión (F.) de acciones
Kläger (M.) demandante (M.), demandador (M.), reclamante (M.), actor (M.)
Klägerin (F.) demandante (F.), reclamante (F.)
Klagerücknahme (F.) apartamiento (M.) procesal, desestimiento (M.) de la demanda
Klageschrift (F.) escrito (M.) de demanda, demanda (F.), primer escrito (M.)
klar claro
Kläranlage (F.) equipo (M.) de tratamiento de las aguas residuales
klären clarificar, depurar
Klasse (F.) clase (F.), categoría (F.)
Klassenjustiz (F.) justicia (F.) de clase
Klassenkampf (M.) lucha (F.) de clases, conflictos (M.Pl.) de clases
klassifizieren clasificar
Klausel (F.) cláusula (F.), condición (F.), estipulación (F.)
Klausur (F.) clausura (F.), trabajo (M.) escrito de examen
kleinere (Adj. Komp.) menor (Adj. Komp.)
Kleinod (N.) joya (F.), alhaja (F.)
Kleinstaat (M.) Estado (M.) pequeño
Klempner (M.) fontanero (M.)
Kleptomane (M.) cleptómano (M.)
Kleptomanie (F.) cleptomanía (F.)
klerikal clerical
Kleriker (M.) clérigo (M.)
Klerus (M.) clero (M.)
Klient (M.) cliente (M.)
Klientel (F.) clientela (F.)
Klinik (F.) clínica (F.)
Kloster (N.) convento (M.), monasterio (M.), casa (F.) religiosa
Knappe (M.) minero (M.)
Knappschaft (F.) corporación (F.) de mineros, organismo (M.) del seguro minero
Knebel (M.) mordaza (F.)
knebeln amordazar
Knebelung (F.) mordaza (F.), amordazamiento (M.)
Knebelungsvertrag (M.) contrato (M.) leonino
Knecht (M.) criado (M.)
Knechtschaft (F.) esclavitud (F.)
Knowhow (N.) (engl.) técnica (F.) operatoria, habilidad (F.) técnica, know-how (M.)
Koadjutor (M.) coadjutor (M.), coadyutor (M.), vicario (M.) cooperador
koalieren coaligar, aliar, formar una coalición
Koalition (F.) coalición (F.), coligación (F.), agremiación (F.)

Koalitionsfreiheit (F.) libertad (F.) de coalición, libertad (F.) de agremiación
Kodex (M.) código (M.), códice (M.)
Kodifikation (F.) codificación (F.)
kodifizieren codificar
Kodizill (N.) codicilo (M.)
Kognat (M.) cognado (M.)
Koitus (M.) coito (M.)
Kokain (N.) cocaína (F.), coca (F.), perico (M.)
Kolchose (F.) granja (F.) colectiva
Kollation (F.) colación (F.)
Kollege (M.) colega (F.), compañero (M.)
kollegial colegial, colegiado, entre colegas
Kollegialbehörde (F.) autoridad (F.) colegial, órgano (M.) colegiado
Kollegialgericht (N.) tribunal (M.) colegiado, tribunal (M.) colegial, sala (F.) colegiada
Kollegialorgan (N.) órgano (M.) colegiado, órgano (M.) colegial
Kollegium (N.) colegio (M.), cuerpo (M.), junta (F.)
Kollektiv (N.) colectivo (M.), colectividad (F.)
kollektiv colectivo (Adj.), comunitario
Kollektivabkommen (N.) tratado (M.) multilateral
Kollektiveigentum (N.) propiedad (F.) colectiva, propiedad (F.) comunitaria
Kollektivschuld (F.) culpa (F.) colectiva, responsabilidad (F.) colectiva
Kollektivvertrag (M.) contrato (M.) colectivo, contrato (M.) de tarifa, convención (F.) colectiva, concordato (M.) de tarifa
kollidieren colisionar
Kollision (F.) colisión (F.), abordaje (M.)
Kollisionsnorm (F.) norma (F.) de colisión
Kollisionsrecht (N.) derecho (M.) de colisión, normas (F.Pl.) de conflicto
kolludieren colusionar
Kollusion (F.) colusión (F.), connivencia (F.)
Kolonie (F.) colonia (F.)
Komitee (N.) comité (M.)
Kommandeur (M.) comandante (M.)
kommandieren comandar
Kommanditgesellschaft (F.) comandita (F.), sociedad (F.) comanditaria, sociedad (F.) en comandita, compañía (F.) en comandita
Kommanditist (M.) comanditario (M.), socio (M.) capitalista
Kommentar (M.) comentario (M.)
Kommentator (M.) comentador (M.), comentarista (M.), glosador (M.)
kommentieren comentar, glosar
kommerzialisieren comercializar, mercantizar
kommerziell comercial (Adj.)
Kommilitone (M.) compañero (M.) de estudios
Kommilitonin (F.) compañera (F.) de estudios
Kommissar (M.) comisario (M.), comisionado (M.)
Kommissariat (N.) comisaría (F.), comisariato (M.), delegación (F.)
kommissarisch en comisión, provisional
Kommission (F.) comisión (F.), junta (F.), comité (M.)
Kommission (F.) der Europäischen Union Comisión (F.) de las Comunidades Europeas
Kommissionär (M.) comisionista (M.), comisionado (M.), comerciante (M.) comisionista, accipiens (M.) (lat.)
Kommittent (M.) comitente (M.), consignador (M.), tradens (M.) (lat.)
kommunal comunal, municipal, local (Adj.)
Kommunalaufsicht (F.) inspección (F.) municipal, tutela (F.) sobre los municipios
Kommunalrecht (N.) derecho (M.) local, derecho (M.) comunal
Kommunalverwaltung (F.) administración (F.) municipal, régimen (M.) local
Kommunalwahl (F.) elección (F.) municipal, comicio (M.) local
Kommune (F.) municipalidad (F.), municipio (M.), ente (M.) local
Kommunikation (F.) comunicación (F.)
Kommunismus (M.) comunismo (M.)
Kommunist (M.) comunista (M.)
kommunistisch comunista (Adj.)
kommunizieren comunicar
kompatibel compatible (Adj.)
Kompatibilität (F.) compatibilidad (F.)
Kompensation (F.) compensación (F.)
kompensieren compensar
kompetent competente
Kompetenz (F.) competencia (F.), capacidad (F.), atribución (F.)
Kompetenzkompetenz (F.) competencia (F.) para la competencia
Kompetenzkonflikt (M.) conflicto (M.) de competencias, colisión (F.) jurisdiccional
Kompilation (F.) compilación (F.)
kompilieren compilar

Komplementär (M.) socio (M.) colectivo, socio (M.) gestor
Komplex (M.) conjunto (M.), complejo (M.)
Komplize (M.) cómplice (M.), alicate (M.)
Komplott (N.) complot (M.), compló (M.), maquinación (F.)
Komposition (F.) composición (F.)
Kompromiss (M.) compromiso (M.), contrato (M.) de compromiso
Kondition (F.) condición (F.)
Kondominat (N.) condominio (M.)
Kondominium (N.) condominio (M.)
Konferenz (F.) conferencia (F.)
Konferenz (F.) für Sicherheit und Zusammenarbeit (KSZE) Conferencia (F.) sobre Seguridad y Cooperación en Europa (CSCE)
Konfession (F.) confesión (F.)
Konfiskation (F.) confiscación (F.)
konfiszieren confiscar
Konflikt (M.) conflicto (M.), confrontación (F.)
Konföderation (F.) confederación (F.)
konform conforme
Konfusion (F.) confusión (F.)
Kongregation (F.) congregación (F.)
Kongress (M.) congreso (M.)
Kongressabgeordneter (M.) (Kongressabgeordneter in den Vereinigten Staaten) deputado (M.) del congreso
König (M.) rey (M.)
Königin (F.) reina (F.)
königlich real (Adj.), regio
Königreich (N.) reino (M.)
Königtum (N.) dignidad (F.) real, monarquía (F.), realeza (F.)
Konklave (F.) conclave (M.), cónclave (M.)
konkludieren implicar, concluir
Konklusion (F.) conclusión (F.)
Konkordat (N.) concordato (M.)
konkret concreto
Konkretisierung (F.) individualización (F.)
Konkubinat (N.) concubinato (M.)
Konkubine (F.) concubina (F.)
Konkurrent (M.) concurrente (M.), competidor (M.)
Konkurrenz (F.) competencia (F.)
konkurrieren competir, hacer competencia
konkurrierend competidor (Adj.)
Konkurs (M.) concurso (M.), quiebra (F.), bancarrota (F.), fallido (M.)
Konkursrecht (N.) derecho (M.) concursal
Können (N.) capacidad (F.), conocimientos (M.Pl.), habilidad (F.)
konnex conexo
Konnexität (F.) conexión (F.)
Konnivenz (F.) connivencia (F.)
Konnossement (N.) conocimiento (M.), póliza (F.) de carga
Konnotation (F.) connotación (F.)
Konsens (M.) consenso (M.), consentimiento (M.), concierto (M.) de voluntades
konsensual consensual
Konsensualvertrag (M.) contrato (M.) consensual
konservativ conservador
konservieren conservar
Konsignation (F.) consignación (F.), envío (M.)
Konsistorium (N.) consistorio (M.)
Konsolidation (F.) consolidación (F.)
konsolidieren consolidar
Konsortium (N.) consorcio (M.), sindicato (M.)
Konspiration (F.) conspiración (F.)
konspirieren conspirar
konstituieren constituir
Konstitution (F.) constitución (F.)
Konstitutionalismus (M.) constitucionalismo (M.)
konstitutionell constitucional
konstitutiv constitutivo
konstruieren construir, diseñar
konstruktiv constructivo
konstruktives Misstrauensvotum (N.) voto (M.) de censura constructivo, moción (F.) de censura constructiva
Konsul (M.) cónsul (M.)
Konsulat (N.) consulado (M.), oficina (F.) consular
Konsulent (M.) consultor (M.)
Konsultation (F.) consultación (F.), consulta (F.)
konsultieren consultar
Konsum (M.) consumo (M.), consumición (F.)
Konsument (M.) consumidor (M.), consumista (M.)
Konsumentenschutz (M.) protección (F.) de consumidores
Konsumgenossenschaft (F.) cooperativa (F.) de consumo, economato (M.)

konsumieren consumar
Konsumtion (F.) consunción (F.), consumo (M.)
Kontakt (M.) contacto (M.)
kontaktieren contactar
Kontaktsperre (F.) incomunicación (F.)
Konterbande (F.) contrabando (M.), pase (M.)
Konterrevolution (F.) contrarrevolución (F.)
Kontigentierung (F.) contingentación (F.).)
Kontingent (N.) cuota (F.), contingente (M.)
Konto (N.) cuenta (F.)
Kontoauszug (M.) extracto (M.) de cuentas, resumen (M.) de cuentas
Kontokorrent (N.) cuenta (F.) corriente
Kontokorrentkredit (M.) crédito (M.) en cuenta corriente
Kontostand (M.) estado (M.) de cuenta
Kontoüberziehung (F.) descubierto (M.)
kontradiktorisch contradictorio (Adj.)
kontrahieren contratar
Kontrahierungszwang (M.) contratación (F.) forzosa, obligación (F.) de contratar
Kontrakt (M.) contrato (M.)
Kontribution (F.) contribución (F.)
Kontrolle (F.) control (M.), verificación (F.), inspección (F.), examen (M.)
Kontrolleur (M.) controlador (F.), verificador (M.), inspector (M.)
kontrollieren controlar, verificar, inspeccionar, examinar
Kontrollrat (M.) consejo (M.) de control
Konvaleszenz (F.) sentencia (F.) en rebeldía, decisión (F.) por vicio
Konvent (M.) convento (M.), convención (F.)
Konvention (F.) convenio (M.), convención (F.)
Konvention (F.) zum Schutz der Menschenrechte Convenio (M.) para la protección de los derechos humanos, Convención (F.) para la salvaguardia de los derechos humanos
konventional convencional
Konventionalscheidung (F.) divorcio (M.) por consentimiento mutuo
Konventionalstrafe (F.) pena (F.) convencional, pena (F.) contractual, multa (F.) convencional
Konversion (F.) conversión (F.)
konvertibel convertible
Konvertibilität (F.) convertibilidad (F.)
konzedieren conceder
Konzentration (F.) concentración (F.), individualización (F.)
Konzentrationslager (N.) campo (M.) de concentración
konzentrieren concentrar
Konzern (M.) concerno (M.), consorcio (M.), konzern (M.), grupo (M.), concentración (F.) de empresas
Konzernrecht (N.) derecho (M.) de grupos
Konzernverflechtung (F.) imbricación (F.) consorcial
Konzession (F.) concesión (F.), merced (F.)
Konzessionär (M.) concesionario (M.)
Konzessionsabgabe (F.) impuesto (M.) sobre concesión, tributo (M.) por concesiones
Konzessionssystem (N.) sistema (M.) de concesión
Konzil (N.) concilio (M.), claustro (M.)
Kooperation (F.) cooperación (F.)
kooperieren cooperar
kooptieren cooptar
Kopf (M.) cabeza (F.)
köpfen decapitar
Kopfsteuer (F.) impuesto (M.) por cabeza, capitación (F.)
Kopie (F.) copia (F.), duplicado (M.), prueba (F.)
kopieren copiar
Körper (M.) cuerpo (M.)
körperlich corporal (Adj.), corpóreo
körperliche Misshandlung (F.) maltrato (M.) de obra, ultraje (M.) corporal
Körperschaft (F.) corporación (F.), cuerpo (M.), organismo (M.), entidad (F.)
körperschaftlich corporativo, colegiado, colectivo (Adj.)
Körperschaftsteuer (F.) impuesto (M.) de corporaciones, impuesto (M.) sobre la renta corporativa
Körperverletzung (F.) lesión (F.) corporal, daño (M.) corporal
Korporation (F.) corporación (F.)
korrekt correcto
Korrespondenz (F.) correspondencia (F.)
Korrespondenzanwalt (M.) abogado mediador (M. bzw. F.)
Korrespondenzgeheimnis (N.) secreto (M.) de la correspondencia
korrigieren corregir, enmendar

korrumpieren corromper
korrupt corrupto
Korruption (F.) corrupción (F.)
kostbar precioso, costoso
Kostbarkeit (F.) preciosidad (F.), objeto (M.) de valor, gran valor (M.)
Kosten (F.Pl.) costes (M.Pl.), costas (F.Pl.), gastos (M.Pl.), expensas (F.Pl.)
kosten costar, valer
Kostendeckung (F.) cobertura (F.) de gastos, dotación (F.)
Kostenentscheidung (F.) decisión (F.) de gastos, decisión (F.) sobre las costas
Kostenfestsetzung (F.) fijación (F.) de costas, tasación (F.) de costas, minuta (F.)
Kostenfestsetzungsbeschluss (M.) auto (M.) de tasación de costas, certificación (F.) de autorización de gastos
kostenlos gratuito, libre
Kostenordnung (F.) reglamento (M.) de precios, arancel (M.)
Kostenrechnung (F.) cuenta (F.) de gastos, cálculo (M.) de costes, minuta (F.) de honorarios
Kostenrecht (N.) derecho (M.) de precios, derecho (M.) de costas
Kostenvoranschlag (M.) presupuesto (M.) de coste, calculación (F.)
Kraft (F.) vigor (M.), fuerza (F.), energía (F.)
kraft Gesetzes legalmente, peso (M.) de la ley, ope legis (lat.)
Kraftfahrzeug (N.) vehículo (M.) de motor, vehículo (M.) de tracción mecánica, automóvil (M.)
Kraftfahrzeugbrief (M.) carta (F.) de vehículo
Kraftfahrzeugführer (M.) conductor (M.) de vehículo
Kraftfahrzeughalter (M.) titular (M.) del vehículo, dueño (M.) del automóvil
Kraftfahrzeugkennzeichen (N.) placa (F.) de matrícula
Kraftfahrzeugschein (M.) permiso (M.) de circulación, cédula (F.) de identificación fiscal
Kraftfahrzeugsteuer (F.) impuesto (M.) sobre vehículos automóviles
Kraftfahrzeugversicherung (F.) seguro (M.) de automóviles
Kraftfahrzeugzulassungsstelle (F.) oficina (F.) de matrícula
kraftlos nulo (Adj.), inválido (Adj.)
Kraftloserklärung (F.) anulación (F.), invalidación (F.), cancelación (F.)
Kraftverkehr (M.) circulación (F.) de automóviles, tráfico (M.) y circulación (F.) de vehículos de motor
Kraftverkehrsgesetz (M.) ley (F.) de uso y circulación de vehículos de motor
krank enfermo (Adj.), malo (Adj.)
Krankengeld (N.) subsidio (M.) de enfermedad, indemnización (F.) por enfermedad, prestación (F.) de enfermedad
Krankenhaus (N.) hospital (M.), clínica (F.)
Krankenkasse (F.) caja (F.) de enfermedad, caja (F.) de seguro de enfermedad
Krankenschein (M.) volante (M.) de asistencia médica, cartilla (F.) médico-farmacéutica
Krankenversichertenkarte (F.) tarjeta (F.) sanitaria
Krankenversicherung (F.) seguro (M.) de enfermedad, seguro (M.) de salud
Krankenversicherungskarte (F.) tarjeta (F.) sanitaria
Krankheit (F.) enfermedad (F.)
Kranzgeld (N.) indemnización (F.) por desfloramiento
Kredit (M.) crédito (M.), préstamo (M.), deuda (F.) activa
Kreditauftrag (M.) mandato (M.) crediticio, mandato (M.) de crédito
Kreditbetrug (M.) estafa (F.) de fingimiento
Kreditbrief (M.) letra (F.) de crédito, carta (F.) de crédito
kreditfähig solvente (Adj.)
Kreditgeber (M.) dador (M.) de crédito, prestamista (M.)
Kreditinstitut (N.) instituto (M.) de crédito, entidad (F.) crediticia, establecimiento (M.) de crédito, entidad (F.) de crédito
Kreditkarte (F.) tarjeta (F.) de crédito, tarjeta (F.) de débito
Kreditkauf (M.) compra (F.) de crédito, compraventa (F.) a plazo, venta (F.) cargada en cuenta
Kreditnehmer (M.) tomador (M.) de crédito
Kreditschädigung (F.) descrédito (M.)
Kreditsicherung (F.) garantía (F.) de un crédito
Kreditvermittler (M.) operador (M.) de negociación de créditos
Kreditvermittlung (F.) negociación (F.) de créditos

Kreditvertrag (M.) contrato (M.) de crédito
Kreditwesen (N.) crédito (M.), régimen (M.) de créditos
Kreditwucher (M.) usura (F.) crediticia, usura (F.) de dinero
kreditwürdig solvente (Adj.), digno de crédito
Kreis (M.) círculo (M.), distrito (M.), circunscripción (F.) administrativa ínfima estatal, corporación (F.) territorial
kreisfrei no perteneciente a la demarcación estatal
Kreisgericht (N.) tribunal (M.) de partido
Kreistag (M.) dieta (M.) del distrito, representación (F.) política de la población del distrito, diputación (F.) provincial
Kreisumlage (F.) cuota (F.) que puede imponer el Kreis a los municipios
Kreisverfassung (F.) constitución (F.) del Kreis
Kreisverkehr (M.) circulación (F.) giratorio
Kreisverwaltung (F.) administración (F.) del distrito
Kreuz (N.) cruz (F.)
kreuzen cruzar
Kreuzung (F.) cruzamiento (M.)
Kreuzverhör (N.) interrogatorio (M.) cruzado, contrainterrogatorio (M.)
Krida (F.) (Krida in Österreich) bancarrota (F.)
Krieg (M.) guerra (F.)
Kriegsdienst (M.) servicio (M.) militar
Kriegsdienstverweigerer (M.) objetor (M.)
Kriegserklärung (F.) declaración (F.) de guerra
Kriegsgefangener (M.) prisionero (M.) de guerra
Kriegsgefangenschaft (F.) prisión (F.) de guerra
Kriegsgericht (N.) tribunal (M.) militar, tribunal (M.) de guerra
Kriegsrecht (N.) derecho (M.) de guerra, ley (F.) marcial, derecho (M.) bélico
Kriegsverbrechen (N.) crimen (M.) de guerra, infracción (F.) grave
Kriegszustand (F.) estado (M.) bélico, estado (M.) de guerra
kriminal criminal (Adj.)
kriminalisieren incriminar
Kriminalistik (F.) criminalística (F.)
kriminalistisch criminalístico
Kriminalität (F.) criminalidad (F.), delincuencia (F.)
Kriminalpolizei (F.) policía (F.) criminal, brigada (F.) de investigación criminal
Kriminalrecht (N.) derecho (M.) criminal
Kriminalstatistik (F.) estadística (F.) penitenciaria, estadística (F.) criminal
kriminell criminal (Adj.), criminoso (Adj.), delictivo
kriminelle Vereinigung (F.) organización (F.) criminal
Kriminologe (M.) criminólogo (M.)
Kriminologie (F.) criminología (F.)
kriminologisch criminológico (Adj.)
Kronanwalt (M.) asesor (M.) jurídico de la corona
Krone (F.) corona (F.)
krönen coronar
Kronrat (M.) consejo (M.) de la corona
Krönung (F.) coronación (F.)
Kronzeuge (M.) testigo (M.) principal
KSZE (F.) (Konferenz für Sicherheit und Zusammenarbeit in Europa) CSCE (F.) (Conferencia sobre Seguridad y Cooperación en Europa)
Kulanz (F.) complacencia (F.)
Kulpakompensation (F.) compensación (F.) de culpas
Kultur (F.) cultura (F.)
kulturell cultural
Kulturförderung (F.) fomento (M.) de la cultura
Kulturgut (N.) patrimonio (M.) cultural, bienes (M.Pl.) culturales
Kumulation (F.) acumulación (F.), cúmulo (M.)
Kumulationsprinzip (N.) principio (M.) de acumulación
kumulativ acumulativo, cumulativo
kumulative Schuldübernahme (F.) asunción (F.) cumulativa de deuda, asunción (F.) acumulativa, coasunción (F.)
kumulieren acumular
kündbar rescindible, revocable, amortizable, cancelable, exigible
Kunde (F.) conocimiento (M.)
Kunde (M.) cliente (M.), mandante (M.)
kundig conocedor (Adj.), experto (Adj.)
kündigen denunciar, dar por terminado, despertir, rescindir
Kündigung (F.) denuncia (F.), rescate

(M.), despido (M.), despedida (F.), rescisión (F.)
Kündigungsfrist (F.) plazo (M.) de denuncia
Kündigungsschutz (M.) protección (F.) contra el despido, protección (F.) contra el desahucio, estabilidad (F.) relativa
künftig futuro (Adj.)
Kunst (F.) arte (M.)
Kunstfehler (M.) error (M.) profesional, falta (F.) de técnica, impericia (F.)
Künstler (M.) artista (M.)
künstlich artificial
Kunsturhebergesetz (N.) ley (F.) sobre el derecho de autor de obras de arte
Kupon (M.) cupón (M.), talón (M.), cédula (F.)
Kuppelei (F.) proxenetismo (M.)
Kuppler (M.) proxeneta (M.)
Kuratel (F.) curatela (F.), pupilaje (M.)
Kurator (M.) curador (M.), guardador (M.)
Kuratorium (N.) curatorio (M.), protectorado (M.)
Kurie (F.) curia (F.)
Kurier (M.) correo (M.)
Kurs (M.) (Wertverhältnis) cambio (M.), cotización (F.)
kurz corto, breve
Kurzarbeit (F.) trabajo (M.) reducido, jornada (F.) laboral reducida, jornada (F.) de trabajo limitada
Kurzarrest (M.) arresto (M.) breve
kürzen acortar, reducir, recortar
Küste (F.) costa (F.), litoral (M.)
Küstengewässer (N.Pl.) aguas (F.Pl.) jurisdiccionales, mar (M.) territorial, litoral (M.) marítimo
Kux (M.) acción (F.) minera, corro (M.) minero

L

laden (aufladen) cargar, embarcar
laden (herbestellen) citar, llamar, convocar, emplazar, invitar
Laden (M.) tienda (F.), comercio (M.)
Ladenangestellter (M.) dependiente (M.) de tienda, vendedor (M.)
Ladendieb (M.) ladrón (M.) de tiendas
Ladendiebstahl (M.) ratería (F.) de tiendas
Ladenschluss (M.) cierre (M.), hora (F.) de cierre de comercios
Ladeschein (M.) póliza (F.) de carga, certificado (M.) de carga, conocimiento (M.)
lädieren lesionar, herir
Ladung (F.) (Aufladung von Gütern) carga (F.), cargamento (M.), cargo (M.), cargada (F.)
Ladung (F.) (Herbestellung) citación (F.), cita (F.), emplazamiento (M.), convocatoria (F.), auto (M.) de comparecencia
Lager (N.) almacén (M.), depósito (M.), stock (M.)
Lagergeschäft (N.) almacenaje (M.), negocio (M.) de almacenaje, depósito (M.)
Lagerhalter (M.) almacenista (M.), almacenero (M.), almacenador (M.)
Lagerhaus (N.) casa (F.) de déposito, depósito (M.), almacén (M.)
lagern almacenar
Lagerschein (M.) resguardo (M.) de almacén, resguardo (M.) de depósito, guía (F.) de depósito
Lagervertrag (M.) contrato (M.) de depósito
Laie (M.) lego (M.), profano (M.)
Laienrichter (M.) juez (M.) agregado, juez (M.) lego, juez (M.) de hecho
Land (N.) tierra (F.), campo (M.), suelo (M.), land (M.), Land (M.)
Land... regional, provinical, territorial, del Land
Landesarbeitsgericht (N.) tribunal (M.) laboral regional, audiencia (F.) territorial de trabajo
Landesbank (F.) banco (M.) del Land
Landesbehörde (F.) autoridad (F.) regional
Landesgesetz (N.) ley (F.) del Land, ley (F.) autonómica
Landesgesetzgeber (M.) legislador (M.) del Land
Landeshauptmann (M.) presidente (M.) de la comunidad autónoma
Landesherr (M.) soberano (M.)
Landesplanung (F.) planificación (F.) territorial, macrourbanismo (M.)
Landesrecht (N.) derecho (M.) del Land, derecho (M.) autonómico, derecho (M.) particular, derecho (M.) territorial, derecho (M.) regional
Landesregierung (F.) gobierno (M.) del Land, gobierno (M.) federado, consejo (M.) de gobierno, ejecutivo (M.) autónomo

Landessozialgericht (N.) audiencia (F.) territorial de lo social
Landesstrafrecht (N.) derecho (M.) penal particular
Landesverfassung (F.) constitución (F.) del Land
Landesverrat (M.) alta traición (F.)
Landesverräter (M.) traidor (M.), sedicioso (M.)
landesverräterisch sedicioso (Adj.)
Landesverwaltung (F.) administración (F.) territorial, administración (F.) autónoma
Landfriede (M.) paz (F.) territorial, tregua (F.) territorial
Landfriedensbruch (M.) bandidaje (M.), perturbación (F.) del orden público, ruptura (F.) de la paz pública, desorden (M.) público
Landgericht (N.) audiencia (F.) provincial, tribunal (M.) regional, tribunal (M.) territorial
Landkreis (M.) comarca (F.) rural, distrito (M.) rural
Landpacht (F.) arrendaticio (M.) rústico, arrendamiento (M.) rústico
Landrat (M.) subgobernador (M.), gobernador (M.) de distrito
Landratsamt (N.) jefatura (F.) de distrito
Landrecht (N.) derecho (M.) comun del Land
Landschaft (F.) paisaje (M.)
Landschaftsverband (M.) (Landschaftsverband in Deutschland) mancomunidad (F.) de municipios con fines administrativos
Landschaftsverband (M.) (Landschaftsverband in Spanien) mancomunidad (F.) interprovincial
Landstraße (F.) carretera (F.), camino (M.) real
Landstreicher (M.) vagabundo (M.), vago (M.)
Landtag (M.) dieta (F.) regional
Landwirt (M.) agricultor (M.), granjero (M.)
Landwirtschaft (F.) agricultura (F.), economía (F.) rural
Landwirtschaftskammer (F.) cámara (F.) agrícola, cámara (F.) sindical agrícola
Landwirtschaftsrecht (N.) derecho (M.) rural, derecho (M.) agrario, legislación (F.) rural
lang largo
Lärm (M.) ruido (M.), estrépito (M.), barullo (M.)
Last (F.) carga (F.), cargo (M.), peso (M.), gravamen (M.)
Lastenausgleich (M.) compensación (F.) de cargas, igualdad (F.) de gravámenes
lastenfrei libre de cargas, exento (Adj.) de gravámenes
Laster (N.) vicio (M.)
lästern blasfemar, calumniar
Lästerung (F.) blasfemia (F.), calumnias (F.Pl.)
lästig molesto (Adj.)
Lastschrift (F.) cargo (M.) en cuenta, nota (F.) de débito, documento (M.) de cargo
Lastschriftanzeige (F.) nota (F.) de cargo
Lastschriftverfahren (N.) procedimiento (M.) de cargo
Lauf (M.) curso (M.), carrera (F.)
Laufbahn (F.) curso (M.), escala (F.), carrera (F.), iter (M.) officiorum (lat.)
laufen correr
Laufzeit (F.) plazo (M.), vigencia (F.), período (M.)
lauter puro, neto (Adj.)
Lauterkeit (F.) pureza (F.)
Leasing (N.) leasing (M.), aquiler-venta (M.), aquiler-compra (M.)
Leasinggeber (M.) dador (M.) de leasing
Leasingnehmer (M.) tomador (M.) de leasing
Leasingvertrag (M.) contrato (M.) de locación-venta, contrato (M.) de leasing
Leben (N.) vida (F.)
leben vivir
Lebensalter (N.) edad (F.)
Lebenserfahrung (F.) experiencia (F.) de la vida
Lebensgefahr (F.) peligro (M.) de vida, peligro (M.) de muerte
Lebensgemeinschaft (F.) comunidad (F.) de vida, consorcio (M.) de vida
lebenslänglich vitalicio (Adj.), perpetuo, a perpetuidad
Lebensmittel (N.) comestible (M.), alimento (M.)
Lebensmittel (N.Pl.) comestibles (M.Pl.), alimentos (M.Pl.), víveres (M.Pl.)
Lebensmittelrecht (N.) derecho (M.) de alimentos
Lebenspartner (M.) conviviente (M. bzw. F.), parte (F.) de la unión civil de personas homosexuales

Lebenspartnerschaft asociación en participación
Lebensstandard (M.) nivel (M.) de vida, estándar (M.) de vida
Lebensunterhalt (M.) gastos (M.Pl.) de mantenimiento, gastos (M.Pl.) de estadía
Lebensversicherung (F.) seguro (M.) de vida, seguro (M.) sobre la vida
ledig soltero (Adj.), célibe (Adj.)
legal legal
Legaldefinition (F.) definición (F.) legal, concepto (M.) legal
Legalenteignung (F.) expropiación (F.) legal
Legalisation (F.) legalización (F.), legitimación (F.), regularización (F.)
legalisieren legalizar, legitimar, instrumentar
Legalisierung (F.) legalización (F.), legitimación (F.)
Legalität (F.) legalidad (F.), juridicidad (F.)
Legalitätsprinzip (N.) principio (M.) de la legalidad, imperio (M.) de la ley, oficio (M.) judicial
Legalservitut (F.) servidumbre (F.) legal
Legalzession (F.) subrogación (F.) legal, cesión (F.) legal
Legat (M.) legado (M.) (1)
Legat (N.) legado (M.) (2)
Legation (F.) legación (F.)
Legationsrat (M.) consejero (M.) de legación
Legationssekretär (M.) secretario (M.) de legación
legislativ legislativo
Legislative (F.) legislatura (F.), poder (M.) legislativo
Legislaturperiode (F.) período (M.) legislativo, legislatura (F.)
legitim legítimo (Adj.)
Legitimation (F.) legitimación (F.), legitimidad (F.), identificación (F.)
Legitimationspapier (N.) título (M.) de legitimación
legitimieren legitimar, comprobar identidad
Legitimierung (F.) legitimación (F.)
Legitimität (F.) legitimidad (F.)
Lehen (N.) feudo (M.)
Lehrauftrag (M.) encargo (M.) de curso
Lehrbeauftragter (M.) profesor (M.) encargado de cátedra
Lehrbuch (N.) tratado (M.), manual (M.), libro (M.) de texto
Lehre (F.) aprendizaje (M.), docencia (F.), enseñanza (F.), doctrina (F.), teoría (F.), ciencia (F.)
lehren enseñar
Lehrer (M.) maestro (M.), profesor (M.), docente (M.)
Lehrfreiheit (F.) libertad (F.) docente, libertad (F.) de cátedra
Lehrling (M.) aprendiz (M.)
Lehrstuhl (M.) cátedra (F.)
Lehrveranstalung (F.) lección (F.)
Leib (M.) cuerpo (M.)
Leibesfrucht (F.) concebido (M.), feto (M.)
Leibesstrafe (F.) pena (F.) aflictiva, pena (F.) corporal, pena (F.) contra el cuerpo
Leibesvisitation (F.) cacheo (M.), registro (M.) corporal
Leibgedinge (N.) reserva (F.) rústica
Leibrente (F.) renta (F.) vitalicia, pensión (F.) de vida única
Leibwächter (M.) guardaespaldas (M.), guardia (M.) personal
Leiche (F.) cadáver (M.), muerto (M.), cuerpo (M.) muerto
Leichenfledderei (F.) robo (M.) macabro
Leichenöffnung (F.) autopsia (F.)
Leichenschau (F.) levantamiento (M.) de cadáver, levantamiento (M.) de cuerpo
Leichnam (M.) cadáver (M.), muerto (M.), cuerpo (M.)
leicht fácil, ligero
leichtfertig ligero, frívolo, descuidado, imprudente
Leichtfertigkeit (F.) ligereza (F.), frivolidad (F.), descuido (M.), imprudencia (F.)
Leiharbeit (F.) trabajo (M.) mediante subcontrato
Leihe (F.) préstamo (M.), comodato (M.)
leihen emprestar, prestar, tomar en préstamo
Leihhaus (N.) casa (F.) de prestamos, monte (M.) de piedad, caja (F.) de crédito popular
leisten prestar, rendir, pagar, cumplir
Leistung (F.) an Erfüllungs Statt dación (F.) en pago
Leistung (F.) erfüllungshalber dación (F.) en pago
Leistung (F.) prestación (F.), rendimiento (M.), pago (M.), cumplimiento (M.)
Leistungsbefehl (M.) condena (F.) de hacer, mandato (M.) de prestación

Leistungsgegenstand (M.) objeto (M.) de prestación
Leistungsinhalt (M.) contenido (M.) de la prestación
Leistungsklage (F.) acción (F.) de condena a prestación, acción (F.) condenatoria
Leistungsort (M.) lugar (M.) de la prestación, lugar (M.) de cumplimiento
Leistungspflicht (F.) deber (M.) de prestación, obligación (F.) de medios, obligatoriedad (F.) de prestación
Leistungspflichtiger (M.) prestatario (M.), sujeto (M.) obligado a la prestación
Leistungsurteil (N.) sentencia (M.) condenatoria, condena (F.) de hacer, sentencia (F.) de condena
Leistungsverwaltung (F.) administración (F.) productiva, acción (F.) administrativa de prestación, fomento (M.)
Leistungsverweigerung (F.) denegación (F.) de la prestación
Leistungsverweigerungsrecht (N.) derecho (M.) a negar la prestación
Leistungsverzug (M.) retraso (M.) en la ejecución, mora (F.) solvendi (lat.)
Leistungswettbewerb (M.) competencia (F.) de rendimiento, concurso (M.)
Leistungswucher (M.) prestación (F.) usuraria
Leistungszeit (F.) tiempo (M.) de prestación
leiten dirigir, regir, gobernar, regentar
leitend dirigente (Adj.), directivo, alto, rector (Adj.)
leitender Angestellter (M.) alto empleado (M.), empleado (M.) directivo, empleado (M.) dirigente
Leiter (M.) director (M.), dirigente (M.), jefe (M.), conductor (M.)
Leitplanke (F.) valla (F.) metálica de protección
Leitsatz (M.) directriz (F.), sumario (M.)
Leitung (F.) dirección (F.), conducción (F.)
Leitungsrecht (N.) derecho (M.) de conducción
Leitzins (M.) interés (M.) indicativo, tipo (M.) basico, tipo (M.) de interés
Lektor (M.) lector (M.)
lenken conducir, dirigir, guiar
lernen aprender, estudiar
lesbisch lesbiana (Adj.)
lesen leer
Lesung (F.) lectura (F.), votación (F.)
letzte último
letzter Wille (M.) última voluntad (F.)
letztes Wort (N.) última palabra (F.)
letztinstanzlich en última instancia
letztwillig de última voluntad, testamentario
letztwillige Verfügung (F.) última disposición (F.), acto (M.) mortis causa (lat.)
leugnen negar
Leumund (M.) reputación (F.)
Leumundszeugnis (N.) certificado (M.) de buena conducta, informe (M.) de moralidad
Leutnant (M.) alférez (M.), segundo teniente (M.)
lex (lat.) (F.) ley (F.)
Lexikon (N.) enciclopedia (F.), diccionario (M.)
liberal liberal (Adj.)
liberalisieren liberalizar
Liberalisierung (M.) liberalización (F.), desregulación (F.)
Liberalismus (M.) liberalismo (M.)
Liebhaber (M.) amante (M.), aficionado (M.)
Liebhaberei (F.) afición (F.)
Liebhaberwert (M.) valor (M.) afectivo, valor (M.) de afección
Liechtenstein Liechtenstein
Lieferant (M.) proveedor (M.), suministrador (M.), abastecedor (M.)
Lieferbedingung (F.) condición (F.) de entraga
liefern entregar, suministrar, proveer
Lieferschein (M.) recibo (M.) de entrega, boletín (M.) de entrega
Lieferung (F.) entrega (F.), envío (M.), suministro (M.)
Lieferzeit (F.) plazo (M.) de entrega
liegen yacer, estar, estar situado
Liegenschaft (F.) inmueble (M.), bien (M.) inmueble
Liegenschaftsrecht (N.) derecho (M.) inmobiliario
Liga (F.) liga (F.)
Limit (N.) limite (M.)
limitieren limitar
Linie (F.) línea (F.), rama (F.)
liquid líquido, solvente (Adj.)
Liquidation (F.) liquidación (F.), solvencia (F.), minuta (F.)
Liquidator (M.) liquidador (M.)
liquidieren liquidar

Liquidierung (F.) liquidación (F.)
Liquidität (F.) liquidez (F.)
Liquiditätsreserve (F.) reserva (F.) de liquidez
Lissabon (N.) Lisboa (F.)
Lissaboner Vertrag (M.) tratato (M.) de Lisboa
List (F.) astucia (F.)
Liste (F.) lista (F.), tablilla (F.), relación (F.), planilla (F.)
Listenpreis (M.) precio-lista (M.)
Listenwahl (F.) escrutinio (M.) de lista, voto (M.) por cabeza de delegación
listig astuto, artero
Lizentiat (M.) licenciado (M.)
Lizenz (F.) licencia (F.), concesión (F.), permiso (M.)
Lizenzgeber (M.) licenciante (M.), concesionista (M.)
Lizenzgebühr (F.) derecho (M.) de licencia
Lizenziat (N.) licenciado (M.)
Lizenznehmer (M.) licenciado (M.), concesionario (M.)
Lobby (F.) lobby (M.), tráfico (M.) de influencias
Lobbyist (M.) lobista (M.)
Logik (F.) lógica (F.)
logisch lógico (Adj.)
Lohn (M.) salario (M.), sueldo (M.), paga (F.), merced (F.)
Lohnfortzahlung (F.) continuación (F.) del pago del salario
Lohnnebenkosten (F.Pl.) coste (M.) salarial accesorio
Lohnpfändung (F.) embargo (M.) del salario, embargo (M.) de sueldos
Lohnsteuer (F.) impuesto (M.) sobre el salario, impuesto (M.) sobre sueldos y salarios
lokal local (Adj.)
Lokaltermin (M.) inspección (F.) ocular, inspección (F.) de lugar
Lombard (M.) préstamo (M.) pignoraticio, préstamo (M.) bancario sobre valores
lombardieren pignorar, depositar en garantía
Lombardkredit (M.) crédito (M.) pignoraticio, crédito (M.) sobre valores
Los (N.) suerte (F.), lote (M.), boleta (F.)
löschen eliminar, extinguir, cancelar, amortizar, alijar, desestibar, desestivar, descargar, desembarcar
Löschung (F.) eliminación (F.), extinción (F.), cancelación (F.), descarga (F.), descargo (M.), descargue (M.), desembarque (M.), desestiba (F.)
Löschungsantrag (M.) demanda (F.) de cancelación, solicitud (F.) de revocación
Löschungsbewilligung (F.) consentimiento (M.) de la cancelación, autorización (F.) de la cancelación
Löschungsvormerkung (F.) anotación (F.) preventiva de cancelación
Lösegeld (N.) rescate (M.), dinero (M.) del rescate, ranzón (M.)
lösen anular, rescindir, tantear, solucionar
losen echar suertes
Lösung (F.) solución (F.)
Lotterie (F.) lotería (F.), rifa (F.)
Lotto (N.) loto (F.)
loyal leal
Lücke (F.) laguna (F.), blanco (M.)
Luft (F.) aire (M.)
Luftfahrzeug (N.) aeronave (F.), avión (M.)
Luftrecht (N.) derecho (M.) aéreo, legislación (F.) aeronáutica, derecho (M.) del aire
Lüge (F.) chiva (F.), mentira (F.)
lügen mentir
Lügendetektor (M.) detector (M.) de mentiras, polígrafo (M.)
Lügner (M.) mentiroso (M.), falsario (M.)
Lump (M.) vagabundo (M.)
Lust (F.) ganas (F.Pl.), deseo (M.), gusto (M.), goce (M.)
Lustmord (M.) asesinato (M.) lascivo, asesinato (M.) por impulso sexual
Luxus (M.) lujo (M.), suntuosidad (F.)
lynchen linchar
Lynchjustiz (F.) linchamiento (M.), justicia (F.) directa
Lyzeum (N.) liceo (M.)

M

machen hacer
Machenschaft (F.) maniobra (F.), maquinación (F.), enredo (M.)
Macht (F.) poder (M.), potestad (F.), potencia (F.), fuerza (F.)
Machtstellung (F.) poderío (M.), posición (F.) poderosa
Mafia (F.) mafia (F.)
Magazin (N.) almacén (M.), depósito (M.), cargador (M.), revista (F.) ilustrada

Magister (M.) maestro (M.), magíster (M.), master (M.)
Magistrat (N.) consejo (M.) municipal, ayuntamiento (M.)
Magistratsverfassung (F.) constitución (F.) de magistrados
Mahnantrag (M.) solicitud (F.) monitoria
Mahnbescheid (M.) mandamiento (M.) de pago, mandato (M.) de pago, carta (F.) de orden
mahnen amonestar, advertir, exhortar
Mahnschreiben (N.) carta (F.) monitoria
Mahnung (F.) aminestación (F.), admonición (F.), advertencia (F.), exhorto (M.), apremio (M.)
Mahnverfahren (N.) proceso (M.) monitorio, procedimiento (M.) de orden terminante
Majestät (F.) majestad (F.)
Majestätsbeleidigung (F.) lesa (F.) majestad, crimen (M.) de lesa majestad
Major (M.) comandante (M.), mayor (M.)
Majorat (N.) mayorazgo (M.)
Majorität (F.) mayoría (F.)
Makler (M.) corredor (M.), comisionista (M.), agente (M.) mediador
Maklervertrag (M.) contrato (M.) de mediación, contrato (M.) de corretaje
mala fides (F.) (lat.) (böser Glaube bzw. Arglist) mala fe (F.)
managen manejar, organizar
Mandant (M.) mandante (M.), cliente (M.), patrocinado (M.)
Mandat (N.) mandato (M.), diputación (F.), delegación (F.) temporal
Mandatar (M.) mandatario (M.), encargado (M.)
Mangel (M.) defecto (M.), vicio (M.), falta (F.), escasez (F.), déficit (M.), falla (F.)
Mangelanzeige (F.) aviso (M.) de vicios
Mangelgewährleistung (F.) sanamiento (M.)
mangelhaft defectuoso, vicioso, falto (Adj.), escaso
mangeln faltar
Mängelrüge (F.) reclamación (F.) por vicios
mangels por falta de
Manie (F.) manía (F.)
Manifest (N.) manifiesto (M.), manifestación (F.), sobordo (M.), libro (M.) de cargamento
Manko (N.) falta (F.), manco (M.), déficit (M.)
Mantel (M.) manto (M.)
Manteltarif (M.) convenio (M.) cuadro, acuerdo-marco (M.)
Manteltarifvertrag (M.) contrato (M.) colectivo tipo, convenio (M.) colectivo tipo
Manufaktur (F.) manufactura (F.)
Marine (F.) marina (F.), ejército (M.) de mar
Marke (F.) marca (F.), calidad (F.), clase (F.)
Markenartikel (M.) artículo (M.) de marca, artículo (M.) de calidad
Markenrecht (N.) derecho (M.) de marcas
Markenware (F.) mercancías (F.Pl.) de marca
Marketing (N.) marketing (M.), mercadeo (M.)
Markt (M.) mercado (M.)
Marktführer (M.) líder (M.) en el mercado
Marktordnung (F.) organización (F.) del mercado, reglamentación (F.) del mercado
Marktpreis (M.) precio (M.) de mercado, precio (M.) en el mercado, coste (M.) de mercado
Marktrahmenmaßnahme (F.) medida (F.) de supervisión del mercado
Marktwirtschaft (F.) economía (F.) de mercado, tráfico (M.) de mercado
Marschall (M.) mariscal (M.)
Marter (F.) tortura (F.), martirio (M.)
Maschine (F.) máquina (F.), aparato (M.)
Maschinenversicherung (F.) seguro (M.) de maquinaria
Masochismus (M.) masoquismo (M.)
Maß (N.) medida (F.), dimensión (F.), proporción (F.), grado (M.)
Massaker (N.) masacre (F.), carnicería (F.), matanza (F.)
Masse (F.) masa (F.)
Masseanspruch (M.) crédito (M.) de la masa
Masseforderung (F.) crédito (M.) de la masa
Massegläubiger (M.) acreedor (M.) de la masa
Massekosten (F.Pl.) costes (M.Pl.) de la masa
Masseverwalter (M.) curador (M.) de la masa, síndico (M.)
Maßnahme (F.) medida (F.)
Maßregelung (F.) sanción (F.) administrativa, sanción (F.) disciplinaria
Material (N.) material (M.)
Materialismus (M.) materialismo (M.)
materiell material (Adj.), sustantivo (Adj.), sustancial, de fondo
materielle Rechtskraft (F.) cosa (F.) juzgada material, cosa (F.) juzgada sustancial
materielle Verfassung (F.) constitución (F.) material

materieller Schaden (M.) daño (M.) material, agravio (M.) material
materielles Gesetz (N.) ley (F.) material
materielles Recht (N.) derecho (M.) material, derecho (M.) sustancial, derecho (M.) sustantivo
materiellrechtlich jurídico-material, jurídico-sustantivo
Matrikel (F.) matrícula (F.)
Matrose (M.) marinero (M.), marino (M.)
Matura (F.) bachillerato (M.)
Maut (F.) peaje (M.)
Maxime (F.) máxima (F.)
Mecklenburg-Vorpommern (N.) Mecklemburgo-Pomerania Occidental
Mediation (F.) mediación (F.)
Mediator (M.) mediador (M. bzw. F.)
Medien (N.Pl.) medios (M.), medios (M.Pl.) informativos, medios (M.Pl.) de comunicación social
Medium (N.) medio (M.), médium (M.)
Medizin (F.) medicina (F.)
medizinisch médico (Adj.)
Medizinrecht (N.) derecho (M.) de medicina
Meer (N.) mar (M.)
mehr más
Mehrheit (F.) mayoría (F.), multiplicidad (F.)
Mehrheitsbeschluss (M.) acuerdo (M.) de mayoría, acuerdo (M.) mayoritario
Mehrheitsbeteiligung (F.) participación mayoritaria
Mehrheitswahl (F.) votación (F.) mayoritaria, escrutinio (M.) mayoritario
Mehrheitswahlrecht (N.) derecho (M.) electoral de mayoría
Mehrstaater (M.) pluriestatal (M.), plurinacional (M.)
mehrstufig de varias fases, en varias fases
Mehrtäterschaft (F.) autoría (F.) plural
Mehrwert (M.) valor (M.) añadido, plusvalía (F.), plusvalor (M.)
Mehrwertsteuer (F.) impuesto (M.) sobre el valor añadido (IVA)
meiden evitar, huir
Meineid (M.) perjurio (M.), juramento (M.) falso
meineidig perjuro (Adj.)
meinen considerar, estimar, opinar
Meinung (F.) opinión (F.), parecer (M.)
Meinungsfreiheit (F.) libertad (F.) de opinión, libertad (F.) de pensamiento, libre emisión (F.) de pensamiento
Meistbegünstigungsklausel (F.) cláusula (F.) del más privilegiado, cláusula (F.) del más favorecido
meiste más, mejor
Meister (M.) maestro (M.), patrono (M.), encargado (M.), campeón (M.)
Meisterprüfung (F.) examen (M.) de maestría
Meisterstück (N.) obra (F.) maestra
Meistgebot (N.) mejor postura (F.), mejor oferta (F.)
melden inscribir, declarar, avisar, dar parte
Meldepflicht (F.) obligación (F.) de presentarse, obligación (F.) de dar parte, presentación (F.) obligatoria
meldepflichtig sujeto (Adj.) a declaración obligatoria
Meldewesen (N.) empadronamiento (M.)
Meldung (F.) aviso (M.), informe (M.), notificación (F.)
Memorandum (N.) memorándum (M.)
Menge (F.) cantidad (F.), masa (F.), cuantía (F.)
Mensch (M.) hombre (M.)
Menschenkenntnis (F.) conocimiento (M.) de los hombres
Menschenraub (M.) secuestro (M.), abducción (F.)
Menschenrecht (N.) derecho (M.) humano, derecho (M.) del hombre, derecho (M.) individual
Menschenrechtskommission (N.) comisión (F.) de derechos humanos
Menschenrechtskonvention (F.) convenio (M.) de derechos humanos, convención (F.) de derechos humanos
Menschenwürde (F.) dignidad (F.) del hombre, dignidad (F.) de la persona
menschlich humano
mental mental
Mentalreservation (F.) reserva (F.) mental, retención (F.) mental
merkantil mercantil
merkantiler Minderwert (M.) reducción (F.) del valor mercantil
Merkantilismus (M.) mercantilismo (M.)
merken advertir
Merkmal (N.) característica (F.), signo (M.), indicio (M.)
Messe (F.) misa (F.), feria (F.), mercado (M.)

messen medir
Methode (F.) método (M.)
Methodenlehre (F.) metodología (F.)
Methodik (F.) metodología (F.)
methodisch metódico, metodológico
Methodologie (F.) metodología (F.)
Meuchelmord (M.) asesinato (M.) alevoso
Meuchelmörder (M.) alevoso (M.)
meucheln asesinar
Meuterei (F.) amotinamiento (M.), rebelión (F.), motín (M.)
Meuterer (M.) amotinador (M.)
meutern amotinarse
Miete (F.) alquiler (M.), arrendamiento (M.), locación (F.), inquilinato (M.)
mieten arrendar, alquilar, tomar en alquiler
Mieter (M.) inquilino (M.), arrendatario (M.), locatario (M.)
Mieterhöhung (F.) aumento (M.) de renta
Mieterschutz (M.) protección (F.) al arrendatario
Mietkauf (M.) venta-arrendamiento (F.), venta-locación (F.), alquiler-compra (M.), alquiler-venta (M.)
Mietpreis (M.) alquiler (M.)
Mietpreisbindung (F.) precio (M.) del alquiler tasado
Mietrecht (N.) derecho (M.) arrendaticio, derecho (M.) de arrendamiento
Mietshaus (N.) casa (F.) de alquiler, casa (F.) de renta
Mietskaserne (F.) manzana (F.) de casas, bloque (M.) de viviendas
Mietverhältnis (N.) relación (F.) arrendaticia
Mietvertrag (M.) contrato (M.) arrendaticio, contrato (M.) de locación, contrato (M.) de arrendamiento, contrato (M.) de alquiler
Mietwagen (M.) coche (M.) de alquiler, vehículo (M.) arrendado
Mietwohnung (F.) piso (M.) de alquiler
Mietwucher (M.) usura (F.) arrendaticia
Mietzins (M.) arrendamiento (M.), renta (F.), arriendo (M.), alquiler (M.), canon (M.) de arrendamiento
Mietzuschuss (M.) subvención (F.) para el alquiler, ayuda (F.) al inquilino
mild bondadoso
mildern atenuar, mitigar, moderar
mildernd atenuante (Adj.)
Milderung (F.) atenuación (F.), mitigación (F.)
Milderungsgrund (M.) motivo (M.) atenuario, atenuante (M.)
Milieu (N.) medio (M.) ambiente, medio (M.), ambiente (M.)
Militär (N.) militar (M.), estamento (M.) militar
militärisch militar (Adj.)
Militärverordnung (F.) ordenanza (F.) militar
Miliz (F.) milicia (F.)
mindere menor (Adj.)
Minderheit (F.) minoría (F.)
Minderheitenschutz (M.) protección (F.) de minorías
Minderheitsbeteiligung (F.) participación (F.) minoritaria
minderjährig menor (Adj.), menor (Adj.) de edad
Minderjährigkeit (F.) minoría (F.) de edad, estado (M.) de minoridad
mindern reducir, minorar, disminuir, aminorar, rebajar
Minderung (F.) reducción (F.), disminución (F.), rebaja (F.), aminoración (F.)
Minderwert (M.) menor valor (M.), minusvalía (F.)
mindeste mínimo (Adj.)
Mindestgebot (N.) oferta (F.) mínima, tipo (M.) mínimo
Mindestkapital (N.) capital (M.) mínimo
Mindestlohn (M.) salario (M.) mínimo, salario (M.) vital
Mindestreserve (F.) reserva (F.) mínima, dinero (M.) base
Mindeststrafe (F.) pena (F.) mínima
Mineral (N.) mineral (M.)
Mineralöl (N.) petróleo (M.)
Minister (M.) ministro (M.)
Ministeranklage (F.) juicio (M.) político
ministeriell ministerial
Ministerium (N.) ministerio (M.), departamento (M.) ministerial
Ministerpräsident (M.) presidente (M.) del gobierno, ministro-presidente (M.), primer ministro (M.), presidente (M.) de ministros
Ministerrat (M.) consejo (M.) de ministros
minorenn menor (Adj.)
Minorennität (F.) minoría (F.) de edad
Minorität (F.) minoría (F.)
Mischehe (F.) matrimonio (M.) mixto, matrimonio (M.) de mixta religión

mischen mezclar
Mischung (F.) mezcla (F.), mixtura (F.)
miss... des..., mal...
missachten desdeñar, violar
missbilligen desaprobar
Missbilligung (F.) desconfianza (F.)
Missbrauch (M.) abuso (M.), abusión (F.)
missbrauchen explotar, abusar
Missetat (F.) delito (M.)
Missgeburt (F.) criatura (F.) deforme
misshandeln maltratar
Misshandlung (F.) maltrato (M.), maltratamiento (M.)
Mission (F.) misión (N.)
Misstrauen (N.) desconfianza (F.)
misstrauen desconfiar
Misstrauensvotum (N.) voto (M.) de censura, voto (M.) de desconfianza
Missverständnis (N.) malentendido (M.), mala inteligencia (F.)
missverstehen malentender
mit... co..., con...
Mitarbeit (F.) colaboración (F.), cooperación (F.)
Mitarbeiter (M.) colaborador (M.), compañero (M.), cooperador (M.)
Mitbesitz (M.) coposesión (F.), posesión (F.) en común
Mitbesitzer (M.) coposeedor (M.), coposesor (M.)
Mitbestimmung (F.) cogestión (F.), participación (F.) en la cogestión
mitbeteiligt copartícipe, participante (Adj.)
Mitbürge (M.) confiador (M.), cogarante (M.)
Mitbürgschaft (F.) fianza (F.) solidaria, garantía (F.) solidaria
Miteigentum (N.) copropiedad (F.), comunidad (F.) de bienes, condominio (M.)
Miteigentümer (M.) comunero (M.), copropietario (M.)
Miterbe (M.) coheredero (M.), heredero (M.) parcial
Mitgift (F.) dote (M. bzw. F.), bienes (M.Pl.) dotales
Mitglied (N.) miembro (M.), socio (M.), asociado (M.)
Mitgliedschaft (F.) calidad (F.) de miembro, condición (F.) de socio, membrecía (F.)
Mithaftung (N.) responsibilidad (F.) colectiva
Mitschuldner (M.) codeudor (M. bzw. F.)
Mittäter (M.) coautor (M.), codelincuente (M.), correo (M.)
Mittäterschaft (F.) coautoría (F.), cooperación (F.) delictiva
mitteilen comunicar, hacer saber
Mitteilung (F.) comunicación (F.), nota (F.), anuncio (M.), aviso (M.), noticia (F.)
Mitteilungsblatt (N.) diario (M.) de avisos
Mittel (N.) medio (M.), instrumento (M.)
mittelbar indirecto, mediato, oblicuo
mittelbare Staatsverwaltung (F.) administración (F.) indirecta del Estado, administración (F.) corporativa del Estado
mittelbare Stellvertretung (F.) represtenación (F.) indirecta
mittelbarer Besitz (M.) posesión (F.) mediata, posesión (F.) imaginaria
mittelbarer Besitzer (M.) poseedor (M.) derivado
mittelbarer Schaden (M.) daño (M.) mediato, daño (M.) indirecto
mittelbarer Täter (M.) autor (M.) mediato
mittelbarer Zwang (M.) coacción (F.) mediata, coacción (F.) indirecta
Mittelbehörde (F.) autoridad (F.) intermedia, órgano (M.) intermedio
Mitunternehmer (M.) cocontratista (M.)
Mitvermächtnis (N.) colegado (M.)
Mitverschulden (N.) compensación (F.) de culpas, responsabilidad (F.) concurrente
mitwirken cooperar
Mitwirkung (F.) cooperación (F.), colaboración (F.)
Mitwirkungspflicht (F.) deber (M.) de cooperación, deber (M.) de colaboración
Möbel (N.) mueble (M.)
Möbel (Pl.) muebles (M.Pl.)
mobil mueble (Adj.), activo (Adj.), ágil
Mobiliar (N.) mueblaje (M.), moblaje (M.), mobiliario (M.), cosas (F.Pl.) muebles
Mobiliarzwangsvollstreckung (F.) ejecución (F.) de las cosas muebles
Mobilie (F.) cosa (F.) mueble, bien (M.) mueble
Mobilien (Pl.) bienes (M.Pl.) muebles, cosas (F.Pl.) muebles
modus (M.) (lat.) (Art) modo (M.), método (M.)
möglich posible
Möglichkeit (F.) posibilidad (F.), probabilidad (F.), oportunidad (F.)

Monarch (M.) monarca (M.)
Monarchie (F.) monarquía (F.)
monarchisch monárquico, dinástico, regalista (Adj.)
Monarchismus (M.) monarquismo (M.), regalismo (M.)
Monat (M.) mes (M.)
monatlich mensual
Mönch (M.) monje (M.)
Monogamie (F.) monogamia (F.)
Monokratie (F.) monocracia (F.)
monokratisch monocrático (Adj.)
Monopol (N.) monopolio (M.), exclusiva (F.)
monopolisieren monopolizar
Montanunion (F.) Comunidad (F.) Europea del Carbón y del Acero
Moral (F.) moral (F.), moralidad (F.)
moralisch moral (Adj.)
Moratorium (N.) moratoria (F.)
Mord (M.) asesinato (M.), homicidio (M.) voluntario
morden asesinar
Mörder (M.) asesino (M.), matador (M.)
Mörderin (F.) asesina (F.), matadora (F.)
Mordlust (F.) intención (F.) de asesinar
Mordversuch (M.) tentativa (F.) de asesinato
Morgen (M.) mañana (F.)
Morphium (N.) morfina (F.)
Moslem (M.) musulmán (M.)
Motiv (N.) motivo (M.), móvil (M.), propósito (M.)
Motivirrtum (M.) error (M.) en el motivo
Müll (M.) basuras (F.Pl.), desechos (M. Pl.), inmundicias (F.Pl.), residuos (M.Pl.)
Müllabfuhr (F.) recogida (F.) de basuras, recogida (F.) de residuos
Müllentsorgung (F.) gestión (F.) de residuos
multilateral multilateral, multilátero
multinational multinacional, transnacional
Mund (M.) boca (F.)
Mündel (N.) pupilo (M.), tutelado (M.)
Mündelgeld (N.) dinero (M.) del pupilo
mündelsicher fiduciario (Adj.), pupilar
mündig mayor (Adj.) de edad, emancipado (Adj.)
Mündigkeit (F.) mayor edad (F.), mayoría (F.) de edad, emancipación (F.)
mündlich oral, verbal, de palabra, nuncupativo
mündliche Verhandlung (F.) proceso (M.) oral, juicio (M.) verbal, audiencia (F.), debate (M.)
Mündlichkeit (F.) oralidad (F.), sustanciación (F.) oral
Mündlichkeitsgrundsatz (M.) principio (M.) de la oralidad
Mundraub (M.) hurto (M.) famular, robo (M.) de sustancias alimenticias
Munition (F.) munición (F.)
Münzdelikt (N.) delito (M.) monetario
Münze (F.) moneda (F.), pieza (F.)
Mussvorschrift (F.) disposición (F.) imperativa
Muster (N.) muestra (F.), modelo (M.)
mustern inspeccionar
Musterprozess (M.) proceso (M.) modelo
Musterung (F.) reclutamiento (M.), alarde (M.)
Mustervertrag (M.) convenio-modelo (M.), contrato-tipo (M.)
mutmaßen presumir, vislumbrar
mutmaßlich presunto (Adj.), presumible, presuncial, supuesto (Adj.)
mutmaßliche Einwilligung (F.) consentimiento (M.) presunto
Mutter (F.) madre (F.)
Muttergesellschaft (F.) sociedad (F.) madre
Muttermord (M.) matricidio (M.)
Mutterrecht (N.) matriarcado (M.)
Mutterschaft (F.) filiación (F.) materna
Mutterschaftsgeld (N.) premio (M.) de natalidad
Mutterschaftsurlaub (M.) vacaciones (F. Pl.) por embarazo, licencia (F.) por embarazo
Mutterschutz (M.) protección (F.) de la madre, protección (F.) de la maternidad
Mutterschutzgesetz (N.) ley (F.) de protección de la madre
Mutung (F.) denuncio (M.) de minas
mutwillig intencionado, intencional

N

Nachbar (M.) vecino (M.)
Nachbarrecht (N.) derecho (M.) de vecindad
nachbessern retocar
Nachbesserung (F.) obra (F.) correctora
Nachbürge (M.) subfiador (M.), garante (M.) subsidiario

Nachbürgschaft (F.) subfianza (F.)
Nacheid (M.) juramento (M.) asertorio, juramento (M.) posterior
Nacheile (F.) persecución (F.)
Nacherbe (M.) sustituto (M.), heredero (M.) sucesivo
Nacherbschaft (F.) sustitución (F.) fideicomisaria, sucesión (F.) fideicomisaria
Nacherfüllung (F.) cumplimiento (M.) corrector, cumplimiento (M.) posterior
Nachfolge (F.) sucesión (F.)
Nachfolger (M.) sucesor (M.)
Nachforderung (F.) demanda (F.) posterior
Nachfrist (F.) plazo (M.) de gracia, término (M.) de cortesía, período (M.) adicional, prórroga (F.)
nachgiebig dispositivo (Adj.)
nachgiebiges Recht (N.) derecho (M.) dispositivo, norma (F.) puramente dispositiva
Nachkomme (M.) descendiente (M.), sucesor (M.)
Nachlass (M.) herencia (F.), sucesión (F.), relictos (M.Pl.), rebaja (F.), reducción (F.), descuento (M.)
nachlassen reducir, dejar
Nachlassforderung (F.) demanda (F.) frente al cuadal relicto
Nachlassgegenstand (M.) bien (M.) sucesorio
Nachlassgericht (N.) tribunal (M.) sucesorio, tribunal (M.) del caudal relicto
Nachlassgläubiger (M.) acreedor (M.) hereditario, acreedor (M.) en herencia
nachlässig negligente
Nachlässigkeit (F.) negligencia (F.)
Nachlassinsolvenz (F.) insolvencia (F.) sucesional
Nachlassinventar (N.) inventario (M.) sucesorio
Nachlasskonkurs (M.) concurso (M.) sucesorio, concurso (M.) del caudal relicto
Nachlasspfleger (M.) curador (M.) de la herencia, curador (M.) sucesorio, albacea (M.) dativo
Nachlasspflegschaft (F.) curatela (F.) del caudal relicto, curaduría (F.) de la herencia
Nachlassregelung (F.) regulación (F.) de la herencia
Nachlassverbindlichkeit (F.) obligación (F.) sucesional, deuda (F.) hereditaria, carga (F.) de la herencia
Nachlassverwalter (M.) interventor (M.), administrador (M.) de la testamentaría
Nachlassverwaltung (F.) administración (F.) sucesoria, administración (F.) de la sucesión
Nachlassverzeichnis (N.) inventario (M.) sucesorio, inventario (M.) de sucesión
Nachlieferung (F.) suministro (M.) adicional
Nachnahme (F.) reembolso (M.), cobro (M.) a la entrega
Nachname (M.) apellido (M.), nombre (M.) de familia
Nachrede (F.) difamación (F.)
nachreden difamar
Nachricht (F.) noticia (F.), información (F.)
Nachschieben (N.) von Gründen presentación (F.) de causas de la demanda durante el proceso
Nachschlüssel (M.) llave (F.) falsa, ganzúa (F.)
Nachschusskapital (N.) capital (M.) suplementario, fondo (M.) de capital complementario
Nachsichtwechsel (M.) letra (F.) a tantos días vista, letra (F.) de cambio a plazo fijo
nachstellen perseguir, acechar
Nachtat (F.) acto (M.) posterior
Nachteil (M.) perjuicio (M.), desventaja (F.), daño (M.), detrimento (M.)
nachteilig perjudicial
Nachtrag (M.) suplemento (M.), adición (F.), ítem (M.)
nachträglich ulterior, subsiguiente
nachträgliche Unmöglichkeit (F.) imposibilidad (F.) ulterior, imposibilidad (F.) subsiguiente
Nachtragsanklage (F.) querella (F.) suplementaria
Nachtragshaushalt (M.) presupuesto (M.) suplementario, presupuesto (M.) adicional
Nachtwächter (M.) sereno (M.)
Nachvermächtnis (N.) legado (M.) (2) indirecto, legado (M.) (2) sucesivo
Nachversicherung (F.) seguro (M.) suplementario, seguro (M.) adicional
Nachwahl (F.) elección (F.) parcial, elección (F.) complementaria
Nachweis (M.) prueba (F.), comprobación (F.)
nachzahlen pagar la diferencia
nachzählen repasar, escrutar
Nachzahlung (F.) pago (M.) suplementario

Nachzählung (F.) recuento (M.)
nachziehen arrastrar, entrar
Nachzug (M.) entrada (F.)
Name (M.) nombre (M.), denominación (F.)
Namensaktie (F.) acción (F.) nominal, acción (F.) nominativa
Namensänderung (F.) cambio (M.) de nombre, modificación (F.) de apellidos
Namensehe (F.) matrimonio (M.) nominal, matrimonio (M.) por el nombre
Namenspapier (N.) documento (M.) nominado, efecto (M.) nominal, valor (M.) nominativo
Namensrecht (N.) derecho (M.) al nombre
Nation (F.) nación (F.), gente (F.), pueblo (M.)
national nacional (Adj.)
Nationalbewusstsein (N.) conciencia (F.) nacional
Nationalflagge (F.) bandera (F.) nacional, pabellón (M.) nacional
Nationalgedanke (M.) idea (F.) nacional
Nationalismus (M.) nacionalismo (M.)
nationalistisch nacionalista (Adj.)
Nationalität (F.) nacionalidad (F.)
Nationalkonvent (M.) convención (F.) nacional
Nationalrat (M.) consejo (M.) nacional, consejero (M.) nacional
Nationalsozialismus (M.) nacionalsocialismo (M.)
nationalsozialistisch nacionalsocialista (Adj.)
Nationalstaat (M.) Estado (M.) nacional, Estado-nación (M.)
Nationalversammlung (F.) asamblea (F.) nacional
NATO (N.) (North Atlantic Treaty Organisation) OTAN (F.) (Organización del Tratado del Atlántico Norte)
Natur (F.) naturaleza (F.)
Naturalisation (F.) naturalización (F.), nacionalización (F.)
naturalisieren naturalizar, nacionalizar
Naturallohn (M.) salario (M.) en especie, jornal (M.) en especie
Naturalobligation (F.) obligación (F.) natural, obligación (F.) imperfecta
Naturalrestitution (F.) restitución (F.) natural, reparación (F.) natural
Naturalwirtschaft (F.) economía (F.) natural
natürlich natural
natürliche Person (F.) persona (F.) natural
Naturrecht (N.) derecho (M.) natural
Naturschutz (M.) conservación (F.) de la naturaleza, protección (F.) de la naturaleza
Naturschutzgebiet (N.) reserva (F.) natural, área (F.) protegida
ne bis in idem (lat.) (nicht zweimal in demselben Vorgang) ne bis in idem (lat.), doble exposición (F.)
Neben... accesorio (Adj.), eventual, subsidiario
Nebenantrag (M.) conclusión (F.) subsidiaria
Nebenbestimmung (F.) disposición (F.) accesoria, cosa (F.) accidental
Nebenfolge (F.) consecuencia (F.) accesoria, resultado (M.) accesorio
Nebengesetz (N.) ley (F.) adicional
Nebenintervenient (M.) interveniente (M.) adhesivo
Nebenintervention (F.) intervención (F.) accesoria, intervención (F.) coadyuvante
Nebenklage (F.) acción (F.) accesoria, demanda (F.) accesoria
Nebenkläger (M.) querellante (M.)
Nebenkosten (F.) gastos (M.Pl.) adicionales, gastos (M.Pl.) accesorios
Nebenpflicht (F.) obligación (F.) accesoria, obligación (F.) subsidiaria
Nebenrecht (N.) derecho (M.) accesorio
Nebenstrafe (F.) pena (F.) accesoria, pena (F.) complementaria
Nebenstrafrecht (N.) derecho (M.) penal especial, legislación (F.) penal especial
Nebentäter (M.) autor (M.) secundario
Nebentätigkeit (F.) actividad (F.) profesional secundaria
Nebenverdienst (M.) ganancia (F.) adicional, beneficio (M.) casual
Nebenvertrag (M.) contrato (M.) accesorio, pacto (M.) adjunto
negativ negativo (Adj.), denegatorio, desestimatorio
Negativattest (M.) certificado (M.) negativo, atestación (F.) negativa
negative Koalitionsfreiheit (F.) libertad (F.) de no afiliarse
negative Publizität (F.) publicidad (F.) negativa
negatives Schuldanerkenntnis (N.) confesión (F.) negativa de la deuda, reconocimiento (M.) negativo de la deuda
negatives Tatbestandsmerkmal (N.) elemento (M.) típico negativo

negatorisch negatorio
nehmen tomar, coger
Nehmer (M.) tomador (M.), pagador (M.)
Neigung (F.) tendencia (F.), inclinación (F.)
Nennbetrag (M.) valor (M.) nominal, importe (M.) nominal
nennen denominar
Nennkapital (N.) capital (M.) nominal, nominal (M.)
Nennwert (M.) valor (M.) nominal, precio (M.) nominal
netto Kasse neto al contado
netto neto, líquido
Netz (N.) red (F.)
neu nuevo
Neufestsetzung (F.) reajuste (M.), realineamiento (M.)
neuformulieren reformular
Neugläubiger (M.) cesionario (M.)
Neugründung (F.) refundación (F.)
neutral neutral (Adj.)
Neutralität (F.) neutralidad (F.)
Neuwahl (F.) nueva elección (F.)
Neuwert (M.) valor (M.) nuevo
nicht rechtsfähig no capaz, sin capacidad jurídica
Nicht... no, in...
Nichtanzeige (F.) eines Verbrechens omisión (F.) de denuncia
nichtberechtigt no titular (Adj.)
Nichtberechtigter (M.) no titular (M.), persona (F.) no titular
Nichtbestreiten (N.) admisión (F.), ausencia (F.) de impugnación
Nichte (F.) sobrina (F.)
Nichtehe (F.) matrimonio (M.) inexistente, matrimonio (M.) inválido
nichtehelich ilegítimo (Adj.)
nichteheliche Lebensgemeinschaft (F.) unión (F.) libre, unión (F.) ilegítima, pareja (F.) no institucionalizada
Nichtehelichkeit (F.) ilegitimidad (F.)
Nichterfüllung (F.) incumplimiento (M.), no cumplimiento (M.)
Nichterfüllungsschaden (M.) perjuicio (M.) por incumplimiento
nichtig nulo (Adj.), inválido (Adj.)
Nichtigerklärung (F.) declaración (F.) de nulidad, anulación (F.), invalidación (F.)
Nichtigkeit (F.) nulidad (F.), nada (F.) jurídica
Nichtigkeitsbeschwerde (F.) petición (F.) de anulación, recurso (M.) de nulidad
Nichtigkeitsklage (F.) demanda (F.) de nulidad, recurso (M.) de anulación
Nichtleistung (F.) falta (F.) de prestación, incumplimiento (M.)
Nichtmitteilung (N.) no notificación (F.)
nichtöffentlich no público
nichtrechtsfähiger Verein (M.) asociación (F.) sin capacidad jurídica
nichtstreitig no contencioso
Nichturteil (N.) no judicio
Nichtvermögensschaden (M.) daño (M.) no patrimonial, daño (M.) moral
Nichtzahlung (F.) impago (M.), no pago (M.), incobro (M.)
Nichtzulassung (F.) no admisión (F.)
Nichtzulassungsbeschwerde (F.) recurso (M.) contra la inadmisión, recurso (M.) de denegada apelación
niederlassen domiciliar, instalar, establecer
Niederlassung (F.) colonia (F.), establecimiento (M.), sucursal (F.), agencia (F.), oficina (F.)
Niederlassungsfreiheit (F.) libertad (F.) de establecimiento, libertad (F.) de residencia
niederlegen renunciar, consignar por escrito
Niedersachsen (N.) Baja Sajonia
niederschreiben anotar, redactar, poner por escrito
Niederschrift (F.) transcripción (F.), redacción (F.), acta (F.), protocolo (M.)
niedrig bajo, vil
niedriger Beweggrund (M.) motivo (M.) vil, móvil (M.) abyecto
Nießbrauch (M.) usufructo (M.), disfrute (M.)
Nießbrauchsberechtigter (M.) usufructuario (M.)
Nikotin (N.) nicotina (F.)
nominal nominal (Adj.), nominativo (Adj.)
Nominalwert (M.) valor (M.) nominal
nominell nominal (Adj.), nominativo (Adj.)
nominieren nombrar
Nominierung (F.) nominación (F.)
non liquet (lat.) (es ist unklar) non liquet (lat.) (no es claro)
Nonne (F.) monja (F.)
Norden norte (M.)
Nordrhein-Westfalen (N.) Renania del Norte/Westfalia
Nord-Süd-Dialog (M.) diálogo (M.) norte-sur

Norm (F.) norma (F.), regulativo (M.), estándar (M.)
Normadressat (M.) destinatario (M.) de una norma jurídica
normal normal
normativ normativo
Normativbestimmung (F.) determinación (F.) normativa
normatives Tatbestandsmerkmal (N.) elemento (M.) típico normativo
normen normar, normalizar, standardizar
Normenkollision (F.) colisión (F.) de derechos
Normenkontrolle (F.) control (M.) de normas, control (M.) de constitucionalidad
Normenkontrollverfahren (N.) recurso (M.) de inconstitucionalidad, recurso (M.) incidental
Normerlass (M.) establecimiento (M.) de normas
normieren normar, normalizar, standardizar
North Atlantic Treaty Organisation (N.) (engl.) (NATO) Organización (F.) del Tratado del Atlántico Norte (OTAN)
Not (F.) emergencia (F.), necesidad (F.), miseria (F.)
Notar (M.) notario (M.)
Notariat (N.) notaría (F.), notariado (M.)
notariell notarial, notariado (Adj.)
Note (F.) nota (F.), billete (M.) de banco
Notenbank (F.) banco (M.) emisor, banco (M.) de emisión
Noterbe (M.) heredero (M.) forzoso, heredero (M.) necesario
Noterbrecht (N.) derecho (M.) hereditario forzoso, sucesión (F.) forzosa
Notfall (M.) caso (M.) de urgencia
Notfrist (F.) plazo (M.) fatal, término (M.) perentorio
Nothilfe (F.) ayuda (F.) propia, auxilio (M.) necesario
notieren tomar nota de, anotar, apuntar
Notierung (F.) precio (M.) registrado, cotización (F.)
Notifikation (F.) notificación (F.), comunicación (F.)
notifizieren notificar, comunicar
nötig necesario
nötigen forzar, coaccionar
Nötigung (F.) coacción (F.), fuerza (F.)
Nötigungsnotstand (M.) eximente (F.) de fuerza
Notlage (F.) necesidad (F.), situación (F.) critica
notorisch notorio
Notstand (M.) emergencia (F.), estado (M.) de necesidad, situación (F.) de necesidad (F.)
Notstandsgesetzgebung legislación (F.) de emergencia
Notstandsmaßnahme (F.) medida (F.) excepcional, medida (F.) de urgencia
Notstandsverfassung (F.) constitución (F.) de emergencia
Nottestament (N.) testamento (M.) especial, testamento (M.) extraordinario
Notverordnung (F.) decreto (M.) legislativo de urgencia, ordenanza (F.) de necesidad
Notweg (M.) paso (M.) necesario, camino (M.) forzoso
Notwehr (F.) legítima defensa (F.), defensa (F.) propia
Notwehrexzess (M.) exceso (M.) en la legítima defensa
Notwehrrecht (N.) derecho (M.) de legítima defensa, derecho (M.) a la defensa propia
Notwehrüberschreitung (F.) exceso (M.) en la legítima defensa
notwendig necesario
notwendige Streitgenossenschaft (F.) litisconsorcio (M.) necesario
notwendige Verwendung (F.) mejora (F.) necesaria, impensa (F.) necesaria, gasto (M.) necesario
Notzucht (F.) violación (F.), violencia (F.) carnal
Novation (F.) novación (F.)
Novelle (F.) novela (F.), modificación (F.), enmienda (F.)
novellieren modificar, reformar
Novellierung (F.) modificación (F.)
Novize (M.) novicio (M.)
null nulo
nulla poena (F.) sine lege (lat.) (keine Strafe ohne Gesetz) nulla poena (F.) sine lege (lat.) (no hay pena sin ley)
numerisch numérico
numerus (M.) clausus (lat.) (geschlossene Zahl) numerus (M.) clausus (lat.)
Nummer (F.) número (M.)
Nummernschild (N.) placa (F.), matrícula (F.)
Nuntius (M.) nuncio (M.)
Nutzen (M.) utilidad (F.), beneficio (M.), interés (M.)

nützen utilizar, usar, ser (V.) útil, servir
nützlich útil, ventajoso
nützliche Verwendung (F.) mejora (F.) útil, impensa (F.) útil
Nutznießung (F.) usufructo (M.), disfrute (M.)
Nutzung (F.) disfrute (M.), provecho (M.), utilización (F.), explotación (F.)
Nutzungsart (F.) forma (F.) de explotación, tipo (M.) de uso
Nutzungsausfall (M.) desutilidad (F.)
Nutzungsentgang (M.) desutilidad (F.)
Nutzungspfand (N.) prenda (F.) de disfrute, anticresis (F.)
Nutzungsrecht (N.) derecho (M.) de uso

O

Obacht (F.) cuidado (M.), atención (F.)
Obdach (N.) hogar (M.), refugio (M.), domicilio (M.)
obdachlos desamparado, sin hogar, sin domicilio
Obdachlosenasyl (N.) asilo (M.) para desamparados
Obdachlosigkeit (F.) desamparo (M.)
Obduktion (F.) autopsia (F.), necropsia (F.)
Oberbürgermeister (M.) alcalde-presidente (M.)
obere superior (Adj.)
Oberfinanzdirektion (F.) delegación (F.) provincial de hacienda, dirección (F.) superior de hacienda
Oberhaus (N.) Cámara (F.) Alta, Cámara (F.) de los Lores
Oberkreisdirektor (M.) subprefecto (M.), director (M.) de distrito
Oberlandesgericht (N.) tribunal (M.) regional superior, tribunal (M.) superior territorial, tribunal (M.) superior de justicia
Oberrichter (M.) oidor (M.)
Oberst (M.) coronel (M.)
Oberstadtdirektor (M.) director (M.) municipal, secretario (M.) del ayuntamiento
oberste supremo (Adj.)
Oberster Gerichtshof (M.) Tribunal (M.) Supremo
Oberverwaltungsgericht (N.) tribunal (M.) supremo administrativo, tribunal (M.) contencioso-administrativo superior
Obhut (F.) custodia (F.), amparo (M.)
Obhutspflicht (F.) deber (M.) de tutela, deber (M.) de custodia
obiter dictum (N.) (lat.) (zusätzlich gesagt) obiter dictum (N.) (lat.) (no vinculante)
Objekt (N.) objeto (M.)
objektiv objetivo
objektive Bedingung (F.) der Strafbarkeit condición (F.) objetiva de penalidad, condición (F.) objetiva de punibilidad
objektive Unmöglichkeit (F.) imposibilidad (F.) objetiva
objektives Recht (N.) derecho (M.) objetivo
objektives Tatbestandsmerkmal (N.) elemento (M.) material
objektives Verfahren (N.) procedimiento (M.) objetivo, juicio (M.) objetivo
obliegen incumbir, competer
Obliegenheit (F.) incumbencia (F.), cometido (M.), competencia (F.)
Obliegenheitsverletzung (F.) violación (F.) de incumbencia
Obligation (F.) obligación (F.), bono (M.), deber (M.)
obligatorisch obligatorio
Obligo (N.) obligación (F.)
Obmann (M.) presidente (M.), juez (M.) árbitro
Obrigkeit (F.) autoridad (F.), poder (M.) público
Observanz (F.) observancia (F.)
obsiegen vencer
OECD (F.) (Organisation for Economic Cooperation and Development) OCDE (F.) (Organización para Cooperación y Desarrollo Económico)
offen abierto, vacante
offenbar notorio, manifiesto (Adj.), evidente
offenbaren manifestar
Offenbarung (F.) revelación (F.), manifestación (F.)
Offenbarungseid (M.) juramento (M.) declarativo, juramento (M.) de manifestación
Offenbarungspflicht (F.) obligación (F.) de declarar, obligación (F.) de revelar
offene Handelsgesellschaft (F.) (OHG) sociedad (F.) colectiva (S.C.), compañía (F.) colectiva
offenkundig notorio
offenkundiger Mangel (M.) defecto (M.) manifiesto, vicio (M.) aparente
offensichtlich notorio

öffentlich público (Adj.), oficial (Adj.)
öffentliche Aufgabe (F.) misión (F.) pública
öffentliche Ausschreibung (F.) licitación (F.) pública
öffentliche Beglaubigung (F.) legalización (F.) pública, legitimación (F.) con fe pública
öffentliche Dienstbarkeit (F.) servidumbre (F.) administrativa
öffentliche Hand (F.) sector (M.) público, poder (M.) público
öffentliche Klage (F.) acción (F.) pública
öffentliche Last (F.) carga (F.) pública
öffentliche Meinung (F.) opinión (F.) pública
öffentliche Sache (F.) cosa (F.) pública, res (F.) pública, bien (M.) público
öffentliche Sicherheit und Ordnung (F.) seguridad (F.) y orden (M.) públicos
öffentliche Urkunde (F.) documento (M.) público, instrumento (M.) público, acto (M.) auténtico
öffentliche Versteigerung (F.) subasta (F.) pública, almoneda (F.) pública
öffentliche Zustellung (F.) notificación (F.) pública, notificación (F.) edictal
öffentlicher Belang (M.) interés (M.) público
öffentlicher Dienst (M.) servicio (M.) público, función (F.) pública
öffentlicher Glaube (M.) fe (F.) pública, fides (F.) pública (lat.)
öffentliches Gut (N.) dominio (M.) público del Estado
öffentliches Interesse (N.) interés (M.) público, procomún (M.), cosa (F.) pública
öffentliches Recht (N.) derecho (M.) público, derecho (M.) político
öffentliches Testament (N.) testamento (M.) público, testamento (M.) abierto
öffentliches Wohl (N.) bien (M.) público, bienestar (M.) común, causa (F.) pública
Öffentlichkeit (F.) publicidad (F.), colectividad (F.)
öffentlich-rechtlich jurídico-público, de derecho público, juspúblico
öffentlichrechtlicher Vertrag (M.) contrato (M.) de derecho público, contrato (M.) administrativo
offerieren ofrecer
Offerte (F.) oferta (F.)
Offizial (M.) oficial (M.)
Offizialdelikt (N.) delito (M.) público, delito (M.) perseguible de oficio
Offizialmaxime (F.) principio (M.) oficial, principio (M.) de oficialidad
Offizialverfahren (N.) proceso (M.) oficial, procedimiento (M.) de oficio
Offizialverteidigung (F.) defensa (F.) de oficio, defensoría (F.) de oficio
offiziell oficial (Adj.), legal
Offizier (M.) oficial (M.), jefe (M.) militar
offiziös oficioso, extraoficial
Ohrfeige (F.) bofetada (F.)
ohrfeigen abofetear
Okkupation (F.) ocupación (F.)
okkupieren ocupar
Ökologie (F.) ecología (F.)
ökologisch ecológico
Ökonomie (F.) economía (F.)
ökonomisch económico
ökumenisch ecuménico
Oligarchie (F.) oligarquía (F.)
Oligopol (N.) oligopolio (M.)
Ombudsmann (M.) defensor (M.) del pueblo
Onkel (M.) tío (M.)
Operation (F.) operación (F.), transacción (F.)
operieren operar, realizar transacciones
Opfer (N.) (Einbuße) sacrificio (M.), víctima (F.)
opfern sacrificar
Opferschutz (M.) protección (F.) de víctimas
opponieren oponer
opportun oportuno
Opportunist (M.) oportunista (M.)
Opportunität (F.) oportunidad (F.)
Opportunitätsprinzip (N.) principio (M.) de oportunidad
Opposition (F.) oposición (F.)
oppositionell opositor (Adj.)
Oppositionspartei (F.) partido (M.) de la oposición
Option (F.) opción (F.)
Orden (M.) orden (F.), condecoración (F.), religión (F.)
ordentlich ordinario (Adj.)
ordentliche Gerichtsbarkeit (F.) jurisdicción (F.) ordinaria, fuero (M.) ordinario
ordentliche Kündigung (F.) despido (M.) ordinario
ordentlicher Rechtsweg (M.) vía (F.) judicial ordinaria
Order (F.) orden (F.), pedido (M.)
Orderklausel (F.) cláusula (F.) a la orden
ordern ordenar

Orderpapier (N.) papel (M.) a la orden, título (M.) a la orden
ordinär ordinario (Adj.), vulgar
Ordinarius (M.) ordinario (M.), profesor (M.) titular
ordnen ordenar, arreglar
Ordnung (F.) orden (M.), ordenación (F.), ordenamiento (M.), reglamento (M.)
Ordnungsamt (N.) autoridad (F.) de orden público, policía (F.) administrativa
Ordnungsbehörde (F.) autoridad (F.) de orden público
Ordnungsgeld (N.) corrección (F.) disciplinaria económica
ordnungsgemäß regular, reglamentario (Adj.), ordenado
ordnungsgemäße Buchführung (F.) contabilidad (F.) correcta
Ordnungshaft (F.) arresto (M.) sustitutorio
Ordnungspolizei (F.) policía (F.) de orden público
Ordnungsruf (M.) llamada (F.) al orden, llamamiento (M.) al orden
Ordnungsstrafe (F.) pena (F.) reglamentaria, sanción (F.) administrativa, multa (F.)
ordnungswidrig irregular, informal
Ordnungswidrigkeit (F.) irregularidad (F.), informalidad (F.)
ordre (M.) public (franz.) orden (M.) público internacional
Organ (N.) órgano (M.), organismo (M.), unidad (F.) orgánica
Organhaftung (F.) responsabilidad (F.) del órgano
Organisation (F.) organización (F.)
Organisation (N.) for Economic Cooperation and Development (engl.) (OECD) Organización (F.) para Cooperación y Desarrollo Económico (OCDE)
Organisationsausschuss (M.) comité (M.) organizador
Organisationsklausel (F.) cláusula (F.) de „closed shop"
Organisationsmangel (M.) falta (F.) organizativa
Organisationspflicht (F.) deber (M.) de organizar
organisieren organizar, fomentar
organisierter Streik (M.) huelga (F.) organizada
Organismus (M.) organismo (M.)
Organklage (F.) acción (F.) interna entre organos
Organleihe (F.) cesión (F.) funcional de un organismo
Organschaft (F.) relación (F.) orgánica, organicidad (F.)
Organstreit (M.) conflicto (M.) entre órganes estatales
Original (N.) original (M.)
original original (Adj.)
originär originario
originärer Eigentumserwerb (M.) adquisición (F.) originaria de la propiedad, accesión (F.) originaria
Ort (M.) lugar (M.), localidad (F.), pueblo (M.)
orthodox ortodoxo
örtlich local (Adj.), territorial
örtliche Zuständigkeit (F.) competencia (F.) territorial, competencia (F.) local, competencia (F.) ratione loci (lat.)
Ortsbeirat (M.) consejo (M.) de distrito
Ortsgesetz (N.) norma (F.) jurídica obligatoria de derecho local
Ortskrankenkasse (F.) caja (F.) local de enfermedad
Ortsveränderung (F.) locomoción (F.)
Ortszuschlag (M.) subsidio (M.) de residencia, asignación (F.) de residencia
Osten (M.) Este (M.)
Österreich (N.) Austria (F.)
Ostpolitik (F.) política (F.) oriental, política (F.) de apertura al Este, ostpolitik (M.)
Ostverträge (M.Pl.) Tratados (M.Pl.) con el Este
Ostzone (F.) zona (F.) oriental
OSZE (F.) (Organisation über Sicherheit und Zusammenarbeit in Europa) OSCE (F.) (Organización de Seguridad y Cooperación en Europa)

P

Pacht (F.) arrendamiento (M.), arriendo (M.), locación (F.), precio (M.) de arrendamiento, canon (M.) arrendaticio
pachten arrendar, tomar en arrendamiento
Pächter (M.) arrendatario (M.), arrendante (M.), locatario (M.)
Pachtkredit (M.) crédito (M.) agrícola a favor de los arrendatarios

Pachtverhältnis (N.) arrendamiento (M.)
Pachtvertrag (M.) contrato (M.) arrendaticio, arrendamiento (M.)
Pachtzins (M.) precio (M.) de arrendamiento, arrendamiento (M.), pensión (F.) de arrendamiento
pactum (N.) (lat.) pacto (M.), convenio (M.), tratado (M.), acuerdo (M.)
pactum (N.) de non petendo (lat.) (Vereinbarung nicht zu verlangen) pacto (M.) de no pedir
Paket (N.) paquete (M.)
Pakt (M.) pacto (M.), convenio (M.), acuerdo (M.)
Palast (M.) palacio (M.)
Panaschierung (F.) panaché (M.), panachage (M.)
Pandekte (F.) pandecta (F.)
Pandekten (F.Pl.) pandectas (F.Pl.)
Panzer (M.) coraza (F.), tanque (M.)
Papier (N.) papel (M.), documento (M.), título (M.)
Papiergeld (N.) dinero-papel (M.), papel-moneda (M.), moneda-papel (F.)
Papst (M.) papa (M.)
Paragraph (M.) artículo (M.), parágrafo (M.)
Paraphe (F.) rúbrica (F.)
paraphieren rubricar
Paraphierung (F.) rúbricación (F.)
Parentel (F.) parentela (F.)
Parentelsystem (N.) sistema (M.) de parentelas, orden (M.) de parentelas
Parität (F.) paridad (F.), cambio (M.) a la par
paritätisch paritario, a la par
Parken (N.) estacionamiento (M.), aparcamiento (M.)
parken aparcar
Parkplatz (M.) aparcamiento (M.)
Parlament (N.) parlamento (M.), cámara (F.)
Parlamentarier (M.) parlamentario (M.)
parlamentarisch parlamental, parlamentario (Adj.)
Parlamentarischer Rat (M.) Consejo (M.) Parlamentario, Congreso (M.) Constituyente
Parlamentarismus (M.) parlamentarismo (M.)
Parlamentsauflösung (F.) disolución (F.) del parlamento, disolución (F.) de la cámaras
Parlamentsgebäude (N.) parlamento (M.), palacio (M.) de las Cortes
Part (M.) parte (F.)
Partei (F.) partido (M.), parte (F.)
Parteiänderung (F.) cambio (M.) de partes
Parteiantrag (M.) instancia (F.) de parte, solicitud (F.) ex parte
Parteibetrieb (M.) impulso (M.) de parte
Parteieid (M.) (M.) juramento (M.), juramento (M.) de parte
Parteienfinanzierung (F.) financiación (F.) de los partidos
Parteienregierung (F.) gobierno (M.) de partido
parteifähig capaz de ser parte
Parteifähigkeit (F.) capacidad (F.) procesal, capacidad (F.) para ser parte
Parteigenosse (M.) socio (M.) de un partido
Parteiherrschaft (F.) conducta (F.) de las partes
parteiisch partidario (Adj.), parcial
Parteilichkeit (F.) parcialidad (F.)
Parteiprozess (M.) proceso (M.) de parte, pleito (M.) ex parte
Parteivereinbarung (F.) acuerdo (M.) de las partes
Parteivernehmung (F.) examen (M.) de las partes
Parteiverrat (M.) prevaricación (F.), prevaricato (M.)
Parteivorbringen (N.) alegación (F.)
Parteiwechsel (M.) cambio (M.) de partes, sucesión (F.) procesal
Parteiwille (M.) voluntad (F.) de las partes
Partenreederei (F.) copropiedad (F.) naval, asociación (F.) de copropietarios
partiarisch parciario
partiell parcial
partikular particular (Adj.)
Partikularrecht (N.) derecho (M.) particular, legislación (F.) foral
Partner (M.) consocio (M.), socio (M.), asociado (M.), parte (F.) contratante
Partnerschaft (F.) asociación (F.) en participación
Parzelle (F.) parcela (F.)
parzellieren parcelar
Pass (M.) pasaporte (M.)
Passierschein (M.) pase (M.), salvoconducte (M.)
passiv pasivo (Adj.)
Passiva (N.Pl.) pasivo (M.), cuentas (F.Pl.) pasivas
passives Wahlrecht (N.) voz (F.) pasiva,

electorado (M.) pasivo, derecho (M.) electoral pasivo
Passivlegitimation (F.) legitimación (F.) pasiva
Passivum (N.) pasivo (M.)
Passivvermögen (N.) capital (M.) pasivo, patrimonio (M.) pasivo
Passpflicht (F.) obligación (F.) de pasaporte
Passrecht (N.) régimen (M.) de pasaportes
Pastor (M.) pastor (M.)
Pate (M.) padrino (M.)
Patenschaft (F.) padrinazgo (M.)
Patent (N.) patente (F.)
Patentamt (N.) oficina (F.) de patentes, registro (M.) de la propiedad industrial
Patentanwalt (M.) abogado (M.) de patentes, agente (M.) de la propiedad industrial
Patentgericht (N.) tribunal (M.) de patentes
Patentgesetz (N.) ley (F.) sobre patentes
patentieren patentar
Patentinhaber (M.) titular (M.) de patente
Patentrecht (N.) derecho (M.) patentario, derecho (M.) de patentes
Patentverletzung (F.) violación (F.) de patente
Patient (M.) paciente (M.), enfermo (M.)
Patrimonialgerichtsbarkeit (F.) jurisdicción (F.) patrimonial
Patrimonium (N.) patrimonio (M.)
Patron (M.) patrono (M.), patrón (M.)
Patronat (N.) patronato (M.), patronazgo (M.), patrocinio (M.)
Patrone (F.) cartucho (M.)
Pauperismus (M.) pauperismo (M.)
Pauschale (F.) monto (M.) global, cantidad (F.) alzada, deducción (F.) estándar, importe (M.) global
Pause (F.) tiempo (M.) de descanso, interrupción (F.), pausa (F.)
Pazifismus (M.) pacifismo (M.)
Pension (F.) sueldo (M.) pasivo, haber (M.) pasivo, haber (M.) jubilatorio
pensionieren pensionar, jubilar
peremptorisch perentorio
peremptorische Einrede (F.) excepción (F.) perentoria, oposición (F.) perentoria
Periode (F.) período (M.)
periodisch periódico (Adj.)
Person (F.) persona (F.), sujeto (M.), individuo (M.)
persona (F.) ingrata (lat.) (unerwünschte Person) persona (F.) ingrata (lat.)
persona (F.) non grata (lat.) (nicht erwünschte Person) persona (F.) non grata (lat.)
Personal (N.) personal (M.), empleados (M.Pl.)
Personalakte (F.) expediente (M.) profesional, hoja (F.) de servicios
Personalausweis (M.) carnet (M.) de identidad, carta (F.) de identidad
Personalfolium (N.) folio (M.) personal
Personalhoheit (F.) supremacía (F.) personal, soberanía (F.) personal
Personalie (F.) dato (M.) personal
Personalien (F.Pl.) datos (M.Pl.) personales, generales (F.Pl.), identidad (F.)
Personalinterdikt (N.) entredicho (M.) personal
Personalität (F.) personalidad (F.)
Personalitätsprinzip (N.) principio (M.) personal, principio (M.) de personalidad
Personalkonto (N.) cuenta (F.) individual
Personalkredit (M.) crédito (M.) personal, préstamo (M.) personal
Personalrat (M.) junta (F.) personal, consejo (M.) del personal
Personalstatut (N.) estatuto (M.) personal, ley (F.) personal
Personalunion (F.) unión (F.) personal, unión (F.) monárquica
Personalversammlung (F.) asamblea (F.) del personal
Personalvertretung (F.) representación (F.) personal
Personenbeförderung (F.) transporte (M.) de personas, transporte (M.) de viajeros
Personenbeförderungsgesetz (N.) ley (F.) sobre transporte de viajeros
Personengesellschaft (F.) sociedad (F.) personal
Personenrecht (N.) derecho (M.) de personas
Personenschaden (M.) daño (M.) personal, daño (M.) en la persona
Personensorge (F.) cuidado (M.) de la persona
Personenstand (M.) estado (M.) de las personas, estado (M.) civil
Personenstandsbuch (N.) registro (M.) civil, registro (M.) del estado civil
Personenstandsfälschung (F.) usurpación (F.) del estado civil, alteración (F.) del estado civil

Personenstandsregister (N.) registro (M.) civil, registro (M.) del estado civil
Personenvereinigung (F.) pluralidad (F.) de personas, sociedad (F.) de personas
Personenversicherung (F.) seguro (M.) personal, seguro (M.) de personas
persönlich personal (Adj.), en persona, individuo (Adj.)
persönliche Haftung (F.) responsabilidad (F.) personal, responsabilidad (F.) subjetiva
persönlicher Strafaufhebungsgrund (M.) causa (F.) personal de supresión de la pena
persönlicher Strafausschließungsgrund (M.) causa (F.) personal de exclusión de la pena
persönliches Erscheinen (N.) comparecencia (F.) personal, personamiento (M.)
Persönlichkeit (F.) personalidad (F.), persona (F.), identidad (F.)
Persönlichkeitsrecht (N.) derecho (M.) moral, derecho (M.) de la personalidad
Perücke (F.) peluca (F.)
pervers perverso (Adj.)
Perversion (F.) perversión (M.)
Petition (F.) petición (F.)
Petitionsausschuss (M.) comisión (F.) de peticiones
Petitionsrecht (N.) derecho (M.) de petición, garantía (F.) de petición
petitorisch petitorio
Petschaft (F.) sello (M.) de stampillar, sello (M.) de lacrar
Pfand (N.) prenda (F.), empeño (M.)
pfändbar ejecutable, embargable
Pfändbarkeit (F.) embargabilidad (F.)
Pfandbrief (M.) cédula (F.) hipotecaria, bono (M.) hipotecario, billete (M.) con prenda
Pfandbriefinhaber (M.) portador (M.) de cédula hipotecaria
pfänden prendar, embargar
Pfandgläubiger (M.) prestador (M.) sobre prenda, tenedor (M.) de prenda
Pfandkehr (F.) sustracción (F.) de la prenda, hurto (M.) impropio
Pfandleiher (M.) prestamista (M.), prendero (M.)
Pfandnehmer (M.) tenedor (M.) de prenda
Pfandrecht (N.) derecho (M.) prendario, derecho (M.) de prenda
Pfandschuldner (M.) deudor (M.) prendario, pignorador (M.)
Pfandsicherheit (F.) garantía (F.) prendaria
Pfändung (F.) embargo (M.), prendación (F.)
Pfändungsbeschluss (M.) decisión (F.) de embargo, providencia (F.) de embargo, auto (M.) de embargo
Pfändungsfreibetrag (M.) exento (M.) de embargo
Pfändungspfandrecht (N.) derecho (M.) de garantía, prenda (F.) constituida bajo garantía de embargo
Pfändungsschutz (M.) beneficio (M.) de competencia, beneficium (N.) competentiae (lat.)
Pfandverkauf (M.) venta (F.) de la prenda
Pfandverwertung (F.) realización (F.) de la prenda
Pfarre (F.) parroquia (F.), curato (M.)
Pfarrer (M.) párroco (M.)
Pflanze (F.) planta (F.)
Pflanzenschutz (M.) protección (F.) de las plantas
Pflege (F.) asistencia (F.), cuidado (M.)
Pflegeelter (M. bzw. F.) acogente (M. bzw. F.)
Pflegeeltern (Pl.) acogentes (M.Pl.)
Pflegeelternteil (M.) acogente (M. bzw. F.)
Pflegegeld (N.) subsidio (M.) para cuidados
Pflegekind (N.) ahijado (M.), niño (M.) acogido
pflegen cuidar, guardar
Pfleger (M.) curador (M.), guardador (M.), custodio (M.), enfermero (M.)
Pflegesatz (M.) cuota (F.) para cuidados
Pflegesohn (M.) prohijado (M.)
Pflegestufe (F.) grado (M.) de cuidado
Pflegetochter (F.) prohijada (F.)
Pflegeversicherung (F.) seguro (M.) de asistencia
Pflegling (M.) persona (F.) bajo curatela, sujeto (M.) a cuidado
Pflegschaft (F.) curatela (F.), pupilaje (M.)
Pflicht (F.) deber (M.), obligación (F.)
Pflichtaufgabe (F.) obligación (F.) mínima
Pflichtbeitrag (M.) cuota (F.) obligatoria
Pflichtenabwägung (F.) ponderación (F.) de deberes
Pflichtenkollision (F.) colisión (F.) de deberes
Pflichtexemplar (N.) ejemplar (M.) de depósito legal
Pflichtteil (M.) herencia (F.) legítima, porción (F.) legítima, legítima (F.)

Pflichtteilergänzungsanspruch (M.) acción (F.) de complemento, acción (F.) de suplementum (lat.)
Pflichtteilsberechtigter (M.) legitimario (M.), legítimo (M.), heredero (M.) legitimario
Pflichtteilsentziehung (F.) privación (F.) de la légitima
Pflichtteilsrecht (N.) derecho (M.) de legítima, derecho (M.) a la legítima
Pflichtverletzung (F.) vulneración (F.) de deber, violación (F.) de deber
Pflichtversicherung (F.) seguro (M.) obligatorio
Pflichtverteidiger (M.) defensor (M.) de oficio, abogado (M.) de oficio
Pfründe (F.) beneficio (M.), prebenda (F.)
Pfund (N.) libra (F.)
Philosophie (F.) filosofía (F.)
physisch fisico (Adj.), material (Adj.)
Pirat (M.) pirata (M.), corsario (M.)
Piratenschiff (N.) buque (M.) pirata
Piraterie (F.) piratería (F.)
Pistole (F.) pistola (F.)
plädieren informar
Plädoyer (N.) informe (M.), informe (M.) foral, defensa (F.) de la causa
Plagiat (N.) plagio (M.)
Plagiator (M.) plagiario (M.)
plagiieren plagiar
Plakette (F.) placa (F.) conmemorativa
Plan (M.) plan (M.), plano (M.), planta (F.), proyecto (M.), programa (M.)
Planaufstellung (F.) elaboración (F.) del plan
Planaufstellungsverfahren (N.) procedimiento (M.) de elaboración y redacción del plan
planen planificar, planear, premeditar
Planstelle (F.) puesto (M.) de plantilla, plaza (F.) de número
Planung (F.) planificación (F.), planeamiento (M.), premeditación (F.)
Planwirtschaft (F.) economía (F.) planificada, economía (F.) dirigida
Platz (M.) plaza (F.), localidad (F.), lugar (M.), sitio (M.)
Platzgeschäft (N.) negocio (M.) en plaza, comercio (M.) de plaza
Platzverweis (M.) expulsión (F.) del luego
plausibel plausible
Plausibilitätsprüfung (F.) control (F.) de plausibilidad, control (M.) de veracidad
Plebiszit (N.) plebiscito (M.), pronunciamiento (M.) ciudadano
plebiszitär plebiscitario
plebiszitäre Demokratie (F.) democracia (F.) plebiscitaria
Pleite (F.) quiebra (F.)
Plenarausschuss (M.) comisión (F.) plenaria
Plenum (N.) pleno (M.), corte (F.) plena
Plombe (F.) marchamo (M.), precinto (M.)
plombieren precintar
Plünderer (M.) saqueador (M.), expoliador (M.)
plündern saquear, expoliar
Plünderung (F.) saqueo (F.), expoliación (F.)
Pluralismus (M.) pluralismo (M.)
Police (F.) póliza (F.)
Politik (F.) política (F.)
Politiker (M.) político (M.)
Politikwissenschaft (F.) ciencia (F.) política
politisch político (Adj.), politiquero
politische Verdächtigung (F.) sospecha (F.) política, suposición (F.) política
Polizei (F.) policía (F.), fuerza (F.) pública
Polizeibericht (M.) informe (M.) policial
Polizeichef (M.) intendente (M.) de policía
polizeilich policial, policíaco
Polizeimaßnahme (F.) diligencia (F.) policial
Polizeirecht (N.) derecho (M.) policial, derecho (M.) de policía
Polizeistaat (M.) Estado-policía (M.), Estado (M.) policial
Polizeistunde (F.) toque (M.) de queda, hora (F.) de cierre de los establecimientos públicos
Polizeiverfügung (F.) orden (F.) de policía, reglamento (M.) de policía
Polizeiverordnung (F.) ordenanza (F.) de policía, edicto (M.) de policía
Polizeiverwaltung (F.) policía (F.)
Polizist (M.) policía (M.), gendarme (M.), agente (M.) de la policía
polygam poligamo
Polygamie (F.) poligamia (F.)
Pontifikat (N.) pontificado (M.)
Popular… popular (Adj.)
Popularklage (F.) acción (F.) popular
Pornographie (F.) pornografía (F.)
pornographisch pornografico
Porto (N.) porte (M.), franqueo (M.)
positiv positivo
positive Forderungsverletzung (F.) violación (F.) positiva de obligaciones, perjuicio (M.) positivo de derecho de crédito

positives Interesse (N.) interés (M.) positivo, interés (M.) constituido
positives Recht (N.) derecho (M.) positivo, derecho (M.) constituido
Positivismus (M.) positivismo (M.)
possessorisch posesorio
possessorische Klage (F.) acción (F.) posesoria, acción (F.) de posesión
Post (F.) correo (M.), servicio (M.) de correos
Postamt (N.) oficina (F.) de correos, estafeta (F.) de correos
Postanweisung (F.) giro (M.) postal, vale (M.) de correo
Postgeheimnis (N.) secreto (M.) postal, secreto (M.) de las comunicaciones postales
Post-Graduate-Studium (N.) estudios (M. Pl.) postgraduados, estudios (M.Pl.) de postgrado, estudios (M.Pl.) de tercer ciclo
Postkarte (F.) tarjeta (F.) postal
postlagernd lista (F.) de correos, depósito en lista de correos
Postleitzahl (F.) código (M.) postal
Postscheck (M.) cheque (M.) postal, giro (M.) postal
postulationsfähig capaz de postulación
Postulationsfähigkeit (F.) capacidad (F.) de postulación, ius (N.) postulandi (lat.)
postulieren postular
postum póstumo
potent potente
potentiell potencial (Adj.), virtual
Präambel (F.) preámbulo (M.), proemio (M.)
Präfekt (M.) prefecto (M.)
Präjudiz (N.) prejuicio (M.), prejudicio (M.), antejuicio (M.)
Präklusion (F.) preclusión (F.), caducidad (F.) de la instancia
Praktik (F.) práctica (F.)
Praktikant (M.) practicante (M.), pasante (M.)
Praktikum (N.) práctica (F.)
Prälat (M.) prelado (M.)
Prälegat (N.) prelegado (M.), mejora (F.)
Prämie (F.) prima (F.), premio (M.)
Pranger (M.) picota (F.)
Prärogative (F.) prerrogativa (F.)
Präsident (M.) presidente (M.), gobernador (M.)
Präsidialamt (N.) presidencia (F.), jefatura (F.) del Estado
Präsidialregierung (F.) gobierno (M.) de presidente, régimen (M.) presidencialista
Präsidialrepublik (F.) república (F.) presidencialista
Präsidialverfassung (F.) presidencialismo (M.), régimen (M.) presidencialista
Präsidium (N.) presidencia (F.), consejo (M.) de la presidencia, mesa (F.) de la presidencia
Präsumption (F.) presunción (F.)
Prätendent (M.) pretendiente (M.)
Prätendentenstreit (M.) litigio (M.) entre pretendientes
Prävarikation (F.) prevaricación (F.), prevaricato (M.)
Prävention (F.) prevención (F.)
präventiv preventivo
Praxis (N.) práctica (F.), estudio (M.)
Präzedenz (F.) precedencia (F.)
Präzedenzfall (M.) precedente (M.), caso (M.) precedente
Preis (M.) (Kaufpreis) precio (M.), coste (M.), lauro (M.), premio (M.)
Preisausschreiben (N.) certamen (M.), concurso (M.) público, concurso (M.) con premio
Preisbindung (F.) limitación (F.) de precios, control (M.) de precios
Preisempfehlung (F.) precio (M.) recomendado
Preisgabe (F.) abandono (M.)
preisgeben abandonar, hacer renuncia
Preisgefälle (N.) disparidad (F.) de precios
Preistreiberei (F.) aumento (M.) ilícito de los precios, alza (F.) abusiva de los precios
Premierminister (M.) primer ministro (M.)
Presse (F.) prensa (F.)
Pressedelikt (N.) delito (M.) de prensa, falta (F.) de imprenta
Pressefreiheit (F.) libertad (F.) de prensa, libertad (F.) de imprenta
Presserat (M.) consejo (M.) de prensa
Presserecht (N.) derecho (M.) de prensa, régimen (M.) de la prensa
Preußen (N.) Prusia (F.)
Priester (M.) sacerdote (M.)
prima-facie-Beweis (M.) prueba (F.) prima facie (lat.)
primär primario (Adj.)
Primat (M.) primacía (F.)
Prime Rate (N.) (engl.) prime rate (M.)
Primogenitur (F.) primogenitura (F.)
Prinz (M.) príncipe (M.)
Prinzessin (F.) principesa (F.)
Prinzip (N.) principio (M.)

Prinzipal (M.) principal (M.), mandante (M.)
prinzipiell en principio
Prior (M.) prior (M.), prepósito (M.)
Priorität (F.) prioridad (F.), preferencia (F.)
Prioritätsprinzip (N.) principio (M.) de prioridad
Prise (F.) presa (F.), prisa (F.), apresamiento (M.)
privat privado, particular (Adj.), privativo (Adj.)
Privatautonomie (F.) autonomía (F.) privada
Privatdozent (M.) profesor (M.) libre, profesor (M.) adjunto
Privateigentum (N.) propiedad (F.) privada, dominio (M.) particular
privatisieren desamortizar, transferir, privatizar
Privatisierung (F.) privatización (F.), transferencia (F.)
privativ privativo (Adj.)
Privatklage (F.) querella (F.) privada, acción (F.) penal privada
Privatkläger (M.) acusador (M.) privado, querellante (M.) particular
Privatrecht (N.) derecho (M.) privado
privatrechtlich de derecho privado, jurídico-privado (Adj.)
Privatschule (F.) escuela (F.) particular, escuela (F.) privada
Privatsphäre (F.) privatividad (F.), esfera (F.) extralaboral
Privaturkunde (F.) documento (M.) privado, escritura (F.) privada
Privatversicherung (F.) seguro (M.) privado
Privatversicherungsrecht (N.) derecho (M.) del seguro privado
Privileg (N.) privilegio (M.), preferencia (F.), beneficio (M.)
privilegieren privilegiar
privilegiert privilegiado (Adj.)
Probe (F.) prueba (F.), muestra (F.)
Produkt (N.) producto (M.), producción (F.), resultado (M.)
Produkthaftung (F.) bei fehlerhaften Erzeugnissen responsabilidad (F.) debida a los productos defectuosos
Produzent (M.) productor (M.), fabricante (M.)
Produzentenhaftung (F.) responsabilidad (F.) civil del fabricante
Produzentenleasing (N.) leasing (M.) del productor
produzieren producir
Professor (M.) profesor (M.), catedrático (M.)
Professur (F.) cátedra (F.)
Prognose (F.) pronóstico (M.), predicción (F.)
Programm (N.) programa (M.)
Progression (F.) progresión (F.), progresividad (F.)
progressiv progresivo (Adj.)
Prokura (F.) procura (F.), poder (M.) general
Prokurator (M.) procurador (M.)
Prokurist (M.) apoderado (M.) general, procurador (M.), factor (M.)
Proletarier (M.) proletario (M.)
Prolongation (F.) prolongación (F.), prórroga (F.)
prolongieren prolongar, prorrogar
Promotion (F.) promoción (F.), doctoramiento (M.)
Promovent (M.) graduando (M.)
promovieren doctorarse
Promulgation (F.) promulgación (F.)
promulgieren promulgar
Propergeschäft (N.) negocio (M.) en nombre propio
Proportion (F.) proporción (F.)
proportional proporcional, alícuta
Propst (M.) preboste (M.), prepósito (M.)
Prorektor (M.) vicerrector (M.), vicerector (M.)
Prorogation (F.) prorrogación (F.), sumisión (F.)
Prostituierte (F.) prostituta (F.)
Prostitution (F.) prostitución (F.)
protegieren proteger, favorecer
Protektorat (N.) protectorado (M.), patrocinio (M.)
Protest (M.) protesto (M.), protesta (F.), oposición (F.)
protestieren protestar, levantar protesto
Protokoll (N.) protocolo (M.), acta (F.), atestado (M.)
Protokollbeamter (M.) actuario (M.)
protokollieren protocolar, protocolizar, levantar acta, dejar constancia
Protokollierung (F.) protocolación (F.), protocolización (F.)
Protokollierungspflicht (F.) obligación (F.) de protocolización

Provinz (F.) provincia (F.)
Provision (F.) provisión (F.), comisión (F.)
Provokateur (M.) provocador (M.), autor (M.) por inducción
Provokation (F.) provocación (F.)
provozieren provocar
Prozedur (F.) procedimiento (M.)
Prozent (N.) por ciento (M.)
Prozess (M.) proceso (M.), juicio (M.), procedimiento (M.), litis (F.), enjuiciamiento (M.)
Prozessagent (M.) procurador (M.) judicial, mandatario (M.) judicial, procurador (M.) ad litem (lat.)
Prozessakte (F.) acta (F.) procesal, auto (M.) procesal
Prozessanwalt (M.) abogado (M.) litigante
Prozessbetrug (M.) dolo (M.) procesal, estafa (F.) procesal
Prozessbevollmächtigter (M.) procurador (M.) judicial, procurador (M.) en juicio
prozessfähig capaz para litigar
Prozessfähigkeit (F.) capacidad (F.) procesal, capacidad (F.) de obrar procesal
Prozessführung (F.) sustanciación (F.) del proceso, gestión (F.) procesal
Prozessführungsbefugnis (F.) derecho (M.) de gestión procesal, legitimación (F.) procesal
Prozessgebühren (F.Pl.) costas (F.Pl.)
Prozessgegner (M.) parte (F.) contraria
Prozessgericht (N.) tribunal (M.) procesal
Prozessgrund (M.) causa (F.)
Prozesshandlung (F.) acto (M.) procesal, trámite (M.) judicial
Prozesshindernis (N.) impedimento (M.) procesal, óbice (M.) procesal, obstáculo (M.) procesal
prozessieren pleitear, procesar, gestionar en juicio
Prozesskosten (F.Pl.) gastos (M.Pl.) procesales, costas (F.Pl.) procesales
Prozesskostenhilfe (F.) asistencia (F.) legal, justicia (F.) gratuita
Prozesskostenvorschuss (M.) provisión (F.) para gastos del juicio
Prozessordnung (F.) código (M.) procesal, ley (F.) de enjuiciamiento
Prozessrecht (N.) derecho (M.) procesal, legislación (F.) procesal
Prozessstandschaft (F.) legitimación (F.) procesal, legitimación (F.) en derecho ajeno
Prozesstrennung (F.) división (F.) de causa, escisión (F.) procesal
Prozesstrick (M.) argucia (F.) procesal
prozessual procesal
prozessunfähig incapaz (Adj.) para litigar
Prozessunfähigkeit (F.) incapacidad (F.) procesal
Prozessurteil (N.) sentencia (F.) procesal, sentencia (F.) ordenatoria
Prozessvergleich (M.) transacción (F.) judicial, composición (F.) procesal
Prozessverschleppung (F.) retardo (M.) procesal, dilación (F.) inmotivada del proceso
Prozessvollmacht (F.) procuración (F.), poder (M.) procesal
Prozessvoraussetzung (F.) presupuesto (M.) judicial, cuestión (F.) prejudicial
prüfen probar, comprobar, examinar, verificar
Prüfer (M.) comprobador (M.), examinador (M.), verificador (M.)
Prüfling (M.) examinado (M.), ejercitante (M.)
Prüfung (F.) examen (M.), comprobación (F.), verificación (F.)
Prüfungsordnung (F.) reglamento (M.) de examen
Prüfungsschema (N.) eschema (M.) de comprobación
Prügel (M.) bastonazo (M.), palos (M.Pl.)
prügeln pegar
Prügelstrafe (F.) pena (F.) corporal, pena (F.) de azotes
Pseudonym (N.) seudónimo (M.), nombre (M.) ficticio
Psyche (F.) psichis (F.), psique (F.)
Psychiatrie (F.) psiquiatría (F.), siquiatría (F.)
psychisch síquico
Psychologie (F.) psicología (F.), sicología (F.)
Psychopath (M.) psicópata (M.), sicópata (M.)
Psychose (F.) psicosis (F.), sicosis (F.)
Psychotherapeut (M.) psicoterapeuta (M.)
Psychotherapie (F.) psicoterapia (F.), sicoterapia (F.)
publik público (Adj.)
Publikum (N.) público (M.), auditorio (M.)
Publikumsverkehr (M.) despacho (M.) al público
Publizität (F.) publicidad (F.)
Publizitätsprinzip (N.) principio (M.) de publicidad

Puff (M.) empujón (M.), empellón (M.), golpe (M.)
Punktation (F.) proyecto (M.) de contrato, minuta (F.)
Putativgefahr (F.) peligro (M.) putativo
Putativnotstand (M.) estado (M.) de necesidad putativo
Putativnotwehr (F.) defensa (F.) putativa, legítima defensa (F.) putativa
Putsch (M.) golpe (M.) de Estado, pronunciamiento (M.)
putschen participar en un golpe de Estado, pronunciarse

Q

Qualifikation (F.) calificación (F.), calidad (F.), capacidad (F.)
qualifizieren calificar
qualifiziert calificado
qualifizierte elektronische Signatur (F.) firma (F.) electronica
qualifizierte Mehrheit (F.) mayoría (F.) calificada, mayoría (F.) especial
Quartal (N.) trimestre (M.)
quasi (Partik.) casi, cuasi
Quasidelikt (N.) casidelito (M.), cuasidelito (M.)
Quasikontrakt (M.) casicontrato (M.), cuasicontrato (M.)
quasinegatorisch casinegatorio, cuasinegatorio
Quasirente (F.) casirenta (F.), cuasirenta (F.)
Quästor (M.) cuestor (M.)
Quelle (F.) fuente (F.)
Quellensteuer (F.) impuesto (M.) de fuente, impuesto (M.) deducido en la fuente
Querulant (M.) querellante (M.), pleitista (M.)
querulieren querellar
quittieren dar recibo, finiquitar, saldar
Quittung (F.) recibo (M.), recibí (M.), finiquito (M.)
Quorum (N.) quórum (M.)
Quote (F.) cuota (F.), cota (F.), contingente (M.)
Quotenregelung (F.) régimen (M.) de cuotas, normativa (F.) de cuotas
quotieren cuotizar, cotizar, prorratear, asignar cuotas
Quotierung (F.) reparto (M.) por cuotas

R

Rabatt (M.) rebaja (F.), descuento (M.)
Rache (F.) venganza (F.)
rächen vengar
Rad (N.) rueda (F.)
Radar (N.) radar (M.)
Rädelsführer (M.) amotinador (M.), cabecilla (M.)
rädern enrodar
Radfahrer (M.) cyclista (M. bzw. F.)
radikal radical (Adj.), extremista (Adj.)
Radikalismus (M.) radicalismo (M.)
Radweg (M.) carril (M.) bici
Rahmen (M.) marco (M.), margen (M./F.)
Rahmengesetzgebung (F.) legislación-marco (F.), legislación (F.) básica
Rahmenmaßnahme (F.) medida (F.) complementaria
Rahmenregelung (F.) reglamentación-tipo (F.), reglamentación (F.) de base
Rahmenrichtlinie (F.) directiva-marco (F.)
Rahmenverordnung (F.) reglamento-marco (M.)
Rakete (F.) cohete (M.)
randalieren armar escándalo
Rang (M.) grado (M.), rango (M.), graduación (F.)
Rangänderung (F.) modificación (F.) de rango, cambio (M.) de rango
Rangordnung (F.) orden (M.) de preferencia, orden (M.) jerárquico
Rangverhältnis (N.) relación (F.) de orden, orden (M.) de preferencia
Rangvorbehalt (M.) reserva (F.) de rango, reserva (F.) de orden
Rank (M.) perfidia (F.)
Rasse (F.) raza (F.)
Rassendiskriminierung (F.) discriminación (F.) racial
Rassentrennung (F.) segregación (F.) racial
rassisch racial
Rassismus (M.) racismo (M.)
rassistisch racista (Adj.)
Raster (N.) retículo (M.)
Rat (M.) consulta (F.), asesoramiento (M.), consejero (M.), consejo (M.), junta (F.)
Rate (F.) plazo (M.), cuota (F.), prorrata (F.)
Ratengeschäft (N.) venta (F.) a plazos

Ratenkauf (M.) compra (F.) a plazos
Ratenzahlung (F.) pago (M.) a plazos
Raterteilung (F.) dación (F.) de consejo
Rathaus (N.) ayuntamiento (M.), municipio (M.)
Ratifikation (F.) ratificación (F.)
ratifizieren ratificar
Ratifizierung (F.) ratificación (F.)
ratio (F.) (lat.) razón (F.)
Ratsvorsitzender (M.) presidente (M. bzw. F.) del consejo
Raub (M.) robo (M.), latrocinio (M.)
rauben robar, ladronear
Räuber (M.) ladrón (M.), raptor (M.)
räuberisch latrocinante, violento
räuberische Erpressung (F.) chantaje (M.) violento
räuberischer Diebstahl (M.) robo (M.)
Raubkopie (F.) copia (F.) pirata
Raubmord (M.) asesinato (M.) con robo, robo (M.) con homicidio
Raubüberfall (M.) atraco (M.)
Rauch (M.) humo (M.)
rauchen fumar
Rauchverbot (N.) interdicción (F.) de fumar
raufen pelear, reñir
Raufhandel (M.) riña (F.) tumultaria, pendencia (F.)
Raum (M.) espacio (M.), local (M.), lugar (M.), territorio (M.)
räumen evacuar, desocupar, abandonar, desalojar
Raumordnung (F.) ordenación (F.) del territorio, planificación (F.) del espacio
Raumordnungsplan (M.) plan (M.) de ordenación del territorio
Raumplanung (F.) planificación (F.) territorial, planeologia (F.)
Räumung (F.) evacuación (F.), desahucio (M.), desalojo (M.), lanzamiento (M.)
Räumungsklage (F.) demanda (F.) de desahucio, acción (F.) de desalojo
Räumungsverkauf (M.) venta (F.) total
Rausch (M.) borrachera (F.), embriaguez (F.)
Rauschgift (N.) estupefaciente (M.), sustancia (F.) estupefaciente
Rauschtat (F.) hecho (M.) comido en estado de embriaguez
Razzia (F.) razia (F.), razzia (F.), batida (F.), redada (F.)
Reaktion (F.) reacción (F.)
Reaktionär (M.) reaccionario (M.)
reaktionär reaccionario (Adj.)
Reaktionszeit (F.) tiempo (M.) de reacción
real real (Adj.), material (Adj.), objetivo, efectivo (Adj.)
Realakt (M.) acto (M.) real, hecho (M.) real
Realfolium (N.) folio (M.) real, hoja (F.) individual
Realgemeinde (F.) comunidad (F.) agrícola formada para la mejor explotación de tierras, comunidad (F.) real
Realinjurie (F.) injuria (F.) real, injuria (F.) de obra
Realkonkurrenz (F.) concurrencia (F.) real, concurso (M.) real
Realkontrakt (M.) contrato (M.) real
Realkredit (M.) crédito (M.) real, crédito (M.) con garantía real
Reallast (F.) carga (F.) real, censo (M.) fructuario
Realrecht (N.) derecho (M.) real, privilegio (M.) real
Realschule (F.) escuela (F.) de segunda enseñenza
Realunion (F.) unión (F.) real, unión (F.) institucional
Realvertrag (M.) contrato (M.) real
Rebell (M.) rebelde (M.), insurrecto (M.)
rebellieren rebelarse, insurreccionarse
Rebellion (F.) rebelión (F.), sublevación (F.)
Rechenschaft (F.) cuenta (F.)
Rechenschaftsbericht (N.) cuenta (F.) rendida, estado (M.) contable
Rechenschaftslegung (F.) redición (F.) de cuentas
Rechenschaftslegungspflicht (F.) obligación (F.) de rendir cuentas, deber (M.) de rendición de cuentas
rechnen calcular, computar
Rechnung (F.) cuenta (F.), factura (F.), nota (F.)
Rechnungsabschluss (M.) cierre (M.) de cuentas
Rechnungshof (M.) oficina (F.) de cuentas, entidad (F.) fiscalizadora superior, tribunal (M.) de cuentas
Rechnungsjahr (N.) año (M.) económico
Rechnungslegung (F.) rendición (F.) de cuenta, dación (F.) de cuentas
Rechnungsprüfer (M.) revisor (M.) de cuentas, auditor (M.)

Rechnungsprüfung (F.) revisión (F.) de cuentas, auditoría (F.), revisoría (F.)
Recht (N.) am eigenen Bild derecho (M.) a la propia imagen
Recht (N.) am eingerichteten und ausgeübten Gewerbebetrieb derecho (M.) al establecimiento y ejercicio de una explotación industrial
Recht (N.) derecho (M.), ordenamiento (M.) legal
Recht (N.) zum Besitz derecho (M.) de posesión
recht justo
rechtfertigen justificar, excusar, vindicar
Rechtfertigung (F.) justificación (F.), vindicación (F.), excusa (F.)
Rechtfertigungselement (N.) elemento (M.) de justificación
Rechtfertigungsgrund (M.) causa (F.) de justificación, causal (M.) de justificación
rechtlich jurídico (Adj.), de orden jurídico
rechtliches Gehör (N.) audiencia (F.) jurídica, derecho (M.) de audiencia
rechtlos fuera del derecho, sin derecho
Rechtlosigkeit (F.) ilegalidad (F.), situación (F.) fuera del derecho
rechtmäßig legítimo (Adj.), jurídico (Adj.), legal, justo
Rechtmäßigkeit (F.) legitimidad (F.), legalidad (F.), juridicidad (F.)
Rechtsabteilung (F.) sección (F.) jurídica
Rechtsakt (M.) acto (M.) jurídico, instrumento (M.) jurídico
Rechtsakte (F.) der Europäischen Gemeinschaften acto (M.) comunitario
Rechtsanalogie (F.) analogía (F.) jurídica, analogía (F.) iuris (lat.)
Rechtsanspruch (M.) pretensión (F.) legal, derecho (M.)
Rechtsanwalt (M.) abogado (M.), jurisconsulto (M.)
Rechtsanwaltsanwärter (M.) pasante (M.)
Rechtsanwaltsdienstleistung (F.) ejercicio (M.) de la abogacía
Rechtsanwaltsdienstleistungsrichtlinie (F.) directiva (F.) relativa al ejercicio de la abogacía
Rechtsanwaltsgebühr (F.) honorario (M.) de abogado, minuta (F.)
Rechtsanwaltsgesellschaft (N.) sociedad (F.) de abogados
Rechtsanwaltskammer (F.) colegio (M.) de abogados
Rechtsanwaltskanzlei (F.) bufete (M.) colectivo, gabinete (M.) jurídico
Rechtsanwaltsordnung estatuto (M.) orgánico de la abogacía
Rechtsanwaltssozietät (F.) bufete (M.) colectivo, gabinete (M.) jurídico
Rechtsanwaltsvergütung (F.) honorario (M.) de abogado
Rechtsanwaltsvergütungsgesetz (N.) arancel (M.) de honorarios, ley (F.) reguladora de honorarios de abogados
Rechtsanwendung (F.) aplicación (F.) del derecho, aplicación (F.) jurídica
Rechtsaufsicht (F.) control (M.) jurídico, control (M.) de legalidad, tutela (F.) estatal
Rechtsausführung (F.) alegación (F.) de derecho, razonamiento (M.) jurídico
Rechtsausschuss (M.) comité (M.) jurídico, comisión (F.) jurídica, comisión (F.) de justicia
Rechtsausübung (F.) ejercicio (M.) de un derecho, prosecución (F.) legal
Rechtsbedingung (F.) legal condición (F.) jurídica
Rechtsbegriff (M.) concepto (M.) jurídico, término (M.) jurídico
Rechtsbehelf (M.) remedio (M.) jurídico, recurso (M.)
Rechtsbehelfsbelehrung (F.) advertencia (F.) sobre recursos, información (F.) sobre los recursos procedentes
Rechtsbeistand (M.) aconsejador (M.), asistencia (F.) judicial
Rechtsbelehrung (F.) instrucción (F.) jurídica, advertencia (F.) sobre recursos
Rechtsberater (M.) consejero (M.) jurídico, abogado (M.) consultor, jurisconsulto (M.)
Rechtsberatung (F.) asesoramiento (M.) jurídico, servicio (M.) jurídico
Rechtsbereinigung (F.) purificación (F.) del derecho
Rechtsbeschwerde (F.) queja (F.), recurso (M.) de legitimidad
Rechtsbesitz (M.) posesión (F.) de derechos, cuasiposesión (F.)
Rechtsbeugung (F.) prevaricación (F.) judicial, prevaricato (M.)
Rechtsbindung (F.) vínculo (M.) jurídico, vínculo (M.) del derecho

Rechtsbrecher (M.) infractor (M.) del derecho, infractor (M.) de la ley
Rechtsbruch (F.) violación (F.) de derecho
Rechtsbruch (F.) violación (F.) del derecho, infracción (F.) jurídica
Rechtsdogmatik (F.) dogmática (F.) jurídica
Rechtseinheit (F.) unidad (F.) jurídica
Rechtsempfinden (N,) sentido (M.) de la justicia
Rechtsentscheid (M.) decisión (F.) de un tribunal
Rechtsentwicklung (F.) evolución (F.) jurídica
Rechtserwerb (M.) adquisición (F.) de un derecho
Rechtsethik (F.) ética (F.) jurídica
rechtsfähig jurídicamente capaz, con capacidad jurídica
rechtsfähiger Verein (M.) asociación (F.) con capacidad jurídica
Rechtsfähigkeit (F.) capacidad (F.) jurídica, personalidad (F.) jurídica
Rechtsfakultät (F.) facultad (F.) jurídica
Rechtsfall (N.) caso (M.), caso (M.) jurídico
Rechtsfigur (F.) figura (F.) jurídica
Rechtsfindung (F.) aplicación (F.) jurídica, perfeccionamiento (M.) jurídico
Rechtsfolge (F.) consecuencia (F.) jurídica
Rechtsfolgerung (F.) conclusión (F.) jurídica
Rechtsförmlichkeitskontrolle (F.) control (M.) de la legalidad de los acuerdos
Rechtsfrage (F.) cuestión (F.) jurídica, cuestión (F.) legal
Rechtsfriede (M.) paz (F.) jurídica
Rechtsgang (M.) procedimiento (M.) jurídico, protección (F.) judicial de los derechos
Rechtsgebiet (N.) materia (F.) jurídica, sector (M.) jurídico
Rechtsgedanke (M.) idea (F.) jurídica
rechtsgelehrt letrado (Adj.), jurídico (Adj.)
Rechtsgelehrter (M.) letrado (M.), legista (M.), jurisconsulto (M.)
Rechtsgeschäft (N.) negocio (M.) jurídico, acto (M.) negocial
rechtsgeschäftlich negocial, jurídico-negocial
Rechtsgeschichte (F.) historia (F.) jurídica, historia (F.) del derecho
Rechtsgrund (M.) causa (F.), causa (F.) jurídica
Rechtsgrundlage (F.) base (F.) jurídica, fundamento (M.) legal, elemento (M.) de derecho, fundamento (M.) de derecho
Rechtsgrundsatz (M.) principio (M.) de derecho, principio (M.) jurídico
Rechtsgut (N.) bien (M.) jurídico, beneficio (M.) jurídico
Rechtsgutachten (N.) dictamen (M.) jurídico
Rechtsgüterschutz (M.) protección (F.) de bienes jurídicos
Rechtshandlung (F.) acción (F.) jurídica, acto (M.) jurídico, actividad (F.) jurídica
rechtshängig litigioso (Adj.), sub judice (lat.), pendiente
Rechtshängigkeit (F.) litispendencia (F.), carácter (M.) contencioso
Rechtshilfe (F.) asistencia (F.) judicial, ayuda (F.) judicial
Rechtshilfeabkommen (N.) convenio (M.) sobre asistencia judicial
Rechtshilfeersuchen (N.) solicitud (F.) de asistencia judicial, petición (F.) de cooperación) judicial
Rechtsinstitut (N.) instituto (M.) jurídico, institución (F.) jurídica
Rechtsirrtum (M.) error (M.) de derecho
Rechtskraft (F.) fuerza (F.) de ley, eficacia (F.) jurídica, valor (M.) ejecutivo
rechtskräftig ejecutorio, vigente, válido, en firme
Rechtslage (F.) situación (F.) jurídica
Rechtslehre (F.) doctrina (F.) jurídica, teoría (F.) del derecho
Rechtsmangel (M.) vicio (M.) jurídico, defecto (M.) legal, vicio (M.) de ley
Rechtsmedizin (F.) medicina (F.) forense
Rechtsmeinung (F.) opinión (F.) jurídica
Rechtsmissbrauch (M.) abuso (M.) de derecho, corruptela (F.) de derecho
Rechtsmittel (N.) recurso (M.), remedio (M.) jurídico, oposición (F.) procesal
Rechtsmittelbegründung (F.) motivo (M.) de apelación
Rechtsmittelbelehrung (F.) advertencia (F.), información (F.) sobre recursos, instrucción (F.) sobre recursos
Rechtsmittelfrist (F.) plazo (M.) de recurso
Rechtsmittelgericht (N.) instancia (F.) de recurso
Rechtsmittelverzicht (M.) renuncia (F.) al recurso, renuncia (F.) a los recursos

Rechtsnachfolge (F.) sucesión (F.) en derechos
Rechtsnachfolger (M.) derecho-habiente (M.), causahabiente (M.), sucesor (M.) jurídico
Rechtsnachteil (M.) perjuicio (M.) jurídico, desventaja (F.) jurídica
Rechtsnorm (F.) norma (F.) jurídica, regla (F.) jurídica
Rechtsobjekt (N.) objeto (M.) jurídico, materia (F.), objeto (M.) de derecho
Rechtsordnung (F.) orden (M.) jurídico, orden (M.) judicial
Rechtspersönlichkeit (F.) personalidad (F.) jurídica
Rechtspflege (F.) justicia (F.), administración (F.) de justicia, práctica (F.) judicial
Rechtspfleger (M.) (Rechtspfleger in Deutschland) secretario (M.) de juzgado, funcionario (M.) de la administración judicial con ciertas funciones en la jurisdicción voluntaria, administrador (M.) judicial
Rechtspflicht (F.) deber (M.) jurídico, derecho-deber (M.), obligación (F.) jurídica
Rechtsphilosophie (F.) jusfilosofía (F.), filosofía (F.) jurídica, filosofía (F.) del derecho
Rechtspolitik (F.) política (F.) jurídica, política (F.) legislativa
Rechtspositivismus (M.) positivismo (M.) jurídico, jusnaturalismo (M.)
Rechtspraxis (F.) práctica (F.) jurídica
Rechtsprechung (F.) jurisprudencia (F.), judicación (F.), jurisdicción (F.)
Rechtsprinzip (N.) principio (M.) jurídico
Rechtsquelle (F.) fuente (F.) de derecho, fuente (F.) jurídica
Rechtsreferendar (M.) licenciado (M.) en derecho, pasante (M.)
Rechtsregel (F.) regula (F.) jurídica
Rechtssatz (M.) precepto (M.) jurídico, precepto (M.) legal
Rechtsschein (M.) apariencia (F.) jurídica
Rechtsschöpfung (F.) legiferación (F.), creación (F.) jurídica
Rechtsschule (F.) escuela (F.) de derecho
Rechtsschutz (M.) protección (F.) jurídica, garantía (F.) jurídica
Rechtsschutzbedürfnis (N.) necesidad (F.) de protección jurídica
Rechtsschutzinteresse (N.) interés (M.) jurídico
Rechtsschutzversicherung (F.) seguro (M.) de protección jurídica, seguro (M.) de defensa judicial
Rechtssicherheit (F.) certeza (F.) jurídica, seguridad (F.) legal
Rechtssoziologie (F.) sociología (F.) jurídica, sociología (F.) del derecho
Rechtssprache (F.) lenguaje (M.) jurídico, terminología (F.) jurídica
Rechtssprichwort (N.) aforismo (M.) jurídico
Rechtsstaat (M.) Estado (M.) de derecho
Rechtsstaatsprinzip (N.) principio (M.) de Estado de derecho
Rechtsstellung (F.) estado (M.) jurídico
Rechtsstreit (M.) conflicto (M.) jurídico, controversia (F.) de orden jurídico, litigio (M.), pleito (M.), proceso (M.), causa (F.)
Rechtsstreitigkeit (F.) litis (F.), contestación (F.) judicial, controversia (F.) de orden jurídico
Rechtssubjekt (N.) sujeto (M.) jurídico, sujeto (M.) de derecho
Rechtssystem (N.) sistema (M.) jurídico, sistema (M.) del derecho
Rechtstatsache (F.) hecho (M.) jurídico
Rechtstheorie (F.) teoría (F.) jurídica
Rechtstitel (M.) título (M.) jurídico, título (M.) de un derecho
Rechtsübergang (M.) subrogación (F.), transmisión (F.) de derechos
Rechtsübertragung (F.) transferencia (F.) de derechos, traspaso (M.) de derechos
Rechtsüberzeugung (F.) concicción (F.) jurídica
Rechtsunkenntnis (F.) ignorancia (F.) del derecho, ignorancia (F.) de la ley
Rechtsunsicherheit (F.) inseguridad (F.) jurídica, inseguridad (F.) legal
rechtsunwirksam nulo (Adj.) de derecho
rechtsverbindlich vinculante (Adj.), obligatorio
Rechtsvereinheitlichung (F.) unificación (F.) del derecho
Rechtsverfolgung (F.) ejercicio (M.) de derecho
Rechtsvergleichung (F.) derecho (M.) comparado, legislación (F.) comparada
Rechtsverhältnis (N.) relación (F.) jurídica, situación (F.) jurídica
Rechtsverkehr (M.) comercio (M.) jurídico, tráfico (M.) jurídico

Rechtsverletzung (F.) lesión (F.) jurídica, infracción (F.) jurídica, infracción (F.) del derecho
Rechtsverlust (M.) perdida (F.) de derechos
Rechtsvermutung (F.) presunción (F.) de derecho, presunción (F.) legal
Rechtsverordnung (F.) reglamento (M.) jurídico, decreto-reglamento (M.), decreto-ley (M.)
Rechtsvertreter (M.) representante (M.) legal, personero (M.)
Rechtsverweigerung (F.) denegación (F.) de justicia, negativa (F.) a juzgar
Rechtsverzicht (M.) renuncia (F.) a un derecho
Rechtsvorgänger (M.) antecesor (M.) jurídico, causante (M.), anterior titular (M.)
Rechtsweg (M.) vía (F.) jurídica, vía (F.) de derecho, cauce (M.) jurídico
Rechtswegerschöpfung (F.) agotamiento (M.) de la via judicial
Rechtsweggarantie (F.) garantía (F.) de la vía judicial, garantía (F.) del debido proceso legal
rechtswidrig ilegal, ilegítimo (Adj.), antijurídico, ilícito (Adj.)
rechtswidrige Einwirkung (F.) influencia (F.) ilegal
Rechtswidrigkeit (F.) antijuridicidad (F.), ilegalidad (F.), lesividad (F.)
Rechtswirkung (F.) efecto (M.) jurídico
Rechtswissenschaft (F.) jurisprudencia (F.), jurispericia (F.), ciencias (F.Pl.) jurídicas
Rechtswohltat (F.) beneficio (M.) jurídico
Rechtszug (M.) vía (F.) jerárquica, tramitación (F.), curso (M.) de instancias
Rechtszustand (M.) estado (M.) jurídico, estatuto (M.) legal
Rede (F.) oración (F.), discurso (M.), expresión (F.), habla (M. bzw. F.)
Redefreiheit (F.) libertad (F.) de expresión
reden hablar
Rederecht (N.) uso (M.) de la palabra
Rediskont (M.) redescuento (M.)
redlich recto, honrado, íntegro
Redlichkeit (F.) honradez (F.), integridad (F.), rectitud (F.)
Reduktion (F.) reducción (F.)
reduzieren reducir
Reede (F.) rada (F.)
Reeder (M.) armador (M.), naviero (M.)
Reederei (F.) compañía (F.) naviera, entidad (F.) naviera, empresa (F.) armadora, naviera (F.), compañía (F.) de navegación
Referat (N.) ponencia (F.), informe (M.), negociado (M.), sección (F.), división (F.) administrativa
Referendar (M.) licenciado (M.) en derecho, pasante (M.)
Referendariat (N.) pasantía (F.)
Referendum (N.) referéndum (M.), refrendo (M.)
Referent (M.) (Vortragender) ponente (M.), jefe (M.) de negociado, jefe (M.) de departamento
Referentenentwurf (M.) proyecto (M.) de jefes de negociados
referieren referir
Reform (F.) reforma (F.), reformación (F.)
reformatio (F.) in peius (lat.) (Abänderung zum Schlechteren) reformación (F.) en peius
Reformation (F.) reforma (F.)
reformieren reformar
Regel (F.) regla (F.), reglamento (M.), norma (F.)
Regelbedarf (M.) necesidad (F.) reglamentaria
Regelbeispiel (N.) ejemplo (M.) regular
Regelbetrag (M.) importe (M.) reglamentario
Regelfall (M.) caso (M.) ordinario, caso (M.) normal, caso (M.) regular
Regelleistung (F.) prestación (F.) reglamentaria
Regellohn (M.) salario (M.) regular
regelmäßig regular (Adj.), ordinario (Adj.)
regeln regular, ajustar, arreglar, regularizar, reglamentar
Regelstrafe (F.) pena (F.) normal
Regelung (F.) regulación (F.), reglamentación (F.), régimen (M.), normativa (F.)
Regelunterhalt (M.) alimentos (M.Pl.) básicos
Regent (M.) regente (M.), gobernante (M.)
Regie (F.) administración (F.)
Regiebetrieb (M.) empresa (F.) fiscal, gestión (F.) directa
regieren regir, regentar, gobernar
Regierung (F.) gobierno (M.), gobernación (F.)
Regierungsbezirk (M.) distrito (M.) gubernamental, distrito (M.) gubernativo

Regierungsentwurf (M.) proyecto (M.) gubernamental
Regierungspräsident (M.) presidente (M.) del gobierno, jefe (M.) del ejecutivo
Regierungsrücktritt (M.) dimisión (F.) del gobierno
Regierungssprecher (M.) portavoz (M.) del gobierno, portavoz (M.) del gabinete
Regierungsvorlage (F.) proyecto (M.) gubernamental
Regime (N.) régimen (M.)
Regiment (N.) regimiento (M.), régimen (M.)
Region (F.) región (F.)
regional regional, autonómico
Register (N.) registro (M.), matrícula (F.), fichero (M.)
Registergericht (N.) juzgado (M.) registral
Registratur (F.) archivo (M.), oficina (F.) de registro
registrieren registrar, anotar, matricular, inscribir
Regress (M.) regreso (M.), regresión (F.)
Regressanspruch (M.) recurso (M.), derecho (M.) a repetir
Regulativ (N.) reglamento (M.)
regulieren regularizar, reglamentar, ajustar, arreglar
Regulierung (F.) regulación (F.), regularización (F.), reglamentación (F.), ajuste (M.)
Rehabilitation (F.) rehabilitación (F.), readaptación (F.) funcional
rehabilitieren rehabilitar
Reich (N.) (Deutsches Reich 1871-1945) Reich (M.)
Reich (N.) imperio (M.), reino (M.)
Reichsgericht (N.) tribunal (M.) supremo del Reich
Reichsgesetz (N.) ley (F.) imperial, ley (F.) del imperio
Reichsgewalt (F.) poder (M.) imperial
Reichsrat (M.) consejo (M.) federal
Reichsrecht (N.) derecho (M.) imperial, derecho (M.) común estatal
Reichstag (M.) dieta (F.) imperial
Reichsverfassung (F.) constitución (F.) imperial, constitución (F.) del Reich
Reichsversicherungsordnung (F.) reglamento (M.) de seguros del imperio
Reichsverweser (M.) regente (M.)
reif maduro
Reife (F.) maturidad (F.)
Reifeprüfung (F.) bachillerato (M.), reválida (F.)
rein puro, limpio, neto
Reingewinn (M.) ganancia (F.) neta
reinigen limpiar
Reinigungsarbeiten (F.Pl.) trabajos (M. Pl.) de limpieza
Reinvermögen (N.) patrimonio (M.) neto, bienes (M.Pl.) netos
Reise (F.) viaje (M.)
Reisegewerbe (N.) comercio (M.) ambulante, industria (F.) ambulante
Reisekosten (Pl.) gastos (M.Pl.) de viaje, gastos (M.Pl.) de traslado
Reisekostenvergütung (F.) indemnización (F.) por desplazamiento
Reisemangel (M.) vicio (M.) de viaje
reisen viajar
Reisepass (M.) pasaporte (M.)
Reisescheck (M.) cheque (M.) de viaje, cheque (M.) de viajero
Reiseversicherung (F.) seguro (M.) de viaje
Reisevertrag (M.) contrato (M.) de viaje
reiten ir a caballo
Reitweg (M.) vía (F.) de equitación
Rekrut (M.) recluta (M.), conscripto (M.)
Rektapapier (N.) papel (M.) intransferible, documento (M.) intransferible, título (M.) nominativo
Rektor (M.) rector (M.) magnífico, director (M.) escolar
Rektorat (N.) rectorado (M.), rectoría (F.)
Rekurs (M.) recurso (M.), remedio (M.) jurídico
Relation (F.) relación (F.)
relativ relativo
relative Mehrheit (F.) mayoría (F.) relativa, pluralidad (F.) relativa
relative Unwirksamkeit (F.) nulidad (F.) de interés privado
relatives Recht (N.) derecho (M.) relativo
Relegation (F.) expulsión (F.)
relevant relevante
Relevanz (F.) relevancia (F.), relevación (F.)
Religion (F.) religión (F.)
Religionsfreiheit (F.) libertad (F.) de religión, libertad (F.) religiosa
Religionsgesellschaft (F.) sociedad (F.) religiosa, asociación (F.) religiosa
Religionsunterricht (M.) enseñanza (F.) religiosa, docencia (F.) de religión

religiös religioso (Adj.)
Rembours (M.) reembolso (M.)
Rembourskredit (M.) crédito (M.) de reembolso
Remittent (M.) remitente (M.), tenedor (M.) por endoso
Remonstration (F.) reconvención (F.)
Remuneration (F.) remuneración (F.), gratificación (F.)
remuneratorisch remuneratorio
remuneratorische Schenkung (F.) donación (F.) remuneratoria
Rendite (F.) rendimiento (M.), rédito (M.)
Rente (F.) renta (F.), pensión (F.), jubilación (F.)
Rentenanspruch (M.) derecho (M.) a pensión, pensión (F.)
Rentenrecht (N.) derecho (M.) de pensiones
Rentenschuld (F.) deuda (F.) rentaria, deuda (F.) vitalicia
Rentensplitting (N. partición (F.) de la pensión entre cónyuges
Rentenversicherung (F.) seguro (M.) de pensiones, seguro (M.) de renta
Rentner (M.) rentista (M.), pensionista (M.), jubilado (M.) por vejez
Renvoi (M.) remisión (F.), reenvío (M.)
Reparation (F.) reparación (F.)
Reparatur (F.) obra (F.) de reparación
reparieren reparar, arreglar
repetieren repetir
Repetitor (M.) repetidor (M.)
Replik (F.) réplica (F.), replicato (M.), respuesta (F.)
Repräsentant (M.) representante (M.)
Repräsentantenhaftung (F.) responsibilidad (F.) para representantes
Repräsentantenhaus (N.) Cámara (F.) de Representantes
Repräsentation (F.) representación (F.), representatividad (F.)
Repräsentationstheorie (F.) teoría (F.) de la representación, teoría (F.) de la representatividad
repräsentativ representativo, significativo
repräsentative Demokratie (F.) democracia (F.) representativa
repräsentieren representar
Repressalie (F.) represalia (F.)
Repression (F.) represión (F.)
repressiv represivo
reprivatisieren reprivatizar
Reprivatisierung (F.) desnacionalización (F.)
Republik (F.) república (F.)
Republikaner (M.) republicano (M.)
republikanisch republicano (Adj.)
Requisition (F.) requisición (F.)
Reservation (F.) reserva (F.)
Reserve (F.) reserva (F.), previsión (F.), fondos (M.Pl.) de reserva
reservieren reservar
Reservist (M.) reservista (M.), recluta (M.) de reemplazo
Residenz (F.) residencia (F.)
Residenzpflicht (F.) deber (M.) de la residencia, obligación (F.) de la residencia
Resolution (F.) resolución (F.)
resolutiv resolutorio, final, extintivo
Resolutivbedingung (F.) condición (F.) resolutoria, condición (F.) final, condición (F.) extintiva
resozialisieren resocializar, reeducar
Resozialisierung (F.) resocialización (F.), readaptación (F.) social, reinserción (F.) social
Ressort (N.) departamento (M.) ministerial, ministerio (M.), cartera (F.)
Rest (M.) resto (M.), diferencia (F.), residuo (M.)
restitutieren restituir, rehabilitar
Restitution (F.) restitución (F.)
Restitutionsklage (F.) acción (F.) de revisión
Restkaufpreis (M.) resto (M.) del precio de compra
Restkaufpreishypothek (F.) hipoteca (F.) sobre el resto del precio de compra
restlich restante (Adj.)
restriktiv represivo
Reststrafe (F.) resto (M.) de pena
Retention (F.) retención (F.), detención (F.)
Retentionsrecht (N.) derecho (M.) de retención, derecho (M.) a retener
Retorsion (F.) retorsión (F.) del derecho
Retrakt (M.) retracto (M.)
Retraktrecht (N.) derecho (M.) de retracto
Reue (F.) arrepentimiento (M.), contrición (F.)
Reugeld (N.) rescate (M.), prima (F.) de rescate
revidieren revisar, examinar
Revier (N.) coto (M.), distrito (M.)
revisibel revisable, susceptible de revisión
Revision (F.) revisión (F.), revisión (F.) de cuentas, recurso (M.) de revisión, fiscaliza-

ción (F.) de auditoría, recurso (M.) de casación, auto (M.) de casación, casación (F.)
Revisionsbegründung (F.) fundamento (M.) de la casación, fundamentación (F.) del recurso de casación
Revisionsgericht (N.) tribunal (M.) de casación
Revisionsgrund (M.) causal (M.) de casación, causa (F.) de casación
Revisionsschrift (F.) escrito (M.) de casación
Revisionsverfahren (N.) procedimiento (M.) de revisión, procedimiento (M.) del recurso de casación
Revolution (F.) revolución (F.)
Rezeption (F.) recepción (F.), adopción (F.)
Rezess (M.) convenio (M.), contrato (M.), acuerdo (M.)
rezipieren recibir
reziprok recíproco
reziprokes Testament (N.) testamento (M.) recíproco
Reziprozität (F.) reciprocidad (F.)
Rheinland-Pfalz (N.) Renania-Palatinado (M.)
Rhetorik (F.) retórica (F.), oratoria (F.)
richten juzgar
Richter (M.) juez (M.), juzgador (M.), juez-magistrado (M.)
Richteramt (N.) judicatura (F.), justiciazgo (M.)
Richtergesetz (N.) ley (F.) de la judicatura
Richterkollegium (N.) colegio (M.) de jueces
richterlich judicial, jurisdiccional
Richterrecht (N.) derecho (M.) de creación judicial
Richterschaft (F.) magistratura (F.), judicatura (F.)
Richterspruch (M.) sentencia (F.) de juez
richtig justo, correcto, exacto
Richtlinie (F.) directiva (F.), directriz (F.), línea (F.) de conducta
Richtung (F.) dirección (F.)
rigoros riguroso
Risiko (N.) riesgo (M.), contingencia (F.)
Risikoübernahme (F.) asunción (F.) del riesgo
riskieren arriesgar, aventurar
Ritter (M.) caballero (M.)
Rittergut (N.) latifundio (M.)
Robe (F.) toga (F.)
Rolle (F.) rol (M.), papel (M.)
römisch romano (Adj.)
römisches Recht (N.) derecho (M.) romano
rot rojo
Rota (F.) Romana (lat.) (römisches Rad) Rota (F.) romana
Rotation (F.) rotación (F.)
rotieren rotar
Rotlicht (N.) luz (F.) roja
Rotte (F.) peonada (F.), peonaje (M.), brigada (F.)
Rubrum (N.) cabecera (F.), encabezamiento (M.)
Rück... re...
Rückbürge (M.) contrafiador (M.), fiador (M.) subsidiario
Rückbürgschaft (F.) contrafianza (F.), fianza (F.) subsidiaria
rückerstatten restituir, reintegrar
Rückerstattung (F.) restitución (F.), reintegración (F.), reintegro (M.), devolución (F.)
Rückfall (M.) reincidencia (F.)
rückfällig reincidente (Adj.)
Rückfalltäter (M.) criminal (M.) reincidente, reincidente (M.)
rückfordern reclamar, reivindicar, vindicar
Rückforderung (F.) reclamación (F.), reivindicación (F.), vindicación (F.)
Rückgewähr (F.) devolución (F.), restitución (F.)
Rückgewinnung (F.) recuperación (F.)
Rückgliederung (F.) reanexión (F.), reincorporación (F.)
Rückgriff (M.) regreso (M.), recurso (M.), reclamo (M.)
Rücklage (F.) reserva (F.), previsión (F.), provisión (F.)
Rücknahme (F.) retirada (F.), revocación (F.), recogida (F.)
Rückseite (F.) dorso (M.), reverso (M.)
Rücksicht (F.) consideración (F.), respeto (M.)
rücksichtslos inconsiderado
Rückstellung (F.) reserva (F.), provisión (F.), dotación (F.), provisión (F.), responsabilidad (F.)
Rücktritt (M.) dimisión (F.), cese (M.), rescisión (F.), desistimiento (M.)
Rücktritt (M.) vom Versuch desistimiento (M.) en la tentativa

Rücktrittsklausel (F.) cláusula (F.) de arrepentimiento, pacto (M.) comisorio
Rücktrittsrecht (N.) derecho (M.) de resolución, derecho (M.) de rescisión
Rückversicherung (F.) reaseguro (M.), contraseguro (M.)
Rückverweisung (F.) retorno (M.), remisión (F.), reenvío (M.)
rückwirkend retroactivo
Rückwirkung (F.) retroacción (F.), efecto (M.) retroactivo
Rückwirkungsverbot (N.) principio (M.) de irretroactividad
Rückzahlung (F.) reembolso (M.), reintegro (M.), restitución (F.)
Ruf (M.) reputación (F.), fama (F.), nombramiento (M.)
rufen llamar
Rufmord (M.) difamación (F.)
Rüge (F.) amonestamiento (M.), reprimenda (F.), reprobación (F.)
rügen reprobar, reprender
Ruhe (F.) tranquilidad (F.)
Ruhegehalt (N.) pensión (F.) de retiro, jubilación (F.)
Ruhen (N.) des Verfahrens situación (F.) inactiva de un proceso
ruhen estar suspendido, quedar en suspenso
Ruhestand (M.) retiro (M.) profesional, jubilación (F.), situación (F.) de pasividad
Ruhestandsalter (N.) edad (F.) de retiro, edad (F.) de jubilación
Ruhestörung (F.) desorden (M.) en la vía pública, ruidos (M.Pl.)
Ruhezeit (F.) descanso (M.)
rund redondo (Adj.)
Rundfunk (M.) radiodifusión (F.), radio (M. bzw. F.)
Rundfunkfreiheit (F.) libertad (F.) de radiodifusión
rüsten preparar, armar
Rüstung (F.) armamento (M.)

S

Saarland (N.) Sarre
Saat (F.) siembra (F.), sementera (F.), semillas (F.Pl.), simientes (F.Pl.)
Sabotage (F.) sabotaje (M.)
sabotieren sabotear
Sachbearbeiter (M.) oficial (M.), encargado (M.)
Sachbefugnis (F.) legitimatio (F.) ad causam (lat.)
Sachbeschädigung (F.) daño (M.) material
Sache (F.) bien (M.), cosa (F.), causa (F.)
Sacheinlage (F.) aportación (F.) en especie, aporte (M.) en bienes materiales
Sachenrecht (N.) derecho (M.) en la cosa, derecho (M.) de cosas
Sachentscheidung (F.) decisión (F.) sobre el fondo
Sachfirma (F.) denominación (F.) objetiva, firma (F.) no personal
Sachfrage (F.) questión (F.) material
Sachgebiet (N.) materia (F.), sector (M.) real
sachgerecht justo
Sachgesamtheit (F.) conjunto (M.) de cosas, comunidad (F.) de cosas, res (F.) universalis (lat.)
Sachherrschaft (F.) poder (M.), señorío (M.)
Sachinbegriff (M.) conjunto (M.) de cosas, universalidad (F.) de cosas
Sachkunde (F.) especialidad (F.)
Sachlegitimation (F.) legitimación (F.) en la causa, legitimatio (F.) ad causam (lat.)
sachlich objetivo, material (Adj.)
sachliche Zuständigkeit (F.) competencia (F.) material, competencia (F.) objetiva
Sachmangel (M.) vicio (M.) de la cosa, vicio (M.) material
Sachnorm (F.) derecho (M.) material
Sachschaden (M.) daño (M.) real
Sachsen (N.) Sajonia
Sachsen-Anhalt (N.) Sajonia-Anhalt
Sachurteil (N.) sentencia (F.) de fondo
Sachverhalt (M.) hechos (M.Pl.), estado (M.) de cosas
Sachversicherung (F.) seguro (M.) de cosas, seguro (M.) de riesgo en las cosas
sachverständig experto (Adj.), pericial
Sachverständiger (M.) perito (M.), experto (M.)
Sachvortrag (M.) exposición (F.) de hechos
Sachwalter (M.) abogado (M.), curador (M.)
Sachwucher (M.) usura (F.) de cosa
Sachzusammenhang (M.) conexión (F.) de causas, conexión (F.) objetiva
Sack (M.) saco (M.)
Sackgasse (F.) callejón (M.) sin salida
Sadismus (M.) sadismo (M.)

Sakrament (N.) sacramento (M.)
Sakrileg (N.) sacrilegio (M.)
Säkularisation (F.) secularización (F.), laicización (F.)
säkularisieren secularizar, laicizar
saldieren saldar, sacar el saldo, balancear
Saldo (M.) saldo (M.), deuda (F.) líquida, balance (M.)
Sammelklage (F.) acumulación (F.) de acciones
Sammelladung (F.) carga (F.) colectiva
sammeln coleccionar, acumular, colectar
Sammelwerk (N.) colección (F.), compilación (F.)
Sammlung (F.) colección (F.), repertorio (M.)
sanieren sanear, reorganizar
Sanierung (F.) saneamiento (M.), reorganización (F.)
Sanktion (F.) sanción (F.)
sanktionieren sancionar, represaliar
Satisfaktion (F.) satisfacción (F.)
Satz (M.) frase (F.), oración (F.), tasa (F.), tarifa (F.), importe (M.)
Satzung (F.) escritura (F.), estatuto (M.), constitución (F.)
satzungsgemäß estatutario, reglamentario (Adj.)
Satzungsrecht (N.) derecho (M.) estatutario, derecho (M.) escrito
säumig moroso (Adj.), contumaz
Säumnis (F.) rebeldía (F.), demora (F.), retraso (M.)
Schaden (M.) daño (M.), perjuicio (M.), dañación (F.)
schaden dañar, injuriar, perjudicar
Schadensersatz (M.) indemnización (F.) de daños, resarcimiento (M.) de perjuicios
Schadensersatzanspruch (M.) derecho (M.) a indemnización por daños y perjuicios, pretensión (F.) de indemnización
Schadensersatzpflicht (F.) obligación (F.) indemnizatoria
Schadensfreiheitsrabatt (M.) bonificación (F.) por no siniestralidad
Schadensversicherung (F.) seguro (M.) contra daños, seguro (M.) de indemnización
schädigen dañar, injuriar, perjudicar
Schädiger (M.) dañador (M.), injuriador (M.), agraviador (M.)
schädlich dañoso, perjudicial, malo (Adj.)
schadlos indemne
Schadloshaltung (F.) indemnización (F.), indemnidad (F.), saneamiento (M.), resarcimiento (M.)
schaffen hacer, crear
Schaffner (M.) cobrador (M.), revisor (M.)
Schafott (N.) patíbulo (M.)
Schalter (M.) ventanilla (F.), taquilla (F.)
Schande (F.) deshonra (F.), vergüenza (F.)
schänden deshonrar
Schändung (F.) estupro (M.), profanación (F.)
Schankkonzession (F.) licencia (F.) de venta de bebidas alcohólicas
scharf agudo (M.)
Scharfrichter (M.) verdugo (M.), ejecutor (M.)
Schatz (M.) tesoro (M.)
schätzen estimar, tasar, apreciar, evaluar
Schatzfund (M.) descubrimiento (M.) de tesoro
Schatzkanzler (M.) canciller (M.) del tesoro
Schätzung (F.) estimación (F.), tasación (F.), apreciación (F.), evaluación (F.)
Scheck (M.) cheque (M.)
Scheckgesetz (N.) ley (F.) del cheque
Scheckkarte (F.) tarjeta (F.) de cuenta, tarjeta (F.) de débito
Scheidemünze (F.) moneda (F.) fraccionaria, moneda (F.) divisionaria
scheiden divorciar, descasar
Scheidung (F.) divorcio (M.), descasamiento (M.)
Schein (F.) apariencia (F.), semblante (M.), parecido (M.), certificado (M.), cédula (F.)
Scheinbestandteil (M.) parte (F.) esencial aparente
Scheinehe (F.) matrimonio (M.) putativo, matrimonio (M.) fictivo
Scheinerbe (M.) heredero (M.) presuntivo, heredero (M.) putativo
Scheingeschäft (N.) operación (F.) ficticia, negocio (M.) simulado
Scheinkauf (M.) venta (F.) simulada
scheinselbständig autónomo dependiente
Scheintod (M.) muerte (F.) aparente
Scheinurteil (N.) fallo (M.) simulado
Scheinvollmacht (F.) poder (M.) putativo, poder (M.) aparente
scheitern frustarse, fracasar
Schelte (F.) reprimenda (F.)
schelten reñir, reprender
Schema (N.) esquema (M.), formulario (M.)

Schengen (N.) Shengen (F.)
Schengener Abkommen (N.) Convenio (M.) de Shengen
Schengener Gruppe (F.) grupo (M.) de Shengen
schenken donar, dar, regalar
Schenker (M.) donador (M.), donante (M.)
Schenkung (F.) donación (F.), donativo (M.), liberalidad (F.)
Schenkung (F.) von Todes wegen donación (F.) por causa de muerte, donación (F.) mortis causa (lat.)
Schenkungsempfänger (M.) donatario (M.)
Schenkungsteuer (F.) impuesto (M.) sobre donaciones
Schenkungsversprechen (N.) promesa (F.) de donación
Scherz (M.) broma (F.), burla (F.)
Scherzabsicht (F.) animus (M.) jocandi (lat.)
Scherzerklärung (F.) declaración (F.) en broma
Schicht (F.) turno (M.), tanda (F.), clase (F.), capa (F.) social
Schichtarbeit (F.) trabajo (M.) a turno, trabajo (M.) por turno
schicken mandar, enviar, expedir
Schicksal (N.) destino (M.), suerte (F.), fortuna (F.)
Schickschuld (F.) obligación (F.) de enviar
Schiedsgericht (N.) tribunal (M.) arbitral, corte (F.) de arbitraje
Schiedsgutachter (M.) juez (M.) de equidad
Schiedsklausel (F.) cláusula (F.) de arbitraje, cláusula (F.) compromisoria
Schiedsmann (M.) hombre (M.) bueno
Schiedsrichter (M.) árbitro (M.), juez (M.) arbitrador, arbitrador (M.), juez (M.) compromisario, juez-árbitro (M.)
Schiedsspruch (M.) arbitraje (M.), sentencia (F.) arbitral
Schiedsstelle (F.) comisión (F.) de arbitraje, órgano (M.) arbitral
Schiedsvertrag (M.) contrato (M.) de arbitraje, tratado (M.) de arbitraje
schießen tirar, lanzar
Schiff (N.) buque (M.), nave (F.), barco (M.)
Schiffbruch (M.) naufragio (M.)
Schifffahrt (F.) navegación (F.)
Schifffahrtsgericht (N.) tribunal (M.) de navegación
Schiffspfandrecht (N.) privilegio (M.) marítimo
Schiffsregister (N.) registro (M.) marítimo
Schikane (F.) abuso (M.), argucia (F.), vejación (F.)
Schikaneverbot (N.) prohibición (F.) de ejercicio dañoso
schikanieren abusar, vejar
schikanös vejador (Adj.), fastidioso
schimpfen insultar, regañar
Schimpfwort (N.) insulto (M.)
schinden maltratar
Schinder (M.) explotador (M.)
Schirmherr (M.) patrocinador (M.), paraguas (M.)
Schizophrenie (F.) esquizofrenia (F.)
Schlag (M.) golpe (M.)
Schlagbaum (M.) barrera (F.)
schlagen derrotar, batir
Schläger (M.) matón (M.)
Schlägerei (F.) alboroto (M.), riña (F.) tumultaria, pelea (F.)
schlecht malo, perverso (Adj.)
Schlechterfüllung (F.) cumplimiento (M.) defectuoso
Schlechtleistung (F.) prestación (F.) deficiente
Schlepper (M.) traficante (M.) de personas, remolcador (M.)
Schleswig-Holstein (N.) Schleswig-Holstein
schlichten arbitrar, conciliar, mediar
Schlichter (M.) conciliador (M.), mediador (M.), juez (M.) arbitral
Schlichtung (F.) conciliación (F.), mediación (F.)
Schlichtungsstelle (F.) órgano (M.) de composición
Schlichtungsverfahren (N.) acto (M.) de conciliación
schließen cerrar, contraer, concluir, celebrar
Schließfach (N.) caja (F.) fuerte, apartado (M.)
Schließung (F.) cierre (M.), clausura (F.)
Schloss (N.) cerradura (F.), castillo (M.)
Schluss (M.) fin (M.), cierre (M.), terminación (F.), conclusión (F.)
Schlussantrag (M.) conclusión (F.)
Schlüssel (M.) llave (F.), clave (F.)
Schlüsselgewalt (F.) poder (M.) de llaves, potestad (F.) de llaves
Schlusserbe (M.) heredero (M.) final

schlüssig concluyente
Schlüssigkeit (F.) carácter (M.) concluyente
Schlussplädoyer (N.) conclusión (F.)
Schlussurteil (N.) sentencia (F.) definitiva
Schlussverkauf (M.) venta (F.) de liquidación, saldos (M.Pl.)
Schlussvortrag (M.) conclusiones (F.Pl.), informe (M.) final
Schmerz (M.) dolor (M.), mal (M.), pesar (M.)
Schmerzensgeld indemnización (F.) por daño personal, pretium (N.) doloris (lat.)
Schmierer (M.) emporcante (M.)
Schmiergeld (N.) soborno (M.)
Schmuggel (M.) contrabando (M.), chanchullo (M.)
schmuggeln contrabandear, hacer contrabando
Schmuggler (M.) contrabandista (M.)
schnell rápido
Schnellverfahren (N.) juicio (M.) sumarisimo
Schock (M.) choque (M.)
Schöffe (M.) jurado (M.), escabino (M.)
Schöffenbank (F.) mesa (F.) de jurados
Schöffengericht (N.) escabinado (M.), tribunal (M.) de jurados
schön hermoso, bello
schonen considerar
Schönheit (F.) belleza (F.)
Schönheitsreparatur (F.) reparación (F.) de embellecimiento
Schonzeit (F.) veda (F.) de caza, período (M.) de veda
schöpfen sacar, crear
Schöpfung (F.) creación (F.)
Schornstein (M.) chimenea (F.)
Schornsteinfeger (M.) deshollinador (M.)
Schranke (F.) límite (M.)
schrecken espantar
Schreiben (N.) escrito (M.), carta (F.)
schreiben escribir
Schreibfehler (M.) error (M.) de escritura, falta (F.) de escritura
Schrift (F.) escrito (M.), escritura (F.)
Schriftform (F.) forma (F.) escrita, escritura (F.)
Schriftführer (M.) escribiente (M.), escribiente (M.) habilitado, secretario (M.), actuario (M.)
schriftlich por escrito, redaccional
schriftliches Verfahren (N.) procedimiento (M.) escrito, juicio (M.) escrito
Schriftlichkeit (F.) escritura (F.), forma (F.) escrita
Schriftsatz (M.) escrito (M.), escrito (M.) de debate, alegaciones (F.Pl.)
Schriftsatzwechsel (M.) cambio (M.) de escritos
Schriftverkehr correspondencia (F.)
Schriftwerk (N.) obra (F.) literaria
Schuld (F.) deuda (F.), débito (M.), obligación (F.), culpa (F.), culpabilidad (F.)
Schuldanerkenntnis (F.) reconocimiento (M.) de deuda, confesión (F.) de deuda
Schuldausschließungsgrund (M.) causa (F.) de exclusión de la culpabilidad, causa (F.) de inculpabilidad, eximente (F.)
Schuldbeitritt (M.) adhesión (F.) a la deuda, coasunción (F.)
schulden deber, debitar, adeudar
schuldenfrei libre de deudas, solvente (Adj.)
Schuldentilgung (F.) reembolso (M.) de deudas, desempeño (M.), amortización (F.)
schuldfähig imputable
Schuldfähigkeit (F.) imputabilidad (F.), capacidad (F.) de culpabilidad
Schuldform (F.) forma (F.) de la culpabilidad, forma (F.) de responsabilidad
Schuldhaft (F.) prisión (F.) por deudas
schuldhaft culpable (Adj.), culposo (Adj.)
schuldig deudor (Adj.), debido (Adj.), culpado (Adj.), culpable (Adj.)
Schuldiger (M.) culpable (M.)
Schuldmerkmal (N.) elemento (M.) de la culpabilidad
Schuldmitübernahme (F.) asunción (F.) acumulativa, asunción (F.) cumulativa de deuda
Schuldner (M.) deudor (M.), debiente (M.), obligado (M.)
Schuldnerberatung (F.) orientación (F.) del deudor, orientación (F.) de deudores
Schuldnerverzeichnis (N.) lista (F.) de deudores, registro (M.) de activos impagados
Schuldnerverzug (M.) mora (F.) del deudor, mora (F.) solvendi (lat.)
Schuldrecht (N.) derecho (M.) de obligaciones
Schuldschein (M.) pagaré (M.), bono (M.), nota (F.) promisoria, abonaré (M.)
Schuldspruch (M.) veredicto (M.)
Schuldübernahme (F.) delegación (F.) de deuda, asunción (F.) de la deuda, transmisión (F.) pasiva

Schuldumschaffung (F.) novación (F.)
schuldunfähig incapaz (Adj.) de culpabilidad
Schuldunfähigkeit (F.) incapacidad (F.) de culpabilidad
Schuldverhältnis (N.) obligación (F.), relación (F.) obligacional, nexo (M.) obligatorio
Schuldverschreibung (F.) obligación (F.) rescatable, título (M.) obligacional
Schuldversprechen (N.) promesa (F.) de deuda, vale (M.)
Schuldzinsen (M.Pl.) intereses (M.Pl.) de deuda
Schule (F.) escuela (F.), colegio (M.)
Schüler (M.) alumno (M.), escolar (M.), discípulo (M.)
Schülerin (F.) alumna (F.), discípula (F.)
Schuleschwänzen (N.) deserción (F.) escolar
Schulpflicht (F.) enseñanza (F.) obligatoria, obligatoriedad (F.) de la enseñanza
Schulzwang (M.) instrucción (F.) escolar obligatoria
schürfen explorar, hacer prospecciones
Schuss (M.) disparo (M.), tiro (M.)
Schusswaffe (F.) arma (F.) de fuego
Schutt (M.) escombros (M.Pl.), cascotes (M.Pl.)
Schutz (M.) protección (F.), tutela (F.), guardia (F.), amparo (M.), seguridad (F.)
Schutzbereich (M.) ámbito (M.) de protección
Schütze (M.) tirador (M.), cazador (M.)
schützen proteger, guardar, amparar
Schutzgebiet (N.) protectorado (M.), campo (M.) protector
Schutzgesetz (N.) norma (F.) protectora
Schutzmann (M.) guardia (F.) municipal, policía (M.) urbano
Schutzmaßnahme (F.) medida (F.) de protección
Schutzpflicht (F.) deber (M.) de protección
Schutzrecht (N.) derecho (M.) protegido, derecho (M.) protector
Schutzzoll (M.) aduana (F.) prohibitiva, derecho (M.) de protección
Schutzzweck (M.) fin (M.) protector, fin (M.) de protección
Schwager (M.) cuñado (M.)
Schwägerin (F.) cuñada (F.)
Schwägerschaft (F.) afinidad (F.), parentesco (M.) de afinidad
schwanger encinta, embarazada, en estado
Schwangerschaft (F.) embarazo (M.), gravidez (F.)
Schwangerschaftsabbruch (M.) interrupción (F.) del embarazo, aborto (M.) provocado
Schwangerschaftsunterbrechung (F.) interrupción (F.) del embarazo, aborto (M.) provocado
schwarz negro
Schwarzarbeit (F.) trabajo (M.) clandestino
Schwarzarbeiter (M.) trabajador (M.) clandestino
Schwarzfahren (N.) polizonaje (M.)
Schwarzhandel (M.) comercio (M.) clandestino, tráfico (M.) clandestino, venta (F.) clandestina
Schwarzhändler (M.) estraperlista (M.), traficante (M.)
Schwarzkauf (M.) compra (F.) negra
Schwarzmarkt (M.) mercado (M.) negro, estraperlo (M.)
schweben estar pendiente
schwebend pendiente, sub judice (lat.)
schwebend unwirksam pendiente, sin efecto, pendiente ineficaz
schwebende Unwirksamkeit (F.) ineficacia (F.) pendiente
Schwebezustand (M.) situación (F.) de pendencia, tiempo (M.) de pendencia
Schweigen (N.) silencio (M.)
schweigen guardar silencio
Schweigepflicht (F.) obligación (F.) de secreto, obligación (F.) de silencio
Schweiz (F.) Suiza (F.)
schwer pesado (Adj.), grave, severo, difícil
schwerbehindert minusválido
Schwerbeschädigter (M.) gran inválido (M.), gran mutilado (M.)
Schwere (F.) der Verletzung grado (M.) de la lesión
Schwere (F.) des Vergehens seriedad (F.) del hecho
Schwere (F.) gravedad (F.), rigor (M.), seriedad (F.), grado (M.)
schwerer Diebstahl (M.) hurto (M.) agravado, hurto (M.) grave
Schwester (F.) hermana (F.)
Schwiegerelter (M. bzw. F.) suegro (M.), suegra (F.)
Schwiegereltern (Pl.) suegros (M.Pl.)
Schwiegerelternteil (M.) suegro (M.), suegra (F.)

Schwiegermutter (F.) suegra (F.), madre (F.) política
Schwiegersohn (M.) yerno (M.), hijo (M.) político
Schwiegertochter (F.) nuera (F.), hija (F.) política
Schwiegervater (M.) suegro (M.), padre (M.) político
schwören jurar, conjuramentar
Schwur (M.) juramento (M.)
Schwurgericht (N.) tribunal (M.) de jurados, tribunal (M.) del jurado, jurado (M.)
See (F.) mar (M.), aguas (F.Pl.) marítimas
See (M.) lago (M.)
Seegericht (N.) tribunal (M.) marítimo, tribunal (M.) de marina
Seegerichtshof (M.) tribunal (M.) del derecho del mar
Seehandel (M.) comercio (M.) marítimo
Seehandelsrecht (N.) derecho (M.) comercial marítimo
seelisch síquico
seelischer Schmerz (M.) pesar (M.)
Seemann (M.) marinero (M.), mareante (M.)
Seeräuber (M.) pirata (M.)
Seerecht (N.) derecho (M.) marítimo, derecho (M.) de navegación
Seeversicherung (F.) seguro (M.) marítimo
Seeweg (M.) vía (F.) marítima
Seite (F.) lado (M.), pagina (F.), partido (M.)
Seitenlinie (F.) línea (F.) colateral, línea (F.) transversal
Sekretär (M.) secretario (M.)
Sekretariat (N.) secretariado (M.), secretaría (F.)
Sekretärin (F.) secretaria (F.)
Sekte (F.) secta (F.)
Sektion (F.) sección (F.), disección (F.), autopsia (F.)
Sektor (M.) sector (M.)
selbst mismo
selbständig independiente (Adj.)
Selbständiger (M.) independiente (M.), persona (F.) independiente
Selbstauflösung (F.) autoabolicíon (F.), autodisolución (F.)
Selbstbehalt (M.) propia retención (F.)
Selbstbestimmung (F.) autodeterminación (F.), autodecisión (F.)
Selbstbestimmungsrecht (N.) derecho (M.) de autodecisión, derecho (M.) de libre determinación
Selbstbindung (F.) autovinculación (F.)
Selbsteintritt (M.) autoentrada (F.)
Selbsthilfe (F.) ayuda (F.) propia, autoasistencia (F.)
Selbsthilferecht (N.) derecho (M.) de acción directa
Selbsthilfeverkauf (M.) venta (F.) de oficio por cuenta del comprador
Selbstkontrahieren (N.) autocontractación (F.), autocontrato (M.)
Selbstmord (M.) suicidio (M.)
Selbstmörder (M.) suicida (M.)
Selbstorganschaft (F.) órganos (M.Pl.) natos
Selbstschuldner (M.) fiador (M.) de propia deuda
Selbsttötung (F.) suicidio (M.)
Selbstverteidigung (F.) autodefensa (F.), defensa (F.) propia
Selbstverwaltung (F.) administración (F.) propia, administración (F.) autónoma
Selbstverwaltungskörperschaft (F.) corporación (F.) autónoma, organismo (M.) autónomo
Semester (N.) semestre (M.)
Seminar (N.) seminario (M.)
Senat (M.) senado (M.), cámara (F.) senatorial
Senator (M.) senador (M.), ministro (M.)
Sequester (M.) secuestrador (M.), depositario (M.) judicial
Sequestration (F.) secuestro (M.), depósito (M.) secuestro
sequestrieren secuestrar, confiscar
Servitut (F.) servidumbre (F.)
Session (F.) sesión (F.), asentada (F.)
Seuche (F.) epidemia (F.)
Sexbesessener (M.) maníaco (M.) sexual
Sexualdelikt (N.) delito (M.) sexual
sexuell sexual
sexuelle Handlung (F.) acción (F.) sexual
sexueller Missbrauch (M.) abuso (M.) sexual
Sezession (F.) secesión (F.)
sicher seguro (Adj.), cierto
Sicherheit (F.) seguridad (F.), garantía (F.)
Sicherheitsleistung (F.) garantía (F.), constitución (F.) de garantía, caución (F.)
Sicherheitsrat (M.) Consejo (M.) de Seguridad
Sicherheitsvorschrift (F.) disposición (F.) de seguridad

sichern garantir, garantizar, asegurar
Sicherstellung (F.) aseguramiento (M.), constitución (F.) de garantías
Sicherung (F.) afianzamiento (M.), asegura-garantía (F.), consolidación (F.)
Sicherungsabtretung (F.) cesión (F.) fiduciaria, cesión (F.) en garantía
Sicherungsbeschlagnahme (F.) embargo (M.) preventivo, embargo (M.) conservatorio
Sicherungseigentum (N.) propiedad (F.) fiduciaria, propiedad (F.) en garantía
Sicherungsgeber (M.) garante (M.), fiduciante (M.), fiador (M.)
Sicherungsgeschäft (N.) cobertura (F.)
Sicherungsgrundschuld (F.) deuda (F.) inmobiliaria de seguridad
Sicherungshypothek (F.) hipoteca (F.) de seguridad, hipoteca (F.) asegurativa, hipoteca (F.) fiduciaria
Sicherungsmaßnahme (F.) medida (F.) asegurativa
Sicherungsnehmer (M.) tomador (M.) de garantia, fiduciario (M.)
Sicherungsübereignung (F.) transmisión (F.) en garantía, transmisión (F.) fiduciaria de seguridad
Sicherungsverfahren (N.) procedimiento (M.) de seguridad, procedimiento (M.) de internamiento
Sicherungsvertrag (M.) contrato (M.) de garantía real
Sicherungsverwahrung (F.) internamiento (M.) preventivo, custodia (F.) de seguridad
Sicht (F.) vista (F.)
Sichtvermerk (M.) visa (F.), visado (M.)
Sichtwechsel (M.) letra (F.) a la vista
Sieg (M.) victoria (F.)
Siegel (N.) sello (M.), estampillo (M.), sigilo (M.)
Siegelbruch (M.) ruptura (F.) de sellos
siegeln sellar
Signatur (F.) signatura (F.)
Signaturkarte (F.) carta (F.) de la firma electronica
simultan simultáneo
Sippe (F.) estirpe (F.), clan (M.)
Sippenältester (M.) pariente (M.) mayor
sistieren detener, interrumpir, sobreseer
Sistierung (F.) detención (F.), interrupción (F.)
Sitte (F.) costumbre (F.), uso (M.)
Sittengesetz (N.) ley (F.) moral
sittenwidrig inmoral, contrario (Adj.) a la buenas costumbres
Sittenwidrigkeit (F.) inmoralidad (F.), atentado (M.) a las buenas costumbres
sittlich moral (Adj.), ético
Sittlichkeit (F.) moralidad (F.), honestidad (F.)
Sittlichkeitsdelikt (N.) delito (M.) contra las costumbres, delito (M.) contra la moralidad, delito (M.) contra la honestidad
Sitz (M.) sede (F.), lugar (M.), domicilio (M.), puesto (M.), escaño (M.)
Sitzung (F.) sesión (F.), asentada (F.), reunión (F.), junta (F.)
Sitzungsperiode (F.) período (M.) de sesiones, término (M.) de audiencia
Sitzungspolizei (F.) policía (F.) de estrados, policía (F.) de las vistas
Sitzungsprotokoll (N.) acta (F.) de la sesión, protocolo (M.) de vista
Sklave (M.) esclavo (M.)
Sklavin (F.) esclava (F.)
Skonto (N.) descuento (M.), rebaja (F.) por pronto pago
Smog (M.) polución (F.) atmosférica
Smoggebiet (N.) zona (F.) declarada de atmósfera contaminada
Sodomie (F.) sodomía (F.), bestialismo (M.)
sofort inmediatamente
sofortig inmediato, urgente, pronto, súbito
sofortige Beschwerde (F.) queja (F.) urgente
sofortiger Vollzug (M.) ejecución (F.) inmediata
Software (F.) (engl.) software (M.)
Sohn (M.) hijo (M.)
Solawechsel (M.) pagaré (M.), letra (F.) al propio cargo
Sold (M.) sueldo (M.), soldada (F.), estipendio (M.)
Soldat (M.) soldado (M.)
Soldatenrecht (N.) derecho (M.) militar
Söldner (M.) soldado (M.) mercenario
Solidarhaftung (F.) responsabilidad (F.) solidaria
solidarisch solidario (Adj.)
Solidarität (F.) solidaridad (F.)
Solidaritätsbeitrag (M.) impuestos (M.Pl.) especiales de solidaridad
Soll (N.) debe (M.), débito (M.), cobro (M.), cargo (M.), cifras (F.Pl.) de producción previstas en el plan

Sollvorschrift (F.) norma (F.) permisiva, prescripción (F.) no imperativa
solvent solvente (Adj.)
Solvenz (F.) solvencia (F.)
Sommer (M.) verano (M.)
Sommerzeit (F.) tiempo (M.) de verano
Sonder... especial
Sonderabfall (M.) desechos (M.Pl.) especiales
Sonderausgabe (F.) gasto (M.) extraordinario
Sonderausschuss (M.) comisión (F.) especial, comisión (F.) selecta
Sonderdelikt (N.) delito (M.) especial
Sondererbfolge (F.) reserva (F.) hereditaria
Sondergericht (N.) juzgado (M.) privativo
Sondergut (N.) peculio (M.), bienes (M. Pl.) privativos
Sondermüll (M.) desecho (M.) especial
Sondernutzung (F.) aprovechamientos (M. Pl.) especiales, uso (M.) especial
Sonderopfer (N.) sacrificio (M.) especial
Sonderrecht (N.) derecho (M.) especial, régimen (M.) particular, privilegio (M.)
Sonderrechtsverhältnis (N.) relación (F.) jurídica especial
Sondervergünstigung (F.) trato (M.) de favor
Sondervermögen (N.) patrimonio (M.) especial, fondo (M.) especial
Sonderversammlung (F.) asamblea (F.) general extraordinaria
Sonderziehungsrecht (N.) derecho (M.) de giro especial, derecho (M.) especial de cobranza
Sonntag (M.) domingo (M.)
Sorge (F.) preocupación (F.), inquietud (F.), cuidado (M.), guarda (F.)
sorgen cuidar, preocupar(se), inquietar(se)
Sorgerecht (N.) derecho (M.) de guarda, derecho (M.) de cuidar
Sorgfalt (F.) diligencia (F.), cuidado (M.)
sorgfältig cuidado (Adj.), cuidadoso (Adj.)
Sorgfaltspflicht (F.) deber (M.) de cuidado, obligación (F.) de obrar con diligencia
Sorgfaltspflichtverletzung (F.) inobservancia (F.) del deber de cuidado
Sorte (F.) clase (F.), especie (F.), calidad (F.)
Sortenschutzrecht (M.) garantía (F.) de calidad
Souverän (M.) soberano (M.)
souverän soberano (Adj.)
Souveränität (F.) soberanía (F.)
Sowjetunion (F.) Unión (F.) Soviética
sozial social
Sozialadäquanz (F.) adecuación (F.) social
Sozialarbeiter (M.) asistente (M.) social
Sozialauswahl (F.) selección (F.) social
Sozialbindung (F.) vinculación (F.) social, socialización (F.)
soziale Frage (F.) cuestión (F.) social
soziale Indikation (F.) indicación (F.) social
sozialer Wohnungsbau (M.) viviendas (F. Pl.) protegidas, construcción (F.) social de viviendas
Sozialforschung (F.) investigación (F.) social, investigación (F.) sociológica
Sozialgericht (N.) magistratura (F.) social, tribunal (M.) de asuntos de seguridad social, juzgado (M.) de lo social
Sozialgerichtsbarkeit (F.) jurisdicción (F.) social
Sozialgesetzbuch (N.) código (M.) social
Sozialgesetzgebung (F.) legislación (F.) social, leyes (F.Pl.) sociales
Sozialhilfe (F.) asistencia (F.) social, asistencia (F.) pública, ayuda (F.) social
Sozialhilfeleistung (F.) ayuda (F.) asistencial
Sozialhilferecht (N.) derecho (M.) de asistencia social
sozialisieren socializar, colectivar
Sozialisierung (F.) socialización (F.), colectivización (F.)
Sozialismus (M.) socialismo (M.)
Sozialist (M.) socialista (M.)
sozialistisch socialista (Adj.)
Sozialleistung (F.) prestación (F.) social, prestación (F.) asistencial
Soziallohn (M.) salario (M.) social
sozialpädagogisch socioeducativo
Sozialpartner (M.) agente (M.) social
Sozialpartnerschaft (F.) (Sozialpartnerschaft in Deutschland) asociación (F.) en participación de patrones y empleados
Sozialpflichtigkeit (F.) obligación (F.) social
Sozialplan (M.) programa (M.) social, plan (M.) social, plan (M.) de reestructuración
Sozialrecht (N.) derecho (M.) social
Sozialrente (F.) subsidio (M.) de seguridad social
sozialschädlich peligroso social, dañoso para la sociedad
Sozialschädlichkeit (F.) peligrosidad (F.) social

Sozialstaat (M.) Estado (M.) social
Sozialstaatsprinzip (N.) principio (M.) social del Estado
Sozialversicherung (F.) seguro (M.) social, seguridad (F.) social
Sozialversicherungsabkommen (N.) convenio (M.) de seguridad social
Sozialversicherungsanstalt (F.) oficina (F.) de seguridad social, instituto (M.) de seguridad social, instituto (M.) nacional de previsión
Sozialversicherungsbeitrag (M.) cuota (F.) de seguridad social, cotización (F.) de seguro social
Sozialversicherungskarte (F.) carnet (M.) de la seguridad social, carné (M.) de la seguridad social
Sozialverwaltung (F.) administración (F.) social
Sozialwohnung (F.) vivienda (F.) social, vivienda (F.) ultraeconómica
Sozietät (F.) sociedad (F.), asociación (F.), bufete (M.) colectivo
Soziologie (F.) sociología (F.)
Sozius (M.) socio (M.), asociado (M.)
Spanien (N.) España
spanisch español
Sparbuch (N.) libreta (F.) de ahorro, libreta (F.) de caja de ahorros
Spareinlage (F.) depósito de ahorros
sparen ahorrar, economizar
Sparer (M.) ahorrador (M.), ahorrista (M.)
Sparkasse (F.) caja (F.), caja (F.) de ahorros
Sparkonto (N.) cuenta (F.) de ahorros
Spediteur (M.) expedidor (M.), porteador (M.) público, agente (M.) expedidor, comisionista (M.) de transportes
Spedition (F.) empresa (F.) de expedición, agencia (F.) de transportes, espedición (F.)
Spekulant (M.) especulador (M.)
Spekulation (F.) especulación (F.), maniobra (F.) especulativa
spekulieren especular
Spende (F.) don (M.), donación (F.), ofrenda (F.)
spenden donar, dar
Spender (M.) donador (M.), dador (M.)
sperren cerrar, bloquear, vincular, congelar, suspender
Sperrgebiet (N.) zona (F.) prohibida
Sperrminorität (F.) minoría (F.) de bloqueo
Sperrstunde (F.) hora (F.) de cierre
Sperrung (F.) prohibición (F.), bloqueo (M.), vinculación (F.), congelación (F.), suspensión (F.)
Spese (F.) gasto (M.), dieta (F.)
Spesen (F.Pl.) gastos (M.Pl.), dietas (F.Pl.)
Spezialhandlungsvollmacht (F.) poder (M.) especial, mandato (M.) especial
Spezialist (M.) especialista (M.)
Spezialität (F.) especialidad (F.)
Spezialprävention (F.) prevención (F.) especial
speziell especial
Spezies (F.) especie (F.)
Speziesschuld (F.) obligación (F.) de especie, obligación (F.) específica
Spezifikation (F.) especificación (F.)
Spezifikationsverkauf (M.) venta (F.) según condiciones
spezifizieren especificar, individualizar, singularizar
Sphäre (F.) esfera (F.)
Spiel (N.) juego (M.), partido (M.), partida (F.)
spielen jugar
Spion (M.) espía (M.), espión (M.)
Spionage (F.) espionaje (M.)
spionieren espiar
Spital (N.) hospital (M.)
Spitzel (M.) polizonte (M.)
Splitting (N.) (engl.) partición (F.)
Sponsor (M.) (engl.) patrocinador (M.)
Sponsoring (N.) (engl.) esponsorización (F.)
Sport (M.) deporte (M.)
Sportrecht (N.) derecho (M.) de deporte
Sprache (F.) lengua (F.), lenguaje (M.), idioma (M.)
sprechen hablar, dictar
Sprecher (M.) portavoz (M.), vocero (M.)
Sprechstunde (F.) hora (F.) de consulta
Sprengel (M.) distrito (M.), jurisdicción (F.)
sprengen hacer saltar
Sprengstoff (M.) explosivo (M.), dinamita (F.)
springen saltar
Spruch (M.) des Schwurgerichts fallo (M.) del jurado
Spruch (M.) fallo (M.), sentencia (F.), pronunciamiento (M.)
Spruchkörper (M.) oficio (M.), sala (F.) de justicia
Spruchpraxis (F.) jurisprudencia (F.), decisiones (F.Pl.) jurisprudenciales

spruchreif concluso para sentencia, fallable
Spruchrichterprivileg (N.) privilegio (M.) del juez
Sprung (M.) salta (F.)
Sprungrevision (F.) casación por salto
Spur (F.) pista (F.), huella (F.), rastro (M.)
Staat (M.) Estado (M.)
Staatenbund (M.) confederación (F.)
staatenlos apátrida (Adj.), apatriado (Adj.)
Staatenloser (M.) apátrida (M.), apolida (M.)
Staatenlosigkeit (F.) apatridia (F.), apatridismo (M.)
Staatennachfolge (F.) sucesión (F.) de Estados, sucesión (F.) estatal
staatlich estatal, gubernamental, oficial (Adj.), público (Adj.), fiscal (Adj.)
Staatsangehöriger (M.) ciudadano (M.), nacional (M.)
Staatsangehörigkeit (F.) nacionalidad (F.), ciudadanía (F.)
Staatsanleihe (F.) empréstito (M.) estatal
Staatsanwalt (M.) fiscal (M.), abogado (M.) fiscal, procurador (M.) público
Staatsanwaltschaft (F.) fiscalía (F.), procuraduría (F.)
Staatsaufsicht (F.) control (M.) estatal, inspección (F.) del Estado
Staatsbürger (M.) ciudadano (M.), súbdito (M.), nacional (M.)
staatsbürgerlich (Adj.) cívico
Staatsbürgerschaft (F.) nacionalidad (F.)
Staatsbürgschaft (F.) aval (M.) del Estado
Staatsdienst (M.) servicio (M.) civil, servicio (M.) del Estado
Staatsform (F.) forma (F.) política, forma (F.) de Estado
Staatsgebiet (N.) territorio (M.) del Estado, territorio (M.) nacional
Staatsgeheimnis (N.) secreto (M.) de Estado
Staatsgerichtshof (M.) tribunal (M.) estatal, tribunal (M.) del Estado
Staatsgewalt (F.) poderes (M.Pl.) del Estado, poder (M.) estatal
Staatshaftung (F.) responsabilidad (F.) administrativa, responsabilidad (F.) del Estado
Staatshaftungsrecht (N.) derecho (M.) de responabilidad del Estado
Staatskanzlei (F.) cancillería (F.) del Estado, ministerio (M.) de la presidencia
Staatskasse (F.) tesoro (M.), fisco (M.), caja (F.) fiscal, erario (M.)
Staatskirche (F.) iglesia (F.) estatal, iglesia (F.) del Estado, iglesia (F.) nacional
Staatskirchenrecht (N.) derecho (M.) eclesiástico del Estado
Staatskommissar (M.) comisario (M.) del gobierno, interventor (M.) estatal
Staatslehre (F.) doctrina (F.) estatalista, teoría (F.) del Estado
Staatsmann (M.) hombre (M.) del Estado, estadista (M.)
Staatsnotstand (M.) estado (M.) de emergencia, estado (M.) de necesidad del Estado
Staatsoberhaupt (M.) jefe (M.) de Estado
Staatsorgan (N.) órgano (M.) estatal
Staatsorganisationsrecht (N.) derecho (M.) de organización del Estado
Staatspartei (F.) partido (M.) Estado, partido (M.) oficialista
Staatspräsident (M.) jefe (M.) del Estado, presidente (M.) del Estado
Staatsprüfung (F.) examen (M.) oficial de Estado
Staatsräson (F.) razón (F.) de Estado
Staatsrat (M.) Consejo (M.) de Estado
Staatsrecht (N.) derecho (M.) del Estado, derecho (M.) público
Staatsreligion (F.) religión (F.) oficial del Estado
Staatsschuld (F.) deuda (F.) pública, deuda (F.) del Estado
Staatsschutz (M.) protección (F.) del Estado
Staatssekretär (M.) subsecretario (M.), secretario (M.) de Estado
Staatssymbol (N.) representación (F.) nacional
Staatsvertrag (M.) tratado (M.) estatal, convenio (M.) estatal, pacto (M.) de Estado
Staatsverwaltung (F.) administración (F.) estatal, administración (F.) del Estado
Staatsvolk (N.) pueblo (M.) del Estado, población (F.) nacional
Staatszweck (M.) fin (M.) estatal, finalidad (F.) de Estado
Stab (M.) bastón (M.), cuerpo (M.), estado (M.) mayor
stabil estable
Stadt (F.) ciudad (F.), pueblo (M.), población (F.)
Stadtdirektor (M.) jefe (M.) de la administración municipal, secretario (M.) del ayuntamiento

Städtebau (M.) urbanística (F.)
Städtebauförderungsgesetz (N.) ley (F.) del desarrollo urbano
städtisch municipal, urbano (Adj.), local (Adj.)
Stadtplanung (F.) planificación (F.) urbana
Stadtrat (M.) consejo (M.) municipal, cámara (F.) municipal, ayuntamiento (M.)
Stadtrecht (N.) derecho (M.) ciudadano, derecho (M.) municipal
Stadtstaat (M.) ciudad-Estado (F.), Estado-ciudad (M.)
Stadtverwaltung (F.) administración (F.) municipal
Stamm (M.) estirpe (F.), tronco (M.) familiar
Stammaktie (F.) acción (F.) fundacional, acción (F.) ordinaria
Stammeinlage (F.) cuota (F.) social, capital (M.) suscrito, aportación (F.) principal
stammen proceder, provenir
Stammkapital (N.) capital (M.) original, capital (M.) social
Stand (M.) estado (M.), situación (F.), clase (F.) social
Standard (M.) estándar (M.), standard (M.)
Standardformular (N.) formulario (M.) standard
Standby-Agreement (N.) préstamo (M.) de ayuda
Standesamt (N.) registro (M.) civil, oficina (F.) del registro civil
Standesbeamter (M.) encargado (M.) del registro civil, oficial (M.) del estado civil
Standespflicht (F.) ética (F.) profesional legal
Standesrecht (N.) derecho (M.) profesional, código (M.) deontológico
Standgericht (N.) corte (F.) marcial, auditoría (F.)
ständig continuo, permanente
Standort (M.) localización (F.), ubicación (F.), estacionamiento (M.)
Standpunkt (M.) posición, posición (F.) común
Standrecht (N.) estado (M.) de sitio, ley (F.) marcial
Station (F.) estación (F.), parada (F.)
stationieren estacionar
Statistik (F.) estadística (F.)
Stätte (F.) lugar (M.), sitio (M.)
statthaft admisible, lícito
Statthaftigkeit (F.) procedencia (F.)
Statthalter (M.) lugartenencial (M.)
statuieren constituir
Status (M.) status (M.), estado (M.), situación (F.)
Statusprozess (M.) juicio (M.) relativo al estado familiar
Statut (N.) estatuto (M.), reglamento (M.), constitución (F.)
Statutenwechsel (F.) cambio (M.) de estatuto, modificación (F.) de los estatutos
Stau (M.) congestión (F.) vial, embotellamiento (F.)
stechen picar
Steckbrief (M.) carta (F.) requisitoria, cartel (M.) policial
stecken poner, fijar
stehlen ladronear, hurtar
steigern aumentar, encarecer, pujar
Stelle (F.) lugar (M.), plaza (F.), empleo (M.), puesto (M.), encargo (M.)
Stellenangebot (M.) oferta (F.) de empleo
Stellenausschreibung (F.) anuncio (M.) de concurso
Stellenvermittlung (F.) agencia (F.) de colocaciones, oficina (F.) de empleo
Stellung (F.) empleo (M.), colocación (F.), ocupación (F.), posición (F.)
stellvertretend suplente (Adj.), interino, sustituto (Adj.)
Stellvertreter (M.) representante (M.), suplente (M.), sustituto (M.)
Stellvertretung (F.) representación (F.)
Stempel (M.) sello (M.), estampilla (F.)
Stempelgebühr (F.) derecho (M.) de timbre
stempeln sellar, timbrar, marcar
Stempelsteuer (F.) impuesto (M.) del timbre
Sterbebuch (N.) libro (M.) de defunciones, registro (M.) de defunciones, libro (M.) de difuntos
Sterbegeld (N.) paga (F.) de toca
Sterbehilfe (F.) eutanasia (F.)
sterben morir, fallecer
Sterberegister (N.) registro (M.) de defunciones
Sterbeurkunde (F.) certificado (M.) de defunción
steril estéril
Sterilisation (F.) esterilización (F.)
sterilisieren esterilizar

Steuer (F.) impuesto (M.), contribución (F.), tributo (M.)
Steuerbefreiung (F.) exención (F.) contributiva
Steuerbehörde (F.) administración (F.) de impuestos, administración (F.) fiscal
Steuerberater (M.) asesor (M.) fiscal, gestor (M.) fiscal
Steuerbescheid (M.) acto (M.) de imposición, acto (M.) administrativo liquidatorio, notificación (F.) fiscal
Steuerbevollmächtigter (M.) gestor (M.) tributario
Steuerbilanz (F.) balance (M.) impositivo
Steuererklärung (F.) declaración (F.) a efectos fiscales, declaración (F.) de impuestos, manifestación (F.) de impuesto
Steuererlass (M.) exención (F.), regla (F.) de imposición
Steuerfahndung (F.) investigación (F.) tributaria, policía (F.) fiscal
Steuerflucht (F.) evasión (F.) fiscal, evasión (F.) tributaria
steuerfrei libre de impuestos, exento (Adj.) de tributar
Steuerfreibetrag (M.) exención (F.) fiscal, límite (M.) de exención
Steuergeheimnis (N.) secreto (M.) fiscal, secreto (M.) impositivo
Steuerhehlerei (F.) encubrimiento (M.) fiscal
Steuerhinterziehung (F.) defraudación (F.) fiscal, fraude (M.) fiscal, escapatoria (F.) fiscal
Steuerhoheit (F.) soberanía (F.) fiscal, poder (M.) tributario
Steuerklasse (F.) categoría (F.) fiscal, categoría (F.) tributaria
steuerlich fiscal (Adj.), tributario (Adj.)
steuern dirigir, manipular
Steuerpflicht (F.) deberes (M.Pl.) impositivos, deber (M.) tributario
steuerpflichtig obligado (M.) tributario, contribuyente (Adj.)
Steuerpflichtiger (M.) tributante (M.), contribuyente (M.), obligado (M.) tributario
Steuerrecht (N.) derecho (M.) tributario, derecho (M.) impositivo, derecho (M.) fiscal
Steuerrichtlinie (F.) norma (F.) impositiva, regla (F.) de imposición
Steuersache (F.) asunto (M.) fiscal
Steuersatz (M.) tipo (M.) imponible
Steuerschuld (F.) deuda (F.) impositiva
Steuerstrafrecht (N.) derecho (M.) penal fiscal, derecho (M.) penal tributario
Steuerung (F.) manipulación (F.)
Steuervergehen (N.) infracción (F.) fiscal, infracción (F.) tributaria
Steuervergünstigung (F.) desgravación (F.) fiscal, beneficio (M.) fiscal
Stich (M.) punzada (F.), picadura (F.)
Stichtag (M.) fecha (F.) clave, plazo (M.) señalado
Stichwahl (F.) empate (M.) electoral, votación (F.) de desempate, balotaje (M.)
Stiefbruder (M.) hermanastro (M.)
Stiefkind (N.) hijastro (M.), entenado (M.)
Stiefmutter (F.) madrastra (F.)
Stiefschwester (F.) hermanastra (F.)
Stiefsohn (M.) hijastro (M.)
Stieftochter (F.) hijastra (F.)
Stiefvater (M.) padrastro (M.)
Stift (N.) capítulo (M.)
stiften fundar, crear, donar
Stifter (M.) fundador (M.), institutor (M.), donante (M.)
Stiftung (F.) fundación (F.), institución (F.)
still silencioso, tácito
stille Gesellschaft (F.) sociedad (F.) en participación, sociedad (F.) accidental
stillschweigend tácito, por la tácita
Stillstand (M.) des Verfahrens detención (F.) del curso del procedimiento
Stillstand (M.) inmovilización (F.), paralización (F.)
Stimmabgabe (F.) voto (M.), votación (F.), sufragio (M.)
Stimme (F.) voz (F.), voto (M.), sufragio (M.)
stimmen votar, concordar
Stimmenmehrheit (F.) mayoría (F.) de votos, pluralidad (F.) de votos
Stimmenthaltung (F.) abstención (F.) de voto
Stimmrecht (N.) derecho (M.) a voto, derecho (M.) de sufragio
Stimmzettel (M.) papeleta (F.) de votos, papeleta (F.) de votación
Stipendium (N.) estipendio (M.), beca (F.)
Stock (M.) bastón (M.), piso (M.)
Stockwerk (N.) piso (M.)
Stoff (M.) materia (F.)
stören perturbar, estorbar
Störer (M.) perturbador (M.)
stornieren rescontar, extornar, anular

Storno (N.) extorno (M.), rescuento (M.), anulación (F.)
Störung (F.) perturbación (F.), alteración (F.), inquietud (F.)
Strafanstalt (F.) penitenciaría (F.), establecimiento (M.) penitenciario, penal (M.)
Strafantrag (M.) querella (F.) penal, propuesta (F.) de penalidad
Strafanzeige (F.) querella (F.), denuncia (F.), informe (M.) de delitos
Strafarrest (M.) arresto (M.) penal
Strafaufhebungsgrund (M.) causa (F.) de supresión de la pena, causa (F.) de levantamiento de la pena
Strafaufschub (M.) suspensión (F.) de la sentencia, aplazamiento (M.) de la ejecución penal
Strafausschließungsgrund (M.) exención (F.) de la pena, causa (F.) de exención de la penalidad, excusa (F.) absolutoria
Strafaussetzung (F.) suspensión (F.) de la pena, perdón (M.) judicial
strafbar punible, penable, sancionable
Strafbarkeit (F.) punibilidad (F.), penalidad (F.)
Strafbarkeitsirrtum (M.) error (M.) de derecho penal
Strafbefehl (M.) orden (F.) penal
Strafbestimmung (F.) disposición (F.) penal
Strafe (F.) pena (F.), punición (F.), castigo (M.)
strafen penar, castigar
Straferkenntnis (F.) decisión (F.) penal
Straferlass (M.) remisión (F.) de pena
Strafgefangener (M.) preso (M.), presidiario (M.)
Strafgericht (N.) tribunal (M.) penal, tribunal (M.) criminial
Strafgesetz (N.) ley (F.) penal, ley (F.) criminal
Strafgesetzbuch (N.) código (M.) penal, código (M.) criminal
Strafherabsetzung (F.) reducción (F.) de la pena
Strafkammer (F.) sala (F.) de lo criminal, sala (F.) penal
Sträfling (M.) preso (M.), recluso (M.), recluido (M.)
straflos impune, no punible
Straflosigkeit (F.) impunidad (F.)
Strafmaß (N.) medida (F.) de la pena, escala (F.) penal
Strafmilderung (F.) atenuación (F.) de la pena
Strafmilderungsgrund (M.) circunstancia (F.) atenuante, atenuante (M.), causa (F.) de atenuación de la pena
strafmündig mayor (Adj.) de edad penal
Strafmündigkeit (F.) edad (F.) penal, mayoría (F.) de edad penal
Strafporto (M.) porte (M.) suplementario
Strafprozess (M.) proceso (M.) penal, juicio (M.) penal
Strafprozessordnung (F.) código (M.) de procedimiento penal, código (M.) de procedimiento criminal
Strafprozessrecht (N.) derecho (M.) procesal penal
Strafrahmen (M.) marco (M.) penal, marco (M.) de pena
Strafrecht (N.) derecho (M.) penal, derecho (M.) criminal
strafrechtlich penal (Adj.), criminal (Adj.)
Strafregister (N.) registro (M.) penal, registro (M.) judicial de reincidencia
Strafrestaussetzung (F.) suspensión (F.) del resto de la pena
Strafrichter (M.) juez (M.) penal, juez (M.) de lo criminal
Strafsache (F.) caso (M.) penal, causa (F.) penal
Strafschärfung (F.) agravación (F.) de la pena
Strafschärfungsgrund (M.) circunstancia (F.) agravante, causa (F.) de agravación
Strafsenat (M.) sala (F.) penal, sala (F.) de lo criminal
Straftat (F.) delito (M.), acto (M.) punible, infracción (F.) penal
Straftatbestand (M.) tipo (M.) penal, delito (M.), figura (F.) delictuosa
Straftäter (M.) delincuente (M.)
Straftilgung (F.) extinción (F.) de la pena
Strafumwandlung (F.) conmutación (F.) de la pena, conmutación (F.) de la sentencia
strafunmündig menor (Adj.) de menos de 14 años
Strafunmündigkeit (F.) minoridad (F.) penal
Strafurteil (N.) sentencia (F.) condenatoria, sentencia (F.) penal
Strafverbüßung (F.) cumplimiento (M.) de la pena
Strafvereitelung (F.) encubrimiento (M.) personal

Strafverfahren (N.) proceso (M.) criminal, juicio (M.) criminal
Strafverfolgung (F.) persecución (F.) penal, prosecución (F.) criminal
Strafverfügung (F.) disposición (F.) penal
Strafverschärfung (F.) agravación (F.) de la pena
Strafversetzung (F.) postergación (F.)
Strafverteidiger (M.) defensor (M.)
Strafverteidigung (F.) defensa (F.)
Strafvollstreckung (F.) ejecución (F.) procesal penal, ejecución (F.) procesal de la pena
Strafvollzug (M.) cumplimiento (M.) de la condena, régimen (M.) penitenciario
Strafvollzugsanstalt (F.) establecimiento (M.) penitenciario, penitenciaría (F.), penal (M.)
Strafvollzugsbeamte (M.Pl.) cuerpo (M.) de establecimientos penales
Strafvorschrift (F.) disposición (F.) penal, norma (F.) penal
strafwürdig digno de represiòn
Strafzumessung (F.) graduación (F.) de la pena, medición (F.) de la pena
Strafzweck (M.) fin (M.) de la pena
Strand (M.) playa (F.)
Strandgut (N.) despojo (M.), despojo (M.) del mar
Strangulation (F.) estrangulación (F.), estrangulamiento (M.)
strangulieren estrangular
Strangulierung (F.) estrangulación (F.)
Straße (F.) carretera (F.), calle (F.)
Straßenbau (M.) construcción (F.) vial, construcción (F.) de carreteras
Straßenbaubehörde (F.) autoridad (F.) de construcciones viales
Straßenbauplan (M.) plan (M.) de vialidad
Straßenbauverwaltung (F.) administración (F.) de construcciones viales
Straßenraub (M.) atraco (M.)
Straßenrecht (N.) derecho (M.) de viabilidad
Straßenverkehr (M.) tráfico (M.) vial, circulación (F.)
Straßenverkehrsbehörde (F.) autoridad (F.) de tráfico, jefatura (F.) de tráfico
Straßenverkehrsgesetz (N.) código (M.) de la circulación
Straßenverkehrsordnung (F.) reglamento (M.) de tráfico
Straßenverkehrsregelung (F.) ordenación (F.) vial
Straßenverkehrszulassungsordnung (F.) reglamento (M.) sobre permisos de circulaciòn
streichen pintar, rayar, testar, anular, cancelar, eliminar
Streife (F.) patrulla (F.), ronda (F.)
streifen rayar
Streifenwagen (M.) cochepatrulla (M.)
Streik (M.) huelga (F.), paro (M.)
Streikbrecher (M.) esquirol (M.)
streiken hacer huelga, estar en huelga
Streikrecht (N.) derecho (M.) de huelga
Streit (M.) conflicto (M.), cuestión (F.), controversia (F.), litigio (M.), pleito (M.), contienda (F.), querella (F.)
Streitbeilegung (F.) arreglo (M.) de conflicto
streiten litigar, pleitear, contender
Streitgegenstand (M.) objeto (M.) litigioso, objeto (M.) del conflicto
Streitgenosse (M.) litisconsorte (M.), litissocio (M.), colitigante (M.)
Streitgenossenschaft (F.) litisconsorcio (M.), unión (F.) de las partes
streitig litigioso (Adj.), contencioso, contestable, contradictorio
streitige Gerichtsbarkeit (F.) jurisdicción (F.) judicial, jurisdicción (F.) contenciosa
Streitigkeit (F.) litigio (M.), disputa (F.), conflicto (M.)
Streitpunkt (M.) punto (M.) litigioso
Streitverkündung (F.) litisdenunciación (F.), llamada (F.) a juicio
Streitwert (M.) cuantía (F.) litigiosa, valor (M.) de la demanda, quantum (M.) de la demanda
Streitwertfestsetzung (F.) fijación (F.) del valor de la demanda
streng severo, austero
Strengbeweis (M.) prueba (F.) legal, prueba (F.) tasada
Strenge (F.) rigor (M.)
strittig litigioso (Adj.), contencioso, contestable, contradictorio
Stroh (N.) paja (F.)
Strohmann (M.) testaferro (M.), testaférrea (M.)
Strom (M.) río (M.), corriente (F.)
Stromsteuer (F.) impuesto (M.) sobre corriente

Stück (N.) pieza (F.), unidad (F.)
Stückkauf (M.) compra (F.) de una pieza singular, compra (F.) de especie, compra (F.) de cosa específica
Stückschuld (F.) obligación (F.) de especie, deuda (F.) de cosa específica
Student (M.) estudiante (M.), universitario (M.)
Studentenaustausch (M.) intercambio (M.) de estudiantes
Studentenschaft (F.) estudiantado (M.)
Studentenverbindung (F.) corporación (F.) de estudiantes, asociación (F.) de estudiantes
Studiengebühr (F.) tasa (F.) académica, tasa (F.) universitaria
studieren estudiar
Studium (N.) estudios (M.Pl.)
Stufe (F.) escalón (M.), grado (M.)
Stufenfolge (F.) progresividad (F.)
Stufenklage (F.) demanda (F.) gradual
stumm mudo (Adj.)
Stunde (F.) hora (F.)
stunden aplazar, prorrogar, acordar una moratoria
Stundung (F.) moratoria (F.), prórroga (F.), aplazamiento (M.)
subaltern subalterno (Adj.), inferior
Subjekt (N.) sujeto (M.)
subjektiv subjetivo
subjektive Unmöglichkeit (F.) imposibilidad (F.) subjetiva
subjektiver Tatbestand (M.) tipo (M.) subjetivo
subjektives öffentliches Recht (N.) derecho (M.) subjetivo público
subjektives Recht (N.) derecho (M.) subjetivo
subjektives Tatbestandsmerkmal (N.) elemento (M.) psiquico, elemento (M.) típico subjetivo
subjektives Unrechtselement (N.) elemento (M.) injusto
Subordination (F.) subordinación (F.)
subsidiär subsidiario, supletorio
Subsidiarität (F.) subsidiariedad (F.), supletoriedad (F.)
Subsidie (F.) subsidio (M.)
subskribieren subscribir
Subskription (F.) suscripción (F.)
Substitut (N.) producto (M.) sustitutivo, producto (M.) de sustitución, sustituto (M.)
Substitution (F.) (Substitution in Österreich) subdelegación (F.), subpoder (M.)
Substitution (F.) sustitución (F.)
subsumieren subsumir, tipificar, calificar, subordinar
Subsumtion (F.) subsunción (F.)
Subsumtionsirrtum (M.) error (M.) de subsunción
Subunternehmer (M.) subcontratista (M.)
Subvention (F.) subvención (F.), subsidio (M.)
subventionieren subvencionar
subversiv subversivo
Suche (F.) busca (F.)
suchen buscar
Sucht (F.) adicción (F.)
Suffraganbischof (M.) obispo (M.) sufragáneo
suggestiv sugestivo
Sühne (F.) acto (M.) de conciliación, expiación (F.)
Suizid (M.) suicidio (M.)
Sujet (N.) (franz.) sujeto (M.)
Sukzession (F.) sucesión (F.)
sukzessiv sucesivo
Sukzessivlieferungsvertrag (M.) contrato (M.) de entrega sucesiva
summarisch sumario (Adj.), sumarial
Summe (F.) suma (F.), importe (M.), total (M.)
Sünde (F.) pecado (M.)
Superintendent (M.) superintendente (M.)
supranational supranacional
Surrogat (N.) subrogado (M.), sustitutivo (M.)
Surrogation (F.) subrogación (F.), sustitución (F.)
suspekt sospechoso (Adj.)
suspendieren suspender
Suspension (F.) suspensión (F.)
suspensiv suspensivo
Suspensivbedingung (F.) condición (F.) suspensiva
Suspensiveffekt (M.) efecto (M.) suspensivo, efecto (M.) dilatorio
Swapabkommen (N.) acuerdo (M.) de swap, acuerdo (M.) de apoyo a las respectivas divisas
swap-Geschäft (N.) operación (F.) swap
Symbol (N.) símbolo (M.), emblema (M.)
synallagmatisch sinalagmático

Syndikat (N.) sindicato (M.), consorcio (M.)
Syndikus (M.) síndico (M.), asesor (M.) legal
Syndikusanwalt (M.) abogado (M.) asesor, abogado (M.) consultor
Synode (F.) sínodo (M.)
System (N.) sistema (M.), régimen (M.), mecanismo (M.)
Systematik (F.) nomenclatura (F.), sistemática (F.)
systematisch sistemático (Adj.)
systematische Interpretation (F.) interpretación (F.) sistemática

T

Tabak (M.) tobaco (M.)
Tabaksteuer (F.) impuesto (M.) sobre el tabaco
Tabelle (F.) tabla (F.), planilla (F.), lista (F.), escala (F.)
Tag (M.) día (M.)
Tagedieb (M.) holgazán (M.)
Tagegeld (N.) subsidio (M.) diario, dieta (F.)
Tagelohn (M.) salario (M.) jornal, peonada (F.), jornal (M.)
Tagelöhner (M.) peón (M.), jornalero (M.)
tagen celebrar sesión, reunirse, estar en sesiones
Tagesgeld (N.) préstamo (M.) diario
Tagesordnung (F.) orden (M.) del día, calendario (M.)
Tagesordnungspunkt (M.) punto (M.) del orden del día
Tagessatz (M.) unidad-día (F.), jornada (F.)
täglich diario (Adj.), cotidiano
Tagsatzung (F.) (Tagsatzung in Österreich) vista (F.) de la causa, comparecencia (F.)
Tagung (F.) sesión (F.), reunión (F.), congreso (M.)
Tagungsort (M.) lugar (M.) de reunión
Taktik (F.) táctica (F.)
Talar (M.) toga (F.)
Talion (F.) talión (M.)
Talon (M.) talón (M.)
Tante (F.) tía (F.)
Tantieme (F.) tanto (M.) por ciento, derechos (M.Pl.) de autor
Tara (F.) tara (F.)
Tarif (M.) tarifa (F.), balanza (F.), alicuota (F.)
Tarifausschluss (M.) exclusión (F.) de disposiciones contractuales
Tarifausschlussklausel (F.) cláusula (F.) que excluye las disposiciones contractuales
Tarifautonomie (F.) autonomía (F.) colectiva
tariffähig capaz de concluir convenios colectivos
Tariffähigkeit (F.) capacidad (F.) convencional, capacidad (F.) de concluir convenios colectivos
Tarifgebundenheit (F.) sujeción (F.) al convenio colectivo, sometimiento (M.) al convenio colectivo
tarifieren tarifar
tariflich tarifario, conforme a tarifa
Tarifpartner (M.) parte (F.) tarifaria, parte (F.) contratante en un convenio colectivo
Tarifrecht (N.) derecho (M.) arancelario, derecho (M.) de convenio colectivo
Tarifverhandlung (F.) trato (M.) colectivo
Tarifvertrag (M.) contrato (M.) de tarifa, contrato (M.) colectivo
Tarifvertragsgesetz (N.) ley (F.) de convenios colectivos
Tarifvertragspartei (F.) parte (F.) contratante en un convenio colectivo
Tarifvertragsrecht (N.) derecho (M.) colectivo-contractual
Tasche (F.) bolsillo (M.)
Taschendieb (M.) carterista (M.), ratero (M.)
Taschengeld (N.) dinero (M.) de bolsillo
Tat (F.) hecho (M.), acto (M.), acción (F.)
Tatbestand (M.) tipo (M.) legal, delito-tipo (M.), tipo (M.) penal, resultandos (M.Pl.), narración (F.)
Tatbestandsirrtum (M.) error (M.) de tipo
Tatbestandsmerkmal (N.) elemento (M.) típico, elemento (M.) del tipo del delito
Tateinheit (F.) unidad (F.) de acto, unidad (F.) de acción, unidad (F.) de delitos
Tatentschluss (M.) decisión (F.) criminal, resolución (F.) de cometer el acto
Täter (M.) autor (M.), sujeto (M.) del delito, infractor (M.)
Täterschaft (F.) autoría (F.), autoría (F.) penal
Täterstrafrecht (N.) derecho (M.) penal de autor
Tatfrage (F.) cuestión (F.) de hecho, punto (M.) de hecho
Tatherrschaft (F.) dominio (M.) del hecho
tätig activo (Adj.), ocupado (Adj.)

tätige Reue (F.) arrepentimiento (M.) activo, arrepentimiento (M.) eficaz
tätigen ejecutar, efectuar
Tätigkeit (F.) actividad (F.), acción (F.), ocupación (F.), actuación (F.)
Tätigkeitsbereich (M.) sector (M.) de actividad
Tätigkeitsdelikt (N.) delito (M.) de actividad
Tatirrtum (M.) error (M.) en el objeto, error (M.) de hecho
tätlich de obra, violento
Tätlichkeit (F.) violencia (F.), malo trato (M.)
Tatmehrheit (F.) pluralidad (F.) de actos
Tatort (M.) lugar (M.) del hecho, lugar (M.) del delito, escenario (M.) del crimen
Tatrichter (M.) juez (M.) de mérito
Tatsache (F.) hecho (M.)
Tatsachenbehauptung (F.) alegación (F.) de hechos
Tatsachenfeststellung (F.) constatación (F.) de hechos
Tatsachenfrage (F.) pregunta (F.) sobre la realidad
Tatsacheninstanz (F.) instancia (F.), juzgador (M.) de instancia, juicio de mérito
Tatsachenirrtum (M.) error (M.) material de hecho
Tatsachenvermutung (F.) presunción (F.) de hecho
tatsächlich real (Adj.), efectivo (Adj.), de hecho
Tatstrafrecht (N.) derecho (M.) penal de hecho
Tatumstand (M.) circunstancia (F.) de hecho, circunstancia (F.) de fáctica
Tatverdacht (M.) sospecha (F.) de criminalidad objetiva, indicio (M.) de criminalidad
taub sordo (Adj.), entorpecido
taubstumm sordomudo (Adj.)
Taufe (F.) bautismo (M.), bautizo (M.)
taufen bautizar
tauglich idóneo, útil, apto
Tauglichkeit (F.) aptitud (F.), idoneidad (F.)
Tausch (M.) trueque (M.), trueco (M.), conmutación (F.), cambio (M.)
tauschen trocar, conmutar, percambiar, cambiar
täuschen engañar, burlar, defraudar
Täuschung (F.) engaño (M.), zancadilla (F.), fraude (M.)
Taxe (F.) tasa (F.), tasación (F.), tarifa (F.), valoración (F.)
Taxi (N.) taxi (M.)
taxieren tasar, valorar, practicar una tasación
Technik (F.) método (M.), procedimiento (M.), técnica (F.)
technisch técnico, tecnológico
Technischer Überwachungsverein (M.) (TÜV) Servicio (M.) de Inspección Técnica (SIT)
Teil (M.) parte (F.), cuota (F.), porción (F.)
teilbar partible, divisible, dividuo
teilbare Leistung (F.) prestación (F.) divisible
Teilbesitz (M.) posesión (F.) parcial, posesión (F.) de partes
Teileigentum (N.) propiedad (F.) dividida, propiedad (F.) parcial
teilen dividir, partir
Teilentwurf (M.) proyecto (M.) parcial
Teilhaber (M.) socio (M.), asociado (M.), copartícipe
Teilhaberschaft (F.) participación (F.), asociación (F.)
Teilleistung (F.) prestación (F.) parcial
Teilnahme (F.) participación (F.), asistencia (F.), complicidad (F.)
Teilnehmer (M.) participante (M.), asistente (M.), cómplice (M.)
Teilnichtigkeit (F.) nulidad (F.) parcial, invalidez (F.) parcial
teilrechtsfähig de capacidad jurídica parcial
Teilrechtsfähigkeit (F.) capacidad (F.) jurídica parcial
Teilschuld (F.) deuda (F.) mancomunada, obligación (F.) a prorrata
Teilschuldnerschaft (F.) mancomunidad (F.) simple, mancomunidad (F.) a prorrata
Teilstreik (M.) huelga (F.) parcial
Teilung (F.) partición (F.), reparto (M.), división (F.)
Teilungsanordnung (F.) ordenación (F.) de división, partición (F.) por testamento
Teilungsklage (F.) demanda (F.) divisoria, actio (F.) communi dividundo (lat.)
Teilurteil (N.) sentencia (F.) parcial, decisión (F.) interlocutoria
teilweise parcial
Teilzahlung (F.) pago (M.) parcial, pago (M.) fraccionario

Teilzahlungsabkommen (N.) convenio (M.) de pago
Teilzahlungsgeschäft (N.) operación (F.) a plazo
Teilzeit (F.) tiempo (M.) parcial
Teilzeitarbeit (F.) trabajo (M.) a tiempo parcial, empleo (M.) a tiempo parcial
Telefax (N.) fax (M.), telefax (M.)
Telefon (N.) teléfono (M.)
telefonieren telefonear
Telefonüberwachung (F.) censura (F.) telefónica
Telegramm (N.) telegrama (M.), despacho (M.) telegráfico
Telekommunikation (F.) telecomunicación (F.)
Teleologie (F.) teleología (F.)
teleologisch teleológico
teleologische Auslegung (F.) interpretacón (F.) teleológica
Tendenz (F.) tendencia (F.)
Tendenzbetrieb (M.) empresa (F.) ideológica, empresa (F.) de tendencia
Tenor (M.) decisión (F.), parte (F.) dispositiva de la sentencia
Termin (M.) término (M.), fecha (F.), plazo (M.), vista (F.), comparecencia (F.)
Termineinlage (F.) depósito (M.) a plazo
Termingeschäft (N.) operación (F.) a plazo, operación (F.) a término
terminieren terminar, fijar un plazo, señalar fecha
Terminkalender (M.) calendario (M.), agenda (F.)
Terminologie (F.) terminología
Terminplan (M.) calendario (M.)
terms (N.Pl.) of trade (engl.) relaciones (F.Pl.) de intercambio
territorial territorial
Territorialität (F.) territorialidad (F.)
Territorialitätsprinzip (N.) principio (M.) territorial, principio (M.) de territorialidad
Territorialstaat (M.) Estado (M.) territorial
Territorium (N.) territorio (M.)
Terror (M.) terror (M.)
Terrorismus (M.) terrorismo (M.)
Terrorist (M.) terrorista (M.)
Test (M.) test (M.), prueba (F.)
Testament (N.) testamento (M.), última disposición (F.)
testamentarisch testamentario, ex testamento (lat.)
Testamentserbe (M..) heredero testamentario (M.)
Testamentsvollstrecker (M.) albacea (M.) testamentario, ejecutor (M.) testamentario
Testamentvollstreckung (F.) testamentaría (F.), ejecución (F.) testamentaria
Testat (N.) firma (F.)
Testator (M.) testador (M.)
testieren testificar, testar, testamentar
testierfähig capaz de testar
Testierfähigkeit (F.) capacidad (F.) de testar, poder (M.) testatorio
Testierfreiheit (F.) libertad (F.) de testar, libertad (F.) testamentaria
testierunfähig incapaz para testar
Testierunfähigkeit (F.) incapacidad (F.) para testar
Text (M.) texto (M.)
Textform (F.) forma (F.) de texto
Textverarbeitung (F.) tratamiento (M.) de textos
Thema (N.) tema (M.), cuestión (F.)
Theologie (F.) teología (F.)
theologisch teológico
Theorie (F.) teoría (F.)
Therapie (F.) terapia (F.), terapéutica (F.)
These (F.) tesis (F.)
Thron (M.) trono (M.)
Thüringen (N.) Turingia
Tier (N.) animal (M.), bestia (F.)
Tierhalter (M.) poseedor (M.) de animales, dueño (M.) del ganado
Tierhalterhaftung (F.) responsabilidad (F.) por hechos de los animales, responsabilidad (F.) por tenencia de los animales
Tierhalterhaftung (F.) responsibilidad (F.) por hechos de los animales
Tierkörper (M.) cuerpo (M.) de animal
Tierquälerei (F.) tortura (F.) de animales
Tierschutz (M.) protección (F.) de animales
tilgen reembolsar, extinguir, reintegrar, amortizar
Tilgung (F.) reembolso (M.), amortización (F.), extinción (F.), reintegro (M.)
Tilgungsrate (F.) plazo (M.) de amortización, cuota (F.) de reembolso
time-sharing (N.) (engl.) multipropiedad (F.)
Titel (M.) título (M.), rubro (M.), tratamiento (M.)
Titelschutz (M.) protección (F.) del título

Tochter (F.) hija (F.)
Tochtergesellschaft (F.) filial (F.), sociedad (F.) filial
Tod (M.) muerte (F.), defunción (F.), fallecimiento (M.)
Todeserklärung (F.) declaración (F.) de muerte, declaración (F.) de fallecimiento
Todesstrafe (F.) pena (F.) capital, pena (F.) de muerte
Todesursache (F.) causa (F.) de muerte
Todesurteil (N.) sentencia (F.) de muerte, sentencia (F.) capital
Todesvermutung (F.) presunción (F.) de muerte
tödlich mortal, fatal
tolerant tolerante
Toleranz (F.) tolerancia (F.), permiso (M.)
tolerieren tolerar
Tortur (F.) tortura (F.)
tot muerto (Adj.), difunto (Adj.)
tote Hand (F.) manos (F.Pl.) muertas
töten matar, privar de la vida
Totgeburt (F.) natimuerto (M.)
Totschlag (M.) homicidio (M.), muerte (F.)
Totschläger (M.) homicida (M.), matador (M.)
Tötung (F.) homicidio (M.), muerte (F.)
Tötungsdelikt (N.) homicidio (M.)
trachten aspirar, tender
Tradition (F.) tradición (F.)
Traditionspapier (N.) título (M.) de tradición, valor (M.) en mercaderías
Transaktion (F.) transacción (M.)
Transfer (M.) transferencia (F.), comercio (M.)
transferieren transferir
Transformation (F.) transformación (F.), incorporación (F.)
transformieren transformar
Transit (M.) tránsito (M.)
Transparenz (F.) transparencia (F.)
Transplantat (N.) transplantado (M.)
Transplantation (F.) trasplante (M.)
transplantieren transplantar
Transport (M.) transporte (M.)
transportieren transportar
Trassant (M.) girador (M.), librador (M.)
Trassat (M.) girado (M.), librado (M.)
Tratte (F.) giro (M.), libranza (F.), letra (F.) girada
trauen casar (V.) (2), desposar
Trauung (F.) casamiento (M.), matrimonio (M.)
Trauzeuge (M.) testigo (M.) de matrimonio, padrino (M.) de boda
Travellerscheck (M.) cheque (M.) de viajero, cheque (M.) de viaje
trennen separar, dividir
Trennung (F.) separación (F.), división (F.)
Trennungsgeld (N.) indemnización (F.) por separación
Trennungsunterhalt (M.) sustento (M.) durante separación
treu fiel, leal
Treu und Glauben lealtad (F.) y buena fe, bona fide (lat.)
Treubruch (M.) infidelidad (F.), perfidia (F.)
treubrüchig infiel, desleal
Treue (F.) fe (F.), fidelidad (F.), lealtad (F.)
Treuepflicht (F.) deber (M.) de fidelidad, deber (M.) de lealtad
Treuepflichtverletzung (F.) violación (F.) de deber de fidelidad
Treueverhältnis (N.) relación (F.) de fidelidad
Treugeber (M.) fideicomitente (M.), representado (M.)
Treuhand (F.) depósito (M.) fiduciario, administración (F.) fiduciaria, fiducia (F.)
Treuhandeigentum (N.) dominio (M.) fiduciario
Treuhänder (M.) fiduciario (M.), fiador (M.), fideicomisario (M.)
treuhänderisch fiduciario (Adj.)
Treuhänderschaft (F.) fideicomiso (M.), relación (F.) fiduciaria
Treuhandgesellschaft (F.) sociedad (F.) fiduciaria
Treuhandkonto (N.) cuenta (F.) fiduciaria
Treuhandschaft (F.) fideicomiso (M.), relación (F.) fiduciaria
Treuhandverhältnis (N.) relación (F.) fiduciaria
Treunehmer (M.) deudor (M.) fiduciario, fideicomisario (M.)
treuwidrig desleal
Tribunal (N.) tribunal (M.), foro (M.)
Tribut (M.) tributo (M.)
Trieb (M.) impulsión (F.), impulso (M.), motivo (M.), inclinación (F.)
Triebtäter (M.) criminal (M.) de impulsión
trinken beber

Trinkgeld (N.) propina (F.)
Trödel (M.) objeto (M.) usado
Trödelvertrag (M.) contrato (M.) estimatorio
Trucksystem (N.) trueco (M.), trueque (M.)
Trunkenheit (F.) embriaguez (F.)
Trunkenheit (F.) im Straßenverkehr embriaguez (F.) conduciendo un vehículo
Trunkenheit am Steuer (F.) embriaguez (F.) al volante, embriaguez (F.) conduciendo un vehículo
Trunksucht (F.) alcoholismo (M.) crónico
Trust (M.) trust (M.), consorcio (M.)
Trustfonds (M.) fondo (M.) fiduciario
Tücke (F.) malicia (F.), malignidad (F.)
Tun (N.) actuar (M.), hacer (M.)
tun hacer
Türkei (F.) Turquia (F.)
Turnus (M.) turno (M.)
Tutor (M.) tutor (M.)
TÜV (M.) (Technischer Überwachungsverein) SIT (M.) (Servicio de Inspección Técnica)
Typ (M.) tipo (M.), modelo (M.)
Typenvermischung (F.) combinación (F.) de tipos sociales
Typenvertrag (M.) contrato-tipo (M.), formulario-tipo (M.)
typisch típico
Tyrann (M.) tirano (M.)

U

Übel (N.) mal (M.)
übel malo (Adj.)
Übeltäter (M.) malhechor (M.), delincuente (M.)
üben ejercer, practicar, ejercitar
überantworten entregar
Überbau (M.) superestructura (F.), construcción (F.) sobre predio vecino
überbauen construir sobre predio vecino
überbringen traer, entregar, presentar
Überbringer (M.) portador (M.), presentador (M.), presente (M.)
übereignen transferir, traspasar
Übereignung (F.) transferencia (F.), tradición (F.), traspaso (M.), transmisión (F.)
Übereinkommen (N.) convenio (M.), convención (F.), acuerdo (M.), contrato (M.), compromiso (M.), transacción (F.), arreglo (M.)
übereinkommen convenir, ponerse de acuerdo
Übereinkunft (F.) convenio (M.), convención (F.), acuerdo (M.), contrato (M.)
übereinstimmen concordar
Überfall (M.) (Überfall im Strafrecht) atraco (M.), asalto (M.)
überfallen atracar, asaltar, atacar
überführen convencer
Übergabe (F.) entrega (F.), tradición (F.)
Übergang (M.) paso (M.) , traspaso (M.), transferencia (F.), transición (F.)
übergeben entregar, transferir, dar, ceder
übergehen pasar, preterir
übergesetzlich supralegal
übergesetzlicher Notstand (M.) estado (M.) de necesidad supralegal, justificación (F.) supralegal
Überhang (M.) exceso (M.), excedente (M.), atraso (M.)
Überhangmandat (N.) puesto (M.) restante
überholen revisar, pasar
überholende Kausalität (F.) causalidad (F.) adelantada
überlassen (V.) ceder, dejar, abandonar
Überlassung (F.) cesión (F.), dejación (F.)
überlasten sobrecargar
überleiten transferir, traspasar
Überleitung (F.) traspaso (M.)
Überleitungsvertrag (M.) contrato (M.) transitorio, tratado (M.) de transmisión de poderes
Übermaß (N.) sobremedida (F.), exceso (M.), exorbitancia (F.)
Übermaßverbot (N.) prohibición (F.) del exceso
Übernahme (F.) aceptación (F.), asunción (F.), toma (F.)
übernehmen aceptar, recibir, emprender, asumir
überprüfen revisar, examinar, verificar, controlar
überschreiben transcribir, transferir, traspasar
überschreiten traspasar, atravesar, infringir, violar
Überschreitung (F.) traspaso (M.), infracción (F.), violación (F.), transgresión (F.)
überschulden sobreendeudar

Überschuldung (F.) exceso (M.) de deudas, exceso (M.) de cargas
Überschuss (M.) excedente (M.), valor (M.) del excedente, superávit (M.)
überseeisch ultramarino, transmarino
überstimmen derrotar
Überstunde (F.) hora (F.) extra, hora (F.) extraordinaria
übertragbar transferible, cesible, negociable
übertragen (V.) transferir, traspasar, ceder, delegar, transmitir
übertragener Wirkungskreis (M.) círculo (M.) de acción atribuido
Übertragung (F.) traslado (M.), transferencia (F.)
übertreten traspasar, transgredir, infringir
Übertretung (F.) traspaso (M.), transgresión (F.), infracción (F.)
überwachen vigilar, supervigilar
Überwachung (F.) vigilancia (F.), supervigilancia (F.)
überweisen transferir, girar
Überweisende (F.) delegante (F.), remitente (F.)
Überweisender (M.) delegante (M.), remitente (M.)
Überweisung (F.) transferencia (F.), giro (M.)
Überweisungsbeschluss (M.) resolución (F.) de transferencia, resolución (F.) de adjudicación
überzeugen convencer
Überzeugung (F.) convencimiento (M.), convicción (F.)
Überzeugungstäter (M.) delincuente (M.) de convicción, autor (M.) por convicción
überziehen sobrepasar, sobregirar, girar en descubrimiento
Überziehung (F.) descubierto (M.), giro (M.) en descubierto
Überziehungskredit (M.) crédito (M.) en descubierto, crédito (M.) de descubierto de cuenta
üble Nachrede (F.) difamación (F.), detracción (F.)
Übung (F.) ejercicio (M.), uso (M.)
Ufer (N.) ribera (F.), margen (M. bzw. F.), costa (F.)
Ultimatum (N.) ultimátum (M.)
umbringen matar
umdeuten convertir
Umdeutung (F.) conversión (F.)
Umgang (M.) comunicación (F.)
umgeben (V.) cercar, rodear
umgehen eludir
umgehend en el acto
Umgehung (F.) elusión (F.)
Umgehungsgeschäft (N.) negocio (M.) para burlar la prohibición
Umkehr (F.) inversión (F.), conversión (F.)
umkehren invertir, convertir, volver, regresar
Umkehrschluss (M.) conclusión (F.) inversa, argumento (M.) en contrario
Umlage (F.) contingente (M.), contribución (F.), prorrata (F.)
Umlauf (M.) circulación (F.), rotación (F.)
umlaufen circular, girar
Umlaufgeschwindigkeit (F.) velocidad (F.) de circulación, velocidad (F.) de rotación
Umlaufvermögen (N.) capital (M.) circulante, capital (M.) en circulación
umlegen repartir, contribuir, asignar, aplazar
Umlegung (F.) reparto (M.), prorrateo (M.), contribución (F.)
Umsatz (M.) cifra (F.) de negocios, volumen (M.) de ventas
Umsatzsteuer (F.) impuesto (M.) sobre la venta, impuesto (M.) sobre la cifra de negocios
umsetzen cambiar, vender, facturar
Umsetzung (F.) aplicación (F.), ejecución (F.)
umsonst gratis, por nada
Umstand (M.) circunstancia (F.), condición (F.)
umstritten controvertido
umstürzen trastornar, derribar
Umtausch (M.) cambio (M.), conversión (F.)
umwandeln conmutar, convertir, transformar
Umwandlung (F.) conmutación (F.), conversión (F.), transformación (F.)
Umwelt (F.) medio (M.) ambiente, medio (M.)
Umweltaudit (N.) auditoría (F.) medioambiental
Umweltbundesamt (N.) agencia (F.) federal del medio ambiente
Umwelthaftung (F.) responsabilidad (F.) ecológica
Umwelthaftungsgesetz (N.) ley (F.) de responsabilidad ecológico
Umweltinformation (F.) información (F.) medioambiental
Umweltpolitik (F.) política (F.) medioambiental, política (F.) ecológica

Umweltprogramm (N.) der Vereinten Nationen Programa (M.) de las Naciones Unidas para el Medio Ambiente
Umweltrecht (N.) derecho (M.) de protección del medio ambiente, derecho (M.) ambiental
Umweltschaden (M.) daño (M.) ambiental
Umweltschutz (M.) protección (F.) del medio ambiente
Umweltstrafrecht (N.) derecho (M.) penal del medio ambiente
Umweltverschmutzung (F.) contaminación (F.) ambiental
umweltverträglich compatible con el medio ambiente
Umweltverträglichkeit (F.) compatibilidad (F.) con el medio ambiente
Umweltverträglichkeitsprüfung (F.) estudios (M.Pl.) de impacto en el medio ambiente, evaluación (F.) de la incidencia en el medio ambiente
unabdingbar inderogable, irrenunciable, inalienable
Unabdingbarkeit (F.) inderogabilidad (F.), irrenunciabilidad (F.), inalienabilidad (F.)
unabhängig independiente (Adj.)
Unabhängigkeit (F.) independencia (F.)
unabwendbar inevitable, ineludible
unabwendbares Ereignis (N.) acontecimiento (M.) inevitable, hecho (M.) ineludible
unanfechtbar inimpugnable, inapelable
Unanfechtbarkeit (F.) inimpugnabilidad (F.), inapelabilidad (F.)
unanwendbar inaplicable
unbedingt incondicional
unbeendet sin terminar, inconcluso
unbefugt desautorizado, no autorizado
unbenannt sin denominación propia
unbescholten irreprochable, incorrupto, sin antecedentes penales
unbeschränkt ilimitado, absoluto
unbestimmt indeterminado, incierto, indeciso
unbeweglich inmueble (Adj.), inmovible, inmóvil
unbewegliche Sache (F.) cosa (F.) inmueble, inmueble (M.)
unbewusst inconsciente
unbewusste Fahrlässigkeit (F.) culpa (F.) inconsciente
unbillig inequitativo
Unbilligkeit (F.) falta (F.) de equidad
unbotmäßig insubordinado
Unbotmäßigkeit (F.) insubordinación (F.)
unecht ilegítimo (Adj.), imitado, falso (Adj.)
unechte Urkunde (F.) documento (M.) falso
unechtes Unterlassungsdelikt (N.) delito (M.) de omisión impropio
unehelich ilegítimo (Adj.), natural
Unehelichkeit (F.) ilegitimidad (F.)
unentgeltlich gratuito, a título gratuito, gratis
Unentgeltlichkeit (F.) gratuidad (F.), título (M.) gratuito
unerlässlich indispensable (Adj.)
unerlaubt ilícito (Adj.), ilegal
unerlaubte Handlung (F.) acto (M.) ilícito, hecho (M.) ilícito
unfähig incapaz (Adj.), inhábil, incompetente
Unfähigkeit (F.) incapacidad (F.), inhabilidad (F.), incompetencia (F.)
Unfall (M.) accidente (M.)
Unfallbericht (M.) parte (M.) del accidente, informe (M.) sobre accidente
Unfallentschädigung (F.) indemnización (F.) por accidente
unfallfrei libre de accidentes
Unfallrente (F.) pensión (F.) de accidente
Unfallverhütung (F.) prevención (F.) de accidentes, evitación (F.) de accidentes
Unfallversicherung (F.) seguro (M.) de accidentes, seguro (M.) de enfermedades profesionales
unfreiwillig involuntario
Unfug (M.) desorden (M.)
ungeboren sin nacer
Ungebühr (F.) vor Gericht desacato (M.) al tribunal
Ungehorsam (M.) insumisión (F.), desobediencia (F.)
ungehorsam desobediente, insubordinado
ungerecht injusto (Adj.)
ungerechtfertigt injustificado
ungerechtfertigte Bereicherung (F.) pago (M.) indebido, enriquecimiento (M.) injusto, enriquecimiento (M.) injustificado
Ungerechtigkeit (F.) injusticia (F.), iniquidad (F.)
ungesetzlich ilegal, ilegítimo (Adj.)
ungleich desigual
Unglück (N.) desgracia (F.), infortunio (M.), mala suerte (F.)
Unglücksfall (M.) evento (M.) disgracio

ungültig nulo (Adj.), inválido (Adj.), írrito
Ungültigkeit (F.) nulidad (F.), invalidación (F.), irritación (F.)
Ungültigkeitserklärung (F.) declaración (F.) de nulidad, anulación (F.)
Uniform (F.) uniforme (M.)
Union (F.) unión (F.)
Unionsbürgerschaft (F.) ciudadanda europea
universal universal
Universalerbe (M.) heredero (M.) universal, sucesor (M.) universal
Universalität (F.) universalidad (F.)
Universalsukzession (F.) sucesión (F.) universal, sucesión (F.) en bloque
Universalvermächtnis (N.) legado (M.) (2) universal
Universität (F.) universidad (F.)
Unkenntnis (F.) ignorancia (F.)
unklagbar indemandable
unkörperlich incorpóreo
Unkosten (F.Pl.) gastos (M.Pl.), costes (M.Pl.)
unlauter desleal
unlauterer Wettbewerb (M.) competencia (F.) desleal, competencia (F.) ilícita
unmittelbar bevorstehend inminentemente futuro
unmittelbar directo, inmediato
unmittelbare Stellvertretung (F.) representación (F.) directa
unmittelbare Wahl (F.) elección (F.) directa, votación (F.) directa
unmittelbarer Besitz (M.) posesión (F.) real, posesión (F.) directa
unmittelbarer Schaden (M.) daño (M.) particular
unmittelbarer Zwang (M.) coacción (F.) inmediata, coacción (F.) directa
unmittelbares Ansetzen (N.) entrada (F.) inmediata
Unmittelbarkeit (F.) inmediación (F.), inmediatez (F.)
unmöglich imposible
Unmöglichkeit (F.) imposibilidad (F.)
unmündig impúber, impúbero
Unmündigkeit (F.) minoría (F.) de edad, impubertad (F.)
unparteiisch imparcial
unparteilich imparcial
Unparteilichkeit (F.) imparcialidad (F.)
unpfändbar inembargable, insecuestrable
Unpfändbarkeit (F.) inembargabilidad (F.)
Unrecht (N.) injusto (M.), injusticia (F.), injuria (F.), antijuridicidad (F.)
unrecht injusto (Adj.)
unrechtmäßig injusto, ilegítimo, ilícito
Unrechtsbewusstsein (N.) conciencia (F.) de la ilicitud, conciencia (F.) de la antijuridicidad
Unrechtselement (N.) elemento (M.) injusto
unredlich desleal, deshonesto
unregelmäßig irregular
unregelmäßige Verwahrung (F.) depósito (M.) en mutuo, depósito (M.) irregular
unrichtig errado, irregular, inexacto
Unrichtigkeit (F.) inexactitud (F.)
Unruhe (F.) conmoción (F.), desórden (M.), disturbio (M.)
Unschuld (F.) inocencia (F.)
unschuldig inocente, inculpable
Unschuldigerklärung (F.) declaración (F.) de inocencia
unstatthaft ilícito (Adj.), improcedente
Unstatthaftigkeit (F.) improcedencia (F.)
untätig inactivo
Untätigkeit (F.) inactividad (F.), inacción (F.)
Untätigkeitsklage (F.) acción (F.) de inactividad, acción (F.) en caso de silencio administrativo
untauglich inidóneo, inhábil
untauglicher Versuch (M.) tentativa (F.) no idónea
unteilbar indivisible
Unterausschuss (M.) subcomité (M.), subcomisión (F.)
Unterbeteiligung (F.) subparticipación (F.)
unterbrechen interrumpir, suspender
Unterbrechung (F.) interrupción (F.), suspensión (F.)
unterbringen colocar, depositar
Unterbringung (F.) colocación (F.), depósito (M.)
Unterdrücken (N.) supresión (F.), ocultación (F.)
unterdrücken reprimir, suprimir, ocultar
untere inferior
Untereigentum (N.) dominio (M.) útil, propiedad (F.) subordinada
untergeben (Adj.) inferior
untergeordnet subalterno (Adj.)
Unterhalt (M.) alimentos (M.Pl.), mantenimiento (M.), sustento (M.)

unterhalten hablar, alimentar, sostener, sustentar, mantener
Unterhaltsanspruch (M.) derecho (M.) a alimentos
Unterhaltsberechtigter (M.) alimentista (M.), alimentario (M.)
Unterhaltspflicht (F.) deuda (F.) alimentaria, deber (M.) alimentaricio
Unterhaltspflichtverletzung (F.) violación (F.) de deuda alimentaria
Unterhaltsrecht (N.) derecho (M.) de alimentos
Unterhaltsvorschuss (M.) provisión (F.) para alimentos
Unterhaltszahlung (F.) pago (M.) de alimentos
Unterhaus (N.) Cámara (F.) Baja, Cámara (F.) de Comunes
Unterlassen (N.) omisión (F.)
unterlassen (V.) omitir, no actuar, dejar de hacer
unterlassene Hilfeleistung (F.) omisión (F.) de auxilio, omisión (F.) de socorro
Unterlassung (F.) omisión (F.), hecho (M.) negativo
Unterlassungsanspruch (M.) pretensión (F.) omisional, pretensión (F.) de abstención
Unterlassungsdelikt (N.) delito (M.) de omisión, crimen (M.) por omisión
Unterlassungsklage (F.) acción (F.) de omisión, acción (F.) de abstención
Unterlassungsverpflichtung (F.) obligación (F.) negativa
unterliegen estar sometido, sucumbir, perder
Untermiete (F.) subarriendo (M.), subarrendamiento (M.), subalquiler (M.)
Untermieter (M.) subarrendador (M.)
Untermietvertrag (M.) contrato (M.) de subarriendo
Unternehmen (N.) empresa (F.)
unternehmen emprender, hacer
Unternehmensbereichskauf (M.) compra (F.) de un ámbito empresarial
Unternehmensbewertung (F.) evaluación (F.) de empresa
Unternehmensleitung (F.) dirección (F.) de empresas
Unternehmensübernahme (F.) absorción (F.) de empresa
Unternehmer (M.) empresario (M.), emprendador (M.)
Unternehmergesellschaft (F.) sociedad (F.) limitada (nueva pequeña)
Unternehmerpfandrecht (N.) prenda (F.) de empresa
Unterordnung (F.) subordinación (F.)
Unterpacht (F.) subarriendo (M.)
Unterpächter (M.) subarrendatario (M.)
unterrichten instruir, informar
untersagen interdecir, prohibir
Untersagung (F.) interdicción (F.)
unterscheiden distinguir, discernir, diferenciar
Unterscheidung (F.) distinción (F.), diferencia (F.)
unterschieben (ein Kind unterschieben) ahijar
Unterschied (M.) diferencia (F.), distinción (F.)
unterschlagen (V.) desfalcar, defraudar, malversar
Unterschlagung (F.) malversación (F.), defraudación (F.), desfalco (M.)
Unterschlagung (F.) öffentlicher Gelder malversación (F.) de fondos públicos, peculado (M.)
unterschreiben suscribir, firmar, signar
Unterschrift (F.) firma (F.), suscripción (F.)
untersuchen inquirir, investigar, examinar, inspeccionar
Untersuchung (F.) inquisición (F.), inspección (F.), investigación (F.), examen (M.)
Untersuchungsausschuss (M.) comisión (F.) investigadora
Untersuchungsgefangener (M.) preso (M.) preventivo, recluso (M.) preventivo
Untersuchungsgrundsatz (M.) máxima (F.) de instrucción
Untersuchungshaft (F.) prisión (F.) preventiva, detención (F.) preventiva
Untersuchungsrichter (M.) juez (M.) instructor, juez (M.) de instrucción
Untervermächtnis (N.) sustitución (F.) de legado
Untervermietung (F.) subalquiler (M.), sublocación (F.)
Unterversicherung (F.) infraseguro (M.)
Untervollmacht (F.) subdelegación (F.), subpoder (M.)
unterzeichnen firmar, signar, suscribir
Unterzeichnung (F.) firma (F.), suscripción (F.)
untreu infiel, desleal

Untreue (F.) infidelidad (F.), abuso (M.) de confianza
unveräußerlich inalienable
Unveräußerlichkeit (F.) inalienabilidad (F.)
unverbindlich no obligatorio
unvereinbar incompatible
Unvereinbarkeit (F.) incompatibilidad (F.)
unverhältnismäßig desproporcionado, excesivo
unverjährbar imprescriptible
Unverjährbarkeit (F.) imprescriptibilidad (F.)
unvermeidbar inevitable, irremediable
unvermeidlich inevitable, irremediable
Unvermögen (N.) incapacidad (F.), imposibilidad (F.)
unversetzbar inamovible
Unversetzbarkeit (F.) inamovibilidad (F.) relativa, estabilidad (F.)
Unverstand (M.) falta (F.) de comprensión
unvertretbar no fungible
unverzüglich inmediato, sin demora, sin dilación
unvollkommen imperfecto
unvollständig incompleto
unvordenklich inmemorial
unvoreingenommen sin prejuicios
Unvoreingenommenheit (F.) inprejuicio (M.)
unwahr falso (Adj.), inexacto
Unwahrheit (F.) falsedad (F.)
unwesentlich insignificante
unwiderruflich irrevocable
unwirksam ineficaz, inoperante, nulo (Adj.), inválido (Adj.)
Unwirksamkeit (F.) ineficacia (F.), invalidez (F.)
Unwissenheit (F.) ignorancia (F.)
Unzucht (F.) abusos (M.Pl.) deshonestos, inmoralidad (F.) sexual, deshonestidad (F.)
unzüchtig impúdico, obsceno
unzulässig inadmisible, ilícito (Adj.), improcedente, prohibido
Unzulässigkeit (F.) inadmisibilidad (F.), inadmisión (F.), improcedencia (F.), prohibición (F.)
Unzulässigkeit (F.) neuen Vorbringens inadmisión (F.) de cuestiones nuevas
unzumutbar inexigible
Unzumutbarkeit (F.) inexigibilidad (F.), no exigibilidad (F.)
unzurechnungsfähig demente (Adj.), inimputable (Adj.)
Unzurechnungsfähigkeit (F.) inimputabilidad (F.), incapacidad (F.) mental
unzuständig incompetente
Unzuständigkeit (F.) incompetencia (F.)
unzuverlässig inseguro, informal
Unzuverlässigkeit (F.) poca formalidad (F.)
Urabstimmung (F.) consulta (F.) obrera, consulta (F.) emblemática, referéndum (M.)
Urheber (M.) causante (M.), autor (M.)
Urheberbenennung (F.) llamada (F.) del poseedor mediato, laudatio (F.) auctoris (lat.)
Urheberpersönlichkeitsrecht (F.) derecho (M.) moral
Urheberrecht (N.) derecho (M.) de autor, derecho (M.) intelectual
urheberrechtlich de derecho de autor
Urkunde (F.) documento (M.), título (M.), acta (F.), instrumento (M.)
Urkundenbeweis (M.) prueba (F.) documental, prueba (F.) de instrumentos
Urkundenfälschung (F.) falsedad (F.) documental, falsificación (F.) documentaria
Urkundenfeststellungsklage (F.) objeción (F.) de documento
Urkundennachtrag (M.) postilla (F.), apostilla (F.)
Urkundenprozess (M.) proceso (M.) documental, procedimiento (M.) documental
Urkundenregister (N.) registro (M.) notarial, minotario (M.)
Urkundenunterdrückung (F.) falsedad (F.) por ocultación, ocultación (F.) documental
urkundlich documental, documentario (Adj.)
Urkundsbeamter (M.) fedatario (M.), oficial (M.) fedatario
Urlaub (M.) vacaciones (F.Pl.), licencia (F.)
Urlaubsgeld (N.) retribución (F.) por vacaciones
Urne (F.) urna (F.)
Urproduktion (F.) producción (F.) de materias primas
Ursache (F.) causalidad (F.), causa (F.), móvil (M.)
ursächlich causal (Adj.)
Ursächlichkeit (F.) causalidad (F.)
Urschrift (F.) original (M.), matriz (F.)
Ursprung (M.) origen (M.)
ursprünglich originario, del mismo origen
ursprüngliche Unmöglichkeit (F.) imposibilidad (F.) originaria
Urteil (N.) sentencia (F.), juicio (M.), fallo (M.)

urteilen sentenciar, juzgar
Urteilsbegründung (F.) fundamentación (F.) de la sentencia
Urteilsfindung (F.) juzgamiento (M.)
Urteilsgebühr (F.) tasa (F.) para el período al quedar concluso el juicio para sentencia
Urteilsgrund (M.) fundamento (M.) de derecho, considerando (M.)
Urteilsgründe (M.Pl.) fundamentos (M.) de derecho, considerandos (M.Pl.)
Urteilstenor (M.) fallo (M.), parte (F.) dispositiva de la sentencia
Urteilsverkündung (F.) publicación (F.) de sentencia, pronunciamiento (M.)
Urteilsvollstreckung (F.) ejecución (F.) de sentencia, ejecutoria (F.)
Usance (F.) usanza (F.), uso (M.), costumbre (F.) comercial
Usurpation (F.) usurpación (F.)
usurpieren usurpar
Utilitarismus (M.) utilitarismo (M.)

V

Vakanz (F.) vacancia (F.), vacatura (F.)
Valuta (F.) valuta (F.), valor (M.), moneda (F.) extranjera
Valutierung (F.) valoración (F.) en moneda extranjera
Vasall (M.) vasallo (M.)
Vater (M.) padre (M.)
Vaterland (N.) patria (F.)
väterlich paterno
väterliche Gewalt (F.) poder (M.) paterno
Vaterschaft (F.) paternidad (F.)
Vaterschaftsanerkennung (F.) reconocimiento (M.) de la paternidad
Vaterschaftsfeststellung (F.) declaración (F.) de paternidad, investigación (F.) de paternidad
Vaterschaftsklage (F.) acción (F.) de filiación
Vaterschaftsurlaub (M.) permiso (M.) de paternidad
Vatikan (M.) Vaticano
venire contra factum propium (lat.) (eigenem Handeln zuwiderhandeln) ir contra sus actos propios
verabreden convenir, acordar, concertar
Verabredung (F.) convenio (M.), acuerdo (M.), concertación (F.)
Verabredung (F.) zu einer Straftat conspiración (F.) criminal
verabschieden aprobar, dictar, licenciar
verächtlich despreciable
verächtlichmachen ultrajar
Verächtlichmachung (F.) descrédito (M.)
verändern modificar, alterar, cambiar
Veränderung (F.) modificación (F.), alteración (F.), mutación (F.)
Veränderungssperre (F.) suspensión (F.) del otorgamiento de licencias de edificación
veranlagen estimar, tasar, evaluar
Veranlagung (F.) evaluación (F.), estimación (F.), liquidación (F.), tasación (F.)
Veranlagungsstelle (F.) ente (M.) de tasación
Veranlagungsteuer (F.) impuesto (M.) de evaluación
verantwortlich responsable (Adj.), garante (Adj.)
Verantwortlichkeit (F.) responsabilidad (F.)
Verantwortung (F.) responsabilidad (F.)
verarbeiten transformar, elaborar
Verarbeitung (F.) transformación (F.), elaboración (F.)
veräußern enajenar, traspasar, alienar
Veräußerung (F.) enajenación (F.), traspaso (M.), alienación (F.)
Veräußerungsverbot (N.) prohibición (F.) de enajenar
verbal verbal
Verbalinjurie (F.) injuria (F.) verbal, ofensa (F.) de palabra
Verband (M.) asociación (F.), gremio (M.), federación (F.), mancomunidad (F.)
Verbandsanmeldung (F.) solicitud (F.) convencional
Verbandsinteresse (N.) interés (M.) colectivo
Verbandsleitung (F.) dirección (F.) de la asociación
Verbandswesen (N.) gremialismo (M.), asociacionismo (M.)
verbannen desterrar, extrañar, exilar
Verbannung (F.) destierro (M.), exilio (M.), extrañamiento (M.)
verbergen ocultar
verbessern mejorar, enmendar, perfeccionar, corregir
Verbesserung (F.) mejora (F.), mejoramiento (M.), enmienda (F.), perfeccionamiento (M.), corrección (F.)

verbieten prohibir, interdecir, proscribir
verbinden unir, acumular, ligar, asociar, anexar
verbindlich obligatorio, obligacional, vinculante
Verbindlichkeit (F.) obligación (F.), vinculatoriedad (F.), obligatoriedad (F.), débito (M.)
Verbindlichkeiten (F.Pl.) obligaciones (F. Pl.), débitos (M.Pl.), valores (M.Pl.) negativos
Verbindung (F.) unión (F.), conexión (F.), asociación (F.), acumulación (F.), corporación (F.)
verborgen oculto
verborgener Mangel (M.) defecto (M.) oculto, vicio (M.) oculto
Verbot (N.) prohibición (F.), interdicción (F.), proscripción (F.)
verboten prohibido
verbotene Eigenmacht (F.) autoridad (F.) propia prohibida
Verbotsgesetz (N.) ley (F.) prohibitiva
Verbotsirrtum (M.) error (M.) de prohibición, error (M.) de derecho
Verbrauch (M.) consumo (M.), consumición (F.), gasto (M.)
verbrauchbar consumible
verbrauchbare Sache (F.) cosa (F.) consumible, bien (M.) consumible
verbrauchen consumir, gastar
Verbraucher (M.) consumidor (M.)
Verbraucherdarlehen (N.) préstamo (M.) de consumo, préstamo (M.) al consumidor, préstamo (M.) personal, crédito (M.) al consumador
Verbrauchergenossenschaft (F.) cooperativa (F.) de consumo
Verbraucherinformation (F.) información (F.) para consumidores
Verbraucherkredit (M.) crédito (M.) de consumo, crédito (M.) al consumidor
Verbraucherkreditgeschäft (N.) venta (F.) a plazos
Verbraucherpreisindex (M.) índice (M.) de precios al consumo, índice (M.) de precios al consumidor
Verbraucherrecht (N.) derecho (M.) del consumidor
Verbraucherschutz (M.) protección (F.) de los consumidores, tutela (F.) de los consumidores
Verbraucherschutzgesetz (N.) ley (F.) de protección de los consumidores
Verbraucherschutzrichtlinie (F.) directiva (F.) de defensa de los consumidores y usuarios
Verbrauchsgut (N.) bien (M.) de consumo
Verbrauchsgut (N.) bien (M.) de consumo inmediato, bien (M.) por el consumidor final
Verbrauchsgüterkauf (M.) compra (F.) de bienes de consumo, compra (F.) de bienes por el consumidor final
Verbrauchsteuer (F.) impuesto (M.) al consumo, impuesto (M.) sobre el gasto, impuesto (M.) de usos y consumos
Verbrechen (N.) crimen (M.), delito (M.), delito (M.) grave
Verbrecher (M.) criminal (M.), delincuente (M.)
verbrecherisch criminal (Adj.), delincuente (Adj.)
verbriefen incorporar, garantizar por escrito, literalizar
Verbund (M.) interconexión (F.)
verbürgen afianzar, cautionar
verbüßen purgar, expiar, cumplir
Verdacht (M.) sospecha (F.), suspición (F.)
verdächtig sospechoso (Adj.)
verdächtigen sospechar
Verdächtiger (M.) sospechoso (M.)
Verdächtigung (F.) suspición (F.), sospecha (F.)
Verdachtsstrafe (F.) pena (F.) indiciaria, pena (F.) de sospecha
verdienen ganar, devengar
Verdienst (M.) salario (M.), ganancia (F.)
Verdienst (N.) mérito (M.)
Verdienstausfall (M.) pérdida (F.) de ganancias
verdingen alquilar, colocar
Verdingung (F.) adjudicación (F.), destajo (M.)
Verdingungsordnung (F.) für Bauleistungen (VOB) reglamento (M.) de contratación de obras
verdunkeln encubrir
Verdunkelung (F.) confabulación (F.)
Verdunkelungsgefahr (F.) sospecha (F.) de maniobras obstaculizadas, riesgo (M.) de entorpecimiento de la labor de la justicia
vereidigen juramentar, tomar juramento
Vereidigung (F.) juramento (M.), juramentación (F.)
Verein (M.) sociedad (F.), asociación (F.), unión (F.), entidad (F.)

vereinbaren ponerse de acuerdo, paccionar, convenir, prorrogar, estipular
Vereinbarkeit (F.) compatibilidad (F.)
Vereinbarung (F.) acuerdo (M.), convenio (M.), contrato (M.), arreglo (M.), prorrogación (F.), estipulación (F.)
vereinbarungsgemäß según convenido
vereinen unir, reunir, juntar
vereinfachen simplificar
vereinigen asociar, unir, coligar
vereinigt unido
Vereinigte Staaten von Amerika (M.Pl.) (USA) Estados Unidos de América (EE UU)
Vereinigung (F.) fusión (F.), entidad (F.), asociación (F.), unión (F.)
Vereinigungsfreiheit (F.) libertad (F.) asociativa, libertad (F.) de asociación
Vereinsfreiheit (F.) libertad (F.) asociativa, libertad (F.) de asociación
Vereinsrecht (N.) derecho (M.) de asociación
Vereinsregister (N.) registro (M.) de asociaciones
Vereinssatzung (F.) estatutos (M.Pl.) de una sociedad, estatutos (M.Pl.) de la asociación
Vereinsvorstand (M.) directiva (F.) de asociación
Vereinte Nationen (F.Pl.) (UNO) Naciones Unidas (ONU)
vereiteln desbaratar
Vereitelung (F.) desbaratamiento (M.), impedimento (M.)
vererben heredar, legar, dejar
vererblich heredable
Verfahren (N.) procedimiento (M.), proceso (M.), juicio (M.), enjuiciamiento (M.)
verfahren (V.) proceder
Verfahrensbeteiligter (M.) partícipe (M.) del proceso, sujeto (M.) procesal
Verfahrensgebühr (F.) tasa (F.) de procedimiento
Verfahrensgrundsatz (M.) principio (M.) de procedimiento
Verfahrensmangel (M.) defecto (M.) de procedimiento, error (M.) in procedendo (lat.)
Verfahrenspflegschaft (F.) curatela (F.) procedimental
Verfahrensrecht (N.) derecho (M.) procesal
verfahrensrechtlich procesal, jurídico-procesal
Verfahrensverschleppung (F.) dilación (F.) inmotivada del proceso, retardo (M.) procesal
Verfahrensvorschrift (F.) norma (F.) procedimental, norma (F.) de tramitación
Verfall (M.) decaimento (M.), vencimiento (M.)
verfallen (V.) expirar, caducar, caerse
Verfallsklausel (F.) cláusula (F.) de caducidad, lex (F.) comisoria (lat.)
Verfallspfand (N.) prenda (F.) de caducidad
verfassen constituir
Verfasser (M.) autor (M.), redactor (M.)
Verfassung (F.) constitución (F.), código (M.) fundamental
Verfassungsänderung (F.) cambio (M.) de la constitución, modificación (F.) constitucional
Verfassungsauftrag (M.) mandato (M.) constitucional
Verfassungsbeschwerde (F.) recurso (M.) de amparo constitucional, demanda (F.) constitucional
verfassungsfeindlich anticonstitucional
Verfassungsgarantie (F.) garantía (F.) constitucional
verfassungsgemäss constitucional
Verfassungsgericht (N.) tribunal (M.) constitucional, tribunal (M.) de garantías constitucionales
Verfassungsgeschichte (F.) historia (F.) constitucional
Verfassungsgrundsatz (M.) principio (M.) constitucional, principio (M.) de la constitución
verfassungskonform de conformidad con la constitución
Verfassungskontrolle (F.) intervención (F.) formal
verfassungsmäßig constitucional
verfassungsmäßige Ordnung (F.) orden (M.) constitucional, ordenamiento (M.) constitucional
Verfassungsmäßigkeit (F.) constitucionalidad (F.)
Verfassungsorgan (N.) órgano (M.) constitucional
Verfassungsprinzip (N.) principio (M.) constitucional
Verfassungsprozess (M.) procedimiento (M.) constitucional
Verfassungsrecht (N.) derecho (M.) constitucional, derecho (M.) constituyente

Verfassungsschutz (M.) defensa (F.) de la constitución, protección (F.) de la constitución
Verfassungsstreitigkeit (F.) conflicto (M.) constitucional
Verfassungsurkunde (F.) carta (F.) constitucional, carta (F.) fundamental
Verfassungsverstoß (M.) contrafuero (M.)
verfassungswidrig inconstitucional, anticonstitucional, contrario (Adj.) a la constitución
Verfassungswidrigkeit (F.) inconstitucionalidad (F.), anticonstitucionalidad (F.), contrafuero (M.)
verfolgen proseguir, perseguir, reprimir
Verfolgung (F.) persecución (F.), prosecución (F.)
Verfolgungsverjährung (F.) prescripción (F.) de la persecución penal
Verfrachter (M.) porteador (M.), cargador (M.), fletante (M.)
Verfristung (F.) preclusion (F.), extemporaneidad (F.)
verfügbar disponible, liquido
verfügen ordenar, decretar, mandar, disponer
Verfügung (F.) disposición (F.), instrucción (F.), orden (F.), mando (M.), mandamiento (M.), recurso (M.)
Verfügung (F.) eines Nichtberechtigten disposición (F.) de un no titular
Verfügung von Todes wegen (F.) acto (M.) mortis causa (lat.)
Verfügungsbefugnis (F.) capacidad (F.) dispositiva, poder (M.) de disposición
Verfügungsbeschränkung (F.) limitación (F.) de disponer, inhibitoria (F.)
Verfügungsgeschäft (N.) negocio (M.) de disposición
Verfügungsverbot (N.) prohibición (F.) de disponer, interdicción (F.) de quiebra
verführen seducir, corromper
Verführung (F.) seducción (F.), estupro (M.),corrupción (F.) de menores, perversión (F.) de menores
Vergaberichtlinie (F.) directiva (F.) de contratación
Vergabeverfahren (N.) proceso (M.) de adjudicación, procedimiento (M.) de contratación
Vergehen (N.) delito (M.), delito (M.) simple, falta (F.)
vergehen (sich) abusar
vergelten remunerar, recompensar, tomar represalias
Vergeltung (F.) retribución (F.), represalias (F.Pl.), retorsión (F.)
vergesellschaften colectivar, socializar
Vergesellschaftung (F.) colectivización (F.), socialización (F.)
vergewaltigen violentar, violar
Vergewaltigung (F.) violencia (F.) carnal, violación (F.) de mujer
vergiften envenenar, intoxicar
Vergiftung (F.) envenenamiento (M.), intoxicación (F.)
Vergleich (M.) comparación (F.), arreglo (M.), ajuste (M.), avenencia (F.), transacción (F.), conciliación (F.)
vergleichen (sich) comparar, allanar(se), avenir(se)
Vergleichsordnung (F.) ley (F.) de transacción
Vergleichsverfahren (N.) procedimiento (M.) conciliatorio, juicio (M.) de conciliación
vergüten bonificar, remunerar, recompensar, indemnizar
Vergütung (F.) remuneración (F.), bonificación (F.), recompensación (F.)
Vergütungsanspruch (M.) pretensión (F.) de bonificación
verhaften detener, retener, prender, arrestar
Verhaftung (F.) detención (F.), prendimiento (M.)
Verhalten (N.) comportamiento (M.), conducta (F.), actuación (F.)
verhalten (V.) (sich) portar(se), conducir(se)
Verhältnis (N.) relación (F.), proporción (F.)
verhältnismäßig proporcional
Verhältnismäßigkeit (F.) proporcionalidad (F.)
Verhältniswahl (F.) elección (F.) proporcional, representación (F.) proporcional
Verhältniswahlsystem (N.) sistema (M.) electoral proporcional, sistema (M.) electoral minoritario
verhandeln tratar, negociar, ver
Verhandlung (F.) negociación (F.), trato (M.), juicio (M.), audición (F.), discusión (F.), vista (F.)
verhandlungsfähig capaz para el juicio
Verhandlungsfähigkeit (F.) negociabilidad (F.), capacidad (F.) para el juicio

Verhandlungsgebühr (F.) derechos (M. Pl.) de debates
Verhandlungsgrundsatz (M.) máxima (F.) del juicio procesal
verhängen imponer, inflingir, decretar
Verhängung (F.) imposición (F.), aplicación (F.)
verharmlosen minimizar, desdramatizar
Verharmlosung (F.) minimazión (F.)
verherrlichen glorificar, ensalzar
Verherrlichung (F.) glorificación (F.), ensalzamiento (M.)
verhindern inhibir
Verhinderung (F.) inhibición (F.)
Verhör (N.) interrogatorio (M.), compelación (F.)
verhören interrogar, tomar declaración
verhüten prevenir, evitar
Verhütung (F.) prevención (F.), profilaxis (F.), evitación (F.)
Verhütungsmittel (N.) medida (F.) preventiva
verjähren prescribir
Verjährung (F.) prescripción (F.)
Verjährungsfrist (F.) plazo (M.) precriptivo, término (M.) de prescripción
Verkauf (M.) venta (F.), salida (F.)
verkaufen vender, dar salida
Verkäufer (M.) vendedor (M.), parte (F.) vendedora
Verkaufskommission (F.) comisión (F.) para vender, comisión (F.) de venta
Verkehr (M.) circulación (F.), tráfico (M.), trato (M.)
verkehren comerciar, circular, transitar
Verkehrsdelikt (N.) delito (M.) de la circulación, infracción (F.) a la circulación de vehículos
Verkehrsgefährdung (F.) perturbación (F.) de la circulación
Verkehrsgeschäft (N.) negocio (M.) del tráfico
Verkehrshypothek (F.) hipoteca (F.) ordinaria, hipoteca (F.) de tráfico
Verkehrsmittel (N.) medio (M.) de circulación, medio (M.) de transporte
Verkehrsnetz (N.) red (F.) de comunicaciones
Verkehrsordnungswidrigkeit (F.) infracción (F.) administrativo de tráfico
Verkehrspolizei (F.) policía (F.) del tráfico
Verkehrsrecht (N.) derecho (M.) de tráfico, derecho (M.) de la circulación, derecho (M.) de visita
Verkehrssicherheit (F.) seguridad (F.) del tráfico, seguridad (F.) vial
Verkehrssicherungspflicht (F.) deber (M.) de garantizar la seguridad del tráfico
Verkehrssitte (F.) costumbre (M.) del lugar, usos (M.Pl.) del tráfico
Verkehrsstrafrecht (N.) derecho (M.) penal de tráfico
Verkehrsteuer (F.) impuesto (M.) de derechos reales, impuesto (M.) de circulación
Verkehrsunfall (M.) accidente (M.) de tráfico, accidente (M.) de circulación
Verkehrsunfallflucht (F.) huida (F.) del lugar del accidente, fuga (F.) después de accidente de tráfico
Verkehrsvorschrift (F.) regla (F.) de circulación
Verkehrswert (M.) valor (M.) comercial, valor (M.) de venta
Verkehrswirtschaft (F.) industria (F.) de transportes, economía (F.) de transportes
Verkehrszeichen (N.) señal (F.) del tráfico, señal (F.) de circulación
verklagen demandar, accionar
Verklappung (F.) vertimiento (M.)
verklaren hacer protesta
Verklarung (F.) protesta (F.) de mar, protesta (F.) del capitán
verkünden proclamar, promulgar, comunicar, publicar, dictar
Verkündung (F.) proclamación (F.), comunicación (F.), publicación (F.), pronunciamiento (M.), promulgación (F.)
Verkündungstermin (M.) vista (F.)
verladen (V.) expedir, embarcar, cargar
Verladeschein (M.) boleta (F.) de expedición
Verlag (M.) editorial (F.)
Verlagsrecht (N.) derecho (M.) editorial
verlagsrechtlich de derecho editorial
Verlagsvertrag (M.) contrato (M.) editorial, contrato (M.) de edición
verlängern prorrogar, prolongar, renovar
verlängert prolongado
Verlängerung (F.) prórroga (F.), ampliación (F.), prolongación (F.), renovación (F.)
verlassen (V.) salir, abandonar, desamparar
Verlassenschaft (F.) herencia (F.), sucesión (F.), masa (F.) hereditaria

verlautbaren publicar, promulgar, comunicar
verlegen (V.) editar
Verleger (M.) editor (M.)
verleihen prestar, dar prestado, premiar, galardonar
Verleihung (F.) concesión (F.), concesión (F.)
verleiten inducir
Verleitung (F.) inducción (F.)
verlesen (V.) leer
verletzen herir, lesionar, violar, infringir
Verletzter (M.) accidentado (M.), lesionado (M.)
Verletzung (F.) herida (F.), lesión (F.), violación (F.), infracción (F.)
Verletzungsdelikt (N.) delito (M.) de lesiones
verleumden difamar, detractar
Verleumder (M.) difamador (M.), detractor (M.)
Verleumdung (F.) difamación (F.), detracción (F.)
verlieren perder
verloben (sich) prometer(se), desposar(se)
Verlöbnis (N.) esponsales (M.Pl.), esponsalias (F.Pl.), promesa (F.) matrimonial
Verlobte (F.) novia (F.)
Verlobter (M.) novio (M.)
Verlobung (F.) esponsales (M.Pl.), esponsalias (F.Pl.), promesa (F.) matrimonial
Verlust (M.) pérdida (F.), déficit (M.), quebranto (M.)
Verlustzuweisung (F.) pérdida (F.) transferible para amortización
vermachen legar, testar, dejar
Vermächtnis (N.) legado (M.) (2)
Vermächtnisnehmer (M.) legatario (M.), heredero (M.) singular
vermählen casar (V.) (2)
Vermählung (F.) casamiento (M.), nupcias (F.Pl.)
vermeidbar evitable, vencible
vermeiden evitar, prevenir
Vermeidung (F.) evitación (F.)
vermeintlich putativo
vermengen confundir
Vermengung (F.) confusión (F.)
Vermerk (M.) nota (F.), informe (M.), notación (F.)
vermessen (V.) medir, mensurar
Vermessung (F.) medición (F.), mensura (F.)
vermieten alquilar, arrendar
Vermieter (M.) arrendador (M.), dueño (M.), alquilador (M.)
Vermieterpfand (N.)
Vermieterpfandrecht (N.) derecho (M.) de prenda del arrendador, embargo (M.) arrendaticio
Vermietung (F.) arriendo (M.), alquiler (M.), locación (F.)
vermindern reducir, disminuir, minorar
vermindert reducido
Verminderung (F.) reducción (F.), disminución (F.)
vermischen confundir
Vermischung (F.) confusión (F.)
vermitteln negociar, promediar, mediar, intervenir
Vermittler (M.) mediador (M.), intermediario (M.)
Vermittlung (F.) mediación (F.), intervención (F.)
Vermittlungsausschuss (M.) comisión (F.) de conciliación, comité (M.) intermediador
Vermittlungsprovision (F.) comisión (F.) de mediación, corretaje (M.)
Vermittlungsverfahren (N.) procedimiento (M.) de mediación
Vermögen (N.) patrimonio (M.), propiedades (F.Pl.)
Vermögensbildung (F.) difusión (F.) de la propiedad, formación (F.) de capital
Vermögensdelikt (N.) delito (M.) patrimonial
Vermögensnachteil (M.) daño (M.) patrimonial
Vermögenspflegschaft (F.) guardaduría (F.)
Vermögensrecht (N.) derecho (M.) patrimonial
Vermögensschaden (N.) daño (M.) patrimonial, perjuicio (M.) patrimonial
Vermögenssorge (F.) guarda (F.) de los bienes del hijo
Vermögensstrafe (F.) pena (F.) patrimonial
Vermögensteuer (F.) impuesto (M.) patrimonial, impuesto (M.) sobre el patrimonio
Vermögensübernahme (F.) asunción (F.) de patrimonio
Vermögensverfall (M.) ruina (F.) patrimonial
Vermögensverwalter (M.) administrador (M.), administrador (M.) de bienes
Vermögensverwaltung (F.) administración (F.) patrimonial, gestión (F.) de patrimonio

Vermögensverzeichnis (N.) inventario (M.), inventario (M.) total de un patrimonio
Vermögensvorteil (M.) ventaja (F.) patrimonial, ventaja (F.) económica
vermummen disfrazar
vermuten presumir, suponer
vermutlich probable, presunto (Adj.)
Vermutung (F.) presunción (F.), suposición (F.)
vernachlässigen descuidar, abandonar, despreciar
Vernachlässigung (F.) negligencia (F.), abandono (M.)
vernehmen interrogar, examinar, oír
Vernehmung (F.) interrogatorio (M.), entrevista (F.), examen (M.)
Vernunft (F.) razón (F.)
vernünftig razonable, sensato
Vernunftordnung (F.) orden (M.) de la razón
veröffentlichen publicar, promulgar
Veröffentlichung (F.) publicación (F.), promulgación (F.)
verordnen ordenar, decretar, estatuir
Verordnung (F.) orden (M.), ordenanza (F.), reglamento (M.), decreto (M.)
verpachten arrendar, dar en arriendo
Verpächter (M.) arrendador (M.), alquilador (M.)
Verpachtung (F.) arrendación (F.), locación (F.)
verpacken embalar, empaquetar
Verpackung (F.) embalaje (M.)
verpfänden pignorar, empeñar, dar en prenda
Verpfänder (M.) pignorante (M.), deudor (M.) prendario
Verpfändung (F.) pignoración (F.), empeño (M.), prendamiento (M.)
verpflichten obligar, ligar, comprometer(se)
Verpflichteter (M.) obligado (M.)
Verpflichtung (F.) obligación (F.), deber (M.), obligatoriedad (F.), débito (M.)
Verpflichtungsgeschäft (N.) negocio (M.) de obligación, negocio (M.) obligacional
Verpflichtungsklage (F.) acción (F.) de obligación
Verrat (M.) traición (F.), felonía (F.)
verraten (V.) traicionar
Verräter (M.) traidor (M.), traicionero (M.)
verräterisch traidor (Adj.), traicionero (Adj.)
verrechnen saldar, compensar, canjear
Verrechnung (F.) compensación (F.), liquidación (F.), canje (M.)
Verrechnungsscheck (M.) cheque (M.) cruzado, cheque (M.) para contabilidad, cheque (M.) de compensación
verrichten cumplir, ejecutar
Verrichtung (F.) cumplimiento (M.)
Verrichtungsgehilfe (M.) encargado (M.) de un asunto
verrucht infame, abyecto
Verruf (M.) descrédito (M.), desprestigio (M.)
versagen denegar
Versagung (F.) denegación (F.)
versammeln reunir, juntar, concurrir
Versammlung (F.) asamblea (F.), reunión (F.), junta (F.)
Versammlung (F.) der Europäischen Union Asamblea (F.) de la Unión Europea
Versammlungsfreiheit (F.) libertad (F.) de reunión
Versammlungsgesetz (N.) ley (F.) de asambleas
Versammlungsrecht (N.) derecho (M.) a asociarse, derecho (M.) de reunión
Versammlungsverbot (N.) interdicción (F.) de reunión
Versand (M.) envío (M.), expedición (F.), despacho (M.)
Versandhandel (M.) venta (F.) por correspondencia, venta (F.) postal
Versandhaus (N.) casa (F.) expedidora
versäumen descuidar, no observar el plazo
Versäumnis (N.) falta (F.), pérdida (F.), negligencia (F.), rebeldía (F.), contumacia (F.)
Versäumnisurteil (N.) sentencia (F.) en rebeldía, sentencia (F.) contumacial
Versäumnisverfahren (N.) proceso (M.) contumacial
Versäumung (F.) rebeldía (F.), contumacia (F.)
verschaffen procurar, obtener, suministrar
Verschaffung (F.) obtención (F.)
Verschaffungsvermächtnis (N.) legado (M.) (2) de cosa ajena, legado (M.) (2) de suministro
verschärfen endurecer
verschenken dar, regalar
verschieben diferir, dilatar, aplazar
verschiffen embarcar, expedir
verschleiern velar, encubrir, ocultar
verschleppen secuestrar, detener

Verschleppung (F.) secuestro (M.), abducción (F.), detención (F.), dilación (F.)
verschleudern dilapidar, malbaratar, disipar
Verschleuderung (F.) dilapidación (F.), disipación (F.)
verschließen cerrar
Verschluss (M.) cierre (M.), precinto (M.)
verschmelzen fusionar
Verschmelzung (F.) fusión (F.)
verschollen desaparecido (Adj.)
Verschollenheit (F.) desaparición (F.), desaparecimiento (M.)
Verschulden (N.) culpa (F.), deuda (F.)
verschulden (sich) endeudar(se), ser (V.) culpable
verschulden (verursachen) causar
Verschuldenshaftung (F.) responsabilidad (F.) subjetiva, responsabilidad (F.) por culpa
Verschuldensprinzip (N.) principio (M.) de culpa, principio (M.) de culpabilidad
Verschuldung (F.) endeudamiento (M.), adeudo (M.)
Verschuldung (F.) endeudamiento (M.), adeudo (M.)
verschwägert afín
Verschwägerung (F.) afinidad (F.)
Verschweigen (N.) reticencia (F.), silencio (M.), ocultación (F.)
verschweigen suprimir, silenciar
Verschweigung (F.) retinencia (F.), ocultación (F.), supresión (F.)
verschwenden prodigar, disipar, despender, dilapidar
Verschwendung (F.) dilapidación (F.), disipación (F.), dispendio (M.)
verschwiegen discreto, reservado
Verschwiegenheit (F.) discreción (F.)
Verschwiegenheitspflicht (F.) deber (M.) de secreto, obligación (F.) de silencio
verschwören (sich) conspiar, confabular(se)
Verschwörer (M.) conspirador (M.), conjurado (M.)
Verschwörung (F.) conspiración (F.), complot (M.)
Versehen (N.) error (M.), descuido (M.)
versehen (V.) proveer
versehren mutilar
versenden enviar, mandar, expedir
Versender (M.) expedidor (M.), comitente (M.)
Versendung (F.) envío (M.), expedición (F.), despacho (M.)
Versendungskauf (M.) venta (F.) por correspondencia
versetzen trasladar, destinar, empeñar
Versetzung (F.) traslado (M.), traslación (F.), cambio (M.) de destino
Versicherer (M.) asegurador (M.)
versichern (sich) afirmar, aseverar, asegurar(se), tomar su seguro
versichert asegurado (Adj.)
Versicherung (F.) an Eides statt afidávit (M.), declaración (F.) jurada
Versicherung (F.) seguro (M.), aseguro (M.)
Versicherungsaufsicht (F.) inspección (F.) de seguros, control (M.) de seguros
Versicherungsbedingung (F.) condición (F.) del seguro, cláusula (F.) de seguros
Versicherungsbetrug (M.) fraude (M.) aseguratorio, fraude (M.) al seguro
Versicherungsfall (M.) situación (F.) de siniestro, contingencia (F.) asegurada
Versicherungsgesellschaft (F.) sociedad (F.) de seguros, sociedad (F.) aseguradora, compañía (F.) de seguros
Versicherungskarte (F.) tarjeta (F.) del seguro, documento (M.) de seguridad social
Versicherungsnehmer (M.) asegurado (M.), suscritor (M.) de seguro
Versicherungspflicht (F.) seguro (M.) obligatorio, obligación (F.) aseguradora
Versicherungspolice (F.) póliza (F.) de seguro
Versicherungsprämie (F.) prima (F.) de seguro, premio (M.) de seguro
Versicherungsrecht (N.) derecho (M.) de seguros
Versicherungsschein (M.) certificado (M.) de seguro
Versicherungssumme (F.) suma (F.) asegurada, cantidad (F.) asegurada
Versicherungsteuer (F.) impuesto (M.) de seguros, impuesto (M.) sobre primas
Versicherungsträger (M.) asegurador (M.), organismo (M.) asegurador
Versicherungsurkunde (F.) certificado (M.) de seguro, póliza (F.)
Versicherungsverein (M.) sociedad (F.) de seguros, compañía (F.) aseguradora
Versicherungsvertrag (M.) contrato (M.) de seguro

Versicherungsvertreter (M.) agente (M. bzw. F.) de seguros
Versicherungszwang (M.) obligación (F.) de asegurarse, seguro (M.) obligatorio
versiegeln sellar
Versiegelung (F.) sellado (M.)
versitzen perder por prescripción
Versitzung (F.) prescripción (F.)
versorgen proveer, abastar
Versorgung (F.) provisión (F.), abastecimiento (M.)
Versorgungsausgleich (M.) pensión (F.) compensatoria
Versprechen (N.) promesa (F.), promisión (F.)
versprechen prometer
Versprechensempfänger (M.) promisario (M.)
verstaatlichen estatificar, nacionalizar
Verstaatlichung (F.) estatización (F.), nacionalización (F.)
verstecken ocultar, esconder
Versteigerer (M.) subastador (M.), subastero (M.)
versteigern subastar, rematar, almonedar
Versteigerung (F.) subasta (F.), venta (F.) en remate, almoneda (F.)
versterben morir, fallecer
verstorben difunto (Adj.), fallecido (Adj.)
Verstoß (M.) quebrantamiento (M.), infracción (F.)
verstoßen repudiar, contravenir, romper
verstricken (sich) enredar(se)
Verstrickung (F.) vinculación (F.)
Verstrickungsbruch (M.) defraudación (F.) prendaria, sustracción (F.) de cosa propia
verstümmeln mutilar
Verstümmelung (F.) mutilación (F.)
Versuch (M.) tentativa (F.), conato (M.)
versuchen intentar, probar
vertagen aplazar, prorrogar, diferir
Vertagung (F.) aplazamiento (M.), prórroga (F.), suspensión (F.)
verteidigen defender, amparar
Verteidiger (M.) defensor (M.), abogado (M.) defensor
Verteidigung (F.) defensa (F.), patrocinio (M.), defensión (F.)
Verteidigungsfall (M.) estado (M.) de defensa
Verteidigungsnotstand (M.) estado (M.) de necesidad defensivo
verteilen distribuir, repartir, erogar
Verteilung (F.) distribución (F.)
vertiefen profundar
Vertiefung (F.) profundación (F.)
vertikal vertical (Adj.)
Vertrag (M.) contrato (M.), acuerdo (M.), tratado (M.)
Vertrag (M.) mit Schutzwirkung für Dritte contrato (M.) con carácter protector para personas terceras
Vertrag (M.) von Lissabon tratato (M.) de Lisboa
Vertrag (M.) zu Gunsten Dritter contrato (M.) a favor de terceros, contrato (M.) en beneficio de terceros
Vertrag (M.) zu Lasten Dritter estipulación (F.) a cargo de tercero
vertraglich convencional, contractual
vertragsähnlich cuasicontractual (Adj.)
Vertragsauslegung (F.) interpretación (F.) de contrato
Vertragsbestandteil (M.) elemento (M.) de contrato
Vertragsbruch (M.) violación (F.) contractual, violación (F.) de contrato
Vertragsfreiheit (F.) libertad (F.) contractual, libertad (F.) estipulatoria
Vertragshändler (M.) vendedor (M.) autorizado, concesionario (M.)
Vertragspartner (M.) contratante (M.), parte (F.) de un contrato
Vertragspflicht (F.) obligación (F.) contractual
Vertragsrecht (N.) derecho (M.) contractual, derecho (M.) del contrato
vertragsschließende Partei (F.) contratante (M.), contrayente (M.), estipulante (M.)
Vertragsschluss (M.) contratación (F.), conclusión (F.) del contrato
Vertragsstrafe (F.) pena (F.) convencional, pena (F.) contractual
Vertragsunterzeichnung (F.) firma (F.) de un contrato
Vertragsurkunde (F.) instrumento (M.) contractual, escritura (F.) de convenio
Vertragsverhältnis (N.) relación (F.) contractual
Vertragsverlängerung (F.) reconducción (F.), prórroga (F.) de contrato
Vertragsverletzung (F.) violación (F.) contractual, infracción (F.) contractual

Vertrauen (N.) confianza (F.), fe (F.), crédito (M.)
vertrauen confiar, tener confianza
Vertrauensarzt (M.) médico-inspector (M.)
Vertrauensbruch (M.) abuso (M.) de confianza, indiscreción (F.)
Vertrauensfrage (F.) cuestión (F.) de confianza
Vertrauensgrundsatz (M.) principio (M.) de confianza
Vertrauensinteresse (N.) intereses (M.Pl.) de confianza
Vertrauensschaden (N.) interés (M.) de la confianza, daño (M.) negativo
Vertrauensschutz (M.) protección (F.) de la confianza, salvaguardia (F.) de la confianza
Vertrauensstellung (F.) cargo (M.) de confianza
Vertrauensvotum (N.) voto (M.) de confianza
vertraulich confidencial, secreto (Adj.), familiar (Adj.)
Vertraulichkeit (F.) confidencialidad (F.), discreción (F.)
vertreiben expulsar, echar, arrojar, distribuir
Vertreibung (F.) expulsión (F.)
vertretbar fungible, reemplazable, justificable
vertretbare Sache (F.) cosa (F.) fungible, cosa (F.) representable
vertreten (V.) representar, suplir, sustituir
Vertretenmüssen (N.) responsabilidad (F.) obligada, responsabilidad (F.) obligatoria
Vertreter (M.) ohne Vertretungsmacht representante (M. bzw. F.) sin poder de representación
Vertreter (M.) representante (M.), delegado (M.), encargado (M.)
Vertreterprovision (F.) comisión (F.) de agente
Vertretung (F.) representación (F.), procuraduría (F.), sustitución (F.)
Vertretungsmacht (F.) poder (M.) de representación
Vertretungsmandat (N.) mandato (M.) representativo
Vertretungszwang (M.) representación (F.) forzosa
Vertrieb (M.) distribución (F.), despacho (M.), venta (F.)
Vertriebener (M.) desplazado (M.), expulsado (M.)
Vertriebsrecht (N.) derecho (M.) de comercialización
verüben cometer
verunglimpfen denigrar, vilipendiar
veruntreuen defraudar, malversar, desfalcar
Veruntreuung (F.) defraudación (F.), malversación (F.), desfalco (M.)
verursachen causar, provocar, ocasionar, inferir
Verursacher (M.) sujeto (M.) causante, causante (M.)
Verursachung (F.) causación (F.)
verurteilen condenar, sentenciar
Verurteilter (M.) condenado (M.), juzgado (M.), reo convicto (M.)
Verurteilung (F.) condena (F.), condenación (F.)
vervielfältigen reproducir
Vervielfältigung (F.) reproducción (F.)
verwahren custodiar, guardar, recoger
Verwahrer (M.) depositario (M.), consignatario (M.)
Verwahrlosung (F.) situación (F.) de abandono, desamparo (M.)
Verwahrung (F.) custodia (F.), depósito (M.)
Verwahrungsbruch (M.) violación (F.) de depósito
Verwahrungsvertrag (M.) contrato (M.) de depósito
verwalten administrar
Verwalter (M.) administrador (M.), curador (M.), somisario (M.)
Verwaltung (F.) administración (F.)
Verwaltungsakt (M.) acto (M.) administrativo
Verwaltungsbehörde (F.) autoridad (F.) administrativa, organismo (M.) administrativo
Verwaltungsgebühr (F.) tasa (F.) administrativa, tasa (F.) de administración
Verwaltungsgemeinschaft (F.) comunidad (F.) administrativa, comunidad (F.) de administración
Verwaltungsgericht (N.) tribunal (M.) administrativo, tribunal (M.) contencioso-administrativo
Verwaltungsgerichtsbarkeit (F.) jurisdicción (F.) administrativa, justicia (F.) administrativa
Verwaltungsgerichtsgesetz (N.) ley (F.) de la jurisdicción contencioso-administrativa, ley (F.) reguladora de la jurisdicción contencioso-administrativa

Verwaltungsgerichtshof (M.) (Verwaltungsgerichtshof in Deutschland) tribunal (M.) superior administrativo, corte (F.) contencioso-administrativa
Verwaltungsgerichtsordnung (F.) ordenanza (F.) de procedimiento administrativo
Verwaltungshandeln (N.) acción (F.) administrativa, hechos (M.Pl.) administrativos
Verwaltungsjurist (M.) oficial (M.) letrado
Verwaltungskosten (F.Pl.) gastos (M.Pl.) de administración, gastos (M.Pl.) de dirección
Verwaltungslehre (F.) ciencia (F.) de la administración, teoría (F.) administrativa
Verwaltungsprozess (M.) proceso (M.) administrativo
Verwaltungsprozessrecht (N.) derecho (M.) contencioso-administrativo, derecho (M.) procesal administrativo
Verwaltungsrat (M.) consejo (M.) administrativo
Verwaltungsrecht (N.) derecho (M.) administrativo, derecho (M.) de administración
Verwaltungsreform (F.) reforma (F.) administrativa
Verwaltungsträger (M.) órgano (M.) administrativo, órgano (M.) de administración
Verwaltungstreuhand (F.) administración (F.) fiduciaria
Verwaltungsunrecht (N.) ilícito (M.) administrativo
Verwaltungsverfahren (N.) juicio (M.) administrativo, procedimiento (M.) administrativo
Verwaltungsvermögen (N.) patrimonio (M.) administrativo
Verwaltungsverordnung (F.) reglamento (M.) administrativo, decreto (M.) administrativo
Verwaltungsvertrag (M.) contrato (M.) administrativo
Verwaltungsvollstreckung (F.) ejecución (F.) administrativa
Verwaltungsvorschrift (F.) disposición (F.) administrativa, instrucción (F.) administrativa
Verwaltungszustellung (F.) notificación (F.) administrativa
Verwaltungszwang (M.) apremio (M.) administrativo, coacción (F.) administrativa
verwandt pariente (Adj.)
Verwandter (M.) pariente (M.)
Verwandtschaft (F.) parentesco (M.), parentela (F.), vínculo (M.) parental, vínculo (M.) parentesco
verwandtschaftlich parental
verwarnen amonestar, advertir
Verwarnung (F.) amonestación (F.), advertencia (F.)
Verwarnungsgeld (N.) multa (F.)
verweigern rehusar, negar, denegar, excusar
Verweigerung (F.) rehusamiento (M.), denegación (F.), negación (F.)
Verweis (M.) remisión (F.), advertencia (F.), represión (F.), reprimenda (F.), reprobación (F.)
verweisen amonestar, remitir, atribuir
Verweisung (F.) remisión (F.), reenvío (M.), expulsión (F.)
verwenden utilizar, aplicar
Verwendung (F.) utilización (F.), aplicación (F.)
verwerfen reprobar, recusar
Verwerfung (F.) reprobación (F.), recusación (F.), repudiación (F.)
verwerten utilizar, aprovechar, valorizar
Verwertung (F.) utilización (F.), aprovechamiento (M.), valorización (F.)
Verwertungsgenossenschaft (F.) cooperativa (F.) de explotación
Verwertungsrecht (N.) derecho (M.) de realización, derecho (M.) de explotación
verwesen (verwalten) ser (V.) regente de
Verweser (M.) regente (M.)
verwirken caducar, perder
verwirklichen realizar, ejecutar
Verwirklichung (F.) realización (F.)
Verwirkung (F.) caducidad (F.), pérdida (F.)
Verwirkungsklausel (F.) cláusula (F.) de caducidad
verwunden herir, vulnerar
verzeichnen inventariar, registrar, anotar
Verzeichnis (N.) lista (F.), inventario (M.), registro (M.)
verzeihen perdonar
Verzeihung (F.) perdón (M.), indulto (M.)
Verzicht (M.) renuncia (F.), abandono (M.), dejación (F.)
verzichten renunciar, abandonar, dejar
Verzichtsausschlussklausel (F.) cláusula (F.) antirrenuncia
Verzichtserklärung (F.) renuncia (F.), declaración (F.) de renuncia

verzögern dilatar, aplazar, demorar, diferir
Verzögerung (F.) dilación (F.), demora (F.), aplazamiento (M.)
verzollen aduanar, pagar aduanas
Verzug (M.) mora (F.), demora (F.), dilatoria (F.)
Verzugszinsen (M.Pl.) intereses (M.Pl.) de demora, intereses (M.Pl.) moratorios
Veto (N.) veto (M.)
Vetorecht (N.) derecho (M.) de veto
Vetter (M.) primo (M.)
Vetternwirtschaft (F.) nepotismo (M.)
Video (N.) video (M.)
Videoüberwachung (F.) videovigilancia (F.)
Vieh (N.) ganado (M.)
Viehkauf (M.) compra (F.) de ganado
viel mucho
Vierteljahr (N.) trimestre (M.)
vierteljährlich trimestral
Viktimologie (F.) victimología (F.)
Vindikation (F.) vindicación (F.)
Vindikationslegat (N.) legado (M.) (2) per vindicationem (lat.)
vindizieren vindicar
vinkulieren vincular
vinkulierte Namensaktie (F.) acción (F.) nominativa vinculada
Visum (N.) visado (M.), visto (M.)
Vizekanzler (M.) vicecanciller (M.), vicepresidente (M.) del consejo
Vizekönig (M.) virrey (M.)
Vizepräsident (M.) vice-presidente (M.)
V-Mann (M.) enlace (M.)
VOB (F.) (Verdingungsordnung für Bauleistungen) Reglamento (M.) de contratación de obras
Vogel (M.) pavaro (M.), ave (F.)
vogelfrei fuera de la ley
Volk (N.) pueblo (M.), nación (F.)
Völkerbund (M.) Sociedad (F.) de las Naciones, Liga (F.) de las Naciones
Völkermord (M.) genocidio (M.)
Völkerrecht (N.) derecho (M.) internacional, ius (N.) gentium (lat.)
Völkerrechtssubjekt (N.) sujeto (M.) internacional, persona (F.) jurídica internacional
Volksabstimmung (F.) plebiscito (M.), refrendo (M.), referéndum (M.)
Volksbank (F.) banco (M.) popular
Volksbegehren (N.) poder (M.) de refrendo, iniciativa (F.) popular
Volksdemokratie (F.) democracia (F.) popular
Volksentscheid (M.) referéndum (M.) deliberatorio, plebiscito (M.)
Volkshochschule (F.) universidad (F.) popular
Volksschule (F.) escuela (F.) primaria
Volkssouveränität (F.) soberanía (F.) popular, soberanía (F.) del pueblo
Volksversammlung (F.) asamblea (F.) popular
Volksvertreter (M.) representante (M.) popular, diputado (M.)
Volksvertretung (F.) representación (F.) nacional, representación (F.) popular
voll lleno, pleno (Adj.)
vollenden perfeccionar, terminar, concluir, consumar
Vollendung (F.) perfección (F.), terminación (F.), consumación (F.)
volljährig mayor (Adj.) de edad, emancipado (Adj.)
Volljährigkeit (F.) mayoría (F.) de edad, mayor edad (F.), mayoridad (F.)
Volljurist (M.) titular (M.) de dos exámenes jurídicos
Vollkaskoversicherung (F.) seguro (M.) contra todo riesgo, seguro (M.) de automóviles a todo riesgo
Vollmacht (F.) poder (M.), autorización (F.), procura (F.)
Vollmachtsurkunde (F.) documento (M.) de poder, poder (M.)
Vollrecht (N.) derecho (M.) pleno
vollständig completo, integral (Adj.), de plano
vollstreckbar ejecutable, ejecutivo (Adj.), ejecutorio, en fuerza ejecutoria
vollstreckbare Urkunde (F.) documento (M.) en fuerza ejecutoria
Vollstreckbarkeit (F.) ejecutoriedad (F.), ejecutividad (F.)
vollstrecken ejecutar, proceder ejecutivamente
Vollstrecker (M.) ejecutor (M.), ejecutante (M.)
Vollstreckung (F.) ejecución (F.)
Vollstreckungsanordnung (F.) mandamiento (M.) de ejecución
Vollstreckungsbeamter (M.) agente (M.) ejecutivo, ministro (M.) ejecutor, recaudador (M.)

Vollstreckungsbefehl (M.) orden (F.) de ejecución, ejecutoria (F.)
Vollstreckungsbescheid (M.) providencia (F.) de ejecución
Vollstreckungserinnerung (F.) recurso (M.) contra ejecución, recurso (M.) contra la cláusula de ejecución
Vollstreckungsgegenklage (F.) demanda (F.) de oposición a la ejecución, reconvención (F.) ejecutiva
Vollstreckungsgericht (N.) tribunal (M.) ejecutivo, embargador (M.)
Vollstreckungsgläubiger (M.) acreedor (M.) ejecutante, acreedor (M.) de ejecución
Vollstreckungsklausel (F.) cláusula (F.) ejecutiva, fórmula (F.) ejecutiva
Vollstreckungsmaßnahme (F.) medida (F.) de ejecución
Vollstreckungsorgan (N.) órgano (M.) ejecutivo
Vollstreckungsschuldner (M.) ejecutado (M.), deudor (M.) ejecutado
Vollstreckungsschutz (M.) hogar (M.) seguro
Vollstreckungstitel (M.) título (M.) ejecutivo, título (M.) de la ejecución
Vollstreckungsvereitelung (F.) impedimento (M.) de ejecución, alzamiento (M.) de bienes
Vollstreckungsverfahren (N.) ejecutivo (M.), juicio (M.) ejecutivo
Vollversammlung (F.) asamblea (F.) plenaria, pleno (M.)
Vollversammlung (F.) der Vereinten Nationen Asamblea (F.) General de las Naciones Unidas
Vollwaise (M.) huérfano (M.) de ambos padres
vollziehbar ejecutable, ejecutivo (Adj.), ejecutorio
Vollziehbarkeit (F.) ejecutoriedad (F.), ejecutividad (F.)
vollziehen ejecutar, ratificar, consumar
Vollziehung (F.) ejecución (F.), consumación (F.)
Vollzug (M.) ejecución (F.), cumplimiento (M.)
Vollzugsanstalt (F.) establecimiento (M.) penitenciario
Vollzugsbeamter (M.) agente (M.) ejecutivo
Vollzugsgeschäft (N.) negocio (M.) de cumplimiento
Vollzugsmaßnahme (F.) medida (F.) de ejecución
Vollzugsorgan (N.) órgano (M.) ejecutivo
Volontär (M.) pasante (M.), practicante (M.), meritorio (M.)
von Amts wegen de oficio
vorab primero, ante todo
Vorabentscheidung (F.) decisión (F.) prejudicial
Voranfrage (F.) demanda (F.) a decisión prejudicial
vorangehen adelantare
Voranschlag (M.) presupuesto (M.)
Voraus (M.) legado (M.) (2) del cónyuge superviviente
Vorausabzug (M.) descuento (M.) por adelantado
Vorausküindigung (F.) preaviso (M.)
voraussehbar previsible
Voraussehbarkeit (F.) previsibilidad (F.)
voraussetzen suponer
Voraussetzung (F.) condición (F.), premisa (F.), presupuesto (F.)
Vorausverfügung (F.) predisposión (F.), preprovidencia (F.)
Vorausvermächtnis (N.) mejora (F.), prelegado (M.)
Vorauszahlung (F.) adelanto (M.) de pago, adelantado (M.)
Vorbedacht (M.) premeditación (F.), intencionalidad (F.)
Vorbedingung (F.) precondicción (F.), condición (F.) previa
Vorbehalt (M.) reserva (F.), reservación (F.)
vorbehalten (V.) reservar, guardar
vorbehaltlos sin reserva
Vorbehaltsgesetzgebung (F.) legislación (F.) reservada a las fuerzas de ocupación
Vorbehaltsgut (N.) patrimonio (M.) reservado, bienes (M.Pl.) reservados
vorbereiten preparar
Vorbereitung (F.) preparación (F.)
Vorbereitungsdienst (M.) servicios (M.Pl.) preparatorios, período (M.) de práctica
Vorbereitungshandlung (F.) acción (F.) preparatoria, acto (M.) preparatorio
Vorbescheid (M.) decisión (F.) preliminar, resolución (F.) previa
vorbestellen reservar, pedir de antemano
vorbestraft con antecedentes penales
Vorbeugehaft (F.) prisión (F.) preventiva, secuestro (M.) judicial
vorbeugen prevenir

vorbeugend preventivo
Vorbeugung (F.) prevención (F.), acción (F.) preventiva
Vorbringen (N.) alegación (F.)
vorbringen alegar
Voreid (M.) juramento (M.) previo, juramento (M.) promisorio
voreingenommen parcial, prevenido
vorenthalten (V.) retener, detentar
Vorenthaltung (F.) detentación (F.), detención (F.)
Vorerbe (M.) preheredero (M.), heredero (M.) fiduciario
Vorerbschaft (F.) fideicomiso (M.)
Vorermittlung (F.) encuesta (F.) previa
Vorfahre (M.) ascendiente (M. bzw. F.), antecesor (M.)
Vorfahrt (F.) preferencia (F.), prioridad (F.)
Vorfall (M.) incidente (M.), suceso (M.)
vorführen traer a la presencia
Vorführung (F.) comparecimiento (M.) ante el juez
Vorführungsbefehl (M.) orden (F.) de comparecencia
Vorgänger (M.) antecesor (M.), predecesor (M.)
Vorgehen (N.) acción (F.), actuación (F.), procedimiento (M.)
vorgehen proceder, actuar
Vorgeschichte (F.) antecedente (M.), historia (F.)
Vorgesellschaft (F.) presociedad (F.), sociedad (F.) en formación
Vorgesetzter (M.) jefe (M.), superior (M.)
Vorgründungsgesellschaft (F.) sociedad (F.) prefundacional
vorhersehbar previsible
Vorhersehbarkeit (F.) previsibilidad (F.)
vorhersehen prever
Vorkasse (F.) pago (M.) anticipado
Vorkauf (M.) retracto (M.), compra (F.) anticipada
Vorkaufsberechtigter (M.) retrayente (M. bzw. F.), titular (M.) del tanteo
Vorkaufsrecht (N.) derecho (M.) de preferencia, retracto (M.)
vorladen citar, aplazar, emplazar, convocar, llamar
Vorladung (F.) citación (F.), aplazamiento (M.), emplazamiento (M.), llamamiento (M.)
Vorlage (F.) proposición (F.), exhibición (F.)
Vorlagepflicht (F.) obligación (F.) de presentar, deber (M.) de exhibición
Vorlageverfahren (N.) procedimiento (M.) prejudicial
vorläufig preliminar, provisional, provisorio (Adj.), preventivo
vorläufige Einstellung (F.) des Verfahrens sobreseimiento (M.) provisional
vorläufige Festnahme (F.) detención (F.) preventiva
vorläufige Vollstreckbarkeit (F.) ejecución (F.) provisional
vorläufiger Rechtsschutz (M.) garantía (F.) legal provisional
vorlegen presentar, someter, depositar, exhibir
Vorlegung (F.) presentación (F.), exhibición (F.)
Vorlegungspflicht (F.) obligación (F.) de presentación, deber (M.) de exhibición
Vorleistung (F.) anticipo (M.), prestación (F.) anticipada
vormerken anotar, prenotar
Vormerkung (F.) anotación (F.) preventiva
Vormund (M.) tutor (M.)
Vormundschaft (F.) tutela (F.), tutoría (F.), curaduría (F.)
Vormundschaftsgericht (N.) tribunal (M.) tutelar, tribunal (M.) de tutelas
Vormundschaftssache (F.) causa (F.) de tutela, asunto (M.) de tutela
Vornahme (F.) ejecución (F.), celebración (F.), formación (F.)
Vornahmeklage (F.) acción (F.) exigiendo de la administración una actividad en determinado sentido
Vorname (M.) nombre (M.), prenombre (M.)
vornehmen celebrar, proceder, evacuar
Vorpfändung (F.) preembargo (M.), embargo (M.) anticipado
Vorprüfung (F.) previo examen (M.), examen (M.) preliminar
Vorrang (M.) des Gesetzes supremacía (F.) de la ley, primacía (F.) de la ley
Vorrang (M.) precedencia (F.), primado (M.), primacía (F.), preferencia (F.)
vorrangig precedente (Adj.), preferente, prioritario
Vorrat (M.) reserva (F.), provisión (F.), existencias (F.Pl.)
Vorratsschuld (F.) obligación (F.) genérica delimitada

Vorrecht (N.) privilegio (M.), beneficio (M.), derecho (M.) preferente, prerrogativa (F.)
Vorruhestand (M.) prejubilación (F.)
Vorruhestandsregelung (F.) jubilación (F.) anticipada
Vorsatz (M.) dolo (M.), culpa (F.) intencional, premeditación (F.), intención (F.)
vorsätzlich doloso (Adj.), intencional, premeditado
vorschreiben prescribir, preceptuar, dictar
Vorschrift (F.) prescripción (F.), precepto (M.), regla (F.), reglamento (M.), prescrito (M.)
vorschriftsmäßig preceptivo (Adj.), reglamentario (Adj.)
vorschriftswidrig incorrecto, contrario (Adj.) a lo prescrito
Vorschuss (M.) anticipo (M.), anticipación (F.), adelanto (M.)
Vorschussleistung (F.) anticipo (M.), anticipación (F.)
Vorsicht (F.) precaución (F.), cautela (F.)
Vorsichtsmaßnahme (F.) precaución (M.), medida (F.) precautoria
Vorsitz (M.) presidencia (F.), gubernatura (F.)
vorsitzend presidente
Vorsitzender (M.) presidente (M.)
vorsitzender Richter (M.) presidente (M. bzw. F.), presidente (M. bzw. F.) de la sala
vorsitzender Richter (M.) presidente de la sala
Vorsorge (F.) previsión (F.)
vorsorgen preparar
vorspiegeln simular, fingir
Vorspiegelung (F.) disimulación, simulación (F.)
Vorspruch (M.) preámbulo (M.)
Vorstand (M.) dirección (F.), directorio (M.), consejo (M.) administrativo, junta (F.) directiva
Vorstandsmitglied (M.) consejero (M.) directivo
Vorstandsvorsitzender (M.) presidente (M.) del consejo, síndico-presidente (M.)
Vorsteher (M.) jefe (M.), director (M.)
Vorsteuer (F.) impuesto (M.) sobre el valor añadido deducible, excedente (M.) de crédito del impuesto
Vorsteuerabzug (M.) deducción (F.) de impuestos pagados
Vorstrafe (F.) pena (F.) anterior, antecedente (M.) penal
Vortat (F.) acto (M.) anterior, hecho (M.) previo
Vortäuschen (N.) simulación (F.)
Vortäuschen einer Straftat (N.) simulación (F.) de denuncia, simulación (F.) de delito
vortäuschen simular, fingir
Vortäuschung (F.) simulación (F.)
Vorteil (M.) ventaja (F.), interés (M.)
vorteilhaft ventajoso, interesante
Vorteilsannahme (F.) admisión (F.) de regalos
Vorteilsausgleichung (F.) compensación (F.) por el lucro, compensación (F.) de beneficios
Vorteilssicherung (F.) aprovechamiento (M.) de los efectos del delito
Vortrag (M.) discurso (M.), exposición (F.), informe (M.), tesis (F.), saldo (M.)
vorübergehend temporario, pasajero (Adj.)
Voruntersuchung (F.) sumario (M.), investigación (F.) preliminar, instrucción (F.)
Vorurteil (N.) prejuicio (M.), preocupación (F.)
Vorverfahren (N.) antejuicio (M.), trámite (M.) previo, procedimiento (M.) preparatorio
Vorvertrag (M.) contrato (M.) a término
vorvertraglich precontractual
Vorverurteilung (F.) condena (F.) previa
Vorwahl (F.) preelección (F.)
vorwegnehmen anticipar, descontar
Vorwurf (M.) reproche (M.)
vorzeitig prematuro, anticipado
Vorzug (M.) preferencia (F.), prioridad (F.)
Vorzugsaktie (F.) acción (F.) preferente, acción (F.) de preferencia
Votum (N.) voto (M.), votación (F.)
vulgär vulgar

W

Wache (F.) guarda (F.), guardia (F.)
Wächter (M.) guardia (M.), custodia (M.)
Waffe (F.) arma (F.)
Waffenmissbrauch (M.) abuso (M.) de tenencia de armas
Waffenschein (M.) licencia (F.) de armas
Waffenstillstand (M.) armisticio (M.), tregua (F.)
Wagen (M.) coche (M.), vagón (M.)

Wahl (F.) selección (F.), elección (F.)
wählbar elegible
Wahlbeamter (M.) funcionario (M.) electivo
Wahlbehinderung (F.) coacción (F.) electoral
Wahlberechtigter (M.) votante (M.), elector (M.)
Wahlberechtigung (F.) capacidad (F.) para participar en elecciones, potestad (F.) electoral, derecho (M.) de voto
Wahldelikt (N.) delito (M.) electoral
wählen escoger, seleccionar, elegir, votar
Wähler (M.) elector (M.), votante (M.)
Wählergunst (F.) índice (M.) de intención de voto
Wählerpotential (N.) potencial (M.) electoral
Wählerschaft (F.) electorado (M.), cuerpo (M.) electoral
Wahlfach (N.) asignatura (F.) facultativa
Wahlfälschung (F.) falsedad (F.) electoral, fraude (M.) electoral
Wahlfeststellung (F.) constatación (F.) alternativa, comprobación (F.) potestativa
Wahlgeheimnis (N.) secreto (M.) del voto
Wahlgerichtsstand (M.) fuero (M.) renunciable, fuero (M.) concurrente electivamente
Wahlkonsul (M.) cónsul (M.) honorario, cónsul (M.) electo
Wahlkreis (M.) distrito (M.) electoral
Wahlleiter (M.) presidente (M.) de la mesa electoral
Wahlperiode (F.) legislatura (F.), período (M.) electoral
Wahlpflicht (F.) voto (M.) obligatorio, deber (M.) electoral, obligación (F.) de votar
Wahlprüfung (F.) escrutinio (M.), examen (M.) de la elección
Wahlrecht (N.) derecho (M.) electoral, derecho (M.) a voto
Wahlrechtsreform (F.) reforma (F.) electoral
Wahlschuld (F.) obligación (F.) facultativa, obligación (F.) alternativa
Wahlurne (F.) urna (F.) electoral, urna (F.)
Wahlvermächtnis (N.) legado (M.) (2) alternativo, legado (M.) (2) de elección
Wahlverteidiger (M.) defensor (M.) designado por la parte, abogado (M.) defensor de libre elección
Wahlzettel (M.) papeleta (F.) electoral, papeleta (F.) de votación (F.)
Wahn (M.) locura (F.), demencia (F.)
Wahndelikt (N.) delito (M.) imaginario
Wahnsinn (M.) demencia (F.), delirio (M.), locura (F.)
wahnsinnig demente (Adj.), loco (Adj.)
wahr verdadero
wahren salvaguardar
Wahrheit (F.) verdad (F.)
Wahrheitsbeweis (M.) prueba (F.) de la verdad, prueba (F.) liberatoria
Wahrheitspflicht (F.) deber (M.) de veracidad
Wahrnehmung (F.) percepción (F.), salvaguardia (F.), defensa (F.)
wahrscheinlich probable, verosimil (Adj.)
Wahrscheinlichkeit (F.) probabilidad (F.)
Währung (F.) moneda (F.), sistema (M.) monetario
Wahrung (F.) salvaguardia (F.)
Währungsreserve (F.) reserva (F.) monetaria
Währungsunion (F.) unión (F.) monetaria
Waise (M.) huérfano (M.)
Waisenrente (F.) pensión (F.) de orfandad
Wald (M.) bosque (M.), selva (F.)
Wandel (M.) cambio (M.)
Wandelanleihe (F.) empréstito (M.) convertible
wandeln variar, redhibir
Wandelschuldverschreibung (F.) obligación (F.) convertible, empréstito (M.) convertible
Wandlung (F.) redhibición (F.), transformación (F.)
Wappen (N.) blasón (M.)
Ware (F.) mercancía (F.), mercadería (F.)
Warenverkehr (M.) intercambio (M.) de mercancías, circulación (F.) de mercancías
Warenverkehrsfreiheit (F.) libertad (F.) de circulación de mercancías, libre circulación (F.) de mercancías
Warenzeichen (N.) marca (F.), emblema (M.) comercial
warnen advertir, avisar
Warnung (F.) aviso (M.), prevención (F.), amonestación (F.)
warten guardar, esperar
Wärter (M.) guarda (M.), guardián (M.)
Wasser (N.) agua (F.)
Wasserhaushalt (M.) régimen (M.) hidráulico
Wasserkraftsteuer (F.) impuesto (M.) sobre la fuerza hidráulica
Wasserrecht (N.) derecho (M.) de aguas

Wasserverband (M.) confederación (F.) hidrográfica, agrupación (F.) de aguas
Wechsel (M.) cambio (M.), turno (M.), letra (F.), letra (F.) cambial
wechselbezüglich mutuo (Adj.)
wechselbezügliches Testament (N.) testamento (M.) mutuo
Wechselbürgschaft (F.) aval (M.)
Wechselgesetz (N.) ley (F.) cambiaria
Wechselprotest (M.) protesto (M.) de letra
Wechselprozess (M.) proceso (M.) cambial, juicio (M.) ejecutivo sobre letra de cambio
Wechselrecht (N.) derecho (M.) cambiario, derecho (M.) de cambio
Wechselregress (M.) recurso (M.) cambiario
Wechselreiterei (F.) libramiento (M.) de letras cruzadas, operación (F.) de regiro
wechselseitig recíproco, mutuo
Weg (M.) vía (F.), camino (M.)
Wegerecht (N.) servidumbre (F.) de paso, derecho (M.) vial, servidumbre (F.) transeundi (lat.)
Wegeunfall (M.) accidente (M.) en el trayecto al trabajo
Wegfall (M.) der Geschäftsgrundlage desaparición (F.) del fundamento negocial
Wegfall (M.) der ungerechtfertigten Bereicherung (F.) supresión (F.) de enriquecimiento indebido, desaparición (F.) de enriquecimiento indebido
Wegfall (M.) supresión (F.), fallo (M.), desaparición (F.), caducidad (F.)
Wegnahme (F.) aprehensión (F.), despojo (M.)
Wegnahmerecht (N.) derecho (M.) de recuperar la posesión, ius (N.) tollendi (lat.)
wegnehmen sustraer, alzar
Wehr (F.) defensa (F.)
Wehrbeauftragter (M.) delegado (M.) militar, comisario (M.) para la defensa
Wehrdienst (M.) servicio (M.) militar
Wehrdienstverweigerer (M.) prófugo (M.), insumiso (M.)
Wehrdienstverweigerung (F.) aus Gewissensgründen objeción (F.) de conciencia
wehren (sich) defender(se)
wehrlos indefenso
Wehrlosigkeit (F.) indefensión (F.)
Wehrpflicht (F.) servicio (M.) militar obligatorio, obligación (F.) militar
Wehrpflichtiger (M.) obligado (M.) al servicio militar
Wehrrecht (N.) derecho (M.) militar
Wehrstrafrecht (N.) derecho (M.) penal militar
weigern (sich) negar(se)
Weigerung (F.) negación (F.), repulsa (F.)
Weigerungsgrund (M.) motivo (M.) de negación
Weihe (F.) ordenación (F.), orden (F.) eclesíastica, consagración (F.)
Weihnacht navidad (F.)
Weihnachtsgeld (N.) paga (F.) de navidad
Wein (M.) vino (M.)
weisen instruir, mandar, indicar, dirigir
Weisung (F.) instrucción (F.), directiva (F.), mandamiento (M.), disposición (F.), orden (F.), indicación (F.)
Weisungsrecht (N.) poder (M.) directivo, derecho (M.) de dirección
Weisungsverwaltung (F.) administración (F.) directiva
weit lejano
weitere Beschwerde (F.) recurso (M.) ulterior
weitere ulterior
Weitergabe (F.) transmisión (F.)
weiterleiten cursar, turnar
weiterverweisen reenviar
Welt (F.) mundo (M.)
Weltbank (F.) Banco (M.) Mundial
Weltkultur (F.) cultura (F.) universal
Weltkulturerbe (N.) herencia (F.) cultural universal
Weltorganisation (F.) organización (F.) mundial
Weltorganisation für geistiges Eigentum (F.) organización (F.) mundial de la propiedad intelectual
Weltpostverein (M.) Unión (F.) Postal Universal
Weltraum (M.) espacio (M.) exterior
Weltraumrecht (N.) derecho (M.) espacial
Welturheberrechtsabkommen (N.) Convención (F.) universal sobre derechos del autor
werben hacer publicidad
Werbung (F.) publicidad (F.), propaganda (F.), reclamo (M.)
Werbungskosten (F.Pl.) gastos (M.Pl.) de publicidad, gastos (M.Pl.) de propaganda
Werk (N.) obra (F.), trabajo (M.), producto (M.), empresa (F.), fábrica (F.)
Werklieferung (F.) suministro (M.) de obra

Werklieferungsvertrag (M.) contrato (M.) de obra nueva, contrato (M.) de suministro de obra
Werklohn (M.) remuneración (F.) de la obra
Werktag (M.) día (M.) útil, día (M.) de trabajo, día (M.) laborable, día (M.) habil
Werktarifvertrag (M.) contrato (M.) colectivo de fábrica
werktätig trabajador (Adj.), obrero (Adj.)
Werkunternehmer (M.) contratista (M. bzw. F.), arrendador (M.)
Werkunternehmerpfandrecht (N.) derecho (M.) prendario de contratista
Werkvertrag (M.) contrato (M.) de obra, contrato (M.) de realización de obra
Werkzeug (N.) instrumento (M.)
Wert (M.) valor (M.), cuantía (F.), aprecio (M.)
Wertberichtigung (F.) rectificación (F.) valorativa
werten valorar, apreciar
Werteordnung (F.) sistema (M.) de valores, orden (M.) valorativo
Wertgegenstand (M.) objeto (M.) de valor, valor (M.)
wertlos sin valor
Wertpapier (N.) valor (M.), título (M.), valor (M.) mobiliario
Wertpapierrecht (N.) derecho (M.) sobre valores transferibles, derecho (M.) de valores
Wertsache (F.) objeto (M.) de valor, valor (M.)
Wertsicherung (F.) garantía (F.) monetaria, garantía (F.) de valor estable
Wertsicherungsklausel (F.) cláusula (F.) de estabilidad, cláusula (F.) de garantía monetaria
Wertsystem (N.) sistema (M.) de valores
Wertung (F.) valoración (F.), evaluación (F.)
Werturteil (N.) juicio (M.) valorativo, juicio (M.) de valor
Wertverfall (M.) pérdida (F.) de valor
wertvoll valioso
Wertzeichen (N.) timbre (M.), sello (M.)
Wertzeichenfälschung (F.) falsificación (F.) de efectos timbrados
Wesen (N.) ser (M.), naturaleza (F.), sustancia (F.), esencia (F.)
Wesensgehalt (M.) contenido (M.) esencial
wesentlich esencial
wesentlicher Bestandteil (M.) parte (F.) integrante esencial
Westen (M.) oeste
Westeuropäische Union (F.) (WEU) Unión (F.) Europea Occidental (UEO)
Wettbewerb (M.) competencia (F.), competición (F.), concurso (M.), concurrencia (F.)
Wettbewerbsbeschränkung (F.) restricción (F.) a la competencia, competencia (F.) restringida
Wettbewerbsrecht (N.) derecho (M.) de la competencia
Wettbewerbsverbot (N.) prohibición (F.) de competencia, prohibición (F.) de concurrencia
Wettbewerbsverstoß (M.) ilícito (M.) desleal
Wette (F.) apuesta (F.)
wetten apostar
WEU (F.) (Westeuropäische Union) UEO (F.) (Unión Europea Occidental)
wichtig importante
wichtiger Grund (M.) causa (F.) justa, fundamento (M.) importante
Widerklage (F.) reconvención (F.), demanda (F.) reconvencional
Widerkläger (M.) contrademandante (M. bzw. F.), reconviniente (M. bzw. F.)
widerlegen confutar, desvirtuar
widerrechtlich ilegítimo (Adj.), ilegal
Widerrechtlichkeit (F.) ilegitimidad (F.), contrafuero (M.), ilegalidad (F.)
Widerruf (M.) revocación (F.), retractación (F.)
widerrufen (V.) revocar, retractar
widerruflich revocable, abrogable
Widerrufsrecht (N.) derecho (M.) de revocación
Widerrufsvorbehalt (M.) reserva (F.) de revocación, reserva (F.) de revocabilidad
Widerspruch (M.) contradicción (F.), oposición (F.), reclamación (F.)
widersprüchlich contrario (Adj.), antilógico, antinómico
Widerspruchsbehörde (F.) autoridad (F.) de recurso
Widerspruchsbescheid (M.) resolución (F.) denegatoria, decisión (F.) del recurso de alzada
Widerspruchsklage (F.) demanda (F.) de contradicción, tercería (F.)
Widerspruchsverfahren (N.) proceso (M.)

contradictorio, procedimiento (M.) de recurso
Widerstand (M.) gegen die Staatsgewalt resistencia (F.) al poder estatal, agresión (F.) a la autoridad
Widerstand (M.) resistencia (F.)
Widerstandsrecht (N.) derecho (M.) de resistencia, derecho (M.) a la resistencia
widmen dedicar, destinar
Widmung (F.) dedicación (F.), afectación (F.), destino (M.)
Wiederaufnahme (F.) revisión (F.), reapertura (F.), reanudación (F.)
wiederaufnehmen reanudar, reabrir, abrir de nuevo, recomenzar
wiederbeschaffen recuperar, reponer
Wiederbeschaffung (F.) recuperación (F.), reposición (F.)
wiedereinsetzen reponer, restituir, reinstalar
Wiedereinsetzung (F.) in den vorigen Stand restitución (F.), restitución (F.) in integrum (lat.), reposición (F.) al estado anterior
wiederherstellen restituir, restaurar, reparar, restablecer
Wiederherstellung (F.) restitución (F.), restauración (F.), restablecimiento (M.)
wiederholen repetir, iterar
wiederholt iterativamente
Wiederholung (F.) repetición (F.), iteración (F.)
Wiederholungsgefahr (F.) riesgo (M.) de repetición, peligro (M.) de repetición
Wiederkauf (M.) recompra (F.), retroventa (F.), readquisición (F.)
wiederkaufen readquirir, retraer
wiedervereinigen reunir, unificar
Wiedervereinigung (F.) reunificación (F.)
wiederverheiraten contraer segundas nupcias
Wiederverheiratung (F.) vuelta (F.) a contraer matrimonio
Wiedervorlage (F.) nueva presentación (F.) de asuntos pendientes
wiedervorlegen presentar de nuevo
Wild (N.) venado (M.)
wild salvaje
Wilddieb (M.) cazador (M.) furtivo
wilder Streik (M.) huelga (F.) ilícita, huelga (F.) salvaje
Wilderei (F.) caza (F.) furtiva
Wilderer (M.) cazador (M.) furtivo
wildern hacer caza furtiva
Wille (M.) voluntad (F.), albedrío (M.)
Willenserklärung (F.) declaración (F.) de voluntad, acto (M.) declarativo de voluntad
Willensfreiheit (F.) libertad (F.) de voluntad, libre albedrío (M.)
Willensmangel (M.) vicio (M.) de la voluntad, voluntad (F.) viciada
Willenstheorie (F.) teoría (F.) de la dirección
Willkür (F.) arbitrariedad (F.)
willkürlich arbitrario
Willkürverbot (N.) prohibición (F.) de la arbitrariedad
Winzer (M.) viticultor (M.)
wirken surtir efecto, producir efecto
wirksam eficiente, eficaz, perfecto, activo (Adj.)
Wirkung (F.) efecto (M.), eficiencia (F.), eficacia (F.)
Wirkungskreis (M.) ámbito (M.) de efectividad
Wirt (M.) dueño (M.), tabernero (M.)
Wirtschaft (F.) economía (F.)
wirtschaftlich económico, rentable
Wirtschaftlichkeit (F.) eficacia (F.), economía (F.), rentabilidad (F.)
Wirtschaftsjurist (M.) jurista (M.) especializado en materias económicas
Wirtschaftskriminalität (F.) criminalidad (F.) económica, delincuencia (F.) económica
Wirtschaftslenkung (F.) dirigismo (M.) económico, dirección (F.) económica
Wirtschaftsprüfer (M.) revisor (M.) de cuentas, contador (M.) autorizado
Wirtschaftsrecht (N.) derecho (M.) económico
Wirtschaftsstrafrecht (N.) derecho (M.) penal económico
Wirtschaftsunion (F.) unión (F.) económica
Wirtschaftsverfassung (F.) sistema (M.) económico
Wirtschaftsverfassungsrecht (N.) derecho (M.) constitucional económico
Wirtschaftsverwaltung (F.) administración (F.) económica
Wirtschaftsverwaltungsrecht (N.) derecho (M.) administrativo económico
Wirtshaus (N.) restaurante (M.), cervecería (F.)
Wissen (N.) saber (M.)

Wissen (N.) und Wollen (N.) saber (M.) y querer (M.), conocimiento (M.) y voluntad
wissen saber
Wissenschaft (F.) ciencia (F.)
wissenschaftlich científico (Adj.)
Wissenschaftsfreiheit (F.) libertad (F.) científica
wissentlich a sabiendas, concientemente
Witwe (F.) viuda (F.)
Witwenrente (F.) viudedad (F.), pensión (F.) de viudedad
Witwer (M.) viudo (M.)
Woche (F.) semana (F.)
wöchentlich semanal, hebdomadario (Adj.)
Wohl (N.) bien (M.)
Wohlergehen (N.) bienestar (M.)
Wohlfahrt (F.) bienestar (M.), asistencia (F.) social, beneficiencia (F.)
Wohlfahrtspflege (F.) previsión (F.) social, servicio (M.) de beneficiencia
Wohlfahrtsstaat (M.) Estado (M.) de bienestar, Estado-providencia (M.)
wohnen habitar, vivir, residir
Wohngebiet (N.) parte (F.) poblada, zona (F.) residencial
Wohngeld (N.) subsidio (M.) de vivienda, ayuda (F.) de alquiler
wohnhaft domiciliado, vecino (Adj.), residente (Adj.)
Wohnort (M.) domicilio (M.), lugar (M.) de residencia
Wohnraum (M.) espacio (M.) habitable, alojamiento (M.)
Wohnrecht (N.) derecho (M.) de habitación, habitación (F.)
Wohnsitz (M.) domicilio (M.), lugar (M.) de residencia
Wohnung (F.) habitación (F.), domicilio (M.), vivienda (F.), piso (M.)
Wohnungsbau (M.) construcción (F.) de viviendas, edificación (F.) residencial
Wohnungseigentum (N.) propiedad (F.) por pisos, propiedad (F.) horizontal
Wohnungsrecht (N.) derecho (M.) de habitación
Wollen (N.) querer (M.)
Wort (N.) palabra (F.)
wörtlich literal (Adj.), verbal, textual
Wrack (N.) buque (M.), naufragado (M.)
Wucher (M.) usura (F.), logrería (F.)
Wucherer (M.) usurero (M.), logrero (M.)
Wunde (F.) herida (F.), lesión (F.)
Würde (F.) dignidad (F.), honor (M.)
Würdenträger (M.) dignatario (M.)
würdigen apreciar

Z

Zahl (F.) número (M.)
zahlbar pagable, abonable, pagadero (Adj.)
zahlen pagar, entregar, solventar
Zahlung (F.) pago (M.), pagamento (M.)
Zahlungsanweisung (F.) orden (F.) de pagar, orden (F.) de pago
Zahlungsbefehl (M.) orden (F.) de pago, mandamiento (M.) de pago
Zahlungseinstellung (F.) suspensión (F.) de pagos, sobreseimiento (M.) en los pagos
zahlungsfähig solvente (Adj.)
Zahlungsfähigkeit (F.) capacidad (F.) de pago, solvencia (F.)
Zahlungsklage (F.) demanda (F.) de pago
Zahlungsmittel (N.) medio (M.) de pago, instrumento (M.) de cambio, medio (M.) circulante
zahlungsunfähig insolvente (Adj.)
Zahlungsunfähigkeit (F.) incapacidad (F.) de pago, insolvencia (F.)
Zahlungsverkehr (M.) servicio (M.) de pagos, intercambio (M.) monetario
Zahlungsverzug (M.) retraso (M.) en el pago
Zahn (M.) diente (M.)
Zahnarzt (M.) dentista (M.), odontólogo (M.)
Zapfenstreich (M.) retreta (F.)
Zaun (M.) cerca (F.), cercado (M.)
Zebra (N.) cebra (F.)
Zebrastreifen (M.) paso (M.) de cebra, pasarela (F.)
Zeche (F.) mina (F.), cuenta (F.)
Zechprellerei (F.) petardismo (M.), impago (M.) de hospedaje
Zedent (M.) cedente (M.), cesionista (M.)
zedieren ceder
Zeichen (N.) señal (F.), signo (M.), aviso (M.), marca (F.)
zeichnen dibujar, delinear, suscribir, firmar, signar
Zeichnung (F.) suscripión (F.), aseguramiento (M.)
zeichnungsberechtigt autorizado (Adj.) para firmar

Zeit (F.) tiempo (M.), período (M.)
Zeitablauf (M.) decurso (M.) del tiempo
Zeitarbeit (F.) trabajo (M.) interino
Zeitbestimmung (F.) determinación (F.) de tiempo
Zeitgesetz (N.) ley (F.) temporal, lex (F.) ad tempus (lat.)
zeitlich temporal
Zeitlohn (M.) salario (M.) por tiempo, salario-hora (M.)
Zeitschrift (F.) revista (F.)
Zeitung (F.) periódico (M.)
Zelle (F.) célula (F.), celda (F.), calabozo (M.)
zensieren censurar, someter a censura
Zensur (F.) censura (F.), nota (F.)
zentral central (Adj.)
Zentralbank (F.) banco (M.) central
Zentralisation (F.) centralisación (F.)
zentralisieren centralizar
Zentralismus (M.) centrismo (M.), centralismo (M.)
Zentralregister (N.) registro (M.) central
Zentrum (N.) centro (M.)
zerfallen (V.) arruinarse
zerrütten fracasar, desorganizar, perturbar
Zerrüttung (F.) perturbación (F.), desacuerdo (M.), descomposición (F.)
Zerrüttungsprinzip (N.) principio (M.) de perturbación
zerstören destruir
Zerstörung (F.) destrucción (F.)
Zertifikat (N.) certificado (M.)
zertifizieren certificar
Zession (F.) cesión (F.)
Zessionar (M.) cesionario (M.), cedido (M.)
Zeuge (M.) testigo (M.), testificador (M.)
zeugen engendrar, declarar, testificar
Zeugenaussage (F.) testimonio (M.), deposición (F.) testifical
Zeugenbeweis (N.) prueba (F.) por testigos, prueba (F.) testimonial
Zeugenvernehmung (F.) interrogatorio (M.) testifical, información (F.) testifical
Zeugnis (N.) testimonio (M.), testifical (M.), certificado (M.), diploma (M.)
Zeugnisverweigerung (F.) excusa (F.) de testimonio
Zeugnisverweigerungsrecht (N.) derecho (M.) de excusar el testimonio
Zeugung (F.) procreación (F.), generación (F.)
Ziffer (F.) cifra (F.)
Zigeuner (M.) gitano (M.), cingaro (M.)
Zimmer (N.) habitación (F.), pieza (F.)
Zins (M.) interés (M.), tributo (M.), censo (M.), canon (M.), réndito (M.), renta (F.), alquiler (M.)
Zinseszins (M.) interés (M.) de intereses, interés (M.) compuesto, anatocismo (M.)
Zinssatz (M.) tipo (M.) de interés
Zinsschein (M.) cupón (M.) de interés, cupón (M.)
Zitat (N.) cita (F.)
zitieren citar
zivil civil, módico
Zivildienst (M.) servicio (M.) civil, servicio (M.) cívico
Zivildienstleistender (M.) objetor (M.) de conciencia
Zivilgericht (N.) tribunal (M.) civil
Zivilkammer (F.) sala (F.) de lo civil
Zivilklage (F.) acción (F.) civil, demanda (F.) civil
Zivilprozess (M.) proceso (M.) civil, juicio (M.) civil
Zivilprozessordnung (F.) código (M.) procesal civil, ley (F.) de enjuiciamiento civil
Zivilprozessrecht (N.) derecho (M.) procesal civil
Zivilrecht (N.) derecho (M.) civil
Zivilrichter (M.) juez (M.) civil
Zivilsache (F.) asunto (M.) civil, materia (F.) civil
Zivilschutz (M.) protección (F.) civil
Zivilsenat (M.) sala (F.) de lo civil
Zivilverfahren (N.) causa (F.) civil, procedimiento (M.) civil
Zivilverhandlung (F.) juicio (M.) civil
Zölibat (M. bzw. N.) celibato (M.)
Zoll (M.) aduana (F.), tributo (M.)
Zollbehörde (F.) oficina (F.) aduanera, aduana (F.)
zollfrei exento (Adj.) de aduana
Zollgebiet (N.) territorio (M.) aduanero
Zöllner (M.) aduanero (M.), agente (M.) aduanero
Zollrecht (N.) derecho (M.) arancelario, derecho (M.) aduanero
Zollunion (F.) unión (F.) aduanera
Zone (F.) zona (F.)
Zubehör (N.) accesorios (M.Pl.), pertenencias (F.Pl.), pertenecidos (M.Pl.)
Zucht (F.) disciplina (F.), cría (F.)

Zuchthaus (N.) correcional (M.), penitenciaría (F.)
züchtigen castigar, azotar, corregir
Züchtigung (F.) castigo (M.), corrección (F.)
Züchtigungsrecht (N.) derecho (M.) de corrección, poder (M.) correccional
Zuchtmittel (N.) medio (M.) correctivo
zueignen (sich) apropiar(se)
Zueignung (F.) apropiación (F.), aplicación (F.), adueñamiento (M.)
Zueigungsabsicht (F.) ánimo (M.) de apropiación
Zufall (M.) caso (M.) fortuito, casualidad (F.), acaso (M.), azar (M.)
zufällig casual. aleatorio, fortuito, eventual
Zug (M.) tracción (M.), marcha (F.), tren (M.)
Zug (M.) um Zug contra entrega
Zugabe (F.) suplemento (M.), adehala (F.), obsequio (M.)
Zugang (M.) acceso (M.), entrada (F.), ingreso (M.), llegada (F.)
Zugeständnis (N.) concesión (F.)
zugestehen conceder, admitir
Zugewinn (M.) gananciales (M.Pl.), bienes (M.Pl.) gananciales
Zugewinnausgleich (M.) fusión en divorcio
Zugewinngemeinschaft (F.) régimen (M.) de participación, separación (F.) de bienes con elementos de la sociedad de gananciales
Zuhälter (M.) rufián (M.), proxeneta (M.)
Zuhälterei (F.) proxenetismo (M.)
zukünftig futuro (Adj.), venidero
Zulage (F.) plus (M.), suplemento (M.), sobrepaga (F.)
zulassen admitir, permitir, tolerar, estimar, recibir, autorizar, matricular
zulässig admisible, permisible, lícito, autorizado (Adj.), pertinente
Zulässigkeit (F.) admisibilidad (F.), licitud (F.), pertinencia (F.), procedencia (F.)
Zulässigkeitsvoraussetzung (F.) condición (F.) de admisibilidad
Zulassung (F.) admisión (F.), licencia (F.), autorización (F.), permiso (M.), habilitación (F.)
Zulassungsvoraussetzung (F.) condición (F.) de admisibilidad
zumessen atribuir, graduar
Zumessung (F.) graduación (F.)
zumutbar exigible, razonable
Zumutbarkeit (F.) exigibilidad (F.)
Zuname (M.) apellido (M.)
Zunft (F.) gremio (M.), asociación (F.) gremial
zurechenbar imputable, reprochable
Zurechenbarkeit (F.) imputabilidad (F.)
zurechnen imputar, atribuir
Zurechnung (F.) imputación (F.), atribución (F.), reasignación (F.)
zurechnungsfähig responsable (Adj.), imputable
Zurechnungsfähigkeit (F.) imputabilidad (F.), responsabilidad (F.)
zurückbehalten retener, reservar
Zurückbehaltung (F.) retención (F.), detención (F.)
Zurückbehaltungsrecht (N.) derecho (M.) de retención
zurückfordern reclamar
zurückgeben restituir, devolver, reintegrar, reembolsar
zurücknehmen revocar, derogar, anular, retirar, retractar, recoger, abandonar
zurücktreten retroceder, cesar, desistir
zurückverweisen remitir, reenviar, devolver la jurisdición
Zurückverweisung (F.) retorno (M.), remisión (F.), reenvío (M.), devolución (F.)
zurückweisen recusar, rechazar, denegar, desestimar
Zurückweisung (F.) recusación (F.), rechazo (M.), denegación (F.), desestimación (F.)
zurückzahlen pagar, amortizar, reembolsar, devolver
zurückziehen retirar, revocar, retractar, anular
Zusage (F.) promesa (F.)
Zusammenhang (M.) conexión (F.), relación (F.), contexto (M.)
zusammenrotten (sich) asonar(se)
Zusammenrottung (F.) asonada (F.), facción (F.), reunión (F.) no pacífica
zusammenschliessen asociar, unir, fusionar
Zusammenschluss (M.) asociación (F.), unión (F.), fusión (F.), concentración (F.), agrupación (F.)
Zusatz (M.) adición (F.), apéndice (M.)
zusätzlich complementario, adicional, suplementario
zuschießen subvencionar
Zuschlag (M.) suplemento (M.), tasa (F.) suplementaria, recargo (M.), sobreprecio (M.), adjudicación (F.)

zuschlagen rematar, adjudicar
zuschreiben atribuir, imputar, cargar en cuenta
Zuschreibung (F.) asiento (M.) en cuenta, incorporación (F.), agregación (F.)
Zuschuss (M.) subvención (F.), contribución (F.), subsidio (M.), ayuda (F.)
zusichern asegurar, prometer
Zusicherung (F.) promesa (F.), garantía (F.)
Zustand (M.) estado (M.), condición (F.), situación (F.)
zuständig competente, pertinente
Zuständigkeit (F.) competencia (F.), jurisdicción (F.)
Zustandsdelikt (N.) delito (M.) de estado
Zustandshaftung (F.) responsabilidad (F.) de estado
zustellen entregar, dar, notificar
Zustellung (F.) entrega (F.), notificación (F.), emplazamiento (M.)
Zustellungsurkunde (F.) cédula (F.), acta (F.) de notificacíon
zustimmen asentir, consentir, aprobar, afirmar
Zustimmung (F.) consentimiento (M.), consenso (M.), asentimiento (M.), afirmativa (F.), aprobación (F.)
Zustimmungsgesetz (N.) ley (F.) aprobatoria
zuverlässig seguro (Adj.), fiable
Zuverlässigkeit (F.) seguridad (F.), fiabilidad (F.)
zuwenden atribuir, donar, asignar
Zuwendung (F.) donación (F.), concesión (F.), subvención (F.), asignación (F.), mejora (F.)
Zuwendungsverhältnis (N.) relación (F.) de donación
zuwiderhandeln contravenir, infringir, transgredir
Zuwiderhandlung (F.) contravención (F.), infracción (F.), transgresión (F.), violación (F.), acto (M.) en contra
Zwang (M.) fuerza (F.), coacción (F.), coerción (F.), violencia (F.)
Zwangsgeld (N.) coacción (F.) pecuniaria, multa (F.) coercitiva
Zwangshypothek (F.) hipoteca (F.) forzosa
Zwangslage (F.) aprieto (M.)
Zwangslizenz (F.) licencia (F.) obligatoria
Zwangsmaßnahme (F.) medio (M.) coercitivo, medida (F.) coercitiva
Zwangsmittel (N.) medio (M.) coercitivo, instrumento (M.) de coerción, medida (F.) coercitiva
Zwangsräumung (F.) desahucio (M.), lanzamiento (M.)
Zwangsvergleich (M.) convenio (M.) forzoso, transacción (F.) obligatoria
Zwangsversteigerung (F.) subasta (F.) forzosa, subasta (F.)
Zwangsverwalter (M.) administrador (M.) judicial, síndico (M.)
Zwangsverwaltung (F.) administración (F.) judicial, administración (F.) forzosa, sindicatura (F.)
Zwangsvollstreckung (F.) ejecución (F.) forzosa, ejecución (F.)
Zwangsvollstreckungsrecht (N.) derecho (M.) de ejecución forzosa
Zweck (M.) fin (M.), finalidad (F.), propósito (M.)
Zweckentfremdung (F.) desnaturalización (F.), apartamiento (M.) funcional
zweckmäßig conveniente, útil, adecuado
Zweckmäßigkeit (F.) conveniencia (F.), utilidad (F.), adecuación (F.)
Zweckverband (M.) organización (F.) racional, agrupación (F.) municipal forzosa
zwei dos
Zweifel (M.) duda (F.)
zweifelhaft dudoso, incierto, sospechoso (Adj.)
Zweig rama (F.)
Zweigniederlassung (F.) filial (F.), sucursal (F.), sociedad (F.) afiliada
Zweigstelle (F.) agencia (F.), dependencia (F.), oficina (F.), sucursal (F.)
Zweikammersystem (N.) bicameralismo (M.), sistema (M.) bicameral
zweiseitig bilateral
Zweistaatentheorie (F.) teoría (F.) de los dos Estados
Zweistufentheorie (F.) teoría (F.) de los dos grados
zweit segundo
zweitinstanzlich de segundo grado
Zweitstimme (F.) segundo voto (M.)
Zwilling (M.) gemelo (M.)
zwingen coaccionar, compeler, obligar, forzar
zwingend coercitivo, forzoso, obligatorio
zwingendes Recht (N.) derecho (M.) obligatorio

Zwischenbescheid (M.) resolución (F.) interlocutoria
Zwischenprüfung (F.) examen (M.) intermedio
zwischenstaatlich interestatal, internacional
Zwischenurteil (N.) sentencia (F.) interlocutoria, interlocutoria (F.)
Zwischenverfahren (N.) proceso (M.) incidental, incidente (M.)
Zwischenverfügung (F.) acto (M.) interlocutorio, acto (M.) resolutorio, acto (M.) administrativo provisional
Zypern (N.) Chipre (M.)

Spanisch - Deutsch

a

a la par paritätisch
a partir de ahora ex nunc (lat.) (ab jetzt)
a perpetuidad lebenslänglich
a sabiendas wissentlich
a términos reales effektiv
a título enunciativo enumerativ
a título gratuito unentgeltlich
a voluntad freiwillig
A.I.D.S. (M.) Aids (N.) (acquired immune deficiency syndrome)
abad (M.) Abt (M.)
abadesa (F.) Äbtissin (F.)
abadía (F.) Abtei (F.)
abandonado hilflos
abandonar abandonnieren, abbuchen, aufgeben, aussetzen, preisgeben, räumen, überlassen (V.), verlassen (V.), vernachlässigen, verzichten, zurücknehmen
abandono (M.) Abandon (M.), Abbuchung (F.), Aufgabe (F.), Aussetzung (F.) (Aussetzung von Menschen), Hilflosigkeit (F.), Preisgabe (F.), Vernachlässigung (F.), Verzicht (M.)
abandono (M.) de cosas Eigentumsaufgabe (F.)
abandono (M.) de destino Dienstflucht (F.)
abandono (M.) de hijos Kindesaussetzung (F.)
abandono (M.) de menores Kindesaussetzung (F.)
abastar versorgen
abastecedor (M.) Lieferant (M.)
abastecimiento (M.) Versorgung (F.)
abdicar abdanken
abducción (F.) Menschenraub (M.), Verschleppung (F.)
abeja (F.) Biene (F.)
aberración (F.) Abweichung (F.)
abierto offen
abofetear ohrfeigen
abogacía (F.) Anwaltschaft (F.)
Abogacía (F.) Federal Bundesanwaltschaft (F.)
abogada (F.) Anwältin (F.)
abogado (M.) Advokat (M.), Anwalt (M.), Rechtsanwalt (M.), Sachwalter (M.)
abogado (M.) asesor Syndikusanwalt (M.)
abogado (M.) con especialidad Fachanwalt (M.)
abogado (M.) consultor Rechtsberater (M.), Syndikusanwalt (M.)
abogado (M.) de oficio Pflichtverteidiger (M.)
abogado (M.) de patentes Patentanwalt (M.)
abogado (M.) defensor Verteidiger (M.)
abogado (M.) defensor de libre elección Wahlverteidiger (M.)
abogado (M.) especial Fachanwalt (M.)
abogado (M.) especialista Fachanwalt (M.)
abogado (M.) federal Bundesanwalt (M.)
abogado (M.) fiscal Staatsanwalt (M.)
abogado (M.) fiscalista Fachanwalt (M.) für Steuerrecht
abogado (M.) general Generalanwalt (M.)
abogado (M.) laboralista Fachanwalt (M.) für Arbeitsrecht
abogado (M.) litigante Prozessanwalt (M.)
abogado (M.) notario Anwaltsnotar (M.)
abogado mediador (M. bzw. F.) Korrespondenzanwalt (M.)
abolición (F.) Abolition (F.), Abschaffung (F.), Außerkraftsetzung (F.)
abolir abschaffen, aufheben, beseitigen
abonable zahlbar
abonamiento (M.) Glaubwürdigkeit (F.)
abonar bezahlen
abonar(se) abonnieren
abonaré (M.) Schuldschein (M.)
abono (M.) Abonnement (N.), Einzahlung (F.), Gutschrift (F.)
abordaje (M.) Kollision (F.)
abortar abtreiben
abortivo (M.) Abtreibungsmittel (N.)
aborto (M.) natural Fehlgeburt (F.)
aborto (M.) provocado Schwangerschaftsabbruch (M.), Schwangerschaftsunterbrechung (F.)
aborto Abtreibung (F.)
abreviar abkürzen
abreviatura (F.) Abkürzung (F.)
abrir aufdecken, eröffnen
abrir de nuevo wiederaufnehmen
abrogable widerruflich
abrogar abrogieren, aufheben
absolución (F.) Absolution (F.), Einstellung (F.), Freisprechung (F.), Freispruch (M.)
absolutismo (M.) Absolutismus (M.)
absoluto absolut, unbeschränkt
absolver freisprechen

absorber abschöpfen, absorbieren
absorción (F.) Absorption (F.)
absorción (F.) de empresa Unternehmensübernahme (F.)
absorción (F.) del excedente de beneficios Gewinnabschöpfung
abstención (F.) Enthaltung (F.)
abstención (F.) de voto Stimmenthaltung (F.)
abstener(se) enthalten (sich)
abstracción (F.) Abstraktion (F.)
abstracto abstrakt
abusar missbrauchen, schikanieren, vergehen (sich)
abusión (F.) Missbrauch (M.)
abuso (M.) Missbrauch (M.), Schikane (F.)
abuso (M.) de aparatos automáticos Automatenmissbrauch (M.)
abuso (M.) de autoridad Amtsmissbrauch (N.)
abuso (M.) de confianza Untreue (F.), Vertrauensbruch (M.)
abuso (M.) de derecho Rechtsmissbrauch (M.)
abuso (M.) de discrecionalidad Ermessensmissbrauch (M.)
abuso (M.) de firma en blanco Blankettmissbrauch (M.)
abuso (M.) de tenencia de armas Waffenmissbrauch (M.)
abuso (M.) sexual sexueller Missbrauch (M.)
abusos (M.Pl.) deshonestos Unzucht (F.)
abyecto verrucht
academia (F.) Akademie (F.)
académico (Adj.) akademisch
acaecimiento (M.) Eintritt (M.)
acaso (M.) Zufall (M.)
accesión (F.) originaria originärer Eigentumserwerb (M.)
acceso (M.) Aufnahme (F.), Zugang (M.)
acceso (M.) a la propiedad Eigentumserwerb (M.)
accesoriedad (F.) Akzessorietät (F.)
accesorio (Adj.) akzessorisch, Neben...
accesorios (M.Pl.) Zubehör (N.)
accidentado (M.) Verletzter (M.)
accidente (M.) Unfall (M.)
accidente (M.) de circulación Verkehrsunfall (M.)
accidente (M.) de tráfico Verkehrsunfall (M.)
accidente (M.) en el trayecto al trabajo Wegeunfall (M.)
accidente (M.) laboral Arbeitsunfall (M.)
acción (F.) actio (F.) (lat.), Aktie (F.), Aktion (F.), Anspruch (M.), Handeln (N.), Handlung (F.), Klage (F.), Tat (F.), Tätigkeit (F.), Vorgehen (N.)
acción (F.) accesoria Nebenklage (F.)
acción (F.) administrativa Verwaltungshandeln (N.)
acción (F.) administrativa de garantía Gefahrenabwehr (F.)
acción (F.) administrativa de prestación Leistungsverwaltung (F.)
acción (F.) al portador Inhaberaktie (F.)
acción (F.) civil Zivilklage (F.)
acción (F.) condenatoria Leistungsklage (F.)
acción (F.) conjunta Joint venture (N.) (engl.)
acción (F.) constitutiva Gestaltungsklage (F.)
acción (F.) de abstención Unterlassungsklage (F.)
acción (F.) de catálogo Katalogtat (F.)
acción (F.) de complemento Pflichtteilergänzungsanspruch (M.)
acción (F.) de condena a prestación Leistungsklage (F.)
acción (F.) de desalojo Räumungsklage (F.)
acción (F.) de filiación Vaterschaftsklage (F.)
acción (F.) de goce Genussschein (M.)
acción (F.) de impugnación Anfechtungsklage (F.)
acción (F.) de inactividad Untätigkeitsklage (F.)
acción (F.) de intervención Interventionsklage (F.)
acción (F.) de nivelación Ausgleichsanspruch (M.)
acción (F.) de nulidad Anfechtungsklage (F.)
acción (F.) de obligación Verpflichtungsklage (F.)
acción (F.) de omisión Unterlassungsklage (F.)
acción (F.) de posesión possessorische Klage (F.)
acción (F.) de preferencia Vorzugsaktie (F.)
acción (F.) de recaer Devolution (F.)
acción (F.) de revisión Restitutionsklage (F.)
acción (F.) de suplementum (lat.) Pflichtteilergänzungsanspruch (M.)
acción (F.) declarativa Feststellungsklage (F.)
acción (F.) disciplinaria Disziplinarverfahren (N.)
acción (F.) en caso de silencio administrativo Untätigkeitsklage (F.)

acción (F.) exigiendo de la administración una actividad en determinado sentido Vornahmeklage (F.)
acción (F.) fundacional Stammaktie (F.)
acción (F.) interna entre organos Organklage (F.)
acción (F.) jurídica Rechtshandlung (F.)
acción (F.) minera Kux (M.)
acción (F.) nominal Namensaktie (F.)
acción (F.) nominativa Namensaktie (F.)
acción (F.) nominativa vinculada vinkulierte Namensaktie (F.)
acción (F.) ordinaria Stammaktie (F.)
acción (F.) pauliana Gläubigeranfechtung (F.)
acción (F.) penal privada Privatklage (F.)
acción (F.) petitoria de herencia Erbschaftsklage (F.)
acción (F.) popular Popularklage (F.)
acción (F.) posesoria possessorische Klage (F.)
acción (F.) preferente Vorzugsaktie (F.)
acción (F.) preparatoria Vorbereitungshandlung (F.)
acción (F.) preventiva Vorbeugung (F.)
acción (F.) pública öffentliche Klage (F.)
acción (F.) reivindicatoria Herausgabeklage (F.)
acción (F.) sexual sexuelle Handlung (F.)
acción (F.) social Fürsorge (F.)
acción (F.) unitaria Handlungseinheit (F.)
accionar handeln, klagen, verklagen
accionista (F.) Aktionärin (F.)
accionista (M.) Aktieninhaber (M.), Aktionär (M.)
accionista (M.) principal Hauptaktionär (M.)
accipiens (M.) (lat.) Kommissionär (M.)
acechar nachstellen
acelerado beschleunigt
acelerar beschleunigen
aceptable akzeptabel, genehm
aceptación (F.) Akzept (N.), Akzeptanz (F.), Annahme (F.), Übernahme (F.)
aceptación (F.) bancaria Bankakzept (N.)
aceptación (F.) de cumplimiento Erfüllungsübernahme (F.)
aceptación (F.) de riesgos Gefahrtragung (F.)
aceptante (M.) Akzeptant (M.)
aceptar akzeptieren, anerkennen, annehmen, genehmigen, übernehmen
acequia (F.) Kanal (M.)
acera (F.) Gehsteig (M.), Gehweg (M.)
aceso (M.) rodado Grundstückszufahrt (F.)
aclamación (F.) Akklamation (F.)
aclaración (F.) Aufklärung (F.), Erläuterung (F.)
acogente (M. bzw. F.) Pflegeelter (M. bzw. F.), Pflegeelternteil (M.)
acogentes (M.Pl.) Pflegeeltern (Pl.)
acoger empfangen (V.)
acompañar begleiten
aconsejador (M.) Rechtsbeistand (M.)
acontecer ereignen (sich), geschehen
acontecimiento (M.) Ereignis (N.), Geschehen (N.)
acontecimiento (M.) inevitable unabwendbares Ereignis (N.)
acordar verabreden
acordar una moratoria stunden
acorde einig, einverstanden
acordonar absperren
acortar kürzen
acosar hetzen
acracia (F.) Anarchie (F.)
ácrata (M.) Anarchist (M.)
acrecencia (F.) Anwachsung (F.)
acrecentamiento (M.) Anwachsung (F.)
acrecerse anwachsen
acreditación (F.) Akkreditierung (F.)
acreditamiento (M.) Glaubhaftmachung (F.)
acreditar akkreditieren, gewähren
acreedor (M.) Gläubiger (M.)
acreedor (M.) común Gesamtgläubiger (M.)
acreedor (M.) de ejecución Vollstreckungsgläubiger (M.)
acreedor (M.) de la masa Massegläubiger (M.)
acreedor (M.) ejecutante Vollstreckungsgläubiger (M.)
acreedor (M.) en herencia Nachlassgläubiger (M.)
acreedor (M.) hereditario Nachlassgläubiger (M.)
acreedor (M.) hipotecario Grundpfandgläubiger (M.)
acreedor (M.) solidario Gesamtgläubiger (M.)
acta (F.) Akte (F.), Niederschrift (F.), Protokoll (N.), Urkunde (F.)
acta (F.) de la sesión Sitzungsprotokoll (N.)
acta (F.) de notificacíon Zustellungsurkunde (F.)

Acta (F.) Europea europäische Akte (F.)
acta (F.) fundamental Grundvertrag (M.)
acta (F.) procesal Prozessakte (F.)
actio (F.) communi dividundo (lat.) Teilungsklage (F.)
actitud (F.) Gebaren (N.)
actividad (F.) Handeln (N.), Handlung (F.), Tätigkeit (F.)
actividad (F.) comercial Gewerbebetrieb (M.)
actividad (F.) interior Innenbetrieb (M.)
actividad (F.) jurídica Rechtshandlung (F.)
actividad (F.) lucrativa Erwerbstätigkeit (F.)
actividad (F.) mercantil Geschäftsbetrieb (M.)
actividad (F.) profesional secundaria Nebentätigkeit (F.)
actividades (F.Pl.) legislativas Gesetzgebung (F.)
activo (Adj.) aktiv, erwerbstätig, mobil, tätig, wirksam
activo (M.) Aktiva (N.Pl.), Aktivum (N.), Anlagevermögen (N.)
acto (M.) Akt (M.), Handeln (N.), Handlung (F.), Tat (F.)
acto (M.) administrativo Verwaltungsakt (M.)
acto (M.) administrativo liquidatorio Steuerbescheid (M.)
acto (M.) administrativo provisional Zwischenverfügung (F.)
acto (M.) anterior Vortat (F.)
acto (M.) auténtico öffentliche Urkunde (F.)
acto (M.) causal Kausalgeschäft (N.)
acto (M.) colectivo Gesamtakt (M.)
acto (M.) comunitario Rechtsakte (F.) der Europäischen Gemeinschaften
acto (M.) conjunto Gesamtakt (M.)
acto (M.) continuado fortgesetzte Handlung (F.)
acto (M.) de comercio Handelsgeschäft (N.)
acto (M.) de conciliación Schlichtungsverfahren (N.), Sühne (F.)
acto (M.) de declaración de responsabilidad Haftungsbescheid (M.)
acto (M.) de gracia Gnadenakt (M.)
acto (M.) de imperio Hoheitsakt (M.)
acto (M.) de imposición Steuerbescheid (M.)
acto (M.) de posesión Besitzergreifung (F.)
acto (M.) de soberanía Hoheitsakt (M.)
acto (M.) declarativo de voluntad Willenserklärung (F.)
acto (M.) en contra Zuwiderhandlung (F.)
acto (M.) general Allgemeinverfügung (F.)
acto (M.) ilícito unerlaubte Handlung (F.)
acto (M.) interlocutorio Zwischenverfügung (F.)
acto (M.) jurídico Rechtsakt (M.), Rechtshandlung (F.)
acto (M.) mortis causa (lat.) letztwillige Verfügung (F.), Verfügung von Todes wegen (F.)
acto (M.) negocial Rechtsgeschäft (N.)
acto (M.) posterior Nachtat (F.)
acto (M.) preparatorio Vorbereitungshandlung (F.)
acto (M.) procesal Prozesshandlung (F.)
acto (M.) punible Straftat (F.)
acto (M.) real Realakt (M.)
acto (M.) resolutorio Zwischenverfügung (F.)
actor (M.) Kläger (M.)
actos (M.Pl.) in fraudem legis (lat.) Gesetzesumgehung (F.)
actuación (F.) Handeln (N.), Tätigkeit (F.), Verhalten (N.), Vorgehen (N.)
actual gegenwärtig
actualidad (F.) Gegenwart (F.)
actualización (F.) Anpassung (F.)
actualizar anpassen, bereinigen
actuar (M.) Tun (N.)
actuar fungieren, handeln, vorgehen
actuario (M.) Protokollbeamter (M.), Schriftführer (M.)
acuerdo (M.) Abkommen (N.), Abmachung (F.), Abrede (F.), Absprache (F.), Akkord (M.), Beschluss (M.), Einigung (F.), Einvernehmen (N.), Einverständnis (N.), Entschließung (F.), pactum (N.) (lat.), Pakt (M.), Rezess (M.), Übereinkommen (N.), Übereinkunft (F.), Verabredung (F.), Vereinbarung (F.), Vertrag (M.)
acuerdo (M.) comercial Handelsabkommen (N.)
acuerdo (M.) de apertura Eröffnungsbeschluss (M.)
acuerdo (M.) de apoyo a las respectivas divisas Swapabkommen (N.)
acuerdo (M.) de asociación Assoziierungsabkommen (N.)
acuerdo (M.) de compensación Girovertrag (M.)
acuerdo (M.) de franquicia Franchisevertrag (M.)

acuerdo (M.) de gabinete Kabinettsbeschluss (M.)
acuerdo (M.) de las partes Parteivereinbarung (F.)
acuerdo (M.) de mayoría Mehrheitsbeschluss (M.)
acuerdo (M.) de paz Friedensvertrag (M.)
acuerdo (M.) de swap Swapabkommen (N.)
acuerdo (M.) del consejo de ministros Kabinettsbeschluss (M.)
acuerdo (M.) empresarial Betriebsvereinbarung (F.)
acuerdo (M.) mayoritario Mehrheitsbeschluss (M.)
Acuerdo (M.) sobre Berlín Berlin-Abkommen (N.)
acuerdo (M.) social Gesellschafterbeschluss (M.)
acuerdo (M.) total Gesamtvereinbarung (N.)
acuerdo-marco (M.) Manteltarif (M.)
Acuerdos (M.Pl.) de Bonn Deutschlandvertrag (M.)
acumulación (F.) Häufung (F.), Kumulation (F.), Verbindung (F.)
acumulación (F.) de acciones Klagenhäufung (F.), Sammelklage (F.)
acumular kumulieren, sammeln, verbinden
acumularse auflaufen
acumulativo kumulativ
acusación (F.) Anklage (F.), Anklageschrift (F.), Anschuldigung (F.)
acusada (F.) Angeklagte (F.), Beklagte (F.)
acusado (Adj.) beklagt
acusado (M.) Angeklagter (M.), Beklagter (M.)
acusador (M.) Ankläger (M.)
acusador (M.) privado Privatkläger (M.)
acusante (M.) Ankläger (M.)
acusar anklagen, anschuldigen, anzeigen, beschuldigen
acuse (M.) de recibo de pedido Auftragsbestätigung (F.)
ad hoc (lat.) ad hoc (lat.) (bis jetzt)
ad honorem (lat.) ehrenamtlich
adaptación (F.) Anpassung (F.)
adaptar anpassen
adecuación (F.) Adäquanz (F.), Zweckmäßigkeit (F.)
adecuación (F.) social Sozialadäquanz (F.)
adecuado adäquat, angemessen, zweckmäßig
adehala (F.) Zugabe (F.)
adelantado (M.) Vorauszahlung (F.)
adelantare vorangehen
adelanto (M.) Vorschuss (M.)
adelanto (M.) de pago Vorauszahlung (F.)
ademán (M.) Gebärde (F.)
adeudar belasten, schulden
adeudo (M.) Verschuldung (F.), Verschuldung (F.)
adherencia (F.) Anhang (M.)
adherir(se) anschließen (sich)
adherirse beitreten
adhesión (F.) Adhäsion (F.), Anschließung (F.), Anschluss (M.), Beitritt (M.)
adhesión (F.) a la deuda Schuldbeitritt (M.)
adicción (F.) Sucht (F.)
adición (F.) Nachtrag (M.), Zusatz (M.)
adición (F.) de herencia Erbantritt (M.)
adicional akzidentiell, zusätzlich
adjudicación (F.) Verdingung (F.), Zuschlag (M.)
adjudicar zuschlagen
adjuntar anhängen, beifügen
adjunto (M.) Beisitzer (M.)
adjunto (M.) del alcalde Beigeordneter (M.)
adminículo (M.) Anscheinsbeweis (M.), Behelf (M.)
administración (F.) Administration (F.), Behörde (F.), Geschäftsführung (F.), Regie (F.), Verwaltung (F.)
administración (F.) autónoma Landesverwaltung (F.), Selbstverwaltung (F.)
administración (F.) central Hauptverwaltung (F.)
administración (F.) corporativa del Estado mittelbare Staatsverwaltung (F.)
administración (F.) de construcciones viales Straßenbauverwaltung (F.)
administración (F.) de impuestos Steuerbehörde (F.)
administración (F.) de justicia Justizverwaltung (F.), Rechtspflege (F.)
administración (F.) de la sucesión Nachlassverwaltung (F.)
administración (F.) de los Länder por encargo del Bund Bundesauftragsverwaltung (F.)
administración (F.) de una finca Gutsverwaltung (F.)
administración (F.) del distrito Kreisverwaltung (F.)
administración (F.) del Estado Bundesverwaltung (F.), Staatsverwaltung (F.)

administración (F.) del trabajo Arbeitsverwaltung (F.)
administración (F.) directiva Weisungsverwaltung (F.)
administración (F.) económica Wirtschaftsverwaltung (F.)
administración (F.) estatal Staatsverwaltung (F.)
administración (F.) federal Bundesverwaltung (F.)
administración (F.) fiduciaria Treuhand (F.), Verwaltungstreuhand (F.)
administración (F.) fiscal Finanzverwaltung (F.), Steuerbehörde (F.)
administración (F.) forzosa Zwangsverwaltung (F.)
administración (F.) indirecta del Estado mittelbare Staatsverwaltung (F.)
administración (F.) interior innere Verwaltung (F.)
administración (F.) intervencionista Eingriffsverwaltung (F.)
administración (F.) judicial Gerichtsverwaltung (F.), Zwangsverwaltung (F.)
administración (F.) laboral Arbeitsverwaltung (F.)
administración (F.) local Gemeindeverwaltung (F.)
administración (F.) militar federal Bundeswehrverwaltung (F.)
administración (F.) municipal Kommunalverwaltung (F.), Stadtverwaltung (F.)
administración (F.) patrimonial Vermögensverwaltung (F.)
administración (F.) productiva Leistungsverwaltung (F.)
administración (F.) propia Selbstverwaltung (F.)
administración (F.) social Sozialverwaltung (F.)
administración (F.) sucesoria Nachlassverwaltung (F.)
administración (F.) territorial Landesverwaltung (F.)
administrado (M.) Bürger (M.)
administrador (M.) Geschäftsführer (M.), Vermögensverwalter (M.), Verwalter (M.)
administrador (M.) de bienes Vermögensverwalter (M.)
administrador (M.) de la testamentaría Nachlassverwalter (M.)
administrador (M.) judicial Rechtspfleger (M.) (Rechtspfleger in Deutschland), Zwangsverwalter (M.)
administrar verwalten
administrativo administrativ, behördlich
admisibilidad (F.) Einlassung (F.), Zulässigkeit (F.)
admisible glaubhaft, statthaft, zulässig
admisión (F.) Aufnahme (F.), Nichtbestreiten (N.), Zulassung (F.)
admisión (F.) de regalos Vorteilsannahme (F.)
admitir aufnehmen, zugestehen, zulassen
admonición (F.) Ermahnung (F.), Mahnung (F.)
adopción (F.) Adoption (F.), Annahme (F.) an Kindes Statt, Kindesannahme (F.), Rezeption (F.)
adoptada (F.) Adoptierte (F.)
adoptado (M.) Adoptierter (M. bzw. F.)
adoptar adoptieren
adquirente (M.) Erwerber (M.), Käufer (M.)
adquirente (M.) de buena fe gutgläubiger Erwerber (M.)
adquirente (M.) sin previo conocimiento gutgläubiger Erwerber (M.)
adquiridor (M.) Abnehmer (M.)
adquirimiento (M.) Erwerb (M.)
adquirir einkaufen, erlangen (V.), erringen, erwerben, kaufen
adquisición (F.) Bezug (M.), Erwerb (M.), Kauf (M.)
adquisición (F.) de bienes inmuebles Grunderwerb (M.)
adquisición (F.) de buena fe gutgläubiger Erwerb (M.)
adquisición (F.) de la propiedad Eigentumserwerb (M.)
adquisición (F.) de un derecho Rechtserwerb (M.)
adquisición (F.) derivada de la propiedad abgeleiteter Eigentumserwerb (M.)
adquisición (F.) originaria de la propiedad originärer Eigentumserwerb (M.)
aduana (F.) Zoll (M.), Zollbehörde (F.)
aduana (F.) interior Binnenzoll (M.)
aduana (F.) prohibitiva Schutzzoll (M.)
aduanar deklarieren, verzollen
aduanero (M.) Zöllner (M.)
aducción (F.) de pruebas Beweisantritt (M.)
adueñamiento (M.) Zueignung (F.)
adúltera (F.) Ehebrecherin (F.)

adulterar ehebrechen
adulterino ehebrecherisch
adulterio (M.) Ehebruch (M.)
adúltero (Adj.) ehebrecherisch
adúltero (M.) Ehebrecher (M.)
adulto (Adj.) erwachsen (Adj.)
adulto (M.) Erwachsener (M.)
advertencia (F.) Mahnung (F.), Rechtsmittelbelehrung (F.), Verwarnung (F.), Verweis (M.)
advertencia (F.) sobre recursos Rechtsbehelfsbelehrung (F.), Rechtsbelehrung (F.)
advertir mahnen, merken, verwarnen, warnen
adyacente (M.) Anrainer (M.)
aeronave (F.) Luftfahrzeug (N.)
afección (F.) Affektion (F.)
afectación (F.) Widmung (F.)
afecto (M.) Affekt (M.)
afianzamiento (M.) Sicherung (F.)
afianzar bürgen, verbürgen
afición (F.) Liebhaberei (F.)
aficionado (M.) Liebhaber (M.)
afidávit (M.) Affidavit (N.), Versicherung (F.) an Eides statt
afiliación (F.) Adoption (F.), Anschluss (M.)
afiliar(se) anschließen (sich)
afín verschwägert
afinidad (F.) Schwägerschaft (F.), Verschwägerung (F.)
afirmación (F.) Behauptung (F.)
afirmar behaupten, bejahen, versichern (sich), zustimmen
afirmativa (F.) Zustimmung (F.)
afirmativo affirmativ
aforismo (M.) jurídico Rechtssprichwort (N.)
afrenta (F.) Beschimpfung (F.)
Africa (F.) Afrika (N.)
afronta (F.) Gegenüberstellung (F.)
agencia (F.) Agentur (F.), Niederlassung (F.), Zweigstelle (F.)
agencia (F.) de cobro Inkassobüro (N.)
agencia (F.) de colocaciones Stellenvermittlung (F.)
agencia (F.) de ententes Kartellamt (N.)
agencia (F.) de trabajo Agentur (F.) für Arbeit, Arbeitsagentur (F.)
agencia (F.) de transportes Spedition (F.)
Agencia (F.) federal de carteles Bundeskartellamt (N.)
agencia (F.) federal del medio ambiente Umweltbundesamt (N.)
agenciar besorgen
agenda (F.) Terminkalender (M.)
agente (F.) Handelnde (F.)
agente (F.) matrimonial Heiratsvermittlerin (F.)
agente (M. bzw. F.) de seguros Versicherungsvertreter (M.)
agente (M.) Agent (M.), Handelnder (M.)
agente (M.) aduanero Zöllner (M.)
agente (M.) comercial Handelsvertreter (M.)
agente (M.) de comisiones Abschlussvertreter (M.)
agente (M.) de la policía Polizist (M.)
agente (M.) de la propiedad industrial Patentanwalt (M.)
agente (M.) de negocios Abschlussvertreter (M.)
agente (M.) diplomático Diplomat (M.)
agente (M.) ejecutivo Gerichtsvollzieher (M.), Vollstreckungsbeamter (M.), Vollzugsbeamter (M.)
agente (M.) expedidor Spediteur (M.)
agente (M.) judicial Gerichtsvollzieher (M.)
agente (M.) matrimonial Heiratsvermittler (M.)
agente (M.) mediador Handelsmakler (M.), Makler (M.)
agente (M.) provocador agent (M.) provocateur (franz.)
agente (M.) público Beamter (M.)
agente (M.) social Sozialpartner (M.)
ágil mobil
agio (M.) Agio (N.), Aufgeld (N.)
agitar aufwiegeln
agnado (M.) Agnat (M.)
agotamiento (M.) de la vía judicial Rechtswegerschöpfung (F.)
agotar erschöpfen
agraciar bestallen
agradable gefällig
agravación (F.) de la pena Strafschärfung (F.), Strafverschärfung (F.)
agraviado (M.) Geschädigter (M.)
agraviador (M.) Schädiger (M.)
agraviar beschweren
agravio (M.) Beeinträchtigung (F.), Beschwer (F.)
agravio (M.) material materieller Schaden (M.)
agredir angreifen
agregación (F.) Zuschreibung (F.), Eingemeindung (F.)

agregado (M.) Attaché (M.)
agregar eingemeinden
agremiación (F.) Koalition (F.)
agresión (F.) Aggression (F.)
agresión (F.) a la autoridad Widerstand (M.) gegen die Staatsgewalt
agresivo aggressiv
agresor (M.) Angreifer (M.)
agricultor (M.) Bauer (M.), Landwirt (M.)
agricultura (F.) Landwirtschaft (F.)
agrupación (F.) Gruppe (F.), Zusammenschluss (M.)
agrupación (F.) de aguas Wasserverband (M.)
agrupación (F.) de interés Interessenvereinigung (F.)
Agrupación (F.) Europea de Interés Económico Europäische Wirtschaftliche Interessenvereinigung (F.) (EWIV), EWIV (F.) Europäische Wirtschaftliche Interessenvereinigung (F.)
agrupación (F.) municipal Gemeindeverband (M.)
agrupación (F.) municipal forzosa Zweckverband (M.)
agua (F.) Gewässer (N.), Wasser (N.)
agua (M.) residual Abwasser (N.)
aguantar dulden
aguas (F.Pl.) Gewässer (N.)
aguas (F.Pl.) fiscales Hoheitsgewässer (N.)
aguas (F.Pl.) jurisdiccionales Hoheitsgewässer (N.), Küstengewässer (N.Pl.)
aguas (F.Pl.) marítimas See (F.)
agudo (M.) scharf
ahijado (M.) Pflegekind (N.)
ahijar adoptieren, unterschieben (ein Kind unterschieben)
ahijiamiento (M.) Adoption (F.)
ahorrador (M.) Sparer (M.)
ahorrar sparen
ahorrista (M.) Sparer (M.)
ahorros (M.Pl.) de energía Energieeinsparung (F.)
aire (M.) Luft (F.)
ajeno fremd
ajustado gerecht
ajustar anpassen, regeln, regulieren
ajuste (M.) Bereinigung (F.), Regulierung (F.), Vergleich (M.)
ajuste (M.) de cuentas Aufrechnung (F.)
ajuste (M.) financiero Finanzausgleich (M.)
ajusticiamento (M.) Hinrichtung (F.)
ajusticiar hinrichten
al descubierto blanko
al principio anfangs
alarde (M.) Musterung (F.)
alarma (F.) Alarm (M.)
albacea (M.) dativo Nachlasspfleger (M.)
albacea (M.) testamentario Testamentsvollstrecker (M.)
albedrío (M.) Wille (M.)
albergue (M.) Herberge (F.)
alboroto (M.) Schlägerei (F.)
alcahuete (M.) Hehler (M.)
alcahuetería (F.) Hehlerei (F.)
alcalde (M.) Bürgermeister (M.)
alcalde-presidente (M.) Oberbürgermeister (M.)
alcance (M.) Auffahrunfall (M.)
alcohol (M.) Alkohol (M.)
alcohol (M.) en la sangre Blutalkohol (M.)
alcoholismo (M.) crónico Trunksucht (F.)
aleatorio aleatorisch
alegación (F.) Behauptung (F.), Parteivorbringen (N.), Vorbringen (N.)
alegación (F.) de derecho Rechtsausführung (F.)
alegación (F.) de hechos Tatsachenbehauptung (F.)
alegaciones (F.Pl.) Schriftsatz (M.)
alegar beibringen, vorbringen
alegría (F.) Freude (F.)
alejamiento (M.) Entfernung (F.)
alejar entfernen
alemán (Adj.) deutsch
alemán (M.) Deutscher (M.)
alemana (F.) Deutsche (F.)
Alemania (F.) Deutschland (N.)
aleve hinterlistig
alevosía (F.) Heimtücke (F.), Hinterlist (F.)
alevoso (Adj.) heimtückisch, hinterlistig
alevoso (M.) Meuchelmörder (M.)
alférez (M.) Leutnant (M.)
alguacil (M.) Büttel (M.), Gerichtsdiener (M.)
alhaja (F.) Kleinod (N.)
aliado (M.) Alliierter (M.)
aliados (M.Pl.) Alliierte (M.Pl.)
alianza (F.) Allianz (F.), Bündnis (N.)
aliar koalieren
alicate (M.) Komplize (M.)
alicuota (F.) Tarif (M.)
alícuta proportional

alienación (F.) Entfremdung (F.), Veräußerung (F.)
alienar entfremden, veräußern
alieno fremd
alijar löschen
alimentación (F.) Alimentation (F.), Ernährung (F.)
alimentar ernähren, unterhalten
alimentario (M.) Unterhaltsberechtigter (M.)
alimentista (M.) Unterhaltsberechtigter (M.)
alimento (M.) Aliment (N.), Lebensmittel (N.)
alimentos (M.Pl.) Alimente (N.Pl.), Lebensmittel (N.Pl.), Unterhalt (M.)
alimentos (M.Pl.) básicos Regelunterhalt (M.)
alimentos (M.Pl.) de cónyuges Ehegattenunterhalt (M.)
alindamiento (M.) Abmarkung (F.)
alindar abmarken
alineación (F.) Baulinie (F.), Fluchtlinie (F.)
aliud (M.) (lat.) aliud (anderes)
almacén (M.) Lager (N.), Lagerhaus (N.), Magazin (N.)
almacenador (M.) Lagerhalter (M.)
almacenaje (M.) Lagergeschäft (N.)
almacenar lagern
almacenero (M.) Lagerhalter (M.)
almacenista (M.) Lagerhalter (M.)
almirante (M.) Admiral (M.)
almoneda (F.) Versteigerung (F.)
almoneda (F.) pública öffentliche Versteigerung (F.)
almonedar versteigern
alodio (M.) Allod (N.)
alojamiento (M.) Herberge (F.), Wohnraum (M.)
alquilador (M.) Vermieter (M.), Verpächter (M.)
alquilar mieten, verdingen, vermieten
alquiler (M.) Miete (F.), Mietpreis (M.), Mietzins (M.), Vermietung (F.), Zins (M.)
alquiler (M.) anual Jahresmiete (F.)
alquiler-compra (M.) Mietkauf (M.)
alquiler-venta (M.) Mietkauf (M.)
alta traición (F.) Hochverrat (M.), Landesverrat (M.)
alteración (F.) Abänderung (F.), Störung (F.), Veränderung (F.)
alteración (F.) de la demanda inicial Klageänderung (F.)
alteración (F.) del estado civil Personenstandsfälschung (F.)
alterar abändern, verändern
alternativa (F.) Alternative (F.)
alternativo alternativ
alteza (F.) Hoheit (F.)
alto hoch, leitend
alto empleado (M.) leitender Angestellter (M.)
alumna (F.) Schülerin (F.)
alumno (M.) Schüler (M.)
aluvión (F.) Anschwemmung (F.)
alza (F.) Anstieg (M.), Hausse (F.)
alza (F.) abusiva de los precios Preistreiberei (F.)
alzado bankrott
alzamiento (M.) Erhebung (F.)
alzamiento (M.) de bienes Vollstreckungsvereitelung (F.)
alzar aufnehmen, heben, wegnehmen
allanamiento (M.) Anerkenntnis (N.)
allanamiento (M.) de morada Hausfriedensbruch (M.)
allanar(se) vergleichen (sich)
amante (M.) Liebhaber (M.)
ambiente (M.) Milieu (N.)
ámbito (M.) Bereich (M.), Geltungsbereich (M.)
ámbito (M.) de efectividad Wirkungskreis (M.)
ámbito (M.) de protección Schutzbereich (M.)
ámbito (M.) discrecional Ermessensspielraum (M.)
ambulante ambulant
amenaza (F.) Androhung (F.), Bedrohung (F.), Drohung (F.)
amenazador (Adj.) drohend
amenazar androhen, bedrohen, drohen
América (F.) Amerika (N.)
amiga (F.) Freundin (F.)
amigo (M.) Freund (M.)
aminestación (F.) Mahnung (F.)
aminoración (F.) Minderung (F.)
aminorar mindern
amistad (F.) Freundschaft (F.)
amnistía (F.) Amnestie (F.)
amnistiar amnestieren
amok (M.) Amok (M.)
amonestación (F.) Verwarnung (F.), Warnung (F.)

amonestaciones (F. Pl.) Aufgebot (N.)
amonestaciones (F.Pl.) matrimoniales Heiratsaufgebot (N.)
amonestamiento (M.) Rüge (F.)
amonestar mahnen, verwarnen, verweisen
amordazamiento (M.) Knebelung (F.)
amordazar knebeln
amortizable kündbar
amortización (F.) Abbuchung (F.), Ablösung (F.) (Tilgung), Abschreibung (F.), Absetzung (F.), Amortisation (F.), Schuldentilgung (F.), Tilgung (F.)
amortizar abbuchen, ablösen, abschreiben, absetzen, amortisieren, löschen, tilgen, zurückzahlen
amotinador (M.) Meuterer (M.), Rädelsführer (M.)
amotinamiento (M.) Aufruhr (M.), Meuterei (F.)
amotinamiento (M.) carcelario Gefangenenmeuterei (F.)
amotinarse meutern
amover absetzen
amovible absetzbar
amovilidad (F.) Absetzbarkeit (F.)
amparar schützen, verteidigen
amparo (M.) Obhut (F.), Schutz (M.)
ampliación (F.) Erweiterung (F.), Verlängerung (F.)
ampliar erweitern
análisis (M. bzw. F.) sanguíneo Blutprobe (F.)
analogía (F.) Analogie (F.)
analogía (F.) iuris (lat.) Rechtsanalogie (F.)
analogía (F.) jurídica Rechtsanalogie (F.)
analogía (F.) legal Gesetzesanalogie (F.)
analogía (F.) legis (lat.) Gesetzesanalogie (F.)
análogo analog
anarquía (F.) Anarchie (F.)
anárquico anarchisch
anarquista (M.) Anarchist (M.)
anatema (M. bzw. F.) Anathema (N.), Bann (M.)
anatocismo (M.) Anatozismus (M.), Zinseszins (M.)
anejar annektieren
anejo (M.) Kirchspiel (N.)
anestésico (M.) Betäubungsmittel (N.)
anexar anhängen, verbinden
anexión (F.) Annexion (F.), Einverleibung (F.)
anexionar annektieren, einverleiben
anexo (M.) Anhang (M.), Anlage (F.)
animal (M.) Tier (N.)
animal (M.) doméstico Haustier (N.)
ánimo (M.) Absicht (F.)
ánimo (M.) de apropiación Zueigungsabsicht (F.)
ánimo (M.) de enriquecimiento Bereicherungsabsicht (F.)
animus (M.) jocandi (lat.) Scherzabsicht (F.)
anomal anormal
anónimo anonym
anotación (F.) Aktenvermerk (M.), Aufzeichnung (F.), Buchung (F.), Eintragung (F.)
anotación (F.) preventiva Vormerkung (F.)
anotación (F.) preventiva de cancelación Löschungsvormerkung (F.)
anotar aufzeichnen, eintragen, niederschreiben, notieren, registrieren, verzeichnen, vormerken
ante todo vorab
antecedente (M.) Vorgeschichte (F.)
antecedente (M.) penal Vorstrafe (F.)
antecedentes (F.Pl.) Geschichte (F.)
antecesor (M.) Vorfahre (M.), Vorgänger (M.)
antecesor (M.) jurídico Rechtsvorgänger (M.)
antejuicio (M.) Präjudiz (N.), Vorverfahren (N.)
anterior titular (M.) Rechtsvorgänger (M.)
anticipación (F.) Vorschuss (M.), Vorschussleistung (F.)
anticipado vorzeitig
anticipar antizipieren, vorwegnehmen
anticipo (M.) Vorleistung (F.), Vorschuss (M.), Vorschussleistung (F.)
anticonstitucional verfassungsfeindlich, verfassungswidrig
anticonstitucionalidad (F.) Verfassungswidrigkeit (F.)
anticrésis (F.) Antichrese (F.)
anticresis (F.) Nutzungspfand (N.)
antigüedad (F.) Besoldungsdienstalter (N.), Dienstalter (N.)
antijuridicidad (F.) Rechtswidrigkeit (F.), Unrecht (N.)
antijurídico rechtswidrig
antilógico widersprüchlich
antinomia (F.) Antinomie (F.)
antinómico widersprüchlich

antisemitismo (M.) Antisemitismus (M.)
antisocial (Adj.) asozial
anual jährlich
anualidad (F.) Apanage (F.), Jahreseinkommen (N.)
anulación (F.) Absage (F.), Annullierung (F.), Aufhebung (F.), Kassation (F.), Kraftloserklärung (F.), Nichtigerklärung (F.), Storno (N.), Ungültigkeitserklärung (F.)
anulación (F.) de la inscripción Abmeldung (F.),
anular absagen, abschreiben, annullieren, aufheben, kassieren, lösen, stornieren, streichen, zurücknehmen, zurückziehen
anular la inscripción abmelden
anunciación (F.) Ankündigung (F.)
anunciar ankündigen, anmelden, bekanntgeben, bekanntmachen
anuncio (M.) Ankündigung (F.), Anschlag (M.), Anzeige (F.), Inserat (N.), Mitteilung (F.)
anuncio (M.) de concurso Stellenausschreibung (F.)
año (M.) Jahr (N.)
año (M.) comercial Geschäftsjahr (N.)
año (M.) económico Geschäftsjahr (N.), Rechnungsjahr (N.)
año (M.) emergente Jahresfrist (F.)
años (M.Pl.) de servicio Dienstzeit (F.)
aparato (M.) Gerät (N.), Maschine (F.)
aparato (M.) automático Automat (M.)
aparato (M.) judicial Justizapparat (M.)
aparcamiento (M.) Parken (N.), Parkplatz (M.)
aparcar parken
aparecer erscheinen
aparejador (M.) Bauleiter (M.)
aparente anscheinend
apariencia (F.) Anschein (M.), Schein (F.)
apariencia (F.) jurídica Rechtsschein (M.)
apartado (M.) Schließfach (N.)
apartamiento (M.) funcional Zweckentfremdung (F.)
apartamiento (M.) procesal Klagerücknahme (F.)
aparte (M.) Absatz (M.)
apatriado (Adj.) staatenlos
apátrida (Adj.) heimatlos, staatenlos
apátrida (M.) Staatenloser (M.)
apatridia (F.) Staatenlosigkeit (F.)
apatridismo (M.) Staatenlosigkeit (F.)
apelable anfechtbar
apelación (F.) Anfechtung (F.), Appellation (F.), Berufung (F.)
apelación (F.) adhesiva Anschlussberufung (F.)
apelante (M.) Beschwerdeführer (M.)
apelar anfechten, anrufen, appellieren
apellido (M.) Familienname (N.), Nachname (M.), Zuname (M.)
apéndice (M.) Anhang (M.), Zusatz (M.)
apertura (F.) Eröffnung (F.)
apertura (F.) del concurso Insolvenzeröffnung (F.)
apetencia (F.) Gier (F.)
aplazamiento (M.) Befristung (F.), Stundung (F.), Vertagung (F.), Verzögerung (F.), Vorladung (F.)
aplazamiento (M.) de la ejecución penal Strafaufschub (M.)
aplazar befristen, stunden, umlegen, verschieben, vertagen, verzögern, vorladen
aplicable anwendbar
aplicación (F.) Anwendung (F.), Durchführung (F.), Einführung (F.), Umsetzung (F.), Verhängung (F.), Verwendung (F.), Zueignung (F.)
aplicación (F.) de la ley Gesetzesanwendung (F.)
aplicación (F.) del derecho Rechtsanwendung (F.)
aplicación (F.) jurídica Gesetzesanwendung (F.), Rechtsanwendung (F.), Rechtsfindung (F.)
aplicante (M.) Anwender (M.)
aplicar abstellen, anwenden, handhaben, verwenden
apoderado (M.) Bevollmächtigter (M.), Handlungsbevollmächtigter (M.)
apoderado (M.) especial Handlungsbevollmächtigter (M.)
apoderado (M.) general Prokurist (M.)
apoderamiento (M.) Bevollmächtigung (F.), Inbesitznahme (F.)
apoderamiento (M.) genérico Generalermächtigung (F.)
apoderar bevollmächtigen
apolida (M.) Staatenloser (M.)
aportación (F.) Beibringung (F.), Beschaffung (F.)
aportación (F.) en especie Sacheinlage (F.)
aportación (F.) principal Stammeinlage (F.)
aportar beibringen, beschaffen (V.), einbringen

aporte (M.) Einlage (F.)
aporte (M.) en bienes materiales Sacheinlage (F.)
aposentar beherbergen
apostar wetten
apostilla (F.) Urkundennachtrag (M.)
apostolico apostolisch
apreciación (F.) Beurteilung (F.), Schätzung (F.)
apreciación (F.) de prueba Beweiswürdigung (F.)
apreciar achten, beurteilen, schätzen, werten, würdigen
aprecio (M.) Wert (M.)
aprehender festnehmen
aprehensión (F.) Erkenntnis (F.) (Einsicht), Festnahme (F.), Wegnahme (F.)
apremio (M.) Mahnung (F.)
apremio (M.) administrativo Verwaltungszwang (M.)
aprender lernen
aprendiz (M.) Auszubildender (M.), Lehrling (M.)
aprendizaje (M.) Lehre (F.)
apresamiento (M.) Prise (F.)
apresar kapern
aprieto (M.) Zwangslage (F.)
aprobación (F.) Anerkennung (F.), Annahme (F.), Approbation (F.), Billigung (F.), Zustimmung (F.)
aprobar anerkennen, approbieren, billigen, erlassen, verabschieden, zustimmen
apropiación (F.) Aneignung (F.), Zueignung (F.)
apropiar aneignen
apropiar(se) zueignen (sich)
aprovechamiento (M.) Verwertung (F.)
aprovechamiento (M.) cinegético Jagdausübung (F.)
aprovechamiento (M.) de los efectos del delito Vorteilssicherung (F.)
aprovechamiento (M.) del suelo Flächennutzung (F.)
aprovechamientos (M.Pl.) especiales Sondernutzung (F.)
aprovechar verwerten
aptitud (F.) Befähigung (F.), Eignung (F.), Tauglichkeit (F.)
aptitud (F.) matrimonial Ehefähigkeit (F.)
aptitud (F.) para conducir Fahrtüchtigkeit (F.)
apto tauglich
apto para concucir fahrtüchtig
apto para el arresto haftfähig
apud acta (lat.) aktenkundig
apuesta (F.) Wette (F.)
apuntar notieren
aquiler-compra (M.) Leasing (N.)
aquiler-venta (M.) Leasing (N.)
arancel (M.) Gebührenordnung (F.), Kostenordnung (F.)
arancel (M.) de honorarios Rechtsanwaltsvergütungsgesetz (N.)
arancel federal de honorarios de abogado Bundesrechtsanwaltsgebührenordnung (F.)
arbitración (F.) Arbitrage (F.)
arbitrador (M.) Schiedsrichter (M.)
arbitraje (M.) Arbitrage (F.), Schiedsspruch (M.)
arbitrar schlichten
arbitrariedad (F.) Willkür (F.)
arbitrario (Adj.) eigenmächtig
arbitrario willkürlich
arbitrio (M.) Ermessen (N.)
árbitro (M.) Schiedsrichter (M.)
arcaico archaisch
archivero (M.) Archivar (M.)
archivo (M.) Archiv (N.), Registratur (F.)
archivo (M.) de datos Datei (F.), Datei (F.)
arder brennen
ardite (M.) Heller (M.)
área (F.) Bereich (M.), Gebiet (N.)
Área (F.) Económica Europea Europäischer Wirtschaftsraum (M.)
área (F.) peatonal Fußgängerzone (F.)
área (F.) protegida Naturschutzgebiet (N.)
argucia (F.) Schikane (F.)
argucia (F.) procesal Prozesstrick (M.)
argumentación (F.) Begründung (F.), Beweisführung (F.)
argumentar argumentieren, begründen
argumento (M.) Argument (N.), Beweisgrund (M.)
argumento (M.) en contrario Umkehrschluss (M.)
aristocracia (F.) Aristokratie (F.)
aristócrata (M.) Aristokrat (M.)
arma (F.) Waffe (F.)
arma (F.) de fuego Schusswaffe (F.)
arma (F.) nuclear o biológica o química ABC-Waffe (F.)
arma (F.) química Chemiewaffe (F.)

armador (M.) Reeder (M.)
armamento (M.) Rüstung (F.)
armar rüsten
armar escándalo randalieren
armas (F.Pl.) nucleares o biológicas o químicas ABC-Waffen (F.Pl.)
armisticio (M.) Waffenstillstand (M.)
arquitecto (M.) Architekt (M.)
arra arrha
arras (F.Pl.) confirmatorias Draufgabe (F.)
arrastrar nachziehen
arreglar beilegen, installieren, instandsetzen, ordnen, regeln, regulieren, reparieren
arreglo (M.) Befriedigung (F.), Beilegung (F.), Einigung (F.), Erledigung (F.), Übereinkommen (N.), Vereinbarung (F.), Vergleich (M.)
arreglo (M.) de conflicto Streitbeilegung (F.)
arreglo (M.) judicial gerichtlicher Vergleich (M.)
arrendación (F.) Verpachtung (F.)
arrendador (M.) Auftragnehmer (M.), Vermieter (M.), Verpächter (M.), Werkunternehmer (M.)
arrendamiento (M.) Miete (F.), Mietzins (M.), Pacht (F.), Pachtverhältnis (N.), Pachtvertrag (M.), Pachtzins (M.)
arrendamiento (M.) de caza Jagdpacht (F.)
arrendamiento (M.) de local comercial Geschäftsraummiete (F.), Gewerberaummiete (F.)
arrendamiento (M.) de negocio Geschäftsraummiete (F.)
arrendamiento (M.) rústico Landpacht (F.)
arrendante (M.) Pächter (M.)
arrendar mieten, pachten, vermieten, verpachten
arrendatario (M.) Auftraggeber (M.), Bauherr (M.), Mieter (M.), Pächter (M.)
arrendaticio (M.) rústico Landpacht (F.)
arrepentimiento (M.) Reue (F.)
arrepentimiento (M.) activo tätige Reue (F.)
arrepentimiento (M.) eficaz tätige Reue (F.)
arrestar arrestieren, einsperren, festnehmen, verhaften
arresto (M.) Arrest (M.), Haft (F.)
arresto (M.) breve Kurzarrest (M.)
arresto (M.) coactivo Erzwingungshaft (F.)
arresto (M.) coercitivo subsidiario Ersatzzwangshaft (F.)
arresto (M.) de días festivos Freizeitarrest (M.)
arresto (M.) de jóvenes Jugendarrest (M.)
arresto (M.) de tiempo libre Freizeitarrest (M.)
arresto (M.) domiciliario Hausarrest (M.)
arresto (M.) juvenil Jugendarrest (M.)
arresto (M.) penal Strafarrest (M.)
arresto (M.) permanente Dauerarrest (M.)
arresto (M.) supletorio Ersatzfreiheitsstrafe (F.)
arresto (M.) sustitutorio Ordnungshaft (F.)
arriendo (M.) Mietzins (M.), Pacht (F.), Vermietung (F.)
arriesgado gefährlich
arriesgar riskieren
arrojar vertreiben
arruinarse zerfallen (V.)
arte (M.) Kunst (F.)
arte (M.) industrial Gewerbe (N.)
artero listig
artesanado (M.) Handwerk (N.)
artesanía (F.) Handwerk (N.)
artesano (M.) Handwerker (M.)
artículo (M.) Artikel (M.), Paragraph (M.)
artículo (M.) de calidad Markenartikel (M.)
articulo (M.) de consumo Genussmittel (N.)
artículo (M.) de marca Markenartikel (M.)
artificial künstlich
artista (M.) Künstler (M.)
arzobispo (M.) Erzbischof (M.)
asalariada (F.) Arbeitnehmerin (F.)
asalariado (M.) Arbeitnehmer (M.)
asalariar besolden
asaltador (M.) Angreifer (M.)
asaltar angreifen, überfallen
asalto (M.) Angriff (M.), Überfall (M.) (Überfall im Strafrecht)
asamblea (F.) Gremium (N.), Versammlung (F.)
asamblea (F.) anual Jahresversammlung (F.)
asamblea (F.) de la empresa Betriebsversammlung (F.)
Asamblea (F.) de la Unión Europea Versammlung (F.) der Europäischen Union
asamblea (F.) del personal Personalversammlung (F.)
Asamblea (F.) Federal Bundestag (M.), Bundesversammlung (F.)
asamblea (F.) general Generalversammlung (F.), Hauptversammlung (F.)

Asamblea (F.) General de las Naciones Unidas Vollversammlung (F.) der Vereinten Nationen
asamblea (F.) general extraordinaria Sonderversammlung (F.)
asamblea (F.) nacional Nationalversammlung (F.)
asamblea (F.) plenaria Vollversammlung (F.)
asamblea (F.) popular Volksversammlung (F.)
asamblea (F.) vecinal Bürgerversammlung (F.)
ascendencia (F.) Aszendenz (F.)
ascender ansteigen, belaufen
ascendiente (M. bzw. F.) Aszendent (M. bzw. F.), Vorfahre (M.)
ascendientes (M.Pl. bzw. F.Pl.) Aszendenten (M.Pl. bzw. F.Pl.)
ascenso (M.) Beförderung (F.)
aseguración (F.) Assekuranz (F.)
asegurado (Adj.) versichert
asegurado (M.) Versicherungsnehmer (M.)
asegurador (M.) Versicherer (M.), Versicherungsträger (M.)
asegura-garantía (F.) Sicherung (F.)
aseguramiento (M.) Sicherstellung (F.), Zeichnung (F.)
aseguramiento (M.) de la prueba Beweissicherung (F.)
asegurar absichern, sichern, zusichern
asegurar(se) versichern (sich)
aseguro (M.) Assekuranz (F.), Versicherung (F.)
asenso (M.) Einwilligung (F.)
asentada (F.) Session (F.), Sitzung (F.)
asentar aufzeichnen, behaupten, buchen
asentimiento (M.) Zustimmung (F.)
asentir einwilligen, zustimmen
asesina (F.) Mörderin (F.)
asesinar meucheln, morden
asesinato (M.) Mord (M.)
asesinato (M.) alevoso Meuchelmord (M.)
asesinato (M.) con robo Raubmord (M.)
asesinato (M.) judicial Justizmord (M.)
asesinato (M.) jurídico Justizmord (M.)
asesinato (M.) lascivo Lustmord (M.)
asesinato (M.) por impulso sexual Lustmord (M.)
asesino (M.) Mörder (M.)
asesor (M.) Assessor (M.), Berater (M.), Betreuer (M.)
asesor (M.) fiscal Steuerberater (M.)
asesor (M.) jurídico Justitiar (M.)
asesor (M.) jurídico de la corona Kronanwalt (M.)
asesor (M.) legal Syndikus (M.)
asesoramiento (M.) Rat (M.)
asesoramiento (M.) jurídico Rechtsberatung (F.)
asesoría (F.) jurídica Beratungshilfe (F.)
aseveración (F.) Behauptung (F.)
aseverar versichern (sich)
Asia (F.) Asien (N.)
asiento (M.) Aufzeichnung (F.)
asiento (M.) contable Buchung (F.)
asiento (M.) en cuenta Zuschreibung (F.)
asignación (F.) Anweisung (F.), Aufteilung (F.), Ausstattung (F.), Zuwendung (F.)
asignación (F.) de residencia Ortszuschlag (M.)
asignación (F.) tributaria a fines religiosos Kirchensteuer (F.), Kirchgeld (N.)
asignante (F.) Anweisende (F.)
asignante (M.) Anweisender (M.)
asignar anweisen, ausstatten, umlegen, zuwenden
asignar cuotas quotieren
asignatura (F.) facultativa Wahlfach (N.)
asilado (M.) Asylant (M.)
asilo (M.) Asyl (N.)
asilo (M.) para desamparados Obdachlosenasyl (N.)
asistancia (F.) educativa Erziehungshilfe (F.)
asistencia (F.) Beihilfe (F.), Beistand (M.), Betreuung (F.), Fürsorge (F.), Hilfe (F.), Hilfeleistung (F.), Pflege (F.), Teilnahme (F.)
asistencia (F.) a ancianos Altershilfe (F.)
asistencia (F.) a la juventud Jugendhilfe (F.)
asistencia (F.) judicial Gerichtshilfe (F.), Rechtsbeistand (M.), Rechtshilfe (F.)
asistencia (F.) judicial a la juventud Jugendgerichtshilfe (F.)
asistencia (F.) legal Armenrecht (N.), Prozesskostenhilfe (F.)
asistencia (F.) pública Sozialhilfe (F.)
asistencia (F.) social Sozialhilfe (F.), Wohlfahrt (F.)
asistencia (F.) vital Daseinsvorsorge (F.)
asistente (M.) Assistent (M.), Betreuer (M.), Teilnehmer (M.)
asistente (M.) de abogado Anwaltsgehilfe (M.)

asistente (M.) en la educación Erziehungsbeistand (M.)
asistente (M.) social Sozialarbeiter (M.)
asistir beistehen, betreuen, helfen
asno (M.) Esel (M.)
asociación (F.) Assoziation (F.), Sozietät (F.), Teilhaberschaft (F.), Verband (M.), Verbindung (F.), Verein (M.), Vereinigung (F.), Zusammenschluss (M.)
asociación (F.) con capacidad jurídica rechtsfähiger Verein (M.)
asociación (F.) de caza Jagdgenossenschaft (F.)
asociación (F.) de copropietarios Partenreederei (F.)
asociación (F.) de estudiantes Studentenverbindung (F.)
asociación (F.) de juristas Juristenvereinigung (F.)
asociación (F.) de usuarios Benutzungsvereinigung (F.)
asociación (F.) en participación Partnerschaft (F.)
asociación (F.) en participación de patrones y empleados Sozialpartnerschaft (F.) (Sozialpartnerschaft in Deutschland)
asociación (F.) europea Europäischer Verband (M.)
Asociación (F.) Europea de Intereses Económicos Europäische Wirtschaftliche Interessenvereinigung (F.) (EWIV), EWIV (F.) Europäische Wirtschaftliche Interessenvereinigung (F.)
asociación (F.) gremial Gilde (F.), Zunft (F.)
asociación (F.) mercantil Handelsgesellschaft (F.)
asociación (F.) patronal Arbeitgeberverband (M.)
asociación (F.) profesional Berufsverband (M.)
asociación (F.) registrada e. V. (M.) (eingetragener Verein), eingetragener Verein (M.) (e. V.)
asociación (F.) religiosa Religionsgesellschaft (F.)
asociación (F.) sin capacidad jurídica nichtrechtsfähiger Verein (M.)
asociación en participación Lebenspartnerschaft
asociacionismo (M.) Verbandswesen (N.)
asociada (F.) Gesellschafterin (F.)
asociado (M.) Genosse (M.), Gesellschafter (M.), Mitglied (N.), Partner (M.), Sozius (M.), Teilhaber (M.)
asocial (Adj.) asozial
asociar assoziieren, verbinden, vereinigen, zusammenschliessen
asonada (F.) Zusammenrottung (F.)
asonar(se) zusammenrotten (sich)
aspecto (M.) Gesichtspunkt (M.)
asperación (F.) Asperation (F.)
aspirante (F.) Kandidatin (F.)
aspirante (M.) Anwärter (M.), Aspirant (M.), Bewerber (M.), Kandidat (M.)
aspirar bewerben, trachten
assegurar bekräftigen
assistente (F.) Betreuerin (F.)
astucia (F.) Hinterlist (F.), List (F.)
astuto listig
asueto (M.) Freizeit (F.)
asumir annehmen, aufnehmen, übernehmen
asunción (F.) Übernahme (F.)
asunción (F.) acumulativa kumulative Schuldübernahme (F.), Schuldmitübernahme (F.)
asunción (F.) cumulativa de deuda kumulative Schuldübernahme (F.), Schuldmitübernahme (F.)
asunción (F.) de cumplimiento Erfüllungsübernahme (F.)
asunción (F.) de hipoteca Hypothekenübernahme (F.)
asunción (F.) de la deuda Schuldübernahme (F.)
asunción (F.) de patrimonio Vermögensübernahme (F.)
asunción (F.) del riesgo Risikoübernahme (F.)
asunto (M.) Angelegenheit (F.)
asunto (M.) civil Zivilsache (F.)
asunto (M.) comercial Handelssache (F.)
asunto (M.) de mínima cuantía Bagatellsache (F.)
asunto (M.) de tutela Vormundschaftssache (F.)
asunto (M.) delegado Auftragsangelegenheit (F.)
asunto (M.) exterior auswärtige Angelegenheit (F.)
asunto (M.) federal Bundesangelegenheit (F.)
asunto (M.) fiscal Steuersache (F.)

asunto (M.) matrimonial Ehesache (F.)
atacabilidad (F.) Anfechtbarkeit (F.)
atacable anfechtbar
atacar anfechten, angreifen, überfallen
atajo (M.) Abkürzung (F.)
ataque (M.) Angriff (M.)
atención (F.) Achtung (F.), Beachtung (F.), Obacht (F.)
atender betreuen, einhalten
atentado (M.) Anschlag (M.), Attentat (N.)
atentado (M.) a las buenas costumbres Sittenwidrigkeit (F.)
atentador (M.) Attentäter (M.)
atenuación (F.) Milderung (F.)
atenuación (F.) de la pena Strafmilderung (F.)
atenuante (Adj.) mildernd
atenuante (M.) Milderungsgrund (M.), Strafmilderungsgrund (M.)
atenuar mildern
atestación (F.) negativa Negativattest (M.)
atestado (M.) Bescheinigung (F.), Protokoll (N.)
atestar bescheinigen
átomo (M.) Atom (N.)
atormentar foltern
atracar überfallen
atraco (M.) Raubüberfall (M.), Straßenraub (M.), Überfall (M.) (Überfall im Strafrecht)
atraso (M.) Überhang (M.)
atravesar überschreiten
atribución (F.) Kompetenz (F.), Zurechnung (F.)
atribuir verweisen, zumessen, zurechnen, zuschreiben, zuwenden
atropello (M.) Gewalttätigkeit (F.)
attaché (M.) Attaché (M.)
aturdimiento (M.) Betäubung (F.)
aturdir betäuben
audición (F.) Anhörung (F.), Verhandlung (F.)
audiencia (F.) Anhörung (F.), Audienz (F.), Berufungsgericht (N.), Gehör (N.), Gericht (N.), Gerichtssitzung (F.), mündliche Verhandlung (F.)
audiencia (F.) jurídica Gehör (N.), rechtliches Gehör (N.)
audiencia (F.) provincial Landgericht (N.)
audiencia (F.) territorial de lo social Landessozialgericht (N.)
audiencia (F.) territorial de trabajo Landesarbeitsgericht (N.)
audito (M.) Beisitzer (M.)
auditor (M.) Rechnungsprüfer (M.)
auditoría (F.) Rechnungsprüfung (F.), Standgericht (N.)
auditoría (F.) medioambiental Umweltaudit (N.)
auditorio (M.) Publikum (N.)
aumentar anheben, erhöhen, erweitern, steigern
aumentarse anwachsen
aumento (M.) Erhöhung (F.)
aumento (M.) de capital Kapitalerhöhung (F.)
aumento (M.) de renta Mieterhöhung (F.)
aumento (M.) ilícito de los precios Preistreiberei (F.)
aumento (M.) retributivo Gehaltserhöhung (F.)
ausencia (F.) Abwesenheit (F.), Ausfall (M.)
ausencia (F.) de impugnación Nichtbestreiten (N.)
ausente (Adj.) abwesend
ausente (M.) Abwesender (M.)
austero streng
Austria (F.) Österreich (N.)
autenticar bescheinigen
autenticidad (F.) Echtheit (F.)
auténtico authentisch, echt
autentificación (F.) Beurkundung (F.)
autentificar beurkunden
auto (M.) Auto (N.), Beschluss (M.), Entscheidung (F.)
auto (M.) de allanamiento Durchsuchungsbefehl (M.)
auto (M.) de casación Revision (F.)
auto (M.) de comparecencia Ladung (F.) (Herbestellung)
auto (M.) de embargo Pfändungsbeschluss (M.)
auto (M.) de procesamiento Eröffnungsbeschluss (M.)
auto (M.) de sobreseimiento Einstellungsbeschluss (M.)
auto (M.) de tasación de costas Kostenfestsetzungsbeschluss (M.)
auto (M.) interlocutorio Interlokut (N.)
auto (M.) procesal Prozessakte (F.)
autoabolicíon (F.) Selbstauflösung (F.)
autoasistencia (F.) Selbsthilfe (F.)
autocontractación (F.) Selbstkontrahieren (N.)

autocontrato (M.) Selbstkontrahieren (N.)
autodecisión (F.) Selbstbestimmung (F.)
autodefensa (F.) Selbstverteidigung (F.)
autodeterminación (F.) Selbstbestimmung (F.)
autodisolución (F.) Selbstauflösung (F.)
autoentrada (F.) Selbsteintritt (M.)
autógrafo eigenhändig geschrieben
autómata (M.) Automat (M.)
automático (Adj.) automatisch
automóvil (M.) Auto (N.), Kraftfahrzeug (N.)
autonomía (F.) Autonomie (F.)
autonomía (F.) colectiva Tarifautonomie (F.)
autonomía (F.) privada Privatautonomie (F.)
autonomía (F.) reguladora Gestaltungsfreiheit (F.)
autonómico autonom, regional
autónomo autonom
autónomo dependiente scheinselbständig
autopista (F.) Autobahn (F.)
autopsia (F.) Autopsie (F.), Leichenöffnung (F.), Obduktion (F.), Sektion (F.)
autor (M.) Autor (M.), Täter (M.), Urheber (M.), Verfasser (M.)
autor (M.) mediato mittelbarer Täter (M.)
autor (M.) ocasional Gelegenheitstäter (M.)
autor (M.) por convicción Überzeugungstäter (M.)
autor (M.) por inducción Provokateur (M.)
autor (M.) principal Haupttäter (M.)
autor (M.) secundario Nebentäter (M.)
autoría (F.) Täterschaft (F.)
autoría (F.) penal Täterschaft (F.)
autoría (F.) plural Mehrtäterschaft (F.)
autoridad (F.) Behörde (F.), Erlöschen (N.), Gewalt (F.), Obrigkeit (F.)
autoridad (F.) administrativa Verwaltungsbehörde (F.)
autoridad (F.) cartelaria Kartellamt (N.), Kartellbehörde (F.)
autoridad (F.) colegial Kollegialbehörde (F.)
autoridad (F.) de construcciones viales Straßenbaubehörde (F.)
autoridad (F.) de edificación Baubehörde (F.)
autoridad (F.) de extranjeros Ausländerbehörde (F.)
autoridad (F.) de orden público Ordnungsamt (N.), Ordnungsbehörde (F.)
autoridad (F.) de recurso Widerspruchsbehörde (F.)
autoridad (F.) de sanidad Gesundheitsamt (N.)
autoridad (F.) de tráfico Straßenverkehrsbehörde (F.)
autoridad (F.) federal Bundesbehörde (F.)
autoridad (F.) inspectora Aufsichtsbehörde (F.)
autoridad (F.) intermedia Mittelbehörde (F.)
autoridad (F.) municipal Gemeindebehörde (F.)
autoridad (F.) paternal elterliche Gewalt (F.), elterliche Sorge (F.)
autoridad (F.) propia prohibida verbotene Eigenmacht (F.)
autoridad (F.) regional Landesbehörde (F.)
autoridad (F.) superior federal Bundesoberbehörde (F.)
autoridad (F.) tutelar de jóvenes Jugendamt (N.)
autorización (F.) Befugnis (F.), Berechtigung (F.), Beurkundung (F.), Bevollmächtigung (F.), Ermächtigung (F.), Genehmigung (F.), Vollmacht (F.), Zulassung (F.)
autorización (F.) a declarar Aussagegenehmigung (F.)
autorización (F.) de la cancelación Löschungsbewilligung (F.)
autorización (F.) de residencia Aufenthaltsgenehmigung (F.)
autorización (F.) general Generalvollmacht (F.)
autorización (F.) ostensible Anscheinsvollmacht (F.)
autorización (F.) para el cobro Einziehungsermächtigung (M.)
autorización (F.) para la inscripción Eintragungsbewilligung (F.)
autorización de residencia Aufenthaltserlaubnis (F.)
autorizado (Adj.) befugt, berechtigt, zulässig
autorizado (Adj.) para firmar zeichnungsberechtigt
autorizado (M.) Berechtigter (M.)
autorizar autorisieren, berechtigen, bevollmächtigen, ermächtigen, genehmigen, gestatten, zulassen
autovinculación (F.) Selbstbindung (F.)
auxiliar (M.) Gehilfe (M.)
auxiliar (M.) de prueba Bewährungshelfer (M.)
auxiliar (M.) del comerciante Handlungs-

gehilfe (M.) (Handlungsgehilfe in Deutschland)
auxiliar (M.) ejecutivo Erfüllungsgehilfe (M.)
auxiliar (M.) mercantil Handlungsgehilfe (M.) (Handlungsgehilfe in Deutschland)
auxiliar (V.) helfen
auxilio (M.) Hilfe (F.), Hilfeleistung (F.)
auxilio (M.) administrativo Amtshilfe (F.)
auxilio (M.) judicial Gerichtshilfe (F.)
auxilio (M.) necesario Nothilfe (F.)
aval (M.) Aval (M.), Wechselbürgschaft (F.)
aval (M.) bancario Bankbürgschaft (F.)
aval (M.) del Estado Staatsbürgschaft (F.)
avaloración (F.) Bewertung (F.)
avalorar bewerten
ave (F.) Vogel (M.)
avenencia (F.) Vergleich (M.)
avenimiento (M.) Einverständnis (N.)
avenir beilegen, einigen
avenir(se) vergleichen (sich)
aventurar riskieren
avería (F.) Havarie (F.)
averiguación (F.) de beneficios Gewinnermittlung (F.)
averiguar ermitteln
avidez (F.) Gier (F.), Habgier (F.)
avión (M.) Flugzeug (N.), Luftfahrzeug (N.)
avisar anmelden, bescheiden (V.), melden, warnen
aviso (M.) Anmeldung (F.), Avis (M.), Bekanntgabe (F.), Bekanntmachung (F.), Meldung (F.), Mitteilung (F.), Warnung (F.), Zeichen (N.)
aviso (M.) de cesión Abtretungsanzeige (F.)
aviso (M.) de despido Abmahnung (F.)
aviso (M.) de modificación Änderungskündigung (F.)
aviso (M.) de vicios Mangelanzeige (F.)
avocación (F.) Evokation (F.)
avocar evozieren
axioma (M.) Axiom (N.)
ayuda (F.) Beihilfe (F.), Beistand (M.), Hilfe (F.), Zuschuss (M.)
ayuda (F.) a la educación Erziehungshilfe (F.)
ayuda (F.) a la familia Familienhilfe (F.)
ayuda (F.) al desarrollo Entwicklungshilfe (F.)
ayuda (F.) al inquilino Mietzuschuss (M.)
ayuda (F.) asistencial Sozialhilfeleistung (F.)
ayuda (F.) de alquiler Wohngeld (N.)
ayuda (F.) judicial Rechtshilfe (F.)
ayuda (F.) oficial Amtshilfe (F.)
ayuda (F.) propia Nothilfe (F.), Selbsthilfe (F.)
ayuda (F.) social Sozialhilfe (F.)
ayudante (M.) Adjutant (M.), Assistent (M.), Hilfsbeamter (M.)
ayudar beistehen, helfen
ayuntamiento (M.) Gemeindeverwaltung (F.), Magistrat (N.), Rathaus (N.), Stadtrat (M.)
azar (M.) Zufall (M.)
azotar züchtigen

b

bachiller (M.) Abiturient (M.), baccalaureus (M.) (lat.)
bachillerato (M.) Abitur (N.), Hochschulreife (F.), Matura (F.), Reifeprüfung (F.)
Baden (M.) Baden (N.)
Baden-Wurtemberg (M.) (Land Baden-Wurtemberg) Baden-Württemberg (N.)
bagatela (F.) Bagatelle (F.), Geringfügigkeit (F.)
baja (F.) Abmeldung (F.), Baisse (F.)
Baja Sajonia Niedersachsen (N.)
bajar abnehmen
bajo niedrig
bajo condición bedingt
bajo protesta de decir verdad eidesstattlich
balance (M.) Bilanz (F.), Saldo (M.)
balance (M.) anual Jahresbilanz (F.)
balance (M.) comercial Handelsbilanz (F.)
balance (M.) de apertura Eröffnungsbilanz (F.)
balance (M.) de comercio Handelsbilanz (F.)
balance (M.) de inventario Inventar (N.)
balance (M.) impositivo Steuerbilanz (F.)
balance (M.) inicial Eröffnungsbilanz (F.)
balancear saldieren
balanza (F.) Tarif (M.)
balanza (F.) comercial Handelsbilanz (F.)
balotaje (M.) Stichwahl (F.)
banca (F.) Bank (F.)
bancarrota (F.) Bankrott (M.), Konkurs (M.), Krida (F.) (Krida in Österreich)
bancarrotista (M.) Bankrotteur (M.)
banco (M.) Bank (F.)

banco (M.) central Zentralbank (F.)
banco (M.) de datos Datenbank (F.)
banco (M.) de emisión Notenbank (F.)
banco (M.) de los acusados Anklagebank (F.)
banco (M.) del Land Landesbank (F.)
banco (M.) emisor Notenbank (F.)
Banco (M.) Federal Bundesbank (F.)
banco (M.) hipotecario Hypothekenbank (F.)
Banco (M.) Internacional de Reconstrucción y Desarrollo International Bank (N.) of Reconstruction and Development (IBRD)
Banco (M.) Mundial Weltbank (F.)
banco (M.) popular Volksbank (F.)
banda (F.) Bande (F.) (1)
bandera (F.) Fahne (F.), Flagge (F.)
bandera (F.) federal Bundesflagge (F.)
bandera (F.) nacional Nationalflagge (F.)
bandidaje (M.) Landfriedensbruch (M.)
bandido (M.) Bandit (M.)
bando (M.) Bande (F.) (1), Bann (M.)
bando (M.) municipal Gemeindesatzung (F.)
bandolero (M.) Bandit (M.)
banquero (M.) Bankier (M.)
banquillo (M.) Anklagebank (F.)
barata (F.) Billigkeit (F.)
barato billig
baratura (F.) Billigkeit (F.)
barco (M.) Schiff (N.)
barrera (F.) Schlagbaum (M.)
barullo (M.) Lärm (M.)
base (F.) Basis (F.), Grundlage (F.)
base (F.) de cálculo Bemessungsgrundlage (F.)
base (F.) del negocio Geschäftsgrundlage (F.)
base (F.) imponible Bemessungsgrundlage (F.)
base (F.) jurídica Rechtsgrundlage (F.)
base (F.) jurídica del poder de promulgar Ermächtigungsgrundlage (F.)
básico grundlegend
bastante hinreichend
bastar hinreichen
bastón (M.) Stab (M.), Stock (M.)
bastonazo (M.) Prügel (M.)
basuras (F.Pl.) Müll (M.)
batalla (F.) Kampf (M.)
batida (F.) Razzia (F.)
batir schlagen
bautismo (M.) Taufe (F.)
bautizar taufen
bautizo (M.) Taufe (F.)
Baviera (F.) Bayern (N.)
Baviero (M.) Bayer (M.)
beber trinken
beca (F.) Stipendium (N.)
belleza (F.) Schönheit (F.)
bello schön
bencina (F.) Benzin (N.)
beneficiado (M.) Begünstigter (M.)
beneficiar begünstigen
beneficiario (M.) Berechtigter (M.)
beneficiencia (F.) Wohlfahrt (F.)
beneficiencia (F.) juvenil Jugendwohlfahrt (F.)
beneficio (M.) beneficium (N.) (lat.), Gewinn (M.), Nutzen (M.), Pfründe (F.), Privileg (N.), Vorrecht (N.)
beneficio (M.) casual Nebenverdienst (M.)
beneficio (M.) comercial Geschäftsgewinn (M.)
beneficio (M.) de competencia Pfändungsschutz (M.)
beneficio (M.) de la duda in dubio pro reo (lat.) (im Zweifel für den Angeklagten)
beneficio (M.) de pobreza Armenrecht (N.)
beneficio (M.) fiscal Steuervergünstigung (F.)
beneficio (M.) jurídico Rechtsgut (N.), Rechtswohltat (F.)
beneficio (M.) no obtenido entgangener Gewinn (M.)
beneficioso begünstigend
beneficium (N.) competentiae (lat.) Pfändungsschutz (M.)
benéfico-privado gemeinnützig
Benelux Benelux (Sb.)
beneplácito (M.) Agrément (N.)
Berlín (M.) Berlin (N.)
bestia (F.) Tier (N.)
bestialismo (M.) Sodomie (F.)
bibliografía (F.) Bibliographie
biblioteca (F.) Bibliothek (F.)
bicameralismo (M.) Zweikammersystem (N.)
bien (M.) Gut (N.), Sache (F.), Wohl (N.)
bien (M.) colectivo Gemeinschaftsgut (N.)
bien (M.) común Allgemeinwohl (N.), Gemeingut (N.), Gemeinwohl (N.)
bien (M.) consumible verbrauchbare Sache (F.)
bien (M.) de consumo Verbrauchsgut (N.)
bien (M.) de consumo inmediato Verbrauchsgut (N.)
bien (M.) del niño Kindeswohl (N.)

bien (M.) inmaterial Immaterialgut (N.)
bien (M.) inmueble Liegenschaft (F.)
bien (M.) jurídico Rechtsgut (N.)
bien (M.) jurídico individual Individualrechtsgut (N.)
bien (M.) matrimonial Heiratsgut (N.)
bien (M.) mueble Mobilie (F.)
bien (M.) por el consumidor final Verbrauchsgut (N.)
bien (M.) público Gemeinwohl (N.), öffentliche Sache (F.), öffentliches Wohl (N.)
bien (M.) sucesorio Nachlassgegenstand (M.)
bien de salud gesund
bienes (M.Pl.) Habe (F.)
bienes (M.Pl.) comunes Gesamtgut (N.)
bienes (M.Pl.) culturales Kulturgut (N.)
bienes (M.Pl.) dotales Mitgift (F.)
bienes (M.Pl.) gananciales Zugewinn (M.)
bienes (M.Pl.) inmuebles Grundvermögen (N.)
bienes (M.Pl.) muebles bewegliche Sachen (F.Pl.), Fahrhabe (F.), Fahrnis (F.), Mobilien (Pl.)
bienes (M.Pl.) netos Reinvermögen (N.)
bienes (M.Pl.) privativos Sondergut (N.)
bienes (M.Pl.) raíces Grundbesitz (M.)
bienes (M.Pl.) reservados Vorbehaltsgut (N.)
bienestar (M.) Wohlergehen (N.), Wohlfahrt (F.)
bienestar (M.) común Gemeinwohl (N.), öffentliches Wohl (N.)
bienestar (M.) público Allgemeinwohl (N.)
bienestar del hijo Kindeswohl (N.)
bigamia (F.) Bigamie
bilateral bilateral, gegenseitig, zweiseitig
billete (M.) Fahrkarte (F.)
billete (M.) con prenda Pfandbrief (M.)
billete (M.) de banco Banknote (F.), Geldschein (M.), Note (F.)
billete (M.) de favor Freikarte (F.)
blanca (F.) Heroin (N.)
blanco (M.) Lücke (F.)
blanco blanko
blanqueo (M.) de dinero Geldwäsche (F.)
blasfemar lästern
blasfemia (F.) Blasphemie (F.), Gotteslästerung (F.), Lästerung (F.)
blasón (M.) Wappen (N.)
blasón federal Bundeswappen (N.)
bloque (M.) de viviendas Mietskaserne (F.)
bloqueado gebunden
bloquear blockieren, sperren
bloqueo (M.) Blockade (F.), Sperrung (F.)
boca (F.) Mund (M.)
boda (F.) Heirat (F.), Hochzeit (F.)
bofetada (F.) Ohrfeige (F.)
boicot (M.) Boykott (M.)
boicotear boykottieren
boleta (F.) Los (N.)
boleta (F.) de expedición Verladeschein (M.)
boletín (M.) Bulletin (N.)
boletín (M.) de entrega Lieferschein (M.)
Boletín (M.) de Leyes de la Federación Bundesgesetzblatt (N.)
boletín (M.) oficial Amtsblatt (N.), Gesetzblatt (N.)
Boletín (M.) Oficial del Estado Bundesgesetzblatt (N.)
Boletín (M.) Oficial del Gobierno Federal Bundesanzeiger (M.)
boleto (M.) Kaufschein (M.)
boleto (M.) de pasaje Flugschein (M.)
bolsa (F.) Börse (F.)
bolsillo (M.) Tasche (F.)
bomba (F.) Bombe (F.)
bona fide (lat.) guter Glaube (M.), Treu und Glauben
bondad (F.) Güte (F.)
bondadoso mild
bonificación (F.) Diskont (M.), Gutschrift (F.), Vergütung (F.)
bonificación (F.) por no siniestralidad Schadensfreiheitsrabatt (M.)
bonificar vergüten
bono (M.) Bon (M.), Bonus (M.), Gutschein (M.), Obligation (F.), Schuldschein (M.)
bono (M.) de disfrute Genussschein (M.)
bono (M.) hipotecario Pfandbrief (M.)
bonus (M.) Bonus (M.)
bordo (M.) Bord (N.)
borrachera (F.) Rausch (M.)
borracho (Adj.) betrunken
bosque (M.) Forst (M.), Wald (M.)
bosquejar entwerfen
botín (M.) Beute (F.)
boycoteo (M.) Boykott (M.)
Brandeburgo (M.) Brandenburg (N.)
Bremen Bremen (N.)
breve kurz
brigada (F.) Brigade (F.), Rotte (F.)
brigada (F.) de investigación criminal Kriminalpolizei (F.)

broma (F.) Scherz (M.)
bruja (F.) Hexe (F.)
Brussel (Sb.) Brüssel (N.)
brutal gewaltsam
brutalidad (F.) Gewalttätigkeit (F.)
bruto brutto
buena costumbre (F.) gute Sitte (F.)
buena fe (F.) bona fides (F.) (lat.) (guter Glaube bzw. gute Treue), guter Glaube (M.), Gutgläubigkeit (F.)
buenas costumbres (F.Pl.) gute Sitten (F.Pl.)
bufete (M.) Kanzlei (F.)
bufete (M.) colectivo Rechtsanwaltskanzlei (F.), Rechtsanwaltssozietät (F.), Sozietät (F.)
buhonero (M.) Hausierer (M.)
bula (F.) Bulle (F.)
buque (M.) Schiff (N.), Wrack (N.)
buque (M.) pirata Piratenschiff (N.)
burdel (M.) Bordell (N.), Freudenhaus (N.)
burgomaestre (M.) Bürgermeister (M.)
burla (F.) Scherz (M.)
burlar täuschen
buró (M.) Büro (N.)
burocracia (F.) Bürokratie (F.)
burro (M.) Esel (M.)
busca (F.) Fahndung (F.), Suche (F.)
buscar durchsuchen, suchen

c

caballero (M.) Herr (M.), Ritter (M.)
cabecera (F.) Rubrum (N.)
cabecilla (M.) Rädelsführer (M.)
cabeza (F.) Kopf (M.)
cabildo (M.) Domkapitel (N.)
cabildo (M.) municipal Gemeinderat (M.)
cable (M.) Kabel (N.)
cabotaje Kabotage (F.)
cachear durchsuchen
cacheo (M.) Durchsuchung (F.), Leibesvisitation (F.)
cadáver (M.) Leiche (F.), Leichnam (M.)
cadena (F.) Kette (F.)
caducar erlöschen, kaduzieren, verfallen (V.), verwirken
caducidad (F.) Erlöschen (N.), Kaduzierung (F.), Verwirkung (F.), Wegfall (M.)
caducidad (F.) de la instancia Präklusion (F.)
caduco gegenstandslos
caerse verfallen (V.)
caja (F.) Bank (F.), Kasse (F.), Sparkasse (F.)
caja (F.) asimilada de enfermedad Ersatzkasse (F.)
caja (F.) de ahorros Sparkasse (F.)
caja (F.) de ahorros para la construcción Bausparkasse (F.)
caja (F.) de compensación Abrechungsstelle (F.)
caja (F.) de crédito hipotecario Hypothekenbank (F.)
caja (F.) de crédito popular Leihhaus (N.)
caja (F.) de enfermedad Krankenkasse (F.)
caja (F.) de seguro de enfermedad Krankenkasse (F.)
caja (F.) del tribunal Gerichtskasse (F.)
caja (F.) fiscal Staatskasse (F.)
caja (F.) fuerte Schließfach (N.)
caja (F.) gremial de enfermedad Innungskrankenkasse (F.)
caja (F.) local de enfermedad Ortskrankenkasse (F.)
cajero (M.) Kassier (M.)
cajero (M.) automático Bankomat (M.)
calabozo (M.) Karzer (M.), Kerker (M.), Zelle (F.)
calculación (F.) Berechnung (F.), Kalkulation (F.), Kostenvoranschlag (M.)
calcular Bemessung (F.), berechnen, kalkulieren, rechnen
cálculo (M.) Bemessung (F.), Kalkulation (F.)
cálculo (M.) de beneficios Gewinnermittlung (F.)
cálculo (M.) de costes Kostenrechnung (F.)
calendario (M.) Kalender (M.), Tagesordnung (F.), Terminkalender (M.), Terminplan (M.)
calentar heizen
calidad (F.) Bonität (F.), Eigenschaft (F.), Fähigkeit (F.), Güte (F.), Marke (F.), Qualifikation (F.), Sorte (F.)
calidad (F.) de miembro Mitgliedschaft (F.)
calificación (F.) Eignung (F.), Qualifikation (F.)
calificado qualifiziert
calificado por el resultado erfolgsqualifiziert
calificar qualifizieren, subsumieren
calumniar lästern
calumnias (F.Pl.) Lästerung (F.)
calzada (F.) Fahrbahn (F.)
calle (F.) Straße (F.)
callejón (M.) sin salida Sackgasse (F.)

cámara (F.) Geschäftsstelle (F.), Kammer (F.), Parlament (N.)
cámara (F.) agrícola Landwirtschaftskammer (F.)
Cámara (F.) Alta Oberhaus (N.)
Cámara (F.) Baja Unterhaus (N.)
cámara (F.) conjunta de los tribunales federales gemeinsamer Senat (M.)
cámara (F.) de artesanía Handwerkskammer (F.)
cámara (F.) de comercio Handelskammer (F.)
Cámara (F.) de Comercio Internacional International Chamber (N.) of Commerce (ICC)
Cámara (F.) de Comunes Unterhaus (N.)
cámara (F.) de industria y comercio Industrie- und Handelskammer (F.)
Cámara (F.) de los Lores Oberhaus (N.)
Cámara (F.) de Representantes Repräsentantenhaus (N.)
cámara (F.) del artesanado Handwerkskammer (F.)
cámara (F.) municipal Stadtrat (M.)
cámara (F.) senatorial Senat (M.)
cámara (F.) sindical agrícola Landwirtschaftskammer (F.)
camarista (M.) Kämmerer (M.)
cambiar ändern, austauschen, tauschen, umsetzen, verändern
cambio (M.) Änderung (F.), Devisenkurs (M.), Kurs (M.) (Wertverhältnis), Tausch (M.), Umtausch (M.), Wandel (M.), Wechsel (M.)
cambio (M.) a la par Parität (F.)
cambio (M.) de destino Versetzung (F.)
cambio (M.) de escritos Schriftsatzwechsel (M.)
cambio (M.) de estatuto Statutenwechsel (F.)
cambio (M.) de la constitución Verfassungsänderung (F.)
cambio (M.) de la jurisprudencia Änderung (F.) der Rechtsprechung
cambio (M.) de nombre Namensänderung (F.)
cambio (M.) de partes Parteiänderung (F.), Parteiwechsel (M.)
cambio (M.) de rango Rangänderung (F.)
caminar gehen
camino (M.) Bahn (F.), Weg (M.)
camino (M.) forzoso Notweg (M.)
camino (M.) real Landstraße (F.)
campaña (F.) Kampagne (F.)
campeón (M.) Meister (M.)
campesino (M.) Bauer (M.)
campo (M.) Flur (F.), Land (N.)
campo (M.) de aplicación Geltungsbereich (M.)
campo (M.) de concentración Konzentrationslager (N.)
campo (M.) negro Dunkelfeld (N.)
campo (M.) protector Schutzgebiet (N.)
canal (M.) Kanal (M.)
cancelable kündbar
cancelación (F.) Abbuchung (F.), Absage (F.), Annullierung (F.), Aufhebung (F.), Auflassung (F.), Kraftloserklärung (F.), Löschung (F.)
cancelar abbuchen, abschreiben, auflassen, erlassen, löschen, streichen
canciller (M.) Kanzler (M.)
canciller (M.) del tesoro Schatzkanzler (M.)
canciller (M.) federal Bundeskanzler (M.)
cancillería (F.) Kanzlei (F.), Kanzleramt (N.)
cancillería (F.) del Estado Staatskanzlei (F.)
cancillería (F.) federal Bundeskanzleramt (N.)
candidata (F.) Kandidatin (F.)
candidato (M.) Anwärter (M.), Bewerber (M.), Kandidat (M.)
candidatura (F.) Bewerbung (F.), Kandidatur (F.)
canje (M.) Austausch (M.), Verrechnung (F.)
canjear austauschen, verrechnen
canon (M.) Bestimmung (F.), Kanon (M.), Zins (M.)
canon (M.) arrendaticio Pacht (F.)
canon (M.) de arrendamiento Mietzins (M.)
canon (M.) de censo Grundrente (F.)
canon (M.) enfiteútico Erbbauzins (M.)
cánones (M.Pl.) kanonisches Recht (N.)
canonical kanonisch
canónico (Adj.) kanonisch, kirchlich
cantidad (F.) Betrag (M.), Menge (F.)
cantidad (F.) alzada Pauschale (F.)
cantidad (F.) asegurada Versicherungssumme (F.)
cantón (M.) Kanton
cañón (M.) Kanone (F.)
capa (F.) social Schicht (F.)
capacidad (F.) Arbeitskraft (F.), Befähigung (F.), Eignung (F.), Fähigkeit (F.), Fassung (F.), Kapazität (F.), Kompetenz (F.), Können (N.), Qualifikation (F.)

capacidad (F.) convencional Tariffähigkeit (F.)
capacidad (F.) de actuar Handlungsfähigkeit (F.)
capacidad (F.) de comprender Einsichtsfähigkeit (F.)
capacidad (F.) de concluir convenios colectivos Tariffähigkeit (F.)
capacidad (F.) de conducir Fahrtüchtigkeit (F.)
capacidad (F.) de contratar Geschäftsfähigkeit (F.)
capacidad (F.) de culpabilidad Schuldfähigkeit (F.)
capacidad (F.) de demanda Klagebefugnis (F.)
capacidad (F.) de hecho Handlungsfähigkeit (F.)
capacidad (F.) de obrar Handlungsfähigkeit (F.)
capacidad (F.) de obrar en materia de derechos fundamentales Grundrechtsmündigkeit (F.)
capacidad (F.) de obrar procesal Prozessfähigkeit (F.)
capacidad (F.) de pago Zahlungsfähigkeit (F.)
capacidad (F.) de postulación Postulationsfähigkeit (F.)
capacidad (F.) de testar Testierfähigkeit (F.)
capacidad (F.) delictiva Deliktsfähigkeit (F.)
capacidad (F.) delictual Deliktsfähigkeit (F.)
capacidad (F.) dispositiva Verfügungsbefugnis (F.)
capacidad (F.) jurídica Rechtsfähigkeit (F.)
capacidad (F.) jurídica en materia de derechos fundamentales Grundrechtsfähigkeit (F.)
capacidad (F.) jurídica parcial Teilrechtsfähigkeit (F.)
capacidad (F.) negocial Geschäftsfähigkeit (F.)
capacidad (F.) para el juicio Verhandlungsfähigkeit (F.)
capacidad (F.) para participar en elecciones Wahlberechtigung (F.)
capacidad (F.) para ser parte Parteifähigkeit (F.)
capacidad (F.) procesal Parteifähigkeit (F.), Prozessfähigkeit (F.)
capacitado handlungsfähig
capaz fähig, handlungsfähig
capaz de comprender einsichtsfähig
capaz de concluir convenios colectivos tariffähig
capaz de contratar geschäftsfähig
capaz de delinquir deliktsfähig
capaz de discernir einsichtsfähig
capaz de obrar geschäftsfähig
capaz de postulación postulationsfähig
capaz de ser parte parteifähig
capaz de testar testierfähig
capaz para conducir fahrtüchtig
capaz para el juicio verhandlungsfähig
capaz para litigar prozessfähig
capilla (F.) Kapelle (F.)
capitación (F.) Kopfsteuer (F.)
capital (Adj.) Haupt..., hauptsächlich
capital (F.) Hauptstadt (F.)
capital (M.) Kapital (N.)
capital (M.) ajeno Fremdkapital (N.)
capital (M.) circulante Umlaufvermögen (N.)
capital (M.) empleado Kapitalanlage (F.)
capital (M.) en acciones autorizado genehmigtes Kapital (N.)
capital (M.) en circulación Umlaufvermögen (N.)
capital (M.) fijo Anlagevermögen (N.)
capital (M.) fiscal Eigenkapital (N.)
capital (M.) mínimo Mindestkapital (N.)
capital (M.) nominal Nennkapital (N.)
capital (M.) original Stammkapital (N.)
capital (M.) pasivo Passivvermögen (N.)
capital (M.) social Gesellschaftskapital (N.), Grundkapital (N.), Stammkapital (N.)
capital (M.) suplementario Nachschusskapital (N.)
capital (M.) suscrito Stammeinlage (F.)
capitalismo (M.) Kapitalismus (M.)
capitalista (Adj.) kapitalistisch
capitalista (M.) Kapitalist (M.)
capitalizar kapitalisieren
capitán (M.) Kapitän (M.)
capitulación (F.) Kapitulation (F.)
capitulaciones (F.Pl.) matrimoniales Ehevertrag (M.)
capitular kapitulieren
capítulo (M.) Domkapitel (N.), Kapitel (N.), Stift (N.)
captación (F.) Erschleichen (N.)
captador (M.) de herencias Erbschleicher (M.)
captar erschleichen, fassen

captura (F.) Gefangennahme (F.), Kaperei (F.)
capturar fangen, festnehmen, kapern
carácter (M.) concluyente Schlüssigkeit (F.)
carácter (M.) contencioso Rechtshängigkeit (F.)
carácter (M.) de imprenta Druckbuchstabe (M.)
carácter (M.) recepticio Empfangsbedürftigkeit (F.)
característica (F.) Merkmal (N.)
cárcel (F.) Gefängnis (N.), Haft (F.), Kerker (M.)
carcelaje (M.) Haft (F.)
cardenal (M.) Kardinal (M.)
carencia (F.) Karenz (F.)
carga (F.) Amtspflicht (F.), Fracht (F.), Frachtgut (N.), Ladung (F.) (Aufladung von Gütern), Last (F.)
carga (F.) colectiva Sammelladung (F.)
carga (F.) de delegación Darlegungslast (F.)
carga (F.) de la herencia Nachlassverbindlichkeit (F.)
carga (F.) de la prueba Beweislast (F.)
carga (F.) pública öffentliche Last (F.)
carga (F.) real dingliche Belastung (F.), Grundschuld (F.), Reallast (F.)
cargada (F.) Ladung (F.) (Aufladung von Gütern)
cargador (M.) Magazin (N.), Verfrachter (M.)
cargamento (M.) Ladung (F.) (Aufladung von Gütern)
cargar belasten, beschweren, laden (aufladen), verladen (V.)
cargar en cuenta zuschreiben
cargo (M.) Amt (N.), Amtsträger (M.), Debet (N.), Ladung (F.) (Aufladung von Gütern), Last (F.), Soll (N.)
cargo (M.) de confianza Vertrauensstellung (F.)
cargo (M.) en cuenta Lastschrift (F.)
cargo (M.) honorífico Ehrenamt (N.)
caridad (F.) Almosen (N.)
carné (M.) Ausweis (M.)
carné (M.) de la seguridad social Sozialversicherungskarte (F.)
carnet (M.) Ausweis (M.)
carnet (M.) de conducir Führerschein (M.)
carnet (M.) de identidad Personalausweis (M.)
carnet (M.) de la seguridad social Sozialversicherungskarte (F.)
carnet (M.) de ruta Fahrtenbuch (N.)
carnicería (F.) Massaker (N.)
carrera (F.) Lauf (M.), Laufbahn (F.)
carretera (F.) Landstraße (F.), Straße (F.)
carretera (F.) nacional Bundesstraße (F.)
carretera (F.) principal Fernstraße (F.)
carril (M.) bici Radweg (M.)
carta (F.) Brief (M.), Charta (F.), Dokument (N.), Karte (F.), Schreiben (N.)
carta (F.) blanca Blankett (N.), Blankovollmacht (F.)
carta (F.) comercial Geschäftsbrief (M.)
carta (F.) confirmadora Bestätigungsschreiben (N.)
carta (F.) confirmativa Bestätigungsschreiben (N.)
carta (F.) confirmatoria Bestätigungsschreiben (N.)
carta (F.) conminatoria Drohbrief (M.)
carta (F.) constitucional Verfassungsurkunde (F.)
carta (F.) de amenaza Drohbrief (M.)
carta (F.) de crédito Kreditbrief (M.)
carta (F.) de franquicia Freibrief (M.)
carta (F.) de identidad Personalausweis (M.)
carta (F.) de la firma electronica Signaturkarte (F.)
carta (F.) de los derechos fundamentales Grundrechtecharta (F.)
carta (F.) de nombramiento Ernennungsurkunde (F.)
carta (F.) de orden Mahnbescheid (M.)
carta (F.) de porte Frachtbrief (M.)
carta (F.) de recomendación Empfehlungsschreiben (N.)
carta (F.) de vehículo Kraftfahrzeugbrief (M.)
carta (F.) fundamental Verfassungsurkunde (F.)
carta (F.) hipotecaria Hypothekenbrief (M.)
carta (F.) monitoria Mahnschreiben (N.)
carta (F.) pastoral Hirtenbrief (M.)
carta (F.) recordatoria Erinnerungsschreiben (N.)
carta (F.) requisitoria Steckbrief (M.)
Carta (F.) Social Europea Europäische Sozialcharta (F.)
cartas (F.Pl.) credenciales Beglaubigungsschreiben (N.)
cartel (M.) Kartell (N.)
cartel (M.) policial Steckbrief (M.)
cartera (F.) Ressort (N.)

cartera (F.) ministerial Departement (N.)
carterista (M.) Taschendieb (M.)
cartilla (F.) médico-farmacéutica Krankenschein (M.)
cartucho (M.) Patrone (F.)
casa (F.) Haus (N.)
casa (F.) de alquiler Mietshaus (N.)
casa (F.) de déposito Lagerhaus (N.)
casa (F.) de prestamos Leihhaus (N.)
casa (F.) de propiedad Eigenheim (N.)
casa (F.) de renta Mietshaus (N.)
casa (F.) de templanza Entziehungsanstalt (F.)
casa (F.) expedidora Versandhaus (N.)
casa (F.) para mujeres maltratadas Frauenhaus (N.)
casa (F.) propia Eigenheim (N.)
casa (F.) religiosa Kloster (N.)
casación (F.) Kassation (F.), Revision (F.)
casación (F.) adhesiva Anschlussrevision (F.)
casación por salto Sprungrevision (F.)
casamentera (F.) Heiratsvermittlerin (F.)
casamentero (M.) Heiratsvermittler (M.)
casamiento (M.) Eheschließung (F.), Heirat (F.), Hochzeit (F.), Trauung (F.), Vermählung (F.)
casar (V.) (1) aufheben, kassieren
casar (V.) (2) trauen, vermählen
casarse ehelichen, heiraten
casatorio kassatorisch
casco (M.) Kasko (F.)
cascotes (M.Pl.) Schutt (M.)
case-law (engl.) case-law (engl.) (Fallrecht)
casi quasi (Partik.)
casicontrato (M.) Quasikontrakt (M.)
casidelito (M.) Quasidelikt (N.)
casilla (F.) Abteilung (F.)
casinegatorio quasinegatorisch
casirenta (F.) Quasirente (F.)
caso (M.) Angelegenheit (F.), Ereignis (N.), Fall (M.), Rechtsfall (N.)
caso (M.) de rigor Härtefall (M.)
caso (M.) de urgencia Notfall (M.)
caso (M.) fortuito Zufall (M.)
caso (M.) jurídico Rechtsfall (N.)
caso (M.) normal Regelfall (M.)
caso (M.) ordinario Regelfall (M.)
caso (M.) particular Einzelfall (M.)
caso (M.) penal Strafsache (F.)
caso (M.) precedente Präzedenzfall (M.)
caso (M.) regular Regelfall (M.)
caso (M.) sucesorio Erbfall (M.)
Cassis-de-Dijon-formula (N.) Cassis-de-Dijon-Formel (F.)
casta (F.) Kaste (F.)
castigar ahnden, strafen, züchtigen
castigo (M.) Ahndung (F.), Bestrafung (F.), Strafe (F.), Züchtigung (F.)
castillo (M.) Schloss (N.)
casto keusch
castración (F.) Kastration (F.)
castrar kastrieren
casual. aleatorio zufällig
casualidad (F.) Zufall (M.)
casuismo (M.) Kasuistik (F.)
casuística (F.) Fallsammlung (F.), Kasuistik (F.)
catálogo (M.) Katalog (M.)
catastro (M.) Kataster (M. bzw. N.)
catástrofe (F.) Katastrophe (F.)
cátedra (F.) Lehrstuhl (M.), Professur (F.)
catedral (F.) Dom (M.)
catedrático (M.) Professor (M.)
catedrático (M.) de universidad Hochschuldozent (M.)
categoría (F.) Gattung (F.), Handelsklasse (F.), Klasse (F.)
categoría (F.) fiscal Steuerklasse (F.)
categoría (F.) tributaria Steuerklasse (F.)
católico katholisch
cauce (M.) jurídico Rechtsweg (M.)
caución (F.) Bürgschaft (F.), Kaution (F.), Sicherheitsleistung (F.)
caución (F.) personal Garantievertrag (M.)
caudillo (M.) Führer (M.)
causa (F.) Angelegenheit (F.), Anlass (M.), causa (lat.) (Grund), Fall (M.), Gerichtsverhandlung (F.), Grund (M.), Prozessgrund (M.), Rechtsgrund (M.), Rechtsstreit (M.), Sache (F.), Ursache (F.)
causa (F.) civil Zivilverfahren (N.)
causa (F.) de agravación Strafschärfungsgrund (M.)
causa (F.) de atenuación de la pena Strafmilderungsgrund (M.)
causa (F.) de casación Revisionsgrund (M.)
causa (F.) de exclusión de la culpabilidad Schuldausschließungsgrund (M.)
causa (F.) de exculpación Entschuldigungsgrund (M.)
causa (F.) de exención de la penalidad Strafausschließungsgrund (M.)

causa (F.) de familia Familiensache (F.)
causa (F.) de inculpabilidad Entschuldigungsgrund (M.), Schuldausschließungsgrund (M.)
causa (F.) de justificación Rechtfertigungsgrund (M.)
causa (F.) de la demanda Klagegrund (M.)
causa (F.) de la insolvencia Insolvenzgrund (M.)
causa (F.) de levantamiento de la pena Strafaufhebungsgrund (M.)
causa (F.) de muerte Todesursache (F.)
causa (F.) de recusación Ablehnungsgrund (M.)
causa (F.) de responsabilidad Haftungsgrundlage (F.)
causa (F.) de supresión de la pena Strafaufhebungsgrund (M.)
causa (F.) de tutela Vormundschaftssache (F.)
causa (F.) jurídica Rechtsgrund (M.)
causa (F.) justa wichtiger Grund (M.)
causa (F.) mayor höhere Gewalt (F.)
causa (F.) oral Hauptverhandlung (F.)
causa (F.) penal Strafsache (F.)
causa (F.) personal de exclusión de la pena persönlicher Strafausschließungsgrund (M.)
causa (F.) personal de supresión de la pena persönlicher Strafaufhebungsgrund (M.)
causa (F.) pública öffentliches Wohl (N.)
causación (F.) Verursachung (F.)
causahabiente (M.) Rechtsnachfolger (M.)
causal (Adj.) kausal, ursächlich
causal (M.) absoluto de casación absoluter Revisionsgrund (M.)
causal (M.) de casación Revisionsgrund (M.)
causal (M.) de justificación Rechtfertigungsgrund (M.)
causalidad (F.) Kausalität (F.), Kausalzusammenhang (M.), Ursache (F.), Ursächlichkeit (F.)
causalidad (F.) adelantada überholende Kausalität (F.)
causante (M.) Rechtsvorgänger (M.), Urheber (M.), Verursacher (M.)
causante (M.) difunto Erblasser (M.)
causar erregen, verschulden (verursachen), verursachen
causar baja abmelden
cautela (F.) Vorsicht (F.)
cautionar verbürgen
cautividad (F.) Gefangenschaft (F.)
cautivo (Adj.) gefangen
caza (F.) Jagd (F.)
caza (F.) furtiva Jagdwilderei (F.), Wilderei (F.)
cazador (M.) Jäger (M.), Schütze (M.)
cazador (M.) furtivo Wilddieb (M.), Wilderer (M.)
cazar hetzen, jagen
cebra (F.) Zebra (N.)
cedente (M.) Abtretender (M.), Zedent (M.)
ceder abtreten, übergeben, überlassen (V.), übertragen (V.), zedieren
cedido (M.) Abtretungsempfänger (M.), Zessionar (M.)
cédula (F.) Kupon (M.), Schein (F.), Zustellungsurkunde (F.)
cédula (F.) de deuda inmobiliaria Grundschuldbrief (M.)
cédula (F.) de identificación fiscal Kraftfahrzeugschein (M.)
cédula (F.) hipotecaria Pfandbrief (M.)
celador (M.) Aufseher (M.)
celda (F.) Zelle (F.)
celebración (F.) Vornahme (F.)
celebrar schließen, vornehmen
celebrar sesión tagen
celibato (M.) Zölibat (M. bzw. N.)
célibe (Adj.) ledig
celos (M.Pl.) Eifersucht (F.)
celoso (Adj.) eifersüchtig
célula (F.) Zelle (F.)
cementerio (M.) Friedhof (M.)
censo (M.) Zins (M.)
censo (M.) de bienes Inventar (N.)
censo (M.) enfitéutico Erbpacht (F.)
censo (M.) fructuario Reallast (F.)
censura (F.) Zensur (F.)
censura (F.) telefónica Telefonüberwachung (F.)
censurar zensieren
central (Adj.) zentral
central (F.) sindical Gewerkschaft (F.)
central (F.) telefónica Fernsprechamt (N.)
Central de Policía (Europol) Europäisches Polizeiamt (N.)
centralisación (F.) Zentralisation (F.)
centralismo (M.) Zentralismus (M.)
centralizar zentralisieren
centrismo (M.) Zentralismus (M.)
centro (M.) Zentrum (N.)

centro (M.) de enseñanza superior Hochschule (F.)
centro (M.) penitenciario Justizvollzugsanstalt (F.)
cerca (F.) Zaun (M.)
cercado (M.) Zaun (M.)
cercar umgeben (V.)
cereales (M.Pl.) Getreide (N.)
cerebro (M.) Gehirn (N.), Hirn (M.)
cerradura (F.) Schloss (N.)
cerrar absperren, schließen, sperren, verschließen
certamen (M.) Preisausschreiben (N.)
certeza (F.) Bestimmtheit (F.), Gewissheit (F.)
certeza (F.) jurídica Rechtssicherheit (F.)
certificación (F.) Beglaubigung (F.), Bescheinigung (F.)
certificación (F.) de autorización de gastos Kostenfestsetzungsbeschluss (M.)
certificación (F.) de conducta Führungszeugnis (N.)
certificación (F.) de nacimiento Geburtsurkunde (F.)
certificación (F.) registral Grundbuchauszug (M.)
certificado (M.) Attest (N.), Bestätigung (F.), Einschreiben (N.), Schein (F.), Zertifikat (N.), Zeugnis (N.)
certificado (M.) de acción Aktienschein (M.), Interimsschein (M.)
certificado (M.) de aptitud Befähigungsnachweis (M.)
certificado (M.) de buena conducta Führungszeugnis (N.), Leumundszeugnis (N.)
certificado (M.) de carga Ladeschein (M.)
certificado (M.) de complacencia Gefälligkeitsattest (N.)
certificado (M.) de defunción Sterbeurkunde (F.)
certificado (M.) de depósito Depotschein (M.)
certificado (M.) de favor Gefälligkeitsattest (N.)
certificado (M.) de matrimonio Heiratsurkunde (F.)
certificado (M.) de nacimiento Geburtsurkunde (F.)
certificado (M.) de sanidad Gesundheitsbescheinigung (F.)
certificado (M.) de seguro Versicherungsschein (M.), Versicherungsurkunde (F.)
certificado (M.) negativo Negativattest (M.)
certificado (M.) sanitario Gesundheitsbescheinigung (F.)
certificado (M.) sucesorio Erbschein (M.)
certificar beglaubigen, bescheinigen, bestätigen, beurkunden, einschreiben, zertifizieren
cervecería (F.) Wirtshaus (N.)
cerveza (F.) Bier (N.)
cesación (F.) Aussetzung (F.), Erlöschen (N.)
cesante (Adj.) erwerbslos
cesantía (F.) einstweiliger Ruhestand (M.)
cesar einstellen, zurücktreten
cese (M.) Rücktritt (M.)
cesible abtretbar, übertragbar
cesión (F.) Abtretung (F.), cessio (lat.) (Abtretung), Überlassung (F.), Zession (F.)
cesión (F.) de cobranza Inkassozession (F.)
cesión (F.) de la explotación Betriebsüberlassung (F.)
cesión (F.) de trabajadores Arbeitnehmerüberlassung (F.)
cesión (F.) en blanco Blankozession (F.)
cesión (F.) en bloque Globalzession (F.)
cesión (F.) en garantía Sicherungsabtretung (F.)
cesión (F.) fiduciaria Sicherungsabtretung (F.)
cesión (F.) funcional de un organismo Organleihe (F.)
cesión (F.) global Globalzession (F.)
cesión (F.) legal Legalzession (F.)
cesionario (M.) Abtretungsempfänger (M.), Erwerber (M.), Neugläubiger (M.), Zessionar (M.)
cesionista (M.) Zedent (M.)
chanchullo (M.) Schmuggel (M.)
chantaje (M.) Erpressung (F.)
chantaje (M.) violento räuberische Erpressung (F.)
chantajear erpressen
chantajista (M.) Erpresser (M.)
charter (M.) Charter (F.)
cheque (M.) Scheck (M.)
cheque (M.) al portador Inhaberscheck (M.)
cheque (M.) cruzado Verrechnungsscheck (M.)
cheque (M.) de compensación Verrechnungsscheck (M.)
cheque (M.) de viaje Reisescheck (M.), Travellerscheck (M.)
cheque (M.) de viajero Reisescheck (M.), Travellerscheck (M.)

cheque (M.) en blanco Blankoscheck (M.)
cheque (M.) en efectivo Barscheck (M.)
cheque (M.) para contabilidad Verrechnungsscheck (M.)
cheque (M.) postal Postscheck (M.)
chimenea (F.) Schornstein (M.)
chip (M.) Chip (M.)
Chipre (M.) Zypern (N.)
chiva (F.) Lüge (F.)
choque (M.) Schock (M.)
ciego blind
ciencia (F.) Lehre (F.), Wissenschaft (F.)
ciencia (F.) de la administración Verwaltungslehre (F.)
ciencia (F.) política Politikwissenschaft (F.)
ciencias (F.Pl.) jurídicas Rechtswissenschaft (F.)
científico (Adj.) wissenschaftlich
ciento hundert
cierre (M.) Einstellung (F.), Ladenschluss (M.), Schließung (F.), Schluss (M.), Verschluss (M.)
cierre (M.) de cuentas Rechnungsabschluss (M.)
cierre (M.) patronal Aussperrung (F.)
cierto gewiss, sicher
cifra (F.) Ziffer (F.)
cifra (F.) de negocios Umsatz (M.)
cifra (F.) negra Dunkelziffer (F.)
cifras (F.Pl.) de producción previstas en el plan Soll (N.)
cinco fünf
cingaro (M.) Zigeuner (M.)
circulación (F.) Geschäftsverkehr (M.), Straßenverkehr (M.), Umlauf (M.), Verkehr (M.)
circulación (F.) de automóviles Kraftverkehr (M.)
circulación (F.) de capitales Kapitalverkehr (M.)
circulación (F.) de mercancías Warenverkehr (M.)
circulación (F.) giratorio Kreisverkehr (M.)
circular fahren, umlaufen, verkehren
círculo (M.) Distrikt (M.), Kreis (M.)
círculo (M.) de acción atribuido übertragener Wirkungskreis (M.)
circunscripción (F.) administrativa ínfima estatal Kreis (M.)
circunstancia (F.) Umstand (M.)
circunstancia (F.) agravante Strafschärfungsgrund (M.)
circunstancia (F.) atenuante Strafmilderungsgrund (M.)
circunstancia (F.) de fáctica Tatumstand (M.)
circunstancia (F.) de hecho Tatumstand (M.)
circunstante (Adj.) anwesend
circunstante (F.) Anwesende (F.)
circunstante (M.) Anwesender (M.)
cita (F.) Ladung (F.) (Herbestellung), Zitat (N.)
citación (F.) Ladung (F.) (Herbestellung), Vorladung (F.)
citar beiladen, laden (herbestellen), vorladen, zitieren
ciudad (F.) Stadt (F.)
ciudad (F.) hanseática Hansestadt (F.)
ciudadanda europea Unionsbürgerschaft (F.)
ciudadanía (F.) Staatsangehörigkeit (F.)
ciudadanía (F.) doble Doppelstaatsangehörigkeit (F.)
ciudadano (M.) Bürger (M.), Staatsangehöriger (M.), Staatsbürger (M.)
ciudad-Estado (F.) Stadtstaat (M.)
cívico (Adj.) bürgerlich
cívico staatsbürgerlich (Adj.)
civil bürgerlich, zivil
clan (M.) Sippe (F.)
clandestino heimlich
clarificar klären
claro klar
clase (F.) Art (F.), Gattung (F.), Handelsklasse (F.), Klasse (F.), Marke (F.), Schicht (F.), Sorte (F.)
clase (F.) social Stand (M.)
clasificación (F.) Aussonderung (F.), Einstufung (F.)
clasificar einstufen, klassifizieren
claustro (M.) großer Senat (M.), Konzil (N.)
cláusula (F.) Bestimmung (F.), Klausel (F.)
cláusula (F.) a la orden Orderklausel (F.)
cláusula (F.) al portador Inhaberklausel (F.)
cláusula (F.) antirrenuncia Verzichtsausschlussklausel (F.)
cláusula (F.) CIF CIF-Klausel (F.)
cláusula (F.) compromisoria Schiedsklausel (F.)
cláusula (F.) de „closed shop" Organisationsklausel (F.)
cláusula (F.) de arbitraje Schiedsklausel (F.)
cláusula (F.) de arrepentimiento Rücktrittsklausel (F.)

cláusula (F.) de caducidad Verfallsklausel (F.), Verwirkungsklausel (F.)
cláusula (F.) de cinco por ciento Fünfprozentklausel (F.)
cláusula (F.) de efectividad Effektivklausel (F.)
cláusula (F.) de escala móvil Gleitklausel (F.)
cláusula (F.) de estabilidad Geldwertsicherungsklausel (F.), Wertsicherungsklausel (F.)
cláusula (F.) de estabilización Geldwertsicherungsklausel (F.)
cláusula (F.) de exención Freizeichnung (F.), Freizeichnungsklausel (F.)
cláusula (F.) de garantía monetaria Geldwertsicherungsklausel (F.), Wertsicherungsklausel (F.)
cláusula (F.) de índice variable Indexklausel (F.)
cláusula (F.) de irresponsabilidad Freizeichnung (F.)
cláusula (F.) de seguros Versicherungsbedingung (F.)
cláusula (F.) del más favorecido Meistbegünstigungsklausel (F.)
cláusula (F.) del más privilegiado Meistbegünstigungsklausel (F.)
cláusula (F.) ejecutiva Vollstreckungsklausel (F.)
cláusula (F.) general Generalklausel (F.)
cláusula (F.) que excluye las disposiciones contractuales Tarifausschlussklausel (F.)
cláusula (F.) rebus sic stantibus (lat.) clausula (F.) rebus sic stantibus (lat.) (Klausel der gleichbleibenden Verhältnisse)
clausular bedingen
clausura (F.) Klausur (F.), Schließung (F.)
clausurar abschließen
clave (F.) Schlüssel (M.)
clearing (M.) Clearing (N.)
cleptomanía (F.) Kleptomanie (F.)
cleptómano (M.) Kleptomane (M.)
clerical geistlich, klerikal
clérigo (M.) Geistlicher (M.), Kleriker (M.)
clero (M.) Klerus (M.)
cliente (M.) Auftraggeber (M.), Klient (M.), Kunde (M.), Mandant (M.)
clientela (F.) Klientel (F.)
clínica (F.) Klinik (F.), Krankenhaus (N.)
co... mit...
coacción (F.) Erzwingung (F.), Nötigung (F.), Zwang (M.)
coacción (F.) administrativa Verwaltungszwang (M.)
coacción (F.) directa unmittelbarer Zwang (M.)
coacción (F.) electoral Wahlbehinderung (F.)
coacción (F.) estatal de la federación Bundeszwang (M.)
coacción (F.) indirecta mittelbarer Zwang (M.)
coacción (F.) inmediata unmittelbarer Zwang (M.)
coacción (F.) mediata mittelbarer Zwang (M.)
coacción (F.) pecuniaria Zwangsgeld (N.)
coaccionar erpressen, nötigen, zwingen
coadjutor (M.) Koadjutor (M.)
coadyutor (M.) Koadjutor (M.)
coadyuvante (M.) Beigeladener (M.)
coadyuvar beitreten
coalición (F.) Koalition (F.)
coaligar koalieren
coartada (F.) Alibi (N.)
coartar beschränken
coasunción (F.) kumulative Schuldübernahme (F.), Schuldbeitritt (M.)
coautor (M.) Mittäter (M.)
coautoría (F.) Mittäterschaft (F.)
cobertura (F.) Absicherung (F.), Deckung (F.), Sicherungsgeschäft (N.)
cobertura (F.) de gastos Kostendeckung (F.)
cobrador (M.) Kassier (M.), Schaffner (M.)
cobrar abholen, beitreiben, beziehen, einnehmen, eintreiben, einziehen, erheben, kassieren
cobro (M.) Beitreibung (F.), Bezug (M.), Einziehung (F.), Inkasso (N.), Soll (N.)
cobro (M.) a la entrega Nachnahme (F.)
coca (F.) Kokain (N.)
cocaína (F.) Kokain (N.)
cocontratista (M.) Mitunternehmer (M.)
coche (M.) Auto (N.), Wagen (M.)
coche (M.) de alquiler Mietwagen (M.)
cochepatrulla (M.) Streifenwagen (M.)
codelincuente (M.) Mittäter (M.)
codeudor (M. bzw. F.) Mitschuldner (M.)
códice (M.) Kodex (M.)
codicia (F.) Gier (F.), Habgier (F.)
codicilo (M.) Kodizill (N.)
codicioso (Adj.) habgierig

codificación (F.) Gesetzgebung (F.), Kodifikation (F.)
codificar kodifizieren
código (M.) codex (M.) (lat.) (Gesetzbuch), Gesetzbuch (N.), Kodex (M.)
código (M.) civil Bürgerliches Gesetzbuch (N.)
código (M.) criminal Strafgesetzbuch (N.)
código (M.) de comercio Handelsgesetzbuch (N.)
código (M.) de edificación Baugesetzbuch (N.)
código (M.) de la circulación Straßenverkehrsgesetz (N.)
código (M.) de la clasificación económica de los gastos públicos Haushaltsgrundsätze (M.Pl.)
código (M.) de procedimiento criminal Strafprozessordnung (F.)
código (M.) de procedimiento penal Strafprozessordnung (F.)
código (M.) deontológico Standesrecht (N.)
código (M.) fundamental Verfassung (F.)
código (M.) impositivo Abgabenordnung (F.)
código (M.) industrial Gewerbeordnung (F.)
código (M.) mercantil Handelsgesetzbuch (N.)
código (M.) penal Strafgesetzbuch (N.)
código (M.) postal Postleitzahl (F.)
código (M.) procesal Prozessordnung (F.)
código (M.) procesal civil Zivilprozessordnung (F.)
código (M.) social Sozialgesetzbuch (N.)
coercible erzwingbar
coerción (F.) Zwang (M.)
coercitivo zwingend
cogarante (M.) Mitbürge (M.)
coger greifen, nehmen
cogestión (F.) Mitbestimmung (F.)
cognado (M.) Kognat (M.)
cognición (F.) Erkenntnis (F.) (Einsicht)
cognoscitiva (F.) Erkenntnis (F.) (Einsicht)
cohabitación (F.) Beischlaf (M.), Beiwohnung (F.)
cohabitar beischlafen, beiwohnen
cohecho (M.) Beamtenbestechung (F.), Bestechung (F.)
coheredero (M.) Miterbe (M.)
cohete (M.) Rakete (F.)
coito (M.) Koitus (M.)
cojear hinken
cojo hinkend
colaboración (F.) Mitarbeit (F.), Mitwirkung (F.)
colaborador (M.) Mitarbeiter (M.)
colación (F.) Kollation (F.)
colección (F.) Sammelwerk (N.), Sammlung (F.)
colección (F.) de jurisprudencia Entscheidungssammlung (F.)
colección (F.) de sentencias Entscheidungssammlung (F.)
coleccionar sammeln
colectar sammeln
colectivar sozialisieren, vergesellschaften
colectividad (F.) Gemeinschaft (F.), Gemeinwesen (N.), Genossenschaft (F.), Gruppe (F.), Kollektiv (N.), Öffentlichkeit (F.)
colectivización (F.) Sozialisierung (F.), Vergesellschaftung (F.)
colectivo (Adj.) gemeinsam, gemeinschaftlich, kollektiv, körperschaftlich
colectivo (M.) Kollektiv (N.)
colega (F.) Kollege (M.)
colegado (M.) Mitvermächtnis (N.)
colegiado kollegial, körperschaftlich
colegial kollegial
colegio (M.) Kollegium (N.), Schule (F.)
colegio (M.) de abogados Anwaltskammer (F.), Rechtsanwaltskammer (F.)
colegio (M.) de jueces Richterkollegium (N.)
colegio (M.) federal de notarios Bundesnotarkammer (F.)
coligación (F.) Koalition (F.)
coligar vereinigen
colina (F.) Halde (F.)
colindante (M.) Anlieger (M.)
colindar angrenzen
colisión (F.) Kollision (F.)
colisión (F.) de deberes Pflichtenkollision (F.)
colisión (F.) de derechos Normenkollision (F.)
colisión (F.) de intereses Interessenkollision (F.)
colisión (F.) jurisdiccional Kompetenzkonflikt (M.)
colisión (F.) por alcance Auffahrunfall (M.)
colisionar kollidieren
colitigante (M.) Streitgenosse (M.)
colocación (F.) Anlage (F.), Anstellung (F.), Einstellung (F.), Investition (F.), Stellung (F.), Unterbringung (F.)

colocar anlegen, anstellen, einstellen, investieren, unterbringen, verdingen
colocar pedidos disponieren
colonia (F.) Kolonie (F.), Niederlassung (F.)
colonización (F.) Erschließung (F.)
colonizar erschließen
colusión (F.) Kollusion (F.)
colusionar kolludieren
collar (F.) Kette (F.)
collocar installieren
comadrona (F.) Hebamme (F.)
comandante (M.) Kommandeur (M.), Major (M.)
comandar kommandieren
comandita (F.) Kommanditgesellschaft (F.)
comanditario (M.) Kommanditist (M.)
comarca (F.) Bezirk (M.), Gau (M.)
comarca (F.) rural Landkreis (M.)
combate (M.) Kampf (M.)
combatir kämpfen
combinación (F.) de tipos sociales Typenvermischung (F.)
comentador (M.) Kommentator (M.)
comentar bemerken, erläutern, kommentieren
comentario (M.) Bemerkung (F.), Erläuterung (F.), Kommentar (M.)
comentarista (M.) Kommentator (M.)
comenzar beginnen
comercial (Adj.) geschäftlich, geschäftsmäßig, gewerblich, gewerbsmäßig, kaufmännisch, kommerziell
comercializar kommerzialisieren
comerciante (F.) Kauffrau (F.)
comerciante (M.) Gewerbetreibender (M.), Händler (M.), Kaufmann (M.)
comerciante (M.) al por mayor Großhändler (M.)
comerciante (M.) comisionista Kommissionär (M.)
comerciante (M.) fallido Gemeinschuldner (M.)
comerciante (M.) individual Einzelkaufmann (M.)
comerciante (M.) por cuenta propia Eigenhändler (M.)
comerciar handeln, verkehren
comercio (M.) Handel (M.), Handelsgewerbe (N.), Handelsverkehr (M.), Laden (M.), Transfer (M.)
comercio (M.) al por mayor Großhandel (M.)
comercio (M.) ambulante Reisegewerbe (N.)
comercio (M.) clandestino Schwarzhandel (M.)
comercio (M.) de plaza Platzgeschäft (N.)
comercio (M.) de tránsito Durchgangshandel (M.)
comercio (M.) interior Binnenhandel (M.)
comercio (M.) jurídico Rechtsverkehr (M.)
comercio (M.) libre Freihandel (M.)
comercio (M.) marítimo Seehandel (M.)
comercio (M.) mayorista Großhandel (M.)
comercio (M.) minorista Einzelhandel
comercio (M.) por menor Einzelhandel
comestible (M.) Lebensmittel (N.)
comestibles (M.Pl.) Lebensmittel (N.Pl.)
cometer ausführen, begehen, verüben
cometer un delito freveln
cometido (M.) Obliegenheit (F.)
comicio (M.) local Kommunalwahl (F.)
comienzo (M.) Beginn (M.), Eröffnung (F.)
comisaría (F.) Kommissariat (N.)
comisariato (M.) Kommissariat (N.)
comisario (M.) Beauftragter (M.), Kommissar (M.)
comisario (M.) del gobierno Staatskommissar (M.)
comisario (M.) para la defensa Wehrbeauftragter (M.)
comisión (F.) Abordnung (F.), Ausschuss (M.), Begehung (F.), Deputation (F.), Kommission (F.), Provision (F.)
comisión (F.) de agente Vertreterprovision (F.)
comisión (F.) de arbitraje Schiedsstelle (F.)
comisión (F.) de cobranza Einziehungsermächtigung (M.)
comisión (F.) de compra Einkaufskommission (F.)
comisión (F.) de conciliación Einigungsstelle (F.), Vermittlungsausschuss (M.)
comisión (F.) de derechos humanos Menschenrechtskommission (N.)
comisión (F.) de encuesta Enquêtekommission (F.)
comisión (F.) de garantía Delkredereprovision (F.)
comisión (F.) de justicia Rechtsausschuss (M.)
Comisión (F.) de la Unión Europea Europäische Kommission (F.)
Comisión (F.) de las Comunidades Europeas Kommission (F.) der Europäischen Union

comisión (F.) de mediación Vermittlungsprovision (F.)
comisión (F.) de peticiones Petitionsausschuss (M.)
comisión (F.) de venta Verkaufskommission (F.)
comisión (F.) especial Sonderausschuss (M.)
comisión (F.) investigadora Enquêtekommission (F.), Untersuchungsausschuss (M.)
comisión (F.) judicial inspectora Justizaufsichtsbehörde (F.)
comisión (F.) jurídica Rechtsausschuss (M.)
comisión (F.) para vender Verkaufskommission (F.)
comisión (F.) plenaria Plenarausschuss (M.)
comisión (F.) selecta Sonderausschuss (M.)
comisionado (M.) Kommissar (M.), Kommissionär (M.)
comisionar beauftragen
comisionista (M.) Kommissionär (M.), Makler (M.)
comisionista (M.) de transportes Spediteur (M.)
comiso (M.) Heimfall (M.)
comité (M.) Ausschuss (M.), Komitee (N.), Kommission (F.)
comité (M.) intermediador Vermittlungsausschuss (M.)
comité (M.) jurídico Rechtsausschuss (M.)
comité (M.) organizador Organisationsausschuss (M.)
comitente (M.) Auftraggeber (M.), Kommittent (M.), Versender (M.)
comodato (M.) Leihe (F.)
compañera (F.) Gesellschafterin (F.)
compañera (F.) de estudios Kommilitonin (F.)
compañero (M.) Geselle (M.), Gesellschafter (M.), Kollege (M.), Mitarbeiter (M.)
compañero (M.) de estudios Kommilitone (M.)
compañía (F.) Gesellschaft (F.)
compañía (F.) aseguradora Versicherungsverein (M.)
compañía (F.) capitalista Kapitalgesellschaft (F.)
compañía (F.) colectiva offene Handelsgesellschaft (F.) (OHG)
compañía (F.) de inversiones Investmentgesellschaft (F.), Kapitalanlagegesellschaft (F.)
compañía (F.) de navegación Reederei (F.)
compañía (F.) de seguros Versicherungsgesellschaft (F.)
compañía (F.) en comandita Kommanditgesellschaft (F.)
compañia (F.) mercantil Handelsgesellschaft (F.)
compañía (F.) naviera Reederei (F.)
comparación (F.) Vergleich (M.)
comparar vergleichen (sich)
comparecencia (F.) Erscheinen (N.), Gerichtstermin (M.), Tagsatzung (F.) (Tagsatzung in Österreich), Termin (M.)
comparecencia (F.) personal persönliches Erscheinen (N.)
comparecer erscheinen
comparecimiento (M.) ante el juez Vorführung (F.)
comparición (F.) Erscheinen (N.)
compatibilidad (F.) Kompatibilität (F.), Vereinbarkeit (F.)
compatibilidad (F.) con el medio ambiente Umweltverträglichkeit (F.)
compatible (Adj.) kompatibel
compatible con el medio ambiente umweltverträglich
compelación (F.) Verhör (N.)
compeler zwingen
compendio (M.) Auszug (M.)
compensable aufrechenbar
compensación (F.) Aufrechnung (F.), Clearing (N.), Entschädigung (F.), Ersatz (M.), Kompensation (F.), Verrechnung (F.)
compensación (F.) de beneficios Vorteilsausgleichung (F.)
compensación (F.) de cargas Lastenausgleich (M.)
compensación (F.) de culpas Kulpakompensation (F.), Mitverschulden (N.)
compensación (F.) eventual Eventualaufrechnung (F.)
compensación (F.) por el lucro Vorteilsausgleichung (F.)
compensación (F.) por paro Arbeitslosengeld (N.)
compensar aufrechnen, decken, kompensieren, verrechnen
competencia (F.) Befugnis (F.), Eignung (F.), Kompetenz (F.), Konkurrenz (F.), Obliegenheit (F.), Wettbewerb (M.), Zuständigkeit (F.)

competencia (F.) absoluta ausschließliche Zuständigkeit (F.)
competencia (F.) asognada Auftragsangelegenheit (F.)
competencia (F.) de rendimiento Leistungswettbewerb (M.)
competencia (F.) desleal unlauterer Wettbewerb (M.)
competencia (F.) general Allzuständigkeit (F.)
competencia (F.) ilícita unlauterer Wettbewerb (M.)
competencia (F.) internacional internationale Zuständigkeit (F.)
competencia (F.) legislativa Gesetzgebungszuständigkeit (F.)
competencia (F.) local örtliche Zuständigkeit (F.)
competencia (F.) material sachliche Zuständigkeit (F.)
competencia (F.) objetiva sachliche Zuständigkeit (F.)
competencia (F.) para la competencia Kompetenzkompetenz (F.)
competencia (F.) por obstaculización Behinderungswettbewerb (M.)
competencia (F.) ratione loci (lat.) örtliche Zuständigkeit (F.)
competencia (F.) reglamentaria Gesetzgebungszuständigkeit (F.)
competencia (F.) restringida Wettbewerbsbeschränkung (F.)
competencia (F.) territorial örtliche Zuständigkeit (F.)
competencia (F.) total Allzuständigkeit (F.)
competente befugt, kompetent, zuständig
competente para decidir beschlussfähig
competer obliegen
competición (F.) Wettbewerb (M.)
competidor (Adj.) konkurrierend
competidor (M.) Konkurrent (M.)
competir konkurrieren
compilación (F.) Kompilation (F.), Sammelwerk (N.)
compilar kompilieren
complacencia (F.) Gefälligkeit (F.), Kulanz (F.)
complaciente gefällig
complejo (M.) Komplex (M.)
complementar ergänzen
complementario ergänzend, zusätzlich
complemento (M.) Ergänzung (F.)
completar ergänzen
completo vollständig
cómplice (M.) Beteiligter (M.), Gehilfe (M.), Komplize (M.), Teilnehmer (M.)
complicidad (F.) Beihilfe (F.), Beteiligung (F.), Teilnahme (F.)
compló (M.) Komplott (N.)
complot (M.) Komplott (N.), Verschwörung (F.)
comportamiento (M.) Benehmen (N.), Verhalten (N.)
comportamiento (M.) derogatorio abweichendes Verhalten (N.)
composición (F.) Komposition (F.)
composición (F.) procesal Prozessvergleich (M.)
compra (F.) Einkauf (M.), Kauf (M.)
compra (F.) a plazos Ratenkauf (M.)
compra (F.) al contado Barkauf (M.)
compra (F.) anticipada Vorkauf (M.)
compra (F.) de bienes de consumo Verbrauchsgüterkauf (M.)
compra (F.) de bienes por el consumidor final Verbrauchsgüterkauf (M.)
compra (F.) de bienes raíces Grundstückskauf (M.)
compra (F.) de cosa específica Stückkauf (M.)
compra (F.) de crédito Kreditkauf (M.)
compra (F.) de especie Stückkauf (M.)
compra (F.) de ganado Viehkauf (M.)
compra (F.) de herencia Erbschaftskauf (M.)
compra (F.) de un ámbito empresarial Unternehmensbereichskauf (M.)
compra (F.) de una pieza singular Stückkauf (M.)
compra (F.) en efectivo Barkauf (M.)
compra (F.) negra Schwarzkauf (M.)
compra (F.) según muestra Kauf (M.) nach Probe
compra (F.) sobre muestra Kauf (M.) nach Probe
comprador (M.) Abnehmer (M.), Erwerber (M.), Käufer (M.)
comprar abnehmen, beziehen, einkaufen, kaufen
compraventa (F.) Kauf (M.)
compraventa (F.) a plazo Kreditkauf (M.)
compraventa (F.) al contado Handkauf (M.)

compraventa (F.) de inmueble Grundstückskauf (M.)
compraventa (F.) mercantil Handelskauf (M.)
comprender begreifen, einsehen, erfassen
comprensión (F.) Einsicht (F.)
comprobación (F.) Bekräftigung (F.), Nachweis (M.), Prüfung (F.)
comprobación (F.) interna Betriebsprüfung (F.)
comprobación (F.) potestativa Wahlfeststellung (F.)
comprobador (M.) Prüfer (M.)
comprobar belegen (V.), beweisen, prüfen
comprobar identidad legitimieren
comprometedor belastend
comprometer(se) verpflichten
compromiso (M.) Kompromiss (M.), Übereinkommen (N.)
computadora (F.) Computer (M.)
computar berechnen, rechnen
cómputo (M.) Kalkulation (F.)
común gemein, gemeinsam
comunal kommunal
comunero (M.) Miteigentümer (M.)
comunicación (F.) Kommunikation (F.), Mitteilung (F.), Notifikation (F.), Umgang (M.), Verkündung (F.)
comunicante (M.) Informant (M.)
comunicar bekanntmachen, kommunizieren, mitteilen, notifizieren, verkünden, verlautbaren
comunidad (F.) Gemeinde (F.), Gemeindeverband (M.), Gemeinschaft (F.), Gemeinwesen (N.)
comunidad (F.) administrativa Verwaltungsgemeinschaft (F.)
comunidad (F.) agrícola formada para la mejor explotación de tierras Realgemeinde (F.)
Comunidad (F.) Autonoma (C.A.) autonome Region (F.)
comunidad (F.) continuada fortgesetzte Gütergemeinschaft (F.)
comunidad (F.) de administración Verwaltungsgemeinschaft (F.)
comunidad (F.) de bienes Gütergemeinschaft (F.), Miteigentum (N.)
comunidad (F.) de cosas Sachgesamtheit (F.)
comunidad (F.) de inquilinos Hausgemeinschaft (F.)
comunidad (F.) de muebles Fahrnisgemeinschaft (F.)
comunidad (F.) de vida Lebensgemeinschaft (F.)
comunidad (F.) de vida matrimonial eheliche Lebensgemeinschaft (F.)
comunidad (F.) doméstica Hausgemeinschaft (F.)
Comunidad (F.) Económica Europea Europäische Wirtschaftsgemeinschaft (F.)
comunidad (F.) en mano común Gesamthandsgemeinschaft (F.)
Comunidad (F.) Europea EG (F.) (Europäische Gemeinschaft), Europäische Gemeinschaft (F.)
Comunidad (F.) Europea de la Energía Atómica Europäische Atomgemeinschaft (F.)
Comunidad (F.) Europea del Carbón y del Acero Europäische Gemeinschaft (F.) für Kohle und Stahl, Montanunion (F.)
comunidad (F.) familiar Hausgemeinschaft (F.)
comunidad (F.) general de bienes allgemeine Gütergemeinschaft (F.)
comunidad (F.) hereditaria Erbengemeinschaft (F.)
comunidad (F.) mancomunada Gesamthandsgemeinschaft (F.)
comunidad (F.) plena Gütergemeinschaft (F.)
comunidad (F.) por cuotas Bruchteilsgemeinschaft (F.)
comunidad (F.) por partes ideales Bruchteilsgemeinschaft (F.)
comunidad (F.) real Realgemeinde (F.)
comunidad (F.) sucesoria Erbengemeinschaft (F.)
comunismo (M.) Kommunismus (M.)
comunista (Adj.) kommunistisch
comunista (M.) Kommunist (M.)
comunitario kollektiv
con antecedentes penales vorbestraft
con capacidad jurídica rechtsfähig
con igualdad de derechos gleichberechtigt
con malicia böswillig
con... mit...
conato (M.) Versuch (M.)
concebido (M.) Leibesfrucht (F.)
concebir fassen
concedente (M.) Franchisegeber (M.)
conceder bewilligen, einräumen, erlauben, erteilen, geben, genehmigen, gewähren, konzedieren, zugestehen
conceder la nobleza adeln

concejalía (F.) de urbanismo Bauplanungsamt (N.)
concejil gemeindeeigen
concentración (F.) Konzentration (F.), Zusammenschluss (M.)
concentración (F.) de empresas Konzern (M.)
concentración (F.) parcelaria Flurbereinigung (F.)
concentrar konzentrieren
concepción (F.) Empfängnis (F.)
concepto (M.) Begriff (M.), Entwurf (M.)
concepto (M.) jurídico Rechtsbegriff (M.)
concepto (M.) legal Legaldefinition (F.)
concepto (M.) unitario de autor Einheitstäterbegriff (M.)
concerno (M.) Konzern (M.)
concertación (F.) Verabredung (F.)
concertar abschließen, verabreden
concesión (F.) Bewilligung (F.), Erlaubnis (F.), Erteilung (F.), Genehmigung (F.), Konzession (F.), Lizenz (F.), Verleihung (F.), Verleihung (F.), Zugeständnis (N.), Zuwendung (F.)
concesión (F.) de vacaciones Beurlaubung (F.)
concesionario (M.) Franchisenehmer (M.), Konzessionär (M.), Lizenznehmer (M.), Vertragshändler (M.)
concesionista (M.) Lizenzgeber (M.)
concicción (F.) jurídica Rechtsüberzeugung (F.)
conciencia (F.) Bewusstsein (N.), Gewissen (N.)
conciencia (F.) de la antijuridicidad Unrechtsbewusstsein (N.)
conciencia (F.) de la ilicitud Unrechtsbewusstsein (N.)
conciencia (F.) nacional Nationalbewusstsein (N.)
concientemente wissentlich
concierto (M.) de voluntades Konsens (M.)
conciliación (F.) Schlichtung (F.), Vergleich (M.)
conciliación (F.) previa Güteverfahren (N.)
conciliador (M.) Schlichter (M.)
conciliar schlichten
concilio (M.) Konzil (N.)
conclave (M.) Konklave (F.)
cónclave (M.) Konklave (F.)
concluir abmachen, abschließen, beenden, feststellen, konkludieren, schließen, vollenden
conclusión (F.) Abschluss (M.), Beendigung (F.), Fertigstellung (F.), Feststellung (F.), Konklusion (F.), Schluss (M.), Schlussantrag (M.), Schlussplädoyer (N.)
conclusión (F.) analógica Analogieschluss (M.)
conclusión (F.) del contrato Vertragsschluss (M.)
conclusión (F.) inversa Umkehrschluss (M.)
conclusión (F.) jurídica Rechtsfolgerung (F.)
conclusión (F.) subsidiaria Nebenantrag (M.)
conclusiones (F.Pl.) Schlussvortrag (M.)
concluso beendet
concluso para sentencia spruchreif
concluyente schlüssig
concordar stimmen, übereinstimmen
concordato (M.) Konkordat (N.)
concordato (M.) de tarifa Kollektivvertrag (M.)
concreto konkret
concubina (F.) Konkubine (F.)
concubinato (M.) Konkubinat (N.)
conculcar brechen
concurrencia (F.) Wettbewerb (M.)
concurrencia (F.) de leyes Gesetzeskonkurrenz (F.)
concurrencia (F.) de pretensiones Anspruchskonkurrenz (F.)
concurrencia (F.) ideal Idealkonkurrenz (F.)
concurrencia (F.) real Realkonkurrenz (F.)
concurrente (M.) Konkurrent (M.)
concurrir beteiligen, versammeln
concursado (M.) Insolvenzschuldner (M.)
concurso (M.) Konkurs (M.), Leistungswettbewerb (M.), Wettbewerb (M.)
concurso (M.) con premio Preisausschreiben (N.)
concurso (M.) de leyes Gesetzeskonkurrenz (F.)
concurso (M.) del caudal relicto Nachlasskonkurs (M.)
concurso (M.) ideal Idealkonkurrenz (F.)
concurso (M.) público Preisausschreiben (N.)
concurso (M.) real Realkonkurrenz (F.)
concurso (M.) sucesorio Nachlasskonkurs (M.)
condado (M.) Grafschaft (F.)
conde (M.) Graf (M.)
condecoración (F.) Orden (M.)
condena (F.) Verurteilung (F.)

condena (F.) de hacer Leistungsbefehl (M.), Leistungsurteil (N.)
condena (F.) previa Vorverurteilung (F.)
condenación (F.) Verurteilung (F.)
condenado (M.) Verurteilter (M.)
condenar verurteilen
condición (F.) Auflage (F.), Bedingung (F.), Kautele (F.), Klausel (F.), Kondition (F.), Umstand (M.), Voraussetzung (F.), Zustand (M.)
condición (F.) comercial Geschäftsbedingung (F.)
condición (F.) de admisibilidad Zulässigkeitsvoraussetzung (F.), Zulassungsvoraussetzung (F.)
condición (F.) de entraga Lieferbedingung (F.)
condición (F.) de la condena condicional Bewährungsauflage (F.)
condición (F.) de socio Mitgliedschaft (F.)
condición (F.) del seguro Versicherungsbedingung (F.)
condición (F.) dilatoria aufschiebende Bedingung (F.)
condición (F.) extintiva Resolutivbedingung (F.)
condición (F.) final auflösende Bedingung (F.), Resolutivbedingung (F.)
condición (F.) general allgemeine Geschäftsbedingung (F.)
condición (F.) objetiva de penalidad objektive Bedingung (F.) der Strafbarkeit
condición (F.) objetiva de punibilidad objektive Bedingung (F.) der Strafbarkeit
condición (F.) previa Vorbedingung (F.)
condición (F.) resolutoria auflösende Bedingung (F.), Resolutivbedingung (F.)
condición (F.) sine qua non condicio (F.) sine qua non (lat.) (Bedingung ohne die nicht)
condición (F.) suspensiva aufschiebende Bedingung (F.), Suspensivbedingung (F.)
condicionado bedingt
condicional (Adj.) bedingt
condicionar bedingen
condiciones (F.Pl.) comerciales Geschäftsbedingungen (F.Pl.)
condiciones (F.Pl.) generales allgemeine Geschäftsbedingungen (F.Pl.)
condiciones (F.Pl.) generales de contrato allgemeine Geschäftsbedingungen (F.Pl.)
condominio (M.) Kondominat (N.), Kondominium (N.), Miteigentum (N.)
conducción (F.) Führung (F.), Leitung (F.)
conducir fahren, lenken
conducir en tránsito durchführen
conducir(se) verhalten (V.) (sich)
conducta (F.) Benehmen (N.), Führung (F.), Gebaren (N.), Verhalten (N.)
conducta (F.) de las partes Parteiherrschaft (F.)
conductor (M.) Leiter (M.)
conductor (M.) de vehículo Kraftfahrzeugführer (M.)
conexión (F.) Beziehung (F.), Konnexität (F.), Verbindung (F.), Zusammenhang (M.)
conexión (F.) continuada Fortsetzungszusammenhang (M.)
conexión (F.) de causas Sachzusammenhang (M.)
conexión (F.) objetiva Sachzusammenhang (M.)
conexo konnex
confabulación (F.) Verdunkelung (F.)
confabular(se) verschwören (sich)
confederación (F.) Konföderation (F.), Staatenbund (M.)
Confederación (F.) Alemana de Sindicatos Deutscher Gewerkschaftsbund (M.) (DGB), DGB (M.) (Deutscher Gewerkschaftsbund)
confederación (F.) hidrográfica Wasserverband (M.)
conferencia (F.) Konferenz (F.)
conferencia (F.) de presidentes Ältestenrat (M.)
Conferencia (F.) sobre Seguridad y Cooperación en Europa (CSCE) Konferenz (F.) für Sicherheit und Zusammenarbeit (KSZE)
confesar bekennen, gestehen
confesión (F.) Bekenntnis (N.), Geständnis (N.), Konfession (F.)
confesión (F.) de derecho procesal civil Geständnis (N.)
confesión (F.) de deuda Schuldanerkenntnis (F.)
confesión (F.) negativa de la deuda negatives Schuldanerkenntnis (N.)
confesión (F.) penal Geständnis (N.)
confeso (Adj.) geständig
confiado arglos
confiador (M.) Mitbürge (M.)
confianza (F.) Vertrauen (N.)
confiar anvertrauen, vertrauen

confidencial vertraulich
confidencialidad (F.) Vertraulichkeit (F.)
configuración (F.) Gestaltung (F.)
configurar gestalten
confines (M.Pl.) Grenze (F.)
confirmación (F.) Bekräftigung (F.), Bestätigung (F.)
confirmación (F.) de una orden Auftragsbestätigung (F.)
confirmar bekräftigen, bestätigen
confiscación (F.) Beschlagnahme (F.), Einziehung (F.), Konfiskation (F.)
confiscar beschlagnahmen, einziehen, enteignen, konfiszieren, sequestrieren
conflicto (M.) Auseinandersetzung (F.), Konflikt (M.), Streit (M.), Streitigkeit (F.)
conflicto (M.) constitucional Verfassungsstreitigkeit (F.)
conflicto (M.) de competencias Kompetenzkonflikt (M.)
conflicto (M.) entre órganes estatales Organstreit (M.)
conflicto (M.) jurídico Rechtsstreit (M.)
conflicto (M.) laboral Arbeitskampf (M.)
conflictos (M.Pl.) de clases Klassenkampf (M.)
conformarse einwilligen
conforme (Adj.) al derecho comunitario europrechtsgemäß
conforme einig, konform
conforme a la ley gesetzmäßig
conforme a tarifa tariflich
conformidad (F.) Einvernehmen (N.)
conformidad (F.) con la ley Gesetzmäßigkeit (F.)
confrontación (F.) Gegenüberstellung (F.), Konflikt (M.)
confundir vermengen, vermischen
confusión (F.) Konfusion (F.), Vermengung (F.), Vermischung (F.)
confutar widerlegen
congelación (F.) Sperrung (F.)
congelar sperren
congestión (F.) vial Stau (M.)
congregación (F.) Kongregation (F.)
congreso (M.) Kongress (M.), Tagung (F.)
Congreso (M.) Constituyente Parlamentarischer Rat (M.)
congreso (M.) de los diputados Abgeordnetenhaus (N.)
conjuez (M.) Gerichtsassessor (M.)
conjunto (Adj.) gemeinsam
conjunto (M.) Bund (M.), Einheit (F.), Gesamtheit (F.), Komplex (M.)
conjunto (M.) de cosas Sachgesamtheit (F.), Sachinbegriff (M.)
conjurado (M.) Verschwörer (M.)
conjuramentar schwören
conminación (F.) Androhung (F.), Aufforderung (F.)
conminar androhen, ermahnen
conmoción (F.) Unruhe (F.)
conmutación (F.) Tausch (M.), Umwandlung (F.)
conmutación (F.) de la pena Strafumwandlung (F.)
conmutación (F.) de la sentencia Strafumwandlung (F.)
conmutar tauschen, umwandeln
conmutativo gegenseitig
connivencia (F.) Kollusion (F.), Konnivenz (F.)
connotación (F.) Konnotation (F.)
connubio (M.) Ehe (F.)
conocedor (Adj.) kundig
conocer erkennen, kennen
conocibilidad (F.) Erkennbarkeit (F.)
conocido (Adj.) bekannt (Adj.)
conocimiento (M.) Einsicht (F.), Erkenntnis (N.) (Entscheidung), Kenntnis (F.), Kenntnisnahme (F.), Konnossement (N.), Kunde (F.), Ladeschein (M.)
conocimiento (M.) de los hombres Menschenkenntnis (F.)
conocimiento (M.) y voluntad Wissen (N.) und Wollen (N.)
conocimientos (M.Pl.) Können (N.)
consagración (F.) Weihe (F.)
consanguinidad (F.) Blutsverwandtschaft (F.)
consciente bewusst
conscripto (M.) Rekrut (M.)
consecuencia (F.) Folge (F.)
consecuencia (F.) accesoria Nebenfolge (F.)
consecuencia (F.) jurídica Rechtsfolge (F.)
consejal (M.) Gemeinderat (M.)
consejero (M.) Berater (M.), Rat (M.)
consejero (M.) aulico Hofrat (M.)
consejero (M.) de legación Legationsrat (M.)
consejero (M.) directivo Vorstandsmitglied (M.)
consejero (M.) jurídico Rechtsberater (M.)
consejero (M.) nacional Nationalrat (M.)

consejo (M.) Beirat (M.), Rat (M.)
consejo (M.) administrativo Verwaltungsrat (M.), Vorstand (M.)
consejo (M.) de administración Aufsichtsrat (M.)
consejo (M.) de control Kontrollrat (M.)
consejo (M.) de distrito Ortsbeirat (M.)
consejo (M.) de empresa Betriebsrat (M.)
Consejo (M.) de Estado Staatsrat (M.)
Consejo (M.) de Europa Europarat (M.)
consejo (M.) de gabinete Kabinett (N.)
consejo (M.) de gobierno Landesregierung (F.)
consejo (M.) de inspección Aufsichtsrat (M.)
consejo (M.) de la corona Kronrat (M.)
consejo (M.) de la presidencia Präsidium (N.)
consejo (M.) de ministros Kabinett (N.), Ministerrat (M.)
consejo (M.) de ministros federal Bundeskabinett (N.)
consejo (M.) de prensa Presserat (M.)
Consejo (M.) de Seguridad Sicherheitsrat (M.)
consejo (M.) de supervisión Aufsichtsrat (M.)
consejo (M.) de vigilancia Aufsichtsrat (M.)
consejo (M.) del personal Personalrat (M.)
Consejo (M.) Europeo Europäischer Rat (M.)
Consejo (M.) Federal Bundesrat (M.)
consejo (M.) federal Reichsrat (M.)
consejo (M.) general Generalversammlung (F.)
consejo (M.) general de la abogacía Anwaltskammer (F.)
consejo (M.) municipal Gemeinderat (M.), Magistrat (N.), Stadtrat (M.)
consejo (M.) nacional Nationalrat (M.)
Consejo (M.) Parlamentario Parlamentarischer Rat (M.)
consenso (M.) Einigung (F.), Einverständnis (N.), Einwilligung (F.), Konsens (M.), Zustimmung (F.)
consenso (M.) general Generalkonsens (M.)
consensual einvernehmlich, konsensual
consentimiento (M.) Einwilligung (F.), Konsens (M.), Zustimmung (F.)
consentimiento (M.) bilateral de inscripción Auflassung (F.)
consentimiento (M.) de la cancelación Löschungsbewilligung (F.)
consentimiento (M.) presunto mutmaßliche Einwilligung (F.)
consentir bewilligen, einwilligen, zustimmen
consequencia (F.) Auswirkung (F.)
conservación (F.) de la naturaleza Naturschutz (M.)
conservación (F.) de monumentos Denkmalschutz (M.)
conservador konservativ
conservar erhalten (V.), halten, konservieren
considerable erheblich
consideración (F.) Acht (F.) (Vorsicht), Ansehung (F.), Betracht (M.), Betrachtung (F.), Betrachtungsweise (F.), Erwägung (F.), Rücksicht (F.)
considerando (M.) Urteilsgrund (M.)
considerandos (M.Pl.) Urteilsgründe (M.Pl.)
considerar beachten, beraten (V.), berücksichtigen, betrachten, ermessen, erwägen, meinen, schonen
consignación (F.) Abfertigung (F.), Anweisung (F.), Hinterlegung (F.), Konsignation (F.)
consignador (M.) Absender (M.), Kommittent (M.)
consignar abfertigen, absenden, adressieren, angeben, anweisen, deponieren, hinterlegen
consignar por escrito niederlegen
consignatario (M.) Adressat (M.), Verwahrer (M.)
consistencia (F.) material Bestandskraft (F.)
consistorio (M.) Konsistorium (N.)
consocio (M.) Partner (M.)
consolidación (F.) Konsolidation (F.), Sicherung (F.)
consolidar konsolidieren
consorcio (M.) Konsortium (N.), Konzern (M.), Syndikat (N.), Trust (M.)
consorcio (M.) de vida Lebensgemeinschaft (F.)
consorte (F.) Ehefrau (F.), Ehegattin (F.)
consorte (M.) Ehegatte (M.), Ehepartner (M.)
conspiar verschwören (sich)
conspiración (F.) Konspiration (F.), Verschwörung (F.)
conspiración (F.) criminal Verabredung (F.) zu einer Straftat
conspirador (M.) Verschwörer (M.)
conspirar konspirieren
constatación (F.) Feststellung (F.)
constatación (F.) alternativa Wahlfeststellung (F.)

constatación (F.) de hechos Tatsachenfeststellung (F.)
constatar feststellen
constitución (F.) Bestellung (F.), Gründung (F.), Konstitution (F.), Satzung (F.), Statut (N.), Verfassung (F.)
constitución (F.) de emergencia Notstandsverfassung (F.)
constitución (F.) de garantía Sicherheitsleistung (F.)
constitución (F.) de garantías Sicherstellung (F.)
constitución (F.) de los tribunales Gerichtsverfassung (F.)
constitución (F.) de magistrados Magistratsverfassung (F.)
constitución (F.) del Kreis Kreisverfassung (F.)
constitución (F.) del Land Landesverfassung (F.)
constitución (F.) del Reich Reichsverfassung (F.)
constitución (F.) en depósito Hinterlegung (F.)
constitución (F.) federal Bundesverfassung (F.)
constitución (F.) financiera Finanzverfassung (F.)
constitución (F.) formal formelle Verfassung (F.)
constitución (F.) imperial Reichsverfassung (F.)
constitución (F.) material materielle Verfassung (F.)
constitucional konstitutionell, verfassungsgemäss, verfassungsmäßig
constitucionalidad (F.) Verfassungsmäßigkeit (F.)
constitucionalismo (M.) Konstitutionalismus (M.)
constituir bilden, einsetzen, konstituieren, statuieren, verfassen
constituirse en rebeldía ausbleiben
constitutivo konstitutiv
constituto (M.) posesorio Besitzkonstitut (N.)
construcción (F.) Anlage (F.), Bau (M.), Bauwerk (N.)
construcción (F.) de carreteras Straßenbau (M.)
construcción (F.) de viviendas Wohnungsbau (M.)
construcción (F.) sobre predio vecino Überbau (M.)
construcción (F.) social de viviendas sozialer Wohnungsbau (M.)
construcción (F.) vial Straßenbau (M.)
constructivo konstruktiv
constructor (M.) Bauherr (M.), Bauunternehmer (M.)
construir bauen, konstruieren
construir sobre predio vecino überbauen
cónsul (M.) Konsul (M.)
cónsul (M.) electo Wahlkonsul (M.)
cónsul (M.) general Generalkonsul (M.)
cónsul (M.) honorario Wahlkonsul (M.)
consulado (M.) Konsulat (N.)
consulta (F.) Beratung (F.), Konsultation (F.), Rat (M.)
consulta (F.) emblemática Urabstimmung (F.)
consulta (F.) obrera Urabstimmung (F.)
consultación (F.) Beratung (F.), Konsultation (F.)
consultar befragen, einsehen, konsultieren
consultor (M.) Berater (M.), Konsulent (M.)
consultor (M.) jurídico Justitiar (M.)
consumación (F.) Vollendung (F.), Vollziehung (F.)
consumar konsumieren, vollenden, vollziehen
consumible verbrauchbar
consumición (F.) Konsum (M.), Verbrauch (M.)
consumidor (M.) Abnehmer (M.), Konsument (M.), Verbraucher (M.)
consumir verbrauchen
consumista (M.) Konsument (M.)
consumo (M.) Konsum (M.), Konsumtion (F.), Verbrauch (M.)
consunción (F.) Konsumtion (F.)
contabilidad (F.) Buchführung (F.), Buchhaltung (F.)
contabilidad (F.) anual Jahresbilanz (F.)
contabilidad (F.) correcta ordnungsgemäße Buchführung (F.)
contabilidad (F.) presupuestaria Finanzplanung (F.)
contabilización (F.) Buchführung (F.), Buchhaltung (F.)
contabilizar buchen
contable (M.) Buchhalter (M.)
contactar kontaktieren
contacto (M.) Kontakt (M.)
contado bar

contador (M.) autorizado Wirtschaftsprüfer (M.)
contaminación (F.) ambiental Umweltverschmutzung (F.)
contar aufrechnen, berechnen
contencioso streitig, strittig
contender streiten
contenido (M.) Inhalt (M.)
contenido (M.) de la prestación Leistungsinhalt (M.)
contenido (M.) esencial Wesensgehalt (M.)
contenta (F.) Indossament (N.)
contestable streitig, strittig
contestación (F.) a la demanda Klageerwiderung (F.)
contestación (F.) judicial Rechtsstreitigkeit (F.)
contestar antworten, bestreiten
contexto (M.) Zusammenhang (M.)
contienda (F.) Streit (M.)
contingencia (F.) Risiko (N.)
contingencia (F.) asegurada Versicherungsfall (M.)
contingentación (F.).) Kontigentierung (F.)
contingente (M.) Kontingent (N.), Quote (F.), Umlage (F.)
continuación (F.) Fortführung (F.), Fortsetzung (F.)
continuación (F.) del pago del salario Lohnfortzahlung (F.)
continuado fortgesetzt
continuar fortführen, fortsetzen
continuo ständig
contra entrega Zug (M.) um Zug
contra la ley gesetzwidrig
contra legem (lat.) gesetzwidrig
contra... Gegen...
contraapelación (F.) Anschlussberufung (F.)
contraataque (M.) Gegenschlag (M.)
contrabandear schmuggeln
contrabandista (M.) Schmuggler (M.)
contrabando (M.) Konterbande (F.), Schmuggel (M.)
contracción (F.) Beitreibung (F.)
contracepción (F.) Empfängnisverhütung (F.)
contracrédito (M.) Gegenforderung (F.)
contractual vertraglich
contrademandante (M. bzw. F.) Widerkläger (M.)
contradicción (F.) Widerspruch (M.)
contradictorio (Adj.) kontradiktorisch
contradictorio streitig, strittig
contraer schließen
contraer segundas nupcias wiederverheiraten
contrafiador (M.) Rückbürge (M.)
contrafianza (F.) Rückbürgschaft (F.)
contrafirma (F.) Gegenzeichnung (F.)
contrafuero (M.) Verfassungsverstoß (M.), Verfassungswidrigkeit (F.), Widerrechtlichkeit (F.)
contrainformación (F.) Gegendarstellung (F.)
contrainterrogatorio (M.) Kreuzverhör (N.)
contraorden (F.) Absage (F.)
contrapartida (F.) Gegenleistung (F.)
contraposición (F.) Gegensatz (M.)
contraprestación (F.) Gegenleistung (F.)
contrapretensión (F.) Gegenanspruch (M.)
contraprueba (F.) Gegenbeweis (M.)
contraréplica (F.) Duplik (F.)
contrariedad (F.) al derecho comunitario Europarechtswidrigkeit (F.)
contrario (Adj.) widersprüchlich
contrario (Adj.) a la buenas costumbres sittenwidrig
contrario (Adj.) a la constitución verfassungswidrig
contrario (Adj.) a lo prescrito vorschriftswidrig
contrario (Adj.) al derecho comunitario europarechtswidrig
contrario (M.) Gegner (M.)
contrarreclamación (F.) Gegenforderung (F.)
contrarrevolución (F.) Konterrevolution (F.)
contraseguro (M.) Rückversicherung (F.)
contraseña (F.) Gegenzeichnung (F.)
contrastar eichen
contratación (F.) Abschluss (M.), Einstellung (F.), Vertragsschluss (M.)
contratación (F.) forzosa Kontrahierungszwang (M.)
contratante (M.) Vertragspartner (M.), vertragsschließende Partei (F.)
contratar abschließen, anstellen, kontrahieren
contratista (M. bzw. F.) Werkunternehmer (M.)
contratista (M.) de edificación Bauunternehmer (M.)
contrato (M.) Kontrakt (M.), Rezess (M.), Übereinkommen (N.), Übereinkunft (F.), Vereinbarung (F.), Vertrag (M.)
contrato (M.) a favor de terceros Vertrag (M.) zu Gunsten Dritter

contrato (M.) a término Vorvertrag (M.)
contrato (M.) accesorio Nebenvertrag (M.)
contrato (M.) administrativo öffentlichrechtlicher Vertrag (M.), Verwaltungsvertrag (M.)
contrato (M.) aleatorio Glücksvertrag (M.)
contrato (M.) arrendaticio Mietvertrag (M.), Pachtvertrag (M.)
contrato (M.) asociativo Assoziierungsabkommen (N.)
contrato (M.) bilateral gegenseitiger Vertrag (M.)
contrato (M.) cancelatorio Aufhebungsvertrag (M.)
contrato (M.) colectivo Kollektivvertrag (M.), Tarifvertrag (M.)
contrato (M.) colectivo de fábrica Werktarifvertrag (M.)
contrato (M.) colectivo tipo Manteltarifvertrag (M.)
contrato (M.) con carácter protector para personas terceras Vertrag (M.) mit Schutzwirkung für Dritte
contrato (M.) conmutativo gegenseitiger Vertrag (M.)
contrato (M.) consensual Konsensualvertrag (M.)
contrato (M.) de ahorro Bausparvertrag (M.)
contrato (M.) de ajuste Heuervertrag (M.)
contrato (M.) de alquiler Mietvertrag (M.)
contrato (M.) de arbitraje Schiedsvertrag (M.)
contrato (M.) de arrendamiento Mietvertrag (M.)
contrato (M.) de azar Glücksvertrag (M.)
contrato (M.) de compra Kaufvertrag (M.)
contrato (M.) de compraventa Kaufvertrag (M.)
contrato (M.) de compromiso Kompromiss (M.)
contrato (M.) de concesión exclusiva Franchisevertrag (M.)
contrato (M.) de constitución Gründungsvertrag (M.)
contrato (M.) de corretaje Maklervertrag (M.)
contrato (M.) de crédito Kreditvertrag (M.)
contrato (M.) de chárter Chartervertrag (M.)
contrato (M.) de depósito Lagervertrag (M.), Verwahrungsvertrag (M.)
contrato (M.) de derecho público öffentlichrechtlicher Vertrag (M.)
contrato (M.) de dominación Beherrschungsvertrag (M.)
contrato (M.) de edición Verlagsvertrag (M.)
contrato (M.) de ejecución instantánea Handgeschäft (N.)
contrato (M.) de ejecución sucesiva Dauerschuldverhältnis (N.)
contrato (M.) de embarco Heuervertrag (M.)
contrato (M.) de entrega sucesiva Sukzessivlieferungsvertrag (M.)
contrato (M.) de fletamento Chartervertrag (M.), Frachtvertrag (M.)
contrato (M.) de garantía Garantievertrag (M.)
contrato (M.) de garantía real Sicherungsvertrag (M.)
contrato (M.) de juego Ausspielvertrag (M.)
contrato (M.) de leasing Leasingvertrag (M.)
contrato (M.) de locación Mietvertrag (M.)
contrato (M.) de locación-venta Leasingvertrag (M.)
contrato (M.) de mandato Geschäftsbesorgungsvertrag (M.)
contrato (M.) de mediación Maklervertrag (M.)
contrato (M.) de mutuo Darlehensvertrag (M.)
contrato (M.) de obra Werkvertrag (M.)
contrato (M.) de obra nueva Werklieferungsvertrag (M.)
contrato (M.) de prestación de servicios Dienstvertrag (M.)
contrato (M.) de préstamo Darlehensvertrag (M.)
contrato (M.) de realización de obra Werkvertrag (M.)
contrato (M.) de seguro Versicherungsvertrag (M.)
contrato (M.) de servicio Dienstverhältnis (N.)
contrato (M.) de servicios Dienstvertrag (M.)
contrato (M.) de sociedad Gesellschaftsvertrag (M.)
contrato (M.) de subarriendo Untermietvertrag (M.)
contrato (M.) de suministro de obra Werklieferungsvertrag (M.)
contrato (M.) de suministro de servicios Dienstverschaffungsvertrag (M.)
contrato (M.) de tarifa Kollektivvertrag (M.), Tarifvertrag (M.)

contrato (M.) de trabajo Arbeitsvertrag (M.)
contrato (M.) de transacción Abfindungsvereinbarung (F.)
contrato (M.) de transporte Beförderungsvertrag (M.), Frachtvertrag (M.)
contrato (M.) de viaje Reisevertrag (M.)
contrato (M.) editorial Verlagsvertrag (M.)
contrato (M.) en beneficio de terceros Vertrag (M.) zu Gunsten Dritter
contrato (M.) en cadena Kettenarbeitsverhältnis (N.)
contrato (M.) estimatorio Trödelvertrag (M.)
contrato (M.) fáctico faktischer Vertrag (M.)
contrato (M.) leonino Knebelungsvertrag (M.)
contrato (M.) matrimonial Ehevertrag (M.)
contrato (M.) mixto gemischter Vertrag (M.)
contrato (M.) múltiple gemischter Vertrag (M.)
contrato (M.) nupcial Ehevertrag (M.)
contrato (M.) real Realkontrakt (M.), Realvertrag (M.)
contrato (M.) recíproco gegenseitiger Vertrag (M.)
contrato (M.) sucesorio Erbvertrag (M.)
contrato (M.) transitorio Überleitungsvertrag (M.)
contrato (M.) uniforme Formularvertrag (N.)
contrato-tipo (M.) Mustervertrag (M.), Typenvertrag (M.)
contravención (F.) Zuwiderhandlung (F.)
contravenir verstoßen, zuwiderhandeln
contrayente (M.) vertragsschließende Partei (F.)
contribución (F.) Abgabe (F.), Beitrag (M.), Beteiligung (F.), Kontribution (F.), Steuer (F.), Umlage (F.), Umlegung (F.), Zuschuss (M.)
contribución (F.) a los costes de construcción Baukostenzuschuss (M.)
contribución (F.) directa direkte Steuer (F.)
contribución (F.) industrial Gewerbesteuer (F.)
contribución (F.) territorial Grundabgabe (F.), Grundsteuer (F.)
contribuciones (F.Pl.) municipales Gemeindesteuer (F.)
contribuir umlegen
contribuyente (Adj.) steuerpflichtig
contribuyente (M.) Steuerpflichtiger (M.)
contrición (F.) Reue (F.)
control (F.) de plausibilidad Plausibilitätsprüfung (F.)
control (M.) Beherrschung (F.), Kontrolle (F.)
control (M.) de constitucionalidad Normenkontrolle (F.)
control (M.) de fusiones Fusionskontrolle (F.)
control (M.) de la legalidad de los acuerdos Rechtsförmlichkeitskontrolle (F.)
control (M.) de legalidad Rechtsaufsicht (F.)
control (M.) de normas Normenkontrolle (F.)
control (M.) de oportunidad Fachaufsicht (F.)
control (M.) de precios Preisbindung (F.)
control (M.) de seguros Versicherungsaufsicht (F.)
control (M.) de veracidad Plausibilitätsprüfung (F.)
control (M.) estatal Staatsaufsicht (F.)
control (M.) jurídico Rechtsaufsicht (F.)
controlado gebunden
controlador (F.) Kontrolleur (M.)
controlar beaufsichtigen, beherrschen, kontrollieren, überprüfen
controversia (F.) Streit (M.)
controversia (F.) de orden jurídico Rechtsstreit (M.), Rechtsstreitigkeit (F.)
controvertido umstritten
contumacia (F.) Versäumnis (N.), Versäumung (F.)
contumaz säumig
convalidación (F.) Anerkennung (F.), Heilung (F.)
convalidar anerkennen, bekräftigen, heilen
convencer überführen, überzeugen
convencimiento (M.) Überzeugung (F.)
convención (F.) Abkommen (N.), Abmachung (F.), Konvent (M.), Konvention (F.), Übereinkommen (N.), Übereinkunft (F.)
convención (F.) colectiva Kollektivvertrag (M.)
convención (F.) de derechos humanos Menschenrechtskonvention (F.)
convención (F.) nacional Nationalkonvent (M.)
Convención (F.) para la salvaguardia de los derechos humanos Konvention (F.) zum Schutz der Menschenrechte
Convención (F.) universal sobre derechos del autor Welturheberrechtsabkommen (N.)
convencional konventional, vertraglich
convenido (Adj.) gewillkürt
convenido (M.) Beklagter (M.)
conveniencia (F.) Zweckmäßigkeit (F.)
conveniente genehm, zweckmäßig

convenio (M.) Abmachung (F.), Abrede (F.), Absprache (F.), Einigung (F.), Konvention (F.), pactum (N.) (lat.), Pakt (M.), Rezess (M.), Übereinkommen (N.), Übereinkunft (F.), Verabredung (F.), Vereinbarung (F.)
convenio (M.) colectivo tipo Manteltarifvertrag (M.)
convenio (M.) comercial Handelsabkommen (N.)
convenio (M.) cuadro Manteltarif (M.)
convenio (M.) de derechos humanos Menschenrechtskonvention (F.)
Convenio (M.) de Ginebra Genfer Konvention (F.)
Convenio (M.) de La Haya del Derecho de compraventa Haager Kaufrechtsübereinkommen (N.)
convenio (M.) de pago Teilzahlungsabkommen (N.)
convenio (M.) de seguridad social Sozialversicherungsabkommen (N.)
Convenio (M.) de Shengen Schengener Abkommen (N.)
convenio (M.) estatal Staatsvertrag (M.)
convenio (M.) forzoso Zwangsvergleich (M.)
Convenio (M.) para la protección de los derechos humanos Konvention (F.) zum Schutz der Menschenrechte
convenio (M.) por la no cesión Abtretungsverbot (N.)
convenio (M.) sobre asistencia judicial Rechtshilfeabkommen (N.)
convenio-modelo (M.) Mustervertrag (M.)
convenir abmachen, abreden, einigen, übereinkommen, verabreden, vereinbaren
convento (M.) Kloster (N.), Konvent (M.)
conversión (F.) Konversion (F.), Umdeutung (F.), Umkehr (F.), Umtausch (M.), Umwandlung (F.)
convertibilidad (F.) Konvertibilität (F.)
convertible konvertibel
convertir umdeuten, umkehren, umwandeln
convicción (F.) Überzeugung (F.)
convidado (M.) Gast (M.)
conviviente (M. bzw. F.) Lebenspartner (M.)
convocación (F.) Aufruf (M.)
convocar anberaumen, aufrufen, berufen (V.), einberufen, laden (herbestellen), vorladen
convocatoria (F.) Ladung (F.) (Herbestellung)
conyugal ehelich
cónyuge (M.) Ehegatte (M.)
conyuge (M.) Ehepartner (M.)
cooperación (F.) Mitarbeit (F.), Mitwirkung (F.)
cooperación (F.) al desarrollo Entwicklungshilfe (F.)
cooperación (F.) delictiva Mittäterschaft (F.)
Cooperación (F.) politica europea Europäische politische Zusammenarbeit (F.)
cooperación (F.) Kooperation (F.)
cooperador (M.) Mitarbeiter (M.)
cooperar mitwirken, kooperieren
cooperativa (F.) Genossenschaft (F.)
cooperativa (F.) de consumo Konsumgenossenschaft (F.), Verbrauchergenossenschaft (F.)
cooperativa (F.) de crédito a la construcción Bausparkasse (F.)
cooperativa (F.) de explotación Verwertungsgenossenschaft (F.)
cooperativa registrada eingetragene Genossenschaft (F.)
cooperativista genossenschaftlich
cooperativo (Adj.) genossenschaftlich
cooperativo (M.) Genosse (M.)
cooptar kooptieren
coordinador (M.) Herausgeber (M.)
copartícipe mitbeteiligt, Teilhaber (M.)
copia (F.) Abschrift (F.), Ausfertigung (F.), Kopie (F.)
copia (F.) duplicada Duplikat (N.)
copia (F.) facsimil Fax (N.)
copia (F.) pirata Raubkopie (F.)
copiar abschreiben, kopieren
coposeedor (M.) Mitbesitzer (M.)
coposesión (F.) Mitbesitz (M.)
coposesor (M.) Mitbesitzer (M.)
copropiedad (F.) Miteigentum (N.)
copropiedad (F.) naval Partenreederei (F.)
copropietario (M.) Miteigentümer (M.)
cópula (F.) fornicaria Blutschande (F.)
coraza (F.) Panzer (M.)
corazón (M.) Herz (N.)
corona (F.) Krone (F.)
coronación (F.) Krönung (F.)
coronar krönen
coronel (M.) Oberst (M.)
corporación (F.) Körperschaft (F.), Korporation (F.), Verbindung (F.)

corporación (F.) autónoma Selbstverwaltungskörperschaft (F.)
corporación (F.) de artesanos Handwerksinnung (F.), Innung (F.)
corporación (F.) de estudiantes Studentenverbindung (F.)
corporación (F.) de mineros Knappschaft (F.)
corporación (F.) territorial Gebietskörperschaft (F.), Kreis (M.)
corporal (Adj.) körperlich
corporativo körperschaftlich
corpóreo körperlich
corrección (F.) Berichtigung (F.), Besserung (F.), Verbesserung (F.), Züchtigung (F.)
corrección (F.) disciplinaria económica Ordnungsgeld (N.)
corrección (F.) educativa Erziehungsmaßregel (F.)
correcional (M.) Zuchthaus (N.)
correctivo (M.) Disziplinarmaßnahme (F.)
correcto korrekt, richtig
corredor (M.) Makler (M.)
corredor (M.) de comercio Handelsmakler (M.)
corredor (M.) matrimonial Ehevermittler (M.)
corregir berichtigen, bessern, bestrafen, korrigieren, verbessern, züchtigen
correo (M.) Kurier (M.), Mittäter (M.), Post (F.)
correo (M.) certificado Einschreiben (N.)
Correos (M.Pl.) Federales Bundespost (F.)
correr fließen, laufen
correspondencia (F.) Korrespondenz (F.), Schriftverkehr
correspondiente einschlägig
corretaje (M.) Vermittlungsprovision (F.)
corretaje (M.) matrimonial Ehevermittlung (F.)
corriente (Adj.) en el comercio handelsüblich
corriente (F.) Strom (M.)
corro (M.) minero Kux (M.)
corroboración (M.) Bekräftigung (F.)
corroborar bekräftigen
corromper bestechen, korrumpieren, verführen
corrupción (F.) Bestechung (F.), Korruption (F.)
corrupción (F.) de menores Verführung (F.)
corruptela (F.) Bestechlichkeit (F.)
corruptela (F.) de derecho Rechtsmissbrauch (M.)
corruptibilidad (F.) Bestechlichkeit (F.)
corruptible bestechlich
corrupto korrupt
corruptor (Adj.) para la juventud jugendgefährdend
corsario (M.) Pirat (M.)
corte (F.) Gericht (N.), Hauptstadt (F.), Hof (M.)
corte (F.) contencioso-administrativa Verwaltungsgerichtshof (M.) (Verwaltungsgerichtshof in Deutschland)
corte (F.) de apelación Appellationsgericht (N.)
corte (F.) de arbitraje Schiedsgericht (N.)
corte (F.) de justicia Gerichtshof (M.)
corte (F.) de Justicia de la Unión Europea Gerichtshof (M.) der Europäischen Union
Corte (F.) Federal de Justicia Bundesgerichtshof (M.)
Corte (F.) Federal de Patentes Bundespatentgericht (N.)
corte (F.) marcial Standgericht (N.)
corte (F.) plena Plenum (N.)
Cortes (F.Pl.) Abgeordnetenkammer (F.) (Abgeordnetenkammer in Spanien)
corto kurz
cosa (F.) Ding (N.), Gegenstand (M.), Sache (F.)
cosa (F.) accidental Nebenbestimmung (F.)
cosa (F.) consumible verbrauchbare Sache (F.)
cosa (F.) fungible vertretbare Sache (F.)
cosa (F.) inmueble unbewegliche Sache (F.)
cosa (F.) juzgada formal formelle Rechtskraft (F.)
cosa (F.) juzgada material materielle Rechtskraft (F.)
cosa (F.) juzgada sustancial materielle Rechtskraft (F.)
cosa (F.) mueble Mobilie (F.)
cosa (F.) principal Hauptsache (F.)
cosa (F.) pública öffentliche Sache (F.), öffentliches Interesse (N.)
cosa (F.) representable vertretbare Sache (F.)
cosa (F.) sin importancia Bagatellsache (F.)
cosas (F.Pl.) muebles Mobiliar (N.), Mobilien (Pl.)
costa (F.) Küste (F.), Ufer (N.)
costar kosten

costas (F.Pl.) Kosten (F.Pl.), Prozessgebühren (F.Pl.)
costas (F.Pl.) judiciales Gerichtskosten (F.Pl.)
costas (F.Pl.) procesales Prozesskosten (F.Pl.)
coste (M.) Preis (M.) (Kaufpreis)
coste (M.) de mercado Marktpreis (M.)
coste (M.) salarial accesorio Lohnnebenkosten (F.Pl.)
costes (M.Pl.) Kosten (F.Pl.), Unkosten (F.Pl.)
costes (M.Pl.) comunes Gemeinkosten (F.Pl.)
costes (M.Pl.) de la masa Massekosten (F.Pl.)
costoso kostbar
costumbre (F.) Brauch (M.), Gewohnheit (F.), Sitte (F.)
costumbre (F.) comercial Handelsbrauch (M.), Usance (F.)
costumbre (M.) del lugar Verkehrssitte (F.)
cota (F.) Quote (F.)
cotidiano täglich
cotizable begebbar
cotización (F.) Berechnung (F.), Kurs (M.) (Wertverhältnis), Notierung (F.)
cotización (F.) de seguro social Sozialversicherungsbeitrag (M.)
cotizar quotieren
coto (M.) Grenzstein (M.), Revier (N.)
coto (M.) de caza Jagdbezirk (M.)
coto (M.) propio de caza Eigenjagdbezirk (M.)
creación (F.) Gründung (F.), Schöpfung (F.)
creación (F.) jurídica Rechtsschöpfung (F.)
crear gründen, schaffen, schöpfen, stiften
crecer anwachsen
credibilidad (F.) Glaubwürdigkeit (F.)
crédito (M.) Akkreditiv (N.), Aktivschuld (F.), Ansehen (N.), Borg (M.), Darlehen (N.), Entlastung (F.), Glaubwürdigkeit (F.), Guthaben (N.), Haben (N.), Kredit (M.), Kreditwesen (N.), Vertrauen (N.)
crédito (M.) agrícola a favor de los arrendatarios Pachtkredit (M.)
crédito (M.) al consumador Verbraucherdarlehen (N.)
crédito (M.) al consumidor Verbraucherkredit (M.)
crédito (M.) con garantía real Realkredit (M.)
crédito (M.) de consumo Verbraucherkredit (M.)
crédito (M.) de descubierto Dispositionskredit (M.)
crédito (M.) de descubierto de cuenta Überziehungskredit (M.)
crédito (M.) de insolvencia Insolvenzforderung (F.)
crédito (M.) de la masa Masseanspruch (M.), Masseforderung (F.)
crédito (M.) de pago a plazos Abzahlungskredit (M.)
crédito (M.) de reembolso Rembourskredit (M.)
crédito (M.) documentado Akkreditiv (N.), Dokumentenakkreditiv (N.)
crédito (M.) en cuenta corriente Kontokorrentkredit (M.)
crédito (M.) en descubierto Überziehungskredit (M.)
crédito (M.) en dinero Geldforderung (F.)
crédito (M.) pecuniario Geldforderung (F.)
crédito (M.) personal Personalkredit (M.)
crédito (M.) pignoraticio Lombardkredit (M.)
crédito (M.) principal Hauptforderung (F.)
crédito (M.) real Realkredit (M.)
crédito (M.) sobre valores Lombardkredit (M.)
crédito (M.) territorial Bodenkredit (M.)
creditor (M.) Gläubiger (M.)
creer glauben
creíble glaubhaft
cría (F.) Zucht (F.)
criado (M.) Knecht (M.)
criatura (F.) deforme Missgeburt (F.)
crimen (M.) Verbrechen (N.)
crimen (M.) de guerra Kriegsverbrechen (N.)
crimen (M.) de lesa majestad Majestätsbeleidigung (F.)
crimen (M.) por omisión Unterlassungsdelikt (N.)
crimen (M.) violento Gewalttat (F.)
criminal (Adj.) kriminal, kriminell, strafrechtlich, verbrecherisch
criminal (M.) Frevler (M.), Verbrecher (M.)
criminal (M.) de impulsión Triebtäter (M.)
criminal (M.) habitual Gewohnheitsverbrecher (M.)
criminal (M.) reincidente Rückfalltäter (M.)
criminalidad (F.) Kriminalität (F.)
criminalidad (F.) económica Wirtschaftskriminalität (F.)

criminalidad (F.) informática Computerkriminalität (F.)
criminalidad (F.) juvenil Jugendkriminalität (F.)
criminalística (F.) Kriminalistik (F.)
criminalístico kriminalistisch
criminología (F.) Kriminologie (F.)
criminológico (Adj.) kriminologisch
criminólogo (M.) Kriminologe (M.)
criminoso (Adj.) kriminell
cristiano (Adj.) christlich
cristiano (M.) Christ (M.)
criterio (M.) contable Bilanzrichtlinie (F.)
criterio (M.) de la diferenciación Differenzierungskriterium (N.)
cruel grausam
crueldad (F.) Grausamkeit (F.)
cruz (F.) Kreuz (N.)
cruzamiento (M.) Kreuzung (F.)
cruzar kreuzen
CSCE (F.) (Conferencia sobre Seguridad y Cooperación en Europa) KSZE (F.) (Konferenz für Sicherheit und Zusammenarbeit in Europa)
cuadrilla (F.) Bande (F.) (1)
cuadro (M.) Bild (N.)
cuadro (M.) de multas Bußgeldkatalog (M.)
cualidad (F.) Eigenschaft (F.)
cualificación (F.) para una cátedra universitaria Habilitation (F.)
cualificarse para una cátedra universitaria habilitieren
cuantía (F.) Menge (F.), Wert (M.)
cuantía (F.) del asunto Gegenstandswert (M.)
cuantía (F.) litigiosa Streitwert (M.)
cuartel (M.) Kaserne (F.)
cuasi quasi (Partik.)
cuasicontractual (Adj.) vertragsähnlich
cuasicontrato (M.) Quasikontrakt (M.)
cuasidelito (M.) Quasidelikt (N.)
cuasinegatorio quasinegatorisch
cuasiposesión (F.) Rechtsbesitz (M.)
cuasirenta (F.) Quasirente (F.)
cubrimiento (M.) Deckung (F.)
cubrir befriedigen, besetzen, decken
cuenta (F.) Berechnung (F.), Faktura (F.), Konto (N.), Rechenschaft (F.), Rechnung (F.), Zeche (F.)
cuenta (F.) bancaria Bankguthaben (N.), Bankkonto (N.)
cuenta (F.) corriente Kontokorrent (N.)
cuenta (F.) de ahorros Sparkonto (N.)
cuenta (F.) de depósitos Depositenkonto (N.)
cuenta (F.) de gastos Kostenrechnung (F.)
cuenta (F.) de giros Girokonto (N.)
cuenta (F.) de honorarios Honorarrechnung (F.)
cuenta (F.) de pérdidas y ganancias Gewinnrechnung und Verlustrechnung (F.)
cuenta (F.) fiduciaria Treuhandkonto (N.)
cuenta (F.) fiduciaria de un abogado Anderkonto (N.)
cuenta (F.) individual Personalkonto (N.)
cuenta (F.) rendida Rechenschaftsbericht (N.)
cuentas (F.Pl.) anuales Jahresabschluss (M.)
cuentas (F.Pl.) pasivas Passiva (N.Pl.)
cuerpo (M.) Kollegium (N.), Körper (M.), Körperschaft (F.), Leib (M.), Leichnam (M.), Stab (M.)
cuerpo (M.) de animal Tierkörper (M.)
cuerpo (M.) de bomberos Feuerwehr (F.)
cuerpo (M.) de establecimientos penales Strafvollzugsbeamte (M.Pl.)
cuerpo (M.) del delito Beweisstück (N.), corpus (N.) delicti (lat.) (Gegenstand des Verbrechens)
cuerpo (M.) electoral Wählerschaft (F.)
cuerpo (M.) legal Gesetzbuch (N.)
cuerpo (M.) muerto Leiche (F.)
cuestiòn (F.) Frage (F.)
cuestión (F.) Streit (M.), Thema (N.)
cuestión (F.) de confianza Vertrauensfrage (F.)
cuestión (F.) de hecho Tatfrage (F.)
cuestión (F.) jurídica Rechtsfrage (F.)
cuestión (F.) legal Rechtsfrage (F.)
cuestión (F.) prejudicial Prozessvoraussetzung (F.)
cuestión (F.) social soziale Frage (F.)
cuestionario (M.) Fragebogen (M.)
cuestor (M.) Quästor (M.)
cuidado (Adj.) sorgfältig
cuidado (M.) Acht (F.) (Vorsicht), Obacht (F.), Pflege (F.), Sorge (F.), Sorgfalt (F.)
cuidado (M.) de la persona Personensorge (F.)
cuidado (M.) paternal elterliche Sorge (F.)
cuidadoso (Adj.) sorgfältig
cuidar hegen, pflegen, sorgen
culpa (F.) culpa (F.) (lat.) (Schuld), Fahrlässigkeit (F.), Schuld (F.), Verschulden (N.)

culpa (F.) colectiva Kollektivschuld (F.)
culpa (F.) con previsión bewusste Fahrlässigkeit (F.)
culpa (F.) consciente bewusste Fahrlässigkeit (F.)
culpa (F.) grave grobe Fahrlässigkeit (F.)
culpa (F.) in eligendo (lat.) culpa (F.) in eligendo (lat.) (Verschulden bei der Auswahl)
culpa (F.) inconsciente unbewusste Fahrlässigkeit (F.)
culpa (F.) intencional Vorsatz (M.)
culpa (F.) precontractual culpa (F.) in contrahendo (lat.) (Verschulden bei Vertragsschluss)
culpabilidad (F.) Schuld (F.)
culpable (Adj.) schuldhaft, schuldig
culpable (M.) Schuldiger (M.)
culpado (Adj.) schuldig
culpado (M.) Angeschuldigter (M.)
culpar beschuldigen
culposo (Adj.) fahrlässig, schuldhaft
cultivar bebauen
cultura (F.) Bildung (F.), Kultur (F.)
cultura (F.) universal Weltkultur (F.)
cultural kulturell
cumplimiento (M.) Ausführung (F.), Einhaltung (F.), Erfüllung (F.), Erfüllungsgeschäft (N.), Leistung (F.), Verrichtung (F.), Vollzug (M.)
cumplimiento (M.) corrector Nacherfüllung (F.)
cumplimiento (M.) de la condena Strafvollzug (M.)
cumplimiento (M.) de la pena Strafverbüßung (F.)
cumplimiento (M.) defectuoso Schlechterfüllung (F.)
cumplimiento (M.) posterior Nacherfüllung (F.)
cumplir befolgen, beobachten, einhalten, erfüllen, erledigen, leisten, verbüßen, verrichten
cumulativo kumulativ
cúmulo (M.) Kumulation (F.)
cuñada (F.) Schwägerin (F.)
cuñado (M.) Schwager (M.)
cuota (F.) Anteil (M.), Beitrag (M.), Betrag (M.), Bruchteil (M.), Kontingent (N.), Quote (F.), Rate (F.), Teil (M.)
cuota (F.) de mujeres Frauenquote (F.)
cuota (F.) de participación Geschäftsanteil (M.), Kapitalanteil (M.)
cuota (F.) de reembolso Tilgungsrate (F.)
cuota (F.) de seguridad social Sozialversicherungsbeitrag (M.)
cuota (F.) femenina Frauenquote (F.)
cuota (F.) hereditaria Erbteil (M.)
cuota (F.) litis (lat.) Erfolgshonorar (N.)
cuota (F.) obligatoria Pflichtbeitrag (M.)
cuota (F.) para cuidados Pflegesatz (M.)
cuota (F.) patronal Arbeitgeberanteil (M.)
cuota (F.) que puede imponer el Kreis a los municipios Kreisumlage (F.)
cuota (F.) social Stammeinlage (F.)
cuota (F.) sucesoria Erbteil (M.)
cuotizar aufteilen, quotieren
cupón (M.) Coupon (M.), Gutschein (M.), Kupon (M.), Zinsschein (M.)
cupón (M.) de interés Zinsschein (M.)
cupón (M.) de intereses al portador Inhaberzinsschein (M.)
curador (M.) Kurator (M.), Pfleger (M.), Sachwalter (M.), Verwalter (M.)
curador (M.) ad hoc (lat.) Ergänzungspfleger (M.)
curador (M.) de ausente Abwesenheitspfleger (M.)
curador (M.) de la herencia Nachlasspfleger (M.)
curador (M.) de la masa Masseverwalter (M.)
curador (M.) de una persona débil Gebrechlichkeitspfleger (M.)
curador (M.) sucesorio Nachlasspfleger (M.)
curaduría (F.) Vormundschaft (F.)
curaduría (F.) de la herencia Nachlasspflegschaft (F.)
curatela (F.) Kuratel (F.), Pflegschaft (F.)
curatela (F.) de ausentes Abwesenheitspflegschaft (F.)
curatela (F.) del caudal relicto Nachlasspflegschaft (F.)
curatela (F.) procedimental Verfahrenspflegschaft (F.)
curato (M.) Pfarre (F.)
curatorio (M.) Kuratorium (N.)
curia (F.) Kurie (F.)
cursar weiterleiten
curso (M.) Lauf (M.), Laufbahn (F.)
curso (M.) de devisas Devisenkurs (M.)
curso (M.) de instancias Instanzenzug (M.), Rechtszug (M.)
custodia (F.) Bewachung (F.), Führungs-

aufsicht (F.), Gewahrsam (M.), Obhut (F.), Verwahrung (F.)
custodia (F.) de seguridad Sicherungsverwahrung (F.)
custodia (F.) de valores Depotgeschäft (N.)
custodia (M.) Wächter (M.)
custodiar aufbewahren, bewachen, verwahren
custodio (M.) Pfleger (M.)
cyclista (M. bzw. F.) Radfahrer (M.)

d

dación (F.) de consejo Raterteilung (F.)
dación (F.) de cuentas Rechnungslegung (F.)
dación (F.) en pago Leistung (F.) an Erfüllungs Statt, Leistung (F.) erfüllungshalber
dádiva (F.) Gabe (F.)
dadivar bestechen
dador (M.) Spender (M.)
dador (M.) de crédito Kreditgeber (M.)
dador (M.) de leasing Leasinggeber (M.)
damnificado (M.) Geschädigter (M.)
dañación (F.) Schaden (M.)
dañador (M.) Schädiger (M.)
dañar beschädigen, schaden, schädigen
daño (M.) damnum (N.) (lat.) (Schaden), Nachteil (M.), Schaden (M.)
daño (M.) a tercero Drittschaden (M.)
daño (M.) ambiental Umweltschaden (M.)
daño (M.) consecuencial Folgeschaden (M.)
daño (M.) corporal Körperverletzung (F.)
daño (M.) en la persona Personenschaden (M.)
daño (M.) indirecto mittelbarer Schaden (M.)
daño (M.) inmaterial immaterieller Schaden (M.)
daño (M.) material materieller Schaden (M.), Sachbeschädigung (F.)
daño (M.) mediato mittelbarer Schaden (M.)
daño (M.) moral immaterieller Schaden (M.), Nichtvermögensschaden (M.)
daño (M.) negativo Vertrauensschaden (N.)
daño (M.) no patrimonial Nichtvermögensschaden (M.)
daño (M.) particular unmittelbarer Schaden (M.)
daño (M.) patrimonial Vermögensnachteil (M.), Vermögensschaden (N.)
daño (M.) personal Personenschaden (M.)
daño (M.) por granizo Hagelschaden (M.)
daño (M.) real Sachschaden (M.)
daños (M.Pl.) punitivos Buße (F.)
dañoso schädlich
dañoso para la sociedad sozialschädlich
dar erteilen, geben, gewähren, hingeben, schenken, spenden, übergeben, verschenken, zustellen
dar a crédito borgen
dar a luz gebären
dar audiencia anhören
dar cuenta berichten
dar en arriendo verpachten
dar en depósito hinterlegen
dar en prenda verpfänden
dar garantía garantieren
dar garrote hinrichten
dar parte melden
dar permiso beurlauben
dar por terminado kündigen
dar prestado verleihen
dar recibo quittieren
dar salida verkaufen
dar vacaciones beurlauben
dar voto abstimmen
darse de baja exmatrikulieren
Dassonville formula (N.) Dassonville-Formel (F.)
data (F.) Datum (N.)
datar buchen
dato (M.) Angabe (F.), Datum (N.)
dato (M.) personal Personalie (F.)
datos (M.Pl.) Daten (N.Pl.)
datos (M.Pl.) personales Personalien (F.Pl.)
de acuerdo einverstanden
de aplicación anwendbar
de beneficio común gemeinnützig
de buena fe gutgläubig
de caducidad kassatorisch
de capacidad jurídica parcial teilrechtsfähig
de carácter negocial geschäftsmäßig
de carácter recepticio empfangsbedürftig
de común acuerdo einvernehmlich
de conformidad con la constitución verfassungskonform
de derecho de autor urheberrechtlich
de derecho editorial verlagsrechtlich
de derecho privado privatrechtlich
de derecho público öffentlich-rechtlich
de edad matrimonial ehemündig
de edad para jurar eidesmündig
de facto (lat.) de facto (lat.) (tatsächlich)

de fondo materiell
de hecho de facto (lat.) (tatsächlich), faktisch, tatsächlich
de igual valor ebenbürtig
de incógnito inkognito
de índole real dinglich
de mala fe bösgläubig
de obra tätlich
de oficio ex officio (lat.) (von Amts wegen), von Amts wegen
de orden jurídico rechtlich
de oro golden
de palabra mündlich
de peligro común gemeingefährlich
de plano vollständig
de plena competencia allzuständig
de pleno derecho ipso iure (lat.) (durch das Recht selbst)
de profesión independiente freiberuflich
de propio eigenhändig
de segundo grado zweitinstanzlich
de soberanía hoheitlich
de última voluntad letztwillig
de varias fases mehrstufig
deán (M.) Dekan (M.)
debate (M.) Debatte (F.), mündliche Verhandlung (F.)
debatir erörtern
debe (M.) Debet (N.), Soll (N.)
deber (M.) Obligation (F.), Pflicht (F.), Verpflichtung (F.)
deber (M.) alimentaricio Unterhaltspflicht (F.)
deber (M.) de acción Handlungspflicht (F.)
deber (M.) de alimentos Alimentationspflicht (F.)
deber (M.) de asistencia Fürsorgepflicht (F.)
deber (M.) de colaboración Mitwirkungspflicht (F.)
deber (M.) de conocer Kennenmüssen (N.)
deber (M.) de conocimiento Kennenmüssen (N.)
deber (M.) de cooperación Mitwirkungspflicht (F.)
deber (M.) de cuidado Sorgfaltspflicht (F.)
deber (M.) de custodia Obhutspflicht (F.)
deber (M.) de esclarecimiento Aufklärungspflicht (F.)
deber (M.) de estar documentado Ausweispflicht (F.)
deber (M.) de exhibición Vorlagepflicht (F.), Vorlegungspflicht (F.)
deber (M.) de fidelidad Treuepflicht (F.)
deber (M.) de garante Garantenpflicht (F.)
deber (M.) de garantizar la seguridad del tráfico Verkehrssicherungspflicht (F.)
deber (M.) de hacer Handlungspflicht (F.)
deber (M.) de información Auskunftspflicht (F.), Informationspflicht (F.)
deber (M.) de informar Belehrungspflicht (F.)
deber (M.) de la residencia Residenzpflicht (F.)
deber (M.) de lealtad Treuepflicht (F.)
deber (M.) de obediencia Gehorsamspflicht (F.)
deber (M.) de ocupación Beschäftigungspflicht (F.)
deber (M.) de organizar Organisationspflicht (F.)
deber (M.) de paz Friedenspflicht (F.)
deber (M.) de prestación Leistungspflicht (F.)
deber (M.) de protección Fürsorgepflicht (F.), Schutzpflicht (F.)
deber (M.) de rendición de cuentas Rechenschaftslegungspflicht (F.)
deber (M.) de secreto Verschwiegenheitspflicht (F.)
deber (M.) de tutela Obhutspflicht (F.)
deber (M.) de veracidad Wahrheitspflicht (F.)
deber (M.) de vigilancia Aufsichtspflicht (F.)
deber (M.) electoral Wahlpflicht (F.)
deber (M.) fundamental Grundpflicht (F.)
deber (M.) jurídico Rechtspflicht (F.)
deber (M.) oficial Amtspflicht (F.)
deber (M.) principal Hauptpflicht (F.)
deber (M.) tributario Steuerpflicht (F.)
deber schulden
deberes (M.Pl.) impositivos Steuerpflicht (F.)
debido (Adj.) fällig, schuldig
debiente (M.) Schuldner (M.)
débil gebrechlich
débil mental geistesschwach
debilidad (F.) Gebrechlichkeit (F.)
debilidad (F.) mental Geistesschwäche (F.)
debitar belasten, schulden
débito (M.) Belastung (F.), Debet (N.), Schuld (F.), Soll (N.), Verbindlichkeit (F.), Verpflichtung (F.)
débito (M.) social Gesellschaftsschuld (F.)
débitos (M.Pl.) Verbindlichkeiten (F.Pl.)

decaimento (M.) Verfall (M.)
decanato (M.) Dekanat (N.)
decano (M.) Dekan (M.), Doyen (M.) (franz.)
decapitación (F.) Enthauptung (F.)
decapitar enthaupten, köpfen
decencia (F.) Anstand (M.)
decidir beschließen, entscheiden
decidir(se) entschließen (sich)
decisión (F.) Bescheid (M.), Beschluss (M.)
décision (F.) Beschlussfassung (F.)
decisión (F.) Entscheid (M.), Entscheidung (F.), Entschluss (M.), Tenor (M.)
decisión (F.) creadora Gestaltungsurteil (N.)
decisión (F.) criminal Tatentschluss (M.)
decisión (F.) de embargo Pfändungsbeschluss (M.)
decisión (F.) de gastos Kostenentscheidung (F.)
decisión (F.) de un tribunal Rechtsentscheid (M.)
decisión (F.) del recurso de alzada Widerspruchsbescheid (M.)
decisión (F.) fundamental Grundsatzentscheidung (F.)
decisión (F.) interlocutoria Teilurteil (N.)
decisión (F.) penal Straferkenntnis (F.)
decisión (F.) por vicio Konvaleszenz (F.)
decisión (F.) prejudicial Vorabentscheidung (F.)
decisión (F.) preliminar Vorbescheid (M.)
decisión (F.) sobre el fondo Sachentscheidung (F.)
decisión (F.) sobre la imposición de una multa Bußgeldbescheid (M.)
decisión (F.) sobre las costas Kostenentscheidung (F.)
decisiones (F.Pl.) jurisprudenciales Spruchpraxis (F.)
decisoria (F.) principal Hauptverfahren (N.)
declaración (F.) Angabe (F.), Aussage (F.), Deklaration (F.), Erklärung (F.)
declaración (F.) a efectos fiscales Steuererklärung (F.)
declaración (F.) anticipada de incumplimiento de contrato Erfüllungsverweigerung (F.)
declaración (F.) de caducidad Kaduzierung (F.)
declaración (F.) de cesión Abtretungsanzeige (F.), Abtretungserklärung (F.)
declaración (F.) de fallecimiento Todeserklärung (F.)
declaración (F.) de guerra Kriegserklärung (F.)
declaración (F.) de herederos Erbschein (M.)
declaración (F.) de impuestos Steuererklärung (F.)
declaración (F.) de inocencia Unschuldigerklärung (F.)
declaración (F.) de intención Absichtserklärung (F.)
declaración (F.) de legitimidad Ehelicherklärung (F.), Ehelichkeitserklärung (F.)
declaración (F.) de muerte Todeserklärung (F.)
declaración (F.) de nulidad Nichtigerklärung (F.), Ungültigkeitserklärung (F.)
declaración (F.) de paternidad Vaterschaftsfeststellung (F.)
declaración (F.) de renuncia Verzichtserklärung (F.)
declaración (F.) de responsabilidad Haftungsbescheid (M.)
declaración (F.) de voluntad Willenserklärung (F.)
declaración (F.) en broma Scherzerklärung (F.)
declaración (F.) falsa Falschaussage
declaración (F.) jurada Versicherung (F.) an Eides statt
declarar angeben, aussagen, deklarieren, erklären, melden, zeugen
declarar cierre patronal aussperren
declarar el consentimiento bilateral de inscripción auflassen
declarativo deklaratorisch
declaratorio deklaratorisch
decreciente (Adj.) degressiv
decrépito gebrechlich
decrepitud (F.) Gebrechlichkeit (F.)
decretar anordnen, beschließen, verfügen, verhängen, verordnen
decreto (M.) Dekret (N.), Erlass (M.), Verordnung (F.)
decreto (M.) administrativo Verwaltungsverordnung (F.)
decreto (M.) de ejecución Durchführungsverordnung (F.)
decreto (M.) de indulto Gnadenerlass (M.)
decreto (M.) del consejo de ministros Kabinettsverfügung (F.)

decreto (M.) judicial gerichtliche Verfügung (F.)
decreto (M.) legislativo de urgencia Notverordnung (F.)
decreto-ley (M.) Gesetzesverordnung (F.) (Gesetzesverordnung in Spanien), Rechtsverordnung (F.)
decreto-reglamento (M.) Rechtsverordnung (F.)
decursar ablaufen
decurso (M.) del tiempo Zeitablauf (M.)
dedicación (F.) Widmung (F.)
dedicar widmen
dedo (M.) Finger (M.)
deducción (F.) Abschreibung (F.), Absetzung (F.), Abzug (M.)
deducción (F.) de impuestos pagados Vorsteuerabzug (M.)
deducción (F.) de la demanda Klageerhebung (F.)
deducción (F.) estándar Pauschale (F.)
deducción (F.) general Grundfreibetrag (M.)
deducibilidad (F.) Absetzbarkeit (F.)
deducible absetzbar
deducir ableiten, absetzen, abziehen, herleiten
deducir una acción klagen
defecto (M.) Fehler (M.), Mangel (M.)
defecto (M.) de fabricación Fabrikationsfehler (M.)
defecto (M.) de procedimiento Verfahrensmangel (M.)
defecto (M.) en el ejercicio de la potestad discrecional Ermessensfehler (M.)
defecto (M.) legal Rechtsmangel (M.)
defecto (M.) manifiesto offenkundiger Mangel (M.)
defecto (M.) oculto verborgener Mangel (M.)
defectuoso fehlerhaft, mangelhaft
defender abwehren, verteidigen
defender(se) wehren (sich)
defensa (F.) Abwehr (F.), Strafverteidigung (F.), Verteidigung (F.), Wahrnehmung (F.), Wehr (F.)
defensa (F.) de la causa Plädoyer (N.)
defensa (F.) de la constitución Verfassungsschutz (M.)
defensa (F.) de la posesión Besitzwehr (F.)
defensa (F.) de los derechos fundamentales Grundrechtsschutz (M.)
defensa (F.) de oficio Offizialverteidigung (F.)
defensa (F.) formal Anwaltszwang (M.)
defensa (F.) propia Notwehr (F.), Selbstverteidigung (F.)
defensa (F.) putativa Putativnotwehr (F.)
defensión (F.) Verteidigung (F.)
defensivo defensiv
defensor (M.) Strafverteidiger (M.), Verteidiger (M.)
defensor (M.) de oficio Pflichtverteidiger (M.)
defensor (M.) del desparecido Abwesenheitspfleger (M.)
defensor (M.) del pueblo Ombudsmann (M.)
defensor (M.) designado por la parte Wahlverteidiger (M.)
defensoría (F.) de oficio Offizialverteidigung (F.)
deferir anfallen
deficiencia (F.) Fehlerhaftigkeit (F.)
déficit (M.) Defizit (N.), Mangel (M.), Manko (N.), Verlust (M.)
definición (F.) Auslegung (F.), Definition (F.)
definición (F.) legal Legaldefinition (F.)
definir definieren
definitiva (F.) Endurteil (N.)
definitivo abschließend
deflactar bereinigen
defraudación (F.) Hinterziehung (F.), Unterschlagung (F.), Veruntreuung (F.)
defraudación (F.) fiscal Steuerhinterziehung (F.)
defraudación (F.) prendaria Verstrickungsbruch (M.)
defraudador (M.) Betrüger (M.)
defraudar hinterziehen, täuschen, unterschlagen (V.), veruntreuen
defunción (F.) Tod (M.)
degradar degradieren
degresivo (Adj.) degressiv
dejación (F.) Abandon (M.), Ausschlagung (F.), Überlassung (F.), Verzicht (M.)
dejar aufgeben, austreten, nachlassen, überlassen (V.), vererben, vermachen, verzichten
dejar beneficio einbringen
dejar constancia protokollieren
dejar de hacer unterlassen (V.)
dejar en suspenso aussetzen
dejar libre freistellen
del Land Land
del mismo origen ursprünglich

del momento gegenwärtig
delación (F.) Anfall (M.), Denunziation (F.), Erbanfall (M.)
delación (F.) de herencia Erbanfall (M.)
delatar denunzieren
delcrédere (M.) Delkredere (N.)
delegación (F.) Abordnung (F.), Delegation (F.), Kommissariat (N.)
delegación (F.) comercial Handelsmission (F.)
delegación (F.) de deuda Schuldübernahme (F.)
delegación (F.) de sanidad Gesundheitsamt (N.)
delegación (F.) en blanco Blankowechsel (M.)
delegación (F.) federal de sanidad Bundesgesundheitsamt (F.)
delegación (F.) provincial de hacienda Oberfinanzdirektion (F.)
delegación (F.) temporal Mandat (N.)
delegado (M.) Abgeordneter (M.), Delegierter (M.), Vertreter (M.)
delegado (M.) de la protección de los datos Datenschutzbeauftragter (M.)
delegado (M.) militar Wehrbeauftragter (M.)
delegante (F.) Überweisende (F.)
delegante (M.) Auftraggeber (M.), Überweisender (M.)
delegar abordnen, beauftragen, delegieren, übertragen (V.)
deliberación (F.) Entscheidung (F.)
deliberar beraten (V.), beschließen
delictivo deliktisch, kriminell
delictual deliktisch
delictuoso deliktisch
delincuencia (F.) Kriminalität (F.)
delincuencia (F.) económica Wirtschaftskriminalität (F.)
délincuencia (F.) informática Computerkriminalität (F.)
delincuencia (F.) juvenil Jugendkriminalität (F.)
delincuente (Adj.) verbrecherisch
delincuente (M.) Delinquent (M.), Straftäter (M.), Übeltäter (M.), Verbrecher (M.)
delincuente (M.) casual Gelegenheitstäter (M.)
delincuente (M.) de convicción Überzeugungstäter (M.)
delincuente (M.) habitual Gewohnheitsverbrecher (M.)
delincuente (M.) juvenil jugendlicher Straftäter (M.)
delincuente (M.) ocasional Gelegenheitstäter (M.)
delincuente (M.) por costumbre Gewohnheitsverbrecher (M.)
delinear zeichnen
delirio (M.) Wahnsinn (M.)
delito (M.) Delikt (N.), Frevel (M.), Missetat (F.), Straftat (F.), Straftatbestand (M.), Verbrechen (N.), Vergehen (N.)
delito (M.) administrativo Dienstvergehen (N.)
delito (M.) bagatelo Bagatelldelikt (N.)
delito (M.) capital Kapitalverbrechen (N.)
delito (M.) cometido en el extranjero Auslandsdelikt (N.)
delito (M.) cometido por memores Jugendstraftat (F.)
delito (M.) continuo Dauerdelikt (N.)
delito (M.) contra la administracíon pública Amtsdelikt (N.)
delito (M.) contra la honestidad Sittlichkeitsdelikt (N.)
delito (M.) contra la moralidad Sittlichkeitsdelikt (N.)
delito (M.) contra las costumbres Sittlichkeitsdelikt (N.)
delito (M.) culposo Fahrlässigkeitsdelikt (N.)
delito (M.) de acción Begehungsdelikt (N.)
delito (M.) de actividad Tätigkeitsdelikt (N.)
delito (M.) de alcoholismo Alkoholdelikt (N.)
delito (M.) de estado Zustandsdelikt (N.)
delito (M.) de extorsión Erpressung (F.)
delito (M.) de imprudencia Fahrlässigkeitsdelikt (N.)
delito (M.) de insolvencia punible Insolvenzstraftat (F.)
delito (M.) de la circulación Verkehrsdelikt (N.)
delito (M.) de lesiones Verletzungsdelikt (N.)
delito (M.) de omisión Unterlassungsdelikt (N.)
delito (M.) de omisión impropio unechtes Unterlassungsdelikt (N.)
delito (M.) de omisión propio echtes Unterlassungsdelikt (N.)
delito (M.) de peligro Gefährdungsdelikt (N.)
delito (M.) de prensa Pressedelikt (N.)
delito (M.) de resultado Erfolgsdelikt (N.)
delito (M.) de riesgo Gefährdungsdelikt (N.)

delito (M.) de sangre Bluttat (F.)
delito (M.) de un funcionario Amtsdelikt (N.)
delito (M.) de un funcionario contra la administración pública Amtsvergehen (N.)
delito (M.) de uso Gebrauchsanmaßung (F.), Gebrauchsentwendung (F.)
delito (M.) electoral Wahldelikt (N.)
delito (M.) especial Sonderdelikt (N.)
delito (M.) grave Verbrechen (N.)
delito (M.) imaginario Wahndelikt (N.)
delito (M.) material Erfolgsdelikt (N.)
delito (M.) monetario Münzdelikt (N.)
delito (M.) patrimonial Vermögensdelikt (N.)
delito (M.) permanente Dauerdelikt (N.)
delito (M.) perseguible de oficio Offizialdelikt (N.)
delito (M.) perseguible por querella Antragsdelikt (N.)
delito (M.) por computadora Computerkriminalität (F.)
delito (M.) propio de omisión echtes Unterlassungsdelikt (N.)
delito (M.) público Offizialdelikt (N.)
delito (M.) sexual Sexualdelikt (N.)
delito (M.) simple Vergehen (N.)
delito (M.) violento Gewalttat (F.)
delito-tipo (M.) Tatbestand (M.)
demagogo (M.) Demagoge (M.)
demanda (F.) Anforderung (F.), Anfrage (F.), Bedarf (M.), Bestellung (F.), Forderung (F.), Frage (F.), Klage (F.), Klageantrag (M.), Klageschrift (F.)
demanda (F.) a decisión prejudicial Voranfrage (F.)
demanda (F.) accesoria Nebenklage (F.)
demanda (F.) civil Zivilklage (F.)
demanda (F.) constitucional Verfassungsbeschwerde (F.)
demanda (F.) de adaptación Abänderungsklage (F.)
demanda (F.) de apelación Appellation (F.), Berufung (F.)
demanda (F.) de cancelación Löschungsantrag (M.)
demanda (F.) de contradicción Widerspruchsklage (F.)
demanda (F.) de desahucio Räumungsklage (F.)
demanda (F.) de extradición Auslieferungsantrag (M.)
demanda (F.) de información Auskunftsgesuch (N.)
demanda (F.) de nulidad Nichtigkeitsklage (F.)
demanda (F.) de oposición a la ejecución Vollstreckungsgegenklage (F.)
demanda (F.) de pago Zahlungsklage (F.)
demanda (F.) de reforma Abänderungsklage (F.)
demanda (F.) de restitución Erstattungsanspruch (M.)
demanda (F.) de tercería Drittwiderspruchsklage (F.)
demanda (F.) divisoria Teilungsklage (F.)
demanda (F.) estructural Gestaltungsklage (F.)
demanda (F.) frente al cuadal relicto Nachlassforderung (F.)
demanda (F.) gradual Stufenklage (F.)
demanda (F.) posterior Nachforderung (F.)
demanda (F.) reconvencional Widerklage (F.)
demanda (F.) subsidiaria Hilfsantrag (M.)
demandada (F.) Beklagte (F.)
demandado (Adj.) beklagt
demandado (M.) Beklagter (M.)
demandador (M.) Kläger (M.)
demandante (F.) Klägerin (F.)
demandante (M.) Kläger (M.)
demandar anfordern, einklagen, fordern, klagen, verklagen
demarcación (F.) Abmarkung (F.), Demarkation (F.), Gemarkung (F.)
demarcar abmarken
demencia (F.) Wahn (M.), Wahnsinn (M.)
demente (Adj.) unzurechnungsfähig, wahnsinnig
demente (M.) Irrer (M.)
dementido (M.) Dementi (N.)
democracia (F.) Demokratie (F.)
democracia (F.) plebiscitaria plebiszitäre Demokratie (F.)
democracia (F.) popular Volksdemokratie (F.)
democracia (F.) representativa repräsentative Demokratie (F.)
demócrata (M.) Demokrat (M.)
democrático demokratisch
demolición (F.) Abriss (M.)
demonstración (F.) Beweis (M.), Darlegung (F.)

demora (F.) Aufschub (M.), Säumnis (F.), Verzögerung (F.), Verzug (M.)
demorar verzögern
demoscopia (F.) Demoskopie (F.)
demostración (F.) Beweisführung (F.), Demonstration (F.)
demostrar beweisen, demonstrieren
demostrativo demonstrativ
denegación (F.) Aberkennung (F.), Abweisung (F.), Versagung (F.), Verweigerung (F.), Zurückweisung (F.)
denegación (F.) de justicia Justizverweigerung (F.), Rechtsverweigerung (F.)
denegación (F.) de la prestación Leistungsverweigerung (F.)
denegar aberkennen, ablehnen, abweisen, versagen, verweigern, zurückweisen
denegatorio negativ
denigración (F.) Anschwärzung (F.)
denigrar verunglimpfen
denominación (F.) Name (M.)
denominación (F.) genérica Freizeichen (N.)
denominación (F.) objetiva Sachfirma (F.)
denominar nennen
dentista (M.) Zahnarzt (M.)
dentro innen
denuncia (F.) Anzeige (F.), Denunziation (F.), Kündigung (F.), Strafanzeige (F.)
denuncia (F.) falsa Falschbeschuldigung (F.)
denuncia (F.) novatoria Änderungskündigung (F.)
denuncia (F.) obligatoria Anzeigepflicht (F.)
denunciación (F.) Anzeige (F.), Denunziation (F.)
denunciador (M.) Denunziant (M.)
denunciante (M.) Denunziant (M.)
denunciar anzeigen, denunzieren, kündigen
denuncio (M.) de minas Mutung (F.)
departamento (M.) Abteilung (F.), Departement (N.), Dienststelle (F.), Fachbereich (M.)
Departamento (M.) Criminal Federal Bundeskriminalamt (N.)
departamento (M.) de juventud Jugendamt (N.)
departamento (M.) ministerial Ministerium (N.), Ressort (N.)
dependencia (F.) Zweigstelle (F.)
dependiente (Adj.) abhängig
dependiente (M.) Handlungsbevollmächtigter (M.)
dependiente (M.) de comercio Handlungsbevollmächtigter (M.), Handlungsgehilfe (M.) (Handlungsgehilfe in Spanien)
dependiente (M.) de tienda Ladenangestellter (M.)
deponer deponieren
deportación (F.) Deportation (F.)
deportar deportieren
deporte (M.) Sport (M.)
deposesión (F.) Besitzentziehung (F.)
deposición (F.) testifical Zeugenaussage (F.)
depositador (M.) Hinterleger (M.)
depositante (M.) Hinterleger (M.)
depositar aufbewahren, deponieren, einlegen, einliefern, hinterlegen, unterbringen, vorlegen
depositar en garantía lombardieren
depositaría (F.) Depot (N.)
depositario (M.) Verwahrer (M.)
depositario (M.) judicial Sequester (M.)
depósito (M.) Deponie (F.), Depositum (N.), Depot (N.), Einbringung (F.), Einlage (F.), Hinterlegung (F.), Lager (N.), Lagergeschäft (N.), Lagerhaus (N.), Magazin (N.), Unterbringung (F.), Verwahrung (F.)
depósito (M.) a plazo Termineinlage (F.)
depósito (M.) bancario Bankdepot (N.)
depósito (M.) en mutuo unregelmäßige Verwahrung (F.)
depósito (M.) fiduciario Treuhand (F.)
depósito (M.) irregular depositum (N.) irregulare (lat.) (unregelmäßige Verwahrung), unregelmäßige Verwahrung (F.)
depósito (M.) secuestro Sequestration (F.)
depósito de ahorros Spareinlage (F.)
depósito en lista de correos postlagernd
depósitos (M.Pl.) Depositen (N.Pl.)
depreciación (F.) Abschreibung (F.)
depreciar herabsetzen
depuración (F.) Bereinigung (F.), Entnazifizierung (F.)
depurar bereinigen, klären
deputado (M.) del congreso Kongressabgeordneter (M.) (Kongressabgeordneter in den Vereinigten Staaten)
derecho (M.) Anrecht (N.), Anspruch (M.), Berechtigung (F.), Gebühr (F.), ius (N.) (lat.) (Recht), Jura (N.), Jus (N.), Recht (N.), Rechtsanspruch (M.)
derecho (M.) a alimentos Unterhaltsanspruch (M.)
derecho (M.) a asociarse Versammlungsrecht (N.)

derecho (M.) a cazar Jagdrecht (N.)
derecho (M.) a denegarse a declarar Aussageverweigerungsrecht (N.)
derecho (M.) a devolución Herausgabeanspruch (M.)
derecho (M.) a indemnización por daños y perjuicios Schadensersatzanspruch (M.)
derecho (M.) a la defensa propia Notwehrrecht (N.)
derecho (M.) a la legítima Pflichtteilsrecht (N.)
derecho (M.) a la propia imagen Recht (N.) am eigenen Bild
derecho (M.) a la resistencia Widerstandsrecht (N.)
derecho (M.) a negar la prestación Leistungsverweigerungsrecht (N.)
derecho (M.) a pensión Rentenanspruch (M.)
derecho (M.) a reclamar Eigentumsherausgabeanspruch (M.)
derecho (M.) a reivindicar Eigentumsherausgabeanspruch (M.)
derecho (M.) a repetir Regressanspruch (M.)
derecho (M.) a retener Retentionsrecht (N.)
derecho (M.) a saneamiento Gewährleistungsrecht (N.)
derecho (M.) a voto Stimmrecht (N.), Wahlrecht (N.)
derecho (M.) absoluto absolutes Recht (N.)
derecho (M.) accesorio Nebenrecht (N.)
derecho (M.) administrativo Verwaltungsrecht (N.)
derecho (M.) administrativo económico Wirtschaftsverwaltungsrecht (N.)
derecho (M.) aduanero Zollrecht (N.)
derecho (M.) aéreo Luftrecht (N.)
derecho (M.) agrario Agrarrecht (N.), Landwirtschaftsrecht (N.)
derecho (M.) al establecimiento y ejercicio de una explotación industrial Recht (N.) am eingerichteten und ausgeübten Gewerbebetrieb
derecho (M.) al nombre Namensrecht (N.)
derecho (M.) ambiental Umweltrecht (N.)
derecho (M.) arancelario Tarifrecht (N.), Zollrecht (N.)
derecho (M.) arrendaticio Mietrecht (N.)
derecho (M.) autonómico Landesrecht (N.)
derecho (M.) bancario Bankrecht (N.)
derecho (M.) bélico Kriegsrecht (N.)
derecho (M.) cambiario Wechselrecht (N.)
derecho (M.) canónico kanonisches Recht (N.), Kirchenrecht (N.)
derecho (M.) casuístico case-law (engl.) (Fallrecht), Fallrecht (N.)
derecho (M.) ciudadano Stadtrecht (N.)
derecho (M.) cívico Bürgerrecht (N.)
derecho (M.) civil bürgerliches Recht (N.), Ehrenrecht (N.), Zivilrecht (N.)
derecho (M.) colectivo-contractual Tarifvertragsrecht (N.)
derecho (M.) comercial Handelsrecht (N.)
derecho (M.) comercial marítimo Seehandelsrecht (N.)
derecho (M.) comparado Rechtsvergleichung (F.)
derecho (M.) común gemeines Recht (N.), ius (N.) commune (lat.)
derecho (M.) comun del Land Landrecht (N.)
derecho (M.) común estatal Reichsrecht (N.)
derecho (M.) comunal Kommunalrecht (N.)
derecho (M.) comunitario europäisches Gemeinschaftsrecht (N.), Gemeinschaftsrecht (N.)
derecho (M.) concursal Konkursrecht (N.)
derecho (M.) constitucional Verfassungsrecht (N.)
derecho (M.) constitucional de la igualdad Gleichheitsgrundsatz (M.)
derecho (M.) constitucional económico Wirtschaftsverfassungsrecht (N.)
derecho (M.) constituido positives Recht (N.)
derecho (M.) constituyente Verfassungsrecht (N.)
derecho (M.) consuetudinario Gewohnheitsrecht (N.)
derecho (M.) contencioso-administrativo Verwaltungsprozessrecht (N.)
derecho (M.) contractual Vertragsrecht (N.)
derecho (M.) criminal Kriminalrecht (N.), Strafrecht (N.)
derecho (M.) de abejas Bienenrecht (N.)
derecho (M.) de acción directa Selbsthilferecht (N.)
derecho (M.) de administración Verwaltungsrecht (N.)
derecho (M.) de aguas Wasserrecht (N.)
derecho (M.) de alimentos Lebensmittelrecht (N.), Unterhaltsrecht (N.)
derecho (M.) de arquitecto Architektenrecht (N.)

derecho (M.) de arrendamiento Mietrecht (N.)
derecho (M.) de asilo Asylrecht (N.)
derecho (M.) de asistencia social Sozialhilferecht (N.)
derecho (M.) de asociación Vereinsrecht (N.)
derecho (M.) de audiencia Gehör (N.), rechtliches Gehör (N.)
derecho (M.) de autodecisión Selbstbestimmungsrecht (N.)
derecho (M.) de autor Urheberrecht (N.)
derecho (M.) de autores Copyright (N.)
derecho (M.) de avocación Evokationsrecht (N.)
derecho (M.) de ayuda Beihilfenrecht (N.)
derecho (M.) de cambio Wechselrecht (N.)
derecho (M.) de carteles Kartellrecht (N.)
derecho (M.) de caza Jagdberechtigung (F.), Jagdrecht (N.)
derecho (M.) de colisión Kollisionsrecht (N.)
derecho (M.) de comercialización Vertriebsrecht (N.)
derecho (M.) de comiso Heimfallsrecht (N.)
derecho (M.) de conducción Leitungsrecht (N.)
derecho (M.) de construcción Baurecht (N.)
derecho (M.) de convenio colectivo Tarifrecht (N.)
derecho (M.) de corrección Züchtigungsrecht (N.)
derecho (M.) de cosas Sachenrecht (N.)
derecho (M.) de costas Kostenrecht (N.)
derecho (M.) de creación judicial Richterrecht (N.)
derecho (M.) de crédito Forderungsrecht (N.)
derecho (M.) de cuidar Sorgerecht (N.)
derecho (M.) de cumplimiento Erfüllungsanspruch (M.)
derecho (M.) de deporte Sportrecht (N.)
derecho (M.) de diques Deichrecht (N.)
derecho (M.) de dirección Direktionsrecht (N.), Weisungsrecht (N.)
derecho (M.) de dominio Gebietshoheit (F.)
derecho (M.) de ejecución forzosa Zwangsvollstreckungsrecht (N.)
derecho (M.) de ejercicio Ausübungsrecht (N.)
derecho (M.) de entrada Eintrittsrecht (N.)
derecho (M.) de exclusion Aussonderungsrecht N.)
derecho (M.) de excusar el testimonio Zeugnisverweigerungsrecht (N.)
derecho (M.) de explotación Verwertungsrecht (N.)
derecho (M.) de extranjería Ausländerrecht (N.), Fremdenrecht (N.)
derecho (M.) de familia Familienrecht (N.)
derecho (M.) de forma formelles Recht (N.)
derecho (M.) de formación Gestaltungsrecht (N.)
derecho (M.) de funcionarios Beamtenrecht (N.)
derecho (M.) de garantía Gewährleistungsanspruch (M.), Gewährleistungsrecht (N.), Pfändungspfandrecht (N.)
derecho (M.) de garantía inmobiliaria Grundpfandrecht (N.)
derecho (M.) de gestión procesal Prozessführungsbefugnis (F.)
derecho (M.) de giro especial Sonderziehungsrecht (N.)
derecho (M.) de grupos Konzernrecht (N.)
derecho (M.) de guarda Sorgerecht (N.)
derecho (M.) de guerra Kriegsrecht (N.)
derecho (M.) de habitación Wohnrecht (N.), Wohnungsrecht (N.)
derecho (M.) de herencia Erbschaftsanspruch (M.)
derecho (M.) de hospitalidad Gastrecht (N.)
derecho (M.) de huelga Streikrecht (N.)
derecho (M.) de iniciativa Initiativrecht (N.)
derecho (M.) de insolvencia Insolvenzrecht (M.)
derecho (M.) de interpelación Interpellationsrecht (N.)
derecho (M.) de interrogación Fragerecht (N.)
derecho (M.) de la bolsa Börsenrecht (N.)
derecho (M.) de la circulación Verkehrsrecht (N.)
derecho (M.) de la competencia Wettbewerbsrecht (N.)
derecho (M.) de la edificación Baurecht (N.)
derecho (M.) de la fuerza Faustrecht (N.)
derecho (M.) de la personalidad Persönlichkeitsrecht (N.)
derecho (M.) de la responsabilidad Haftungsrecht (N.)
derecho (M.) de la treintena Dreißigster (M.)
derecho (M.) de legítima Pflichtteilsrecht (N.)
derecho (M.) de legítima defensa Notwehrrecht (N.)

derecho (M.) de libertad Freiheitsrecht (N.)
derecho (M.) de libre determinación Selbstbestimmungsrecht (N.)
derecho (M.) de licencia Lizenzgebühr (F.)
derecho (M.) de los juristas Juristenrecht (N.)
derecho (M.) de marcas Markenrecht (N.)
derecho (M.) de medicina Medizinrecht (N.)
derecho (M.) de minas Bergrecht (N.)
derecho (M.) de navegación Seerecht (N.)
derecho (M.) de obligaciones Schuldrecht (N.)
derecho (M.) de ocupación Besatzungsrecht (N.)
derecho (M.) de opción Bezugsrecht (N.)
derecho (M.) de organización del Estado Staatsorganisationsrecht (N.)
derecho (M.) de paso Durchgangsrecht (N.)
derecho (M.) de patentes Patentrecht (N.)
derecho (M.) de pensiones Rentenrecht (N.)
derecho (M.) de permanecer Bleiberecht (N.)
derecho (M.) de persecución Folgerecht (N.)
derecho (M.) de personas Personenrecht (N.)
derecho (M.) de petición Petitionsrecht (N.)
derecho (M.) de policía Polizeirecht (N.)
derecho (M.) de posesión Besitzrecht (N.), Recht (N.) zum Besitz
derecho (M.) de precios Kostenrecht (N.)
derecho (M.) de preferencia Vorkaufsrecht (N.)
derecho (M.) de preguntar Fragerecht (N.)
derecho (M.) de prenda Pfandrecht (N.)
derecho (M.) de prenda del arrendador Vermieterpfandrecht (N.)
derecho (M.) de prenda inmobiliaria Grundpfandrecht (N.)
derecho (M.) de prensa Presserecht (N.)
derecho (M.) de protección Schutzzoll (M.)
derecho (M.) de protección de los menores Jugendschutzrecht (N.)
derecho (M.) de protección del medio ambiente Umweltrecht (N.)
derecho (M.) de realización Verwertungsrecht (N.)
derecho (M.) de reclamación Einspruchsrecht (N.)
derecho (M.) de recuperar la posesión Wegnahmerecht (N.)
derecho (M.) de regalía Bergregal (N.)
derecho (M.) de rehusar la información Auskunftsverweigerungsrecht (N.)
derecho (M.) de representación Eintrittsrecht (N.)
derecho (M.) de rescate Ablösungsrecht (N.)
derecho (M.) de rescisión Rücktrittsrecht (N.)
derecho (M.) de resistencia Widerstandsrecht (N.)
derecho (M.) de resolución Rücktrittsrecht (N.)
derecho (M.) de responabilidad del Estado Staatshaftungsrecht (N.)
derecho (M.) de retención Retentionsrecht (N.), Zurückbehaltungsrecht (N.)
derecho (M.) de retracto Retraktrecht (N.)
derecho (M.) de reunión Versammlungsrecht (N.)
derecho (M.) de reversión Heimfallsrecht (N.)
derecho (M.) de revocación Widerrufsrecht (N.)
derecho (M.) de seguros Versicherungsrecht (N.)
derecho (M.) de separación Aussonderungsrecht N.)
derecho (M.) de separación relativa Absonderungsrecht (N.)
derecho (M.) de sociedades Gesellschaftsrecht (N.)
derecho (M.) de sociedades anónimas Aktienrecht (N.)
derecho (M.) de sufragio Stimmrecht (N.)
derecho (M.) de superficie Erbbaurecht (N.)
derecho (M.) de suscripción Bezugsrecht (N.)
derecho (M.) de timbre Stempelgebühr (F.)
derecho (M.) de tráfico Verkehrsrecht (N.)
derecho (M.) de uso Gebrauchsrecht (N.), Nutzungsrecht (N.)
derecho (M.) de valores Wertpapierrecht (N.)
derecho (M.) de vecindad Nachbarrecht (N.)
derecho (M.) de veto Vetorecht (N.)
derecho (M.) de viabilidad Straßenrecht (N.)
derecho (M.) de visita Besuchsrecht (N.), Verkehrsrecht (N.)
derecho (M.) de voto Wahlberechtigung (F.)
derecho (M.) del aire Luftrecht (N.)
derecho (M.) del caso Fallrecht (N.)
derecho (M.) del ciudadano Bürgerrecht (N.)
derecho (M.) del consumidor Verbraucherrecht (N.)
derecho (M.) del contrato Vertragsrecht (N.)
derecho (M.) del Estado Staatsrecht (N.)

derecho (M.) del hombre Menschenrecht (N.)
derecho (M.) del Land Landesrecht (N.)
derecho (M.) del menor Jugendrecht (N.)
derecho (M.) del seguro privado Privatversicherungsrecht (N.)
derecho (M.) del suelo Bodenrecht (N.)
derecho (M.) del trabajo Arbeitsrecht (N.)
derecho (M.) disciplinario Dienstrecht (M.), Disziplinarrecht (N.)
derecho (M.) dispositivo dispositives Recht (N.), nachgiebiges Recht (N.)
derecho (M.) doméstico Hausrecht (N.)
derecho (M.) eclesiástico Kirchenrecht (N.)
derecho (M.) eclesiástico del Estado Staatskirchenrecht (N.)
derecho (M.) económico Wirtschaftsrecht (N.)
derecho (M.) editorial Verlagsrecht (N.)
derecho (M.) electoral Wahlrecht (N.)
derecho (M.) electoral activo aktives Wahlrecht (N.)
derecho (M.) electoral de mayoría Mehrheitswahlrecht (N.)
derecho (M.) electoral de tres clases Dreiklassenwahlrecht (N.)
derecho (M.) electoral pasivo passives Wahlrecht (N.)
derecho (M.) en la cosa dingliches Recht (N.), Sachenrecht (N.)
derecho (M.) escrito Satzungsrecht (N.)
derecho (M.) espacial Weltraumrecht (N.)
derecho (M.) especial Sonderrecht (N.)
derecho (M.) especial de cobranza Sonderziehungsrecht (N.)
derecho (M.) estatutario Satzungsrecht (N.)
derecho (M.) europeo europäisches Recht (N.), Europarecht (N.)
derecho (M.) expectante Anwartschaftsrecht (N.)
derecho (M.) federal Bundesrecht (N.)
derecho (M.) financiero Finanzrecht (N.)
derecho (M.) fiscal Steuerrecht (N.)
derecho (M.) formal formelles Recht (N.)
derecho (M.) funcionario Beamtenrecht (N.)
derecho (M.) fundamental Grundrecht (N.)
derecho (M.) fundiario Bodenrecht (N.), Grundstücksrecht (N.)
derecho (M.) general de la personalidad allgemeines Persönlichkeitsrecht (N.)
derecho (M.) hereditario Erbrecht (N.)
derecho (M.) hereditario del cónyuge Ehegattenerbrecht (N.)
derecho (M.) hereditario forzoso Noterbrecht (N.)
derecho (M.) honorífico Ehrenrecht (N.)
derecho (M.) humano Menschenrecht (N.)
derecho (M.) imperial Reichsrecht (N.)
derecho (M.) impositivo Steuerrecht (N.)
derecho (M.) individual Menschenrecht (N.)
derecho (M.) individual del trabajo Individualarbeitsrecht (N.)
derecho (M.) individual laboral Individualarbeitsrecht (N.)
derecho (M.) industrial Gewerberecht (N.)
derecho (M.) inmobiliario Grundstücksrecht (N.), Liegenschaftsrecht (N.)
derecho (M.) intelectual Urheberrecht (N.)
derecho (M.) internacional internationales Recht (N.), Völkerrecht (N.)
derecho (M.) internacional privado internationales Privatrecht (N.) (IPR)
derecho (M.) laboral Arbeitsrecht (N.)
derecho (M.) legal Gesetzesrecht (N.)
derecho (M.) legislado Gesetzesrecht (N.)
derecho (M.) local Gemeinderecht (N.), Kommunalrecht (N.)
derecho (M.) marítimo Seerecht (N.)
derecho (M.) material materielles Recht (N.), Sachnorm (F.)
derecho (M.) matrimonial Eherecht (N.)
derecho (M.) mercantil Handelsrecht (N.)
derecho (M.) militar Soldatenrecht (N.), Wehrrecht (N.)
derecho (M.) minero Bergrecht (N.)
derecho (M.) moral allgemeines Persönlichkeitsrecht (N.), Persönlichkeitsrecht (N.), Urheberpersönlichkeitsrecht (F.)
derecho (M.) municipal Gemeinderecht (N.), Stadtrecht (N.)
derecho (M.) natural Naturrecht (N.)
derecho (M.) objetivo objektives Recht (N.)
derecho (M.) obligatorio zwingendes Recht (N.)
derecho (M.) particular Landesrecht (N.), Partikularrecht (N.)
derecho (M.) patentario Patentrecht (N.)
derecho (M.) patrimonial Güterrecht (N.), Vermögensrecht (N.)
derecho (M.) penal Strafrecht (N.)
derecho (M.) penal de autor Täterstrafrecht (N.)

derecho (M.) penal de hecho Tatstrafrecht (N.)
derecho (M.) penal de los menores y jóvenes Jugendstrafrecht (N.)
derecho (M.) penal de tráfico Verkehrsstrafrecht (N.)
derecho (M.) penal del medio ambiente Umweltstrafrecht (N.)
derecho (M.) penal económico Wirtschaftsstrafrecht (N.)
derecho (M.) penal especial Nebenstrafrecht (N.)
derecho (M.) penal fiscal Steuerstrafrecht (N.)
derecho (M.) penal juvenil Jugendstrafrecht (N.)
derecho (M.) penal militar Wehrstrafrecht (N.)
derecho (M.) penal particular Landesstrafrecht (N.)
derecho (M.) penal tributario Steuerstrafrecht (N.)
derecho (M.) personal allgemeines Persönlichkeitsrecht (N.)
derecho (M.) pesquero Fischereirecht (N.)
derecho (M.) pleno Vollrecht (N.)
derecho (M.) policial Polizeirecht (N.)
derecho (M.) político öffentliches Recht (N.)
derecho (M.) positivo positives Recht (N.)
derecho (M.) potestativo Gestaltungsrecht (N.)
derecho (M.) preferente Vorrecht (N.)
derecho (M.) prendario Pfandrecht (N.)
derecho (M.) prendario de contratista Werkunternehmerpfandrecht (N.)
derecho (M.) presupuestario Budgetrecht (N.), Haushaltsrecht (N.)
derecho (M.) privado Privatrecht (N.)
derecho (M.) procesal Prozessrecht (N.), Verfahrensrecht (N.)
derecho (M.) procesal administrativo Verwaltungsprozessrecht (N.)
derecho (M.) procesal civil Zivilprozessrecht (N.)
derecho (M.) procesal penal Strafprozessrecht (N.)
derecho (M.) profesional Standesrecht (N.)
derecho (M.) protector Schutzrecht (N.)
derecho (M.) protegido Schutzrecht (N.)
derecho (M.) público öffentliches Recht (N.), Staatsrecht (N.)
derecho (M.) real dingliches Recht (N.), Realrecht (N.)
derecho (M.) real limitado beschränktes dingliches Recht (N.)
derecho (M.) regional Landesrecht (N.)
derecho (M.) relativo relatives Recht (N.)
derecho (M.) romano römisches Recht (N.)
derecho (M.) rural Landwirtschaftsrecht (N.)
derecho (M.) señorial Dienstrecht (M.)
derecho (M.) soberano Hoheitsrecht (N.)
derecho (M.) sobre valores transferibles Wertpapierrecht (N.)
derecho (M.) social Sozialrecht (N.)
derecho (M.) subjetivo subjektives Recht (N.)
derecho (M.) subjetivo público subjektives öffentliches Recht (N.)
derecho (M.) sucesorio Erbschaftsanspruch (M.)
derecho (M.) sucesorio del hijo ilegítimo Erbersatzanspruch (M.)
derecho (M.) sustancial materielles Recht (N.)
derecho (M.) sustantivo materielles Recht (N.)
derecho (M.) territorial Landesrecht (N.)
derecho (M.) tributario Steuerrecht (N.)
derecho (M.) tributario internacional Außensteuerrecht (N.)
derecho (M.) vial Wegerecht (N.)
derecho-antimonopolio (M.) Kartellrecht (N.)
derecho-deber (M.) Rechtspflicht (F.)
derecho-habiente (M.) Berechtigter (M.), Rechtsnachfolger (M.)
derechos (M.Pl.) de autor Tantieme (F.)
derechos (M.Pl.) de compensación Ausgleichsabgabe (F.)
derechos (M.Pl.) de consumo Akzise (F.)
derechos (M.Pl.) de copia Copyright (N.)
derechos (M.Pl.) de debates Verhandlungsgebühr (F.)
derechos (M.Pl.) reales Erbschaftsteuer (F.)
derivado (Adj.) abgeleitet
derivado (M.) Derivat (N.)
derivar ableiten, herleiten
derogable abdingbar
derogación (F.) Abänderung (F.), Abrogation (F.), Aufhebung (F.), Außerkraftsetzung (F.), Derogation (F.)
derogar abändern, abdingen, abrogieren, aufheben, derogieren, zurücknehmen

derogatorio abweichend
derrelicción (F.) Dereliktion (F.), Eigentumsaufgabe (F.)
derrelinquir aufgeben, derelinquieren
derribar abbrechen, durchbrechen, umstürzen
derribo (M.) Abbruch (M.), Abriss (M..)
derrotar schlagen, überstimmen
des... miss...
desacato (M.) al tribunal Ungebühr (F.) vor Gericht
desacuerdo (M.) Zerrüttung (F.)
desafectación (F.) Entwidmung (F.)
desafectar entwidmen
desafío (M.) Fehde (F.)
desaforado gewalttätig
desagravio (M.) Entschädigung (F.)
desahucio (M.) Räumung (F.), Zwangsräumung (F.)
desalojar räumen
desalojo (M.) Räumung (F.)
desamortizar privatisieren
desamparado hilflos, obdachlos
desamparar verlassen (V.)
desamparo (M.) Dereliktion (F.), Hilflosigkeit (F.), Obdachlosigkeit (F.), Verwahrlosung (F.)
desaparecido (Adj.) verschollen
desaparecimiento (M.) Verschollenheit (F.)
desaparición (F.) Verschollenheit (F.), Wegfall (M.)
desaparición (F.) de enriquecimiento indebido Wegfall (M.) der ungerechtfertigten Bereicherung (F.)
desaparición (F.) del fundamento negocial Wegfall (M.) der Geschäftsgrundlage
desaprobar missbilligen
desapropiación (F.) Eigentumsbeschränkung (F.)
desapropio (M.) Eigentumsaufgabe (F.)
desarrollar entfalten, entwickeln, erschließen
desarrollo (M.) Entfaltung (F.), Entwicklung (F.)
desautorizado unbefugt
desautorizar dementieren
desbaratamiento (M.) Vereitelung (F.)
desbaratar vereiteln
desborde (M.) de poder Ermessensüberschreitung (F.)
descabezar enthaupten
descanso (M.) Ruhezeit (F.)
descarga (F.) Löschung (F.)
descargar ausladen, löschen
descargo (M.) Entlastung (F.), Löschung (F.)
descargue (M.) Löschung (F.)
descasamiento (M.) Scheidung (F.)
descasar scheiden
descendencia (F.) Abkunft (F.), Abstammung (F.), Deszendenz (F.), Herkommen (N.)
descender abstammen
descendiente (M.) Abkömmling (M.), Deszendent (M.), Nachkomme (M.)
descenso (M.) Baisse (F.), Einbuße (F.)
descentralización (F.) Dezentralisation (F.)
descentralizar dezentralisieren
descomposición (F.) Zerrüttung (F.)
desconcentración (F.) Dekonzentration (F.)
desconcentrar dekonzentrieren
desconfianza (F.) Missbilligung (F.), Misstrauen (N.)
desconfiar misstrauen
desconocer aberkennen
descontar abrechnen, abschreiben, diskontieren, vorwegnehmen
descrédito (M.) Kreditschädigung (F.), Verächtlichmachung (F.), Verruf (M.)
descubierto (M.) Kontoüberziehung (F.), Überziehung (F.)
descubridor (M.) Erfinder (M.), Finder (M.)
descubrimiento (M.) Erfindung (F.)
descubrimiento (M.) de tesoro Schatzfund (M.)
descubrir aufdecken, aufspüren, erfinden
descuento (M.) Abrechnung (F.), Abschlag (M.), Abzug (M.), Diskont (M.), Nachlass (M.), Rabatt (M.), Skonto (N.)
descuento (M.) de facturas Factoring (N.)
descuento (M.) por adelantado Vorausabzug (M.)
descuidado fahrlässig, leichtfertig
descuidar vernachlässigen, versäumen
descuido (M.) Fahrlässigkeit (F.), Leichtfertigkeit (F.), Versehen (N.)
desde entonces ex tunc (lat.) (von damals an)
desdeñar missachten
desdoblamiento (M.) Entfaltung (F.)
desdramatizar verharmlosen
desecho (M.) especial Sondermüll (M.)
desechos (M.Pl.) Abfall (M.), Müll (M.)
desechos (M.Pl.) especiales Sonderabfall (M.)
desembarcar löschen
desembarco (M.) Anlandung (F.)
desembargo (M.) Freigabe (F.)

desembarque (M.) Anlandung (F.), Löschung (F.)
desempeño (M.) Schuldentilgung (F.)
desempleado arbeitslos
desempleo (M.) Arbeitslosigkeit (F.)
desenvolver entwickeln
desenvolvimiento (M.) Entwicklung (F.)
deseo (M.) Lust (F.)
deserción (F.) Fahnenflucht (F.)
deserción (F.) escolar Schuleschwänzen (N.)
desertar desertieren
desertor (Adj.) fahnenflüchtig
desertor (M.) Deserteur (M.)
desestiba (F.) Löschung (F.)
desestibar löschen
desestimación (F.) Zurückweisung (F.)
desestimaciòn (F.) de la demanda Klageabweisung (F.),
desestimar zurückweisen
desestimatorio negativ
desestimiento (M.) de la demanda Klagerücknahme (F.)
desestivar löschen
desfalcar hinterziehen, unterschlagen (V.), veruntreuen
desfalco (M.) Unterschlagung (F.), Veruntreuung (F.)
desgastar abnutzen
desgaste (M.) Abnutzung (F.)
desglose (M.) Aufteilung (F.)
desgracia (F.) Unglück (N.)
desgravación (F.) Abschreibung (F.)
desgravación (F.) fiscal Steuervergünstigung (F.)
desgravación (F.) por cargas familiares Kinderfreibetrag (M.)
desgravar absetzen
desheredación (F.) Enterbung (F.)
desheredamiento (M.) Enterbung (F.)
desheredar enterben
deshollinador (M.) Schornsteinfeger (M.)
deshonestidad (F.) Unzucht (F.)
deshonesto unredlich
deshonra (F.) Schande (F.)
deshonrar schänden
designación (F.) Bestimmung (F.), Designation (F.)
designar bestellen, designieren, ernennen
desigual ungleich
desistimiento (M.) Rücktritt (M.)
desistimiento (M.) en la tentativa Rücktritt (M.) vom Versuch
desistir zurücktreten
desleal treubrüchig, treuwidrig, unlauter, unredlich, untreu
desmayado bewusstlos
desmayo (M.) Bewusstlosigkeit (F.)
desmentir abstreiten, dementieren
desnacificación (F.) Entnazifizierung (F.)
desnacificar entnazifizieren
desnacionalización (F.) Ausbürgerung (F.), Reprivatisierung (F.)
desnacionalizar ausbürgern
desnaturalización (F.) Ausbürgerung (F.), Zweckentfremdung (F.)
desobediencia (F.) Ungehorsam (M.)
desobediente ungehorsam
desocupar räumen
desorden (M.) Unfug (M.)
desorden (M.) en la vía pública Ruhestörung (F.)
desorden (M.) grave grober Unfug (M.)
desorden (M.) público Landfriedensbruch (M.)
desórden (M.) Unruhe (F.)
desorganizar zerrütten
desorientar irreführen
despachar abfertigen, ausfertigen, ausliefern, bearbeiten
despacho (M.) Abfertigung (F.), Erledigung (F.), Kanzlei (F.), Versand (M.), Versendung (F.), Vertrieb (M.)
despacho (M.) al público Publikumsverkehr (M.)
despacho (M.) telegráfico Telegramm (N.)
despedida (F.) Entlassung (F.), Kündigung (F.)
despedir entlassen (V.)
despender verschwenden
desperdicios (M.Pl.) Abfall (M.)
despertir kündigen
despido (M.) Entlassung (F.), Kündigung (F.)
despido (M.) extraordinario außerordentliche Kündigung (F.)
despido (M.) ordinario ordentliche Kündigung (F.)
desplazado (M.) Heimatvertriebener (M.), Vertriebener (M.)
despojo (M.) Beute (F.), Strandgut (N.), Wegnahme (F.)
despojo (M.) del mar Strandgut (N.)
desposado (M.) Bräutigam (M.)

desposar trauen
desposar(se) verloben (sich)
desposeer entziehen
déspota (M.) Despot (M.)
despótico despotisch
despreciable verächtlich
despreciar vernachlässigen
desprestigio (M.) Verruf (M.)
desproporcionado unverhältnismäßig
desregulación (F.) Deregulierung (F.), Liberalisierung (M.)
desregular deregulieren
destajo (M.) Akkord (M.), Verdingung (F.)
desterrar deportieren, verbannen
destierro (M.) Acht (F.), Verbannung (F.)
destinado bestimmt
destinar bestimmen, versetzen, widmen
destinatario (M.) Adressat (M.), Destinatär (M.), Empfänger (M.)
destinatario (M.) de una norma jurídica Normadressat (M.)
destino (M.) Bestimmungsort (M.), Schicksal (N.), Widmung (F.)
destitución (F.) Abberufung (F.), Absetzung (F.), Entfernung (F.)
destituir abberufen, absetzen, entlassen (V.)
destrucción (F.) Zerstörung (F.)
destruir zerstören
desutilidad (F.) Nutzungsausfall (M.), Nutzungsentgang (M.)
desvaloración (F.) Entwertung (F.)
desvalorar entwerten
desvalorización (F.) Entwertung (F.)
desvalorizar entwerten
desventaja (F.) Nachteil (M.)
desventaja (F.) jurídica Rechtsnachteil (M.)
desviación (F.) Abweichung (F.)
desviación (F.) de poder Ermessensmissbrauch (M.), Ermessensüberschreitung (F.)
desviar abweichen, entführen
desviarse ausweichen
desvirtuar widerlegen
detective (M.) Detektiv (M.)
detector (M.) de mentiras Lügendetektor (M.)
detención (F.) Arrest (M.), Festnahme (F.), Gewahrsam (M.), Haft (F.), Hemmung (F.), Inhaftierung (F.), Innehabung (F.), Retention (F.), Sistierung (F.), Verhaftung (F.), Verschleppung (F.), Vorenthaltung (F.), Zurückbehaltung (F.)
detención (F.) del curso del procedimiento Stillstand (M.) des Verfahrens
detención (F.) ilegal Freiheitsberaubung (F.)
detención (F.) preventiva Untersuchungshaft (F.), vorläufige Festnahme (F.)
detención (F.) previa a la extradición Auslieferungshaft (F.)
detener arrestieren, festhalten, festnehmen, hemmen, inhaftieren, sistieren, verhaften, verschleppen
detenida (F.) Gefangene (F.)
detenido (M.) Gefangener (M.), Inhaftierter (M.)
detentación (F.) Vorenthaltung (F.)
detentador (M.) Besitzdiener (M.)
detentar vorenthalten (V.)
deteriorar beschädigen
deteriorar(se) abnutzen
deterioro (M.) Abnutzung (F.), Beschädigung (F.)
determinación (F.) Bestimmtheit (F.), Entschluss (M.), Feststellung (F.), Fristsetzung (F.)
determinación (F.) de la necesidad Bedürfnisprüfung (F.)
determinación (F.) de tiempo Zeitbestimmung (F.)
determinación (F.) normativa Normativbestimmung (F.)
determinado bestimmt
determinar bewirken
determinar(se) entschließen (sich)
detracción (F.) Entnahme (F.), üble Nachrede (F.), Verleumdung (F.)
detractar verleumden
detractor (M.) Verleumder (M.)
detraer abziehen, aussondern
detrimento (M.) Nachteil (M.)
deuda (F.) Schuld (F.), Verschulden (N.)
deuda (F.) activa Kredit (M.)
deuda (F.) alimentaria Unterhaltspflicht (F.)
deuda (F.) de cosa específica Stückschuld (F.)
deuda (F.) de dinero Geldschuld (F.)
deuda (F.) del Estado Staatsschuld (F.)
deuda (F.) dineraria Geldschuld (F.)
deuda (F.) hereditaria Nachlassverbindlichkeit (F.)
deuda (F.) immobiliaria registrada Buchgrundschuld (F.)
deuda (F.) impositiva Steuerschuld (F.)
deuda (F.) inmobiliaria Grundschuld (F.)

deuda (F.) inmobiliaria de cédula Briefgrundschuld (F.)
deuda (F.) inmobiliaria de propietario Eigentümergrundschuld (F.)
deuda (F.) inmobiliaria de seguridad Sicherungsgrundschuld (F.)
deuda (F.) líquida Saldo (M.)
deuda (F.) mancomunada Teilschuld (F.)
deuda (F.) pública Staatsschuld (F.)
deuda (F.) rentaria Rentenschuld (F.)
deuda (F.) solidaria Gesamtschuld (F.)
deuda (F.) territorial Grundschuld (F.)
deuda (F.) vitalicia Rentenschuld (F.)
deudor (Adj.) schuldig
deudor (M.) Debitor (M.), Schuldner (M.)
deudor (M.) común Gemeinschuldner (M.)
deudor (M.) ejecutado Vollstreckungsschuldner (M.)
deudor (M.) fiduciario Treunehmer (M.)
deudor (M.) hipotecario Hypothekenschuldner (M.)
deudor (M.) prendario Pfandschuldner (M.), Verpfänder (M.)
deudor (M.) solidario Gesamtschuldner (M.)
devaluación (F.) Abwertung (F.), Entwertung (F.)
devaluar abwerten
devengar erwerben, verdienen
devolución (F.) Anfall (M.), Devolution (F.), Heimfall (M.), Herausgabe (F.), Rückerstattung (F.), Rückgewähr (F.), Zurückverweisung (F.)
devolución (F.) de herencia Erbanfall (M.)
devolver zurückgeben, zurückzahlen
devolver la jurisdición zurückverweisen
día (M.) Tag (M.)
día (M.) de fiesta Feiertag (M.)
día (M.) de trabajo Werktag (M.)
día (M.) festivo Feiertag (M.)
día (M.) hábil Gerichtstag (M.)
día (M.) habil Werktag (M.)
día (M.) jurídico Gerichtstag (M.)
día (M.) laborable Werktag (M.)
día (M.) útil Werktag (M.)
diácono (M.) Diakon (M.)
diálogo (M.) norte-sur Nord-Süd-Dialog (M.)
diario (Adj.) täglich
diario (M.) de avisos Mitteilungsblatt (N.)
dibujar zeichnen
diccionario (M.) Lexikon (N.)
dictación (F.) Erlass (M.)
dictado Diktat (M.)
dictador (M.) Diktator (M.)
dictadura (F.) Diktatur (F.)
dictamen (M.) Expertise (F.), Gutachten (N.)
dictamen (M.) heredo-biológico erbbiologisches Gutachten (N.)
dictamen (M.) judicial Gerichtsurteil (N.)
dictamen (M.) jurídico Rechtsgutachten (N.)
dictaminar beraten (V.)
dictar diktieren, erlassen, sprechen, verabschieden, verkünden, vorschreiben
dictar la absolución freisprechen
dicho (M.) Aussage (F.)
diente (M.) Zahn (M.)
dieta (F.) Diät (F.), Spese (F.), Tagegeld (N.)
dieta (F.) imperial Reichstag (M.)
dieta (F.) regional Landtag (M.)
dieta (M.) del distrito Kreistag (M.)
dietas (F.Pl.) Diäten (F.Pl.), Spesen (F.Pl.)
difamación (F.) Diffamierung (F.), Nachrede (F.), Rufmord (M.), üble Nachrede (F.), Verleumdung (F.)
difamador (M.) Verleumder (M.)
difamar diffamieren, nachreden, verleumden
diferencia (F.) Differenz (F.), Rest (M.), Unterscheidung (F.), Unterschied (M.)
diferenciación (F.) Differenzierung (F.)
diferenciar differenzieren, unterscheiden
diferir aufschieben, differieren, verschieben, vertagen, verzögern
dificil schwer
dificultar behindern
difunto (Adj.) tot, verstorben
difusión (F.) de la propiedad Vermögensbildung (F.)
digital (M.) Fingerabdruck (M.)
digital (M.) genético genetischer Fingerabdruck (M.)
dignatario (M.) Würdenträger (M.)
dignidad (F.) Ehrenamt (N.), Würde (F.)
dignidad (F.) de la persona Menschenwürde (F.)
dignidad (F.) del hombre Menschenwürde (F.)
dignidad (F.) real Königtum (N.)
digno de crédito kreditwürdig
digno de represiòn strafwürdig
dilación (F.) Frist (F.), Fristverlängerung (F.), Verschleppung (F.), Verzögerung (F.)
dilación (F.) de insolvencia Insolvenzverschleppung (F.)

dilación (F.) inmotivada del proceso Prozessverschleppung (F.), Verfahrensverschleppung (F.)
dilapidación (F.) Verschleuderung (F.), Verschwendung (F.)
dilapidar verschleudern, verschwenden
dilatación (F.) Aufschub (M.)
dilatar aufschieben, hindern, verschieben, verzögern
dilatoria (F.) Verzug (M.)
dilatorio aufschiebend, dilatorisch, hindernd
diligencia (F.) Sorgfalt (F.)
diligencia (F.) de prueba Beweiserhebung (F.)
diligencia (F.) policial Polizeimaßnahme (F.)
diligenciar erledigen
dilucidar aufklären
dimensión (F.) Maß (N.)
dimisión (F.) Demission (F.), Entlassung (F.), Rücktritt (M.)
dimisión (F.) del gobierno Regierungsrücktritt (M.)
dimitir abdanken
dinámico dynamisch
dinamita (F.) Sprengstoff (M.)
dinastía (F.) Dynastie (F.)
dinástico monarchisch
dinero (M.) Geld (N.)
dinero (M.) a plazo fijo Festgeld (N.)
dinero (M.) bancario Buchgeld (N.), Giralgeld (N.)
dinero (M.) base Mindestreserve (F.)
dinero (M.) de bolsillo Taschengeld (N.)
dinero (M.) del fondo de garantía salarial Insolvenzausfallgeld (N.), Insolvenzgeld (N.)
dinero (M.) del pupilo Mündelgeld (N.)
dinero (M.) del rescate Lösegeld (N.)
dinero (M.) falso Falschgeld (N.)
dinero-papel (M.) Papiergeld (N.)
diócesis (F.) Bistum (N.), Diözese (F.)
dios (M.) Gott (M.)
diploma (M.) Diplom (N.), Zeugnis (N.)
diplomacia (F.) Diplomatie (F.)
diplomado (M.) en derecho Diplom-Jurist (M.)
diplomática (F.) Diplomatik (F.)
diplomático (Adj.) diplomatisch
diplomático (M.) Diplomat (M.)
diputación (F.) Abordnung (F.), Ausschuss (M.), Deputation (F.), Mandat (N.)
diputación (F.) provincial Kreistag (M.)
diputada (F.) Deputierte (F.)
diputado (M.) Abgeordneter (M.), Delegierter (M.), Deputierter (M.), Volksvertreter (M.)
diputar abordnen
dique (M.) Deich (M.)
dirección (F.) Adresse (F.), Direktion (F.), Führung (F.), Leitung (F.), Richtung (F.), Vorstand (M.)
dirección (F.) de empresas Unternehmensleitung (F.)
dirección (F.) de la asociación Verbandsleitung (F.)
dirección (F.) económica Wirtschaftslenkung (F.)
dirección (F.) obligatoria Einbahnstraße (F.)
dirección (F.) superior de hacienda Oberfinanzdirektion (F.)
dirección (F.) única Einbahn (F.)
directiva (F.) Direktive (F.), Instruktion (F.), Richtlinie (F.), Weisung (F.)
directiva (F.) de asociación Vereinsvorstand (M.)
directiva (F.) de contratación Vergaberichtlinie (F.)
directiva (F.) de defensa de los consumidores y usuarios Verbraucherschutzrichtlinie (F.)
directiva (F.) relativa al ejercicio de la abogacía Rechtsanwaltsdienstleistungsrichtlinie (F.)
directiva-marco (F.) Rahmenrichtlinie (F.)
directivo leitend
directo direkt, gerade, unmittelbar
director (M.) Direktor (M.), Herausgeber (M.), Leiter (M.), Vorsteher (M.)
director (M.) de distrito Oberkreisdirektor (M.)
director (M.) de trabajo Arbeitsdirektor (M.)
director (M.) escolar Rektor (M.)
director (M.) municipal Gemeindedirektor (M.), Oberstadtdirektor (M.)
directorio (M.) Vorstand (M.)
directriz (F.) Leitsatz (M.), Richtlinie (F.)
dirigente (Adj.) leitend
dirigente (M.) Direktor (M.), Leiter (M.)
dirigir adressieren, führen, leiten, lenken, steuern, weisen
dirigismo (M.) económico Wirtschaftslenkung (F.)
disagio (M.) Disagio (N.)
discernimiento (M.) Einsichtsfähigkeit (F.)

discernir unterscheiden
disciplina (F.) Disziplin (F.), Fach (N.), Zucht (F.)
disciplina (F.) de la fracción Fraktionszwang (M.)
disciplinario disziplinarisch
discípula (F.) Schülerin (F.)
discípulo (M.) Schüler (M.)
discreción (F.) Ermessen (N.), Verschwiegenheit (F.), Vertraulichkeit (F.)
discrecionalidad (F.) Ermessen (N.)
discreto verschwiegen
discriminación (F.) Diskriminierung (F.)
discriminación (F.) racial Rassendiskriminierung (F.)
discriminar diskriminieren
disculpa (F.) Entschuldigung (F.)
disculpar entschuldigen
discurso (M.) Rede (F.), Vortrag (M.)
discusión (F.) Beratung (F.), Debatte (F.), Erörterung (F.), Verhandlung (F.)
discutir bestreiten, erörtern
disección (F.) Sektion (F.)
disenso (M.) Dissens (M.), Einigungsmangel (M.)
disentimiento (M.) Dissens (M.), Einigungsmangel (M.)
diseñar konstruieren
disertación (F.) Dissertation (F.)
disfrazar vermummen
disfrutar genießen
disfrute (M.) Fruchtgenuss (M.), Genuss (M.), Nießbrauch (M.), Nutznießung (F.), Nutzung (F.)
disfrute (M.) general Gemeingebrauch (M.)
disgregar absondern
disidente (M.) Dissident (M.)
disimulación Vorspiegelung (F.)
disimular heucheln
disipación (F.) Verschleuderung (F.), Verschwendung (F.)
disipar verschleudern, verschwenden
disminución (F.) Herabsetzung (F.), Minderung (F.), Verminderung (F.)
disminuido (M.) Behinderter (M.)
disminuir mindern, vermindern
disociación (F.) Auflösung (F.)
disociar auflösen
disolución (F.) Auflösung (F.)
disolución (F.) de la cámaras Parlamentsauflösung (F.)
disolución (F.) del matrimonio Eheaufhebung (F.)
disolución (F.) del parlamento Parlamentsauflösung (F.)
disolver auflösen
disparidad (F.) de precios Preisgefälle (N.)
disparo (M.) Schuss (M.)
dispendio (M.) Aufwand (M.), Verschwendung (F.)
dispensa (F.) Absehen (N.), Befreiung (F.), Dispens (M.)
dispensar dispensieren
disponer anordnen, bestimmen, disponieren, verfügen
disponible verfügbar
disposición (F.) Anordnung (F.), Bereitschaft (F.), Bestimmung (F.), Disposition (F.), Verfügung (F.), Weisung (F.)
disposición (F.) accesoria Nebenbestimmung (F.)
disposición (F.) administrativa Verwaltungsvorschrift (F.)
disposición (F.) de seguridad Sicherheitsvorschrift (F.)
disposición (F.) de un no titular Verfügung (F.) eines Nichtberechtigten
disposición (F.) discrecional Ermessensvorschrift (F.)
disposición (F.) facultativa Kannbestimmung (F.)
disposición (F.) imperativa Mussvorschrift (F.)
disposición (F.) judicial gerichtliche Verfügung (F.)
disposición (F.) para el trabajo Arbeitsbereitschaft (F.)
disposición (F.) penal Strafbestimmung (F.), Strafverfügung (F.), Strafvorschrift (F.)
dispositivo (Adj.) dispositiv, nachgiebig
dispositivo (M.) de escucha Abhörgerät (N.)
dispuesto bereit
disputa (F.) Disput (M.), Streitigkeit (F.)
disputación (F.) Disputation (F.)
disputar abstreiten
distancia (F.) Abstand (M.), Entfernung (F.)
distancia (F.) entre edificaciones Bauwich (M.)
distinción (F.) Distinktion (F.), Unterscheidung (F.), Unterschied (M.)
distinguir distinguieren, unterscheiden
distintivo (M.) Insignie (F.)

distintivos (M.Pl.) Insignien (F.Pl.)
distribución (F.) Aufteilung (F.), Verteilung (F.), Vertrieb (M.)
distribución (F.) de asuntos Geschäftsverteilung (F.)
distribuidor (M.) automático Automat (M.)
distribuir verteilen, vertreiben
distrito (M.) Bereich (M.), Bezirk (M.), Distrikt (M.), Gebiet (N.), Kreis (M.), Revier (N.), Sprengel (M.)
distrito (M.) electoral Wahlkreis (M.)
distrito (M.) gubernamental Regierungsbezirk (M.)
distrito (M.) gubernativo Regierungsbezirk (M.)
distrito (M.) rural Landkreis (M.)
disturbio (M.) Unruhe (F.)
divergencia (F.) Abweichung (F.)
divergir abweichen
diversión (F.) Diversion (F.)
dividendo (M.) Dividende (F.)
dividir aufteilen, dividieren, teilen, trennen
dividuo teilbar
divisa (F.) Devise (F.)
divisas (F.Pl.) Devisen (F.Pl.)
divisible teilbar
división (F.) Division (F.), Hammelsprung (M.), Teilung (F.), Trennung (F.)
división (F.) administrativa Dezernat (N.), Referat (N.)
división (F.) de causa Prozesstrennung (F.)
división (F.) de poderes Gewaltenteilung (F.)
divorciar scheiden
divorcio (M.) Scheidung (F.)
divorcio (M.) del matrimonio Ehescheidung (F.)
divorcio (M.) por consentimiento mutuo Konventionalscheidung (F.)
doblar beugen
doble (Adj.) Doppel…, doppelt
doble agente (M.) Doppelbesteuerung (F.)
doble exposición (F.) ne bis in idem (lat.) (nicht zweimal in demselben Vorgang)
doble imposición (F.) Doppelbesteuerung (F.)
doble nacionalidad (F.) Doppelstaatsangehörigkeit (F.)
docencia (F.) Lehre (F.)
docencia (F.) de religión Religionsunterricht (M.)
docente (M.) Lehrer (M.)
dócil gefügig
doctor (M.) Doktor (M.)
doctor (M.) honoris causa (lat.) Ehrendoktor (M.)
doctora (F.) Doktorin (F.)
doctorado (M.) Doktorgrad (M.)
doctorado (M.) honoris causa Ehrendoktorat (N.)
doctoramiento (M.) Promotion (F.)
doctorarse promovieren
doctrina (F.) Doktrin (F.), Lehre (F.)
doctrina (F.) de los tres elementos Drei-Elemente-Lehre (F.)
doctrina (F.) del finalismo finale Handlungslehre (F.)
doctrina (F.) dominante herrschende Lehre (F.)
doctrina (F.) estatalista Staatslehre (F.)
doctrina (F.) jurídica Rechtslehre (F.)
documentación (F.) Beurkundung (F.), Dokumentation (F.), Dossier (N.)
documental urkundlich
documentar belegen (V.), beurkunden
documentario (Adj.) urkundlich
documento (M.) Dokument (N.), Papier (N.), Urkunde (F.)
documento (M.) al portador Inhaberpapier (N.)
documento (M.) de cargo Lastschrift (F.)
documento (M.) de identidad Ausweis (M.)
documento (M.) de poder Vollmachtsurkunde (F.)
documento (M.) de seguridad social Versicherungskarte (F.)
documento (M.) en fuerza ejecutoria vollstreckbare Urkunde (F.)
documento (M.) falso unechte Urkunde (F.)
documento (M.) intransferible Rektapapier (N.)
documento (M.) justificativo Beleg (M.)
documento (M.) nominado Namenspapier (N.)
documento (M.) privado Privaturkunde (F.)
documento (M.) probatorio Beweisstück (N.)
documento (M.) público öffentliche Urkunde (F.)
documentos (M.) contra aceptación Kasse gegen Akzept
dogma (M.) Dogma (N.)
dogmática (F.) jurídica Rechtsdogmatik (F.)
dolo (M.) Arglist (F.), dolus (M.) (lat.) (Vorsatz), Vorsatz (M.)

dolo (M.) condicionado dolus (M.) indirectus (lat.) (bedingter Vorsatz), indirekter Vorsatz (M.)
dolo (M.) condicional bedingter Vorsatz (M.), dolus (M.) eventualis (lat.) (bedingter Vorsatz)
dolo (M.) directo direkter Vorsatz (M.)
dolo (M.) esencial arglistige Täuschung (F.)
dolo (M.) eventual dolus (M.) eventualis (lat.) (bedingter Vorsatz), Eventualvorsatz (M.), indirekter Vorsatz (M.)
dolo (M.) global Gesamtvorsatz (M.)
dolo (M.) inmediato direkter Vorsatz (M.)
dolo (M.) malo dolus (M.) malus (lat.) (Arglist)
dolo (M.) principal arglistige Täuschung (F.)
dolo (M.) procesal Prozessbetrug (M.)
dolor (M.) Schmerz (M.)
doloso (Adj.) arglistig, dolos, vorsätzlich
doméstico (Adj.) häuslich
doméstico (M.) Dienstbote (M.)
domiciliado ansässig, wohnhaft
domiciliar niederlassen
domicilio (M.) Adresse (F.), Domizil (N.), Heim (N.), Obdach (N.), Sitz (M.), Wohnort (M.), Wohnsitz (M.), Wohnung (F.)
domicilio (M.) conyugal Ehewohnung (F.)
domicilio (M.) matrimonial Ehewohnung (F.)
dominación (F.) Herrschaft (F.)
dominar beherrschen, gebieten, herrschen
domingo (M.) Sonntag (M.)
dominio (M.) Beherrschung (F.), Besitz (M.), Domäne (F.), Eigentum (N.), Herrschaft (F.)
dominio (M.) del hecho Tatherrschaft (F.)
dominio (M.) fiduciario Treuhandeigentum (N.)
dominio (M.) minero Bergwerkseigentum (N.)
dominio (M.) particular Privateigentum (N.)
dominio (M.) público del Estado öffentliches Gut (N.)
dominio (M.) territorial Grundeigentum (N.)
dominio (M.) útil Untereigentum (N.)
don (M.) Gabe (F.), Spende (F.)
donación (F.) Schenkung (F.), Spende (F.), Zuwendung (F.)
donación (F.) directa Handschenkung (F.)
donación (F.) mortis causa (lat.) Schenkung (F.) von Todes wegen
donación (F.) por causa de muerte Schenkung (F.) von Todes wegen
donación (F.) remuneratoria remuneratorische Schenkung (F.)
donación (F.) verbal Handschenkung (F.)
donador (M.) Schenker (M.), Spender (M.)
donante (M.) Schenker (M.), Stifter (M.)
donar schenken, spenden, stiften, zuwenden
donatario (M.) Schenkungsempfänger (M.)
donativo (M.) Gabe (F.), Schenkung (F.)
dorso (M.) Rückseite (F.)
dos zwei
dotación (F.) Ausstattung (F.), Dotation (F.), Kostendeckung (F.), Rückstellung (F.)
dotado begabt
dotar ausstatten, besetzen, besolden, dotieren
dote (M. bzw. F.) Aussteuer (F.), Heiratsgut (N.), Mitgift (F.)
draconiano drakonisch
droga (F.) Droge (F.)
dualidad (F.) Dualität (F.)
ducado (M.) Herzogtum (N.)
duda (F.) Bedenken (N.), Zweifel (M.)
dudoso zweifelhaft
duelo (M.) Duell (N.)
dueña (F.) Eigentümerin (F.)
dueño (M.) Eigentümer (M.), Geschäftsherr (M.), Herr (M.), Vermieter (M.), Wirt (M.)
dueño (M.) del automóvil Kraftfahrzeughalter (M.)
dueño (M.) del ganado Tierhalter (M.)
dulzura (F.) Güte (F.)
dumping (M.) Dumping (N.)
dúplica (F.) Duplik (F.)
duplicación (F.) Duplik (F.)
duplicado (M.) Duplikat (N.), Kopie (F.)
duque (M.) Herzog (M.)
duquesa (F.) Herzogin (F.)
duración (F.) Dauer (F.)
duración (F.) del cargo Amtszeit (F.)
durar dauern, halten
dureza (F.) Härte (F.)
duro (Adj.) hart

e

eclesiástico (Adj.) geistlich, kirchlich
eclesiástico (M.) Geistlicher (M.)
ecología (F.) Ökologie (F.)
ecológico ökologisch
economato (M.) Konsumgenossenschaft (F.)

economía (F.) Ökonomie (F.), Wirtschaft (F.), Wirtschaftlichkeit (F.)
economía (F.) de consumo Haushalt (M.)
economía (F.) de la empresa Betriebswirtschaft (F.)
economía (F.) de mercado Marktwirtschaft (F.)
economía (F.) de transportes Verkehrswirtschaft (F.)
economía (F.) dirigida Planwirtschaft (F.)
economía (F.) doméstica Haushalt (M.)
economía (F.) exterior Außenwirtschaft (F.)
economía (F.) natural Naturalwirtschaft (F.)
economía (F.) planificada Planwirtschaft (F.)
economía (F.) rural Landwirtschaft (F.)
económico finanziell, geschäftlich, ökonomisch, wirtschaftlich
economizar sparen
ecuménico ökumenisch
echar ausschließen, vertreiben
echar suertes losen
edad (F.) Alter (N.), Lebensalter (N.)
edad (F.) de jubilación Ruhestandsalter (N.)
edad (F.) de retiro Ruhestandsalter (N.)
edad (F.) media Durchschnittsalter (M.)
edad (F.) penal Strafmündigkeit (F.)
edición (F.) Ausgabe (F.), Edition (F.)
edicto (M.) Edikt (N.)
edicto (M.) de policía Polizeiverordnung (F.)
edificable baureif
edificación (F.) Bau (M.)
edificación (F.) residencial Wohnungsbau (M.)
edificar bauen
edificio (M.) Gebäude (N.)
edil (M.) Gemeinderat (M.)
editar verlegen (V.)
editor (M.) Herausgeber (M.), Verleger (M.)
editorial (F.) Verlag (M.)
educación (F.) Ausbildung (F.), Erziehung (F.)
educación (F.) correccional Fürsorgeerziehung (F.)
educación (F.) de niños Kindererziehung (F.)
educación (F.) en una institución asistencial Fürsorgeerziehung (F.)
educar ausbilden, erziehen
efectivo (Adj.) effektiv, real, tatsächlich
efectivo (M.) Bargeld (N.)
efecto (M.) Auswirkung (F.), Effekt (M.), Einwirkung (F.), Wirkung (F.)
efecto (M.) devolutivo Devolutiveffekt (M.)
efecto (M.) dilatorio aufschiebende Wirkung (F.), Suspensiveffekt (M.)
efecto (M.) hacia terceros Drittwirkung (F.)
efecto (M.) jurídico Rechtswirkung (F.)
efecto (M.) matrimonial Ehewirkung (F.)
efecto (M.) nominal Namenspapier (N.)
efecto (M.) retroactivo Rückwirkung (F.)
efecto (M.) suspensivo aufschiebende Wirkung (F.), Suspensiveffekt (M.)
efecto (M.) vinculante Bindungswirkung
efectos (M.Pl.) Effekten (M.Pl.), Fonds (M.)
efectos (M.Pl.) domésticos Hausrat (M.)
efectuar abwickeln, durchführen, tätigen
eficacia (F.) Wirkung (F.), Wirtschaftlichkeit (F.)
eficacia (F.) erga omnes (lat.) Allgemeinverbindlichkeit (F.)
eficacia (F.) frente a terceros Drittwirkung (F.)
eficacia (F.) general Allgemeinverbindlichkeit (F.)
eficacia (F.) jurídica Rechtskraft (F.)
eficacia Effizienz (F.)
eficaz wirksam
eficaz erga omnes allgemeinverbindlich
eficiencia (F.) Wirkung (F.)
eficiente wirksam
egresado (M.) universitario Hochschulabsolvent (M.)
ejecución (F.) Abwicklung (F.), Ausführung (F.), Ausübung (F.), Besorgung (F.), Durchführung (F.), Erledigung (F.), Exekution (F.), Hinrichtung (F.), Umsetzung (F.), Vollstreckung (F.), Vollziehung (F.), Vollzug (M.), Vornahme (F.), Zwangsvollstreckung (F.)
ejecución (F.) administrativa Verwaltungsvollstreckung (F.)
ejecución (F.) colectiva Gesamtvollstreckung (F.)
ejecución (F.) de las cosas muebles Mobiliarzwangsvollstreckung (F.)
ejecución (F.) de sentencia Urteilsvollstreckung (F.)
ejecución (F.) estatal forzosa Bundeszwang (M.)
ejecución (F.) forzosa Zwangsvollstreckung (F.)
ejecución (F.) inmediata sofortiger Vollzug (M.)

ejecución (F.) inmobiliaria Immobiliarzwangsvollstreckung (F.)
ejecución (F.) procesal de la pena Strafvollstreckung (F.)
ejecución (F.) procesal penal Strafvollstreckung (F.)
ejecución (F.) provisional vorläufige Vollstreckbarkeit (F.)
ejecución (F.) subsidiaria Ersatzvornahme (F.)
ejecución (F.) testamentaria Testamentvollstreckung (F.)
ejecución (F.) universal Gesamtvollstreckung (F.)
ejecutable pfändbar, vollstreckbar, vollziehbar
ejecutado (M.) Vollstreckungsschuldner (M.)
ejecutante (M.) Vollstrecker (M.)
ejecutar abwickeln, ausführen, besorgen, durchführen, exekutieren, hinrichten, tätigen, verrichten, verwirklichen, vollstrecken, vollziehen
ejecutividad (F.) Vollstreckbarkeit (F.), Vollziehbarkeit (F.)
ejecutivo (Adj.) exekutiv, vollstreckbar, vollziehbar
ejecutivo (M.) Exekutive (F.), Vollstreckungsverfahren (N.)
ejecutivo (M.) autónomo Landesregierung (F.)
ejecutor (M.) Scharfrichter (M.), Vollstrecker (M.)
ejecutor (M.) de la justicia Henker (M.)
ejecutor (M.) judicial Gerichtsvollzieher (M.)
ejecutor (M.) testamentario Testamentsvollstrecker (M.)
ejecutoria (F.) Urteilsvollstreckung (F.), Vollstreckungsbefehl (M.)
ejecutoriedad (F.) Vollstreckbarkeit (F.), Vollziehbarkeit (F.)
ejecutorio rechtskräftig, vollstreckbar, vollziehbar
ejemplar (M.) Ausfertigung (F.)
ejemplar (M.) de depósito legal Pflichtexemplar (N.)
ejemplar (M.) de regalo Freiexemplar (N.)
ejemplar (M.) gratis Freiexemplar (N.)
ejemplo (M.) Beispiel (N.)
ejemplo (M.) regular Regelbeispiel (N.)
ejercer ausüben, führen, üben
ejercer un cargo amtieren
ejercicio (M.) Ausübung (F.), Dienst (M.), Geltendmachung (F.), Übung (F.)
ejercicio (M.) comercial Geschäftsjahr (N.)
ejercicio (M.) de derecho Rechtsverfolgung (F.)
ejercicio (M.) de la abogacía Rechtsanwaltsdienstleistung (F.)
ejercicio (M.) de la profesión Berufsausübung (F.)
ejercicio (M.) de un derecho Rechtsausübung (F.)
ejercicio (M.) profesional Berufsausübung (F.)
ejercitable klagbar
ejercitante (M.) Prüfling (M.)
ejercitar üben
ejército (M.) Armee (F.), Heer (N.)
ejército (M.) de mar Marine (F.)
ejército (M.) federal Bundesheer (N.), Bundeswehr (F.)
elaboración (F.) Herstellung (F.), Verarbeitung (F.)
elaboración (F.) de datos Datenverarbeitung (F.)
elaboración (F.) del plan Planaufstellung (F.)
elaborar herstellen, verarbeiten
elección (F.) Wahl (F.)
elección (F.) complementaria Nachwahl (F.)
elección (F.) de dotados Begabtenauslese (F.)
elección (F.) de profesión Berufswahl (F.)
elección (F.) directa unmittelbare Wahl (F.)
elección (F.) europea Europawahl (F.)
elección (F.) general allgemeine Wahl (F.)
elección (F.) municipal Kommunalwahl (F.)
elección (F.) parcial Nachwahl (F.)
elección (F.) por grupos Gruppenwahl (F.)
elección (F.) proporcional Verhältniswahl (F.)
electo (M.) local Gemeinderat (M.)
elector (M.) Wahlberechtigter (M.), Wähler (M.)
electorado (M.) Wählerschaft (F.)
electorado (M.) pasivo passives Wahlrecht (N.)
electricidad (F.) Elektrizität (F.)
eléctrico elektrisch
electrónico elektronisch
elegible wählbar
elegir wählen
elemento (M.) de contrato Vertragsbestandteil (M.)
elemento (M.) de derecho Rechtsgrundlage (F.)

elemento (M.) de justificación Rechtfertigungselement (N.)
elemento (M.) de la culpabilidad Schuldmerkmal (N.)
elemento (M.) de prueba Beweismittel (N.)
elemento (M.) del tipo del delito Tatbestandsmerkmal (N.)
elemento (M.) injusto subjektives Unrechtselement (N.), Unrechtselement (N.)
elemento (M.) material objektives Tatbestandsmerkmal (N.)
elemento (M.) probatorio Anhaltspunkt (N.)
elemento (M.) psíquico subjektives Tatbestandsmerkmal (N.)
elemento (M.) típico Tatbestandsmerkmal (N.)
elemento (M.) típico negativo negatives Tatbestandsmerkmal (N.)
elemento (M.) típico normativo normatives Tatbestandsmerkmal (N.)
elemento (M.) típico subjetivo subjektives Tatbestandsmerkmal (N.)
elevación (F.) Erhöhung (F.)
elevar erhöhen, heben
eliminación (F.) Abschaffung (F.), Ausschließung (F.), Beseitigung (F.), Entsorgung (F.), Löschung (F.)
eliminación (F.) de consecuencias Folgenbeseitigung (F.)
eliminación (F.) de los residuos Abfallbeseitigung (F.), Abfallentsorgung (F.)
eliminar abschaffen, ausschließen, beseitigen, entfernen, entsorgen, löschen, streichen
eludir ausweichen, umgehen
elusión (F.) Umgehung (F.)
emancipación (F.) Emanzipation (F.), Mündigkeit (F.)
emancipado (Adj.) mündig, volljährig
emancipar emanzipieren
embajada (F.) Botschaft (F.), Gesandtschaft (F.)
embajador (M.) Botschafter (M.), Gesandter (M.)
embalaje (M.) Verpackung (F.)
embalar verpacken
embarazada schwanger
embarazo (M.) Schwangerschaft (F.)
embarcar laden (aufladen), verladen (V.), verschiffen
embargabilidad (F.) Pfändbarkeit (F.)
embargable pfändbar
embargador (M.) Vollstreckungsgericht (N.)
embargar beschlagnahmen, pfänden
embargo (M.) Arrest (M.), Beschlag (M.), Beschlagnahme (F.), Embargo (N.), Pfändung (F.)
embargo (M.) adhesivo Anschlusspfändung (F.)
embargo (M.) anticipado Vorpfändung (F.)
embargo (M.) arrendaticio Vermieterpfandrecht (N.)
embargo (M.) comercial Handelsembargo (N.)
embargo (M.) conservatorio Sicherungsbeschlagnahme (F.)
embargo (M.) de cambio Austauschpfändung (F.)
embargo (M.) de derechos Forderungspfändung (F.)
embargo (M.) de sueldos Lohnpfändung (F.)
embargo (M.) del salario Gehaltspfändung (F.), Lohnpfändung (F.)
embargo (M.) preventivo Sicherungsbeschlagnahme (F.)
emblema (M.) Symbol (N.)
emblema (M.) comercial Warenzeichen (N.)
emblema (M.) nacional Hoheitszeichen (N.)
emborrachar(se) betrinken (sich)
embotellamiento (F.) Stau (M.)
embriaguez (F.) Rausch (M.), Trunkenheit (F.)
embriaguez (F.) al volante Trunkenheit am Steuer (F.)
embriaguez (F.) conduciendo un vehículo Trunkenheit (F.) im Straßenverkehr, Trunkenheit am Steuer (F.)
embrio (M.) Embryo (M.)
emergencia (F.) Not (F.), Notstand (M.)
emérito (Adj.) emeritiert
emigración (F.) Auswanderung (F.), Emigration (F.)
emigrado (M.) Emigrant (M.)
emigrante (M.) Emigrant (M.)
emigrar auswandern, emigrieren
emisario (M.) Bote (M.), Botschafter (M.)
emisión (F.) Abgabe (F.), Auflage (F.), Ausgabe (F.), Ausstellung (F.), Emission (F.)
emisor (M.) Aussteller (M.) (Aussteller eines Wechsels)
emitir ausgeben, begeben, emittieren
emolumento (M.) Gage (F.)
emolumentos (M.Pl.) Deputat (N.)

empadronamiento (M.) Bucheintragung (F.), Meldewesen (N.)
empaquetar verpacken
empate (M.) electoral Stichwahl (F.)
empellón (M.) Puff (M.)
empeñar verpfänden, versetzen
empeño (M.) Pfand (N.), Verpfändung (F.)
emperador (M.) Kaiser (M.)
emperatriz (F.) Kaiserin (F.)
emplazamiento (M.) Anberaumung (F.), Beiladung (F.), Ladung (F.) (Herbestellung), Vorladung (F.), Zustellung (F.)
emplazar anberaumen, laden (herbestellen), vorladen
empleada (F.) Angestellte (F.), Arbeitnehmerin (F.)
empleado (Adj.) angestellt, beschäftigt, erwerbstätig
empleado (M.) Angestellter (M.), Arbeitnehmer (M.)
empleado (M.) de contabilidad Buchhalter (M.)
empleado (M.) directivo leitender Angestellter (M.)
empleado (M.) dirigente leitender Angestellter (M.)
empleado (M.) doméstico Hausgehilfe (M.)
empleador (M.) Arbeitgeber (M.)
empleados (M.Pl.) Personal (N.)
emplear anlegen, anstellen, anwenden, beschäftigen, einstellen, gebrauchen
empleo (M.) Anstellung (F.), Anwendung (F.), Beschäftigung (F.), Stelle (F.), Stellung (F.)
empleo (M.) a tiempo parcial Teilzeitarbeit (F.)
emporcante (M.) Schmiererei (M.)
emprendador (M.) Unternehmer (M.)
emprender übernehmen, unternehmen
empresa (F.) Betrieb (M.), Firma (F.), Unternehmen (N.), Werk (N.)
empresa (F.) armadora Reederei (F.)
empresa (F.) común Gemeinschaftsunternehmen (N.)
empresa (F.) comunal Eigengesellschaft (F.)
empresa (F.) comunitaria Gemeinschaftsunternehmen (N.)
empresa (F.) de expedición Spedition (F.)
empresa (F.) de tendencia Tendenzbetrieb (M.)
empresa (F.) energética Energieversorgungsunternehmen (N.)
empresa (F.) familiar Familienunternehmen (N.)
empresa (F.) filial Filiale (F.)
empresa (F.) fiscal Regiebetrieb (M.)
empresa (F.) ideológica Tendenzbetrieb (M.)
empresa (F.) industrial Gewerbebetrieb (M.)
empresa (F.) municipal Gemeindebetrieb (M.)
empresa (F.) propia Eigenbetrieb (M.)
empresario (M.) Unternehmer (M.)
emprestar leihen
empréstito (M.) Anleihe (F.), Darlehen (N.)
empréstito (M.) convertible Wandelanleihe (F.), Wandelschuldverschreibung (F.)
empréstito (M.) estatal Staatsanleihe (F.)
empujón (M.) Puff (M.)
en caja bar
en comisión kommissarisch
en común gemeinschaftlich
en efectivo bar
en el acto umgehend
en el término de binnen
en escondido heimlich
en estado schwanger
en firme rechtskräftig
en fuerza ejecutoria vollstreckbar
en lugar de pagamiento an Zahlungs Statt
en mano común gesamthänderisch
en metálico bar
en persona persönlich
en primera instancia erstinstanzlich
en principio prinzipiell
en última instancia letztinstanzlich
en varias fases mehrstufig
en vigor gültig
enajenación (F.) Entfremdung (F.), Veräußerung (F.)
enajenación (F.) forzosa Enteignung (F.)
enajenar enteignen, veräußern
enblanco blanko
encabezamiento (M.) Rubrum (N.)
encarcelación (F.) Haft (F.), Inhaftierung (F.)
encarcelada (F.) Gefangene (F.)
encarcelado (M.) Gefangener (M.)
encarcelamiento (M.) Einsperrung (F.)
encarcelar inhaftieren
encarecer steigern
encargado (Adj.) beauftragt
encargado (M.) Mandatar (M.), Meister (M.), Sachbearbeiter (M.), Vertreter (M.)

encargado (M.) de negocios Geschäftsträger (M.)
encargado (M.) de un asunto Verrichtungsgehilfe (M.)
encargado (M.) del registro civil Standesbeamter (M.)
encargado (M.) federal Bundesbeauftragter (M.)
encargar bestellen
encargo (M.) Stelle (F.)
encargo (M.) de curso Lehrauftrag (M.)
encausado (M.) Angeschuldigter (M.)
encausar anklagen
encerramiento (M.) Einschließung (F.)
encerrar einschließen, einsperren
encíclica (F.) Enzyklika (F.)
enciclopedia (F.) Enzyklopädie (F.), Lexikon (N.)
encierro (M.) Einschließung (F.)
encinta schwanger
enclave (M.) Enklave (F.)
encomendar anvertrauen, befehlen
encontrado (M.) Findelkind (N.)
encontrar finden
encontrarse huido flüchtig sein
encorvar beugen
encubierto heimtückisch
encubridor (M.) Hehler (M.)
encubrimiento (M.) Begünstigung (F.), Hehlerei (F.)
encubrimiento (M.) fiscal Steuerhehlerei (F.)
encubrimiento (M.) personal Strafvereitelung (F.)
encubrir hehlen, verdunkeln, verschleiern
encuesta (F.) Enquête (F.)
encuesta (F.) previa Vorermittlung (F.)
endeudamiento (M.) Verschuldung (F.), Verschuldung (F.)
endeudar(se) verschulden (sich)
endosado (M.) Indossat (M.)
endosador (M.) Indossant (M.)
endosante (M.) Indossant (M.)
endosar begeben, indossieren
endoso (M.) Indossament (N.), Indossierung (F.)
endoso (M.) en blanco Blankoindossament (N.)
endurecer verschärfen
enemigo (M.) Feind (M.)
energía (F.) Energie (F.), Kraft (F.)
enfermedad (F.) Krankheit (F.)
enfermedad (F.) laboral Berufskrankheit (F.)
enfermedad (F.) mental Geisteskrankheit (F.)
enfermedad (F.) profesional Berufskrankheit (F.)
enfermero (M.) Pfleger (M.)
enfermo (Adj.) krank
enfermo (Adj.) mental geisteskrank
enfermo (M.) Patient (M.)
enfiteusis (F.) Erbpacht (F.)
enganchar anwerben
engañador (M.) Betrüger (M.)
engañar betrügen, irreführen, täuschen
engaño (M.) Betrug (M.), Täuschung (F.)
engañoso betrügerisch
engendrar zeugen
enjuiciamiento (M.) gerichtliche Verfolgung (F.), Prozess (M.), Verfahren (N.)
enlace (M.) V-Mann (M.)
enlace (M.) sindical Betriebsrat (M.)
enmendar ändern, korrigieren, verbessern
enmienda (F.) Änderung (F.), Entschädigung (F.), Klageänderung (F.), Novelle (F.), Verbesserung (F.)
enredar(se) verstricken (sich)
enredo (M.) Machenschaft (F.)
enriquecer bereichern
enriquecimiento (M.) Bereicherung (F.)
enriquecimiento (M.) injustificado ungerechtfertigte Bereicherung (F.)
enriquecimiento (M.) injusto ungerechtfertigte Bereicherung (F.)
enrodar rädern
ensalzamiento (M.) Verherrlichung (F.)
ensalzar verherrlichen
enseña (F.) Fahne (F.)
enseñanza (F.) Erziehung (F.), Lehre (F.)
enseñanza (F.) jurídica juristische Ausbildung (F.)
enseñanza (F.) obligatoria Schulpflicht (F.)
enseñanza (F.) por correspondencia Fernunterricht (M.)
enseñanza (F.) religiosa Religionsunterricht (M.)
enseñar lehren
enseres (M.Pl.) bewegliche Sachen (F.Pl.)
enseres (M.Pl.) domésticos Hausrat (M.)
entablar einreichen
ente (M.) Einrichtung (F.)
ente (M.) de tasación Veranlagungsstelle (F.)
ente (M.) jurídico juristische Person (F.)
ente (M.) local Kommune (F.)

entenado (M.) Stiefkind (N.)
entender einsehen, entscheiden
entero gesamt, heil
enterrar beerdigen
entidad (F.) Einrichtung (F.), Gesamtheit (F.), Körperschaft (F.), Verein (M.), Vereinigung (F.)
entidad (F.) colegial Kammer (F.)
entidad (F.) crediticia Kreditinstitut (N.)
entidad (F.) de crédito Kreditinstitut (N.)
entidad (F.) fiscalizadora superior Rechnungshof (M.)
entidad (F.) gestora Geschäftsstelle (F.)
entidad (F.) municipal Gemeinde (F.)
entidad (F.) naviera Reederei (F.)
entidad (F.) pública territorial Gebietskörperschaft (F.)
entierramiento (M.) Beerdigung (F.)
entorpecido taub
entrada (F.) Aufnahme (F.), Baukostenzuschuss (M.), Betreten (N.), Einfuhr (F.), Eingang (M.), Einnahme (F.), Eintritt (M.), Import (M.), Nachzug (M.), Zugang (M.)
entrada (F.) en vigencia Inkrafttreten (N.)
entrada (F.) en vigor Inkrafttreten (N.)
entrada (F.) inmediata unmittelbares Ansetzen (N.)
entrada (F.) y registro (M.) Hausdurchsuchung (F.)
entradas (F.Pl.) Einnahmen (F.Pl.)
entrar beitreten, betreten (V.), eingehen, einreisen, eintreten, nachziehen
entre colegas kollegial
entredicho (M.) Gottesdienstsperre (F.), Interdikt (N.)
entredicho (M.) personal Personalinterdikt (N.)
entrega (F.) Ablieferung (F.), Auslieferung (F.), Herausgabe (F.), Kapitulation (F.), Lieferung (F.), Übergabe (F.), Zustellung (F.)
entregar abliefern, ausliefern, einliefern, einreichen, liefern, überantworten, überbringen, übergeben, zahlen, zustellen
entregarse kapitulieren
entrevista (F.) Vernehmung (F.)
entrometerse eingreifen
enumeración (F.) Enumeration (F.)
enumerar enumerieren
envenenamiento (M.) Vergiftung (F.)
envenenar vergiften
enviado (M.) Gesandter (M.)
enviar abstellen, aufgeben, schicken, versenden
envío (M.) Konsignation (F.), Lieferung (F.), Versand (M.), Versendung (F.)
envío (M.) para inspección Ansichtssendung (F.)
epidemia (F.) Seuche (F.)
epoca (F.) de las luces Aufklärung (F.)
equidad (F.) Billigkeit (F.)
equilibrar ausgleichen
equilibrio (M.) Ausgleich (M.)
equilibrio (M.) de los poderes financieros horizontal horizontaler Finanzausgleich (M.)
equipar ausstatten
equiparación (F.) Gleichberechtigung (F.)
equipo (M.) Ausstattung (F.), Aussteuer (F.), Gruppe (F.)
equipo (M.) de tratamiento de las aguas residuales Kläranlage (F.)
equitativo billig, gerechtfertigt
equivalencia (F.) Äquivalenz (F.)
equivalente (Adj.) äquivalent, gleichwertig
equivocación (F.) Irrtum (M.)
erario (M.) Staatskasse (F.)
erogar verteilen
errado unrichtig
erroneo falsch
error (M.) Irrtum (M.), Versehen (N.)
error (M.) aberratio ictus (lat.) aberratio (F.) ictus (lat.) (Abirrung des Geschosses)
error (M.) de cálculo Kalkulationsirrtum (M.)
error (M.) de derecho Rechtsirrtum (M.), Verbotsirrtum (M.)
error (M.) de derecho penal Strafbarkeitsirrtum (M.)
error (M.) de escritura Schreibfehler (M.)
error (M.) de hecho Tatirrtum (M.)
error (M.) de permisión Erlaubnisirrtum (M.)
error (M.) de prohibición Verbotsirrtum (M.)
error (M.) de subsunción Subsumtionsirrtum (M.)
error (M.) de tipo Tatbestandsirrtum (M.)
error (M.) en el golpe aberratio (F.) ictus (lat.) (Abirrung des Geschosses)
error (M.) en el motivo Motivirrtum (M.)
error (M.) en el objeto Tatirrtum (M.)
error (M.) en la declaración Erklärungsirrtum (M.)
error (M.) in procedendo (lat.) Verfahrensmangel (M.)
error (M.) in substantia (lat.) Inhaltsirrtum (M.)

error (M.) indirecto de prohibición indirekter Verbotsirrtum (M.)
error (M.) judicial Justizirrtum (M.)
error (M.) matemático Kalkulationsirrtum (M.)
error (M.) material de hecho Tatsachenirrtum (M.)
error (M.) obstativo Erklärungsirrtum (M.)
error (M.) profesional Kunstfehler (M.)
error (M.) sobre el contenido de la declaración Inhaltsirrtum (M.)
escabinado (M.) Schöffengericht (N.)
escabino (M.) Schöffe (M.)
escala (F.) Laufbahn (F.), Tabelle (F.)
escala (F.) penal Strafmaß (N.)
escalador (M.) Einbrecher (M.)
escalamiento (M.) Einbruchsdiebstahl (M.)
escalar einbrechen
escalo (M.) Einbruch (M.)
escalón (M.) Dienstgrad (M.), Stufe (F.)
escándalo (M.) público Erregung (F.) öffentlichen Ärgernisses
escaño (M.) Sitz (M.)
escapar entgehen
escapatoria (F.) fiscal Steuerhinterziehung (F.)
escarnio (M.) Hohn (M.)
escasez (F.) Mangel (M.)
escaso dürftig, mangelhaft
escenario (M.) del crimen Tatort (M.)
escisión (F.) procesal Prozesstrennung (F.)
esclarecer aufklären
esclarecimiento (M.) Aufklärung (F.)
esclava (F.) Sklavin (F.)
esclavitud (F.) Knechtschaft (F.)
esclavo (M.) Sklave (M.)
escoger auswählen, wählen
escolar (M.) Schüler (M.)
escombros (M.Pl.) Schutt (M.)
esconder verstecken
escopeta (F.) Gewehr (N.)
escribano (M.) Gerichtsschreiber (M.)
escribiente (M.) Schriftführer (M.)
escribiente (M.) del juzgado Gerichtsschreiber (M.)
escribiente (M.) habilitado Schriftführer (M.)
escribir schreiben
escrito (M.) Schreiben (N.), Schrift (F.), Schriftsatz (M.)
escrito (M.) de amenazas Drohbrief (M.)
escrito (M.) de casación Revisionsschrift (F.)
escrito (M.) de debate Schriftsatz (M.)
escrito (M.) de demanda Klageschrift (F.)
escrito (M.) de recusación Ablehnungsantrag (M.)
escrito (M.) de réplica Gegendarstellung (F.)
escritura (F.) Handschrift (F.), Satzung (F.), Schrift (F.), Schriftform (F.), Schriftlichkeit (F.)
escritura (F.) de cesión Abtretungsurkunde (F.)
escritura (F.) de convenio Vertragsurkunde (F.)
escritura (F.) de fundación Gründungsvertrag (M.)
escritura (F.) de hipoteca Hypothekenbrief (M.)
escritura (F.) privada Privaturkunde (F.)
escrutar nachzählen
escrutinio (M.) Wahlprüfung (F.)
escrutinio (M.) de lista Listenwahl (F.)
escrutinio (M.) mayoritario Mehrheitswahl (F.)
escrutinio (M.) secreto geheime Wahl (F.)
escuchar abhören, anhören, hören
escudriñar ausforschen
escuela (F.) Doktrin (F.), Schule (F.)
escuela (F.) confesional Bekenntnisschule (F.)
escuela (F.) de aprendizaje Berufsschule (F.)
escuela (F.) de derecho Rechtsschule (F.)
escuela (F.) de segunda enseñenza Realschule (F.)
escuela (F.) particular Privatschule (F.)
escuela (F.) primaria Volksschule (F.)
escuela (F.) privada Privatschule (F.)
escuela (F.) profesional Berufsschule (F.)
escuela (F.) secundaria Gymnasium (N.)
escuela (F.) superior Hochschule (F.)
escuela (F.) técnica superior Fachhochschule (F.)
escuela (F.) unitaria Gesamtschule (F.)
escuela (F.) universitaria Fachhochschule (F.)
eschema (M.) de comprobación Prüfungsschema (N.)
esencia (F.) Wesen (N.)
esencial Haupt..., hauptsächlich, wesentlich
esfera (F.) Sphäre (F.)
esfera (F.) extralaboral Privatsphäre (F.)
espacio (M.) Fläche (F.), Raum (M.)
Espacio (M.) Económico Europeo Europäischer Wirtschaftsraum (M.)
espacio (M.) exterior Weltraum (M.)

espacio (M.) habitable Wohnraum (M.)
espantar schrecken
España Spanien (N.)
español spanisch
especial einzeln, Sonder..., speziell
especialidad (F.) Fach (N.), Sachkunde (F.), Spezialität (F.)
especialista (M.) Facharbeiter (M.), Fachmann (M.), Spezialist (M.)
especie (F.) Sorte (F.), Spezies (F.)
especificación (F.) Aufstellung (F.), Spezifikation (F.)
especificar spezifizieren
especulación (F.) Spekulation (F.)
especulador (M.) Spekulant (M.)
especular spekulieren
espedición (F.) Spedition (F.)
esperanza (F.) de derecho Anwartschaft (F.)
esperar warten
esperto (M.) Experte (M.)
espía (M.) Spion (M.)
espiar spionieren
espión (M.) Spion (M.)
espionaje (M.) Spionage (F.)
espiritu (M.) Geist (M.)
espiritual geistig
esponsales (M.Pl.) Verlöbnis (N.), Verlobung (F.)
esponsalias (F.Pl.) Verlöbnis (N.), Verlobung (F.)
esponsorización (F.) Sponsoring (N.) (engl.)
esposa (F.) Ehefrau (F.), Ehegattin (F.), Gattin (F.), Gemahlin (F.), Handschelle (F.)
espositivo (M.) Artikel (M.)
esposo (M.) Ehemann (M.), Gatte (M.), Gemahl (M.)
esquema (M.) Schema (N.)
esquirol (M.) Streikbrecher (M.)
esquizofrenia (F.) Schizophrenie (F.)
estabelecer einsetzen
estabilidad (F.) Unversetzbarkeit (F.)
estabilidad (F.) relativa Kündigungsschutz (M.)
estable stabil
establecer aufstellen, einrichten, eröffnen, festsetzen, gründen, niederlassen
establecimiento (M.) Anstalt (F.), Aufstellung (F.), Einsetzung (F.), Festsetzung (F.), Niederlassung (F.)
establecimiento (M.) de crédito Kreditinstitut (N.)
establecimiento (M.) de deshabituación Entziehungsanstalt (F.)
establecimiento (M.) de normas Normerlass (M.)
establecimiento (M.) mercantil Geschäft (N.), Handelsgeschäft (N.)
establecimiento (M.) penal juvenil Jugendstrafanstalt (F.)
establecimiento (M.) penitenciario Justizvollzugsanstalt (F.), Strafanstalt (F.), Strafvollzugsanstalt (F.), Vollzugsanstalt (F.)
establecimiento (M.) público Anstalt (F.) des öffentlichen Rechts, Gaststätte (F.)
estación (F.) Station (F.)
estacionamiento (M.) Parken (N.), Standort (M.)
estacionar stationieren
estadista (M.) Staatsmann (M.)
estadística (F.) Statistik (F.)
estadística (F.) criminal Kriminalstatistik (F.)
estadística (F.) penitenciaria Kriminalstatistik (F.)
Estado (M.) Staat (M.)
estado (M.) Stand (M.), Status (M.), Zustand (M.)
estado (M.) bélico Kriegszustand (F.)
estado (M.) civil Familienstand (M.), Personenstand (M.)
estado (M.) contable Rechenschaftsbericht (N.)
estado (M.) de alarma Alarmzustand (M.)
Estado (M.) de bienestar Wohlfahrtsstaat (M.)
estado (M.) de cosas Sachverhalt (M.)
estado (M.) de cuenta Kontostand (M.)
estado (M.) de defensa Verteidigungsfall (M.)
Estado (M.) de derecho Rechtsstaat (M.)
estado (M.) de emergencia Staatsnotstand (M.)
estado (M.) de excepción Ausnahmezustand (M.)
estado (M.) de guerra Kriegszustand (F.)
estado (M.) de las personas Personenstand (M.)
estado (M.) de minoridad Minderjährigkeit (F.)
estado (M.) de necesidad Notstand (M.)
estado (M.) de necesidad agresivo Angriffsnotstand (M.)
estado (M.) de necesidad defensivo Verteidigungsnotstand (M.)

estado (M.) de necesidad del Estado Staatsnotstand (M.)
estado (M.) de necesidad legislativa Gesetzgebungsnotstand (M.)
estado (M.) de necesidad putativo Putativnotstand (M.)
estado (M.) de necesidad supralegal übergesetzlicher Notstand (M.)
estado (M.) de salud Gesundheitszustand (M.)
estado (M.) de sitio Standrecht (N.)
estado (M.) de situación Bilanz (F.)
estado (M.) familiar Familienstand (M.)
Estado (M.) federado Bundesstaat (M.)
Estado (M.) federal Bundesstaat (M.)
estado (M.) jurídico Rechtsstellung (F.), Rechtszustand (M.)
Estado (M.) libre Freistaat (M.)
estado (M.) mayor Stab (M.)
Estado (M.) miembro Bundesland (N.)
Estado (M.) nacional Nationalstaat (M.)
Estado (M.) particular Bundesland (N.)
estado (M.) patrimonial Güterstand (M.)
Estado (M.) pequeño Kleinstaat (M.)
Estado (M.) policial Polizeistaat (M.)
Estado (M.) Pontificio Kirchenstaat (M.)
estado (M.) posesorio Besitzstand (M.)
estado (M.) sanitario Gesundheitszustand (M.)
Estado (M.) social Sozialstaat (M.)
Estado (M.) territorial Territorialstaat (M.)
Estado (M.) unitario Einheitsstaat (M.)
estado (N.) Bestehen (N.)
Estado-ciudad (M.) Stadtstaat (M.)
Estado-nación (M.) Nationalstaat (M.)
Estado-policía (M.) Polizeistaat (M.)
Estado-providencia (M.) Wohlfahrtsstaat (M.)
Estados Unidos de América (EE UU) Vereinigte Staaten von Amerika (M.Pl.) (USA)
estafa (F.) Betrug (M.)
estafa (F.) contractual Eingehungsbetrug (M.)
estafa (F.) de cumplimiento Erfüllungsbetrug (M.)
estafa (F.) de fingimiento Kreditbetrug (M.)
estafa (F.) informática Computerbetrug (M.)
estafa (F.) procesal Prozessbetrug (M.)
estafador (M.) Betrüger (M.), Hochstapler (M.)
estafador (M.) matrimonial Heiratsschwindler (M.)
estafar betrügen
estafeta (F.) de correos Postamt (N.)
estamento (M.) militar Militär (N.)
estampilla (F.) Stempel (M.)
estampillo (M.) Siegel (N.)
estampillo (M.) oficial Dienstsiegel (N.)
estancia (F.) Aufenthalt (M.)
estanco (M.) Archiv (N.)
estándar (M.) Norm (F.), Standard (M.)
estándar (M.) de vida Lebensstandard (M.)
estar liegen
estar en huelga streiken
estar en sesiones tagen
estar pendiente schweben
estar situado liegen
estar sometido unterliegen
estar suspendido ruhen
estar vigente gelten
estatal staatlich
estatificar verstaatlichen
estatización (F.) Verstaatlichung (F.)
estatuir verordnen
estatutario satzungsgemäß
estatuto (M.) Gesetz (N.), Satzung (F.), Statut (N.)
estatuto (M.) de ocupación Besatzungsstatut (N.)
estatuto (M.) general de la abogacía Bundesrechtsanwaltsordnung (F.)
estatuto (M.) legal Rechtszustand (M.)
estatuto (M.) orgánico de la abogacía Rechtsanwaltsordnung
estatuto (M.) personal Personalstatut (N.)
estatutos (M.Pl.) de la asociación Vereinssatzung (F.)
estatutos (M.Pl.) de una sociedad Vereinssatzung (F.)
Este (M.) Osten (M.)
estéril steril
esterilización (F.) Sterilisation (F.)
esterilizar sterilisieren
estilo (M.) forense Gerichtssprache (F.)
estimación (F.) Achtung (F.), Anschlag (M.), Schätzung (F.), Veranlagung (F.)
estimación (F.) de prueba Beweiswürdigung (F.)
estimar abhelfen, achten, beurteilen, ermessen, meinen, schätzen, veranlagen, zulassen
estimular anregen
estipendio (M.) Sold (M.), Stipendium (N.)
estipulación (F.) Abmachung (F.), Klausel (F.), Vereinbarung (F.)

estipulación (F.) a cargo de tercero Vertrag (M.) zu Lasten Dritter
estipulante (M.) vertragsschließende Partei (F.)
estipular abmachen, bedingen, bestimmen, festsetzen, vereinbaren
estirpe (F.) Geschlecht (N.), Sippe (F.), Stamm (M.)
estorbar stören
estorbo (M.) Behinderung (F.)
estrangulación (F.) Strangulation (F.), Strangulierung (F.)
estrangulamiento (M.) Strangulation (F.)
estrangular strangulieren
estraperlista (M.) Schwarzhändler (M.)
estraperlo (M.) Schwarzmarkt (M.)
estratagema (F.) Hinterlist (F.)
estrépito (M.) Lärm (M.)
estrictamente personal höchstpersönlich
estudiantado (M.) Studentenschaft (F.)
estudiante (M.) Student (M.)
estudiar lernen, studieren
estudio (M.) Praxis (N.)
estudios (M.Pl.) Studium (N.)
estudios (M.Pl.) de impacto en el medio ambiente Umweltverträglichkeitsprüfung (F.)
estudios (M.Pl.) de postgrado Post-Graduate-Studium (N.)
estudios (M.Pl.) de tercer ciclo Post-Graduate-Studium (N.)
estudios (M.Pl.) postgraduados Post-Graduate-Studium (N.)
estudios (M.Pl.) superiores Hochschulstudium (N.)
estudios (M.Pl.) universitarios Hochschulstudium (N.)
estupefaciente (M.) Droge (F.), Rauschgift (N.)
estupro (M.) Schändung (F.), Verführung (F.)
estupro (M.) incestuoso Blutschande (F.), Inzest (M.)
ética (F.) Ethik (F.)
ética (F.) jurídica Rechtsethik (F.)
ética (F.) profesional legal Standespflicht (F.)
ético ethisch, sittlich
étnico ethnisch
Euratom (F.) Euratom (F.)
euro (M.) Euro (M.)
eurocheque (M.) Eurocheque (M.)
euroelección (F.) Europawahl (F.)
Europa (F.) Europa (N.)
europeo (Adj.) europäisch
euroregión (F.) Europaregion (F.)
eutanasia (F.) Euthanasie (F.), Sterbehilfe (F.)
evacuación (F.) Evakuierung (F.), Räumung (F.)
evacuado (M.) Aussiedler (M.)
evacuar aussiedeln, evakuieren, räumen, vornehmen
evadirse ausbrechen
evaluación (F.) Evaluation (F.), Schätzung (F.), Veranlagung (F.), Wertung (F.)
evaluación (F.) de bienes Güterabwägung (F.)
evaluación (F.) de empresa Unternehmensbewertung (F.)
evaluación (F.) de la incidencia en el medio ambiente Umweltverträglichkeitsprüfung (F.)
evaluar evaluieren, schätzen, veranlagen
evangélico (Adj.) evangelisch
evasión (F.) Ausbruch (M.)
evasión (F.) de presos Gefangenenbefreiung (F.)
evasión (F.) fiscal Steuerflucht (F.)
evasión (F.) tributaria Steuerflucht (F.)
evento (M.) Ereignis (N.)
evento (M.) disgracio Unglücksfall (M.)
eventual eventual, Neben…, zufällig
evicción (F.) Entzug (M.), Eviktion (F.)
evidencia (F.) Evidenz (F.)
evidencia (F.) circunstancial Indizienbeweis (M.)
evidente evident, offenbar
evitable vermeidbar
evitación (F.) Verhütung (F.), Vermeidung (F.)
evitación (F.) de accidentes Unfallverhütung (F.)
evitar meiden, verhüten, vermeiden
evocar erinnern
evolución (F.) Entwicklung (F.)
evolución (F.) jurídica Rechtsentwicklung (F.)
ex lege (lat.) ex lege (lat.) (auf Grund Gesetzes)
ex nunc (lat.) ex nunc (lat.) (ab jetzt)
ex officio (lat.) ex officio (lat.) (von Amts wegen)
ex testamento (lat.) testamentarisch
ex tunc (lat.) ex tunc (lat.) (von damals an)
exacción (F.) Erhebung (F.)
exacción (F.) ilegal Abgabenüberhebung (F.), Gebührenüberhebung (F.)

exacto richtig
examen (M.) Einsicht (F.), Einvernahme (F.), Examen (N.), Kontrolle (F.), Prüfung (F.), Untersuchung (F.), Vernehmung (F.)
examen (M.) de bachillerato Abitur (N.)
examen (M.) de doctorado Doktorprüfung (F.)
examen (M.) de la elección Wahlprüfung (F.)
examen (M.) de las partes Parteivernehmung (F.)
examen (M.) de maestría Meisterprüfung (F.)
examen (M.) intermedio Zwischenprüfung (F.)
examen (M.) oficial de Estado Staatsprüfung (F.)
examen (M.) preliminar Vorprüfung (F.)
examen (M.) sobre el mantenimiento de la detención Haftprüfung (F.)
examinado (M.) Prüfling (M.)
examinador (M.) Prüfer (M.)
examinar einsehen, einvernehmen, kontrollieren, prüfen, revidieren, überprüfen, untersuchen, vernehmen
excarcelación (F.) Enthaftung (F.)
excarcelar enthaften
excedencia (F.) einstweiliger Ruhestand (M.)
excedente (M.) Überhang (M.), Überschuss (M.)
excedente (M.) de crédito del impuesto Vorsteuer (F.)
excepción (F.) Ausnahme (F.), Einrede (F.), Einwand (M.), Einwendung (F.), exceptio (F.) (lat.) (Einrede)
excepción (F.) de insuficiencia Dürftigkeitseinrede (F.)
excepción (F.) perentoria peremptorische Einrede (F.)
excepcionar einwenden
exceptio (F.) (lat.) exceptio (F.) (lat.) (Einrede)
exceptio (F.) doli (lat.) exceptio (F.) doli (lat.) (Arglisteinrede)
excepto außer
excesivo exzessiv, unverhältnismäßig
exceso (M.) Exzess (M.), Überhang (M.), Übermaß (N.)
exceso (M.) de cargas Überschuldung (F.)
exceso (M.) de deudas Überschuldung (F.)
exceso (M.) en la legítima defensa Notwehrexzess (M.), Notwehrüberschreitung (F.)
excitar erregen
exclave (M.) Exklave (F.)
excluir ausschließen, aussondern
excluir del trabajo aussperren
exclusión (F.) Ausnahme (F.), Ausschließung (F.), Ausschluss (M.), Aussonderung (F.)
exclusión (F.) de disposiciones contractuales Tarifausschluss (M.)
exclusiva (F.) Monopol (N.)
exclusividad (F.) Exklusivität (F.)
exclusivo ausschließlich, exklusiv
excomulgar exkommunizieren
excomunión (F.) Exkommunikation (F.)
exculpación (F.) Entlastung (F.), Entschuldigung (F.), Exkulpation (F.)
exculpar entlasten, exkulpieren
excusa (F.) Entschuldigung (F.), Rechtfertigung (F.)
excusa (F.) absolutoria Strafausschließungsgrund (M.)
excusa (F.) de testimonio Zeugnisverweigerung (F.)
excusar entschuldigen, rechtfertigen, verweigern
exención (F.) Befreiung (F.), Dispens (M.), Freiheit (F.), Freistellung (F.), Freizeichnung (F.), Steuererlass (M.)
exención (F.) contributiva Steuerbefreiung (F.)
exención (F.) de la pena Strafausschließungsgrund (M.)
exención (F.) de responsabilidad Haftungsausschluss (M.)
exención (F.) fiscal Steuerfreibetrag (M.)
exención (F.) por categoría Gruppenfreistellung (F.)
exento (Adj.) de aduana zollfrei
exento (Adj.) de gravámenes lastenfrei
exento (Adj.) de tributar steuerfrei
exento (M.) Freibetrag (M.)
exento (M.) de embargo Pfändungsfreibetrag (M.)
exequátur (M.) Exequatur (N.)
exheredación (F.) Enterbung (F.)
exheredar enterben
exhibición (F.) Vorlage (F.), Vorlegung (F.)
exhibicionista (M.) Exhibitionist (M.)
exhibir auslegen, vorlegen
exhortación (F.) Ermahnung (F.)
exhortar ermahnen, ersuchen, mahnen
exhorto (M.) Mahnung (F.)

exhumación (F.) Exhumierung (F.)
exhumar exhumieren
exigencia (F.) Bedürfnis (N.), Erfordernis (N.)
exigibilidad (F.) Zumutbarkeit (F.)
exigible kündbar, zumutbar
exigir eintreiben, erfordern
exilado (M.) Heimatvertriebener (M.)
exilar verbannen
exilarse emigrieren
exilio (M.) Exil (N.), Verbannung (F.)
eximente (F.) Schuldausschließungsgrund (M.)
eximente (F.) de fuerza Nötigungsnotstand (M.)
existencia (F.) Bestehen (N.), Dasein (N.), Existenz (F.)
existencias (F.Pl.) Bestand (M.), Vorrat (M.)
existir existieren
éxito (M.) Erfolg (M.)
exoneración (F.) Entlastung (F.), Freistellung (F.)
exoneración (F.) de responsabilidad (F.) Haftungsausschluss (M.)
exonerar entlasten
exorbitancia (F.) Übermaß (N.)
expatriación (F.) Ausbürgerung (F.)
expatriar ausbürgern
expectativa (F.) Anwartschaft (F.), Anwartschaftsrecht (N.)
expedición (F.) Abfertigung (F.), Aufgabe (F.), Ausfertigung (F.), Ausgabe (F.), Ausstellung (F.), Versand (M.), Versendung (F.)
expedidor (M.) Spediteur (M.), Versender (M.)
expediente (M.) Akte (F.), Dossier (N.), Gesuch (N.)
expediente (M.) profesional Personalakte (F.)
expedir abfertigen, aufgeben, ausfertigen, ausstellen, schicken, verladen (V.), verschiffen, versenden
expendición (F.) Inverkehrbringen (N.)
expensa (F.) Auslage (F.)
expensas (F.Pl.) Kosten (F.Pl.)
experiencia (F.) Erfahrung (F.)
experiencia (F.) de la vida Lebenserfahrung (F.)
experto (Adj.) kundig, sachverständig
experto (M.) Fachmann (M.), Gutachter (M.), Sachverständiger (M.)
expiación (F.) Sühne (F.)
expiar büßen, verbüßen
expirar ablaufen, verfallen (V.)
explicación (F.) Erklärung (F.), Erläuterung (F.)
explicar auslegen, erläutern
explicito ausdrücklich
exploración (F.) Ausforschung (F.), Erschließung (F.)
explorar ausforschen, erschließen, schürfen
explosión (F.) Explosion (F.)
explosionar explodieren
explosivo (M.) Sprengstoff (M.)
explotación (F.) Ausbeutung (F.), Betrieb (M.), Nutzung (F.)
explotador (M.) Schinder (M.)
explotar ausbeuten, betreiben, explodieren, missbrauchen
expoliación (F.) Beraubung (F.), Plünderung (F.)
expoliador (M.) Plünderer (M.)
expoliar berauben, plündern
expolio (M.) Beraubung (F.)
exponer aussetzen, ausstellen, erklären
exportación (F.) Ausfuhr (F.), Export (M.)
exportar exportieren
exposición (F.) Auslegung (F.), Aussetzung (F.) (Aussetzung von Menschen), Ausstellung (F.), Darlegung (F.), Vortrag (M.)
exposición (F.) de hechos Sachvortrag (M.)
expositor (M.) Aussteller (M.)
expresión (F.) Angabe (F.), Äußerung (F.), Rede (F.)
expreso ausdrücklich
expressis verbis (lat.) expressis verbis (lat.) (ausdrücklich)
expropiación (F.) Enteignung (F.)
expropiación (F.) administrativa Administrativenteignung (F.)
expropiación (F.) legal Legalenteignung (F.)
expropiar enteignen
expulsado (M.) Vertriebener (M.)
expulsar abschieben, ausweisen, vertreiben
expulsión (F.) Ausweisung (F.), Relegation (F.), Vertreibung (F.), Verweisung (F.)
expulsión (F.) del luego Platzverweis (M.)
expulsión (F.) por vía de apremio Abschiebung (F.)
extemporaneidad (F.) Verfristung (F.)
extender erweitern
extensión (F.) Erweiterung (F.)
extensivo extensiv
extenuar erschöpfen

exterior (Adj.) auswärtig
exterior (M.) Ausland (N.)
exteriorización (F.) Äußerung (F.)
exteriorizar äußern
extinción (F.) Ablauf (M.), Ablösung (F.) (Tilgung), Ausschluss (M.), Beendigung (F.), Erlöschen (N.), Löschung (F.), Tilgung (F.)
extinción (F.) de la pena Straftilgung (F.)
extinción (F.) por mutuo acuerdo de las partes Aufhebung (F.)
extinguir ablösen, löschen, tilgen
extinguirse erlöschen
extintivo resolutiv
extornar stornieren
extorno (M.) Storno (N.)
extorsión (F.) Erpressung (F.)
extorsionador (M.) Erpresser (M.)
extorsionar erpressen
extorsivo erpresserisch
extracción (F.) Förderung (F.)
extracto (M.) Auszug (M.)
extracto (M.) de catastro Katasterauszug (M.)
extracto (M.) de cuentas Kontoauszug (M.)
extradición (F.) Auslieferung (F.)
extraditar ausliefern
extraer fördern
extrajudicial außergerichtlich
extranjera (F.) Fremde (F.) (2)
extranjería (F.) Fremdenrecht (N.)
extranjero (Adj.) ausländisch, fremd
extranjero (M.) Ausland (N.), Ausländer (M.), Fremder (M.)
extranjero (M.) apátrida heimatloser Ausländer (M.)
extrañamiento (M.) Verbannung (F.)
extrañar ausweisen, verbannen
extraño (Adj.) ausländisch, auswärtig
extraoficial inoffiziell, offiziös
extraordinario außerordentlich
extraterreno exterritorial
extraterritorial exterritorial
extraterritorialidad (F.) Exterritorialität (F.)
extravío (M.) Abhandenkommen (N.)
extravío (M.) de la justicia Justizirrtum (M.)
extremismo (M.) Extremismus (M.)
extremista (Adj.) radikal
extremista (M.) Extremist (M.)
extremo (Adj.) extrem
extrordinario (Adj.) außergewöhnlich

f

fábrica (F.) Betrieb (M.), Fabrik (F.), Herstellung (F.), Werk (N.)
fábrica (F.) de la iglesia Kirchenverwaltung (F.)
fabricación (F.) Fabrikation (F.), Herstellung (F.)
fabricado (M.) Erzeugnis (N.)
fabricante (M.) Fabrikant (M.), Gewerbetreibender (M.), Hersteller (M.), Produzent (M.)
fabricar herstellen
fabril gewerblich
facción (F.) Zusammenrottung (F.)
fácil leicht
facilitación (F.) Erleichterung (F.)
facilitación (F.) de la prueba Beweiserleichterung (F.)
facilitar erleichtern
facsímil (M.) Faksimile (N.)
facsímile (M.) Faksimile (N.)
fáctico faktisch
factor (M.) Faktor (M.), Prokurist (M.)
factoring (M.) Factoring (N.)
factura (F.) Faktura (F.), Rechnung (F.)
facturar berechnen, umsetzen
facultad (F.) facultas (F.) (lat.), Fakultät (F.)
facultad (F.) de no responder Aussageverweigerungsrecht (N.)
facultad (F.) jurídica Rechtsfakultät (F.)
facultado befugt
facultar befähigen, ermächtigen
facultas (F.) alternativa (lat.) Ersetzungsbefugnis (F.), facultas (F.) alternativa (lat.) (Ersetzungsbefugnis)
facultativo (Adj.) fakultativ
facultativo (M.) Arzt (M.)
falegresía (F.) Kirchspiel (N.)
falsario (M.) Lügner (M.)
falseador (M.) Fälscher (M.)
falsear fälschen
falsedad (F.) Fälschung (F.), Heuchelei (F.), Unwahrheit (F.)
falsedad (F.) documental Urkundenfälschung (F.)
falsedad (F.) electoral Wahlfälschung (F.)
falsedad (F.) por ocultación Urkundenunterdrückung (F.)
falsificación (F.) Fälschung (F.)

falsificación (F.) de efectos timbrados Wertzeichenfälschung (F.)
falsificación (F.) de moneda Geldfälschung (F.)
falsificación (F.) documentaria Urkundenfälschung (F.)
falsificación (F.) monetaria Geldfälschung (F.)
falsificado falsch
falsificador (M.) Fälscher (M.)
falsificador (M.) de moneda Falschmünzer (M.)
falsificar fälschen
falso (Adj.) falsch, unecht, unwahr
falso testimonio (M.) Falschaussage
falsus procurator (M.) (lat.) falsus procurator (M.) (lat.) (Vertreter ohne Vertretungsmacht)
falta (F.) Ausfall (M.), Fehler (M.), Mangel (M.), Manko (N.), Vergehen (N.), Versäumnis (N.)
falta (F.) de base (F.) del negocio Fehlen (N.) der Geschäftsgrundlage
falta (F.) de comprensión Unverstand (M.)
falta (F.) de comprensión burda grober Unverstand (M.)
falta (F.) de equidad Unbilligkeit (F.)
falta (F.) de escritura Schreibfehler (M.)
falta (F.) de imprenta Pressedelikt (N.)
falta (F.) de prestación Nichtleistung (F.)
falta (F.) de técnica Kunstfehler (M.)
falta (F.) disciplinaria Dienstvergehen (N.)
falta (F.) organizativa Organisationsmangel (M.)
faltar fehlen, mangeln
falto (Adj.) mangelhaft
falla (F.) Mangel (M.)
fallable spruchreif
fallecer sterben, versterben
fallecido (Adj.) verstorben
fallecimiento (M.) Tod (M.)
fallido (Adj.) bankrott
fallido (M.) Bankrotteur (M.), Insolvenzschuldner (M.), Konkurs (M.)
fallo (M.) Endurteil (N.), Entscheidung (F.), Erkenntnis (N.) (Entscheidung), Spruch (M.), Urteil (N.), Urteilstenor (M.), Wegfall (M.)
fallo (M.) del jurado Spruch (M.) des Schwurgerichts
fallo (M.) errado Fehlurteil (N.)
fallo (M.) simulado Scheinurteil (N.)
fama (F.) Ansehen (N.), Ehre (F.), Ruf (M.)
familia (F.) Familie (F.)
familia (F.) monoparental Alleinerziehende (F.)
familia (F.) unipaternal Alleinerziehender (M.)
familiar (Adj.) angehörig, vertraulich
familiar (M.) Angehöriger (M.)
farmacéutico (M.) Apotheker (M.)
farmacia (F.) Apotheke (F.)
fascismo (M.) Faschismus (M.)
fastidioso schikanös
fatal tödlich
favor (M.) Gefälligkeit (F.), Gunst (F.)
favorable günstig
favorecedo (M.) Begünstigter (M.)
favorecer begünstigen, protegieren
favorecimiento (M.) Begünstigung (F.)
fax (M.) Fax (N.), Telefax (N.)
fe (F.) Glaube (M.), Treue (F.), Vertrauen (N.)
fe (F.) pública öffentlicher Glaube (M.)
fe (F.) púnica Bösgläubigkeit (F.)
fecundación (F.) Insemination (F.)
fecha (F.) Datum (N.), Termin (M.)
fecha (F.) clave Stichtag (M.)
fecha (F.) de vencimiento Fälligkeitstermin (M.)
fedatario (M.) Urkundsbeamter (M.)
federación (F.) Bund (M.), Bundesstaat (M.)
féderacion (F.) Bündnis (N.)
federación (F.) Föderation (F.), Verband (M.)
Federación (F.) Alemana de Sindicatos Deutscher Gewerkschaftsbund (M.) (DGB)
federal bundesstaatlich, föderal
federalismo (M.) Föderalismus (M.)
federativo bundesstaatlich
fehaciente glaubwürdig
felonía (F.) Verrat (M.)
fenecer beenden
fenecido beendet
feria (F.) Messe (F.)
feria (F.) judicial Gerichtsferien (Pl.)
ferocidad (F.) Grausamkeit (F.)
feroz grausam
ferrocarril (M.) Bahn (F.), Eisenbahn (F.)
Ferrocarriles (M.Pl.) Federales Bundesbahn (F.)
feto (M.) Fötus (M.) (Leibesfrucht), Leibesfrucht (F.)
feudal feudal

feudalismo (M.) Feudalismus (M.)
feudo (M.) Lehen (N.)
fiabilidad (F.) Zuverlässigkeit (F.)
fiable zuverlässig
fiador (M.) Bürge (M.), Garant (M.), Hinterleger (M.), Sicherungsgeber (M.), Treuhänder (M.)
fiador (M.) de propia deuda Selbstschuldner (M.)
fiador (M.) subsidiario Rückbürge (M.)
fianza (F.) Bürgschaft (F.), Garantie (F.), Gewähr (F.), Haftung (F.), Kaution (F.)
fianza (F.) bancaria Bankbürgschaft (F.)
fianza (F.) juratoria Ehrenwort (N.)
fianza (F.) solidaria Mitbürgschaft (F.)
fianza (F.) subsidiaria Rückbürgschaft (F.)
fiar borgen, bürgen
ficción (F.) Fiktion (F.)
ficiticio fiktiv
fichero (M.) Kartei (F.), Register (N.)
fichero (M.) de datos Datei (F.)
fideicomisario (M.) Fideikommisserbe (M.), Treuhänder (M.), Treunehmer (M.)
fideicomiso (M.) Fideikommiss (M.), Treuhänderschaft (F.), Treuhandschaft (F.), Vorerbschaft (F.)
fideicomiso (M.) familiar Familienfideikomiss (F.)
fideicomitente (M.) Treugeber (M.)
fidelidad (F.) Treue (F.)
fides (F.) pública (lat.) öffentlicher Glaube (M.)
fiducia (F.) Treuhand (F.)
fiduciante (M.) Sicherungsgeber (M.)
fiduciario (Adj.) fiduziarisch, mündelsicher, treuhänderisch
fiduciario (M.) Sicherungsnehmer (M.), Treuhänder (M.)
fiel treu
fiesta (F.) Feier (F.)
figura (F.) Gestalt (F.)
figura (F.) delictuosa Straftatbestand (M.)
figura (F.) jurídica Rechtsfigur (F.)
fijación (F.) Festsetzung (F.)
fijación (F.) de costas Kostenfestsetzung (F.)
fijación (F.) de las costas Gerichtskostenfestsetzung (F.)
fijación (F.) del valor de la demanda Streitwertfestsetzung (F.)
fijar abmachen, anheften, anschlagen, ansetzen, aufstellen, festsetzen, feststellen, stecken
fijar un plazo terminieren
fijo bestimmt, fix
filiación (F.) Abstammung (F.), Kindschaft (F.)
filiación (F.) materna Mutterschaft (F.)
filial (F.) Tochtergesellschaft (F.), Zweigniederlassung (F.)
film (M.) Film (M.)
filosofía (F.) Philosophie (F.)
filosofía (F.) del derecho Rechtsphilosophie (F.)
filosofía (F.) jurídica Rechtsphilosophie (F.)
fin (M.) Abschluss (M.), Ende (M.), Schluss (M.), Zweck (M.)
fin (M.) de ejercicio Jahresabschluss (M.)
fin (M.) de la pena Strafzweck (M.)
fin (M.) de protección Schutzzweck (M.)
fin (M.) estatal Staatszweck (M.)
fin (M.) protector Schutzzweck (M.)
final final, resolutiv
finalidad (F.) Zweck (M.)
finalidad (F.) de Estado Staatszweck (M.)
finalización (F.) Ablauf (M.), Beendigung (F.)
finalizar abschließen, beenden, beendigen
financiación (F.) Finanzierung (F.)
financiación (F.) de los partidos Parteienfinanzierung (F.)
financiamiento (M.) Finanzierung (F.)
financiar finanzieren
financiero (Adj.) finanziell
finanza (F.) Finanz (F.)
finanzas (F.Pl.) Finanzen (F.Pl.), Haushaltsrecht (N.)
finca (F.) Grundstück (N.), Hof (M.)
fingir fingieren, heucheln, vorspiegeln, vortäuschen
finiquitar quittieren
finiquito (M.) Quittung (F.)
firma (F.) Firma (F.), Geschäft (N.), Testat (N.), Unterschrift (F.), Unterzeichnung (F.)
firma (F.) de un contrato Vertragsunterzeichnung (F.)
firma (F.) electronica qualifizierte elektronische Signatur (F.),
firma (F.) en blanco Blankett (N.), Blankounterschrift
firma (F.) no personal Sachfirma (F.)
firmar unterschreiben, unterzeichnen, zeichnen
firme fest

firmeza (F.) Bestandskraft (F.)
fiscal (Adj.) fiskalisch, staatlich, steuerlich
fiscal (M. bzw. F.) Bezirksanwalt (M.)
fiscal (M.) Amtsanwalt (M.), Generalanwalt (M.), Staatsanwalt (M.)
fiscal (M.) del tribunal supremo Generalbundesanwalt (M.) (Generalbundesanwalt in Spanien)
fiscal (M.) federal Bundesanwalt (M.)
fiscal (M.) general Generalbundesanwalt (M.) (Generalbundesanwalt in Deutschland), Generalstaatsanwalt (M.)
fiscalía (F.) Finanzamt (N.), Staatsanwaltschaft (F.)
Fiscalía (F.) Federal Bundesanwaltschaft (F.)
fiscalización (F.) de auditoría Revision (F.)
fisco (M.) Fiskus (F.), Staatskasse (F.)
fisico (Adj.) physisch
fletante (M.) Verfrachter (M.)
fletar chartern
flete (M.) Charter (F.), Fracht (F.)
flexible flexibel
flota (F.) Flotte (F.)
fluir fließen
FMI (M.) (Fondo Monetario Internacional) IWF (M.) (Internationaler Währungsfonds)
fob fob (free on board)
folio (M.) personal Personalfolium (N.)
folio (M.) real Realfolium (N.)
folio (M.) registral Grundbuchblatt (N.)
fomentar anregen, organisieren
fomento (M.) Leistungsverwaltung (F.)
fomento (M.) de empleo Arbeitsförderung (F.)
fomento (M.) de la cultura Kulturförderung (F.)
fonda (F.) Gasthaus (N.), Gasthof (M.)
fondista (M.) Gastwirt (M.)
fondo (M.) Fond (M.), Fonds (M.), Grund (M.), Grundstück (N.)
fondo (M.) capital Grundkapital (N.)
fondo (M.) de capital complementario Nachschusskapital (N.)
fondo (M.) de comercio Handelsgeschäft (N.)
fondo (M.) de inversiones Investmentfonds (M.)
Fondo (M.) de las Naciones Unidas para la Infancia Kinderhilfswerk (N.) der Vereinten Nationen (UNICEF)
fondo (M.) especial Sondervermögen (N.)
fondo (M.) fiduciario Trustfonds (M.)
Fondo (M.) Monetario Internacional (FMI) internationaler Währungsfonds (M.) (IWF)
fondos (M.Pl.) de reserva Reserve (F.)
fondos (M.Pl.) disponibles Kasse (F.)
fontanero (M.) Installateur (M.), Klempner (M.)
forastera (F.) Fremde (F.) (2)
forastero (M.) Ausländer (M.), Fremder (M.)
forense forensisch, gerichtlich
forma (F.) Form (F.), Formalität (F.), Förmlichkeit (F.), Gestalt (F.)
forma (F.) de acción Klageart (F.)
forma (F.) de Estado Staatsform (F.)
forma (F.) de explotación Nutzungsart (F.)
forma (F.) de la culpabilidad Schuldform (F.)
forma (F.) de responsabilidad Schuldform (F.)
forma (F.) de texto Textform (F.)
forma (F.) escrita Schriftform (F.), Schriftlichkeit (F.)
forma (F.) política Staatsform (F.)
formación (F.) Ausbildung (F.), Bildung (F.), Erziehung (F.), Gestaltung (F.), Vornahme (F.)
formación (F.) de capital Vermögensbildung (F.)
formación (F.) permanente Fortbildung (F.)
formación (F.) profesional Berufsbildung (F.)
formador (M.) Ausbildender (M.)
formal formal, formbedürftig, formell, gesetzgemäß
formalidad (F.) Form (F.), Formalität (F.), Förmlichkeit (F.)
formalismo (M.) Formalismus (M.)
formalización (F.) Ausfertigung (F.)
formalizar ausfertigen
formar ausbilden, bilden, gestalten
formar una coalición koalieren
fórmula (F.) Formel (F.)
fórmula (F.) ejecutiva Vollstreckungsklausel (F.)
formulación (F.) Formulierung (F.)
formular einreichen, formulieren
formulario (M.) Formular (N.), Schema (N.)
formulario (M.) de cesión Abtretungsformular (N.)
formulario (M.) standard Standardformular (N.)
formulario-tipo (M.) Formularvertrag (N.), Typenvertrag (M.)

fornicación (F.) Ehebruch (M.)
foro (M.) forum (N.) (lat.) (Markt bzw. Gericht), Tribunal (N.)
fortificación (F.) Festungsanlage (F.)
fortuito zufällig
fortuna (F.) Habe (F.), Schicksal (N.)
forum (N.) (lat.) forum (N.) (lat.) (Markt bzw. Gericht), Gerichtsstand (M.)
forzar erzwingen, nötigen, zwingen
forzoso zwingend
fosa (F.) Grube (F.)
foto (M.) Foto (N.)
fotocopia (F.) Fotokopie (F.)
fracasar scheitern, zerrütten
fracción (F.) Fraktion (F.)
fractura (F.) Einbruch (M.)
fracturar einbrechen
frágil gebrechlich
fragilidad (F.) Gebrechlichkeit (F.)
francés französisch
Francia (F.) Frankreich (N.)
franco (Adj.) de porte frachtfrei
franco a domicilio frei Haus
franco de derechos gebührenfrei
franco de porte franko
francobordo (fob) free on board (fob)
franquear frankieren
franqueo (M.) Briefporto (N.), Porto (N.)
franquicia (F.) Franchising (N.), Freibetrag (M.)
frase (F.) Satz (M.)
fraude (M.) Betrug (M.), Hinterziehung (F.), Täuschung (F.)
fraude (M.) a la ley Gesetzesumgehung (F.)
fraude (M.) al seguro Versicherungsbetrug (M.)
fraude (M.) aseguratorio Versicherungsbetrug (M.)
fraude (M.) electoral Wahlfälschung (F.)
fraude (M.) fiscal Steuerhinterziehung (F.)
fraude (M.) legal Gesetzesumgehung (F.)
fraude (M.) por computadora Computerbetrug (M.)
fraudulento betrügerisch
frecuente häufig
free on board (fob) free on board (fob)
frivolidad (F.) Leichtfertigkeit (F.)
frívolo leichtfertig
frontera (F.) Grenze (F.)
frustarse scheitern
fruto (M.) Frucht (F.), Gewinn (M.)
fuego (M.) Feuer (N.)
fuente (F.) Quelle (F.)
fuente (F.) de derecho Rechtsquelle (F.)
fuente (F.) jurídica Rechtsquelle (F.)
fuera außen, fort
fuera de außer
fuera de la ley vogelfrei
fuera de matrimonio außerehelich
fuera de subasta freihändig
fuera de un término municipal gemeindefrei
fuera del derecho rechtlos
fuero (M.) Gerichtsstand (M.)
fuero (M.) competente Gerichtsstand (M.)
fuero (M.) concurrente electivamente Wahlgerichtsstand (M.)
fuero (M.) ordinario ordentliche Gerichtsbarkeit (F.)
fuero (M.) renunciable Wahlgerichtsstand (M.)
fuerza (F.) Gewalt (F.), Kraft (F.), Macht (F.), Nötigung (F.), Zwang (M.)
fuerza (F.) de la ley Gesetzeskraft (F.)
fuerza (F.) de ley Rechtskraft (F.)
fuerza (F.) formal de cosa juzgada formelle Rechtskraft (F.)
fuerza (F.) legal Gesetzeskraft (F.)
fuerza (F.) mayor höhere Gewalt (F.)
fuerza (F.) obligatoria Bindungswirkung
fuerza (F.) pública Polizei (F.)
fuerzas (F.Pl.) armadas federales Bundesheer (N.), Bundeswehr (F.)
fuga (F.) Ausbruch (M.), Fahrerflucht (F.), Flucht (F.)
fuga (F.) después de accidente de tráfico Verkehrsunfallflucht (F.)
fugado flüchtig
fugarse ausbrechen
fugaz flüchtig
fulana (F.) Hure (F.)
fumar rauchen
función (F.) Aufgabe (F.), Dienst (M.), Funktion (F.)
función (F.) contable Buchführung (F.)
función (F.) de compensación Ausgleichsaufgabe (F.)
función (F.) jurisdiccional Gerichtsbarkeit (F.)
función (F.) pública öffentlicher Dienst (M.)
funcional funktionell
funcionaria (F.) Funktionärin (F.)

funcionario (M.) Amtmann (M.), Angestellter (M.), Beamter (M.), Funktionär (M.)
funcionario (M.) auxiliar Hilfsbeamter (M.)
funcionario (M.) de carrera Berufsbeamter (M.)
funcionario (M.) de la administración judicial con ciertas funciones en la jurisdicción voluntaria Rechtspfleger (M.) (Rechtspfleger in Deutschland)
funcionario (M.) electivo Wahlbeamter (M.)
funcionario (M.) federal Bundesbeamter (M.)
funcionario (M.) honorario Ehrenbeamter (M.)
funcionario (M.) municipal Gemeindebeamter (M.)
funcionario (M.) profesional Berufsbeamter (M.)
fundabilidad (F.) Begründetheit (F.)
fundación (F.) Gründung (F.), Stiftung (F.)
fundado begründet
fundador (M.) Gründer (M.), Stifter (M.)
fundamentación (F.) Begründetheit (F.)
fundamentación (F.) de la demanda Klagebegründung (F.)
fundamentación (F.) de la sentencia Urteilsbegründung (F.)
fundamentación (F.) del recurso de casación Revisionsbegründung (F.)
fundamentación (F.) negocial Geschäftsgrundlage (F.)
fundamental grundlegend
fundamento (M.) Grundlage (F.)
fundamento (M.) de derecho Anspruchsgrundlage (F.), Rechtsgrundlage (F.), Urteilsgrund (M.)
fundamento (M.) de la casación Revisionsbegründung (F.)
fundamento (M.) importante wichtiger Grund (M.)
fundamento (M.) jurídico Entscheidungsgrund (M.)
fundamento (M.) legal Rechtsgrundlage (F.)
fundamentos (M.) de derecho Urteilsgründe (M.Pl.)
fundamentos (M.Pl.) jurídicos Entscheidungsgründe (M.Pl.)
fundar begründen, gründen, stiften
fundo (M.) dominante herrschendes Grundstück (N.)
fundo (M.) sirviente dienendes Grundstück (N.)
fungible vertretbar
fusil (M.) Gewehr (N.)
fusión (F.) Fusion (F.), Vereinigung (F.), Verschmelzung (F.), Zusammenschluss (M.)
fusión en divorcio Zugewinnausgleich (M.)
fusionamiento (M.) Fusion (F.)
fusionar fusionieren, verschmelzen, zusammenschliessen
fútil geringfügig
futuro (Adj.) künftig, zukünftig

g

gabinete (M.) Kabinett (N.)
gabinete (M.) federal Bundesregierung (F.)
gabinete (M.) jurídico Rechtsanwaltskanzlei (F.), Rechtsanwaltssozietät (F.)
Gaceta (F.) Federal Bundesgesetzblatt (N.)
gaceta (F.) oficial Amtsblatt (N.), Gesetzblatt (N.)
galardonar verleihen
ganado (M.) Vieh (N.)
ganancia (F.) Ertrag (M.), Gewinn (M.), Verdienst (M.)
ganancia (F.) adicional Nebenverdienst (M.)
ganancia (F.) neta Reingewinn (M.)
gananciales (M.Pl.) Errungenschaft (F.), Zugewinn (M.)
ganancialidad (F.) Errungenschaft (F.)
ganar erringen, gewinnen, verdienen
ganas (F.Pl.) Lust (F.)
gancho (M.) Dieb (M.)
ganzúa (F.) Dietrich (M.), Nachschlüssel (M.)
garaje (M.) Garage (F.)
garante (Adj.) verantwortlich
garante (M.) Bürge (M.), Garant (M.), Sicherungsgeber (M.)
garante (M.) subsidiario Nachbürge (M.)
garantía (F.) Absicherung (F.), Bürgschaft (F.), Garantie (F.), Gewähr (F.), Gewährleistung (F.), Kaution (F.), Sicherheit (F.), Sicherheitsleistung (F.), Zusicherung (F.)
garantía (F.) constitucional Grundrecht (N.), Verfassungsgarantie (F.)
garantía (F.) de calidad Sortenschutzrecht (M.)
garantía (F.) de la tipificación Bestimmtheitsgebot (N.)
garantía (F.) de la vía judicial Rechtsweggarantie (F.)

garantía (F.) de petición Petitionsrecht (N.)
garantía (F.) de un crédito Kreditsicherung (F.)
garantía (F.) de valor estable Wertsicherung (F.)
garantía (F.) del debido proceso legal Rechtsweggarantie (F.)
garantía (F.) individual Grundrecht (N.)
garantía (F.) jurídica Rechtsschutz (M.)
garantía (F.) legal provisional vorläufiger Rechtsschutz (M.)
garantía (F.) monetaria Geldwertsicherung (F.), Wertsicherung (F.)
garantía (F.) prendaria Pfandsicherheit (F.)
garantía (F.) solidaria Mitbürgschaft (F.)
garantir bürgen, gewährleisten, haften, sichern
garantizador (M.) Garant (M.)
garantizar einstehen, garantieren, gewährleisten, sichern
garantizar por escrito verbriefen
gas (M.) Gas (N.)
gas (M.) de escape Abgas (N.)
gas (M.) perdido Abgas (N.)
gasolina (F.) Benzin (N.)
gastar aufwenden, ausgeben, verbrauchen
gasto (M.) Aufwendung (F.), Ausgabe (F.), Auslage (F.), Gebühr (F.), Spese (F.), Verbrauch (M.)
gasto (M.) de explotación Betriebsausgabe (F.)
gasto (M.) extraordinario Sonderausgabe (F.)
gasto (M.) necesario notwendige Verwendung (F.)
gasto (M.) operativo Betriebsausgabe (F.)
gastos (M.Pl.) Kosten (F.Pl.), Spesen (F.Pl.), Unkosten (F.Pl.)
gastos (M.Pl.) accesorios Nebenkosten (F.)
gastos (M.Pl.) adicionales Nebenkosten (F.)
gastos (M.Pl.) comunes Gemeinschaftsaufgaben (F.Pl.)
gastos (M.Pl.) comunitarios Gemeinschaftsaufgaben (F.Pl.)
gastos (M.Pl.) de administración Verwaltungskosten (F.Pl.)
gastos (M.Pl.) de calefacción Heizkosten (F.Pl.)
gastos (M.Pl.) de construcción Baukosten (F.Pl.)
gastos (M.Pl.) de dirección Verwaltungskosten (F.Pl.)
gastos (M.Pl.) de estadía Lebensunterhalt (M.)
gastos (M.Pl.) de mantenimiento Lebensunterhalt (M.)
gastos (M.Pl.) de propaganda Werbungskosten (F.Pl.)
gastos (M.Pl.) de publicidad Werbungskosten (F.Pl.)
gastos (M.Pl.) de representación Aufwandsentschädigung (F.)
gastos (M.Pl.) de sepelio Beerdigungskosten (F.Pl.)
gastos (M.Pl.) de traslado Reisekosten (Pl.)
gastos (M.Pl.) de viaje Reisekosten (Pl.)
gastos (M.Pl.) directos Gestehungskosten (F.Pl.)
gastos (M.Pl.) generales Gemeinkosten (F.Pl.)
gastos (M.Pl.) judiciales Gerichtskosten (F.Pl.)
gastos (M.Pl.) procesales Prozesskosten (F.Pl.)
gastronomía (F.) Gastronomie (F.)
gemelo (M.) Zwilling (M.)
gen (M.) Gen
gendarme (M.) Polizist (M.)
generación (F.) Zeugung (F.)
general (Adj.) allgemein, generell
general (M.) General (M.)
general (M.) del Estado Generalbundesanwalt (M.) (Generalbundesanwalt in Spanien)
generales (F.Pl.) Personalien (F.Pl.)
generalizar generalisieren
generar erzeugen
género (M.) Art (F.), Gattung (F.), Genus (N.)
generoso edel
genético genetisch
genocidio (M.) Genozid (M.), Völkermord (M.)
gente (F.) Nation (F.)
gerencia (F.) Geschäftsführung (F.)
gerente (M.) Geschäftsführer (M.)
gestión (F.) Besorgung (F.), Dienststelle (F.), Gebaren (N.), Geschäftsführung (F.)
gestión (F.) de negocios Geschäftsbesorgung (F.)
gestión (F.) de negocios ajenos Geschäftsführung (F.) ohne Auftrag
gestión (F.) de patrimonio Vermögensverwaltung (F.)
gestión (F.) de residuos Müllentsorgung (F.)

gestión (F.) directa Regiebetrieb (M.)
gestión (F.) procesal Prozessführung (F.)
gestión (M.) ajena Fremdgeschäftsführung (F.)
gestionar besorgen, führen, handhaben
gestionar en juicio prozessieren
gesto (M.) Gebärde (F.)
gestor (M.) de negocios Geschäftsführer (M.)
gestor (M.) fiscal Steuerberater (M.)
gestor (M.) tributario Steuerbevollmächtigter (M.)
Ginebra (F.) Genf (N.)
girado (M.) Bezogener (M.), Trassat (M.)
girado gezogen
girador (M.) Anweisender (M.), Aussteller (M.) (Aussteller eines Wechsels), Trassant (M.)
giradora (F.) Anweisende (F.)
girar anweisen, ausstellen, überweisen, umlaufen
girar en descubrimiento überziehen
giro (M.) Anweisung (F.), Giro (N.), Tratte (F.), Überweisung (F.)
giro (M.) de la empresa Geschäftsbetrieb (M.)
giro (M.) en descubierto Überziehung (F.)
giro (M.) mutuo Abrechungsstelle (F.)
giro (M.) postal Postanweisung (F.), Postscheck (M.)
gitano (M.) Zigeuner (M.)
global gesamt, global
glorificación (F.) Verherrlichung (F.)
glorificar verherrlichen
glosa (F.) Anmerkung (F.)
glosador (M.) Kommentator (M.)
glosar kommentieren
gobernación (F.) Regierung (F.)
gobernador (M.) Gouverneur (M.), Präsident (M.)
gobernador (M.) de distrito Landrat (M.)
gobernante (M.) Regent (M.)
gobernar führen, herrschen, leiten, regieren
gobierno (M.) Regierung (F.)
gobierno (M.) de partido Parteienregierung (F.)
gobierno (M.) de presidente Präsidialregierung (F.)
gobierno (M.) del Land Landesregierung (F.)
gobierno (M.) del tribunal Justizverwaltung (F.)
gobierno (M.) federado Landesregierung (F.)
gobierno (M.) federal Bundesregierung (F.)
goce (M.) Genuss (M.), Lust (F.)
golpe (M.) Anschlag (M.), Puff (M.), Schlag (M.)
golpe (M.) de Estado Putsch (M.)
golpear anschlagen
gozo (M.) Freude (F.)
gracia (F.) Begnadigung (F.), Gnade (F.)
grado (M.) Dienstgrad (M.), Dienstrang (M.), Grad (M.), Instanz (F.), Maß (N.), Rang (M.), Schwere (F.), Stufe (F.)
grado (M.) de cuidado Pflegestufe (F.)
grado (M.) de doctor Doktorgrad (M.)
grado (M.) de la lesión Schwere (F.) der Verletzung
graduación (F.) Einstufung (F.), Graduierung (F.), Hochschulabschluss (M.), Rang (M.), Zumessung (F.)
graduación (F.) de la pena Strafzumessung (F.)
graduada (F.) Absolventin (F.)
graduado (M.) Absolvent (M.), Graduierter (M.)
gradual gradual
graduando (M.) Promovent (M.)
graduar einstufen, graduieren, zumessen
gramatica (F.) Grammatik (F.)
gramatical grammatikalisch (Adj.)
Gran Bretaña (F.) Großbritannien (N.)
gran ciudad (F.) Großstadt (F.)
gran estima (F.) Hochachtung (F.)
gran inválido (M.) Schwerbeschädigter (M.)
gran mutilado (M.) Schwerbeschädigter (M.)
gran valor (M.) Kostbarkeit (F.)
grande groß
granizo (M.) Hagel (M.)
granja (F.) Gutshof (M.), Hof (M.)
granja (F.) colectiva Kolchose (F.)
granjero (M.) Landwirt (M.)
granos (M.Pl.) Getreide (N.)
gratificación (F.) Belohnung (F.), Gratifikation (F.), Remuneration (F.)
gratificar belohnen
gratis gratis, umsonst, unentgeltlich
gratuidad (F.) Unentgeltlichkeit (F.)
gratuitamente gratis
gratuito gratis, kostenlos, unentgeltlich
gravamen (M.) Abschöpfung (F.), Belastung (F.), Beschwer (F.), Last (F.)
gravamen (M.) del vendedor kaufmännisches Zurückbehaltungsrecht (N.)

gravamen (M.) real dingliche Belastung (F.)
gravar belasten, besteuern
grave grob, schwer
gravedad (F.) Schwere (F.)
gravidez (F.) Schwangerschaft (F.)
gremialismo (M.) Verbandswesen (N.)
gremio (M.) Gilde (F.), Gremium (N.), Innung (F.), Verband (M.), Zunft (F.)
gremio (M.) de artesanos Handwerksinnung (F.)
grifa (F.) Haschisch (N.)
grillete (M.) electronico elektronische Fußfessel (F.),
grupo (M.) Fraktion (F.), Gruppe (F.), Konzern (M.)
grupo (M.) de Shengen Schengener Gruppe (F.)
guarda (F.) Sorge (F.), Wache (F.)
guarda (F.) de los bienes del hijo Vermögenssorge (F.)
guarda (M.) Aufseher (M.), Wärter (M.)
guarda (M.) forestal Förster (M.)
guardador (M.) Kurator (M.), Pfleger (M.)
guardaduría (F.) Vermögenspflegschaft (F.)
guardaespaldas (M.) Leibwächter (M.)
guardar hegen, hüten, pflegen, schützen, verwahren, vorbehalten (V.), warten
guardar silencio schweigen
guardería (F.) Gewahrsam (M.)
guardia (F.) Schutz (M.), Wache (F.)
guardia (F.) de corps Garde (F.)
guardia (F.) municipal Schutzmann (M.)
guardia (M.) Wächter (M.)
guardia (M.) personal Leibwächter (M.)
guardián (M.) Hüter (M.), Wärter (M.)
guardias (F.Pl.) Bereitschaftsdienst (M.)
gubernamental staatlich
gubernatura (F.) Vorsitz (M.)
guerra (F.) Krieg (M.)
guerra (F.) agresiva Angriffskrieg (M.)
guerra (F.) de guerrilla Guerillakrieg (M.)
guerra (F.) justa gerechter Krieg (M.)
guerrillero (M.) Guerillakämpfer (M.), Guerillero (M.)
gueto (M.) Getto (N.)
guía (F.) de carga Frachtbrief (M.)
guía (F.) de depósito Lagerschein (M.)
guiar lenken
guillotina (F.) Guillotine (F.)
gusto (M.) Lust (F.)

h

haber (M.) Guthaben (N.), Haben (N.)
haber (M.) bancario Bankguthaben (N.)
haber (M.) jubilatorio Pension (F.)
haber (M.) pasivo Pension (F.)
haber innehaben
haberse fugado flüchtig sein
habilidad (F.) Können (N.)
habilidad (F.) técnica Knowhow (N.) (engl.)
habilitación (F.) Habilitation (F.), Zulassung (F.)
habilitar befähigen, berechtigen, finanzieren
habitación (F.) Wohnrecht (N.), Wohnung (F.), Zimmer (N.)
habitante (M.) Einwohner (M.)
habitar wohnen
hábito (M.) Gewohnheit (F.)
habitual gewohnheitsmäßig, gewöhnlich
habitualidad (F.) Gewohnheitsmäßigkeit (F.)
habla (M. bzw. F.) Rede (F.)
hablar reden, sprechen, unterhalten
hacer (M.) Tun (N.)
hacer erteilen, fungieren, machen, schaffen, tun, unternehmen
hacer caza furtiva wildern
hacer competencia konkurrieren
hacer contrabando schmuggeln
hacer huelga streiken
hacer las veces fungieren
hacer méritos bewähren
hacer postura bieten
hacer prospecciones schürfen
hacer protesta verklaren
hacer publicidad werben
hacer renuncia preisgeben
hacer saber mitteilen
hacer saltar sprengen
hacienda (F.) Finanzamt (N.), Finanzen (F.Pl.), Finanzverwaltung (F.), Habe (F.), Hof (M.)
hacienda (F.) mercantil Handelsgeschäft (N.)
hacienda (F.) pública Fiskus (F.)
hachís (M.) Haschisch (N.)
hallada (F.) Fund (M.)
hallador (M.) Finder (M.)
hallar finden
hallazgo (M.) Finderlohn (M.), Fund (M.)
Hamburgo (M.) Hamburg (N.)

hardware (M.) Hardware (F.) (engl.)
hash (M.) Haschisch (N.)
hato (M.) Herde (F.)
hebdomadario (Adj.) wöchentlich
hectárea (F.) Hektar (M.)
hecho (M.) Faktum (N.), Handlung (F.), Tat (F.), Tatsache (F.)
hecho (M.) acompañante Begleittat (F.)
hecho (M.) comido en estado de embriaguez Rauschtat (F.)
hecho (M.) excluyente Einrede (F.)
hecho (M.) ilícito unerlaubte Handlung (F.)
hecho (M.) ineludible unabwendbares Ereignis (N.)
hecho (M.) jurídico Rechtstatsache (F.)
hecho (M.) negativo Unterlassung (F.)
hecho (M.) previo Vortat (F.)
hecho (M.) real Realakt (M.)
hechos (M.Pl.) Sachverhalt (M.)
hechos (M.Pl.) administrativos Verwaltungshandeln (N.)
hegemonía (F.) Hegemonie (F.)
heguemonía (F.) Hegemonie (F.)
heraldo (M.) Herold (M.)
heredable vererblich
heredad (F.) Erbe (N.), Erbschaft (F.)
heredado (M.) Erbe (M.)
heredamiento (M.) Erbvertrag (M.)
heredante (M.) Erblasser (M.)
heredar beerben, erben, vererben
heredera (F.) única Alleinerbin (F.)
heredera (F.) universal Alleinerbin (F.)
heredero (Adj.) erblich
heredero (M.) Erbe (M.)
heredero (M.) ab intestato (lat.) Intestaterbe (M.)
heredero (M.) fiduciario Vorerbe (M.)
heredero (M.) final Schlusserbe (M.)
heredero (M.) forzoso Noterbe (M.)
heredero (M.) legitimario Pflichtteilsberechtigter (M.)
heredero (M.) necesario Noterbe (M.)
heredero (M.) parcial Miterbe (M.)
heredero (M.) presuntivo Scheinerbe (M.)
heredero (M.) putativo Scheinerbe (M.)
heredero (M.) rural único Anerbe (N.), Hoferbe (M.)
heredero (M.) singular Vermächtnisnehmer (M.)
heredero (M.) sucesivo Nacherbe (M.)
heredero (M.) sustituto Ersatzerbe (M.)
heredero (M.) único Alleinerbe (M.)
heredero (M.) universal Alleinerbe (M.), Universalerbe (M.)
heredero testamentario (M.) Testamentserbe (M..)
heredípeta (M.) Erbschleicher (M.)
hereditario erblich
heredo-biológico erbbiologisch
hereje (M.) Ketzer (M.)
herejía (F.) Ketzerei (F.)
herencia (F.) Erbe (N.), Erbrecht (N.), Erbschaft (F.), Nachlass (M.), Verlassenschaft (F.)
herencia (F.) ab intestato (lat.) Intestaterbfolge (F.)
herencia (F.) cultural universal Weltkulturerbe (N.)
herencia (F.) legítima Pflichtteil (M.)
herencia (F.) universal Gesamtrechtsnachfolge (F.)
herida (F.) Verletzung (F.), Wunde (F.)
herir lädieren, verletzen, verwunden
hermana (F.) Geschwister (N.), Schwester (F.)
hermanastra (F.) Stiefschwester (F.)
hermanastro (M.) Stiefbruder (M.)
hermano (M.) Bruder (M.), Geschwister (N.)
hermanos (M.Pl.) Geschwister (N.Pl.)
hermoso schön
heroína (F.) Heroin (N.)
herramientas (F.Pl.) Gerät (N.)
Hesse Hessen (N.)
hidalguez (M.) Adelsstand (M.)
hidalguía (F.) Adel (M.)
hija (F.) Tochter (F.)
hija (F.) política Schwiegertochter (F.)
hijado (M.) Adoptierter (M. bzw. F.)
hijastra (F.) Stieftochter (F.)
hijastro (M.) Stiefkind (N.), Stiefsohn (M.)
hijo (M.) Kind (N.), Sohn (M.)
hijo (M.) adoptivo Adoptivkind (N.)
hijo (M.) político Schwiegersohn (M.)
himno (M.) Hymne (F.)
hipocresia (F.) Heuchelei (F.)
hipócrita (M.) Heuchler (M.)
hipoteca (F.) Grundpfand (N.), Hypothek (F.)
hipoteca (F.) asegurativa Sicherungshypothek (F.)
hipoteca (F.) cerrada Höchstbetragshypothek (F.)
hipoteca (F.) conjunta Gesamthypothek (F.)

hipoteca (F.) de carta Briefhypothek (F.)
hipoteca (F.) de cédula Briefhypothek (F.)
hipoteca (F.) de máximo Höchstbetragshypothek (F.)
hipoteca (F.) de propietario Eigentümerhypothek (F.)
hipoteca (F.) de seguridad Sicherungshypothek (F.)
hipoteca (F.) de tráfico Verkehrshypothek (F.)
hipoteca (F.) fiduciaria Sicherungshypothek (F.)
hipoteca (F.) forzosa Zwangshypothek (F.)
hipoteca (F.) legal gesetzliches Grundpfandrecht (N.)
hipoteca (F.) ordinaria Verkehrshypothek (F.)
hipoteca (F.) registral Buchhypothek (F.)
hipoteca (F.) sin cédula Buchhypothek (F.)
hipoteca (F.) sobre el resto del precio de compra Restkaufpreishypothek (F.)
hipoteca (F.) solidaria Gesamthypothek (F.)
hipoteca (F.) unilateral Eigentümergrundschuld (F.)
hipotecante (M.) Hypothekenschuldner (M.)
hipotecario (M.) Hypothekar (M.)
hipótesis (F.) Hypothese (F.)
hipotético hypothetisch
historia (F.) Geschichte (F.), Vorgeschichte (F.)
historia (F.) constitucional Verfassungsgeschichte (F.)
historia (F.) del derecho Rechtsgeschichte (F.)
historia (F.) jurídica Rechtsgeschichte (F.)
histórico (Adj.) geschichtlich, historisch
hito (M.) señorial Bannmeile (F.)
hogar (M.) Haushalt (M.), Obdach (N.)
hogar (M.) familiar Heimstätte (F.)
hogar (M.) seguro Vollstreckungsschutz (M.)
hoja (F.) de depósito Depotschein (M.)
hoja (F.) de servicios Personalakte (F.)
hoja (F.) individual Realfolium (N.)
hoja (F.) registral Grundbuchblatt (N.)
hoja (F.) volante Flugblatt (N.)
holding (M.) Holding (F.)
holgazán (M.) Tagedieb (M.)
hológrafo eigenhändig
hombre (M.) Mensch (M.)
hombre (M.) bueno Schiedsmann (M.)
hombre (M.) de leyes Jurist (M.)
hombre (M.) del Estado Staatsmann (M.)
homenaje (F.) Huldigung (F.)
homicida (M.) Totschläger (M.)
homicidio (M.) Totschlag (M.), Tötung (F.), Tötungsdelikt (N.)
homicidio (M.) voluntario Mord (M.)
homogeneidad (F.) Gleichartigkeit (F.)
homogéneo gleichartig
homosexual (Adj.) homosexuell
homosexualidad (F.) Homosexualität (F.)
honestidad (F.) Sittlichkeit (F.)
honor (M.) Ehre (F.), Würde (F.)
honorar honorieren
honorario (M.) Honorar (N.)
honorario (M.) de abogado Anwaltsgebühr (F.), Rechtsanwaltsgebühr (F.), Rechtsanwaltsvergütung (F.)
honorífico ehrenamtlich
honra (F.) Ehre (F.)
honradez (F.) Redlichkeit (F.)
honrado redlich
hora (F.) Stunde (F.)
hora (F.) de cierre Sperrstunde (F.)
hora (F.) de cierre de comercios Ladenschluss (M.)
hora (F.) de cierre de los establecimientos públicos Polizeistunde (F.)
hora (F.) de consulta Sprechstunde (F.)
hora (F.) de preguntas Fragestunde (F.)
hora (F.) extra Überstunde (F.)
hora (F.) extraordinaria Überstunde (F.)
horas (F.Pl.) de descanso Freizeit (F.)
horas (F.Pl.) de despacho Geschäftszeit (F.)
horas (F.Pl.) de oficina Dienstzeit (F.)
horca (F.) Galgen (M.)
horizontal horizontal
horizonte (M.) Horizont (M.)
hospedaje (M.) Beherbergung (F.)
hospedar beherbergen
hospital (M.) Hospital (N.), Krankenhaus (N.), Spital (N.)
hospitalidad (F.) Gastrecht (N.)
hostil feindlich
hoyo (M.) Grube (F.)
hueco hohl
huelga (F.) Ausstand (M.), Streik (M.)
huelga (F.) general Generalstreik (M.)
huelga (F.) ilícita wilder Streik (M.)
huelga (F.) nacional Generalstreik (M.)
huelga (F.) organizada organisierter Streik (M.)

huelga (F.) parcial Teilstreik (M.)
huelga (F.) patronal Aussperrung (F.)
huelga (F.) salvaje wilder Streik (M.)
huella (F.) Spur (F.)
huella (F.) digital Fingerabdruck (M.)
huérfano (M.) Waise (M.)
huérfano (M.) de ambos padres Vollwaise (M.)
huérfano (M.) de un padre Halbwaise (M.)
hueso Kern (M.)
huésped (M.) Gast (M.)
huida (F.) Flucht (F.)
huida (F.) del lugar del accidente Fahrerflucht (F.), Verkehrsunfallflucht (F.)
huir entgehen, fliehen, meiden
humano menschlich
humo (M.) Rauch (M.)
hurtador (M.) Dieb (M.)
hurtar stehlen
hurto (M.) Diebstahl (M.)
hurto (M.) agravado schwerer Diebstahl (M.)
hurto (M.) de uso furtum (N.) usus (lat.) (Gebrauchsentwendung), Gebrauchsanmaßung (F.), Gebrauchsentwendung (F.)
hurto (M.) en cuadrilla Bandendiebstahl (M.)
hurto (M.) famular Mundraub (M.)
hurto (M.) grave schwerer Diebstahl (M.)
hurto (M.) impropio Pfandkehr (F.)
hurto (M.) leve Entwendung (F.)

i

idea (F.) Begriff (M.), Gedanke (M.), Idee (F.)
idea (F.) jurídica Rechtsgedanke (M.)
idea (F.) nacional Nationalgedanke (M.)
ideal (Adj.) ideal
ideas (F.Pl.) Einstellung (F.)
idéntico gleich, gleichartig, identisch
identidad (F.) Gleichartigkeit (F.), Personalien (F.Pl.), Persönlichkeit (F.)
identificación (F.) Benutzerkennung (F.), Legitimation (F.)
identificación (F.) selectiva Gegenüberstellung (F.)
identificar ausweisen, identifizieren
idioma (M.) Sprache (F.)
idiota (Adj.) blöd
idiota (M.) Blödmann (M.), Idiot (M.)
idoneidad (F.) Tauglichkeit (F.)
idóneo tauglich
iglesia (F.) Kirche (F.)
Iglesia (F.) Kirchenstaat (M.)
iglesia (F.) del Estado Staatskirche (F.)
iglesia (F.) estatal Staatskirche (F.)
iglesia (F.) nacional Staatskirche (F.)
ignorancia (F.) Unkenntnis (F.), Unwissenheit (F.)
ignorancia (F.) de la ley Rechtsunkenntnis (F.)
ignorancia (F.) del derecho Rechtsunkenntnis (F.)
igual ebenbürtig, gleich
igualación (F.) Ausgleich (M.)
igualar ausgleichen
igualdad (F.) Gleichheit (F.)
igualdad (F.) de derechos Gleichberechtigung (F.)
igualdad (F.) de gravámenes Lastenausgleich (M.)
igualdad (F.) de oportunidades Chancengleichheit (F.)
igualdad (F.) jurídica Gleichberechtigung (F.)
igualitario gleich
ilegal gesetzwidrig, illegal, rechtswidrig, unerlaubt, ungesetzlich, widerrechtlich
ilegalidad (F.) Gesetzwidrigkeit (F.), Rechtlosigkeit (F.), Rechtswidrigkeit (F.), Widerrechtlichkeit (F.)
ilegitimidad (F.) Gesetzwidrigkeit (F.), Nichtehelichkeit (F.), Unehelichkeit (F.), Widerrechtlichkeit (F.)
ilegítimo (Adj.) gesetzwidrig, illegitim, nichtehelich, rechtswidrig, unecht, unehelich, ungesetzlich, widerrechtlich
ilegítimo außerehelich, unrechtmäßig
ilícito (Adj.) rechtswidrig, unerlaubt, unstatthaft, unzulässig
ilícito (M.) administrativo Verwaltungsunrecht (N.)
ilícito (M.) desleal Wettbewerbsverstoß (M.)
ilícito unrechtmäßig
ilimitado unbeschränkt
imagen (F.) Bild (N.)
imbécil (M.) Blödmann (M.), Idiot (M.)
imbricación (F.) consorcial Konzernverflechtung (F.)
imitado unecht
impago (M.) Nichtzahlung (F.)
impago (M.) de hospedaje Zechprellerei (F.)
imparcial unparteiisch, unparteilich

imparcialidad (F.) Unparteilichkeit (F.)
impedimento (M.) Hindernis (N.), Vereitelung (F.)
impedimento (M.) de ejecución Vollstreckungsvereitelung (F.)
impedimento (M.) matrimonial Ehehindernis (N.), Eheverbot (N.)
impedimento (M.) procesal Prozesshindernis (N.)
impedir hemmen, hindern
impensa (F.) Aufwendung (F.)
impensa (F.) necesaria notwendige Verwendung (F.)
impensa (F.) útil nützliche Verwendung (F.)
imperativo (Adj.) imperativ
imperfecto unvollkommen
imperial kaiserlich
imperialismo (M.) Imperialismus (M.)
impericia (F.) Kunstfehler (M.)
imperio (M.) Imperium (N.), Kaiserreich (N.), Reich (N.)
imperio (M.) de la ley Legalitätsprinzip (N.)
implantación (F.) Einführung (F.)
implicar konkludieren
imponente (M.) Einleger (M.)
imponer aufdrängen, auferlegen, belegen (V.), besteuern, einlegen, erheben, gebieten, verhängen
importación (F.) Einfuhr (F.), Import (M.)
importador (M.) Importeur (M.)
importancia (F.) Bedeutung (F.), Belang (M.), Gewicht (N.)
importante erheblich, wichtig
importar einführen, importieren
importe (M.) Geldbetrag (M.), Satz (M.), Summe (F.)
importe (M.) exemto básico Grundfreibetrag (M.)
importe (M.) exento por trabajadores Arbeitnehmerfreibetrag (M.)
importe (M.) global Pauschale (F.)
importe (M.) libre por hijos Kinderfreibetrag (M.)
importe (M.) máximo Höchstbetrag (M.)
importe (M.) nominal Nennbetrag (M.)
importe (M.) reglamentario Regelbetrag (M.)
imposibilidad (F.) Unmöglichkeit (F.), Unvermögen (N.)
imposibilidad (F.) objetiva objektive Unmöglichkeit (F.)
imposibilidad (F.) originaria ursprüngliche Unmöglichkeit (F.)
imposibilidad (F.) subjetiva subjektive Unmöglichkeit (F.)
imposibilidad (F.) subsiguiente nachträgliche Unmöglichkeit (F.)
imposibilidad (F.) ulterior nachträgliche Unmöglichkeit (F.)
imposible unmöglich
imposición (F.) Besteuerung (F.), Einlage (F.), Verhängung (F.)
imposición (F.) en un banco Bankdepot (N.)
imposiciones (M.Pl.) Depositen (N.Pl.)
imprescriptibilidad (F.) Unverjährbarkeit (F.)
imprescriptible unverjährbar
impresión (F.) Druck (M.)
impreso (M.) Drucksache (F.), Druckschrift (F.), Formular (N.)
imprimir drucken
improcedencia (F.) Unstatthaftigkeit (F.), Unzulässigkeit (F.)
improcedente unstatthaft, unzulässig
imprudencia (F.) Fahrlässigkeit (F.), Leichtfertigkeit (F.)
imprudencia (F.) grave grobe Fahrlässigkeit (F.)
imprudente achtlos, leichtfertig
impúber unmündig
impúbero unmündig
impubertad (F.) Unmündigkeit (F.)
impúdico unzüchtig
impuesto (M.) Steuer (F.)
impuesto (M.) al consumo Verbrauchsteuer (F.)
impuesto (M.) de circulación Verkehrsteuer (F.)
impuesto (M.) de corporaciones Körperschaftsteuer (F.)
impuesto (M.) de derechos reales Verkehrsteuer (F.)
impuesto (M.) de evaluación Veranlagungsteuer (F.)
impuesto (M.) de fuente Quellensteuer (F.)
impuesto (M.) de seguros Versicherungsteuer (F.)
impuesto (M.) de usos y consumos Verbrauchsteuer (F.)
impuesto (M.) deducido en la fuente Quellensteuer (F.)
impuesto (M.) del timbre Stempelsteuer (F.)
impuesto (M.) directo direkte Steuer (F.)

impuesto (M.) eclesiástico Kirchensteuer (F.)
impuesto (M.) hereditario Erbschaftsteuer (F.)
impuesto (M.) indirecto indirekte Steuer (F.)
impuesto (M.) industrial Gewerbesteuer (F.)
impuesto (M.) inmobiliario Grundsteuer (F.)
impuesto (M.) patrimonial Vermögensteuer (F.)
impuesto (M.) por cabeza Kopfsteuer (F.)
impuesto (M.) sobre beneficios Ertragsteuer (F.)
impuesto (M.) sobre bienes Besitzsteuer (F.)
impuesto (M.) sobre concesión Konzessionsabgabe (F.)
impuesto (M.) sobre corriente Stromsteuer (F.)
impuesto (M.) sobre donaciones Schenkungsteuer (F.)
impuesto (M.) sobre el gasto Verbrauchsteuer (F.)
impuesto (M.) sobre el patrimonio Vermögensteuer (F.)
impuesto (M.) sobre el salario Lohnsteuer (F.)
impuesto (M.) sobre el tabaco Tabaksteuer (F.)
impuesto (M.) sobre el valor añadido (IVA) Mehrwertsteuer (F.)
impuesto (M.) sobre el valor añadido deducible Vorsteuer (F.)
impuesto (M.) sobre la adquisición de bienes inmuebles Grunderwerbsteuer (F.)
impuesto (M.) sobre la cifra de negocios Umsatzsteuer (F.)
impuesto (M.) sobre la fuerza hidráulica Wasserkraftsteuer (F.)
impuesto (M.) sobre la renta Einkommensteuer (F.)
impuesto (M.) sobre la renta corporativa Körperschaftsteuer (F.)
impuesto (M.) sobre la renta del capital Kapitalertragsteuer (F.)
impuesto (M.) sobre la transferencia de capital Kapitalverkehrsteuer (F.)
impuesto (M.) sobre la venta Umsatzsteuer (F.)
impuesto (M.) sobre los ingresos Einkommensteuer (F.)
impuesto (M.) sobre primas Versicherungsteuer (F.)
impuesto (M.) sobre sueldos y salarios Lohnsteuer (F.)
impuesto (M.) sobre tenencia de perros Hundesteuer (F.)
impuesto (M.) sobre transacciones Kapitalverkehrsteuer (F.)
impuesto (M.) sobre vehículos automóviles Kraftfahrzeugsteuer (F.)
impuestos (M.Pl.) especiales de solidaridad Solidaritätsbeitrag (M.)
impuestos (M.Pl.) municipales Gemeindesteuer (F.)
impugnabilidad (F.) Anfechtbarkeit (F.)
impugnable anfechtbar
impugnación (F.) Anfechtung (F.), Erinnerung (F.)
impugnación (F.) de legitimitad Ehelichkeitsanfechtung (F.)
impugnación (F.) por parte de los acreedores Gläubigeranfechtung (F.)
impugnar anfechten, bestreiten
impulsar betreiben
impulsión (F.) Drang (M.), Trieb (M.)
impulso (M.) Betreiben (N.), Trieb (M.)
impulso (M.) de parte Parteibetrieb (M.)
impulso (M.) oficial Amtsbetrieb (M.)
impune straflos
impunidad (F.) Straflosigkeit (F.)
imputabilidad (F.) Schuldfähigkeit (F.), Zurechenbarkeit (F.), Zurechnungsfähigkeit (F.)
imputable schuldfähig, zurechenbar, zurechnungsfähig
imputación (F.) Zurechnung (F.)
imputada (F.) Beschuldigte (F.)
imputado (M.) Beschuldigter (M.)
imputar belasten, zurechnen, zuschreiben
in dubio (lat.) im Zweifel (M.)
in dubio pro reo (lat.) in dubio pro reo (lat.) (im Zweifel für den Angeklagten)
in fraganti in flagranti (lat.) (bei der Tat)
in solidum (lat.) gesamtschuldnerisch
in... Nicht...
inacción (F.) Untätigkeit (F.)
inactividad (F.) Untätigkeit (F.)
inactivo untätig
inadmisibilidad (F.) Unzulässigkeit (F.)
inadmisible unzulässig
inadmisión (F.) Unzulässigkeit (F.)
inadmisión (F.) de cuestiones nuevas Unzulässigkeit (F.) neuen Vorbringens
inalienabilidad (F.) Unabdingbarkeit (F.), Unveräußerlichkeit (F.)
inalienable unabdingbar, unveräußerlich

inamovibilidad (F.) relativa Unversetzbarkeit (F.)
inamovible unversetzbar
inapelabilidad (F.) Unanfechtbarkeit (F.)
inapelable unanfechtbar
inaplicable unanwendbar
inasistencia (F.) Ausbleiben (N.)
inauguración (F.) Eröffnung (F.), Inauguration (F.)
inaugurar eröffnen
incapacidad (F.) Unfähigkeit (F.), Unvermögen (N.)
incapacidad (F.) absoluta Geschäftsunfähigkeit (F.)
incapacidad (F.) absoluta de conducir absolute Fahruntüchtigkeit (F.)
incapacidad (F.) de culpabilidad Schuldunfähigkeit (F.)
incapacidad (F.) de pago Zahlungsunfähigkeit (F.)
incapacidad (F.) de trabajo Erwerbsunfähigkeit (F.)
incapacidad (F.) funcional Erwerbsunfähigkeit (F.)
incapacidad (F.) jurídica Geschäftsunfähigkeit (F.)
incapacidad (F.) laboral Arbeitsunfähigkeit (F.)
incapacidad (F.) mental Unzurechnungsfähigkeit (F.)
incapacidad (F.) negocial Geschäftsunfähigkeit (F.)
incapacidad (F.) para suceder Erbunfähigkeit (F.)
incapacidad (F.) para testar Testierunfähigkeit (F.)
incapacidad (F.) procesal Prozessunfähigkeit (F.)
incapacidad (F.) profesional Berufsunfähigkeit (F.)
incapacidad (F.) relativa beschränkte Geschäftsfähigkeit (F.)
incapacidad (F.) sucesoria Erbunfähigkeit (F.)
incapacitación (F.) Entmündigung (F.)
incapacitar entmündigen
incapaz (Adj.) geschäftsunfähig, unfähig
incapaz (Adj.) de culpabilidad schuldunfähig
incapaz (Adj.) de heredar erbunfähig
incapaz (Adj.) para el trabajo arbeitsunfähig, erwerbsunfähig
incapaz (Adj.) para litigar prozessunfähig
incapaz (Adj.) para suceder erbunfähig
incapaz para testar testierunfähig
incauto achtlos
incendiador (M.) Brandstifter (M.)
incendiario (M.) Brandstifter (M.)
incendiarismo (M.) Brandstiftung (F.)
incendio (M.) Brand (M.), Brandstiftung (F.), Feuer (N.)
incesto (M.) Blutschande (F.), Inzest (M.)
incidente (M.) Vorfall (M.), Zwischenverfahren (N.)
incierto unbestimmt, zweifelhaft
incitador (M.) Anstifter (M.)
incitar anstiften, aufhetzen, aufwiegeln
inclinación (F.) Neigung (F.), Trieb (M.)
incluido (Adj.) inbegriffen, inklusiv
inclusive inklusiv
incoar einleiten
incobro (M.) Nichtzahlung (F.)
incógnito inkognito
íncola (M.) Einwohner (M.)
incompatibilidad (F.) Inkompatibilität (F.), Unvereinbarkeit (F.)
incompatible inkompatibel, unvereinbar
incompetencia (F.) Unfähigkeit (F.), Unzuständigkeit (F.)
incompetente inkompetent, unfähig, unzuständig
incompleto unvollständig
incomunicación (F.) Kontaktsperre (F.)
inconcluso unbeendet
incondicional unbedingt
inconsciente unbewusst
inconsiderado rücksichtslos
inconstitucional verfassungswidrig
inconstitucionalidad (F.) Verfassungswidrigkeit (F.)
incorporación (F.) Einverleibung (F.), Inkorporation (F.), Transformation (F.), Zuschreibung (F.)
incorporación (M.) Eingemeindung (F.)
incorporar eingemeinden, einverleiben, fusionieren, inkorporieren, verbriefen
incorpóreo immateriell, unkörperlich
incorrecto vorschriftswidrig
incorrupto unbescholten
incremento (M.) por peligrosidad Gefahrenzulage (F.)
incriminar anschuldigen, belasten, bezichtigen, kriminalisieren
incriminatorio belastend

inculpabilidad (F.) Entschuldigung (F.)
inculpable unschuldig
inculpación (F.) Anschuldigung (F.), Bezichtigung (F.)
inculpada (F.) Angeschuldigte (F.), Beschuldigte (F.)
inculpado (M.) Angeschuldigter (M.), Beschuldigter (M.)
inculpar anschuldigen, beschuldigen
incumbencia (F.) Obliegenheit (F.)
incumbir obliegen
incumplimiento (M.) Nichterfüllung (F.), Nichtleistung (F.)
indagación (F.) Ermittlung (F.)
indagar ermitteln
indagatoria (F.) Einvernahme (F.)
indeciso unbestimmt
indefensión (F.) Wehrlosigkeit (F.)
indefenso wehrlos
indemandable unklagbar
indemne schadlos
indemnidad (F.) Schadloshaltung (F.)
indemnización (F.) Abfindung (F.), Aufwandsentschädigung (F.), Ausgleich (M.), Diäten (F.Pl.), Entschädigung (F.), Ersatz (M.), Erstattungsanspruch (M.), Schadloshaltung (F.)
indemnización (F.) de carencia Karenzentschädigung (F.)
indemnización (F.) de daños Schadensersatz (M.)
indemnización (F.) familiar por hijos Kindergeld (N.)
indemnización (F.) pecuniaria Geldentschädigung (F.), Geldersatz (M.)
indemnización (F.) por accidente Unfallentschädigung (F.)
indemnización (F.) por daño personal Schmerzensgeld
indemnización (F.) por desfloramiento Kranzgeld (N.)
indemnización (F.) por despido Abfertigung (F.)
indemnización (F.) por desplazamiento Reisekostenvergütung (F.)
indemnización (F.) por enfermedad Krankengeld (N.)
indemnización (F.) por separación Trennungsgeld (N.)
indemnizar abfinden, ausgleichen, entschädigen, vergüten
independencia (F.) Unabhängigkeit (F.)
independiente (Adj.) frei, selbständig, unabhängig
independiente (M.) Selbständiger (M.)
inderogabilidad (F.) Unabdingbarkeit (F.)
inderogable unabdingbar
indeterminado unbestimmt
indicación (F.) Hinweis (M.), Indikation (F.), Weisung (F.)
indicación (F.) social soziale Indikation (F.)
indicador (M.) de libre Freizeichen (N.)
indicar angeben, ausweisen, hinweisen, indizieren, weisen
índice (M.) Index (M.)
índice (M.) de intención de voto Wählergunst (F.)
índice (M.) de precios al consumidor Verbraucherpreisindex (M.)
índice (M.) de precios al consumo Verbraucherpreisindex (M.)
indicio (M.) Anhalt (M.), Anhaltspunkt (N.), Anzeichen (N.), Indiz (N.), Merkmal (N.)
indicio (M.) de criminalidad Tatverdacht (M.)
indicir auswirken
indigencia (F.) Bedürftigkeit (F.), Hilfsbedürftigkeit (F.)
indigente (Adj.) bedürftig, hilfsbedürftig
indignidad (F.) para suceder Erbunwürdigkeit (F.)
indignidad (F.) sucesoria Erbunwürdigkeit (F.)
indigno de suceder erbunwürdig
indigno para suceder erbunwürdig
indirecto indirekt, mittelbar
indiscreción (F.) Vertrauensbruch (M.)
indispensable (Adj.) unerlässlich
individual (Adj.) individuell
individual (M. bzw. F.) Einzelner (M.)
individualización (F.) Konkretisierung (F.), Konzentration (F.)
individualizar spezifizieren
individuo (Adj.) persönlich
individuo (M.) Individuum (N.), Person (F.)
indivisible unteilbar
inducción (F.) Anstiftung (F.), Induktion (F.), Verleitung (F.)
inducir anstiften, verleiten
inductor (M.) Anstifter (M.)
indulgencia (F.) Ablass (M.)
indultar begnadigen

indulto (M.) Begnadigung (F.), Verzeihung (F.)
indulto (M.) general Generalamnestie (F.)
indulto (M.) individual Gnadenakt (M.)
industria (F.) Betrieb (M.), Gewerbe (N.), Industrie (F.)
industria (F.) ambulante Reisegewerbe (N.)
industria (F.) de transportes Verkehrswirtschaft (F.)
industria (F.) mercantil Handelsgewerbe (N.)
industria (F.) minera Bergbau (M.)
industrial (Adj.) gewerblich, gewerbsmäßig, industriell
industrial (M.) Fabrikant (M.), Gewerbetreibender (M.)
ineficacia (F.) Unwirksamkeit (F.)
ineficacia (F.) pendiente schwebende Unwirksamkeit (F.)
ineficaz unwirksam
ineludible unabwendbar
inembargabilidad (F.) Unpfändbarkeit (F.)
inembargable unpfändbar
inequitativo unbillig
inevitable unabwendbar, unvermeidbar, unvermeidlich
inexactitud (F.) Unrichtigkeit (F.)
inexacto unrichtig, unwahr
inexigibilidad (F.) Unzumutbarkeit (F.)
inexigible unzumutbar
infame infam, verrucht
infamia (F.) Infamie (F.)
infante (M.) Kind (N.)
infantería (F.) Infanterie (F.)
infanticidio (M.) Kindestötung (F.)
inferior subaltern, untere, untergeben (Adj.)
inferir verursachen
infidelidad (F.) Treubruch (M.), Untreue (F.)
infiel treubrüchig, untreu
infierno (M.) Hölle (F.)
infirmar annullieren
inflación (F.) Inflation (F.)
inflingir verhängen
influencia (F.) Einwirkung (F.)
influencia (F.) ilegal rechtswidrige Einwirkung (F.)
influenciar beeinflussen
influir einwirken
información (F.) Angabe (F.), Auskunft (F.), Bescheid (M.), Erkundigung (F.), Information (F.), Nachricht (F.)
información (F.) bancaria Bankauskunft (F.)
información (F.) medioambiental Umweltinformation (F.)
información (F.) para consumidores Verbraucherinformation (F.)
información (F.) sobre los recursos procedentes Rechtsbehelfsbelehrung (F.)
información (F.) sobre recursos Rechtsmittelbelehrung (F.)
información (F.) testifical Zeugenvernehmung (F.)
informador (M.) Berichterstatter (M.), Informant (M.)
informal informell, ordnungswidrig, unzuverlässig
informalidad (F.) Ordnungswidrigkeit (F.)
informante (M.) Informant (M.)
informar berichten, informieren, plädieren, unterrichten
informar(se) erkundigen (sich)
informática (F.) Informatik (F.)
informe (M.) Auskunft (F.), Belehrung (F.), Bericht (M.), Meldung (F.), Plädoyer (N.), Referat (N.), Vermerk (M.), Vortrag (M.)
informe (M.) anual Geschäftsbericht (M.)
informe (M.) comercial Geschäftsbericht (M.)
informe (M.) de delitos Strafanzeige (F.)
informe (M.) de moralidad Leumundszeugnis (N.)
informe (M.) final Schlussvortrag (M.)
informe (M.) foral Plädoyer (N.)
informe (M.) policial Polizeibericht (M.)
informe (M.) sobre accidente Unfallbericht (M.)
informe formfrei
infortunio (M.) Unglück (N.)
infracción (F.) Bruch (M.), Delikt (N.), Frevel (M.), Überschreitung (F.), Übertretung (F.), Verletzung (F.), Verstoß (M.), Zuwiderhandlung (F.)
infracción (F.) a la circulación de vehículos Verkehrsdelikt (N.)
infracción (F.) administrativo de tráfico Verkehrsordnungswidrigkeit (F.)
infracción (F.) contractual Vertragsverletzung (F.)
infracción (F.) de pesca Fischwilderei (F.)
infracción (F.) del derecho Rechtsverletzung (F.)
infracción (F.) fiscal Steuervergehen (N.)

infracción (F.) grave Kriegsverbrechen (N.)
infracción (F.) jurídica Rechtsbruch (F.), Rechtsverletzung (F.)
infracción (F.) matrimonial Eheverfehlung (F.)
infracción (F.) penal Straftat (F.)
infracción (F.) tributaria Steuervergehen (N.)
infractor (M.) Täter (M.)
infractor (M.) de la ley Rechtsbrecher (M.)
infractor (M.) del derecho Rechtsbrecher (M.)
infraestatal innerstaatlich
infraseguro (M.) Unterversicherung (F.)
infringir brechen, überschreiten, übertreten, verletzen, zuwiderhandeln
ingenería (F.) genética Gentechnik (F.)
ingenio (M.) Geist (M.)
ingenuo arglos
ingerencia (F.) Eingriff (M.), Einmischung (F.), Ingerenz (F.)
Inglaterra (F.) England (N.)
inglés (Adj.) englisch
ingresar eingehen, einreisen, eintreten, einzahlen
ingreso (M.) Arbeitseinkommen (N.), Aufnahme (F.), Beitritt (M.), Eingang (M.), Einnahme (F.), Eintritt (M.), Einzahlung (F.), Erlös (M.), Zugang (M.)
ingreso (M.) procedente de la actividad de la empresa Betriebseinnahme (F.)
ingresos (M.Pl.) Einkommen (N.), Einnahmen (F.Pl.)
inhábil unfähig, untauglich
inhabilidad (F.) Unfähigkeit (F.)
inhabilitación (F.) Entmündigung (F.)
inhabilitar entmündigen
inhibición (F.) Hemmung (F.), Verhinderung (F.)
inhibir hemmen, verhindern
inhibitoria (F.) Verfügungsbeschränkung (F.)
iniciación (F.) Einführung (F.), Einleitung (F.)
inicial (Adj.) anfänglich
inicial (F.) Initiale (F.)
iniciar einleiten
iniciativa (F.) Anregung (F.), Initiative (F.), Initiativrecht (N.)
iniciativa (F.) de las leyes Gesetzesinitiative (F.)
iniciativa (F.) legislativa Gesetzesinitiative (F.)
iniciativa (F.) popular Bürgerbegehren (N.), Bürgerinitiative (F.), Volksbegehren (N.)
inidóneo untauglich
inimpugnabilidad (F.) Unanfechtbarkeit (F.)
inimpugnable unanfechtbar
inimputabilidad (F.) Unzurechnungsfähigkeit (F.)
inimputable (Adj.) unzurechnungsfähig
iniquidad (F.) Ungerechtigkeit (F.)
injurar beleidigen
injuria (F.) Beleidigung (F.), Beschädigung (F.), Injurie (F.), Unrecht (N.)
injuria (F.) de obra Realinjurie (F.)
injuria (F.) formal Formalbeleidigung (F.)
injuria (F.) real Realinjurie (F.)
injuria (F.) verbal Verbalinjurie (F.)
injuriador (M.) Schädiger (M.)
injuriar beeinträchtigen, schaden, schädigen
injusticia (F.) Ungerechtigkeit (F.), Unrecht (N.)
injustificado ungerechtfertigt
injusto (Adj.) ungerecht, unrecht
injusto (M.) Unrecht (N.)
injusto (M.) del resultado Erfolgsunrecht (N.)
injusto unrechtmäßig
inmanente immanent
inmaterial immateriell
inmatriculación (F.) Immatrikulation (F.)
inmatricular immatrikulieren
inmediación (F.) Unmittelbarkeit (F.)
inmediatamente sofort
inmediatez (F.) Unmittelbarkeit (F.)
inmediato fristlos, sofortig, unmittelbar, unverzüglich
inmemorial unvordenklich
inmigración (F.) Einwanderung (F.)
inmigrante (M.) Einwanderer (M.)
inmigrar einwandern
inminente drohend
inminentemente futuro unmittelbar bevorstehend
inmisión (F.) Immission (F.)
inmobil immobil
inmoral sittenwidrig
inmoralidad (F.) Sittenwidrigkeit (F.)
inmoralidad (F.) sexual Unzucht (F.)
inmovible unbeweglich
inmóvil unbeweglich
inmovilización (F.) Gebundenheit (F.), Stillstand (M.)
inmueble (Adj.) unbeweglich

inmueble (M.) Anwesen (N.), Gebäude (N.), Grundstück (N.), Immobilie (F.), Liegenschaft (F.), unbewegliche Sache (F.)
inmuebles (M.Pl.) Immobilien (F.Pl.)
inmundicias (F.Pl.) Müll (M.)
inmune immun
inmunidad (F.) Asylrecht (N.), Immunität (F.)
inmunizado befriedet
inmunizar befrieden
inobservancia (F.) del deber de cuidado Sorgfaltspflichtverletzung (F.)
inocencia (F.) Unschuld (F.)
inocente unschuldig
inoperante unwirksam
inprejuicio (M.) Unvoreingenommenheit (F.)
inquietar(se) sorgen
inquietud (F.) Sorge (F.), Störung (F.)
inquilinato (M.) Miete (F.)
inquilino (M.) Mieter (M.)
inquirir befragen, inquirieren, untersuchen
inquisición (F.) Inquisition (F.), Untersuchung (F.)
inquisitorial (Adj.) inquisitorisch
inquisitorio inquisitorisch
insalubre gesundheitsschädlich
inscribible eintragungsfähig
inscribilidad (F.) Eintragungsfähigkeit (F.)
inscribir einschreiben, eintragen, melden, registrieren
inscripción (F.) Aufnahme (F.), Eintrag (M.), Eintragung (F.)
inscripción (F.) declarativa Grundbuchberichtigung (F.)
inscripción (F.) en el registro inmobilario Grundbucheintragung (F.)
inscripción (F.) rectificadora Grundbuchberichtigung (F.)
insecuestrable unpfändbar
inseguridad (F.) jurídica Rechtsunsicherheit (F.)
inseguridad (F.) legal Rechtsunsicherheit (F.)
inseguro unzuverlässig
inseminación (F.) Insemination (F.)
insidia (F.) Heimtücke (F.)
insidioso heimtückisch
insignia (F.) Insignie (F.)
insignias (F.Pl.) Insignien (F.Pl.)
insignificante geringfügig, unwesentlich
insinuación (F.) Anregung (F.), Insinuation (F.)
insinuar anregen, insinuieren
insinuatio (F.) ad domum (lat.) Ersatzzustellung (F.)
insolvencia (F.) Insolvenz (F.), Zahlungsunfähigkeit (F.)
insolvencia (F.) sucesional Nachlassinsolvenz (F.)
insolvente (Adj.) bankrott, insolvent, zahlungsunfähig
inspección (F.) Ansicht (F.), Aufsicht (F.), Aufsichtsbehörde (F.), Außenprüfung (F.), Begehung (F.), Einsicht (F.), Erhebung (F.), Inspektion (F.), Kontrolle (F.), Untersuchung (F.)
inspección (F.) de la explotación Betriebsprüfung (F.)
inspección (F.) de lugar Lokaltermin (M.)
inspección (F.) de obras Bauaufsicht (F.), Baubehörde (F.)
inspección (F.) de seguros Versicherungsaufsicht (F.)
inspección (F.) de trabajo Arbeitsaufsicht (F.), Gewerbeaufsicht (F.)
inspección (F.) del escape de gas Abgasuntersuchung (F.)
inspección (F.) del Estado Staatsaufsicht (F.)
inspección (F.) industrial Gewerbeaufsicht (F.), Gewerbeaufsichtsamt (N.)
inspección (F.) jerárquica Dienstaufsicht (F.)
inspección (F.) municipal Kommunalaufsicht (F.)
inspección (F.) ocular Augenschein (M.), Lokaltermin (M.)
inspección (F.) urbanística Bauaufsicht (F.)
inspeccionar beaufsichtigen, inspizieren, kontrollieren, mustern, untersuchen
inspector (M.) Aufseher (M.), Inspekteur (M.), Kontrolleur (M.)
instalación (F.) Anlage (F.), Bestallung (F.), Betriebsanlage (F.)
instalar aufstellen, bestallen, einrichten, einsetzen, niederlassen
instancia (F.) Instanz (F.), Instanzenweg (M.), Tatsacheninstanz (F.)
instancia (F.) de parte Parteiantrag (M.)
instancia (F.) de recurso Rechtsmittelgericht (N.)
instauración (F.) Einsetzung (F.)
instaurar bilden, einsetzen
instigación (F.) Anstiftung (F.)
instigador (M.) Anstifter (M.)

instigar anstiften
instinto (M.) sexual Geschlechtstrieb (M.)
institución (F.) Anstalt (F.), Einführung (F.), Einrichtung (F.), Einsetzung (F.), Gründung (F.), Institut (N.), Institution (F.), Stiftung (F.)
institución (F.) de derecho público Anstalt (F.) des öffentlichen Rechts
institución (F.) de heredero Erbeinsetzung (F.)
institución (F.) de herencia Erbeinsetzung (F.)
institución (F.) jurídica Rechtsinstitut (N.)
institucional institutionell
instituir einsetzen, gründen
instituto (M.) Anstalt (F.), Institut (N.)
instituto (M.) de crédito Kreditinstitut (N.)
instituto (M.) de seguridad social Sozialversicherungsanstalt (F.)
instituto (M.) federal Bundesanstalt (F.)
Instituto (M.) Federal de Empleo Bundesagentur (F.) für Arbeit
instituto (M.) jurídico Rechtsinstitut (N.)
instituto (M.) nacional de previsión Sozialversicherungsanstalt (F.)
institutor (M.) Stifter (M.)
instrucción (F.) Angabe (F.), Anweisung (F.), Auflage (F.), Bedienungsanleitung (F.), Belehrung (F.), Betreiben (N.), Bildung (F.), Disposition (F.), Einleitung (F.), Einweisung (F.), Instruktion (F.), Verfügung (F.), Voruntersuchung (F.), Weisung (F.)
instrucción (F.) administrativa Verwaltungsvorschrift (F.)
instrucción (F.) escolar obligatoria Schulzwang (M.)
instrucción (F.) jurídica Rechtsbelehrung (F.)
instrucción (F.) para el uso Gebrauchsanweisung (F.)
instrucción (F.) sobre recursos Rechtsmittelbelehrung (F.)
instructor (M.) Ausbildender (M.), Ermittlungsrichter (M.)
instruir belehren, betreiben, bilden, einweisen, instruieren, unterrichten, weisen
instruir abrir einleiten
instrumentar legalisieren
instrumento (M.) Instrument (N.), Mittel (N.), Urkunde (F.), Werkzeug (N.)
instrumento (M.) auténtico echte Urkunde (F.)
instrumento (M.) contractual Vertragsurkunde (F.)
instrumento (M.) de cambio Zahlungsmittel (N.)
instrumento (M.) de coerción Zwangsmittel (N.)
instrumento (M.) de prueba Beweisgegenstand (M.)
instrumento (M.) jurídico Rechtsakt (M.)
instrumento (M.) público öffentliche Urkunde (F.)
insubordinación (F.) Unbotmäßigkeit (F.)
insubordinado unbotmäßig, ungehorsam
insuficiencia (F.) Dürftigkeit (F.)
insuficiencia (F.) legal Gesetzeslücke (F.)
insuficiente dürftig
insultar beleidigen, beschimpfen, schimpfen
insulto (M.) Beleidigung (F.), Beschimpfung (F.), Schimpfwort (N.)
insumisión (F.) Ungehorsam (M.)
insumiso (M.) Wehrdienstverweigerer (M.)
insumo (M.) Aufwand (M.)
insurreccionarse rebellieren
insurrecto (M.) Rebell (M.)
intacto heil
integración (F.) Aufnahme (F.), Einbringung (F.), Integration (F.)
integral (Adj.) vollständig
integrante (M.) Bestandteil (M.)
integrar einbringen, integrieren
integridad (F.) Fairness (F.), Integrität (F.), Redlichkeit (F.)
íntegro fair, redlich
intelectual (Adj.) geistig
intención (F.) Absicht (F.), Vorsatz (M.)
intención (F.) de asesinar Mordlust (F.)
intencionado absichtlich, mutwillig
intencional absichtlich, mutwillig, vorsätzlich
intencionalidad (F.) Vorbedacht (M.)
intendente (M.) Gouverneur (M.)
intendente (M.) de policía Polizeichef (M.)
intender erkennen
intentar erheben, gedenken, versuchen
intento (M.) Absicht (F.)
interacción (F.) Interaktion (F.)
intercambio (M.) Austausch (M.)
intercambio (M.) de estudiantes Studentenaustausch (M.)
intercambio (M.) de mercancías Warenverkehr (M.)

intercambio (M.) de trabajadores jóvenes Jungarbeiteraustausch (M.)
intercambio (M.) monetario Zahlungsverkehr (M.)
interceder intervenieren
interceptación (F.) Abhören (N.)
intercesión (F.) Fürsprache (F.), Intervention (F.), Interzession (F.)
intercesor (M.) Fürsprecher (M.)
interconexión (F.) Verbund (M.)
interdecir untersagen, verbieten
interdicción (F.) Embargo (N.), Untersagung (F.), Verbot (N.)
interdicción (F.) de escucha telefónica Abhörverbot (N.)
interdicción (F.) de fumar Rauchverbot (N.)
interdicción (F.) de quiebra Verfügungsverbot (N.)
interdicción (F.) de reunión Versammlungsverbot (N.)
interdicción (F.) profesional Berufsverbot (N.)
interdicto (M.) provisorio einstweilige Verfügung (F.)
interés (M.) Befangenheit (F.), Belang (M.), Dividende (F.), Gewinn (M.), Interesse (N.), Nutzen (M.), Vorteil (M.), Zins (M.)
interés (M.) colectivo Verbandsinteresse (N.)
interés (M.) compuesto Zinseszins (M.)
interés (M.) constituido positives Interesse (N.)
interés (M.) de afección Affektionsinteresse (N.)
interés (M.) de base Basiszins (M.)
interés (M.) de intereses Zinseszins (M.)
interés (M.) de la confianza Vertrauensschaden (N.)
interés (M.) indicativo Leitzins (M.)
interés (M.) jurídico Rechtsschutzinteresse (N.)
interés (M.) positivo positives Interesse (N.)
interés (M.) público öffentlicher Belang (M.), öffentliches Interesse (N.)
interés (M.) social Gemeinnützigkeit (F.)
interesado (M.) Beteiligter (M.), Betroffener (M.)
interesante vorteilhaft
interesar beteiligen
interesente (F.) Anwesende (F.)
interesente (M.) Anwesender (M.)
intereses (M.Pl.) de confianza Vertrauensinteresse (N.)
intereses (M.Pl.) de demora Verzugszinsen (M.Pl.)
intereses (M.Pl.) de deuda Schuldzinsen (M.Pl.)
intereses (M.Pl.) moratorios Verzugszinsen (M.Pl.)
interestatal zwischenstaatlich
ínterin (M.) Interim (N.)
interinidad (F.) Interim (N.)
interino stellvertretend
interior (Adj.) einheimisch, inländisch, innere
interior (M.) Inland (N.)
Interior (M.) Innenministerium (N.)
interlocutoria (F.) Zwischenurteil (N.)
interlocutoria (F.) de prueba Beweisinterlokut (N.)
interlocutorio interlokutorisch
intermediario (M.) Vermittler (M.)
internación (F.) Abschiebungshaft (F.), Einweisung (F.), Internierung (F.)
internacional international, zwischenstaatlich
internamiento (M.) Abschiebungshaft (F.), Einschließung (F.), Einsperrung (F.), Internierung (F.)
internamiento (M.) preventivo Sicherungsverwahrung (F.)
internar einführen, eingeben, einweisen, internieren
internet (M.) Internet (N.)
interno innere
interpelación (F.) Anfrage (F.), Interpellation (F.)
interpelar anfragen, interpellieren
interpolación (F.) Interpolation (F.)
interponer einlegen
interposición (F.) de la demanda Klageerhebung (F.)
interpretación (F.) Auslegung (F.), Interpretation (F.)
interpretación (F.) auténtica authentische Interpretation (F.)
interpretación (F.) complementaria ergänzende Auslegung (F.)
interpretación (F.) de contrato Vertragsauslegung (F.)
interpretación (F.) sistemática systematische Interpretation (F.)
interpretación (F.) supletoria ergänzende Auslegung (F.)
interpretación (F.) supletoria de contrato ergänzende Vertragsauslegung (F.)

interpretacón (F.) teleológica teleologische Auslegung (F.)
interpretar auslegen, dolmetschen, interpretieren
intérprete (M.) Dolmetscher (M.)
interregno (M.) Interregnum (N.)
interrogar einvernehmen, fragen, verhören, vernehmen
interrogatorio (M.) Einvernahme (F.), Verhör (N.), Vernehmung (F.)
interrogatorio (M.) cruzado Kreuzverhör (N.)
interrogatorio (M.) testifical Zeugenvernehmung (F.)
interrumpir abbrechen, sistieren, unterbrechen
interrupción (F.) Pause (F.), Sistierung (F.), Unterbrechung (F.)
interrupción (F.) de servicio Betriebsstörung (F.)
interrupción (F.) del embarazo Abbruch (M.) der Schwangerschaft, Schwangerschaftsabbruch (M.), Schwangerschaftsunterbrechung (F.)
intervención (F.) Eingriff (M.), Einmischung (F.), Einschreiten (N.), Intervention (F.), Vermittlung (F.)
intervención (F.) accesoria Nebenintervention (F.)
intervención (F.) coadyuvante Nebenintervention (F.)
intervención (F.) con efectos semejantes a los expropiatorios enteignungsgleicher Eingriff (M.)
intervención (F.) externa Außenprüfung (F.)
intervención (F.) formal Verfassungskontrolle (F.)
intervención (F.) forzosa de abogado Anwaltszwang (M.)
intervención (F.) principal Hauptintervention (F.)
interveniente (M.) adhesivo Nebenintervenient (M.)
intervenir eingreifen, einmischen, einschreiten, intervenieren, vermitteln
interventor (M.) Inspekteur (M.), Nachlassverwalter (M.)
interventor (M.) estatal Staatskommissar (M.)
interviniente (M.) Beigeladener (M.), Intervenient (M.)
intestado (M.) Intestaterbe (M.)
intimación (F.) Aufgebot (N.)
intimar auffordern
intimidación (F.) Abschreckung (F.), Bedrohung (F.), Drohung (F.)
intimidad (F.) Intimität (F.), Intimsphäre (F.)
intimidar abschrecken
íntimo intim
intoxicación (F.) Vergiftung (F.)
intoxicar vergiften
intracomunitario innergemeinschaftlich
introducción (F.) Einfuhr (F.), Einführung (F.), Einleitung (F.)
introducir einführen, eingeben, erheben
intromisión (F.) Eingriff (M.), Immission (F.)
intrusión (F.) Amtsanmaßung (F.)
intruso (M.) eigenmächtiger Besitzer (M.)
invadir eindringen
invalidación (F.) Kraftloserklärung (F.), Nichtigerklärung (F.), Ungültigkeit (F.)
invalidar annullieren
invalidez (F.) Arbeitsunfähigkeit (F.), Invalidität (F.), Unwirksamkeit (F.)
invalidez (F.) parcial Teilnichtigkeit (F.)
inválido (Adj.) arbeitsunfähig, kraftlos, nichtig, ungültig, unwirksam
inválido (M.) Invalide (M.)
invención (F.) Erfindung (F.), Fund (M.)
invención (F.) comunitaria de modelo Gemeinschaftsgeschmacksmuster (N.)
invención (F.) contractual Diensterfindung (F.)
invención (F.) de empresa Arbeitnehmererfindung (F.)
invención (F.) de modelo Geschmacksmuster (N.)
invención (F.) de servicio Diensterfindung (F.)
invención (F.) del empleado Arbeitnehmererfindung (F.)
inventar erfinden
inventariar verzeichnen
inventario (M.) Inventar (N.), Inventur (F.), Vermögensverzeichnis (N.), Verzeichnis (N.)
inventario (M.) de sucesión Nachlassverzeichnis (N.)
inventario (M.) sucesorio Nachlassinventar (N.), Nachlassverzeichnis (N.)
inventario (M.) total de un patrimonio Vermögensverzeichnis (N.)

inventarización (F.) Inventur (F.)
invento (M.) Erfindung (F.)
inventor (M.) Erfinder (M.)
inversión (F.) Anlage (F.), Aufwand (M.), Einlage (F.), Investition (F.), Investment (N.), Umkehr (F.)
inversión (F.) de capital Kapitalanlage (F.)
inversión (F.) de la prueba Beweislastumkehr (F.)
inversión (F.) patrimonial Kapitalanlage (F.)
inversor (M.) Anleger (M.), Kapitalanleger (M.)
invertir anlegen, aufwenden, investieren, umkehren
investidura (F.) Einsetzung (F.), Einweisung (F.), Investitur (F.)
investigación (F.) Ermittlung (F.), Untersuchung (F.)
investigación (F.) de oficio Amtsermittlung (F.)
investigación (F.) de opiniones Demoskopie (F.)
investigación (F.) de paternidad Vaterschaftsfeststellung (F.)
investigación (F.) preliminar Voruntersuchung (F.)
investigación (F.) social Sozialforschung (F.)
investigación (F.) sociológica Sozialforschung (F.)
investigación (F.) tributaria Steuerfahndung (F.)
investigador (M.) Ermittler (M.)
investigar durchsuchen, untersuchen
investir einsetzen, einweisen
inviolabilidad (F.) Immunität (F.)
inviolable immun
invitación (F.) Einladung (F.)
invitado (M.) Gast (M.)
invitar auffordern, einladen, laden (herbestellen)
involuntario unfreiwillig
ir gehen
ir a caballo reiten
ir contra sus actos propios venire contra factum propium (lat.) (eigenem Handeln zuwiderhandeln)
irregular ordnungswidrig, unregelmäßig, unrichtig
irregularidad (F.) Ordnungswidrigkeit (F.)
irremediable unvermeidbar, unvermeidlich
irrenunciabilidad (F.) Unabdingbarkeit (F.)
irrenunciable unabdingbar
irreprochable unbescholten
irreversible irreversibel
irrevocable bestandskräftig, unwiderruflich
irritación (F.) Ungültigkeit (F.)
írrito ungültig
irrumpir einbrechen
irrupción (F.) Einbruch (M.)
Italia (F.) Italien (N.)
ítem (M.) Nachtrag (M.)
iter (M.) officiorum (lat.) Laufbahn (F.)
iteración (F.) Wiederholung (F.)
iterar wiederholen
iterativamente wiederholt
ius (N.) (lat.) ius (N.) (lat.) (Recht)
ius (N.) gentium (lat.) Völkerrecht (N.)
ius (N.) postulandi (lat.) Postulationsfähigkeit (F.)
ius (N.) tollendi (lat.) Wegnahmerecht (N.)

j

jactancia (F.) Berühmung (F.)
jactar berühmen
jefatura (F.) Abteilung (F.)
jefatura (F.) de distrito Landratsamt (N.)
jefatura (F.) de tráfico Straßenverkehrsbehörde (F.)
jefatura (F.) del distrito Bezirksregierung (F.)
jefatura (F.) del Estado Präsidialamt (N.)
jefe (M.) Leiter (M.), Vorgesetzter (M.), Vorsteher (M.)
jefe (M.) de departamento Referent (M.) (Vortragender)
jefe (M.) de división Dezernent (M.)
jefe (M.) de Estado Staatsoberhaupt (M.)
jefe (M.) de la administración municipal Stadtdirektor (M.)
jefe (M.) de negociado Referent (M.) (Vortragender)
jefe (M.) de obras Bauleiter (M.)
jefe (M.) de sección Dezernent (M.)
jefe (M.) del ejecutivo Regierungspräsident (M.)
jefe (M.) del Estado Staatspräsident (M.)
jefe (M.) militar Offizier (M.)
jerarquía (F.) Hierarchie (F.), Instanzenweg (M.)
joint-venture (M.) Joint venture (N.) (engl.)
jornada (F.) Tagessatz (M.)

jornada (F.) de baja Ausfallzeit (F.)
jornada (F.) de trabajo limitada Kurzarbeit (F.)
jornada (F.) laboral Arbeitszeit (F.)
jornada (F.) laboral reducida Kurzarbeit (F.)
jornal (M.) Tagelohn (M.)
jornal (M.) en especie Naturallohn (M.)
jornalero (M.) Tagelöhner (M.)
joven (Adj.) jugendlich, jung
jóven-adulto (M.) Heranwachsender (M.)
joya (F.) Kleinod (N.)
jubilación (F.) Altersversorgung (F.), Rente (F.), Ruhegehalt (N.), Ruhestand (M.)
jubilación (F.) anticipada Vorruhestandsregelung (F.)
jubilado (M.) por vejez Rentner (M.)
jubilar pensionieren
judicación (F.) Rechtsprechung (F.)
judicatura (F.) Gerichtsbarkeit (F.), Justiz (F.), Richteramt (N.), Richterschaft (F.)
judicial gerichtlich, richterlich
judicialmente retenido gepfändet
judío (M.) Jude (M.)
juego (M.) Ausspielung (F.), Spiel (N.)
juego (M.) de azar Glücksspiel (N.)
juego (M.) de suerte Glücksspiel (N.)
juez (M.) Richter (M.)
juez (M.) agregado Laienrichter (M.)
juez (M.) arbitrador Schiedsrichter (M.)
juez (M.) arbitral Schlichter (M.)
juez (M.) árbitro Obmann (M.)
juez (M.) asesor Gerichtsassessor (M.)
juez (M.) civil Zivilrichter (M.)
juez (M.) compromisario Schiedsrichter (M.)
juez (M.) de carrera Berufsrichter (M.)
juez (M.) de equidad Schiedsgutachter (M.)
juez (M.) de hecho Laienrichter (M.)
juez (M.) de instrucción Untersuchungsrichter (M.)
juez (M.) de las salas comerciales Handelsrichter (M.)
juez (M.) de lo criminal Strafrichter (M.)
juez (M.) de menores Jugendrichter (M.)
juez (M.) de mérito Tatrichter (M.)
juez (M.) de paz Friedensrichter (M.)
juez (M.) de un tribunal comercial Handelsrichter (M.)
juez (M.) exhortado ersuchter Richter (M.)
juez (M.) federal Bundesrichter (M.)
juez (M.) instructor Ermittlungsrichter (M.), Untersuchungsrichter (M.)
juez (M.) legal gesetzlicher Richter (M.)
juez (M.) lego Laienrichter (M.)
juez (M.) ordinario gesetzlicher Richter (M.)
juez (M.) penal Strafrichter (M.)
juez (M.) profesional Berufsrichter (M.)
juez (M.) requerido ersuchter Richter (M.)
juez (M.) singular Einzelrichter (M.)
juez (M.) técnico Berufsrichter (M.)
juez (M.) único Einzelrichter (M.)
juez-árbitro (M.) Schiedsrichter (M.)
juez-magistrado (M.) Richter (M.)
jugar spielen
juicio (M.) Beurteilung (F.), Gerichtsverfahren (N.), Prozess (M.), Urteil (N.), Verfahren (N.), Verhandlung (F.)
juicio (M.) administrativo Verwaltungsverfahren (N.)
juicio (M.) apelatorio Berufungsverfahren (N.)
juicio (M.) civil Zivilprozess (M.), Zivilverhandlung (F.)
juicio (M.) con intervención forzosa de abogado Anwaltsprozess (M.)
juicio (M.) criminal Strafverfahren (N.)
juicio (M.) de apelación Berufungsverfahren (N.)
juicio (M.) de cognición Erkenntnisverfahren (N.)
juicio (M.) de conciliación Güteverhandlung (F.), Vergleichsverfahren (N.)
juicio (M.) de faltas Adhäsionsverfahren (N.)
juicio (M.) de inquisición Ermittlungsverfahren (N.)
juicio (M.) de valor Werturteil (N.)
juicio (M.) declarativo Erkenntnisverfahren (N.)
juicio (M.) ejecutivo Vollstreckungsverfahren (N.)
juicio (M.) ejecutivo sobre letra de cambio Wechselprozess (M.)
juicio (M.) escrito schriftliches Verfahren (N.)
juicio (M.) objetivo objektives Verfahren (N.)
juicio (M.) oral Hauptverhandlung (F.)
juicio (M.) penal Strafprozess (M.)
juicio (M.) político Ministeranklage (F.)
juicio (M.) relativo al estado familiar Statusprozess (M.)
juicio (M.) sumarisimo Schnellverfahren (N.)
juicio (M.) valorativo Werturteil (N.)
juicio (M.) verbal mündliche Verhandlung (F.)
juicio de mérito Tatsacheninstanz (F.)

junta (F.) Ausschuss (M.), Junta (F.), Kollegium (N.), Kommission (F.), Rat (M.), Sitzung (F.), Versammlung (F.)
junta (F.) de acreedores Gläubigerversammlung (F.)
junta (F.) de portavoces Ältestenrat (M.)
junta (F.) de socios Gesellschafterversammlung (F.)
junta (F.) directiva Direktion (F.), Vorstand (M.)
junta (F.) general Generalversammlung (F.), Hauptversammlung (F.)
junta (F.) personal Personalrat (M.)
junta (F.) social Gesellschafterversammlung (F.)
juntar vereinen, versammeln
jura (F.) Eid (M.)
jurado (Adj.) eidesstattlich
jurado (M.) Geschworener (M.), Jury (F.), Schöffe (M.), Schwurgericht (N.)
juramentación (F.) Vereidigung (F.)
juramentar beeiden, beeidigen, vereidigen
juramento (M.) Beeidigung (F.), Eid (M.), Parteieid (M.) (M.), Schwur (M.), Vereidigung (F.)
juramento (M.) asertorio Nacheid (M.)
juramento (M.) de manifestación Offenbarungseid (M.)
juramento (M.) de parte Parteieid (M.) (M.)
juramento (M.) declarativo Offenbarungseid (M.)
juramento (M.) falso Falscheid (M.), Meineid (M.)
juramento (M.) posterior Nacheid (M.)
juramento (M.) previo Voreid (M.)
juramento (M.) profesional Diensteid (M.)
juramento (M.) promisorio Voreid (M.)
jurar beeiden, beeidigen, schwören
jurídicamente capaz rechtsfähig
juridicidad (F.) Legalität (F.), Rechtmäßigkeit (F.)
jurídico (Adj.) juridisch, juristisch, rechtlich, rechtmäßig, rechtsgelehrt
jurídico (M.) Jurist (M.)
jurídico-material materiellrechtlich
jurídico-negocial rechtsgeschäftlich
jurídico-privado (Adj.) privatrechtlich
jurídico-procesal verfahrensrechtlich
jurídico-público öffentlich-rechtlich
jurídico-sustantivo materiellrechtlich
jurisconsulto (M.) Anwalt (M.), Rechtsanwalt (M.), Rechtsberater (M.), Rechtsgelehrter (M.)
jurisdicción (F.) Gerichtsbarkeit (F.), Gerichtssprengel (M.), Gerichtsstand (M.), Herrschaftsrecht (N.), Hoheit (F.), Hoheitsbefugnis (F.), Hoheitsgebiet (N.), Hoheitsgewalt (F.), Jurisdiktion (F.), Rechtsprechung (F.), Sprengel (M.), Zuständigkeit (F.)
jurisdicción (F.) administrativa Verwaltungsgerichtsbarkeit (F.)
jurisdicción (F.) comercial Handelsgerichtsbarkeit (F.)
jurisdicción (F.) contenciosa streitige Gerichtsbarkeit (F.)
jurisdicción (F.) fiscal Finanzgerichtsbarkeit (F.)
jurisdicción (F.) judicial streitige Gerichtsbarkeit (F.)
jurisdicción (F.) mercantil Handelsgerichtsbarkeit (F.)
jurisdicción (F.) ordinaria ordentliche Gerichtsbarkeit (F.)
jurisdicción (F.) patrimonial Patrimonialgerichtsbarkeit (F.)
jurisdicción (F.) social Sozialgerichtsbarkeit (F.)
jurisdicción (F.) voluntaria freiwillige Gerichtsbarkeit (F.)
jurisdiccional gerichtlich, richterlich
jurispericia (F.) Jurisprudenz (F.), Rechtswissenschaft (F.)
jurisprudencia (F.) Judikatur (F.), Jurisprudenz (F.), Rechtsprechung (F.), Rechtswissenschaft (F.), Spruchpraxis (F.)
jurisprudencia (F.) conceptual Begriffsjurisprudenz (F.)
jurisprudencia (F.) de intereses Interessenjurisprudenz (F.)
jurista (M.) Jurist (M.)
jurista (M.) especializado en materias económicas Wirtschaftsjurist (M.)
jus (N.) (lat.) Jus (N.)
jusfilosofía (F.) Rechtsphilosophie (F.)
jusnaturalismo (M.) Rechtspositivismus (M.)
juspúblico öffentlich-rechtlich
justicia (F.) Begründetheit (F.), Gerechtigkeit (F.), Justiz (F.), Rechtspflege (F.)
justicia (F.) administrativa Verwaltungsgerichtsbarkeit (F.)
justicia (F.) de clase Klassenjustiz (F.)
justicia (F.) directa Lynchjustiz (F.)

justicia (F.) gratuita Prozesskostenhilfe (F.)
justiciable justiziabel
justiciazgo (M.) Richteramt (N.)
justiciero gerecht
justificable vertretbar
justificación (F.) Berechtigung (F.), Rechtfertigung (F.)
justificación (F.) supralegal übergesetzlicher Notstand (M.)
justificado gerechtfertigt
justificante (M.) Beleg (M.)
justificar berechtigen, entlasten, rechtfertigen
justo gerecht, recht, rechtmäßig, richtig, sachgerecht
juvenil jugendlich
juventud (F.) Jugend (F.)
juzgado (M.) Verurteilter (M.)
juzgado (M.) de familia Familiengericht (N.)
juzgado (M.) de lo social Sozialgericht (N.)
juzgado (M.) de partido Amtsgericht (N.)
juzgado (M.) de primera instancia Amtsgericht (N.) (Amtsgericht in Spanien)
juzgado (M.) del registro de propiedad Grundbuchamt (N.)
juzgado (M.) local Amtsgericht (N.)
juzgado (M.) municipal Amtsgericht (N.), Gemeindegericht (N.)
juzgado (M.) privativo Sondergericht (N.)
juzgado (M.) registral Registergericht (N.)
juzgador (M.) Richter (M.)
juzgador (M.) de instancia Tatsacheninstanz (F.)
juzgamiento (M.) Urteilsfindung (F.)
juzgar beurteilen, erkennen, ermessen, judizieren, richten, urteilen

k

kártell (M.) Kartell (N.)
kidnapping kidnappen
kiosko (M.) Kiosk (M.)
know-how (M.) Knowhow (N.) (engl.)
konzern (M.) Konzern (M.)

l

la Haya (F.) Haag (N.) (Den Haag)
labor (M.) Arbeit (F.)
lado (M.) Seite (F.)
ladrón (M.) Dieb (M.), Einbrecher (M.), Räuber (M.)
ladrón (M.) de tiendas Ladendieb (M.)
ladronear rauben, stehlen
lago (M.) See (M.)
laguna (F.) Lücke (F.)
laguna (F.) jurídica Gesetzeslücke (F.)
laicización (F.) Säkularisation (F.)
laicizar säkularisieren
land (M.) Bundesland (N.), Land (N.)
Land (M.) Land (N.)
lanzamiento (M.) Aufnahme (F.), Einführung (F.), Räumung (F.), Zwangsräumung (F.)
lanzar schießen
largo lang
latifundio (M.) Rittergut (N.)
latrocinante räuberisch
latrocinio (M.) Diebstahl (M.), Raub (M.)
laudatio (F.) auctoris (lat.) Urheberbenennung (F.)
lauro (M.) Preis (M.) (Kaufpreis)
lavado (M.) de dinero Geldwäsche (F.)
leal loyal, treu
lealtad (F.) Treue (F.)
lealtad (F.) federal Bundestreue (F.)
lealtad (F.) y buena fe Treu und Glauben
leasing (M.) Leasing (N.)
leasing (M.) del productor Produzentenleasing (N.)
lección (F.) Lehrveranstalung (F.)
lector (M.) Lektor (M.)
lectura (F.) Lesung (F.)
leer lesen, verlesen (V.)
legación (F.) Gesandtschaft (F.), Legation (F.)
legado (M.) (1) Legat (M.)
legado (M.) (2) Legat (N.), Vermächtnis (N.)
legado (M.) (2) alternativo Wahlvermächtnis (N.)
legado (M.) (2) de cosa ajena Verschaffungsvermächtnis (N.)
legado (M.) (2) de cosa genérica Gattungsvermächtnis (N.)
legado (M.) (2) de elección Wahlvermächtnis (N.)
legado (M.) (2) de suministro Verschaffungsvermächtnis (N.)
legado (M.) (2) del cónyuge superviviente Voraus (M.)
legado (M.) (2) genérico Gattungsvermächtnis (N.)

legado (M.) (2) indirecto Nachvermächtnis (N.)
legado (M.) (2) legal de sustentación por treinta días en favor de personas sostenidas por el difunto Dreißigster (M.)
legado (M.) (2) per damnationem (lat.) Damnationslegat (N.)
legado (M.) (2) per vindicationem (lat.) Vindikationslegat (N.)
legado (M.) (2) sucesivo Nachvermächtnis (N.)
legado (M.) (2) universal Universalvermächtnis (N.)
legal de iure (lat.) (rechtlich), gesetzlich, gesetzmäßig, legal, offiziell, rechtmäßig
legal condición (F.) jurídica Rechtsbedingung (F.)
legalidad (F.) Gesetzmäßigkeit (F.), Legalität (F.), Rechtmäßigkeit (F.)
legalismo (M.) Gesetzmäßigkeit (F.)
legalización (F.) Beglaubigung (F.), Legalisation (F.), Legalisierung (F.)
legalización (F.) pública öffentliche Beglaubigung (F.)
legalizar beglaubigen, legalisieren
legalmente ex lege (lat.) (auf Grund Gesetzes), kraft Gesetzes
legar abordnen, vererben, vermachen
legatario (M.) Vermächtnisnehmer (M.)
legiferación (F.) Rechtsschöpfung (F.)
legiferante gesetzgebend
legislación (F.) Gesetzessammlung (F.), Gesetzgebung (F.)
legislación (F.) aeronáutica Luftrecht (N.)
legislación (F.) básica Rahmengesetzgebung (F.)
legislación (F.) cinematográfica Filmrecht (N.)
legislación (F.) comparada Rechtsvergleichung (F.)
legislación (F.) comunitaria Gemeinschaftsrecht (N.)
legislación (F.) de emergencia Notstandsgesetzgebung
legislación (F.) educativa Bildungsrecht (N.)
legislación (F.) exclusiva ausschließliche Gesetzgebung (F.)
legislación (F.) federal Bundesgesetzgebung (F.)
legislación (F.) foral Partikularrecht (N.)
legislación (F.) penal especial Nebenstrafrecht (N.)
legislación (F.) procesal Prozessrecht (N.)
legislación (F.) reservada a las fuerzas de ocupación Vorbehaltsgesetzgebung (F.)
legislación (F.) rural Landwirtschaftsrecht (N.)
legislación (F.) social Sozialgesetzgebung (F.)
legislación-marco (F.) Rahmengesetzgebung (F.)
legislador (Adj.) gesetzgebend
legislador (M.) Gesetzgeber (M.)
legislador (M.) del Land Landesgesetzgeber (M.)
legislativo gesetzgebend, legislativ
legislatura (F.) Legislative (F.), Legislaturperiode (F.), Wahlperiode (F.)
legista (M.) Rechtsgelehrter (M.)
legítima (F.) Pflichtteil (M.)
legítima defensa (F.) Notwehr (F.)
legítima defensa (F.) putativa Putativnotwehr (F.)
legitimación (F.) Ehelicherklärung (F.), Ehelichkeitserklärung (F.), Ermächtigung (F.), Legalisation (F.), Legalisierung (F.), Legitimation (F.), Legitimierung (F.)
legitimación (F.) activa Aktivlegitimation (F.)
legitimación (F.) con fe pública öffentliche Beglaubigung (F.)
legitimación (F.) en derecho ajeno Prozessstandschaft (F.)
legitimación (F.) en la causa Sachlegitimation (F.)
legitimación (F.) para ejercitar una acción Klagebefugnis (F.)
legitimación (F.) pasiva Passivlegitimation (F.)
legitimación (F.) procesal Prozessführungsbefugnis (F.), Prozessstandschaft (F.)
legitimar ausweisen, ermächtigen, legalisieren, legitimieren
legitimario (M.) Pflichtteilsberechtigter (M.)
legitimatio (F.) ad causam (lat.) Sachbefugnis (F.), Sachlegitimation (F.)
legitimidad (F.) Echtheit (F.), Ehelichkeit (F.), Gesetzmäßigkeit (F.), Gültigkeit (F.), Legitimation (F.), Legitimität (F.), Rechtmäßigkeit (F.)
legítimo (Adj.) befugt, begründet, echt, ehelich, gesetzlich, gesetzmäßig, gültig, legitim, rechtmäßig
legítimo (M.) Pflichtteilsberechtigter (M.)
lego (M.) Laie (M.)

lejano weit
lejos fern
lengua (F.) Sprache (F.)
lenguaje (M.) Sprache (F.)
lenguaje (M.) forense Gerichtssprache (F.)
lenguaje (M.) jurídico Rechtssprache (F.)
lesa (F.) majestad Majestätsbeleidigung (F.)
lesbiana (Adj.) lesbisch
lesión (F.) Beschädigung (F.), Verletzung (F.), Wunde (F.)
lesión (F.) corporal Körperverletzung (F.)
lesión (F.) grave gefährliche Körperverletzung (F.)
lesión (F.) jurídica Rechtsverletzung (F.)
lesionado (M.) Verletzter (M.)
lesionar beschädigen, lädieren, verletzen
lesividad (F.) Rechtswidrigkeit (F.)
letra (F.) Wechsel (M.)
letra (F.) a la vista Sichtwechsel (M.)
letra (F.) a tantos días vista Nachsichtwechsel (M.)
letra (F.) al propio cargo Solawechsel (M.)
letra (F.) cambial Wechsel (M.)
letra (F.) de cambio a plazo fijo Nachsichtwechsel (M.)
letra (F.) de cambio aceptada Akzept (N.)
letra (F.) de crédito Kreditbrief (M.)
letra (F.) en blanco Blankowechsel (M.)
letra (F.) girada gezogener Wechsel (M.), Tratte (F.)
letrado (Adj.) rechtsgelehrt
letrado (M.) Anwalt (M.), Rechtsgelehrter (M.)
levantamiento (M.) de cadáver Leichenschau (F.)
levantamiento (M.) de cuerpo Leichenschau (F.)
levantar anheben, ausstellen, erheben, heben
levantar acta protokollieren
levantar protesto protestieren
lex (F.) (lat.) Gesetz (N.)
lex (F.) ad tempus (lat.) Zeitgesetz (N.)
lex (F.) comisoria (lat.) Verfallsklausel (F.)
ley (F.) Gesetz (N.), Karat (N.), lex (lat.) (F.)
ley (F.) adicional Nebengesetz (N.)
ley (F.) aprobatoria Zustimmungsgesetz (N.)
ley (F.) autonómica Landesgesetz (N.)
ley (F.) cambiaria Wechselgesetz (N.)
ley (F.) común Gewohnheitsrecht (N.)
ley (F.) constitucional Grundgesetz (N.)
ley (F.) criminal Strafgesetz (N.)
ley (F.) de acciones Aktiengesetz (N.)
ley (F.) de administración local Gemeindeordnung (F.)
ley (F.) de asambleas Versammlungsgesetz (N.)
ley (F.) de autorización Ermächtigungsgesetz (N.)
ley (F.) de bolsa Börsengesetz (N.)
ley (F.) de compraventa Kaufgesetz (N.)
ley (F.) de continuación del sueldo Entgeltfortzahlungsgesetz (N.)
ley (F.) de convenios colectivos Tarifvertragsgesetz (N.)
ley (F.) de edificación Baugesetzbuch (N.)
ley (F.) de ejecución Ausführungsgesetz (N.)
ley (F.) de energía nuclear Atomenergiegesetz (N.)
ley (F.) de enjuiciamiento Prozessordnung (F.)
ley (F.) de enjuiciamiento civil Zivilprozessordnung (F.)
ley (F.) de estabilidad laboral Arbeitssicherheitsgesetz (N.)
ley (F.) de impugnación Anfechtungsgesetz (N.)
ley (F.) de industria Gewerbeordnung (F.)
ley (F.) de la judicatura Richtergesetz (N.)
ley (F.) de la jurisdicción contencioso-administrativa Verwaltungsgerichtsgesetz (N.)
ley (F.) de las sociedades anónimas Aktiengesetz (N.)
ley (F.) de matrimonio Ehegesetz (N.)
ley (F.) de organización (F.) de tribunales Gerichtsverfassungsgesetz (N.)
ley (F.) de presupuestos Haushaltsgesetz (N.)
ley (F.) de protección de la madre Mutterschutzgesetz (N.)
ley (F.) de protección de los consumidores Verbraucherschutzgesetz (N.)
ley (F.) de régimen de empresa Betriebsverfassungsgesetz (N.)
ley (F.) de régimen local Gemeindeordnung (F.)
ley (F.) de responsabilidad ecológico Umwelthaftungsgesetz (N.)
ley (F.) de seguridad de aparatos Gerätesicherheitsgesetz (N.)
ley (F.) de seguridad técnica Gerätesicherheitsgesetz (N.)
ley (F.) de transacción Vergleichsordnung (F.)

ley (F.) de transacciones exteriores Außenwirtschaftsgesetz (N.)
ley (F.) de tribunales de menores Jugendgerichtsgesetz (N.)
ley (F.) de tribunales juveniles Jugendgerichtsgesetz (N.)
ley (F.) de uso y circulación de vehículos de motor Kraftverkehrsgesetz (M.)
ley (F.) del cheque Scheckgesetz (N.)
ley (F.) del desarrollo urbano Städtebauförderungsgesetz (N.)
ley (F.) del imperio Reichsgesetz (N.)
ley (F.) del impuesto sobre la renta Einkommensteuergesetz (N.)
ley (F.) del Land Landesgesetz (N.)
ley (F.) del medicamento Arzneimittelgesetz (N.)
ley (F.) del mercado de valores Börsengesetz (N.)
ley (F.) delegante Ermächtigungsgesetz (N.)
ley (F.) electoral federal Bundeswahlgesetz (N.)
ley (F.) federal Bundesgesetz (N.)
ley (F.) federal de fomento para la realización de estudios superiores Bundesausbildungsförderungsgesetz (N.)
ley (F.) federal de la abogacía Bundesrechtsanwaltsordnung (F.)
ley (F.) federal de la ayuda social Bundessozialhilfegesetz (N.)
ley (F.) federal de ordenación urbanistica Bundesbaugesetz (N.)
ley (F.) fundamental Grundgesetz (N.)
ley (F.) general allgemeines Gesetz (N.)
ley (F.) general tributaria Abgabenordnung (F.)
ley (F.) imperial Reichsgesetz (N.)
ley (F.) introductora Einführungsgesetz (N.)
ley (F.) marcial Kriegsrecht (N.), Standrecht (N.)
ley (F.) material materielles Gesetz (N.)
ley (F.) moral Sittengesetz (N.)
ley (F.) municipal Gemeindeordnung (F.)
ley (F.) orgánica del poder judicial Gerichtsverfassungsgesetz (N.)
ley (F.) penal Strafgesetz (N.)
ley (F.) personal Personalstatut (N.)
ley (F.) presupuestaria Haushaltsgesetz (N.)
ley (F.) prohibitiva Verbotsgesetz (N.)
ley (F.) reguladora de honorarios de abogados Rechtsanwaltsvergütungsgesetz (N.)
ley (F.) reguladora de la insolvencia Insolvenzordnung (F.)
ley (F.) reguladora de la jurisdicción contencioso-administrativa Verwaltungsgerichtsgesetz (N.)
ley (F.) revocatoria Anfechtungsgesetz (N.)
ley (F.) sobre el derecho de autor de obras de arte Kunsturhebergesetz (N.)
ley (F.) sobre la responsabilidad obligatoria Haftpflichtgesetz (N.)
ley (F.) sobre patentes Patentgesetz (N.)
ley (F.) sobre responsabilidad económica Haftpflichtgesetz (N.)
ley (F.) sobre transporte de viajeros Personenbeförderungsgesetz (N.)
ley (F.) social federal Bundessozialhilfegesetz (N.)
ley (F.) suntuaria Haushaltsplan (M.)
ley (F.) temporal Zeitgesetz (N.)
leyes (F.Pl.) sociales Sozialgesetzgebung (F.)
libelo (M.) acusatorio Anklageschrift (F.)
liberación (F.) Befreiung (F.), Erlass (M.), Freistellung (F.)
liberación (F.) de presos Gefangenenbefreiung (F.)
liberal (Adj.) freiheitlich, liberal
liberalidad (F.) Schenkung (F.)
liberalismo (M.) Liberalismus (M.)
liberalización (F.) Freigabe (F.), Liberalisierung (M.)
liberalizar liberalisieren
liberar ablösen, befreien, freilassen, freistellen
libertad (F.) Freiheit (F.), Freilassung (F.)
libertad (F.) asociativa Vereinigungsfreiheit (F.), Vereinsfreiheit (F.)
libertad (F.) científica Wissenschaftsfreiheit (F.)
libertad (F.) configuratora Gestaltungsfreiheit (F.)
libertad (F.) contractual Vertragsfreiheit (F.)
libertad (F.) de acción Handlungsfreiheit (F.)
libertad (F.) de actuar de la conciencia Gewissensfreiheit (F.)
libertad (F.) de agremiación Koalitionsfreiheit (F.)
libertad (F.) de asociación Vereinigungsfreiheit (F.), Vereinsfreiheit (F.)
libertad (F.) de cátedra Lehrfreiheit (F.)
libertad (F.) de circulación Freizügigkeit (F.)
libertad (F.) de circulación de mercancías Warenverkehrsfreiheit (F.)

libertad (F.) de coalición Koalitionsfreiheit (F.)
libertad (F.) de comercio Handelsfreiheit (F.)
libertad (F.) de conciencia Gewissensfreiheit (F.)
libertad (F.) de confesión Bekenntnisfreiheit (F.)
libertad (F.) de constitución Gründungsfreiheit (F.)
libertad (F.) de contratación Abschlussfreiheit (F.)
libertad (F.) de cultos Glaubensfreiheit (F.)
libertad (F.) de edificación Baufreiheit (F.)
libertad (F.) de elección del lugar de trabajo Arbeitnehmerfreizügigkeit (F.)
libertad (F.) de establecimiento Niederlassungsfreiheit (F.)
libertad (F.) de expresión Redefreiheit (F.)
libertad (F.) de forma Formfreiheit (F.)
libertad (F.) de imprenta Pressefreiheit (F.)
libertad (F.) de industria Gewerbefreiheit (F.)
libertad (F.) de información Informationsfreiheit (F.)
libertad (F.) de informar Informationsfreiheit (F.)
libertad (F.) de la profesión Berufsfreiheit (F.)
libertad (F.) de no afiliarse negative Koalitionsfreiheit (F.)
libertad (F.) de opinión Meinungsfreiheit (F.)
libertad (F.) de pensamiento Gedankenfreiheit (F.), Meinungsfreiheit (F.)
libertad (F.) de prensa Pressefreiheit (F.)
libertad (F.) de radiodifusión Rundfunkfreiheit (F.)
libertad (F.) de religión Religionsfreiheit (F.)
libertad (F.) de residencia Niederlassungsfreiheit (F.)
libertad (F.) de reunión Versammlungsfreiheit (F.)
libertad (F.) de testar Testierfreiheit (F.)
libertad (F.) de voluntad Willensfreiheit (F.)
libertad (F.) docente Lehrfreiheit (F.)
libertad (F.) estipulatoria Vertragsfreiheit (F.)
libertad (F.) formal Formfreiheit (F.)
libertad (F.) general de actuar allgemeine Handlungsfreiheit (F.)
libertad (F.) industrial Gewerbefreiheit (F.)
libertad (F.) para obrar Handlungsfreiheit (F.)
libertad (F.) religiosa Bekenntnisfreiheit (F.), Religionsfreiheit (F.)
libertad (F.) testamentaria Testierfreiheit (F.)
libertar befreien, freilassen
libra (F.) Pfund (N.)
librado (M.) Bezogener (M.), Trassat (M.)
librador (M.) Trassant (M.)
libramiento (M.) de letras cruzadas Wechselreiterei (F.)
libranza (F.) Anweisung (F.), Tratte (F.)
librar anweisen, ausfertigen, erlassen, freistellen
libre (Adj.) de forme formfrei
libre (Adj.) de porte frachtfrei
libre franko, frei, freizügig, kostenlos
libre albedrío (M.) Willensfreiheit (F.)
libre circulación (F.) Freizügigkeit (F.)
libre circulación (F.) de mercancías Warenverkehrsfreiheit (F.)
libre de accidentes unfallfrei
libre de cargas lastenfrei
libre de deudas schuldenfrei
libre de impuestos steuerfrei
libre emisión (F.) de pensamiento Meinungsfreiheit (F.)
libre prestación (F.) de servicios Dienstleistungsfreiheit (F.)
libre-cambio (M.) Freihandel (M.)
libreta (F.) de ahorro Sparbuch (N.)
libreta (F.) de caja de ahorros Sparbuch (N.)
libro (M.) Buch (N.)
libro (M.) de acciones Aktienbuch (N.)
libro (M.) de cargamento Manifest (N.)
libro (M.) de comercio Handelsbuch (N.)
libro (M.) de contabilidad Handelsbuch (N.)
libro (M.) de defunciones Sterbebuch (N.)
libro (M.) de difuntos Sterbebuch (N.)
libro (M.) de nacimientos Geburtenbuch (N.)
libro (M.) de texto Lehrbuch (N.)
libro (M.) familiar Familienbuch (N.)
libro (M.) parroquial Kirchenbuch (N.)
licencia (F.) Erlaubnis (F.), Genehmigung (F.), Gewerbeschein (M.), Lizenz (F.), Urlaub (M.), Zulassung (F.)
licencia (F.) de armas Waffenschein (M.)
licencia (F.) de caza Jagdschein (M.)
licencia (F.) de conducir Fahrerlaubnis (F.), Führerschein (M.)
licencia (F.) de construcción Baugenehmigung (F.)

licencia (F.) de exportación Ausfuhrerlaubnis (F.)
licencia (F.) de parcelación de terrenos Bodenverkehrsgenehmigung (F.)
licencia (F.) de venta de bebidas alcohólicas Schankkonzession (F.)
licencia (F.) obligatoria Zwangslizenz (F.)
licencia (F.) por embarazo Mutterschaftsurlaub (M.)
licenciado (M.) Lizentiat (M.), Lizenziat (N.), Lizenznehmer (M.)
licenciado (M.) en derecho Rechtsreferendar (M.), Referendar (M.)
licenciante (M.) Lizenzgeber (M.)
licenciar autorisieren, beurlauben, bewilligen, erlauben, verabschieden
liceo (M.) Gymnasium (N.), Lyzeum (N.)
liciencia (F.) de construcción Bauschein (M.)
liciencia (F.) de obras Baugenehmigung (F.)
licitación (F.) pública öffentliche Ausschreibung (F.)
lícito erlaubt, statthaft, zulässig
licitud (F.) Zulässigkeit (F.)
líder (M.) Führer (M.)
líder (M.) en el mercado Marktführer (M.)
Liechtenstein Liechtenstein
liga (F.) Liga (F.)
Liga (F.) de las Naciones Völkerbund (M.)
ligar binden, verbinden, verpflichten
ligereza (F.) Leichtfertigkeit (F.)
ligero geringfügig, leicht, leichtfertig
limitación (F.) Begrenzung (F.), Beschränkung (F.), Einschränkung (F.)
limitación (F.) de disponer Verfügungsbeschränkung (F.)
limitación (F.) de precios Preisbindung (F.)
limitación (F.) de propiedad Eigentumsbeschränkung (F.)
limitación de la responsabilidad Haftungsbeschränkung (F.)
limitado begrenzt, beschränkt
limitar angrenzen, befristen, begrenzen, beschränken, einschränken, limitieren
limitativo abschließend
limite (M.) Limit (N.)
límite (M.) Schranke (F.)
límite (M.) de edad Altersgrenze (F.)
límite (M.) de exención Steuerfreibetrag (M.)
limosna (F.) Almosen (N.)
limosnero (M.) Bettler (M.)
limpiar reinigen
limpio rein
linaje (F.) Geschlecht (N.)
linchamiento (M.) Lynchjustiz (F.)
linchar lynchen
línea (F.) Linie (F.)
línea (F.) colateral Seitenlinie (F.)
línea (F.) de conducta Richtlinie (F.)
línea (F.) de edificación Baulinie (F.)
línea (F.) de fuga Fluchtlinie (F.)
línea (F.) directa gerade Linie (F.)
línea (F.) fronteriza Grenze (F.)
línea (F.) recta gerade Linie (F.)
línea (F.) transversal Seitenlinie (F.)
liquidación (F.) Abrechnung (F.), Abwicklung (F.), Auflösung (F.), Auseinandersetzung (F.), Auszahlung (F.), Bezahlung (F.), Liquidation (F.), Liquidierung (F.), Veranlagung (F.), Verrechnung (F.)
liquidador (M.) Liquidator (M.)
liquidar abrechnen, abwickeln, auflösen, auseinandersetzen, bezahlen, liquidieren
liquidez (F.) Liquidität (F.)
líquido liquid, netto
liquido verfügbar
Lisboa (F.) Lissabon (N.)
lista (F.) Liste (F.), Tabelle (F.), Verzeichnis (N.)
lista (F.) de acreedores Insolvenztabelle (F.)
lista (F.) de correos postlagernd
lista (F.) de deudores Schuldnerverzeichnis (N.)
listo bereit
literal (Adj.) wörtlich
literalizar verbriefen
litigar streiten
litigio (M.) Rechtsstreit (M.), Streit (M.), Streitigkeit (F.)
litigio (M.) entre pretendientes Prätendentenstreit (M.)
litigioso (Adj.) rechtshängig, streitig, strittig
litis (F.) Prozess (M.), Rechtsstreitigkeit (F.)
litisconsorcio (M.) Klagenhäufung (F.), Streitgenossenschaft (F.)
litisconsorcio (M.) necesario notwendige Streitgenossenschaft (F.)
litisconsorte (M.) Streitgenosse (M.)
litiscontestación (F.) Einlassung (F.), Klageerwiderung (F.)
litisdenunciación (F.) Streitverkündung (F.)
litispendencia (F.) Rechtshängigkeit (F.)
litissocio (M.) Streitgenosse (M.)

litoral (M.) Küste (F.)
litoral (M.) marítimo Küstengewässer (N.Pl.)
lo principal Hauptantrag (M.), Hauptsache (F.)
lobby (M.) Lobby (F.)
lobista (M.) Lobbyist (M.)
locación (F.) Miete (F.), Pacht (F.), Vermietung (F.), Verpachtung (F.)
local (Adj.) kommunal, lokal, örtlich, städtisch
local (M.) Raum (M.)
local (M.) comercial Geschäftsraum (M.)
local (M.) de caza Jagdbezirk (M.)
localidad (F.) Ort (M.), Platz (M.)
localización (F.) Standort (M.)
locatario (M.) Mieter (M.), Pächter (M.)
loco (Adj.) wahnsinnig
loco (M.) Irrer (M.)
locomoción (F.) Ortsveränderung (F.)
locura (F.) Wahn (M.), Wahnsinn (M.)
lógica (F.) Logik (F.)
lógico (Adj.) logisch
logrería (F.) Wucher (M.)
logrero (M.) Wucherer (M.)
loma (F.) Halde (F.)
lonja (F.) Börse (F.)
lote (M.) Los (N.)
lotería (F.) Lotterie (F.)
loto (F.) Lotto (N.)
lucrar bereichern
lucro (M.) Gewinn (M.)
lucro (M.) frustrado entgangener Gewinn (M.)
lucha (F.) Kampf (M.)
lucha (F.) de clases Klassenkampf (M.)
luchar kämpfen
lugar (M.) Ort (M.), Platz (M.), Raum (M.), Sitz (M.), Stätte (F.), Stelle (F.)
lugar (M.) de cumplimiento Erfüllungsort (M.), Leistungsort (M.)
lugar (M.) de destino Bestimmungsort (M.)
lugar (M.) de la acción Handlungsort (M.)
lugar (M.) de la prestación Leistungsort (M.)
lugar (M.) de residencia Aufenthaltsort (M.), Wohnort (M.), Wohnsitz (M.)
lugar (M.) de reunión Tagungsort (M.)
lugar (M.) de trabajo Arbeitsstätte (F.)
lugar (M.) del delito Tatort (M.)
lugar (M.) del hecho Tatort (M.)
lugar (M.) del pago Erfüllungsort (M.)
lugartenencial (M.) Statthalter (M.)
lujo (M.) Luxus (M.)
luz (F.) intermitente Blinklicht (N.)
luz (F.) roja Rotlicht (N.)
llamada (F.) a juicio Streitverkündung (F.)
llamada (F.) al orden Ordnungsruf (M.)
llamada (F.) del poseedor mediato Urheberbenennung (F.)
llamada (F.) en causa Beiladung (F.)
llamamiento (M.) Aufruf (M.), Vorladung (F.)
llamamiento (M.) al orden Ordnungsruf (M.)
llamar aufrufen, berufen (V.), einberufen, laden (herbestellen), rufen, vorladen
llamar en causa beiladen
llamarse heißen
llano (M.) Fläche (F.)
llave (F.) Schlüssel (M.)
llave (F.) falsa Dietrich (M.), Nachschlüssel (M.)
llegada (F.) Zugang (M.)
llegar belaufen
llenar ausfüllen
lleno voll
llevar a prisión inhaftieren

m

macrourbanismo (M.) Landesplanung (F.)
madrastra (F.) Stiefmutter (F.)
madre (F.) Elter (M. bzw. F.), Mutter (F.)
madre (F.) política Schwiegermutter (F.)
madre (M.) Elternteil (M.)
maduro reif
maestro (M.) Lehrer (M.), Magister (M.), Meister (M.)
maestro (M.) de obras Baumeister (M.)
mafia (F.) Mafia (F.)
magíster (M.) Magister (M.)
magistrado (M.) Beisitzer (M.)
magistrado (M.) federal Bundesrichter (M.)
magistratura (F.) Richterschaft (F.)
magistratura (F.) social Sozialgericht (N.)
majestad (F.) Hoheit (F.), Majestät (F.)
mal (M.) Schmerz (M.), Übel (N.)
mal... miss...
mala fe (F.) böser Glaube (M.), Bösgläubigkeit (F.), mala fides (F.) (lat.) (böser Glaube bzw. Arglist)
mala inteligencia (F.) Missverständnis (N.)
mala suerte (F.) Unglück (N.)

malbaratar verschleudern
malentender missverstehen
malentendido (M.) Missverständnis (N.)
malhechor (M.) Frevler (M.), Übeltäter (M.)
malicia (F.) Tücke (F.)
maliciosidad (F.) Arglist (F.)
malicioso arglistig
malignidad (F.) Tücke (F.)
malo (Adj.) böswillig, krank, schädlich, übel
malo böse, schlecht
malo trato (M.) Tätlichkeit (F.)
malsano gesundheitsschädlich
maltratamiento (M.) Misshandlung (F.)
maltratar misshandeln, schinden
maltrato (M.) Misshandlung (F.)
maltrato (M.) de obra körperliche Misshandlung (F.)
malversación (F.) Unterschlagung (F.), Veruntreuung (F.)
malversación (F.) de fondos públicos Unterschlagung (F.) öffentlicher Gelder
malversar unterschlagen (V.), veruntreuen
manada (F.) Herde (F.)
mancebo (M.) de comercio Handlungsgehilfe (M.) (Handlungsgehilfe in Spanien)
manco (M.) Manko (N.)
mancomún gemeinschaftlich, gesamtschuldnerisch
mancomunado (Adj.) gesamthänderisch
mancomunado (M.) Gemeindeverband (M.)
mancomunidad (F.) Gemeindeverband (M.), Verband (M.)
mancomunidad (F.) a prorrata Teilschuldnerschaft (F.)
mancomunidad (F.) de acreedores Gesamtgläubigerschaft (F.)
mancomunidad (F.) de municipios con fines administrativos Landschaftsverband (M.) (Landschaftsverband in Deutschland)
mancomunidad (F.) interprovincial Landschaftsverband (M.) (Landschaftsverband in Spanien)
mancomunidad (F.) simple Teilschuldnerschaft (F.)
mandamiento (M.) Erlass (M.), Geschäftsbesorgung (F.), Verfügung (F.), Weisung (F.)
mandamiento (M.) de ejecución Vollstreckungsanordnung (F.)
mandamiento (M.) de pago Mahnbescheid (M.), Zahlungsbefehl (M.)
mandante (M.) Auftraggeber (M.), Aussteller (M.), Kunde (M.), Mandant (M.), Prinzipal (M.)
mandar anweisen, beauftragen, befehlen, bestellen, gebieten, heißen, schicken, verfügen, versenden, weisen
mandatario (M.) Auftragnehmer (M.), Beauftragter (M.), Gewalthaber (M.), Mandatar (M.)
mandatario (M.) judicial Prozessagent (M.)
mandato (M.) Auftrag (M.), Befehl (M.), Gebot (N.), Mandat (N.)
mandato (M.) constitucional Verfassungsauftrag (M.)
mandato (M.) crediticio Kreditauftrag (M.)
mandato (M.) de crédito Kreditauftrag (M.)
mandato (M.) de determinación Bestimmtheitsgebot (N.)
mandato (M.) de juzgar Judikationsbefehl (M.)
mandato (M.) de pago Mahnbescheid (M.)
mandato (M.) de prestación Leistungsbefehl (M.)
mandato (M.) especial Spezialhandlungsvollmacht (F.)
mandato (M.) imperativo imperatives Mandat (N.)
mandato (M.) representativo Vertretungsmandat (N.)
mandato (M.) retribuido Geschäftsbesorgung (F.)
mando (M.) Verfügung (F.)
manejable gefügig
manejar bedienen, managen
manejo (M.) Bedienung (F.)
manera (F.) Art (F.)
manía (F.) Manie (F.)
maníaco (M.) sexual Sexbesessener (M.)
maniconio (M.) Irrenanstalt (F.)
manifestación (F.) Demonstration (F.), Manifest (N.), Offenbarung (F.)
manifestación (F.) de impuesto Steuererklärung (F.)
manifestante (M.) Demonstrant (M.)
manifestar demonstrieren, erklären, offenbaren
manifiesto (Adj.) offenbar
manifiesto (M.) Manifest (N.)
maniobra (F.) Machenschaft (F.)
maniobra (F.) especulativa Spekulation (F.)
manipulación (F.) Steuerung (F.)
manipular steuern

mano (F.) Hand (F.)
mano (F.) de obra Arbeitskraft (F.)
manos (F.Pl.) muertas tote Hand (F.)
mantenedor (M.) Hausmeister (M.)
mantener behaupten, halten, instandhalten, unterhalten
mantenimiento (M.) Unterhalt (M.)
mantenimiento (M.) del secreto Geheimhaltung (F.)
manto (M.) Mantel (M.)
manual (M.) Lehrbuch (N.)
manufactura (F.) Gewerbe (N.), Manufaktur (F.)
manuscrito (M.) Handschrift (F.)
manzana (F.) de casas Mietskaserne (F.)
mañana (F.) Morgen (M.)
máquina (F.) Maschine (F.)
maquinación (F.) Komplott (N.), Machenschaft (F.)
mar (M.) Meer (N.), See (F.)
mar (M.) territorial Küstengewässer (N.Pl.)
maravedí (M.) Heller (M.)
marca (F.) Marke (F.), Warenzeichen (N.), Zeichen (N.)
marca (F.) de servicios Dienstleistungsmarke (F.)
marcar stempeln
marco (M.) Rahmen (M.)
marco (M.) alemán Deutsche Mark (F.)
marco (M.) de pena Strafrahmen (M.)
marco (M.) penal Strafrahmen (M.)
marcha (F.) Zug (M.)
marchamo (M.) Plombe (F.)
mareante (M.) Seemann (M.)
margen (M. bzw. F.) Rahmen (M.), Ufer (N.)
margen (M. bzw. F.) de confianza Beurteilungsspielraum (M.)
margen (M. bzw. F.) de discrecionalidad Beurteilungsspielraum (M.)
margen (M. bzw. F.) discrecional Ermessensspielraum (M.)
maridar ehelichen
marido (M.) Ehemann (M.), Gatte (M.)
marina (F.) Marine (F.)
marinero (M.) Matrose (M.), Seemann (M.)
marino (M.) Matrose (M.)
mariscal (M.) Marschall (M.)
marketing (M.) Marketing (N.)
martirio (M.) Marter (F.)
más mehr, meiste
masa (F.) Masse (F.), Menge (F.)
masa (F.) hereditaria Verlassenschaft (F.)
masacre (F.) Massaker (N.)
masón (M.) Freimaurer (M.)
masoquismo (M.) Masochismus (M.)
master (M.) Magister (M.)
matador (M.) Killer (M.), Mörder (M.), Totschläger (M.)
matadora (F.) Mörderin (F.)
matanza (F.) Massaker (N.)
matar töten, umbringen
materia (F.) Rechtsobjekt (N.), Sachgebiet (N.), Stoff (M.)
materia (F.) civil Zivilsache (F.)
materia (F.) externa Außenverhältnis (N.)
materia (F.) jurídica Rechtsgebiet (N.)
materia (F.) mercantil Handelssache (F.)
material (Adj.) materiell, physisch, real, sachlich
material (M.) Material (N.)
materialismo (M.) Materialismus (M.)
matón (M.) Killer (M.), Schläger (M.)
matriarcado (M.) Mutterrecht (N.)
matricidio (M.) Muttermord (M.)
matrícula (F.) Immatrikulation (F.), Matrikel (F.), Nummernschild (N.), Register (N.)
matrícula (F.) de comerciantes Handelsregister (N.) (Handelsregister in Spanien)
matricular registrieren, zulassen
matricularse belegen (V.)
matrimonial ehelich
matrimonio (M.) Ehe (F.), Eheschließung (F.), Heirat (F.), Trauung (F.)
matrimonio (M.) de mixta religión Mischehe (F.)
matrimonio (M.) fictivo Scheinehe (F.)
matrimonio (M.) inexistente Nichtehe (F.)
matrimonio (M.) inválido Nichtehe (F.)
matrimonio (M.) mixto Mischehe (F.)
matrimonio (M.) nominal Namensehe (F.)
matrimonio (M.) plural Doppelehe (F.)
matrimonio (M.) polígam Doppelehe (F.)
matrimonio (M.) por el nombre Namensehe (F.)
matrimonio (M.) putativo Scheinehe (F.)
matriz (F.) Urschrift (F.)
maturidad (F.) Reife (F.)
máxima (F.) Grundsatz (M.), Maxime (F.)
máxima (F.) de instrucción Untersuchungsgrundsatz (M.)
máxima (F.) del juicio procesal Verhandlungsgrundsatz (M.)

máxima (F.) interpretiva Auslegungsregel (F.)
máximo (Adj.) höchste
máximo (M.) Höchstbetrag (M.)
mayor (Adj.) höchste
mayor (Adj.) de edad mündig, volljährig
mayor (Adj.) de edad penal strafmündig
mayor (M.) Major (M.)
mayor edad (F.) Mündigkeit (F.), Volljährigkeit (F.)
mayor valía (F.) Firmenwert (M.), Goodwill (M.)
mayorazgo (M.) Familienfideikomiss (F.), Majorat (N.)
mayordomía (F.) Gutsverwaltung (F.)
mayoría (F.) Majorität (F.), Mehrheit (F.)
mayoría (F.) absoluta absolute Mehrheit (F.)
mayoría (F.) calificada qualifizierte Mehrheit (F.)
mayoría (F.) de edad Mündigkeit (F.), Volljährigkeit (F.)
mayoría (F.) de edad matrimonial Ehemündigkeit (F.)
mayoría (F.) de edad para jurar Eidesmündigkeit (F.)
mayoría (F.) de edad para trabajar Arbeitsmündigkeit (F.)
mayoría (F.) de edad penal Strafmündigkeit (F.)
mayoría (F.) de votos Stimmenmehrheit (F.)
mayoría (F.) especial qualifizierte Mehrheit (F.)
mayoría (F.) relativa relative Mehrheit (F.)
mayoridad (F.) Volljährigkeit (F.)
mayorista (M.) Großhändler (M.)
mecanismo (M.) System (N.)
Mecklemburgo-Pomerania Occidental Mecklenburg-Vorpommern (N.)
media (F.) Durchschnitt (M.)
mediación (F.) Mediation (F.), Schlichtung (F.), Vermittlung (F.)
mediador (M. bzw. F.) Mediator (M.)
mediador (M.) Schlichter (M.), Vermittler (M.)
mediador (M.) posesorio Besitzmittler (M.)
mediar schlichten, vermitteln
mediato mittelbar
medicamento (M.) Arznei (F.), Arzneimittel (N.), Heilmittel (N.)
medicina (F.) Arzneimittel (N.), Medizin (F.)
medicina (F.) forense Rechtsmedizin (F.)
medición (F.) Vermessung (F.)
medición (F.) de la pena Strafzumessung (F.)
médico (Adj.) ärztlich, medizinisch
médico (M.) Arzt (M.)
médico (M.) de caja Kassenarzt (M.)
médico (M.) del Estado Amtsarzt (M.)
médico (M.) del seguro Kassenarzt (M.)
médico-inspector (M.) Vertrauensarzt (M.)
medida (F.) Maß (N.), Maßnahme (F.)
medida (F.) asegurativa Sicherungsmaßnahme (F.)
medida (F.) coercitiva Zwangsmaßnahme (F.), Zwangsmittel (N.)
medida (F.) complementaria Rahmenmaßnahme (F.)
medida (F.) de capacidad Hohlmaß (N.)
medida (F.) de creación de empleos Arbeitsbeschaffungsmaßnahme (F.),
medida (F.) de ejecución Vollstreckungsmaßnahme (F.), Vollzugsmaßnahme (F.)
medida (F.) de fomento de empleo Arbeitsbeschaffungsmaßnahme (F.),
medida (F.) de la pena Strafmaß (N.)
medida (F.) de protección Schutzmaßnahme (F.)
medida (F.) de supervisión del mercado Marktrahmenmaßnahme (F.)
medida (F.) de urgencia Notstandsmaßnahme (F.)
medida (F.) disciplinaria Disziplinarmaßnahme (F.)
medida (F.) educativa Erziehungsmaßregel (F.)
medida (F.) excepcional Notstandsmaßnahme (F.)
medida (F.) precautoria Vorsichtsmaßnahme (F.)
medida (F.) preventiva Verhütungsmittel (N.)
medida (F.) provisional einstweilige Anordnung (F.)
medio (Adj.) durchschnittlich
medio (M.) Medium (N.), Milieu (N.), Mittel (N.), Umwelt (F.)
medio (M.) ambiente Milieu (N.), Umwelt (F.)
medio (M.) aquatico Gewässer (N.)
medio (M.) auxiliar Hilfsmittel (N.)
medio (M.) circulante Zahlungsmittel (N.)
medio (M.) coercitivo Zwangsmaßnahme (F.), Zwangsmittel (N.)

medio (M.) correctivo Zuchtmittel (N.)
medio (M.) de circulación Verkehrsmittel (N.)
medio (M.) de doblegamiento Beugemittel (F.)
medio (M.) de pago Zahlungsmittel (N.)
medio (M.) de peligro común gemeingefährliches Mittel (N.)
medio (M.) de telecomunicación Fernkommunikationsmittel (M.)
medio (M.) de transporte Verkehrsmittel (N.)
medio (M.) probatorio Beweismittel (N.)
medios (M.) Medien (N.Pl.)
medios (M.Pl.) de comunicación social Medien (N.Pl.)
medios (M.Pl.) de peligro común gemeingefährliche Mittel (N.Pl.)
medios (M.Pl.) informativos Medien (N.Pl.)
medir messen, vermessen (V.)
médium (M.) Medium (N.)
mejor bessere, meiste
mejor oferta (F.) Meistgebot (N.)
mejor postura (F.) Meistgebot (N.)
mejora (F.) Prälegat (N.), Verbesserung (F.), Vorausvermächtnis (N.), Zuwendung (F.)
mejora (F.) necesaria notwendige Verwendung (F.)
mejora (F.) útil nützliche Verwendung (F.)
mejoramiento (M.) Besserung (F.), Verbesserung (F.)
mejorar bessern, verbessern
membrecía (F.) Mitgliedschaft (F.)
memorándum (M.) Memorandum (N.)
memorándum (M.) de acuerdo Absichtserklärung (F.)
memoria (F.) Aufzeichnung (F.)
memoria (F.) anual Jahresbericht (M.)
memorial (M.) Eingabe (F.)
menaje (M.) Hausrat (M.)
mención (F.) Angabe (F.)
mendicidad (F.) Bettelei (F.)
mendigar betteln
mendigo (M.) Bettler (M.)
menor (Adj. Komp.) kleinere (Adj. Komp.)
menor (Adj.) mindere, minderjährig, minorenn
menor (Adj.) de edad minderjährig
menor (Adj.) de menos de 14 años strafunmündig
menor (M.) Jugendlicher (M.)
menor valor (M.) Minderwert (M.)
mensaje (M.) Botschaft (F.)
mensual monatlich
mensura (F.) Vermessung (F.)
mensuración (F.) Bemessung (F.)
mensurar bemessen, vermessen (V.)
mental mental
mentir lügen
mentira (F.) Lüge (F.)
mentiroso (M.) Lügner (M.)
mentís (M.) Dementi (N.)
mercadeo (M.) Marketing (N.)
mercadería (F.) Ware (F.)
mercado (M.) Handel (M.), Markt (M.), Messe (F.)
mercado (M.) común gemeinsamer Markt (M.)
mercado (M.) de divisas Devisenmarkt (M.)
mercado (M.) de la construcción Baumarkt (M.)
mercado (M.) de terrenos Bodenverkehr (M.)
mercado (M.) financiero Kapitalmarkt (M.)
mercado (M.) interior Binnenmarkt (M.)
mercado (M.) libre Freiverkehr (M.)
mercado (M.) nacional Binnenmarkt (M.)
mercado (M.) negro Schwarzmarkt (M.)
mercancía (F.) Gut (N.), Ware (F.)
mercancías (F.Pl.) de marca Markenware (F.)
mercancías (F.Pl.) en pequeña velocidad Frachtgut (N.)
mercante (Adj.) kaufmännisch
mercante (F.) Kauffrau (F.)
mercante (M.) Kaufmann (M.)
mercantil kaufmännisch, merkantil
mercantilismo (M.) Merkantilismus (M.)
mercantizar kommerzialisieren
merced (F.) Konzession (F.), Lohn (M.)
mérito (M.) Verdienst (N.)
meritorio (M.) Volontär (M.)
mes (M.) Monat (M.)
mesa (F.) de jurados Geschworenenbank (F.) (Geschworenenbank im angloamerikanischen Recht), Schöffenbank (F.)
mesa (F.) de la presidencia Präsidium (N.)
metálico (M.) Bargeld (N.)
metódico methodisch
método (M.) Methode (F.), modus (M.) (lat.) (Art), Technik (F.)
método (M.) de examen Betrachtungsweise (F.)

metodología (F.) Methodenlehre (F.), Methodik (F.), Methodologie (F.)
metodológico methodisch
metrópoli (F.) Großstadt (F.), Hauptstadt (F.)
mezcla (F.) Mischung (F.)
mezclado gemischt
mezclar mischen
micrófono-espía (M.) Abhörgerät (N.)
miedo (M.) Furcht (F.)
miembro (M.) Angehöriger (M.), Glied (N.), Mitglied (N.)
miembro (M.) de una sociedad minera Gewerke (M.)
milicia (F.) Miliz (F.)
militar (Adj.) militärisch
militar (M.) Militär (N.)
mina (F.) Bergwerk (N.), Bergwerk (N.), Grube (F.), Zeche (F.)
mineral (M.) Mineral (N.)
minería (F.) Bergbau (M.)
minero (M.) Bergarbeiter (M.), Knappe (M.)
minimazión (F.) Verharmlosung (F.)
minimizar verharmlosen
mínimo (Adj.) mindeste
mínimo (M.) vital Existenzminimum (N.)
ministerial ministeriell
ministerio (M.) Ministerium (N.), Ressort (N.)
ministerio (M.) de asuntos exteriores Außenministerium (N.)
ministerio (M.) de Estado Außenministerium (N.)
ministerio (M.) de justicia Justizministerium (N.)
ministerio (M.) de la presidencia Staatskanzlei (F.)
ministerio (M.) del interior Innenministerium (N.)
ministerio (M.) federal de justicia Bundesjustizministerium (N.)
ministril (M.) Gerichtsdiener (M.)
ministro (M.) Gesandter (M.), Minister (M.), Senator (M.)
ministro (M.) de asuntos exteriores Außenminister (M.)
ministro (M.) de Estado Außenminister (M.)
ministro (M.) de hacienda Finanzminister (M.)
ministro (M.) de justicia Justizminister (M.)
ministro (M.) del interior Innenminister (M.)
ministro (M.) ejecutor Vollstreckungsbeamter (M.)
ministro (M.) federal Bundesminister (M.)
ministro (M.) federal de justicia Bundesjustizminister (M.)
ministro (M.) público Geschäftsträger (M.)
ministro-presidente (M.) Ministerpräsident (M.)
minorar mindern, vermindern
minoría (F.) Minderheit (F.), Minorität (F.)
minoría (F.) de bloqueo Sperrminorität (F.)
minoría (F.) de edad Minderjährigkeit (F.), Minorennität (F.), Unmündigkeit (F.)
minoridad (F.) penal Strafunmündigkeit (F.)
minotario (M.) Urkundenregister (N.)
minusvalía (F.) Minderwert (M.)
minusválido (M.) Behinderter (M.)
minusválido schwerbehindert
minuta (F.) Kostenfestsetzung (F.), Liquidation (F.), Punktation (F.), Rechtsanwaltsgebühr (F.)
minuta (F.) de honorarios Honorarrechnung (F.), Kostenrechnung (F.)
misa (F.) Messe (F.)
miseria (F.) Not (F.)
misión (F.) Auftrag (M.), Botschaft (F.)
misión (F.) comercial Handelsmission (F.)
misión (F.) pública öffentliche Aufgabe (F.)
misión (N.) Mission (F.)
misiva (F.) Brief (M.)
mismo selbst
mitad (F.) Hälfte (F.)
mitigación (F.) Milderung (F.)
mitigar mildern
mixto gemischt
mixtura (F.) Mischung (F.)
mobiliario (M.) Mobiliar (N.)
mobiliario (M.) doméstico Hausrat (M.)
moblaje (M.) Mobiliar (N.)
moción (F.) de censura constructiva konstruktives Misstrauensvotum (N.)
modelo (M.) Formular (N.), Muster (N.), Typ (M.)
modelo (M.) de utilidad Gebrauchsmuster (N.)
moderar mildern
módico zivil
modificación (F.) Abänderung (F.), Änderung (F.), Novelle (F.), Novellierung (F.), Veränderung (F.)
modificación (F.) constitucional Verfassungsänderung (F.)
modificación (F.) de apellidos Namensänderung (F.)

modificación (F.) de la demanda Klageänderung (F.)
modificación (F.) de la ley Gesetzesänderung (F.)
modificación (F.) de los estatutos Statutenwechsel (F.)
modificación (F.) de rango Rangänderung (F.)
modificar abändern, ändern, novellieren, verändern
modo (M.) Art (F.), modus (M.) (lat.) (Art)
módulo (M.) Einheit (F.)
mojigatería (F.) Heuchelei (F.)
mojón (M.) Grenzstein (M.)
molestar belästigen
molestia (F.) Belästigung (F.)
molesto (Adj.) lästig
monarca (M.) Monarch (M.)
monarquía (F.) Königtum (N.), Monarchie (F.)
monarquía (F.) despótica Despotie (F.)
monárquico monarchisch
monarquismo (M.) Monarchismus (M.)
monasterio (M.) Kloster (N.)
moneda (F.) Geld (N.), Münze (F.), Währung (F.)
moneda (F.) contante Bargeld (N.)
moneda (F.) divisionaria Scheidemünze (F.)
moneda (F.) escritural Giralgeld (N.)
moneda (F.) extranjera Devisen (F.Pl.), Valuta (F.)
moneda (F.) falsa Falschgeld (N.)
moneda (F.) fraccionaria Scheidemünze (F.)
moneda (F.) giral Buchgeld (N.)
moneda (F.) legal gesetzliches Zahlungsmittel (N.)
moneda (F.) legítima gesetzliches Zahlungsmittel (N.)
moneda (F.) metal Geldstück (N.)
moneda-papel (F.) Papiergeld (N.)
monitor (M.) Bildschirm (M.)
monja (F.) Nonne (F.)
monje (M.) Mönch (M.)
monocameralismo (M.) Einkammersystem (N.)
monocracia (F.) Monokratie (F.)
monocrático (Adj.) monokratisch
monogamia (F.) Monogamie (F.)
monopolio (M.) Monopol (N.)
monopolio (M.) de la acusación Anklagemonopol (N.)
monopolio (M.) fiscal Finanzmonopol (N.)
monopolizar monopolisieren
montaña (F.) Berg (M.)
monte (M.) Berg (M.)
monte (M.) de piedad Leihhaus (N.)
monto (M.) Geldbetrag (M.)
monto (M.) global Pauschale (F.)
monumento (M.) Denkmal (N.)
mora (F.) Verzug (M.)
mora (F.) accipiendi (lat.) Annahmeverzug (M.), Gläubigerverzug (M.)
mora (F.) del acreedor Gläubigerverzug (M.)
mora (F.) del deudor Schuldnerverzug (M.)
mora (F.) solvendi (lat.) Leistungsverzug (M.), Schuldnerverzug (M.)
moral (Adj.) immateriell, moralisch, sittlich
moral (F.) Moral (F.)
moralidad (F.) Moral (F.), Sittlichkeit (F.)
moratoria (F.) Moratorium (N.), Stundung (F.)
mordaza (F.) Knebel (M.), Knebelung (F.)
morfina (F.) Morphium (N.)
morir sterben, versterben
moroso (Adj.) säumig
mortal tödlich
mostrar ausweisen
mostrenco herrenlos
motín (M.) Meuterei (F.)
motín (M.) carcelario Gefangenenmeuterei (F.)
motivación (F.) Begründung (F.)
motivar begründen
motivo (M.) Beweggrund (M.), Grund (M.), Motiv (N.), Trieb (M.)
motivo (M.) atenuario Milderungsgrund (M.)
motivo (M.) de apelación Rechtsmittelbegründung (F.)
motivo (M.) de detención Haftgrund (M.)
motivo (M.) de la decisión Entscheidungsgrund (M.)
motivo (M.) de negación Weigerungsgrund (M.)
motivo (M.) de prueba Beweisgrund (M.)
motivo (M.) vil niedriger Beweggrund (M.)
motivos (M.Pl.) de la decisión Entscheidungsgründe (M.Pl.)
móvil (M.) Beweggrund (M.), Motiv (N.), Ursache (F.)
móvil (M.) abyecto niedriger Beweggrund (M.)
mucho viel

mudar ändern
mudo (Adj.) stumm
mueblaje (M.) Mobiliar (N.)
mueble (Adj.) beweglich, mobil
mueble (M.) Möbel (N.)
muebles (M.Pl.) Möbel (Pl.)
muerte (F.) Tod (M.), Totschlag (M.), Tötung (F.)
muerte (F.) aparente Scheintod (M.)
muerte (F.) civil bürgerlicher Tod (M.)
muerto (Adj.) tot
muerto (M.) Leiche (F.), Leichnam (M.)
muestra (F.) Muster (N.), Probe (F.)
mujer (F.) Ehefrau (F.), Ehegattin (F.), Frau (F.)
muleta (F.) Handschelle (F.)
multa (F.) Buße (F.), Bußgeld (N.), Geldbuße (F.), Geldstrafe (F.), Ordnungsstrafe (F.), Verwarnungsgeld (N.)
multa (F.) coercitiva Zwangsgeld (N.)
multa (F.) convencional Konventionalstrafe (F.)
multar bestrafen
multilateral multilateral
multilátero multilateral
multinacional multinational
multiplicidad (F.) Mehrheit (F.)
multipropiedad (F.) time-sharing (N.) (engl.)
mundo (M.) Welt (F.)
munición (F.) Munition (F.)
municipal gemeindeeigen, kommunal, städtisch
municipalidad (F.) Gemeindeverwaltung (F.), Kommune (F.)
municipio (M.) Gemeinderat (M.), Kommune (F.), Rathaus (N.)
musulmán (M.) Moslem (M.)
mutación (F.) Änderung (F.), Veränderung (F.)
mutilación (F.) Verstümmelung (F.)
mutilar versehren, verstümmeln
mutua (F.) profesional Berufsgenossenschaft (F.)
mutualidad (F.) Gegenseitigkeit (F.)
mutualidad (F.) de accidentes de trabajo Berufsgenossenschaft (F.)
mutuo (Adj.) gegenseitig, wechselbezüglich
mutuo (M.) Darlehen (N.)
mutuo wechselseitig

n

nacimiento (M.) Geburt (F.)
nación (F.) Nation (F.), Volk (N.)
nacional (Adj.) einheimisch, inländisch, national
nacional (M.) Staatsangehöriger (M.), Staatsbürger (M.)
nacionalidad (F.) Nationalität (F.), Staatsangehörigkeit (F.), Staatsbürgerschaft (F.)
nacionalismo (M.) Nationalismus (M.)
nacionalista (Adj.) nationalistisch
nacionalización (F.) Einbürgerung (F.), Naturalisation (F.), Verstaatlichung (F.)
nacionalizar einbürgern, naturalisieren, verstaatlichen
nacionalsocialismo (M.) Nationalsozialismus (M.)
nacionalsocialista (Adj.) nationalsozialistisch
Naciones Unidas (ONU) Vereinte Nationen (F.Pl.) (UNO)
nada (F.) jurídica Nichtigkeit (F.)
narcosis (F.) Betäubung (F.)
narcótico (M.) Betäubungsmittel (N.)
narcotizar betäuben
narración (F.) Tatbestand (M.)
natimuerto (M.) Totgeburt (F.)
nativo gebürtig
natural außerehelich, gebürtig, natürlich, unehelich
naturaleza (F.) Natur (F.), Wesen (N.)
naturaleza (F.) del suelo Bodenbeschaffenheit (F.)
naturalización (F.) Einbürgerung (F.), Naturalisation (F.)
naturalizar einbürgern, naturalisieren
naufragado (M.) Wrack (N.)
naufragio (M.) Schiffbruch (M.)
nave (F.) Schiff (N.)
navegación (F.) Schifffahrt (F.)
navegación (F.) fluvial Binnenschifffahrt (F.)
navegación (F.) interior Binnenschifffahrt (F.)
navidad (F.) Weihnacht
naviera (F.) Reederei (F.)
naviero (M.) Reeder (M.)
ne bis in idem (lat.) ne bis in idem (lat.) (nicht zweimal in demselben Vorgang)

necesario erforderlich, nötig, notwendig
necesidad (F.) Bedarf (M.), Bedürfnis (N.), Bedürftigkeit (F.), Erforderlichkeit (F.), Erfordernis (N.), Not (F.), Notlage (F.)
necesidad (F.) de protección jurídica Rechtsschutzbedürfnis (N.)
necesidad (F.) propia Eigenbedarf (M.)
necesidad (F.) reglamentaria Regelbedarf (M.)
necesitado bedürftig
necesitar brauchen, erfordern
necropsia (F.) Obduktion (F.)
negación (F.) Ablehnung (F.), Verweigerung (F.), Weigerung (F.)
negar abstreiten, bestreiten, leugnen, verweigern
negar(se) weigern (sich)
negativa (F.) Absage (F.)
negativa (F.) a juzgar Rechtsverweigerung (F.)
negativo (Adj.) negativ
negatorio negatorisch
negligencia (F.) Fahrlässigkeit (F.), Nachlässigkeit (F.), Vernachlässigung (F.), Versäumnis (N.)
negligencia (F.) temeraria grobe Fahrlässigkeit (F.)
negligente nachlässig
negociabilidad (F.) Verhandlungsfähigkeit (F.)
negociable begebbar, übertragbar
negociación (F.) Verhandlung (F.)
negociación (F.) de créditos Kreditvermittlung (F.)
negociado (M.) Behörde (F.), Geschäftsstelle (F.), Referat (N.)
negocial rechtsgeschäftlich
negociante (F.) Kauffrau (F.)
negociante (M.) Händler (M.), Kaufmann (M.)
negociar begeben, handeln, verhandeln, vermitteln
negocio (M.) Geschäft (N.), Geschäftsbetrieb (M.), Handel (M.)
negocio (M.) bancario Bankgeschäft (N.)
negocio (M.) causal Kausalgeschäft (N.)
negocio (M.) consigo mismo Insichgeschäft (N.)
negocio (M.) creativo de responsabilidad Haftungsbegründung (F.)
negocio (M.) de almacenaje Lagergeschäft (N.)
negocio (M.) de cumplimiento Vollzugsgeschäft (N.)
negocio (M.) de disposición Verfügungsgeschäft (N.)
negocio (M.) de obligación Verpflichtungsgeschäft (N.)
negocio (M.) de vacaciones Ferialsache (F.)
negocio (M.) del tráfico Verkehrsgeschäft (N.)
negocio (M.) en nombre propio Propergeschäft (N.)
negocio (M.) en plaza Platzgeschäft (N.)
negocio (M.) fijo Fixgeschäft (N.)
negocio (M.) jurídico Rechtsgeschäft (N.)
negocio (M.) jurídico unilateral einseitiges Rechtsgeschäft (N.)
negocio (M.) monetario Geldgeschäft (N.)
negocio (M.) obligacional Verpflichtungsgeschäft (N.)
negocio (M.) para burlar la prohibición Umgehungsgeschäft (N.)
negocio (M.) principal Hauptsache (F.)
negocio (M.) simulado Scheingeschäft (N.)
negro dunkel, schwarz
nepotismo (M.) Vetternwirtschaft (F.)
neto (Adj.) lauter
neto netto, rein
neto al contado netto Kasse
neutral (Adj.) neutral
neutralidad (F.) Neutralität (F.)
nexo (M.) causal Kausalzusammenhang (M.)
nexo (M.) laboral Arbeitsverhältnis (N.)
nexo (M.) obligatorio Schuldverhältnis (N.)
nicotina (F.) Nikotin (N.)
nieta (F.) Enkelin (F.)
nieto (M.) Enkel (M.) (1), Kindeskind (N.)
nimiedad (F.) Bagatelle (F.)
niño (M.) Kind (N.)
niño (M.) acogido Pflegekind (N.)
niño (M.) expósito (M.) Findelkind (N.)
nivel (M.) de vida Lebensstandard (M.)
nivel (M.) mínimo de vida Existenzminimum (N.)
no Nicht...
no actuar unterlassen (V.)
no admisión (F.) Nichtzulassung (F.)
no apto para el arresto haftunfähig
no autorizado unbefugt
no capaz nicht rechtsfähig
no comparecer ausbleiben
no contencioso nichtstreitig

no cumplimiento (M.) Nichterfüllung (F.)
no exigibilidad (F.) Unzumutbarkeit (F.)
no fungible unvertretbar
no judicio Nichturteil (N.)
no jurisdiccional außergerichtlich
no notificación (F.) Nichtmitteilung (N.)
no obligatorio unverbindlich
no observar el plazo versäumen
no obtenido entgangen
no obtenir entgehen
no oficial inoffiziell
no pago (M.) Nichtzahlung (F.)
no perteneciente a la demarcación estatal kreisfrei
no público nichtöffentlich
no punible straflos
no titular (Adj.) nichtberechtigt
no titular (M.) Nichtberechtigter (M.)
noble edel
nobleza (F.) Adel (M.), Adelsstand (M.)
nocivo (Adj.) gemeinschädlich
nocivo (Adj.) para la salud gesundheitsschädlich
noda (F.) de pedido Bestellschein (N.)
nombramiento (M.) Aufstellung (F.), Bestallung (F.), Ernennung (F.), Ruf (M.)
nombrar aufstellen, ernennen, nominieren
nombre (M.) Name (M.), Vorname (M.)
nombre (M.) de familia Nachname (M.)
nombre (M.) de soltera Geburtsname (M.)
nombre (M.) ficticio Pseudonym (N.)
nombre (M.) propio Eigenname (M.)
nomenclatura (F.) Systematik (F.)
nominación (F.) Ernennung (F.), Nominierung (F.)
nominal (Adj.) nominal, nominell
nominal (M.) Nennkapital (N.)
nominar bestellen, ernennen
nominativo (Adj.) nominal, nominell
non liquet (lat.) (no es claro) non liquet (lat.) (es ist unklar)
norma (F.) Norm (F.), Regel (F.)
norma (F.) de colisión Kollisionsnorm (F.)
norma (F.) de la casa Hausordnung (F.)
norma (F.) de tramitación Verfahrensvorschrift (F.)
norma (F.) en blanco Blankettvorschrift (F.)
norma (F.) fundamental Grundgesetz (N.)
norma (F.) impositiva Steuerrichtlinie (F.)
norma (F.) jurídica Rechtsnorm (F.)
norma (F.) jurídica obligatoria de derecho local Ortsgesetz (N.)
norma (F.) penal Strafvorschrift (F.)
norma (F.) permisiva Sollvorschrift (F.)
norma (F.) procedimental Verfahrensvorschrift (F.)
norma (F.) protectora Schutzgesetz (N.)
norma (F.) puramente dispositiva nachgiebiges Recht (N.)
normal normal
normalizar normen, normieren
normar normen, normieren
normas (F.Pl.) de conflicto Kollisionsrecht (N.)
normas (F.Pl.) sobre el balance fiscal Bilanzsteuerrecht (N.)
normativa (F.) Regelung (F.)
normativa (F.) comunitaria Gemeinschaftsrecht (N.)
normativa (F.) de cuotas Quotenregelung (F.)
normativo normativ
norte (M.) Norden
nota (F.) Aktenvermerk (M.), Anmerkung (F.), Beglaubigungsvermerk (M.), Bericht (M.), Mitteilung (F.), Note (F.), Rechnung (F.), Vermerk (M.), Zensur (F.)
nota (F.) de advertencia Abmahnung (F.)
nota (F.) de cargo Lastschriftanzeige (F.)
nota (F.) de cobertura Deckungszusage (F.)
nota (F.) de débito Lastschrift (F.)
nota (F.) promisoria Schuldschein (M.)
notación (F.) Vermerk (M.)
notar anmerken
notaría (F.) Notariat (N.)
notariado (Adj.) notariell
notariado (M.) Notariat (N.)
notarial notariell
notario (M.) Notar (M.)
noticia (F.) Kenntnisnahme (F.), Mitteilung (F.), Nachricht (F.)
notificación (F.) Ankündigung (F.), Anmeldung (F.), Bekanntgabe (F.), Bekanntmachung (F.), Bescheid (M.), Entscheid (M.), Eröffnung (F.), Meldung (F.), Notifikation (F.), Zustellung (F.)
notificación (F.) administrativa Verwaltungszustellung (F.)
notificación (F.) edictal öffentliche Zustellung (F.)
notificación (F.) fiscal Steuerbescheid (M.)
notificación (F.) pública öffentliche Zustellung (F.)

notificación (F.) supletoria Ersatzzustellung (F.)
notificar ankündigen, anmelden, anzeigen, bekanntgeben, bekanntmachen, bescheiden (V.), notifizieren, zustellen
notorio notorisch, offenbar, offenkundig, offensichtlich
novación (F.) Novation (F.), Schuldumschaffung (F.)
novela (F.) Novelle (F.)
novia (F.) Braut (F.), Verlobte (F.)
novicio (M.) Novize (M.)
novio (M.) Bräutigam (M.), Verlobter (M.)
nuera (F.) Schwiegertochter (F.)
nueva elección (F.) Neuwahl (F.)
nueva presentación (F.) de asuntos pendientes Wiedervorlage (F.)
nuevo neu
nulidad (F.) Nichtigkeit (F.), Ungültigkeit (F.)
nulidad (F.) absoluta absolute Nichtigkeit (F.)
nulidad (F.) de interés privado relative Unwirksamkeit (F.)
nulidad (F.) matrimonial Ehenichtigkeit (F.)
nulidad (F.) parcial Teilnichtigkeit (F.)
nulidad (F.) radical absolute Nichtigkeit (F.)
nulo (Adj.) kraftlos, nichtig, ungültig, unwirksam
nulo (Adj.) de derecho rechtsunwirksam
nulo null
nulla poena (F.) sine lege (lat.) (no hay pena sin ley) nulla poena (F.) sine lege (lat.) (keine Strafe ohne Gesetz)
numérico numerisch
número (M.) Nummer (F.), Zahl (F.)
número (M.) de registro Aktenzeichen (N.)
número (M.) expediente Aktenzeichen (N.)
numerus (M.) clausus (lat.) numerus (M.) clausus (lat.) (geschlossene Zahl)
nuncio (M.) Bote (M.), Nuntius (M.)
nuncupativo mündlich
nupcias (F.Pl.) Heirat (F.), Hochzeit (F.), Vermählung (F.)

o

obedecer gehorchen
obediencia (F.) Gehorsam (M.)
obediencia (F.) debida Gehorsamspflicht (F.)
obediente gehorsam
óbice (M.) procesal Prozesshindernis (N.)
obispado (M.) Bistum (N.)
obispo (M.) Bischof (M.)
obispo (M.) sufragáneo Suffraganbischof (M.)
obiter dictum (N.) (lat.) (no vinculante) obiter dictum (N.) (lat.) (zusätzlich gesagt)
objeción (F.) Einwand (M.), Einwendung (F.)
objeción (F.) de conciencia Wehrdienstverweigerung (F.) aus Gewissensgründen
objeción (F.) de documento Urkundenfeststellungsklage (F.)
objetar beanstanden, einwenden
objetivo objektiv, real, sachlich
objeto (M.) Ding (N.), Gegenstand (M.), Objekt (N.)
objeto (M.) de derecho Rechtsobjekt (N.)
objeto (M.) de la acción Handlungsobjekt (N.)
objeto (M.) de prestación Leistungsgegenstand (M.)
objeto (M.) de uso Gebrauchsgegenstand (M.)
objeto (M.) de valor Kostbarkeit (F.), Wertgegenstand (M.), Wertsache (F.)
objeto (M.) del acto Handlungsobjekt (N.)
objeto (M.) del conflicto Streitgegenstand (M.)
objeto (M.) jurídico Rechtsobjekt (N.)
objeto (M.) litigioso Streitgegenstand (M.)
objeto (M.) social Gesellschaftszweck (M.)
objeto (M.) usado Trödel (M.)
objetor (M.) Kriegsdienstverweigerer (M.)
objetor (M.) de conciencia Zivildienstleistender (M.)
oblicuo mittelbar
obligación (F.) Auflage (F.), Obligation (F.), Obligo (N.), Pflicht (F.), Schuld (F.), Schuldverhältnis (N.), Verbindlichkeit (F.), Verpflichtung (F.)
obligación (F.) a prorrata Teilschuld (F.)
obligación (F.) accesoria Nebenpflicht (F.)
obligación (F.) al portador Inhaberschuldverschreibung (F.)
obligación (F.) alternativa Alternativobligation (F.), Wahlschuld (F.)
obligación (F.) aseguradora Versicherungspflicht (F.)
obligación (F.) con facultad alternativa facultas (F.) alternativa (lat.) (Ersetzungsbefugnis)

obligación (F.) contractual Vertragspflicht (F.)
obligación (F.) convertible Wandelschuldverschreibung (F.)
obligación (F.) de aclaración Aufklärungspflicht (F.)
obligación (F.) de aportar Bringschuld (F.)
obligación (F.) de asegurarse Versicherungszwang (M.)
obligación (F.) de cita expresa Ausdrücklichkeitsgebot (N.)
obligación (F.) de contratar Kontrahierungszwang (M.)
obligación (F.) de dar parte Meldepflicht (F.)
obligación (F.) de declarar Aussagepflicht (F.), Offenbarungspflicht (F.)
obligación (F.) de denuncia Anzeigepflicht (F.)
obligación (F.) de documentación Dokumentationspflicht (F.)
obligación (F.) de entrega Holschuld (F.)
obligación (F.) de enviar Schickschuld (F.)
obligación (F.) de especie Speziesschuld (F.), Stückschuld (F.)
obligación (F.) de género Gattungsschuld (F.)
obligación (F.) de la residencia Residenzpflicht (F.)
obligación (F.) de medios Leistungspflicht (F.)
obligación (F.) de obrar con diligencia Sorgfaltspflicht (F.)
obligación (F.) de pasaporte Passpflicht (F.)
obligación (F.) de preguntar Fragepflicht (F.)
obligación (F.) de presentación Vorlegungspflicht (F.)
obligación (F.) de presentar Vorlagepflicht (F.)
obligación (F.) de presentarse Meldepflicht (F.)
obligación (F.) de prestación Holschuld (F.)
obligación (F.) de protocolización Protokollierungspflicht (F.)
obligación (F.) de registro Eintragungspflicht (F.)
obligación (F.) de rendir cuentas Rechenschaftslegungspflicht (F.)
obligación (F.) de revelar Offenbarungspflicht (F.)
obligación (F.) de secreto Schweigepflicht (F.)
obligación (F.) de silencio Schweigepflicht (F.), Verschwiegenheitspflicht (F.)
obligación (F.) de tracto sucesivo Dauerschuldverhältnis (N.)
obligación (F.) de votar Wahlpflicht (F.)
obligación (F.) dineraria Geldforderung (F.), Geldschuld (F.)
obligación (F.) específica Speziesschuld (F.)
obligación (F.) facultativa Ersetzungsbefugnis (F.), Wahlschuld (F.)
obligación (F.) genérica Gattungsschuld (F.)
obligación (F.) genérica delimitada Vorratsschuld (F.)
obligación (F.) hipotecaria Hypothekenpfandbrief (M.)
obligación (F.) imperfecta Naturalobligation (F.)
obligación (F.) indemnizatoria Schadensersatzpflicht (F.)
obligación (F.) jurídica Rechtspflicht (F.)
obligación (F.) mancomunada Gesamtschuld (F.)
obligación (F.) militar Wehrpflicht (F.)
obligación (F.) mínima Pflichtaufgabe (F.)
obligación (F.) natural Naturalobligation (F.)
obligación (F.) negativa Unterlassungsverpflichtung (F.)
obligación (F.) principal Hauptpflicht (F.)
obligación (F.) rescatable Schuldverschreibung (F.)
obligación (F.) social Sozialpflichtigkeit (F.)
obligación (F.) solidaria Gesamtschuld (F.)
obligación (F.) subsidiaria Nebenpflicht (F.)
obligación (F.) sucesional Nachlassverbindlichkeit (F.)
obligacional verbindlich
obligaciones (F.Pl.) Verbindlichkeiten (F.Pl.)
obligado (M.) Schuldner (M.), Verpflichteter (M.)
obligado (M.) al servicio militar Wehrpflichtiger (M.)
obligado (M.) solidario Gesamtschuldner (M.)
obligado (M.) tributario steuerpflichtig, Steuerpflichtiger (M.)
obligar verpflichten, zwingen
obligatoriedad (F.) Verbindlichkeit (F.), Verpflichtung (F.)
obligatoriedad (F.) de contratar Abschlusszwang (M.)
obligatoriedad (F.) de la enseñanza Schulpflicht (F.)
obligatoriedad (F.) de prestación Leistungspflicht (F.)

obligatorio bindend, obligatorisch, rechtsverbindlich, verbindlich, zwingend
obra (F.) Arbeit (F.), Bau (M.), Bauwerk (N.), Werk (N.)
obra (F.) correctora Nachbesserung (F.)
obra (F.) de reparación Reparatur (F.)
obra (F.) literaria Schriftwerk (N.)
obra (F.) maestra Meisterstück (N.)
obrar agieren, einwirken, handeln
obrero (Adj.) werktätig
obrero (M.) Arbeiter (M.)
obrero (M.) especializado Facharbeiter (M.)
obsceno unzüchtig
obsequio (M.) Zugabe (F.)
observación (F.) Bemerkung (F.)
observancia (F.) Beachtung (F.), Einhaltung (F.), Observanz (F.)
observar befolgen, bemerken, beobachten, einhalten
obstacular hindern
obstaculización (F.) Behinderung (F.)
obstáculo (M.) Hindernis (N.)
obstáculo (M.) de registración Eintragungshindernis (N.)
obstáculo (M.) procesal Prozesshindernis (N.)
obtención (F.) Verschaffung (F.)
obtención (F.) coactiva Erzwingung (F.)
obtención (F.) de una declaración mediante la fuerza Aussageerpressung (F.)
obtener erlangen (V.), erringen, verschaffen
ocasión (F.) Anlass (M.), Gelegenheit (F.)
ocasional gelegentlich
ocasionar verursachen
OCDE (F.) (Organización para Cooperación y Desarrollo Económico) OECD (F.) (Organisation for Economic Cooperation and Development)
oculo (M.) Auge (F.)
ocultación (F.) Unterdrücken (N.), Verschweigen (N.), Verschweigung (F.)
ocultación (F.) documental Urkundenunterdrückung (F.)
ocultar unterdrücken, verbergen, verschleiern, verstecken
oculto verborgen
ocupación (F.) Aneignung (F.), Besatzung (F.), Beschäftigung (F.), Besetzung (F.) (Besetzung eines Territoriums), Okkupation (F.), Stellung (F.), Tätigkeit (F.)
ocupado (Adj.) beschäftigt, tätig
ocupante (M.) Insasse (M.)
ocupar ausfüllen, befassen, beschäftigen, besetzen, einnehmen, okkupieren
ocuparse betreuen
ocurrir eintreten, ereignen (sich), geschehen
odio (M.) Hass (M.)
odontólogo (M.) Zahnarzt (M.)
oeste Westen (M.)
ofensa (F.) Beleidigung (F.)
ofensa (F.) de palabra Verbalinjurie (F.)
oferta (F.) Angebot (N.), Gebot (N.), Offerte (F.)
oferta (F.) de empleo Stellenangebot (M.)
oferta (F.) de la prueba Beweisantritt (M.)
oferta (F.) mínima Mindestgebot (N.)
ofertar anbieten
oficial (Adj.) amtlich, dienstlich, öffentlich, offiziell, staatlich
oficial (M.) Geselle (M.), Offizial (M.), Offizier (M.), Sachbearbeiter (M.)
oficial (M.) del estado civil Standesbeamter (M.)
oficial (M.) fedatario Urkundsbeamter (M.)
oficial (M.) letrado Verwaltungsjurist (M.)
oficial (M.) probatorio Bewährungshelfer (M.)
oficial behördlich
oficina (F.) Agentur (F.), Büro (N.), Dienststelle (F.), Geschäftsraum (M.), Kanzlei (F.), Niederlassung (F.), Zweigstelle (F.)
oficina (F.) aduanera Zollbehörde (F.)
oficina (F.) consular Konsulat (N.)
oficina (F.) de colocación Arbeitsvermittlung (F.)
oficina (F.) de correos Postamt (N.)
oficina (F.) de cuentas Rechnungshof (M.)
oficina (F.) de empleo Arbeitsamt (N.), Stellenvermittlung (F.)
oficina (F.) de matrícula Kraftfahrzeugzulassungsstelle (F.)
oficina (F.) de patentes Patentamt (N.)
oficina (F.) de registro Registratur (F.)
oficina (F.) de sanidad Gesundheitsamt (N.)
oficina (F.) de seguridad social Sozialversicherungsanstalt (F.)
oficina (F.) de trabajo Arbeitsagentur (F.), Arbeitsamt (N.)
oficina (F.) del registro civil Standesamt (N.)
Oficina (F.) Europea de Policía Europäisches Polizeiamt (N.)

oficina (F.) federal Bundesamt (N.)
Oficina (F.) Federal Antimonopolio Bundeskartellamt (N.)
Oficina (F.) Federal de Investigación Criminal Bundeskriminalamt (N.)
Oficina (F.) Federal de Seguros Bundesversicherungsamt (N.)
oficina (F.) registral federal de patentes Bundespatentamt (N.)
oficio (M.) Amt (N.), Dienst (M.), Gewerbebetrieb (M.), Handwerk (N.), Spruchkörper (M.)
oficio (M.) divino Gottesdienst (M.)
oficio (M.) judicial Legalitätsprinzip (N.)
oficio (M.) rogatorio Amtshilfeersuchen (N.)
oficioso inoffiziell, offiziös
ofrecer anbieten, aussetzen, bieten, offerieren
ofrecimiento (M.) Angebot (N.)
ofrenda (F.) Spende (F.)
oídas (F.Pl.) Hörensagen (N.)
oidor (M.) Oberrichter (M.)
oír anhören, einvernehmen, hören, vernehmen
oligarquía (F.) Oligarchie (F.)
oligopolio (M.) Oligopol (N.)
ológrafo eigenhändig, holographisch
omisión (F.) Unterlassen (N.), Unterlassung (F.)
omisión (F.) de auxilio unterlassene Hilfeleistung (F.)
omisión (F.) de denuncia Nichtanzeige (F.) eines Verbrechens
omisión (F.) de la ejecución Absehen (N.)
omisión (F.) de socorro unterlassene Hilfeleistung (F.)
omitir absehen, unterlassen (V.)
onerosidad (F.) Entgeltlichkeit (F.)
oneroso belastend
opción (F.) Option (F.)
ope legis (lat.) gesetzlich, kraft Gesetzes
operación (F.) Aktion (F.), Operation (F.)
operación (F.) a plazo Teilzahlungsgeschäft (N.), Termingeschäft (N.)
operación (F.) a plazo fijo Fixgeschäft (N.)
operación (F.) a término Termingeschäft (N.)
operación (F.) al descubierto Blankogeschäft (N.)
operación (F.) de cobro Inkassogeschäft (N.)
operación (F.) de comercio Handelsgeschäft (N.)
operación (F.) de depósitos Depositengeschäft (N.), Depotgeschäft (N.)
operación (F.) de regiro Wechselreiterei (F.)
operación (F.) ficticia Scheingeschäft (N.)
operación (F.) por cuenta propia Eigengeschäft (N.)
operación (F.) swap swap-Geschäft (N.)
operador (M.) Halter (M.)
operador (M.) de negociación de créditos Kreditvermittler (M.)
operadora (F.) Fernsprechamt (N.)
operar agieren, bewirken, handeln, operieren
operario (M.) Arbeiter (M.)
opinar äußern, meinen
opinión (F.) Ansicht (F.), Äußerung (F.), Einstellung (F.), Meinung (F.)
opinión (F.) jurídica Rechtsmeinung (F.)
opinión (F.) predominante herrschende Meinung (F.)
opinión (F.) pública öffentliche Meinung (F.)
oponente (M.) Gegner (M.)
oponer einwenden, opponieren
oportunidad (F.) Chance (F.), Gelegenheit (F.), Möglichkeit (F.), Opportunität (F.)
oportunista (M.) Opportunist (M.)
oportuno gelegen, günstig, opportun
oposición (F.) Einwendung (F.), Gegenüberstellung (F.), Opposition (F.), Protest (M.), Widerspruch (M.)
oposición (F.) a la demanda Klageerwiderung (F.)
oposición (F.) perentoria peremptorische Einrede (F.)
oposición (F.) procesal Rechtsmittel (N.)
opositor (Adj.) oppositionell
opositor (M.) Gegner (M.)
oración (F.) Rede (F.), Satz (M.)
oral mündlich
oralidad (F.) Mündlichkeit (F.)
oratoria (F.) Rhetorik (F.)
orden (F.) Anordnung (F.), Auftrag (M.), Befehl (M.), Orden (M.), Order (F.), Verfügung (F.), Weisung (F.)
orden (F.) de clausura Einstellungsbeschluss (M.)
orden (F.) de comparecencia Vorführungsbefehl (M.)
orden (F.) de detención Haftbefehl (M.)
orden (F.) de ejecución Vollstreckungsbefehl (M.)
orden (F.) de pagar Zahlungsanweisung (F.)
orden (F.) de pago Zahlungsanweisung (F.), Zahlungsbefehl (M.)

orden (F.) de policía Polizeiverfügung (F.)
orden (F.) de prisión Haftbefehl (M.)
orden (F.) eclesíastica Weihe (F.)
orden (F.) penal Strafbefehl (M.)
orden (F.) permanente Dauerauftrag (M.)
orden (M.) Geschäftsordnung (F.), Ordnung (F.), Verordnung (F.)
orden (M.) constitucional verfassungsmäßige Ordnung (F.)
orden (M.) de antigüedad Dienstalter (N.)
orden (M.) de la razón Vernunftordnung (F.)
orden (M.) de parentelas Parentelsystem (N.)
orden (M.) de preferencia Rangordnung (F.), Rangverhältnis (N.)
orden (M.) del día Tagesordnung (F.)
orden (M.) disciplinario Disziplinarrecht (N.)
orden (M.) fundamental Grundordnung (F.)
orden (M.) jerárquico Rangordnung (F.)
orden (M.) judicial Rechtsordnung (F.)
orden (M.) jurídico Rechtsordnung (F.)
orden (M.) jurisdiccional Gerichtsordnung (F.)
orden (M.) público internacional ordre (M.) public (franz.)
orden (M.) valorativo Werteordnung (F.)
ordenación (F.) Ordnung (F.), Weihe (F.)
ordenación (F.) de división Teilungsanordnung (F.)
ordenación (F.) del suelo Bodenordnung (F.)
ordenación (F.) del territorio Raumordnung (F.)
ordenación (F.) territorial Bodenordnung (F.)
ordenación (F.) vial Straßenverkehrsregelung (F.)
ordenado ordnungsgemäß
ordenador (M.) Computer (M.)
ordenamiento (M.) Erlass (M.), Gesetzbuch (N.), Ordnung (F.)
ordenamiento (M.) constitucional verfassungsmäßige Ordnung (F.)
ordenamiento (M.) constitucional democrático-liberal freiheitlich-demokratische Grundordnung (F.)
ordenamiento (M.) del tiempo de trabajo Arbeitszeitregelung (F.)
ordenamiento (M.) legal Recht (N.)
ordenanza (F.) Anordnung (F.), Verordnung (F.)
ordenanza (F.) de construcción Baurecht (N.)
ordenanza (F.) de haciendas agrícolas Höfeordnung (F.)
ordenanza (F.) de necesidad Notverordnung (F.)
ordenanza (F.) de policía Polizeiverordnung (F.)
ordenanza (F.) de procedimiento administrativo Verwaltungsgerichtsordnung (F.)
ordenanza (F.) federal sobre los honorarios de abogados Bundesgebührenordnung (F.) für Rechtsanwälte
ordenanza (F.) hipotecaria Grundbuchordnung (F.)
ordenanza (F.) militar Militärverordnung (F.)
ordenanza (F.) tributaria Abgabenordnung (F.)
ordenanza (M.) Bote (M.)
ordenar anordnen, anweisen, befehlen, heißen, ordern, ordnen, verfügen, verordnen
ordinario (Adj.) erstinstanzlich, gewöhnlich, ordentlich, ordinär, regelmäßig
ordinario (M.) Bischof (M.), Ordinarius (M.)
organicidad (F.) Organschaft (F.)
organismo (M.) Körperschaft (F.), Organ (N.), Organismus (M.)
organismo (M.) administrativo Verwaltungsbehörde (F.)
organismo (M.) asegurador Versicherungsträger (M.)
organismo (M.) autónomo Selbstverwaltungskörperschaft (F.)
organismo (M.) del seguro minero Knappschaft (F.)
organismo (M.) gubernativo del tribunal Justizverwaltungsorgan (N.)
organización (F.) Organisation (F.)
organización (F.) criminal kriminelle Vereinigung (F.)
organización (F.) de la iglesia Kirchenverfassung (F.)
organización (F.) de las empresas Betriebsverfassung (F.)
organización (F.) del mercado Marktordnung (F.)
Organización (F.) del Tratado del Atlántico Norte (OTAN) North Atlantic Treaty Organisation (N.) (engl.) (NATO)
organización (F.) gremial Fachschaft (F.)
Organización (F.) internacional de la aviación civil International Civil Aviation Organization (N.) (ICAO)

Organización (F.) internacional de policía criminal Interpol (F.)
organización (F.) judicial Gerichtsorganisation (N.), Gerichtsverfassung (F.)
organización (F.) mundial Weltorganisation (F.)
organización (F.) mundial de la propiedad intelectual Weltorganisation für geistiges Eigentum (F.)
Organización (F.) para Cooperación y Desarrollo Económico (OCDE) Organisation (N.) for Economic Cooperation and Development (engl.) (OECD)
organización (F.) profesional Berufsverband (M.)
organización (F.) racional Zweckverband (M.)
organización-cúpula (F.) Dachverband (M.)
organizar managen, organisieren
órgano (M.) Organ (N.)
órgano (M.) administrativo Verwaltungsträger (M.)
órgano (M.) arbitral Schiedsstelle (F.)
órgano (M.) colegiado Kollegialbehörde (F.), Kollegialorgan (N.)
órgano (M.) colegial Kollegialorgan (N.)
órgano (M.) conciliador Einigungsstelle (F.)
órgano (M.) constitucional Verfassungsorgan (N.)
órgano (M.) de administración Verwaltungsträger (M.)
órgano (M.) de composición Schlichtungsstelle (F.)
órgano (M.) de trabajo Arbeitsgericht (N.)
órgano (M.) ejecutivo Vollstreckungsorgan (N.), Vollzugsorgan (N.)
órgano (M.) estatal Staatsorgan (N.)
órgano (M.) intermedio Mittelbehörde (F.)
órganos (M.Pl.) extraños Drittorganschaft (F.)
órganos (M.Pl.) natos Selbstorganschaft (F.)
orientación (F.) de deudores Schuldnerberatung (F.)
orientación (F.) del deudor Schuldnerberatung (F.)
orientación (F.) profesional Berufsberatung (F.)
origen (M.) Abstammung (F.), Herkommen (N.), Herkunft (F.), Ursprung (M.)
original (Adj.) original
original (M.) Original (N.), Urschrift (F.)
originar einbringen
originario originär, ursprünglich
oro (M.) Gold (N.)
ortodoxo orthodox
OSCE (F.) (Organización de Seguridad y Cooperación en Europa) OSZE (F.) (Organisation über Sicherheit und Zusammenarbeit in Europa)
oscuro dunkel
ostentativo demonstrativ
ostpolitik (M.) Ostpolitik (F.)
OTAN (F.) (Organización del Tratado del Atlántico Norte) NATO (N.) (North Atlantic Treaty Organisation)
otorgamiento (M.) (de una ley) Erlass (M.)
otorgamiento (M.) Ausfertigung (F.), Bewilligung (F.), Erteilung (F.)
otorgamiento (M.) de justicia Justizgewährung (F.)
otorgante (M.) Aussteller (M.)
otorgar ausfertigen, bewilligen, einräumen, gewähren
otro andere
oyente (M.) pasajero Hospitant (M.)

p

pabellón (M.) Flagge (F.)
pabellón (M.) nacional Nationalflagge (F.)
paccionar vereinbaren
paciente (M.) Patient (M.)
pacificación (F.) Befriedung (F.)
pacificar befrieden
pacifismo (M.) Pazifismus (M.)
pactar abschließen
pacto (M.) Abmachung (F.), pactum (N.) (lat.), Pakt (M.)
pacto (M.) adjunto Nebenvertrag (M.)
pacto (M.) colectivo Gesamtvereinbarung (N.)
pacto (M.) comisorio Rücktrittsklausel (F.)
pacto (M.) de Estado Staatsvertrag (M.)
pacto (M.) de no pedir pactum (N.) de non petendo (lat.) (Vereinbarung nicht zu verlangen)
pacto (M.) de servicio Dienstvereinbarung (F.)
pacto (M.) sobre costas Honorarvereinbarung (F.)
padernidad (F.) y filiación (F.) Eltern-Kind-Verhältnis (N.)

padrastro (M.) Stiefvater (M.)
padre (M.) Elter (M. bzw. F.), Elternteil (M.), Vater (M.)
padre (M.) político Schwiegervater (M.)
padres (M.Pl.) Eltern (Pl.)
padres (M.Pl.) adoptivos Adoptiveltern (Pl.)
padrinazgo (M.) Patenschaft (F.)
padrino (M.) Pate (M.)
padrino (M.) de boda Trauzeuge (M.)
paga (F.) Heuer (F.), Lohn (M.)
paga (F.) de navidad Weihnachtsgeld (N.)
paga (F.) de toca Sterbegeld (N.)
pagable zahlbar
pagadero (Adj.) zahlbar
pagador (M.) Nehmer (M.)
pagamento (M.) Zahlung (F.)
pagar auszahlen, begleichen, bezahlen, einzahlen, erfüllen, leisten, zahlen, zurückzahlen
pagar a cuenta anzahlen
pagar a plazos abzahlen
pagar aduanas verzollen
pagar honorarios honorieren
pagar la diferencia nachzahlen
pagar por cuotas abzahlen
pagaré (M.) Schuldschein (M.), Solawechsel (M.)
pagina (F.) Seite (F.)
pago (M.) Auszahlung (F.), Befriedigung (F.), Bezahlung (F.), Einzahlung (F.), Erfüllung (F.), Leistung (F.), Zahlung (F.)
pago (M.) a cuenta Abschlagszahlung (F.), Anzahlung (F.)
pago (M.) a plazos Abzahlung (F.), Ratenzahlung (F.)
pago (M.) al contado Barzahlung (F.)
pago (M.) anticipado Vorkasse (F.)
pago (M.) contra documentos Kasse gegen Dokumente
pago (M.) contra entrega de documentos Kasse gegen Dokumente
pago (M.) de alimentos Unterhaltszahlung (F.)
pago (M.) en efectivo Barzahlung (F.)
pago (M.) en metálico Barzahlung (F.)
pago (M.) fraccionario Teilzahlung (F.)
pago (M.) franco Barzahlung (F.)
pago (M.) indebido ungerechtfertigte Bereicherung (F.)
pago (M.) parcial Abschlagszahlung (F.), Teilzahlung (F.)
pago (M.) suplementario Nachzahlung (F.)
paisaje (M.) Landschaft (F.)
paja (F.) Stroh (N.)
palabra (F.) Wort (N.)
palabra (F.) de honor Ehrenwort (N.)
palacio (M.) Hof (M.), Palast (M.)
palacio (M.) de justicia Justizgebäude (N.)
palacio (M.) de las Cortes Parlamentsgebäude (N.)
palos (M.Pl.) Prügel (M.)
panachage (M.) Panaschierung (F.)
panaché (M.) Panaschierung (F.)
pandecta (F.) Pandekte (F.)
pandectas (F.Pl.) Pandekten (F.Pl.)
pantalla (F.) Bildschirm (M.)
papa (M.) Papst (M.)
papel (M.) Papier (N.), Rolle (F.)
papel (M.) a la orden Orderpapier (N.)
papel (M.) al portador Inhaberpapier (N.)
papel (M.) intransferible Rektapapier (N.)
papeleta (F.) Bestellschein (N.)
papeleta (F.) de votación (F.) Wahlzettel (M.)
papeleta (F.) de votación Stimmzettel (M.)
papeleta (F.) de votos Stimmzettel (M.)
papeleta (F.) electoral Wahlzettel (M.)
papel-moneda (M.) Banknote (F.), Papiergeld (N.)
paquete (M.) Paket (N.)
parada (F.) Station (F.)
parado (Adj.) arbeitslos
parado (M.) Arbeitsloser (M.)
parágrafo (M.) Paragraph (M.)
paraguas (M.) Schirmherr (M.)
paralización (F.) Stillstand (M.)
parcela (F.) Flurstück (N.), Parzelle (F.)
parcelación (F.) Aufteilung (F.)
parcelar aufteilen, parzellieren
parcial parteiisch, partiell, teilweise, voreingenommen
parcialidad (F.) Befangenheit (F.), Parteilichkeit (F.)
parciario partiarisch
parecer (M.) Meinung (F.)
parecido (M.) Schein (F.)
pared (F.) medianera Brandmauer (F.)
pareja (F.) no institucionalizada nichteheliche Lebensgemeinschaft (F.)
parental verwandtschaftlich
parentela (F.) Parentel (F.), Verwandtschaft (F.)
parentesco (M.) Verwandtschaft (F.)

parentesco (M.) de afinidad Schwägerschaft (F.)
parentesco (M.) de sangre Blutsverwandtschaft (F.)
paridad (F.) Parität (F.)
pariente (Adj.) verwandt
pariente (M.) Verwandter (M.)
pariente (M.) mayor Sippenältester (M.)
parir gebären
paritario paritätisch
parlamental parlamentarisch
parlamentario (Adj.) parlamentarisch
parlamentario (M.) Parlamentarier (M.)
parlamentarismo (M.) Parlamentarismus (M.)
parlamento (M.) Abgeordnetenhaus (N.), Parlament (N.), Parlamentsgebäude (N.)
Parlamento (M.) Europeo Europäisches Parlament (N.)
Parlamento (M.) Federal Bundestag (M.)
paro (M.) Arbeitslosigkeit (F.), Streik (M.)
paro (M.) general Generalstreik (M.)
párrafo (M.) Absatz (M.)
parricidio (M.) Kindestötung (F.)
párroco (M.) Pfarrer (M.)
parroquia (F.) Kirchengemeinde (F.), Pfarre (F.)
parte (F.) Anteil (M.), Part (M.), Partei (F.), Teil (M.)
parte (F.) coadyuvante Beigeladener (M.)
parte (F.) contraria Gegenseite (F.), Prozessgegner (M.)
parte (F.) contratante Partner (M.)
parte (F.) contratante en un convenio colectivo Tarifpartner (M.), Tarifvertragspartei (F.)
parte (F.) de la ganancia Gewinnanteil (M.)
parte (F.) de la unión civil de personas homosexuales Lebenspartner (M.)
parte (F.) de un contrato Vertragspartner (M.)
parte (F.) demandada Beklagter (M.)
parte (F.) dispositiva de la sentencia Tenor (M.), Urteilstenor (M.)
parte (F.) esencial aparente Scheinbestandteil (M.)
parte (F.) fraccionaria Bruchteil (M.)
parte (F.) general allgemeiner Teil (M.)
parte (F.) integrante Bestandteil (M.)
parte (F.) integrante esencial wesentlicher Bestandteil (M.)
parte (F.) interviniente Intervenient (M.)
parte (F.) opositora Gegenseite (F.)
parte (F.) poblada Wohngebiet (N.)
parte (F.) tarifaria Tarifpartner (M.)
parte (F.) vendedora Verkäufer (M.)
parte (M.) del accidente Unfallbericht (M.)
partera (F.) Hebamme (F.)
partible teilbar
partición (F.) Auseinandersetzung (F.), Splitting (N.) (engl.), Teilung (F.)
partición (F.) de la herencia Erbteilung (F.)
partición (F.) de la pensión entre cónyuges Rentensplitting (N.
partición (F.) por testamento Teilungsanordnung (F.)
participación (F.) Beteiligung (F.), Teilhaberschaft (F.), Teilnahme (F.)
participación (F.) en beneficios Gewinnanteil (M.)
participación (F.) en el capital Geschäftsanteil (M.), Kapitalanteil (M.)
participación (F.) en la cogestión Mitbestimmung (F.)
participación (F.) minoritaria Minderheitsbeteiligung (F.)
participación (F.) social Einlage (F.)
participación mayoritaria Mehrheitsbeteiligung (F.)
participante (Adj.) mitbeteiligt
participante (M.) Beteiligter (M.), Teilnehmer (M.)
participar beteiligen
participar en un golpe de Estado putschen
partícipe (M.) del proceso Verfahrensbeteiligter (M.)
particular (Adj.) besondere, partikular, privat
particular (M.) Einzelkaufmann (M.)
partida (F.) Buchung (F.), Spiel (N.)
partida (F.) matrimonial Heiratsurkunde (F.)
partidario (Adj.) parteiisch
partido (M.) Partei (F.), Seite (F.), Spiel (N.)
partido (M.) de la oposición Oppositionspartei (F.)
partido (M.) Estado Staatspartei (F.)
partido (M.) judicial Gerichtssprengel (M.)
partido (M.) oficialista Staatspartei (F.)
partir auseinandersetzen, dividieren, teilen
pasaje (M.) Fahrkarte (F.), Flugschein (M.)
pasajero (Adj.) vorübergehend
pasante (M.) Praktikant (M.), Rechtsanwaltsanwärter (M.), Rechtsreferendar (M.), Referendar (M.), Volontär (M.)

pasantía (F.) Referendariat (N.)
pasaporte (M.) Pass (M.), Reisepass (M.)
pasar übergehen, überholen
pasar en tránsito durchgehen
pasarela (F.) Zebrastreifen (M.)
pase (M.) Exequatur (N.), Freikarte (F.), Konterbande (F.), Passierschein (M.)
pasión (F.) Affekt (M.)
pasivo (Adj.) passiv
pasivo (M.) Passiva (N.Pl.), Passivum (N.)
paso (M.) Übergang (M.)
paso (M.) de cebra Zebrastreifen (M.)
paso (M.) de propiedad Eigentumsübergang (M.)
paso (M.) necesario Notweg (M.)
pasto (M.) alpestre Alm (F.), Alpe (F.)
pastor (M.) Hirte (M.), Pastor (M.)
pastoral (F.) Hirtenbrief (M.)
pastos (M.Pl.) comunes Allmende (F.)
patentar patentieren
patente (F.) Patent (N.)
patente (F.) comunitaria Gemeinschaftspatent (N.)
patente (F.) europea Europäisches Patent (N.)
patente (F.) industrial Gewerbeschein (M.)
paternal elterlich
paternidad (F.) Vaterschaft (F.)
paterno väterlich
patíbulo (M.) Galgen (M.), Schafott (N.)
patio (M.) Hof (M.)
patria (F.) Heimat (F.), Vaterland (N.)
patria (F.) chica Heimat (F.)
patria potestad (F.) elterliche Gewalt (F.), elterliche Sorge (F.)
patrimonio (M.) Besitz (M.), Domäne (F.), Habe (F.), Patrimonium (N.), Vermögen (N.)
patrimonio (M.) administrativo Verwaltungsvermögen (N.)
patrimonio (M.) común Gesamtgut (N.)
patrimonio (M.) cultural Kulturgut (N.)
patrimonio (M.) especial Sondervermögen (N.)
patrimonio (M.) financiero Finanzvermögen (N.)
patrimonio (M.) neto Reinvermögen (N.)
patrimonio (M.) pasivo Passivvermögen (N.)
patrimonio (M.) reservado Vorbehaltsgut (N.)
patrimonio (M.) social Gesellschaftsvermögen (N.)
patrocinado (M.) Mandant (M.)
patrocinador (M.) Schirmherr (M.), Sponsor (M.) (engl.)
patrocinio (M.) Patronat (N.), Protektorat (N.), Verteidigung (F.)
patrón (M.) Arbeitgeber (M.), Dienstherr (M.), Kapitän (M.), Patron (M.)
patronato (M.) Patronat (N.)
patronato (M.) de menores Jugendamt (N.)
patronazgo (M.) Patronat (N.)
patrono (M.) Meister (M.), Patron (M.)
patrulla (F.) Streife (F.)
pauperismo (M.) Pauperismus (M.)
pausa (F.) Pause (F.)
pavaro (M.) Vogel (M.)
paz (F.) Friede (M.)
paz (F.) del hogar Hausfriede (M.)
paz (F.) doméstica Hausfriede (M.)
paz (F.) jurídica Rechtsfriede (M.)
paz (F.) territorial Landfriede (M.)
peaje (M.) Maut (F.)
peaton (M.) Fußgänger (M.)
pecado (M.) Sünde (F.)
peculado (M.) Unterschlagung (F.) öffentlicher Gelder
peculiar besondere
peculiaridad (F.) Besonderheit (F.)
peculio (M.) Sondergut (N.)
PED (M.) (procesamiento electrónico de datos) EDV (F.) (elektronische Datenverarbeitung)
pedido (M.) Gesuch (N.), Order (F.)
pedimento (M.) Eingabe (F.)
pedimento (M.) de la demanda Klageantrag (M.)
pedir anfordern, beantragen, begehren, bestellen, bitten, fordern
pedir de antemano vorbestellen
pedir informes anfragen
pedir limosna betteln
pegar prügeln
pelea (F.) Schlägerei (F.)
pelear raufen
peligrado (Adj.) gefährdet
peligro (M.) Gefahr (F.), Gefährdung (F.)
peligro (M.) actual gegenwärtige Gefahr (F.)
peligro (M.) común gemeine Gefahr (F.)
peligro (M.) de fuga Fluchtgefahr (F.)
peligro (M.) de muerte Lebensgefahr (F.)
peligro (M.) de repetición Wiederholungsgefahr (F.)

peligro (M.) de vida Lebensgefahr (F.)
peligro (M.) en la demora Gefahr (F.) im Verzug
peligro (M.) para la salud Gesundheitsgefährdung (F.)
peligro (M.) putativo Putativgefahr (F.)
peligrosidad (F.) común Gemeingefährlichkeit (F.)
peligrosidad (F.) social Sozialschädlichkeit (F.)
peligroso gefährlich
peligroso para la comunidad gemeingefährlich
peligroso para la juventud jugendgefährdend
peligroso social sozialschädlich
peluca (F.) Perücke (F.)
pena (F.) Bestrafung (F.), Strafe (F.)
pena (F.) accesoria Nebenstrafe (F.)
pena (F.) administrativa Bußgeld (N.)
pena (F.) aflictiva Leibesstrafe (F.)
pena (F.) anterior Vorstrafe (F.)
pena (F.) capital Todesstrafe (F.)
pena (F.) carcelaria Gefängnisstrafe (F.), Haftstrafe (F.)
pena (F.) coactiva Beugestrafe (F.)
pena (F.) complementaria Nebenstrafe (F.)
pena (F.) contra el cuerpo Leibesstrafe (F.)
pena (F.) contra el honor Ehrenstrafe (F.)
pena (F.) contra la libertad Freiheitsstrafe (F.)
pena (F.) contractual Konventionalstrafe (F.), Vertragsstrafe (F.)
pena (F.) convencional Konventionalstrafe (F.), Vertragsstrafe (F.)
pena (F.) corporal Leibesstrafe (F.), Prügelstrafe (F.)
pena (F.) de azotes Prügelstrafe (F.)
pena (F.) de muerte Todesstrafe (F.)
pena (F.) de prisión de menores Jugendstrafe (F.)
pena (F.) de sospecha Verdachtsstrafe (F.)
pena (F.) detentiva Gefängnisstrafe (F.), Haftstrafe (F.)
pena (F.) educativa Erziehungsstrafe (F.)
pena (F.) global Gesamtstrafe (F.)
pena (F.) indiciaria Verdachtsstrafe (F.)
pena (F.) infamante Ehrenstrafe (F.)
pena (F.) juvenil Jugendstrafe (F.)
pena (F.) mínima Mindeststrafe (F.)
pena (F.) normal Regelstrafe (F.)
pena (F.) patrimonial Vermögensstrafe (F.)
pena (F.) pecuniaria Geldstrafe (F.)
pena (F.) principal Hauptstrafe (F.)
pena (F.) privativa Einheitsstrafe (F.)
pena (F.) privativa de libertad Freiheitsstrafe (F.)
pena (F.) privativa de libertad unificada Einheitsstrafe (F.)
pena (F.) reglamentaria Ordnungsstrafe (F.)
pena (F.) total Gesamtstrafe (F.)
pena (F.) unitaria Einheitsstrafe (F.), Einheitsstrafe (F.)
penable strafbar
penal (Adj.) strafrechtlich
penal (M.) Strafanstalt (F.), Strafvollzugsanstalt (F.)
penalidad (F.) Geldstrafe (F.), Strafbarkeit (F.)
penalización (F.) Bestrafung (F.)
penar bestrafen, strafen
pendencia (F.) Anhängigkeit (F.), Raufhandel (M.)
pendiente anhängig, ausstehend, rechtshängig, schwebend, schwebend unwirksam
pendiente ineficaz schwebend unwirksam
penetración Durchgriff (M.)
penetrar eindringen
penitencia (F.) Buße (F.)
penitenciaría (F.) Gefängnis (N.), Gefängnisstrafe (F.), Haftstrafe (F.), Strafanstalt (F.), Strafvollzugsanstalt (F.), Zuchthaus (N.)
pensamiento (M.) Gedanke (M.)
pensar beabsichtigen
pensión (F.) Rente (F.), Rentenanspruch (M.)
pensión (F.) básica Grundrente (F.)
pensión (F.) compensatoria Versorgungsausgleich (M.)
pensión (F.) de accidente Unfallrente (F.)
pensión (F.) de arrendamiento Pachtzins (M.)
pensión (F.) de jubilación Betriebsrente (F.)
pensión (F.) de orfandad Waisenrente (F.)
pensión (F.) de retiro Ruhegehalt (N.)
pensión (F.) de vejez Altersrente (F.), Altersruhegeld (N.)
pensión (F.) de vida única Leibrente (F.)
pensión (F.) de viudedad Witwenrente (F.)
pensión (F.) dinámica dynamische Rente (F.)
pensionar pensionieren
pensión-base (F.) Grundrente (F.)
pensionista (M.) Rentner (M.)

peón (M.) Tagelöhner (M.)
peonada (F.) Rotte (F.), Tagelohn (M.)
peonaje (M.) Rotte (F.)
pequeño gering
percambiar tauschen
percepción (F.) Bezug (M.), Einnahme (F.), Wahrnehmung (F.)
perceptor (M.) Empfänger (M.)
percibir beziehen, erheben
perder unterliegen, verlieren, verwirken
perder por prescripción versitzen
perderse abhanden kommen
pérdida (F.) Aberkennung (F.), Abhandenkommen (N.), Einbuße (F.), Verlust (M.), Versäumnis (N.), Verwirkung (F.)
perdida (F.) de derechos Rechtsverlust (M.)
pérdida (F.) de ganancias Verdienstausfall (M.)
pérdida (F.) de valor Wertverfall (M.)
pérdida (F.) transferible para amortización Verlustzuweisung (F.)
perdón (M.) Begnadigung (F.), Verzeihung (F.)
perdón (M.) judicial Strafaussetzung (F.)
perdonar begnadigen, erlassen, verzeihen
perdurabilidad (F.) Dauer (F.)
perentorio peremptorisch
perfección (F.) Vollendung (F.)
perfeccionamiento (M.) Verbesserung (F.)
perfeccionamiento (M.) jurídico Rechtsfindung (F.)
perfeccionar fortbilden, verbessern, vollenden
perfecto abgeschlossen, wirksam
perfidia (F.) Rank (M.), Treubruch (M.)
pericia (F.) Expertise (F.), Gutachten (N.)
pericial sachverständig
perico (M.) Kokain (N.)
perímetro (M.) Fläche (F.)
periódico (Adj.) periodisch
periódico (M.) Zeitung (F.)
período (M.) Laufzeit (F.), Periode (F.), Zeit (F.)
período (M.) adicional Nachfrist (F.)
período (M.) carencial Karenzzeit (F.)
período (M.) de concepción Empfängniszeit (F.)
período (M.) de interrupción temporal Ausfallzeit (F.)
período (M.) de práctica Vorbereitungsdienst (M.)
período (M.) de servicios Amtszeit (F.)
período (M.) de sesiones Sitzungsperiode (F.)
período (M.) de veda Schonzeit (F.)
período (M.) electoral Wahlperiode (F.)
período (M.) legislativo Legislaturperiode (F.)
período (M.) sustitutivo Ersatzzeit (F.)
perista (M.) Hehler (M.)
peritación (F.) Expertise (F.)
peritaje (F.) Gutachten (N.)
perito (M.) Gutachter (M.), Sachverständiger (M.)
perjudicar schaden, schädigen
perjudicial nachteilig, schädlich
perjuicio (M.) Beeinträchtigung (F.), Nachteil (M.), Schaden (M.)
perjuicio (M.) de derecho de crédito Forderungsverletzung (F.)
perjuicio (M.) jurídico Rechtsnachteil (M.)
perjuicio (M.) patrimonial Vermögensschaden (N.)
perjuicio (M.) por incumplimiento Nichterfüllungsschaden (M.)
perjuicio (M.) positivo de derecho de crédito positive Forderungsverletzung (F.)
perjurio (M.) Meineid (M.)
perjuro (Adj.) meineidig
permanecer bleiben
permanencia (F.) Aufenthalt (M.)
permanente dauernd, ständig
permisible zulässig
permisión (F.) Erlaubnis (F.)
permiso (M.) Befugnis (F.), Beurlaubung (F.), Bewilligung (F.), Erlaubnis (F.), Genehmigung (F.), Lizenz (F.), Toleranz (F.), Zulassung (F.)
permiso (M.) de circulación Kraftfahrzeugschein (M.)
permiso (M.) de conducir Fahrerlaubnis (F.)
permiso (M.) de construcción Bauschein (M.)
permiso (M.) de matrimonio Heiratserlaubnis (F.)
permiso (M.) de paternidad Vaterschaftsurlaub (M.)
permiso (M.) de residencia Aufenthaltserlaubnis (F.), Aufenthaltsgenehmigung (F.)
permiso (M.) de trabajo Arbeitsbewilligung (F.)
permiso (M.) de tráfico del suelo Bodenverkehrsgenehmigung (F.)

permiso (M.) eventual Hafturlaub (M.)
permiso (M.) penitenciario Freigang (M.)
permitir erlauben, genehmigen, gestatten, zulassen
perpetrar begehen
perpetuo lebenslänglich
perra (F.) Hündin (F.)
perro Hund (M.)
persecución (F.) Nacheile (F.), Verfolgung (F.)
persecución (F.) penal Strafverfolgung (F.)
perseguir nachstellen, verfolgen
persona (F.) Person (F.), Persönlichkeit (F.)
persona (F.) bajo curatela Pflegling (M.)
persona (F.) de derecho juristische Person (F.)
persona (F.) desarraigada heimatloser Ausländer (M.)
persona (F.) en busca de asilo Asylant (M.)
persona (F.) incorporal juristische Person (F.)
persona (F.) independiente Selbständiger (M.)
persona (F.) ingrata (lat.) persona (F.) ingrata (lat.) (unerwünschte Person)
persona (F.) jurídica juristische Person (F.)
persona (F.) jurídica internacional Völkerrechtssubjekt (N.)
persona (F.) natural natürliche Person (F.)
persona (F.) no titular Nichtberechtigter (M.)
persona (F.) non grata (lat.) persona (F.) non grata (lat.) (nicht erwünschte Person)
personal (Adj.) einzeln, persönlich
personal (M.) Belegschaft (F.), Personal (N.)
personalidad (F.) Personalität (F.), Persönlichkeit (F.)
personalidad (F.) jurídica Rechtsfähigkeit (F.), Rechtspersönlichkeit (F.)
personalísimo höchstpersönlich
personamiento (M.) persönliches Erscheinen (N.)
personar(se) einlassen (sich)
personero (M.) Rechtsvertreter (M.)
pertenecer angehören, gehören
pertenecidos (M.Pl.) Zubehör (N.)
pertenencias (F.Pl.) Zubehör (N.)
pertinencia (F.) Zulässigkeit (F.)
pertinente einschlägig, zulässig, zuständig
perturbación (F.) Störung (F.), Zerrüttung (F.)
perturbación (F.) de conciencia Bewusstseinsstörung (F.)
perturbación (F.) de la circulación Verkehrsgefährdung (F.)
perturbación (F.) del dominio Eigentumsstörung (F.)
perturbación (F.) del orden público Landfriedensbruch (M.)
perturbación (F.) posesoria Besitzstörung (F.)
perturbador (M.) Aufrührer (M.), Störer (M.)
perturbar beeinträchtigen, stören, zerrütten
perversión (F.) de menores Verführung (F.)
perversión (M.) Perversion (F.)
perverso (Adj.) pervers, schlecht
pesado (Adj.) schwer
pesar (M.) Schmerz (M.), seelischer Schmerz (M.)
pesca (F.) Fischerei (F.)
pesca (F.) en vedado Fischwilderei (F.)
pescador (M.) Fischer (M.)
pescar fischen
peso (M.) Gewicht (N.), Last (F.)
peso (M.) de la ley kraft Gesetzes
peso (M.) de la prueba Beweislast (F.)
peso de la ley ex lege (lat.) (auf Grund Gesetzes)
pesquería (F.) Fischerei (F.)
pesquisa (F.) Ermittlung (F.), Fahndung (F.)
pesquisar ermitteln, fahnden
petardismo (M.) Zechprellerei (F.)
petición (F.) Anforderung (F.), Antrag (M.), Begehren (N.), Bitte (F.), Eingabe (F.), Ersuchen (N.), Forderung (F.), Gesuch (N.), Haushaltsvorlage (F.), Klageantrag (M.), Petition (F.)
petición (F.) alternativa Hilfsantrag (M.)
petición (F.) de anulación Nichtigkeitsbeschwerde (F.)
petición (F.) de cooperación) judicial Rechtshilfeersuchen (N.)
petición (F.) de herencia Erbschaftsklage (F.)
petición (F.) de informes Anfrage (F.)
petición (F.) de insolvencia Insolvenzantrag (M.)
petición (F.) de recibimiento a prueba Beweisantrag (M.)
petición (F.) del demandante Klagebegehren (N.)
petición (F.) principal Hauptantrag (M.)
petitorio petitorisch
petróleo (M.) Mineralöl (N.)
picadura (F.) Stich (M.)
picar stechen

picota (F.) Pranger (M.)
pie (M.) Fuß (M.)
pie (M.) de imprenta Impressum (N.)
pieza (F.) Akte (F.), Geldstück (N.), Münze (F.), Stück (N.), Zimmer (N.)
pieza (F.) de convicción Beweisgegenstand (M.), Beweisstück (N.)
pignoración (F.) Verpfändung (F.)
pignorador (M.) Pfandschuldner (M.)
pignorante (M.) Verpfänder (M.)
pignorar beleihen, lombardieren, verpfänden
pintar streichen
pirata (M.) Pirat (M.), Seeräuber (M.)
piratería (F.) Piraterie (F.)
piratería (F.) informatica Computerpiraterie (F.)
pirómano (M.) Brandstifter (M.)
piso (M.) Stock (M.), Stockwerk (N.), Wohnung (F.)
piso (M.) de alquiler Mietwohnung (F.)
piso (M.) en propiedad Eigentumswohnung (F.)
pista (F.) Spur (F.)
pistola (F.) Pistole (F.)
placa (F.) Nummernschild (N.)
placa (F.) conmemorativa Plakette (F.)
placa (F.) de matrícula Kraftfahrzeugkennzeichen (N.)
plagiar abschreiben, plagiieren
plagiario (M.) Plagiator (M.)
plagio (M.) Plagiat (N.)
plan (M.) Entwurf (M.), Plan (M.)
plan (M.) de construcción Bauplan (M.)
plan (M.) de contabilidad pública Haushaltsplan (M.)
plan (M.) de distribución Geschäftsverteilungsplan (M.)
plan (M.) de ordenación Flächennutzungsplan (M.)
plan (M.) de ordenación del territorio Raumordnungsplan (M.)
plan (M.) de reestructuración Sozialplan (M.)
plan (M.) de sueldos Besoldungsordnung (F.)
plan (M.) de urbanización Bebauungsplan (M.)
plan (M.) de vialidad Straßenbauplan (M.)
plan (M.) general de ordenación urbana Bauleitplan (M.)
plan (M.) general de urbanización Bauleitplan (M.), Flächennutzungsplan (M.)
plan (M.) presupuestario Budget (N.)
plan (M.) social Sozialplan (M.)
planeamiento (M.) Planung (F.)
planear planen
planeología (F.) Raumplanung (F.)
planificación (F.) Planung (F.)
planificación (F.) del espacio Raumordnung (F.)
planificación (F.) financiera Finanzplanung (F.)
planificación (F.) general de ordenación urbana Bauleitplanung (F.)
planificación (F.) territorial Landesplanung (F.), Raumplanung (F.)
planificación (F.) urbana Stadtplanung (F.)
planificar planen
planilla (F.) Liste (F.), Tabelle (F.)
plano (M.) Plan (M.)
planta (F.) Bauplan (M.), Pflanze (F.), Plan (M.)
plantilla (F.) Belegschaft (F.)
plataforma (F.) cívica Bürgerinitiative (F.)
plausible plausibel
playa (F.) Strand (M.)
plaza (F.) Platz (M.), Stelle (F.)
plaza (F.) de número Planstelle (F.)
plazo (M.) Frist (F.), Laufzeit (F.), Rate (F.), Termin (M.)
plazo (M.) de amortización Tilgungsrate (F.)
plazo (M.) de caducidad Ausschlussfrist (F.)
plazo (M.) de comparecencia Einlassungsfrist (F.)
plazo (M.) de contestación Einlassungsfrist (F.)
plazo (M.) de denuncia Kündigungsfrist (F.)
plazo (M.) de entrega Lieferzeit (F.)
plazo (M.) de espera Karenzzeit (F.)
plazo (M.) de garantía Garantiefrist (F.)
plazo (M.) de gracia Gnadenfrist (F.), Nachfrist (F.)
plazo (M.) de interposición de la demanda Klagefrist (F.)
plazo (M.) de recurso Rechtsmittelfrist (F.)
plazo (M.) de vencimiento Fälligkeitstermin (M.)
plazo (M.) fatal Notfrist (F.)
plazo (M.) preclusivo Ausschlussfrist (F.)
plazo (M.) precriptivo Verjährungsfrist (F.)
plazo (M.) señalado Stichtag (M.)
plebiscitario plebiszitär
plebiscito (M.) Plebiszit (N.), Volksabstimmung (F.), Volksentscheid (M.)

pleitear prozessieren, streiten
pleitista (M.) Querulant (M.)
pleito (M.) Rechtsstreit (M.), Streit (M.)
pleito (M.) ex parte Parteiprozess (M.)
plena competencia (F.) Allzuständigkeit (F.)
plenario (M.) Hauptverfahren (N.), Hauptverhandlung (F.)
pleno (Adj.) voll
pleno (M.) Plenum (N.), Vollversammlung (F.)
pleno (M.) municipal Gemeinderat (M.)
pliego (M.) de instrucciones Bedienungsanleitung (F.)
pluralidad (F.) de acción Handlungsmehrheit (F.)
pluralidad (F.) de actos Tatmehrheit (F.)
pluralidad (F.) de personas Personenvereinigung (F.)
pluralidad (F.) de votos Stimmenmehrheit (F.)
pluralidad (F.) relativa relative Mehrheit (F.)
pluralismo (M.) Pluralismus (M.)
pluriestatal (M.) Mehrstaater (M.)
plurinacional (M.) Mehrstaater (M.)
plus (M.) Zulage (F.)
plusvalía (F.) Goodwill (M.), Mehrwert (M.)
plusvalor (M.) Mehrwert (M.)
población (F.) Stadt (F.)
población (F.) nacional Staatsvolk (N.)
pobre arm, dürftig
poca formalidad (F.) Unzuverlässigkeit (F.)
poder (M.) Gewahrsam (M.), Gewalt (F.), Herrschaft (F.), Hoheitsträger (M.), Macht (F.), Sachherrschaft (F.), Vollmacht (F.), Vollmachtsurkunde (F.)
poder (M.) aparente Scheinvollmacht (F.)
poder (M.) colectivo Gesamtprokura (F.)
poder (M.) correccional Züchtigungsrecht (N.)
poder (M.) de apariencia Anscheinsvollmacht (F.)
poder (M.) de disposición Verfügungsbefugnis (F.)
poder (M.) de llaves Schlüsselgewalt (F.)
poder (M.) de refrendo Volksbegehren (N.)
poder (M.) de representación Vertretungsmacht (F.)
poder (M.) de tolerancia Duldungsvollmacht (F.)
poder (M.) directivo Direktionsrecht (N.), Weisungsrecht (N.)
poder (M.) ejecutivo Exekutive (F.)
poder (M.) en blanco Blankovollmacht (F.)
poder (M.) especial Einzelvollmacht (F.), Spezialhandlungsvollmacht (F.)
poder (M.) estatal Staatsgewalt (F.)
poder (M.) externo Außenvollmacht (F.)
poder (M.) general Generalvollmacht (F.), Prokura (F.)
poder (M.) habiente Gewalthaber (M.)
poder (M.) imperial Reichsgewalt (F.)
poder (M.) interno Innenvollmacht (F.)
poder (M.) jerárquico Dienstaufsicht (F.)
poder (M.) judicial Judikative (F.)
poder (M.) judicial federal Bundesgerichtsbarkeit (F.)
poder (M.) legislativo Legislative (F.)
poder (M.) mercantil Handlungsvollmacht (F.)
poder (M.) normativo gesetzgebende Gewalt (F.)
poder (M.) para contratar Abschlussvollmacht (F.)
poder (M.) paterno väterliche Gewalt (F.)
poder (M.) personal Einzelvollmacht (F.)
poder (M.) procesal Prozessvollmacht (F.)
poder (M.) público Obrigkeit (F.), öffentliche Hand (F.)
poder (M.) putativo Scheinvollmacht (F.)
poder (M.) testatorio Testierfähigkeit (F.)
poder (M.) tributario Steuerhoheit (F.)
poderes (M.Pl.) administrativos Hausrecht (N.)
poderes (M.Pl.) del Estado Staatsgewalt (F.)
poderes (M.Pl.) generales Generalklausel (F.)
poderhabiente (M.) Bevollmächtigter (M.)
poderío (M.) Machtstellung (F.)
policía (F.) Polizei (F.), Polizeiverwaltung (F.)
policía (F.) administrativa Ordnungsamt (N.)
policía (F.) criminal Kriminalpolizei (F.)
policía (F.) de estrados Sitzungspolizei (F.)
policía (F.) de guardia Bereitschaftspolizei (F.)
policía (F.) de la construcción Bauordnungsamt (N.), Bauordnungsbehörde (F.), Baupolizei (F.)
policía (F.) de las vistas Sitzungspolizei (F.)
policía (F.) de orden público Ordnungspolizei (F.)
policía (F.) del trabajo Gewerbepolizei (F.)
policía (F.) del tráfico Verkehrspolizei (F.)
policía (F.) federal Bundespolizei (F.)

Policía (F.) Federal de Fronteras Bundesgrenzschutz (M.)
policía (F.) fiscal Steuerfahndung (F.)
Policía (F.) Internacional de Investigación Criminal Internationale Kriminalpolizeiliche Organisation (F.) (INTERPOL)
policía (F.) móvil Bereitschaftspolizei (F.)
policía (F.) secreta Geheimpolizei (F.)
policía (F.) urbanística Bauordnungsbehörde (F.)
policía (M.) Polizist (M.)
policía (M.) urbano Schutzmann (M.)
policíaco polizeilich
policial polizeilich
poligamia (F.) Polygamie (F.)
poligamo polygam
polígono (M.) industrial Gewerbegebiet (N.)
polígrafo (M.) Lügendetektor (M.)
política (F.) Politik (F.)
política (F.) comunitaria del medio ambiente Gemeinschaftsumweltpolitik (F.)
política (F.) de apertura al Este Ostpolitik (F.)
política (F.) ecológica Umweltpolitik (F.)
política (F.) jurídica Rechtspolitik (F.)
política (F.) legislativa Rechtspolitik (F.)
política (F.) medioambiental Umweltpolitik (F.)
política (F.) oriental Ostpolitik (F.)
político (Adj.) politisch
político (M.) Politiker (M.)
politiquero politisch
póliza (F.) Gutschein (M.), Police (F.), Versicherungsurkunde (F.)
póliza (F.) de carga Konnossement (N.), Ladeschein (M.)
póliza (F.) de seguro Versicherungspolice (F.)
polizonaje (M.) Schwarzfahren (N.)
polizonte (M.) Spitzel (M.)
polución (F.) atmosférica Smog (M.)
ponderación (F.) de deberes Pflichtenabwägung (F.)
ponderación de intereses Interessenabwägung (F.)
ponencia (F.) Referat (N.)
ponente (M.) Berichterstatter (M.), Referent (M.) (Vortragender)
poner beifügen, einsetzen, stecken
poner a prueba beweisen
poner al cobro einziehen
poner en circulación in verkehrbringen
poner en la frontera abschieben
poner en peligro gefährden
poner en venta feilbieten
poner objeciones einwenden
poner por escrito niederschreiben
ponerse de acuerdo übereinkommen, vereinbaren
pontificado (M.) Pontifikat (N.)
popular (Adj.) Popular...
por ciento (M.) Prozent (N.)
por equivocación irrtümlich
por escrito schriftlich
por escrito propio handschriftlich
por falta de mangels
por la tácita stillschweigend
por licitación privada freihändig
por nada umsonst
porción (F.) Teil (M.)
porción (F.) legítima Pflichtteil (M.)
pornografía (F.) Pornographie (F.)
pornografico pornographisch
portador (M.) Inhaber (M.), Überbringer (M.)
portador (M.) de cédula hipotecaria Pfandbriefinhaber (M.)
portafichas (M.) Kartei (F.)
portar(se) verhalten (V.) (sich)
portavoz (M.) Sprecher (M.)
portavoz (M.) del gabinete Regierungssprecher (M.)
portavoz (M.) del gobierno Regierungssprecher (M.)
porte (M.) Porto (N.)
porte (M.) de correos Briefporto (N.)
porte (M.) suplementario Strafporto (M.)
porteador (M.) Frachtführer (M.), Verfrachter (M.)
porteador (M.) público Spediteur (M.)
portero (M.) Hausmeister (M.)
poseedor (M. bzw. F.) sin titulo eigenmächtiger Besitzer (M.)
poseedor (M.) Besitzer (M.)
poseedor (M.) alieno nomine Fremdbesitzer (M.)
poseedor (M.) con ánima de propietario Eigenbesitzer (M.)
poseedor (M.) de animales Tierhalter (M.)
poseedor (M.) de participación Anteilsbesitzer (M.)
poseedor (M.) derivado mittelbarer Besitzer (M.)
poseedor (M.) hereditario Erbschaftsbesitzer (M.)

poseer besitzen, innehaben
posesión (F.) Besitz (M.), Gewahrsam (M.)
posesión (F.) civil Eigenbesitz (M.)
posesión (F.) de derechos Rechtsbesitz (M.)
posesión (F.) de partes Teilbesitz (M.)
posesión (F.) directa unmittelbarer Besitz (M.)
posesión (F.) en común Mitbesitz (M.)
posesión (F.) en concepto de dueño Eigenbesitz (M.)
posesión (F.) imaginaria mittelbarer Besitz (M.)
posesión (F.) impropiamento dicha Fremdbesitz (M.)
posesión (F.) mediata mittelbarer Besitz (M.)
posesión (F.) natural Fremdbesitz (M.)
posesión (F.) parcial Teilbesitz (M.)
posesión (F.) real unmittelbarer Besitz (M.)
posesor (M.) Besitzer (M.)
posesorio besitzrechtlich, possessorisch
posibilidad (F.) Möglichkeit (F.)
posibilidad (F.) de cumplir Erfüllbarkeit (F.)
posible möglich
posible de cumplir erfüllbar
posición (F.) Stellung (F.)
posición (F.) común Standpunkt (M.)
posición (F.) de garante Garantenstellung (F.)
posición (F.) poderosa Machtstellung (F.)
posición Standpunkt (M.)
positivismo (M.) Positivismus (M.)
positivismo (M.) jurídico Rechtspositivismus (M.)
positivo positiv
postergación (F.) Strafversetzung (F.)
postilla (F.) Urkundennachtrag (M.)
postular postulieren
póstumo postum
postura (F.) en metálico Bargebot (N.)
postura (F.) mayor Höchstgebot (N.)
postura (F.) mínima geringstes Gebot (N.)
potencia (F.) Gewalt (F.), Macht (F.)
potencia (F.) ocupante Besatzungsmacht (F.)
potencial (Adj.) potentiell
potencial (M.) electoral Wählerpotential (N.)
potente potent
potestad (F.) Macht (F.)
potestad (F.) de llaves Schlüsselgewalt (F.)
potestad (F.) electoral Wahlberechtigung (F.)
potestad (F.) legislativa gesetzgebende Gewalt (F.)
potestativo fakultativ
práctica (F.) Gepflogenheit (F.), Praktik (F.), Praktikum (N.), Praxis (N.)
práctica (F.) de prueba Beweisaufnahme (F.)
práctica (F.) judicial Gerichtsgebrauch (M.), Rechtspflege (F.)
práctica (F.) jurídica Rechtspraxis (F.)
práctica (F.) profesional Berufsausübung (F.)
practicante (M.) Praktikant (M.), Volontär (M.)
practicar ausführen, ausüben, üben
practicar una tasación taxieren
preámbulo (M.) Präambel (F.), Vorspruch (M.)
preaviso (M.) Vorauskündigung (F.)
prebenda (F.) Pfründe (F.)
preboste (M.) Propst (M.)
precaución (F.) Acht (F.) (Vorsicht), Vorsicht (F.)
precaución (M.) Vorsichtsmaßnahme (F.)
precautoria (F.) einstweilige Anordnung (F.)
precautorio einstweilig
precedencia (F.) Präzedenz (F.), Vorrang (M.)
precedente (Adj.) vorrangig
precedente (M.) Präzedenzfall (M.)
preceptivo (Adj.) vorschriftsmäßig
precepto (M.) Anweisung (F.), Vorschrift (F.)
precepto (M.) facultativo Kannvorschrift (F.)
precepto (M.) fundamental Grundsatz (M.)
precepto (M.) jurídico Rechtssatz (M.)
precepto (M.) legal Rechtssatz (M.)
precepto (M.) potestativo Ermessensvorschrift (F.)
preceptuar vorschreiben
precintar plombieren
precinto (M.) Plombe (F.), Verschluss (M.)
precio (M.) Erlös (M.), Kaufpreis (M.), Preis (M.) (Kaufpreis)
precio (M.) de adquisición Einkaufspreis (M.)
precio (M.) de arrendamiento Pacht (F.), Pachtzins (M.)
precio (M.) de billete Fahrpreis (M.)
precio (M.) de compra Einkaufspreis (M.), Kaufpreis (M.)
precio (M.) de compraventa Kaufpreis (M.)
precio (M.) de mercado Marktpreis (M.)
precio (M.) de salvación Bergelohn (M.)
precio (M.) del alquiler tasado Mietpreisbindung (F.)
precio (M.) en el mercado Marktpreis (M.)

precio (M.) fijo Festpreis (M.)
precio (M.) justo gerechter Preis (M.)
precio (M.) legal Höchstpreis (M.)
precio (M.) máximo Höchstpreis (M.)
precio (M.) nominal Nennwert (M.)
precio (M.) recomendado Preisempfehlung (F.)
precio (M.) registrado Notierung (F.)
precio-base (M.) geringstes Gebot (N.)
precio-lista (M.) Listenpreis (M.)
preciosidad (F.) Kostbarkeit (F.)
precioso kostbar
precisión (F.) Bestimmtheit (F.)
preclusión (F.) Präklusion (F.)
preclusion (F.) Verfristung (F.)
precondicción (F.) Vorbedingung (F.)
precontractual vorvertraglich
predecesor (M.) Vorgänger (M.)
predicción (F.) Prognose (F.)
predio (M.) Grundstück (N.)
predio (M.) dominante herrschendes Grundstück (N.)
predio (M.) sirviente dienendes Grundstück (N.)
predisposión (F.) Vorausverfügung (F.)
preelección (F.) Vorwahl (F.)
preembargo (M.) Vorpfändung (F.)
prefecto (M.) Präfekt (M.)
preferencia (F.) Priorität (F.), Privileg (N.), Vorfahrt (F.), Vorrang (M.), Vorzug (M.)
preferencia (F.) de ley Gesetzesvorbehalt (M.)
preferente vorrangig
pregunta (F.) Anfrage (F.), Frage (F.)
pregunta (F.) sobre la realidad Tatsachenfrage (F.)
preguntar fragen
preheredero (M.) Vorerbe (M.)
prejubilación (F.) Vorruhestand (M.)
prejudicio (M.) Präjudiz (N.)
prejuicio (M.) Präjudiz (N.), Vorurteil (N.)
prelado (M.) Prälat (M.)
prelegado (M.) Prälegat (N.), Vorausvermächtnis (N.)
preliminar vorläufig
prematuro vorzeitig
premeditación (F.) Planung (F.), Vorbedacht (M.), Vorsatz (M.)
premeditado vorsätzlich
premeditar planen
premiar ausspielen, belohnen, verleihen
premio (M.) Aufgeld (N.), Belohnung (F.), Prämie (F.), Preis (M.) (Kaufpreis)
premio (M.) de consolación Auslobung (F.)
premio (M.) de natalidad Mutterschaftsgeld (N.)
premio (M.) de seguro Versicherungsprämie (F.)
premisa (F.) Voraussetzung (F.)
prenda (F.) Pfand (N.)
prenda (F.) constituida bajo garantía de embargo Pfändungspfandrecht (N.)
prenda (F.) de caducidad Verfallspfand (N.)
prenda (F.) de disfrute Nutzungspfand (N.)
prenda (F.) de empresa Unternehmerpfandrecht (N.)
prenda (F.) inmobiliaria Grundpfand (N.)
prenda (F.) manual Faustpfand (N.)
prenda (F.) mobiliaria Faustpfand (N.)
prendación (F.) Pfändung (F.)
prendamiento (M.) Verpfändung (F.)
prendar beleihen, pfänden
prender fangen, verhaften
prendero (M.) Pfandleiher (M.)
prendimiento (M.) Verhaftung (F.)
prenombre (M.) Vorname (M.)
prenotación (F.) registral de cancelación Auflassungsvormerkung (F.)
prenotar vormerken
prensa (F.) Presse (F.)
preocupación (F.) Sorge (F.), Vorurteil (N.)
preocupar(se) sorgen
preparación (F.) Vorbereitung (F.)
preparar rüsten, vorbereiten, vorsorgen
prepósito (M.) Prior (M.), Propst (M.)
preprovidencia (F.) Vorausverfügung (F.)
prerrogativa (F.) Prärogative (F.), Vorrecht (N.)
presa (F.) Prise (F.)
prescindir absehen
prescribir bestimmen, ersitzen, verjähren, vorschreiben
prescripción (F.) Verjährung (F.), Versitzung (F.), Vorschrift (F.)
prescripción (F.) adquisitiva Ersitzung (F.)
prescripción (F.) de la persecución penal Verfolgungsverjährung (F.)
prescripción (F.) no imperativa Sollvorschrift (F.)
prescrito (M.) Vorschrift (F.)
presencia (F.) Anwesenheit (F.), Gegenwart (F.)

presentación (F.) Aufstellung (F.), Beibringung (F.), Einbringung (F.), Erhebung (F.), Vorlegung (F.)
presentación (F.) de causas de la demanda durante el proceso Nachschieben (N.) von Gründen
presentación (F.) de la demanda Klageerhebung (F.)
presentación (F.) obligatoria Meldepflicht (F.)
presentador (M.) Überbringer (M.)
presentar aufstellen, einbringen, einreichen, erstatten, überbringen, vorlegen
presentar candidato kandidieren
presentar de nuevo wiedervorlegen
presentarse erscheinen
presente (Adj.) anwesend, gegenwärtig
presente (F.) Anwesende (F.)
presente (M.) Anwesender (M.), Gegenwart (F.), Überbringer (M.)
presidencia (F.) Präsidialamt (N.), Präsidium (N.), Vorsitz (M.)
presidencia (F.) del gobierno Bundeskanzleramt (N.), Kanzleramt (N.)
presidencialismo (M.) Präsidialverfassung (F.)
presidente (M. bzw. F.) vorsitzender Richter (M.)
presidente (M. bzw. F.) de la sala vorsitzender Richter (M.)
presidente (M. bzw. F.) del consejo Ratsvorsitzender (M.)
presidente (M.) Obmann (M.), Präsident (M.), Vorsitzender (M.)
presidente (M.) de edad Alterspräsident (M.)
presidente (M.) de la comunidad autónoma Landeshauptmann (M.)
presidente (M.) de la mesa electoral Wahlleiter (M.)
presidente (M.) de ministros Ministerpräsident (M.)
presidente (M.) del consejo Vorstandsvorsitzender (M.)
presidente (M.) del Estado Staatspräsident (M.)
presidente (M.) del gobierno Kanzler (M.), Ministerpräsident (M.), Regierungspräsident (M.)
presidente (M.) federal Bundespräsident (M.)
presidente vorsitzend
presidente de la sala vorsitzender Richter (M.)
presidiario (M.) Strafgefangener (M.)
presión (F.) Druck (M.)
preso (Adj.) gefangen
preso (M.) Strafgefangener (M.), Sträfling (M.)
preso (M.) preventivo Untersuchungsgefangener (M.)
presociedad (F.) Vorgesellschaft (F.)
prestación (F.) Dienstleistung (F.), Leistung (F.)
prestación (F.) anticipada Vorleistung (F.)
prestación (F.) asistencial Sozialleistung (F.)
prestación (F.) de enfermedad Krankengeld (N.)
prestación (F.) de socorro Hilfeleistung (F.)
prestación (F.) deficiente Schlechtleistung (F.)
prestación (F.) divisible teilbare Leistung (F.)
prestación (F.) parcial Teilleistung (F.)
prestación (F.) reglamentaria Regelleistung (F.)
prestación (F.) retributiva Entgelt (N.)
prestación (F.) social Sozialleistung (F.)
prestación (F.) usuraria Leistungswucher (M.)
prestaciones (F.Pl.) por desempleo Arbeitslosengeld (N.)
prestador (M.) sobre prenda Pfandgläubiger (M.)
prestamista (M.) Darlehensgeber (M.), Kreditgeber (M.), Pfandleiher (M.)
préstamo (M.) Borg (M.), Darlehen (N.), Kredit (M.), Leihe (F.)
préstamo (M.) a riesgo marítimo Bodmerei (F.)
préstamo (M.) al consumidor Verbraucherdarlehen (N.)
préstamo (M.) bancario sobre valores Lombard (M.)
préstamo (M.) de ayuda Standby-Agreement (N.)
préstamo (M.) de consumo Verbraucherdarlehen (N.)
préstamo (M.) diario Tagesgeld (N.)
préstamo (M.) hipotecario Hypothekendarlehen (N.)
préstamo (M.) participativo Beteiligungsdarlehen (N.)
préstamo (M.) personal Personalkredit (M.), Verbraucherdarlehen (N.)
préstamo (M.) pignoraticio Lombard (M.)

prestar ausleihen, darleihen, leihen, leisten, verleihen
prestar cobertura decken
prestarse eignen
prestatario (M.) Benutzer (M.), Darlehensnehmer (M.), Leistungspflichtiger (M.)
presumible mutmaßlich
presumir mutmaßen, vermuten
presuncial mutmaßlich
presunción (F.) Präsumption (F.), Vermutung (F.)
presunción (F.) de derecho gesetzliche Vermutung (F.), Rechtsvermutung (F.)
presunción (F.) de hecho Indiz (N.), Tatsachenvermutung (F.)
presunción (F.) de muerte Todesvermutung (F.)
presunción (F.) de propiedad Eigentumsvermutung (F.)
presunción (F.) legal gesetzliche Vermutung (F.), Rechtsvermutung (F.)
presunto (Adj.) fiktiv, mutmaßlich, vermutlich
presupuesto (F.) Voraussetzung (F.)
presupuesto (M.) Budget (N.), Etat (M.), Haushalt (M.), Haushaltsplan (M.), Voranschlag (M.)
presupuesto (M.) adicional Nachtragshaushalt (M.)
presupuesto (M.) de coste Kostenvoranschlag (M.)
presupuesto (M.) de ingresos y egresos Haushalt (M.)
presupuesto (M.) de la Casa Real Apanage (F.)
presupuesto (M.) federal Bundeshaushalt (M.)
presupuesto (M.) judicial Prozessvoraussetzung (F.)
presupuesto (M.) suplementario Nachtragshaushalt (M.)
pretender beanspruchen, bewerben, fordern
pretendiente (M.) Prätendent (M.)
pretensión (F.) Anspruch (M.), Forderung (F.)
pretensión (F.) de abstención Unterlassungsanspruch (M.)
pretensión (F.) de bonificación Vergütungsanspruch (M.)
pretensión (F.) de eliminación de consecuencias Folgenbeseitigungsanspruch (M.)
pretensión (F.) de enriquecimiento Bereicherungsanspruch (M.)
pretensión (F.) de entrega Herausgabeanspruch (M.)
pretensión (F.) de indemnización Schadensersatzanspruch (M.)
pretensión (F.) legal Rechtsanspruch (M.)
pretensión (F.) omisional Unterlassungsanspruch (M.)
preterintención (F.) Exzess (M.)
preterintencional erfolgsqualifiziert
preterir übergehen
pretium (N.) doloris (lat.) Schmerzensgeld
prevalencia (F.) de aplicación Anwendungsvorrang (M.)
prevaricación (F.) Amtspflichtverletzung (F.), Parteiverrat (M.), Prävarikation (F.)
prevaricación (F.) judicial Rechtsbeugung (F.)
prevaricato (M.) Parteiverrat (M.), Prävarikation (F.), Rechtsbeugung (F.)
prevención (F.) Prävention (F.), Verhütung (F.), Vorbeugung (F.), Warnung (F.)
prevención (F.) de accidentes Unfallverhütung (F.)
prevención (F.) especial Spezialprävention (F.)
prevención (F.) general Generalprävention (F.)
prevenido voreingenommen
prevenir verhüten, vermeiden, vorbeugen
preventivo präventiv, vorbeugend, vorläufig
prever vorhersehen
previo examen (M.) Vorprüfung (F.)
previsibilidad (F.) Voraussehbarkeit (F.), Vorhersehbarkeit (F.)
previsible voraussehbar, vorhersehbar
previsión (F.) Reserve (F.), Rücklage (F.), Vorsorge (F.)
previsión (F.) laboral Arbeitsschutz (M.)
previsión (F.) social Wohlfahrtspflege (F.)
prima (F.) Agio (N.), Aufgeld (N.), Prämie (F.)
prima (F.) de rescate Reugeld (N.)
prima (F.) de seguro Versicherungsprämie (F.)
primacía (F.) Primat (M.), Vorrang (M.)
primacía (F.) de la ley Vorrang (M.) des Gesetzes
primado (M.) Vorrang (M.)
primario (Adj.) primär
prime rate (M.) Prime Rate (N.) (engl.)

primer canciller (M.) Bundeskanzler (M.)
primer escrito (M.) Klageschrift (F.)
primer ministro (M.) Ministerpräsident (M.), Premierminister (M.)
primero vorab
primo (M.) Cousin (M.), Vetter (M.)
primogenitura (F.) Primogenitur (F.)
primordial grundlegend
principado (M.) Fürstentum (N.)
principal (Adj.) Haupt..., hauptsächlich
principal (M.) Kapital (N.), Prinzipal (M.)
principalidad (F.) Fürstentum (N.)
príncipe (M.) Fürst (M.), Prinz (M.)
principesa (F.) Fürstin (F.), Prinzessin (F.)
principio (M.) Anfang (M.), Grundsatz (M.), Prinzip (N.)
principio (M.) constitucional Verfassungsgrundsatz (M.), Verfassungsprinzip (N.)
principio (M.) de absorción Absorptionsprinzip (N.)
principio (M.) de abstracción Abstraktionsprinzip (N.)
principio (M.) de acumulación Kumulationsprinzip (N.)
principio (M.) de acumulación eventual Eventualmaxime (F.)
principio (M.) de asperación Asperationsprinzip (N.)
principio (M.) de certeza Bestimmtheitsgrundsatz (M.)
principio (M.) de confianza Vertrauensgrundsatz (M.)
principio (M.) de consenso Absprache (F.) (Absprache zwischen Angeklagtem und Staatsanwalt)
principio (M.) de controversia Beibringungsgrundsatz (M.)
principio (M.) de culpa Verschuldensprinzip (N.)
principio (M.) de culpabilidad Verschuldensprinzip (N.)
principio (M.) de derecho Rechtsgrundsatz (M.)
principio (M.) de effet util effet (M.) util (franz.)
principio (M.) de ejecución Anfang (M.) der Ausführung
principio (M.) de equivalencia Äquivalenzprinzip (N.)
principio (M.) de Estado de derecho Rechtsstaatsprinzip (N.)
principio (M.) de Estado federal Bundesstaatlichkeit (F.)
principio (M.) de favor Günstigkeitsprinzip (N.)
principio (M.) de favorecimiento Günstigkeitsprinzip (N.)
principio (M.) de igualdad Gleichheitsgrundsatz (M.)
principio (M.) de inmediación Eventualmaxime (F.)
principio (M.) de irretroactividad Rückwirkungsverbot (N.)
principio (M.) de justicia rogada Dispositionsmaxime (F.)
principio (M.) de la clasificación económica Haushaltsgrundsatz (M.)
principio (M.) de la constitución Verfassungsgrundsatz (M.)
principio (M.) de la igualdad de trato Gleichbehandlungsgrundsatz (M.)
principio (M.) de la legalidad Legalitätsprinzip (N.)
principio (M.) de la oralidad Mündlichkeitsgrundsatz (M.)
principio (M.) de no discriminación Diskriminierungsverbot (N.)
principio (M.) de oficialidad Offizialmaxime (F.)
principio (M.) de oportunidad Opportunitätsprinzip (N.)
principio (M.) de personalidad Personalitätsprinzip (N.)
principio (M.) de perturbación Zerrüttungsprinzip (N.)
principio (M.) de precisión Bestimmtheitserfordernis (F.)
principio (M.) de prioridad Prioritätsprinzip (N.)
principio (M.) de procedimiento Verfahrensgrundsatz (M.)
principio (M.) de publicidad Publizitätsprinzip (N.)
principio (M.) de territorialidad Territorialitätsprinzip (N.)
principio (M.) de trato igual Gleichbehandlungsgrundsatz (M.)
principio (M.) dispositivo Dispositionsmaxime (F.)
principio (M.) general del derecho allgemeiner Rechtsgrundsatz (M.)
principio (M.) inquisitivo Inquisitions-

maxime (F.)
principio (M.) jurídico Rechtsgrundsatz (M.), Rechtsprinzip (N.)
principio (M.) oficial Offizialmaxime (F.)
principio (M.) personal Personalitätsprinzip (N.)
principio (M.) social del Estado Sozialstaatsprinzip (N.)
principio (M.) territorial Territorialitätsprinzip (N.)
prior (M.) Prior (M.)
prioridad (F.) Dringlichkeit (F.), Priorität (F.), Vorfahrt (F.), Vorzug (M.)
prioritario vorrangig
prisa (F.) Eile (F.), Prise (F.)
prisión (F.) Gefangenschaft (F.), Gefängnis (N.), Haft (F.)
prisión (F.) de guerra Kriegsgefangenschaft (F.)
prisión (F.) incomunicada Einzelhaft (F.)
prisión (F.) por deudas Schuldhaft (F.)
prisión (F.) preventiva Untersuchungshaft (F.), Vorbeugehaft (F.)
prisión (F.) preventiva extradicional Auslieferungshaft (F.)
prisión (F.) subsidiaria Ersatzfreiheitsstrafe (F.)
prisionera (F.) Gefangene (F.)
prisionero (M.) Gefangener (M.)
prisionero (M.) de guerra Kriegsgefangener (M.)
privación (F.) Aberkennung (F.), Besitzentziehung (F.), Entfernung (F.), Entziehung (F.), Entzug (M.)
privación (F.) de la légitima Pflichtteilsentziehung (F.)
privación (F.) de libertad Freiheitsberaubung (F.), Freiheitsentziehung (F.)
privado privat
privar aberkennen, berauben, entziehen
privar de la vida töten
privatividad (F.) Privatsphäre (F.)
privativo (Adj.) privat, privativ
privatización (F.) Privatisierung (F.)
privatizar privatisieren
privilegiado (Adj.) bevorrechtigt, privilegiert
privilegiar privilegieren
privilegio (M.) Begünstigung (F.), Bevorrechtigung (F.), Freibrief (M.), Gerechtigkeit (F.), Privileg (N.), Sonderrecht (N.), Vorrecht (N.)
privilegio (M.) de fuero Indemnität (F.)
privilegio (M.) del juez Spruchrichterprivileg (N.)
privilegio (M.) marítimo Schiffspfandrecht (N.)
privilegio (M.) real Realrecht (N.)
pro... fort
probabilidad (F.) Möglichkeit (F.), Wahrscheinlichkeit (F.)
probable hinreichend, vermutlich, wahrscheinlich
probanza (F.) Beweiserhebung (F.), Beweisführung (F.)
probar beweisen, prüfen, versuchen
problema (M.) Frage (F.)
procedencia (F.) Herkommen (N.), Statthaftigkeit (F.), Zulässigkeit (F.)
proceder abstammen, einschreiten, stammen, verfahren (V.), vorgehen, vornehmen
proceder ejecutivamente vollstrecken
procedimiento (M.) Gerichtsverfahren (N.), Prozedur (F.), Prozess (M.), Technik (F.), Verfahren (N.), Vorgehen (N.)
procedimiento (M.) administrativo Verwaltungsverfahren (N.)
procedimiento (M.) amistoso Güteverhandlung (F.)
procedimiento (M.) civil Zivilverfahren (N.)
procedimiento (M.) cognitivo Erkenntnisverfahren (N.)
procedimiento (M.) conciliatorio Güteverfahren (N.), Vergleichsverfahren (N.)
procedimiento (M.) constitucional Verfassungsprozess (M.)
procedimiento (M.) de apertura Eröffnungsverhandlung (F.)
procedimiento (M.) de cargo Lastschriftverfahren (N.)
procedimiento (M.) de cobro Einziehungsverfahren (N.)
procedimiento (M.) de contratación Vergabeverfahren (N.)
procedimiento (M.) de elaboración y redacción del plan Planaufstellungsverfahren (N.)
procedimiento (M.) de imposición de multa Bußgeldverfahren (N.)
procedimiento (M.) de internamiento Sicherungsverfahren (N.)
procedimiento (M.) de mediación Vermittlungsverfahren (N.)

procedimiento (M.) de oficio Offizialverfahren (N.)
procedimiento (M.) de orden terminante Mahnverfahren (N.)
procedimiento (M.) de plenario Hauptverhandlung (F.)
procedimiento (M.) de rebeldía Abwesenheitsverfahren (N.)
procedimiento (M.) de recurso Widerspruchsverfahren (N.)
procedimiento (M.) de revisión Revisionsverfahren (N.)
procedimiento (M.) de seguridad Sicherungsverfahren (N.)
procedimiento (M.) del recurso de casación Revisionsverfahren (N.)
procedimiento (M.) disciplinario Disziplinarverfahren (N.)
procedimiento (M.) documental Urkundenprozess (M.)
procedimiento (M.) edictal Aufgebotsverfahren (N.)
procedimiento (M.) en cual se decide sobre el mantenimiento de la prisión preventiva Haftprüfungsverfahren (N.) (Haftprüfungsverfahren in Deutschland)
procedimiento (M.) escrito schriftliches Verfahren (N.)
procedimiento (M.) inquisitivo Inquisitionsprozess (M.)
procedimiento (M.) jurídico Rechtsgang (M.)
procedimiento (M.) legislativo Gesetzgebungsverfahren (N.)
procedimiento (M.) objetivo objektives Verfahren (N.)
procedimiento (M.) por infracción pública Bußgeldverfahren (N.)
procedimiento (M.) prejudicial Vorlageverfahren (N.)
procedimiento (M.) preparatorio Vorverfahren (N.)
procedimiento (M.) probatorio Beweisverfahren (N.)
procedimiento (M.) tributario Besteuerungsverfahren (N.)
procesable klagbar
procesado (F.) Beschuldigte (F.)
procesado (M.) Angeklagter (M.), Beschuldigter (M.)
procesal prozessual, verfahrensrechtlich
procesamiento (M.) electrónico de datas (PED) elektronische Datenverarbeitung (F.) (EDV)
procesar prozessieren
proceso (M.) Ablauf (M.), Gerichtsverfahren (N.), Prozess (M.), Rechtsstreit (M.), Verfahren (N.)
proceso (M.) administrativo Verwaltungsprozess (M.)
proceso (M.) cambial Wechselprozess (M.)
proceso (M.) civil Zivilprozess (M.)
proceso (M.) contradictorio Widerspruchsverfahren (N.)
proceso (M.) contumacial Versäumnisverfahren (N.)
proceso (M.) criminal Strafverfahren (N.)
proceso (M.) de adhesión Adhäsionsverfahren (N.)
proceso (M.) de adjudicación Vergabeverfahren (N.)
proceso (M.) de cobro Einziehungsverfahren (N.)
proceso (M.) de datos Datenverarbeitung (F.)
proceso (M.) de parte Parteiprozess (M.)
proceso (M.) de paternidad y filiación Kindschaftssache (F.)
proceso (M.) de recurso Beschwerdeverfahren (N.)
proceso (M.) documental Urkundenprozess (M.)
proceso (M.) incidental Zwischenverfahren (N.)
proceso (M.) inquisitivo Inquisitionsprozess (M.)
proceso (M.) laboral Arbeitsprozess (M.)
proceso (M.) legislativo Gesetzgebungsverfahren (N.)
proceso (M.) matrimonial Eheprozess (M.)
proceso (M.) modelo Musterprozess (M.)
proceso (M.) monitorio Mahnverfahren (N.)
proceso (M.) oficial Offizialverfahren (N.)
proceso (M.) oral mündliche Verhandlung (F.)
proceso (M.) penal Strafprozess (M.)
proceso (M.) sumario Beschlussverfahren (N.)
proclama (F.) Aufgebot (N.), Aufruf (M.)
proclamación (F.) Verkündung (F.)
proclamar verkünden
proclamas (F.Pl.) matrimoniales Aufgebot (N.)
procomún (M.) öffentliches Interesse (N.)
procreación (F.) Zeugung (F.)

procura (F.) Prokura (F.), Vollmacht (F.)
procura (F.) existencial Daseinsvorsorge (F.)
procuración (F.) Bevollmächtigung (F.), Prozessvollmacht (F.)
procuración (F.) general Generalvollmacht (F.)
procurador (M.) Prokurator (M.), Prokurist (M.)
procurador (M.) ad litem (lat.) Prozessagent (M.)
procurador (M.) en juicio Prozessbevollmächtigter (M.)
procurador (M.) judicial Prozessagent (M.), Prozessbevollmächtigter (M.)
procurador (M.) público Staatsanwalt (M.)
procuraduría (F.) Staatsanwaltschaft (F.), Vertretung (F.)
procurar beschaffen (V.), besorgen, verschaffen
prodigar verschwenden
producción (F.) Eintritt (M.), Herstellung (F.), Produkt (N.)
producción (F.) de materias primas Urproduktion (F.)
producir beibringen, erzeugen, herstellen, produzieren
producir efecto auswirken, wirken
producto (M.) Erzeugnis (N.), Produkt (N.), Werk (N.)
producto (M.) de explotación Betriebseinnahme (F.)
producto (M.) de sustitución Substitut (N.)
producto (M.) estimulante Genussmittel (N.)
producto (M.) químico Chemikalie (F.)
producto (M.) sustitutivo Substitut (N.)
productor (M.) Hersteller (M.), Produzent (M.)
proemio (M.) Präambel (F.)
profanación (F.) Schändung (F.)
profano (M.) Laie (M.)
profesar ausüben, bekennen
profesión (F.) Beruf (M.), Gelübde (N.)
profesión (F.) liberal freier Beruf (M.)
profesional (Adj.) beruflich, gewerblich, gewerbsmäßig
profesional (M.) Fachmann (M.)
profesional (M.) autónomo Freiberufler (M.)
profesionalidad (F.) Gewerbsmäßigkeit (F.)
profesiones (F.Pl.) liberales freie Berufe (M.Pl.)
profesionista (M.) Freiberufler (M.)
profesor (M.) Hochschuldozent (M.), Lehrer (M.), Professor (M.)
profesor (M.) adjunto Privatdozent (M.)
profesor (M.) encargado de cátedra Lehrbeauftragter (M.)
profesor (M.) libre Dozent (M.), Privatdozent (M.)
profesor (M.) titular Ordinarius (M.)
profilaxis (F.) Verhütung (F.)
prófugo (Adj.) fahnenflüchtig
prófugo (M.) Wehrdienstverweigerer (M.)
profundación (F.) Vertiefung (F.)
profundar vertiefen
progenitor (M.) Ahn (M.)
programa (M.) Plan (M.), Programm (N.)
Programa (M.) de las Naciones Unidas para el Medio Ambiente Umweltprogramm (N.) der Vereinten Nationen
programa (M.) social Sozialplan (M.)
progresión (F.) Progression (F.)
progresividad (F.) Progression (F.), Stufenfolge (F.)
progresivo (Adj.) progressiv
prohibición (F.) Sperrung (F.), Unzulässigkeit (F.), Verbot (N.)
prohibición (F.) de adquirir Erwerbsverbot (N.)
prohibición (F.) de analogía Analogieverbot (N.)
prohibición (F.) de competencia Wettbewerbsverbot (N.)
prohibición (F.) de concurrencia Wettbewerbsverbot (N.)
prohibición (F.) de conducir Fahrverbot (N.)
prohibición (F.) de discriminación Diskriminierungsverbot (N.)
prohibición (F.) de disponer Verfügungsverbot (N.)
prohibición (F.) de ejercicio dañoso Schikaneverbot (N.)
prohibición (F.) de enajenar Veräußerungsverbot (N.)
prohibición (F.) de extradición Auslieferungsverbot (N.)
prohibición (F.) de la arbitrariedad Willkürverbot (N.)
prohibición (F.) del exceso Übermaßverbot (N.)
prohibición (F.) del paseo Fahrverbot (N.)
prohibición (F.) industrial Gewerbeuntersagung (F.)

prohibición (N.) de expulsión Abschiebungsverbot (N.)
prohibido unzulässig, verboten
prohibir untersagen, verbieten
prohijada (F.) Pflegetochter (F.)
prohijado (M.) Pflegesohn (M.)
prohijamiento (M.) Annahme (F.) an Kindes Statt
proletario (M.) Proletarier (M.)
prolongación (F.) Prolongation (F.), Verlängerung (F.)
prolongado verlängert
prolongar aufschieben, prolongieren, verlängern
promediar vermitteln
promesa (F.) Gelöbnis (N.), Versprechen (N.), Zusage (F.), Zusicherung (F.)
promesa (F.) de beneficio Gewinnzusage (F.)
promesa (F.) de deuda Schuldversprechen (N.)
promesa (F.) de donación Schenkungsversprechen (N.)
promesa (F.) de premio Auslobung (F.)
promesa (F.) escrita al portador Inhaberschuldverschreibung (F.)
promesa (F.) matrimonial Eheversprechen (N.), Heiratsversprechen (N.), Verlöbnis (N.), Verlobung (F.)
prometer versprechen, zusichern
prometer(se) verloben (sich)
prometida (F.) Braut (F.)
promisario (M.) Versprechensempfänger (M.)
promisión (F.) Gelübde (N.), Versprechen (N.)
promoción (F.) Beförderung (F.), Betreiben (N.), Förderung (F.), Promotion (F.)
promover befördern, einlegen, fördern
promulgación (F.) Promulgation (F.), Verkündung (F.), Veröffentlichung (F.)
promulgar erlassen, promulgieren, verkünden, verlautbaren, veröffentlichen
pronóstico (M.) Prognose (F.)
pronto fertig, sofortig
pronunciamiento (M.) Putsch (M.), Spruch (M.), Urteilsverkündung (F.), Verkündung (F.)
pronunciamiento (M.) ciudadano Plebiszit (N.)
pronunciarse putschen
pro-operario (Adj.) arbeitnehmerfreundlich
propaganda (F.) Werbung (F.)
propia retención (F.) Selbstbehalt (M.)
propiedad (F.) Anwesen (N.), Eigenschaft (F.), Eigentum (N.), Habe (F.)
propiedad (F.) colectiva Kollektiveigentum (N.)
propiedad (F.) común Gemeineigentum (N.)
propiedad (F.) comunitaria Gemeineigentum (N.), Kollektiveigentum (N.)
propiedad (F.) dividida Teileigentum (N.)
propiedad (F.) en garantía Sicherungseigentum (N.)
propiedad (F.) en mano común Gesamthandseigentum (N.)
propiedad (F.) fiduciaria Sicherungseigentum (N.)
propiedad (F.) horizontal Wohnungseigentum (N.)
propiedad (F.) inmobiliaria Grundbesitz (M.), Grundeigentum (N.), Grundstück (N.)
propiedad (F.) intelectual geistiges Eigentum (N.)
propiedad (F.) minera Bergwerkseigentum (N.)
propiedad (F.) parcial Teileigentum (N.)
propiedad (F.) por fracciones Bruchteilseigentum (N.)
propiedad (F.) por pisos Wohnungseigentum (N.)
propiedad (F.) privada Privateigentum (N.)
propiedad (F.) proindiviso Bruchteilseigentum (N.)
propiedad (F.) subordinada Untereigentum (N.)
propiedades (F.Pl.) Vermögen (N.)
propietaria (F.) Eigentümerin (F.)
propietario (M.) Eigentümer (M.), Grundbesitzer (M.), Grundeigentümer (M.), Inhaber (M.)
propietario (M.) de inmuebles Grundeigentümer (M.)
propina (F.) Trinkgeld (N.)
propio echt, eigen
propio capital (M.) Eigenkapital (N.)
proponente (M.) Antragsteller (M.)
proponer beantragen, einlegen
proporción (F.) Maß (N.), Proportion (F.), Verhältnis (N.)
proporción (F.) del cubrimiento Deckungsverhältnis (N.)
proporcional anteilig, proportional, verhältnismäßig

proporcionalidad (F.) Verhältnismäßigkeit (F.)
proposición (F.) Gebot (N.), Vorlage (F.)
proposición (F.) de ley Gesetzentwurf (M.)
proposición (F.) de prueba Beweisantrag (M.)
propósito (M.) Motiv (N.), Zweck (M.)
propuesta (F.) Antrag (M.), Eingabe (F.)
propuesta (F.) de penalidad Strafantrag (M.)
prorrata (F.) Anteil (M.), Rate (F.), Umlage (F.)
prorratear aufteilen, quotieren
prorrateo (M.) Umlegung (F.)
prórroga (F.) Aufschub (M.), Nachfrist (F.), Prolongation (F.), Stundung (F.), Verlängerung (F.), Vertagung (F.)
prórroga (F.) de contrato Vertragsverlängerung (F.)
prorrogación (F.) Prorogation (F.), Vereinbarung (F.)
prorrogación (F.) de fuero Gerichtsstandsvereinbarung (F.)
prorrogación (F.) de la competencia Gerichtsstandsvereinbarung (F.)
prorrogar prolongieren, stunden, vereinbaren, verlängern, vertagen
proscribir ächten, verbieten
proscripción (F.) Acht (F.), Ausweisung (F.), Verbot (N.)
prosecución (F.) Fortsetzung (F.), Verfolgung (F.)
prosecución (F.) criminal Strafverfolgung (F.)
prosecución (F.) legal Rechtsausübung (F.)
proseguir fortsetzen, verfolgen
prostíbulo (M.) Freudenhaus (N.)
prostitución (F.) Prostitution (F.)
prostituta (F.) Dirne (F.), Freudenmädchen (F.), Hure (F.), Prostituierte (F.)
protección (F.) Schutz (M.)
protección (F.) al arrendatario Mieterschutz (M.)
protección (F.) atmosférica Immissionsschutz (M.)
protección (F.) civil Zivilschutz (M.)
protección (F.) contra el desahucio Kündigungsschutz (M.)
protección (F.) contra el despido Kündigungsschutz (M.)
protección (F.) contra incendios Brandschutz (M.)
protección (F.) de animales Tierschutz (M.)
protección (F.) de bienes jurídicos Rechtsgüterschutz (M.)
protección (F.) de consumidores Konsumentenschutz (M.)
protección (F.) de datos Datenschutz (M.)
protección (F.) de existencia Bestandsschutz (M.)
protección (F.) de inventor Erfinderschutz (M.)
protección (F.) de la confianza Vertrauensschutz (M.)
protección (F.) de la constitución Verfassungsschutz (M.)
protección (F.) de la juventud y de la infancia Jugendschutz (M.)
protección (F.) de la madre Mutterschutz (M.)
protección (F.) de la maternidad Mutterschutz (M.)
protección (F.) de la naturaleza Naturschutz (M.)
protección (F.) de la paz del lugar Bannkreisverletzung (F.)
protección (F.) de la propiedad comercial gewerblicher Rechtsschutz (M.)
protección (F.) de la propiedad industrial gewerblicher Rechtsschutz (M.)
protección (F.) de las plantas Pflanzenschutz (M.)
protección (F.) de los consumidores Verbraucherschutz (M.)
protección (F.) de los derechos fundamentales Grundrechtsschutz (M.)
protección (F.) de los menores Jugendschutz (M.)
protección (F.) de minorías Minderheitenschutz (M.)
protección (F.) de monumentos Denkmalschutz (M.)
protección (F.) de víctimas Opferschutz (M.)
protección (F.) del Estado Staatsschutz (M.)
protección (F.) del inversor Anlegerschutz (M.)
protección (F.) del medio acuático Gewässerschutz (M.)
protección (F.) del medio ambiente Umweltschutz (M.)
protección (F.) del título Titelschutz (M.)
protección (F.) del trabajo Arbeitsschutz (M.)

protección (F.) escolar Ausbildungsförderung (F.)
protección (F.) judicial de los derechos Rechtsgang (M.)
protección (F.) jurídica Rechtsschutz (M.)
protección (F.) jurídica del trabajo juvenil Jugendarbeitsschutz (M.)
protección (F.) juvenil Jugendwohlfahrt (F.)
protección (F.) posesoria Besitzschutz (M.)
protección (N.) de embriones Embryonenschutz (M.)
protectorado (M.) Kuratorium (N.), Protektorat (N.), Schutzgebiet (N.)
proteger protegieren, schützen
protesta (F.) Einspruch (M.), Protest (M.)
protesta (F.) de mar Verklarung (F.)
protesta (F.) del capitán Verklarung (F.)
protestar beschweren, protestieren
protesto (M.) Protest (M.)
protesto (M.) de letra Wechselprotest (M.)
protocolación (F.) Protokollierung (F.)
protocolar protokollieren
protocolización (F.) Protokollierung (F.)
protocolizar protokollieren
protocolo (M.) Niederschrift (F.), Protokoll (N.)
protocolo (M.) de vista Sitzungsprotokoll (N.)
protutor (M.) Gegenvormund (M.)
provecho (M.) Genuss (M.), Nutzung (F.)
proveedor (M.) Lieferant (M.)
proveer besetzen, liefern, versehen (V.), versorgen
proveído (M.) Entscheidung (F.)
provenir stammen
providencia (F.) Entschließung (F.)
providencia (F.) de ejecución Vollstreckungsbescheid (M.)
providencia (F.) de embargo Pfändungsbeschluss (M.)
providencia (F.) precautoria einstweilige Verfügung (F.)
provincia (F.) Provinz (F.)
provinical Land...
provisión (F.) Beschaffung (F.), Besetzung (F.) (Besetzung eines Territoriums), Dotation (F.), Provision (F.), Rücklage (F.), Rückstellung (F.), Rückstellung (F.), Versorgung (F.), Vorrat (M.)
provisión (F.) para alimentos Unterhaltsvorschuss (M.)
provisión (F.) para gastos del juicio Prozesskostenvorschuss (M.)
provisional einstweilig, kommissarisch, vorläufig
provisorio (Adj.) einstweilig, vorläufig
provocación (F.) Provokation (F.)
provocador (M.) Provokateur (M.)
provocar erregen, provozieren, verursachen
proxeneta (M.) Kuppler (M.), Zuhälter (M.)
proxenetismo (M.) Kuppelei (F.), Zuhälterei (F.)
proyectar beabsichtigen
proyecto (M.) Entwurf (M.), Plan (M.)
proyecto (M.) de contrato Punktation (F.)
proyecto (M.) de jefes de negociados Referentenentwurf (M.)
proyecto (M.) de ley Gesetzentwurf (M.), Gesetzesvorlage (F.)
proyecto (M.) de presupuesto Haushaltsvorlage (F.)
proyecto (M.) gubernamental Regierungsentwurf (M.), Regierungsvorlage (F.)
proyecto (M.) parcial Teilentwurf (M.)
prueba (F.) Beleg (M.), Beweis (M.), Kopie (F.), Nachweis (M.), Probe (F.), Test (M.)
prueba (F.) anticipada Beweissicherung (F.)
prueba (F.) de acceso a la universidad Aufnahmeprüfung (F.)
prueba (F.) de descargo Entlastungsbeweis (M.)
prueba (F.) de filiación Abstammungsnachweis (M.)
prueba (F.) de instrumentos Urkundenbeweis (M.)
prueba (F.) de la sangre Blutprobe (F.)
prueba (F.) de la verdad Wahrheitsbeweis (M.)
prueba (F.) documental Urkundenbeweis (M.)
prueba (F.) en contra Gegenbeweis (M.)
prueba (F.) legal Strengbeweis (M.)
prueba (F.) liberatoria Wahrheitsbeweis (M.)
prueba (F.) libre Freibeweis (M.)
prueba (F.) por indicios Indizienbeweis (M.)
prueba (F.) por testigos Zeugenbeweis (N.)
prueba (F.) prima facie (lat.) prima-facie-Beweis (M.)
prueba (F.) tasada Strengbeweis (M.)
prueba (F.) testimonial Zeugenbeweis (N.)
Prusia (F.) Preußen (N.)

psicología (F.) Psychologie (F.)
psicópata (M.) Psychopath (M.)
psicosis (F.) Psychose (F.)
psicoterapeuta (M.) Psychotherapeut (M.)
psicoterapia (F.) Psychotherapie (F.)
psichis (F.) Psyche (F.)
psique (F.) Psyche (F.)
psiquiatría (F.) Psychiatrie (F.)
publicación (F.) Aufgebot (N.), Bekanntgabe (F.), Bekanntmachung (F.), Erscheinen (N.), Herausgabe (F.), Verkündung (F.), Veröffentlichung (F.)
publicación (F.) de sentencia Urteilsverkündung (F.)
publicar bekanntgeben, bekanntmachen, verkünden, verlautbaren, veröffentlichen
publicidad (F.) Öffentlichkeit (F.), Publizität (F.), Werbung (F.)
publicidad (F.) negativa negative Publizität (F.)
público (Adj.) öffentlich, publik, staatlich
público (M.) Publikum (N.)
púdico keusch
pueblo (M.) Nation (F.), Ort (M.), Stadt (F.), Volk (N.)
pueblo (M.) del Estado Staatsvolk (N.)
puerta (F.) Haustüre (F.)
puerto (M.) Hafen (M.)
puerto (M.) franco Freihafen (M.)
puerto (M.) libre Freihafen (M.)
puesta (F.) Einweisung (F.)
puesta (F.) en circulación Inverkehrbringen (N.)
puesta (F.) en la frontera Abschiebung (F.)
puesta (F.) en libertad Freilassung (F.)
puesta (F.) en peligro Gefährdung (F.)
puesta (F.) en valor de terrenos para edificar Baulanderschließung (F.)
puesto (Adj.) a domicilio frei Haus
puesto (M.) Sitz (M.), Stelle (F.)
puesto (M.) de plantilla Planstelle (F.)
puesto (M.) restante Überhangmandat (N.)
puja (F.) Gebot (N.)
pujar bieten, steigern
punibilidad (F.) Strafbarkeit (F.)
punible strafbar
punición (F.) Strafe (F.)
punto (M.) de entrada Ansetzen (N.) zur Tatbestandsverwirklichung
punto (M.) de hecho Tatfrage (F.)
punto (M.) de vista Gesichtspunkt (M.)
punto (M.) del orden del día Tagesordnungspunkt (M.)
punto (M.) litigioso Streitpunkt (M.)
punzada (F.) Stich (M.)
puño (M.) Faust (F.)
pupilaje (M.) Kuratel (F.), Pflegschaft (F.)
pupilar mündelsicher
pupilo (M.) Mündel (N.)
pureza (F.) Lauterkeit (F.)
purgar verbüßen
purificación (F.) del derecho Rechtsbereinigung (F.)
purificar heilen
puro lauter, rein
putativo vermeintlich

q

quantum (M.) de la demanda Streitwert (M.)
quebrado (Adj.) bankrott
quebrado (M.) Gemeinschuldner (M.)
quebrantamiento (M.) Verstoß (M.)
quebrantamiento (M.) de la paz Friedensbruch (M.)
quebranto (M.) Verlust (M.)
quedar bleiben
quedar en suspenso ruhen
queja (F.) Beschwerde (F.), Rechtsbeschwerde (F.)
queja (F.) de servicio Dienstaufsichtsbeschwerde (F.)
queja (F.) urgente sofortige Beschwerde (F.)
quemar brennen
querella (F.) Anklage (F.), Strafanzeige (F.), Streit (M.)
querella (F.) penal Strafantrag (M.)
querella (F.) privada Privatklage (F.)
querella (F.) suplementaria Nachtragsanklage (F.)
querellante (M.) Beschwerdeführer (M.), Nebenkläger (M.), Querulant (M.)
querellante (M.) particular Privatkläger (M.)
querellar querulieren
querer (M.) Wollen (N.)
questión (F.) material Sachfrage (F.)
quiebra (F.) Bankrott (M.), Konkurs (M.), Pleite (F.)
quilate (M.) Karat (N.)
química (F.) Chemie (F.)
quintaesencia (F.) Inbegriff (M.)

quiosco (M.) Kiosk (M.)
quita (F.) Erlass (M.)
quitar abschaffen, entwenden
quórum (M.) Beschlussfähigkeit (F.), Quorum (N.)
quota (F.) litis (lat.) Erfolgshonorar (N.)

r

racial rassisch
racismo (M.) Rassismus (M.)
racista (Adj.) rassistisch
rada (F.) Reede (F.)
radar (M.) Radar (N.)
radical (Adj.) radikal
radicalismo (M.) Radikalismus (M.)
radicante belegen (Adj.), gelegen
radio (M. bzw. F.) Funk (M.), Rundfunk (M.)
radio (M. bzw. F.) de acción propio eigener Wirkungskreis (M.)
radiodifusión (F.) Funk (M.), Rundfunk (M.)
raíces (F.Pl.) Immobilien (F.Pl.)
rama (F.) Branche (F.), Fach (N.), Linie (F.), Zweig
ramera (F.) Dirne (F.), Freudenmädchen (F.), Hure (F.)
ramo (M.) Branche (F.)
rango (M.) Dienstrang (M.), Rang (M.)
rango (M.) registral Grundbuchrang (M.)
ranzón (M.) Lösegeld (N.)
rápido geschwind, schnell
raptar entführen, kidnappen
rapto (M.) Entführung (F.)
rapto (M.) de mujer Frauenraub (M.)
rapto (M.) de niño Kindesraub (M.)
raptor (M.) Entführer (M.), Kidnapper (M.), Räuber (M.)
rastro (M.) Spur (F.)
ratear entwenden
ratería (F.) de tiendas Ladendiebstahl (M.)
ratero (M.) Taschendieb (M.)
ratificación (F.) Genehmigung (F.), Ratifikation (F.), Ratifizierung (F.)
ratificar genehmigen, ratifizieren, vollziehen
ratos (M.Pl.) de ocio Freizeit (F.)
rayar streichen, streifen
raza (F.) Rasse (F.)
razia (F.) Razzia (F.)
razón (F.) Anlass (M.), Grund (M.), ratio (F.) (lat.), Vernunft (F.)
razón (F.) de Estado Staatsräson (F.)
razón (F.) social Firma (F.), Gesellschaftszweck (M.)
razonable angemessen, vernünftig, zumutbar
razonamiento (M.) jurídico Rechtsausführung (F.)
razzia (F.) Razzia (F.)
RDSI (F.) (Red Digital de Servicios Integrados) ISDN (N.) (Integrated Services Digital Network)
re... Rück...
reabrir wiederaufnehmen
reacción (F.) Reaktion (F.)
reaccionario (Adj.) reaktionär
reaccionario (M.) Reaktionär (M.)
readaptación (F.) funcional Rehabilitation (F.)
readaptación (F.) social Resozialisierung (F.)
readquirir wiederkaufen
readquisición (F.) Wiederkauf (M.)
reajuste (M.) Neufestsetzung (F.)
real (Adj.) dinglich, echt, faktisch, königlich, real, tatsächlich
realeza (F.) Königtum (N.)
realineamiento (M.) Neufestsetzung (F.)
realista (Adj.) dinglich
realización (F.) Abwicklung (F.), Durchführung (F.), Verwirklichung (F.)
realización (F.) de la prenda Pfandverwertung (F.)
realización (F.) fiduciaria de funciones ajenas Auftragsverwaltung (F.)
realizar verwirklichen
realizar transacciones operieren
reanexión (F.) Rückgliederung (F.)
reanudación (F.) Wiederaufnahme (F.)
reanudar wiederaufnehmen
reapertura (F.) Wiederaufnahme (F.)
reaseguro (M.) Rückversicherung (F.)
reasignación (F.) Zurechnung (F.)
rebaja (F.) Ermäßigung (F.), Herabsetzung (F.), Minderung (F.), Nachlass (M.), Rabatt (M.)
rebaja (F.) por pronto pago Skonto (N.)
rebajar mindern
rebaño (M.) Herde (F.)
rebelación (F.) Aufstand (M.)
rebelarse rebellieren
rebelde (M.) Abwesender (M.), Rebell (M.)
rebeldía (F.) Abwesenheit (F.), Säumnis (F.), Versäumnis (N.), Versäumung (F.)

rebelión (F.) Aufstand (M.), Meuterei (F.), Rebellion (F.)
rebusca (F.) Durchsuchung (F.)
recambio (M.) Delkredere (N.)
recargo (M.) Belastung (F.), Zuschlag (M.)
recaudación (F.) Beitreibung (F.), Einziehung (F.)
recaudador (M.) Vollstreckungsbeamter (M.)
recaudar beitreiben, einnehmen, eintreiben, einziehen, erheben
recelo (M.) Argwohn (M.)
recepción (F.) Abnahme (F.), Annahme (F.), Audienz (F.), Aufnahme (F.), Eingang (M.), Empfang (M.), Erhalt (M.), Rezeption (F.)
recepcionar abnehmen
receptación (F.) Hehlerei (F.)
receptor (M.) Empfänger (M.)
recibí (M.) Quittung (F.)
recibimiento (M.) a prueba Beweisaufnahme (F.), Beweisverfahren (N.)
recibir annehmen, aufnehmen, einnehmen, empfangen (V.), erhalten (V.), rezipieren, übernehmen, zulassen
recibo (M.) Beleg (M.), Eingang (M.), Empfang (M.), Empfangsbestätigung (F.), Erhalt (M.), Quittung (F.)
recibo (M.) de entrega Lieferschein (M.)
reciprocidad (F.) Gegenseitigkeit (F.), Reziprozität (F.)
recíproco gegenseitig, reziprok, wechselseitig
reclamable anfechtbar
reclamación (F.) Anspruch (M.), Einspruch (M.), Einziehung (F.), Geltendmachung (F.), Klage (F.), Rückforderung (F.), Widerspruch (M.)
reclamación (F.) de la entrega de un pedido Abruf (M.)
reclamación (F.) de queja Dienstaufsichtsbeschwerde (F.)
reclamación (F.) extrajudicial außergerichtliche Geltendmachung (F.)
reclamación (F.) por vicios Mängelrüge (F.)
reclamación (F.) principal Hauptantrag (M.)
reclamante (F.) Klägerin (F.)
reclamante (M.) Kläger (M.)
reclamar abrufen, beanspruchen, beanstanden, beschweren, einklagen, klagen, rückfordern, zurückfordern
reclamo (M.) Rückgriff (M.), Werbung (F.)
recluida (F.) Gefangene (F.)
recluido (M.) Gefangener (M.), Insasse (M.), Sträfling (M.)
reclusión (F.) Freiheitsentziehung (F.)
reclusión (F.) solitaria Einzelhaft (F.)
recluso (Adj.) gefangen
recluso (M.) Insasse (M.), Sträfling (M.)
recluso (M.) preventivo Untersuchungsgefangener (M.)
recluta (M.) Rekrut (M.)
recluta (M.) de reemplazo Reservist (M.)
reclutamiento (M.) Musterung (F.)
reclutar anwerben
recoger empfangen (V.), verwahren, zurücknehmen
recogida (F.) Abholung (F.), Rücknahme (F.)
recogida (F.) de basuras Müllabfuhr (F.)
recogida (F.) de residuos Müllabfuhr (F.)
recomendación (F.) Befürwortung (F.), Empfehlung (F.)
recomendar befürworten, empfehlen
recomenzar wiederaufnehmen
recompensa (F.) Belohnung (F.)
recompensa (F.) del hallador Finderlohn (M.)
recompensación (F.) Entgelt (N.), Vergütung (F.)
recompensar entgelten, entschädigen, ersetzen, vergelten, vergüten
recompra (F.) Wiederkauf (M.)
reconducción (F.) Vertragsverlängerung (F.)
reconocer anerkennen
reconocimiento (M.) Anerkenntnis (N.), Anerkennung (F.)
reconocimiento (M.) de deuda Schuldanerkenntnis (F.)
reconocimiento (M.) de la paternidad Vaterschaftsanerkennung (F.)
reconocimiento (M.) negativo de la deuda negatives Schuldanerkenntnis (N.)
reconvención (F.) Gegenvorstellung (F.), Remonstration (F.), Widerklage (F.)
reconvención (F.) ejecutiva Vollstreckungsgegenklage (F.)
reconversión (F.) Anpassung (F.)
reconviniente (M. bzw. F.) Widerkläger (M.)
recopilación (F.) legislativa Gesetzessammlung (F.)
recordar erinnern
recordarse gedenken
recordatorio (M.) Erinnerung (F.), Erinnerungsschreiben (N.)
recorrido (M.) Fahrt (F.)

recortar kürzen
rectificación (F.) Berichtigung (F.), Gegendarstellung (F.)
rectificación (F.) valorativa Wertberichtigung (F.)
rectificar berichtigen
rectitud (F.) Fairness (F.), Redlichkeit (F.)
recto fair, gerade, gerecht, redlich
rector (Adj.) leitend
rector (M.) magnífico Rektor (M.)
rectorado (M.) Rektorat (N.)
rectoría (F.) Rektorat (N.)
recuento (M.) Nachzählung (F.)
recuento (M.) de existencias Inventur (F.)
recuerdo (M.) Erinnerung (F.)
recuperación (F.) Rückgewinnung (F.), Wiederbeschaffung (F.)
recuperar wiederbeschaffen
recurrente (M.) Beschwerdeführer (M.)
recurrir anrufen, appellieren
recurso (M.) Anfechtung (F.), Behelf (M.), Einspruch (M.), Erinnerung (F.), Rechtsbehelf (M.), Rechtsmittel (N.), Regressanspruch (M.), Rekurs (M.), Rückgriff (M.), Verfügung (F.)
recurso (M.) cambiario Wechselregress (M.)
recurso (M.) contra ejecución Vollstreckungserinnerung (F.)
recurso (M.) contra el auto de detención Haftbeschwerde (F.)
recurso (M.) contra el auto de prisón Haftbeschwerde (F.)
recurso (M.) contra la cláusula de ejecución Vollstreckungserinnerung (F.)
recurso (M.) contra la inadmisión Nichtzulassungsbeschwerde (F.)
recurso (M.) de alzada Beschwerde (F.)
recurso (M.) de amparo constitucional Verfassungsbeschwerde (F.)
recurso (M.) de anulación Anfechtungsklage (F.), Nichtigkeitsklage (F.)
recurso (M.) de casación Revision (F.)
recurso (M.) de denegada apelación Nichtzulassungsbeschwerde (F.)
recurso (M.) de gracia Gnadengesuch (N.)
recurso (M.) de inconstitucionalidad Normenkontrollverfahren (N.)
recurso (M.) de legitimidad Rechtsbeschwerde (F.)
recurso (M.) de nulidad Nichtigkeitsbeschwerde (F.)
recurso (M.) de revisión Revision (F.)
recurso (M.) financiero Geldmittel (N.)
recurso (M.) incidental Normenkontrollverfahren (N.)
recurso (M.) ulterior weitere Beschwerde (F.)
recusación (F.) Ablehnung (F.), Abweisung (F.), Verwerfung (F.), Zurückweisung (F.)
recusar ablehnen, abweisen, ausschlagen, verwerfen, zurückweisen
rechazar ablehnen, abweisen, ausschlagen, zurückweisen
rechazimiento (M.) Ausschlagung (F.)
rechazo (M.) Ablehnung (F.), Abweisung (F.), Zurückweisung (F.)
red (F.) Internet (N.), Netz (N.)
red (F.) de comunicaciones Verkehrsnetz (N.)
red (F.) de telecomunicaciones Fernmeldenetz (N.)
Red (F.) Digital de Servicios Integrados (RDSI) Integrated Services Digital Network (N.) (ISDN)
redacción (F.) Fassung (F.), Niederschrift (F.)
redaccional schriftlich
redactar ausfertigen, fassen, niederschreiben
redactor (M.) Verfasser (M.)
redada (F.) Razzia (F.)
redescuento (M.) Rediskont (M.)
redhibición (F.) Wandlung (F.)
redhibir wandeln
redición (F.) de cuentas Rechenschaftslegung (F.)
redimible ablösbar
redimir erlösen
rédito (M.) Rendite (F.)
redondo (Adj.) rund
reducción (F.) Abkürzung (F.), Abnahme (F.), Abschlag (M.), Einschränkung (F.), Ermäßigung (F.), Herabsetzung (F.), Minderung (F.), Nachlass (M.), Reduktion (F.), Verminderung (F.)
reducción (F.) de capital Kapitalherabsetzung (F.)
reducción (F.) de la pena Strafherabsetzung (F.)
reducción (F.) del valor mercantil merkantiler Minderwert (M.)
reducido vermindert
reducir abkürzen, einschränken, ermäßi-

gen, herabsetzen, kürzen, mindern, nachlassen, reduzieren, vermindern
reeducar resozialisieren
reembargo (M.) Anschlusspfändung (F.)
reembolsar ablösen, einziehen, erstatten, tilgen, zurückgeben, zurückzahlen
reembolso (M.) Ablösung (F.) (Tilgung), Auslosung (F.), Erstattung (F.), Nachnahme (F.), Rembours (M.), Rückzahlung (F.), Tilgung (F.)
reembolso (M.) de deudas Schuldentilgung (F.)
reemplazable vertretbar
reenviar weiterverweisen, zurückverweisen
reenvío (M.) Renvoi (M.), Rückverweisung (F.), Verweisung (F.), Zurückverweisung (F.)
referencia (F.) Bezugnahme (F.), Hörensagen (N.)
referéndum (M.) Referendum (N.), Urabstimmung (F.), Volksabstimmung (F.)
referéndum (M.) deliberatorio Volksentscheid (M.)
referir referieren
reforma (F.) Reform (F.), Reformation (F.)
reforma (F.) administrativa Verwaltungsreform (F.)
reforma (F.) agraria Bodenreform (F.)
reforma (F.) electoral Wahlrechtsreform (F.)
reformación (F.) Reform (F.)
reformación (F.) en peius reformatio (F.) in peius (lat.) (Abänderung zum Schlechteren)
reformar novellieren, reformieren
reformular neuformulieren
reforzamiento (M.) Bekräftigung (F.)
reforzar bekräftigen
refrendo (M.) Gegenzeichnung (F.), Referendum (N.), Volksabstimmung (F.)
refugiado (M.) Flüchtling (M.), Heimatvertriebener (M.)
refugio (M.) Asyl (N.), Obdach (N.)
refundación (F.) Neugründung (F.)
regalar schenken, verschenken
regalía (F.) minera Bergregal (N.)
regalismo (M.) Monarchismus (M.)
regalista (Adj.) monarchisch
regalo (M.) Geschenk (N.)
regañar schimpfen
regatear feilschen, handeln
regentar leiten, regieren
regente (M.) Regent (M.), Reichsverweser (M.), Verweser (M.)
régimen (M.) Geschäftsbedingungen (F. Pl.), Regelung (F.), Regime (N.), Regiment (N.), System (N.)
régimen (M.) de bienes Güterstand (M.)
régimen (M.) de bienes en el matrimonio Ehegüterrecht (N.)
régimen (M.) de cartas Briefrecht (N.)
régimen (M.) de comunidad universal Gütergemeinschaft (F.)
régimen (M.) de créditos Kreditwesen (N.)
régimen (M.) de cuotas Quotenregelung (F.)
régimen (M.) de la prensa Presserecht (N.)
régimen (M.) de participación Zugewinngemeinschaft (F.)
régimen (M.) de pasaportes Passrecht (N.)
régimen (M.) de separación de bienes Gütertrennung (F.)
régimen (M.) económico del matrimonio gesetzlicher Güterstand (M.)
régimen (M.) empresarial Betriebsverfassung (F.)
régimen (M.) hidráulico Wasserhaushalt (M.)
régimen (M.) interior Innenverhältnis (N.)
régimen (M.) legal de bienes gesetzlicher Güterstand (M.)
régimen (M.) local Gemeindeverfassung (F.), Kommunalverwaltung (F.)
régimen (M.) municipal Gemeinderecht (N.), Gemeindeverfassung (F.)
régimen (M.) particular Sonderrecht (N.)
régimen (M.) penitenciario Strafvollzug (M.)
régimen (M.) presidencialista Präsidialregierung (F.), Präsidialverfassung (F.)
régimen (M.) sin comunidad Gütertrennung (F.)
regimiento (M.) Regiment (N.)
regio königlich
región (F.) Gebiet (N.), Region (F.)
regional Land..., regional
regir leiten, regieren
registrabilidad (F.) Eintragungsfähigkeit (F.)
registrable eintragungsfähig
registración (F.) Eintragung (F.)
registrador (M.) Gerichtsschreiber (M.)
registrar ausweisen, einschreiben, eintragen, erfassen, registrieren, verzeichnen
registro (M.) Aufzeichnung (F.), Bucheintragung (F.), Durchsuchung (F.), Eintrag (M.), Erfassung (F.), Haussuchung (F.), Register (N.), Verzeichnis (N.)

registro (M.) catastral Kataster (M. bzw. N.)
registro (M.) central Zentralregister (N.)
registro (M.) central federal Bundeszentralregister (N.)
registro (M.) civil Personenstandsbuch (N.), Personenstandsregister (N.), Standesamt (N.)
registro (M.) comercial Handelsregister (N.) (Handelsregister in Deutschland)
registro (M.) corporal Leibesvisitation (F.)
registro (M.) de activos impagados Schuldnerverzeichnis (N.)
registro (M.) de asociaciones Vereinsregister (N.)
registro (M.) de bienes matrimoniales Güterrechtsregister (N.)
registro (M.) de defunciones Sterbebuch (N.), Sterberegister (N.)
registro (M.) de la propiedad industrial Patentamt (N.)
registro (M.) de liciencias de matrimonio Heiratsbuch (N.)
registro (M.) de matrimonio Heiratsregister (N.)
registro (M.) de nacimientos Geburtenbuch (N.)
registro (M.) de oficios Handwerksrolle (F.)
registro (M.) de propiedad Grundbuch (N.)
registro (M.) de sociedades cooperativas Genossenschaftsregister (N.)
registro (M.) del estado civil Personenstandsbuch (N.), Personenstandsregister (N.)
registro (M.) del matrimonio Güterrechtsregister (N.)
registro (M.) domiciliario Hausdurchsuchung (F.), Haussuchung (F.)
Registro (M.) Europeo de patentes Europäisches Patentamt (N.)
registro (M.) hipotecario Hypothekenregister (N.)
registro (M.) inmobiliario Grundbuch (N.)
registro (M.) judicial de reincidencia Strafregister (N.)
registro (M.) marítimo Schiffsregister (N.)
registro (M.) matrimonial Heiratsbuch (N.), Heiratsregister (N.)
registro (M.) mercantil Handelsregister (N.) (Handelsregister in Deutschland)
registro (M.) notarial Urkundenregister (N.)
registro (M.) parroquial Kirchenbuch (N.)
registro (M.) penal Strafregister (N.)
regla (F.) Regel (F.), Vorschrift (F.)
regla (F.) de circulación Verkehrsvorschrift (F.)
regla (F.) de equidad Billigkeitsregel (F.)
regla (F.) de evidencia Beweisregel (F.)
regla (F.) de imposición Steuererlass (M.), Steuerrichtlinie (F.)
regla (F.) de presunción Beweislastumkehr (F.)
regla (F.) interpretiva Auslegungsregel (F.)
regla (F.) jurídica Rechtsnorm (F.)
reglamentación (F.) Regelung (F.), Regulierung (F.)
reglamentación (F.) de base Rahmenregelung (F.)
reglamentación (F.) de la industria Gewerbeordnung (F.)
reglamentación (F.) del mercado Marktordnung (F.)
reglamentación-tipo (F.) Rahmenregelung (F.)
reglamentar regeln, regulieren
reglamentario (Adj.) ordnungsgemäß, satzungsgemäß, vorschriftsmäßig
reglamento (M.) Ordnung (F.), Regel (F.), Regulativ (N.), Statut (N.), Verordnung (F.), Vorschrift (F.)
reglamento (M.) administrativo Verwaltungsverordnung (F.)
reglamento (M.) de contratación de obras Verdingungsordnung (F.) für Bauleistungen (VOB)
Reglamento (M.) de contratación de obras VOB (F.) (Verdingungsordnung für Bauleistungen)
reglamento (M.) de empresa Betriebsvereinbarung (F.)
reglamento (M.) de examen Prüfungsordnung (F.)
reglamento (M.) de explotación Betriebsrentensatzung (F.)
Reglamento (M.) de La Haya sobre la guerra terrestre Haager Landkriegsordnung (F.)
reglamento (M.) de policía Polizeiverfügung (F.)
reglamento (M.) de precios Kostenordnung (F.)
reglamento (M.) de seguros del imperio Reichsversicherungsordnung (F.)
reglamento (M.) de servicios Benutzungs-

ordnung (F.)
reglamento (M.) de tasas Gebührenordnung (F.)
reglamento (M.) de tráfico Straßenverkehrsordnung (F.)
reglamento (M.) del artesanado Handwerksordnung (F.)
reglamento (M.) del registro de la propiedad Grundbuchordnung (F.)
reglamento (M.) ejecutivo Ausführungsverordnung (F.)
reglamento (M.) general Hauptsatzung (F.)
reglamento (M.) interno Geschäftsordnung (F.)
reglamento (M.) jurídico Rechtsverordnung (F.)
reglamento (M.) municipal Gemeindeordnung (F.)
reglamento (M.) orgánico Geschäftsordnung (F.)
reglamento (M.) relativo a las exenciones de categorías Freistellungsregelung (F.)
reglamento (M.) sobre edificación Bauordnung (F.)
reglamento (M.) sobre permisos de circulaciòn Straßenverkehrszulassungsordnung (F.)
reglamento-marco (M.) Rahmenverordnung (F.)
regresar umkehren
regresión (F.) Regress (M.)
regreso (M.) Regress (M.), Rückgriff (M.)
regula (F.) jurídica Rechtsregel (F.)
regulación (F.) Regelung (F.), Regulierung (F.)
regulación (F.) de la herencia Nachlassregelung (F.)
regular (Adj.) regelmäßig
regular festsetzen, ordnungsgemäß, regeln
regularización (F.) Legalisation (F.), Regulierung (F.)
regularizar regeln, regulieren
regulativo (M.) Norm (F.)
rehabilitación (F.) Rehabilitation (F.)
rehabilitar rehabilitieren, restitutieren
rehén (M.) Geisel (F.)
rehuir entziehen (sich entziehen)
rehusamiento (M.) Verweigerung (F.)
rehusar ablehnen, abweisen, verweigern
Reich (M.) Reich (N.) (Deutsches Reich 1871-1945)
reina (F.) Königin (F.)
reincidencia (F.) Rückfall (M.)
reincidente (Adj.) rückfällig
reincidente (M.) Rückfalltäter (M.)
reincorporación (F.) Rückgliederung (F.)
reino (M.) Königreich (N.), Reich (N.)
reinserción (F.) social Resozialisierung (F.)
reinstalar wiedereinsetzen
reintegración (F.) Rückerstattung (F.)
reintegrar erstatten, rückerstatten, tilgen, zurückgeben
reintegrarse abheben
reintegro (M.) Abhebung (F.), Erstattung (F.), Rückerstattung (F.), Rückzahlung (F.), Tilgung (F.)
reivindicación (F.) Eigentumsherausgabe (F.), Rückforderung (F.)
reivindicar beanspruchen, herausverlangen, rückfordern
relación (F.) Bericht (M.), Beziehung (F.), Liste (F.), Relation (F.), Verhältnis (N.), Zusammenhang (M.)
relación (F.) arrendaticia Mietverhältnis (N.)
relación (F.) causal Kausalzusammenhang (M.)
relación (F.) contractual Vertragsverhältnis (N.)
relación (F.) de causa-efecto Kausalzusammenhang (M.)
relación (F.) de cobertura Deckungsverhältnis (N.)
relación (F.) de dependencia Abhängigkeitsverhältnis (N.)
relación (F.) de donación Zuwendungsverhältnis (N.)
relación (F.) de fidelidad Treueverhältnis (N.)
relación (F.) de orden Rangverhältnis (N.)
relación (F.) de poder Gewaltverhältnis (N.)
relación (F.) de servicio Dienstverhältnis (N.)
relación (F.) de trabajo Arbeitsverhältnis (N.)
relación (F.) diplomática diplomatische Beziehung (F.)
relación (F.) especial de poder besonderes Gewaltverhältnis (N.)
relación (F.) fiduciaria Treuhänderschaft (F.), Treuhandschaft (F.), Treuhandverhältnis (N.)
relación (F.) funcionarial Beamtenverhältnis (N.)
relación (F.) general de poder allgemeines Gewaltverhältnis (N.)

relación (F.) interna Innenverhältnis (N.)
relación (F.) jurídica Rechtsverhältnis (N.)
relación (F.) jurídica especial Sonderrechtsverhältnis (N.)
relación (F.) laboral Arbeitsverhältnis (N.)
relación (F.) obligacional Schuldverhältnis (N.)
relación (F.) orgánica Organschaft (F.)
relación (F.) paterno-filial Eltern-Kind-Verhältnis (N.)
relaciones (F.Pl.) comerciales Handel (M.)
relaciones (F.Pl.) de intercambio terms (N.Pl.) of trade (engl.)
relaciones (F.Pl.) externas Außenverhältnis (N.)
relajar dispensieren
relativo relativ
relatoría (F.) Geschäftsstelle (F.)
relegación (F.) Deportation (F.)
relevación (F.) Ablösung (F.) (Tilgung), Freisprechung (F.), Relevanz (F.)
relevancia (F.) Relevanz (F.)
relevante erheblich, relevant
relevar ablösen
relictos (M.Pl.) Nachlass (M.)
religión (F.) Orden (M.), Religion (F.)
religión (F.) oficial del Estado Staatsreligion (F.)
religioso (Adj.) religiös
rellenar ausfüllen
rematador (M.) Auktionator (M.)
rematar versteigern, zuschlagen
remate (M.) Auktion (F.)
remediar abhelfen
remedio (M.) Abhilfe (F.)
remedio (M.) jurídico Rechtsbehelf (M.), Rechtsmittel (N.), Rekurs (M.)
remesa (F.) Deckung (F.)
remesa (F.) de los autos Aktenversendung (F.)
remisión (F.) Erlass (M.), Renvoi (M.), Rückverweisung (F.), Verweis (M.), Verweisung (F.), Zurückverweisung (F.)
remisión (F.) condicional Bewährung (F.)
remisión (F.) de pena Straferlass (M.)
remitente (F.) Überweisende (F.)
remitente (M.) Absender (M.), Remittent (M.), Überweisender (M.)
remitir absenden, erlassen, verweisen, zurückverweisen
remolcador (M.) Schlepper (M.)
remunerabilidad (F.) Entgeltlichkeit (F.)
remunerable entgeltlich
remuneración (F.) Arbeitseinkommen (N.), Dienstbezug (M.), Entgelt (N.), Gegenleistung (F.), Remuneration (F.), Vergütung (F.)
remuneración (F.) de la obra Werklohn (M.)
remuneración (F.) de vacaciones después de un parto Erziehungsgeld (N.)
remuneración (F.) en especie Deputat (N.)
remunerar entgelten, vergelten, vergüten
remuneratorio remuneratorisch
Renania del Norte/Westfalia Nordrhein-Westfalen (N.)
Renania-Palatinado (M.) Rheinland-Pfalz (N.)
rendición (F.) Ertrag (M.)
rendición (F.) de cuenta Rechnungslegung (F.)
rendimiento (M.) Einkunft (F.), Ertrag (M.), Leistung (F.), Rendite (F.)
rendimiento (M.) de capital Kapitalertrag (M.)
rendir einbringen, leisten
rendir homenaje huldigen
réndito (M.) Zins (M.)
reniego (M.) Blasphemie (F.)
renovación (F.) Verlängerung (F.)
renovar verlängern
renta (F.) Betriebseinnahme (F.), Einkommen (N.), Einkunft (F.), Mietzins (M.), Rente (F.), Zins (M.)
renta (F.) anual Jahreseinkommen (N.), Jahresmiete (F.)
renta (F.) del capital Kapitalertrag (M.)
renta (F.) inmobiliaria Grundrente (F.)
renta (F.) inmueble Grundrente (F.)
renta (F.) vitalicia Leibrente (F.)
rentabilidad (F.) Wirtschaftlichkeit (F.)
rentable wirtschaftlich
rentar einbringen
rentista (M.) Rentner (M.)
renuncia (F.) Verzicht (M.), Verzichtserklärung (F.)
renuncia (F.) a la herencia Erbverzicht (M.)
renuncia (F.) a los recursos Rechtsmittelverzicht (M.)
renuncia (F.) a un derecho Rechtsverzicht (M.)
renuncia (F.) a una reclamación Forderungsverzicht (M.)

renuncia (F.) al recurso Rechtsmittelverzicht (M.)
renuncia (F.) sucesoria Erbverzicht (M.)
renunciar abtreten, niederlegen, verzichten
renunciar a un derecho abandonnieren
reñir raufen, schelten
reo (M.) Angeklagter (M.), Delinquent (M.)
reo (M.) juvenil jugendlicher Straftäter (M.)
reo convicto (M.) Verurteilter (M.)
reorganización (F.) Sanierung (F.)
reorganizar sanieren
reparación (F.) Entschädigung (F.), Genugtuung (F.), Heilung (F.), Reparation (F.)
reparación (F.) de embellecimiento Schönheitsreparatur (F.)
reparación (F.) natural Naturalrestitution (F.)
reparar abstellen, instandsetzen, reparieren, wiederherstellen
reparo (M.) Einwand (M.), Einwendung (F.)
repartimiento Geschäftsverteilung (F.)
repartir umlegen, verteilen
reparto (M.) Aufteilung (F.), Teilung (F.), Umlegung (F.)
reparto (M.) de asuntos Geschäftsverteilung (F.)
reparto (M.) por cuotas Quotierung (F.)
repasar nachzählen
repercusión (F.) Auswirkung (F.)
repercutir auswirken
repertorio (M.) Sammlung (F.)
repertorio (M.) legislativo Gesetzessammlung (F.)
repetición (F.) Wiederholung (F.)
repetidor (M.) Repetitor (M.)
repetir herausverlangen, repetieren, wiederholen
réplica (F.) Einwendung (F.), Erwiderung (F.), Replik (F.)
replicar erwidern
replicato (M.) Replik (F.)
reponer wiederbeschaffen, wiedereinsetzen
reposición (F.) Erinnerung (F.), Wiederbeschaffung (F.)
reposición (F.) al estado anterior Wiedereinsetzung (F.) in den vorigen Stand
reprender rügen, schelten
represalia (F.) Repressalie (F.)
represaliar sanktionieren
represalias (F.Pl.) Vergeltung (F.)
representación (F.) Eintritt (M.), Gegenvorstellung (F.), Repräsentation (F.), Stellvertretung (F.), Vertretung (F.)
representación (F.) activa Aktivvertretung (F.)
representación (F.) colectiva Arbeitnehmervertretung (F.), Gesamtvertretung (F.)
representación (F.) directa direkte Stellvertretung (F.), unmittelbare Stellvertretung (F.)
representación (F.) forzosa Vertretungszwang (M.)
representación (F.) indirecta indirekte Stellvertretung (F.)
representación (F.) juvenil Jugendvertretung (F.)
representación (F.) nacional Staatssymbol (N.), Volksvertretung (F.)
representación (F.) personal Personalvertretung (F.)
representación (F.) política de la población del distrito Kreistag (M.)
representación (F.) popular Volksvertretung (F.)
representación (F.) proporcional Verhältniswahl (F.)
representado (M.) Treugeber (M.)
representante (M. bzw. F.) sin poder de representación Vertreter (M.) ohne Vertretungsmacht
representante (M.) Repräsentant (M.), Stellvertreter (M.), Vertreter (M.)
representante (M.) de comercio Handelsvertreter (M.)
representante (M.) de la acusación Anklagevertreter (M. bzw. F.)
representante (M.) legal gesetzlicher Vertreter (M.), Rechtsvertreter (M.)
representante (M.) legítimo gesetzlicher Vertreter (M.)
representante (M.) mercantil Handelsvertreter (M.)
representante (M.) popular Volksvertreter (M.)
representante (M.) sin poder falsus procurator (M.) (lat.) (Vertreter ohne Vertretungsmacht)
representar repräsentieren, vertreten (V.)
representatividad (F.) Repräsentation (F.)
representativo repräsentativ
represión (F.) Repression (F.), Verweis (M.)
represivo repressiv, restriktiv

represtenación (F.) indirecta mittelbare Stellvertretung (F.)
reprimenda (F.) Rüge (F.), Schelte (F.), Verweis (M.)
reprimir unterdrücken, verfolgen
reprivatizar reprivatisieren
reprobación (F.) Rüge (F.), Verweis (M.), Verwerfung (F.)
reprobar ablehnen, rügen, verwerfen
reprochable zurechenbar
reproche (M.) Vorwurf (M.)
reproducción (F.) Vervielfältigung (F.)
reproducir vervielfältigen
república (F.) Republik (F.)
república (F.) federal Bundesrepublik (F.)
república (F.) presidencialista Präsidialrepublik (F.)
republicano (Adj.) republikanisch
republicano (M.) Republikaner (M.)
repudiación (F.) Ausschlagung (F.), Verwerfung (F.)
repudiación (F.) de la paternidad Ehelichkeitsanfechtung (F.)
repudiar ausschlagen, verstoßen
repulsa (F.) Weigerung (F.)
reputación (F.) Ansehen (N.), Leumund (M.), Ruf (M.)
reputado (Adj.) bekannt (Adj.)
requerimiento (M.) Abruf (M.)
requerir auffordern, erfordern, ersuchen
requisa (F.) Ersuchen (N.)
requisición (F.) Aufforderung (F.), Ersuchen (N.), Requisition (F.)
requisito (M.) Erfordernis (N.)
requisitoria (F.) Fahndungsliste (F.)
res (F.) pública öffentliche Sache (F.)
res (F.) universalis (lat.) Sachgesamtheit (F.)
resarcimiento (M.) Schadloshaltung (F.)
resarcimiento (M.) de perjuicios Schadensersatz (M.)
resarcir ersetzen, erstatten
resbalar gleiten
rescatable ablösbar
rescatar auslosen
rescate (M.) Kündigung (F.), Lösegeld (N.), Reugeld (N.)
rescindible kündbar
rescindir kündigen, lösen
rescisión (F.) Aufhebung (F.), Erlöschen (N.), Kündigung (F.), Rücktritt (M.)
rescontar stornieren
rescripto (M.) de gracia Gnadenerlass (M.)
rescuento (M.) Storno (N.)
reserva (F.) Bestand (M.), Bestehen (N.), Geheimnis (N.), Kautele (F.), Reservation (F.), Reserve (F.), Rücklage (F.), Rückstellung (F.), Vorbehalt (M.), Vorrat (M.)
reserva (F.) de divisas Devisenreserve (F.)
reserva (F.) de dominio Eigentumsvorbehalt (M.)
reserva (F.) de liquidez Liquiditätsreserve (F.)
reserva (F.) de orden Rangvorbehalt (M.)
reserva (F.) de permiso Erlaubnisvorbehalt (M.)
reserva (F.) de propiedad Eigentumsvorbehalt (M.)
reserva (F.) de rango Rangvorbehalt (M.)
reserva (F.) de revocabilidad Widerrufsvorbehalt (M.)
reserva (F.) de revocación Widerrufsvorbehalt (M.)
reserva (F.) hereditaria Sondererbfolge (F.)
reserva (F.) legal Gesetzesvorbehalt (M.)
reserva (F.) mental Mentalreservation (F.)
reserva (F.) mínima Mindestreserve (F.)
reserva (F.) monetaria Währungsreserve (F.)
reserva (F.) natural Naturschutzgebiet (N.)
reserva (F.) rústica Altenteil (M.), Leibgedinge (N.)
reserva (F.) secreta geheimer Vorbehalt (M.)
reserva (F.) tácita geheimer Vorbehalt (M.)
reservación (F.) Vorbehalt (M.)
reservado verschwiegen
reservar belegen (V.), reservieren, vorbehalten (V.), vorbestellen, zurückbehalten
reservista (M.) Reservist (M.)
resguardo (M.) Abschnitt (M.)
resguardo (M.) de almacén Lagerschein (M.)
resguardo (M.) de depósito Depotschein (M.), Lagerschein (M.)
resguardo (M.) provisional Interimsschein (M.)
residencia (F.) Aufenthalt (M.), Aufenthaltsort (M.), Residenz (F.)
residente (Adj.) ansässig, wohnhaft
residir wohnen
residuo (M.) Rest (M.)
residuos (M.Pl.) Müll (M.)
resignación (F.) Demission (F.)
resistencia (F.) Widerstand (M.)
resistencia (F.) al poder estatal Widerstand (M.) gegen die Staatsgewalt

resocialización (F.) Resozialisierung (F.)
resocializar resozialisieren
resolución (F.) Beschlussfassung (F.), Entscheidung (F.), Entschließung (F.), Resolution (F.)
resolución (F.) de adjudicación Überweisungsbeschluss (M.)
resolución (F.) de cometer el acto Tatentschluss (M.)
resolución (F.) de transferencia Überweisungsbeschluss (M.)
resolución (F.) de voluntad Entschluss (M.)
resolución (F.) denegatoria Widerspruchsbescheid (M.)
resolución (F.) interlocutoria gerichtliche Verfügung (F.), Zwischenbescheid (M.)
resolución (F.) previa Vorbescheid (M.)
resolución (F.) según el estado de los autos Entscheidung nach Lage der Akten (F.)
resolutorio auflösend, resolutiv
resolver entscheiden
resolver(se) entschließen (sich)
respaldo (M.) Deckung (F.), Indossament (N.)
respeto (M.) Achtung (F.), Hochachtung (F.), Rücksicht (F.)
respeto (M.) a las leyes Achtung (F.) vor dem Gesetz
responder einstehen, garantieren, haften
responsabilidad (F.) Haftung (F.), Rückstellung (F.), Verantwortlichkeit (F.), Verantwortung (F.), Zurechnungsfähigkeit (F.)
responsabilidad (F.) administrativa Staatshaftung (F.)
responsabilidad (F.) civil Haftpflicht (F.)
responsabilidad (F.) civil causal Gefährdungshaftung (F.)
responsabilidad (F.) civil del fabricante Produzentenhaftung (F.)
responsabilidad (F.) colectiva Kollektivschuld (F.)
responsabilidad (F.) concurrente Mitverschulden (N.)
responsabilidad (F.) de estado Zustandshaftung (F.)
responsabilidad (F.) de los funcionarios Beamtenhaftung (F.)
responsabilidad (F.) de trabajadores Arbeitnehmerhaftung (F.)
responsabilidad (F.) debida a los productos defectuosos Produkthaftung (F.) bei fehlerhaften Erzeugnissen
responsabilidad (F.) del Estado Staatshaftung (F.)
responsabilidad (F.) del heredero Erbenhaftung (F.)
responsabilidad (F.) del órgano Organhaftung (F.)
responsabilidad (F.) delictiva Deliktshaftung (N.)
responsabilidad (F.) ecológica Umwelthaftung (F.)
responsabilidad (F.) económica Haftpflicht (F.)
responsabilidad (F.) limitada beschränkte Haftung (F.)
responsabilidad (F.) obligada Vertretenmüssen (N.)
responsabilidad (F.) obligatoria Haftpflicht (F.), Vertretenmüssen (N.)
responsabilidad (F.) oficial Amtshaftung (F.)
responsabilidad (F.) personal persönliche Haftung (F.)
responsabilidad (F.) por culpa Verschuldenshaftung (F.)
responsabilidad (F.) por el resultado Erfolgshaftung (F.)
responsabilidad (F.) por hechos de los animales Tierhalterhaftung (F.)
responsabilidad (F.) por riesgo Gefährdungshaftung (F.)
responsabilidad (F.) por tenencia de los animales Tierhalterhaftung (F.)
responsabilidad (F.) sin culpa Gefährdungshaftung (F.)
responsabilidad (F.) solidaria Solidarhaftung (F.)
responsabilidad (F.) subjetiva persönliche Haftung (F.), Verschuldenshaftung (F.)
responsabilidad (F.) velada Durchgriffshaftung (F.)
responsable (Adj.) haftbar, haftpflichtig, verantwortlich, zurechnungsfähig
responsibilidad (F.) colectiva Mithaftung (N.)
responsibilidad (F.) interior Innenhaftung (F.)
responsibilidad (F.) para representantes Repräsentantenhaftung (F.)
responsibilidad (F.) por hechos de los animales Tierhalterhaftung (F.)
respuesta (F.) Antwort (F.), Erwiderung (F.), Replik (F.)

restablecer wiederherstellen
restablecimiento (M.) Wiederherstellung (F.)
restante (Adj.) restlich
restauración (F.) Wiederherstellung (F.)
restaurante (M.) Wirtshaus (N.)
restaurar wiederherstellen
restitución (F.) Erstattung (F.), Herausgabe (F.), Restitution (F.), Rückerstattung (F.), Rückgewähr (F.), Rückzahlung (F.), Wiedereinsetzung (F.) in den vorigen Stand, Wiederherstellung (F.)
restitución (F.) in integrum (lat.) Wiedereinsetzung (F.) in den vorigen Stand
restitución (F.) natural Naturalrestitution (F.)
restituir ersetzen, herausgeben, restitutieren, rückerstatten, wiedereinsetzen, wiederherstellen, zurückgeben
resto (M.) Rest (M.)
resto (M.) de pena Reststrafe (F.)
resto (M.) del precio de compra Restkaufpreis (M.)
restricción (F.) Beschränkung (F.), Einschränkung (F.)
restricción (F.) a la competencia Wettbewerbsbeschränkung (F.)
restricción (F.) a la libre circulación de capitales Kapitalverkehrsbeschränkung (F.)
restringir einschränken, hemmen
resultado (M.) Erfolg (M.), Ergebnis (N.), Produkt (N.)
resultado (M.) accesorio Nebenfolge (F.)
resultandos (M.Pl.) Tatbestand (M.)
resultar folgen
resumen (M.) de cuentas Kontoauszug (M.)
resumir abstrahieren
retardación (F.) Hemmung (F.)
retardar hemmen
retardo (M.) procesal Prozessverschleppung (F.), Verfahrensverschleppung (F.)
retención (F.) Retention (F.), Zurückbehaltung (F.)
retención (F.) mental Mentalreservation (F.)
retención (M.) Einbehalt (N.)
retener abziehen, verhaften, vorenthalten (V.), zurückbehalten
reticencia (F.) Verschweigen (N.)
retículo (M.) Raster (N.)
retinencia (F.) Verschweigung (F.)
retirada (F.) Abholung (F.), Austritt (M.), Entziehung (F.), Entzug (M.), Rücknahme (F.)
retirar abberufen, abheben, abholen, abnehmen, abrufen, zurücknehmen, zurückziehen
retirarse abtreten, austreten
retiro (M.) Abberufung (F.), Abhebung (F.), Abnahme (F.), Altenteil (M.), Altersversorgung (F.), Austritt (M.)
retiro (M.) profesional Ruhestand (M.)
retocar nachbessern
retórica (F.) Rhetorik (F.)
retorno (M.) Rückverweisung (F.), Zurückverweisung (F.)
retorsión (F.) Vergeltung (F.)
retorsión (F.) del derecho Retorsion (F.)
retractación (F.) Widerruf (M.)
retractar widerrufen (V.), zurücknehmen, zurückziehen
retracto (M.) Retrakt (M.), Vorkauf (M.), Vorkaufsrecht (N.)
retraer wiederkaufen
retraso (M.) Säumnis (F.)
retraso (M.) en el pago Zahlungsverzug (M.)
retraso (M.) en la ejecución Leistungsverzug (M.)
retrayente (M. bzw. F.) Vorkaufsberechtigter (M.)
retreta (F.) Zapfenstreich (M.)
retribución (F.) Dienstbezug (M.), Honorar (N.), Vergeltung (F.)
retribución (F.) por vacaciones Urlaubsgeld (N.)
retribuir belohnen
retroacción (F.) Rückwirkung (F.)
retroactivo rückwirkend
retroceder zurücktreten
retrotergar degradieren
retroventa (F.) Wiederkauf (M.)
reunificación (F.) Wiedervereinigung (F.)
reunión (F.) Sitzung (F.), Tagung (F.), Versammlung (F.)
reunión (F.) de acreedores Gläubigerversammlung (F.)
reunión (F.) ilegal Auflauf (M.)
reunión (F.) no pacífica Zusammenrottung (F.)
reunir vereinen, versammeln, wiedervereinigen
reunirse tagen
reválida (F.) Reifeprüfung (F.)
revalorización (F.) Aufwertung (F.)
revalorizar aufwerten

revaluar aufwerten
revelación (F.) Enthüllung (F.), Eröffnung (F.), Offenbarung (F.)
revelar enthüllen, eröffnen
reversión (F.) Heimfall (M.)
reverso (M.) Rückseite (F.)
revertirse anfallen
revisable revisibel
revisar ändern, revidieren, überholen, überprüfen
revisión (F.) Abschlussprüfung (F.), Änderung (F.), Inspektion (F.), Revision (F.), Wiederaufnahme (F.)
revisión (F.) de cuentas Rechnungsprüfung (F.), Revision (F.)
revisor (M.) Schaffner (M.)
revisor (M.) de cuentas Rechnungsprüfer (M.), Wirtschaftsprüfer (M.)
revisoría (F.) Abschlussprüfung (F.), Rechnungsprüfung (F.)
revista (F.) Zeitschrift (F.)
revista (F.) ilustrada Magazin (N.)
revocable kündbar, widerruflich
revocación (F.) Abberufung (F.), Rücknahme (F.), Widerruf (M.)
revocar abberufen, absagen, widerrufen (V.), zurücknehmen, zurückziehen
revolución (F.) Aufstand (M.), Revolution (F.)
rey (M.) König (M.)
ribera (F.) Ufer (N.)
ribereño (M.) Anlieger (M.)
riesgo (M.) Gefahr (F.), Risiko (N.)
riesgo (M.) de entorpecimiento de la labor de la justicia Verdunkelungsgefahr (F.)
riesgo (M.) de explotación Betriebsgefahr (F.), Betriebsrisiko (N.)
riesgo (M.) de repetición Wiederholungsgefahr (F.)
riesgo (M.) empresarial Betriebsgefahr (F.)
rifa (F.) Auslosung (F.), Ausspielung (F.), Lotterie (F.)
rigidez (F.) Gebundenheit (F.)
rigor (M.) Härte (F.), Schwere (F.), Strenge (F.)
riguroso rigoros
rincón (M.) Ecke (F.)
riña (F.) matrimonial Ehestreitigkeit (F.)
riña (F.) tumultaria Raufhandel (M.), Schlägerei (F.)
río (M.) Strom (M.)
riqueza (F.) mineral Bodenschatz (M.)
rito (M.) Gepflogenheit (F.)
robar berauben, kidnappen, rauben
robo (M.) Entführung (F.), Raub (M.), räuberischer Diebstahl (M.)
robo (M.) bancario Bankraub (M.)
robo (M.) con fractura Einbruchsdiebstahl (M.)
robo (M.) con homicidio Raubmord (M.)
robo (M.) de infante Kindesraub (M.)
robo (M.) de mujeres Frauenraub (M.)
robo (M.) de sustancias alimenticias Mundraub (M.)
robo (M.) domiciliario Einbruch (M.)
robo (M.) macabro Leichenfledderei (F.)
rodear umgeben (V.)
rogar bitten
rojo rot
rol (M.) Rolle (F.)
rol (M.) familiar Familienrolle (F.)
romano (Adj.) römisch
romper abbrechen, brechen, durchbrechen, einbrechen, verstoßen
rompimiento (M.) Abbruch (M.)
ronda (F.) Streife (F.)
rostro (M.) Gesicht (N.)
Rota (F.) romana Rota (F.) Romana (lat.) (römisches Rad)
rotación (F.) Rotation (F.), Umlauf (M.)
rotar rotieren
rotativo (M.) Blinklicht (N.)
rotura (F.) Abbruch (M.), Bruch (M.)
rúbrica (F.) Paraphe (F.)
rúbricación (F.) Paraphierung (F.)
rubricar abzeichnen, paraphieren
rubro (M.) Titel (M.)
rueda (F.) Rad (N.)
rufián (M.) Zuhälter (M.)
ruido (M.) Lärm (M.)
ruidos (M.Pl.) Ruhestörung (F.)
ruina (F.) patrimonial Vermögensverfall (M.)
ruinoso baufällig
ruptura (F.) Abbruch (M.), Durchbrechung (F.)
ruptura (F.) de la paz pública Landfriedensbruch (M.)
ruptura (F.) de la posesión Gewahrsamsbruch (M.)
ruptura (F.) de sellos Siegelbruch (M.)

s

saber (M.) Kenntnis (F.), Wissen (N.)
saber (M.) y querer (M.) Wissen (N.) und Wollen (N.)
saber erfahren (V.), wissen
sabotaje (M.) Sabotage (F.)
sabotear sabotieren
saca (F.) Entnahme (F.)
sacar entnehmen, schöpfen
sacar el saldo saldieren
sacerdote (M.) Priester (M.)
saco (M.) Sack (M.)
sacramento (M.) Sakrament (N.)
sacrificar aufopfern, opfern
sacrificio (M.) Aufopferung (F.), Opfer (N.) (Einbuße)
sacrificio (M.) especial Sonderopfer (N.)
sacrilegio (M.) Sakrileg (N.)
sadismo (M.) Sadismus (M.)
sagrado heilig
Sajonia Sachsen (N.)
Sajonia-Anhalt Sachsen-Anhalt (N.)
sala (F.) Kammer (F.)
sala (F.) colegiada Kollegialgericht (N.)
sala (F.) de conferencias Beratungszimmer (N.)
sala (F.) de justicia Spruchkörper (M.)
sala (F.) de lo civil Zivilkammer (F.), Zivilsenat (M.)
sala (F.) de lo criminal Strafkammer (F.), Strafsenat (M.)
sala (F.) de menores Jugendgericht (N.)
sala (F.) de sesiones Beratungszimmer (N.)
sala (F.) penal Strafkammer (F.), Strafsenat (M.)
salario (M.) Besoldung (F.), Gage (F.), Gehalt (N.), Lohn (M.), Verdienst (M.)
salario (M.) a destajo Akkordlohn (M.)
salario (M.) básico Ecklohn (M.), Grundgehalt (N.), Grundlohn (M.)
salario (M.) de cotización Beitragsbemessungsgrenze (F.)
salario (M.) de salvamento Bergelohn (M.)
salario (M.) en especie Naturallohn (M.)
salario (M.) jornal Tagelohn (M.)
salario (M.) laboral Arbeitsentgelt (N.), Arbeitslohn (M.)
salario (M.) mínimo Mindestlohn (M.)
salario (M.) por tiempo Zeitlohn (M.)
salario (M.) regular Regellohn (M.)
salario (M.) social Soziallohn (M.)
salario (M.) vital Mindestlohn (M.)
salario-base (M.) Ecklohn (M.), Grundgehalt (N.), Grundlohn (M.)
salario-hora (M.) Zeitlohn (M.)
saldar abrechnen, abschließen, aufrechnen, begleichen, bezahlen, quittieren, saldieren, verrechnen
saldo (M.) Abrechnung (F.), Abschluss (M.), Ausverkauf (M.), Bezahlung (F.), Saldo (M.), Vortrag (M.)
saldo (M.) activo Guthaben (N.)
saldo (M.) compensatorio Abrechnungssaldo (M.)
saldos (M.Pl.) Schlussverkauf (M.)
salida (F.) Absatz (M.), Austritt (M.), Auszug (M.), Verkauf (M.)
salir verlassen (V.)
salir garante haften
salta (F.) Sprung (M.)
saltar springen
salteador (M.) Einbrecher (M.)
salubridad (F.) Gesundheit (F.)
salud (F.) Gesundheit (F.)
saludable gesund
salvaguardar wahren
salvaguardia (F.) Wahrnehmung (F.), Wahrung (F.)
salvaguardia (F.) de la confianza Vertrauensschutz (M.)
salvaje wild
salvamento (M.) Bergung (F.)
salvar bergen, erlösen
salvo außer
salvo venta freibleibend
salvoconducte (M.) Passierschein (M.)
sanación (F.) Heilung (F.)
sanamiento (M.) Mangelgewährleistung (F.)
sanatorio (M.) Heilanstalt (F.)
sanción (F.) Ahndung (F.), Bestrafung (F.), Sanktion (F.)
sanción (F.) administrativa Maßregelung (F.), Ordnungsstrafe (F.)
sanción (F.) disciplinaria Maßregelung (F.)
sanción (F.) pecuniaria Geldbuße (F.)
sancionable strafbar
sancionar ahnden, billigen, sanktionieren
saneamiento (M.) Gewährleistung (F.), Sanierung (F.), Schadloshaltung (F.)

sanear gewährleisten, sanieren
sangre (F.) Blut
sanidad (F.) Gesundheit (F.)
sano gesund, heil
Santa Sede (F.) Heiliger Stuhl (M.)
santo (Adj.) heilig
saqueador (M.) Plünderer (M.)
saquear plündern
saqueo (F.) Plünderung (F.)
sarcasmo (M.) Hohn (M.)
Sarre Saarland (N.)
satisfacción (F.) Befriedigung (F.), Bezahlung (F.), Erfüllung (F.), Genugtuung (F.), Satisfaktion (F.)
satisfacer befriedigen, begleichen, erfüllen
sciencia (F.) jurídica Jurisprudenz (F.)
Schleswig-Holstein Schleswig-Holstein (N.)
schmieren engrasar
sección (F.) Abteilung (F.), Dezernat (N.), Kammer (F.), Referat (N.), Sektion (F.)
sección (F.) jurídica Rechtsabteilung (F.)
secesión (F.) Sezession (F.)
secretaría (F.) Geschäftsstelle (F.), Sekretariat (N.)
secretaria (F.) Sekretärin (F.)
secretariado (M.) Sekretariat (N.)
secretario (M.) Schriftführer (M.), Sekretär (M.)
secretario (M.) de Estado Staatssekretär (M.)
secretario (M.) de juzgado Rechtspfleger (M.) (Rechtspfleger in Deutschland)
secretario (M.) de legación Legationssekretär (M.)
secretario (M.) del ayuntamiento Gemeindedirektor (M.), Oberstadtdirektor (M.), Stadtdirektor (M.)
secretario (M.) general Generalsekretär (M.)
secretario-notario (M.) Bezirksnotar (M.)
secreto (Adj.) geheim, vertraulich
secreto (M.) Geheimnis (N.)
secreto (M.) bancario Bankgeheimnis (N.)
secreto (M.) comercial Geschäftsgeheimnis (N.)
secreto (M.) de correspondencia Briefgeheimnis (N.)
secreto (M.) de Estado Staatsgeheimnis (N.)
secreto (M.) de la correspondencia Korrespondenzgeheimnis (N.)
secreto (M.) de las comunicaciones Fernmeldegeheimnis (N.)
secreto (M.) de las comunicaciones postales Postgeheimnis (N.)
secreto (M.) del voto Wahlgeheimnis (N.)
secreto (M.) fiscal Steuergeheimnis (N.)
secreto (M.) impositivo Steuergeheimnis (N.)
secreto (M.) postal Briefgeheimnis (N.), Postgeheimnis (N.)
secreto (M.) profesional Amtsverschwiegenheit (F.), Dienstgeheimnis (N.)
secreto (N.) profesional Berufsgeheimnis (N.)
secta (F.) Sekte (F.)
sector (M.) Sektor (M.)
sector (M.) de actividad Tätigkeitsbereich (M.)
sector (M.) jurídico Rechtsgebiet (N.)
sector (M.) no urbano Außenbereich (M.)
sector (M.) público öffentliche Hand (F.)
sector (M.) real Sachgebiet (N.)
secuestrador (M.) Entführer (M.), Kidnapper (M.), Sequester (M.)
secuestrar entführen, erfassen, kidnappen, sequestrieren, verschleppen
secuestro (M.) Entführung (F.), Erfassung (F.), Menschenraub (M.), Sequestration (F.), Verschleppung (F.)
secuestro (M.) de rehenes Geiselnahme (F.)
secuestro (M.) extorsivo erpresserischer Menschenraub (M.)
secuestro (M.) judicial Vorbeugehaft (F.)
secularización (F.) Säkularisation (F.)
secularizar säkularisieren
sede (F.) Sitz (M.)
sedicente angeblich
sedicioso (Adj.) landesverräterisch
sedicioso (M.) Aufrührer (M.), Landesverräter (M.)
seducción (F.) Verführung (F.)
seducir verführen
segregación (F.) racial Rassentrennung (F.)
segregar abschreiben
seguido anhängig
según calendario kalendarisch
según convenido vereinbarungsgemäß
segunda intención (F.) geheimer Vorbehalt (M.)
segundo zweit
segundo teniente (M.) Leutnant (M.)
segundo voto (M.) Zweitstimme (F.)
seguridad (F.) Garantie (F.), Schutz (M.), Sicherheit (F.), Zuverlässigkeit (F.)
seguridad (F.) de aparatos Gerätesicherheit (F.)

seguridad (F.) del trabajo Arbeitssicherheit (F.)
seguridad (F.) del tráfico Verkehrssicherheit (F.)
seguridad (F.) legal Rechtssicherheit (F.)
seguridad (F.) social Sozialversicherung (F.)
seguridad (F.) social de empleados Angestelltenversicherung (F.)
seguridad (F.) vial Verkehrssicherheit (F.)
seguridad (F.) y orden (M.) públicos öffentliche Sicherheit und Ordnung (F.)
seguro (Adj.) gewiss, sicher, zuverlässig
seguro (M.) Assekuranz (F.), Versicherung (F.)
seguro (M.) adicional Nachversicherung (F.)
seguro (M.) contra accidentes del trabajo Berufsunfähigkeitsversicherung (F.)
seguro (M.) contra daños Schadensversicherung (F.)
seguro (M.) contra incendios Feuerversicherung (F.)
seguro (M.) contra todo riesgo Vollkaskoversicherung (F.)
seguro (M.) de accidentes Unfallversicherung (F.)
seguro (M.) de asistencia Pflegeversicherung (F.)
seguro (M.) de automóviles Kraftfahrzeugversicherung (F.)
seguro (M.) de automóviles a todo riesgo Vollkaskoversicherung (F.)
seguro (M.) de casco Kaskoversicherung (F.)
seguro (M.) de cosas Sachversicherung (F.)
seguro (M.) de daños propios Kaskoversicherung (F.)
seguro (M.) de defensa judicial Rechtsschutzversicherung (F.)
seguro (M.) de empleados Angestelltenversicherung (F.)
seguro (M.) de enfermedad Krankenversicherung (F.)
seguro (M.) de enfermedades profesionales Unfallversicherung (F.)
seguro (M.) de granizo Hagelversicherung (F.)
seguro (M.) de indemnización Schadensversicherung (F.)
seguro (M.) de insolvencia Insolvenzversicherung (F.)
seguro (M.) de invalidez Invalidenversicherung (F.)
seguro (M.) de los utensilios domésticos Hausratsversicherung (F.)
seguro (M.) de maquinaria Maschinenversicherung (F.)
seguro (M.) de paro Arbeitslosenversicherung (F.)
seguro (M.) de pensiones Rentenversicherung (F.)
seguro (M.) de personas Personenversicherung (F.)
seguro (M.) de protección jurídica Rechtsschutzversicherung (F.)
seguro (M.) de renta Rentenversicherung (F.)
seguro (M.) de responsabilidad civil Haftpflichtversicherung (F.)
seguro (M.) de responsabilidad frente a terceros Haftpflichtversicherung (F.)
seguro (M.) de riesgo en las cosas Sachversicherung (F.)
seguro (M.) de salud Krankenversicherung (F.)
seguro (M.) de viaje Reiseversicherung (F.)
seguro (M.) de vida Lebensversicherung (F.)
seguro (M.) directo Direktversicherung (F.)
seguro (M.) doble Doppelversicherung (F.)
seguro (M.) libre freiwillige Versicherung (F.)
seguro (M.) marítimo Seeversicherung (F.)
seguro (M.) obligatorio Pflichtversicherung (F.), Versicherungspflicht (F.), Versicherungszwang (M.)
seguro (M.) personal Personenversicherung (F.)
seguro (M.) privado Privatversicherung (F.)
seguro (M.) sobre la vida Lebensversicherung (F.)
seguro (M.) sobre riesgos del hogar Hausratsversicherung (F.)
seguro (M.) social Sozialversicherung (F.)
seguro (M.) suplementario Nachversicherung (F.)
seguro (M.) voluntario freiwillige Versicherung (F.)
selección (F.) Aussonderung (F.), Auswahl (F.), Wahl (F.)
selección (F.) social Sozialauswahl (F.)
seleccionar auswählen, wählen
selectividad (F.) Auswahl (F.)
selva (F.) Wald (M.)
sellado (M.) Versiegelung (F.)
sellar siegeln, stempeln, versiegeln

sello (M.) Briefmarke (F.), Siegel (N.), Stempel (M.), Wertzeichen (N.)
sello (M.) de lacrar Petschaft (F.)
sello (M.) de stampillar Petschaft (F.)
sello (M.) oficial Dienstsiegel (N.)
semana (F.) Woche (F.)
semanal wöchentlich
semblante (M.) Schein (F.)
semejante gleichartig
sementera (F.) Saat (F.)
semestre (M.) Semester (N.)
semiadulto (M.) Heranwachsender (M.)
semillas (F.Pl.) Saat (F.)
seminario (M.) Seminar (N.)
senado (M.) Senat (M.)
senador (M.) Senator (M.)
sensato vernünftig
sentencia (F.) Entscheidung (F.), Erkenntnis (N.) (Entscheidung), Gerichtsurteil (N.), Spruch (M.), Urteil (N.)
sentencia (F.) absolutoria Freispruch (M.)
sentencia (F.) arbitral Schiedsspruch (M.)
sentencia (F.) capital Todesurteil (N.)
sentencia (F.) complementaria Ergänzungsurteil (N.)
sentencia (F.) con reserva de liquidación Grundurteil (N.)
sentencia (F.) condenatoria Strafurteil (N.)
sentencia (F.) constitutiva Gestaltungsurteil (N.)
sentencia (F.) contumacial Versäumnisurteil (N.)
sentencia (F.) de allanamiento Anerkenntnisurteil (N.)
sentencia (F.) de condena Leistungsurteil (N.)
sentencia (F.) de fondo Sachurteil (N.)
sentencia (F.) de juez Richterspruch (M.)
sentencia (F.) de muerte Todesurteil (N.)
sentencia (F.) de transformación Gestaltungsurteil (N.)
sentencia (F.) declarativa Feststellungsurteil (N.)
sentencia (F.) definitiva Endurteil (N.), Schlussurteil (N.)
sentencia (F.) en rebeldía Konvaleszenz (F.), Versäumnisurteil (N.)
sentencia (F.) equivocada Fehlurteil (N.)
sentencia (F.) interlocutoria Zwischenurteil (N.)
sentencia (F.) ordenatoria Prozessurteil (N.)
sentencia (F.) parcial Teilurteil (N.)
sentencia (F.) penal Strafurteil (N.)
sentencia (F.) procesal Prozessurteil (N.)
sentencia (M.) condenatoria Leistungsurteil (N.)
sentenciar urteilen, verurteilen
sentencias (F.Pl.) Judikatur (F.)
sentido (M.) de la justicia Rechtsempfinden (N,)
señal (F.) Draufgabe (F.), Zeichen (N.)
señal (F.) de circulación Verkehrszeichen (N.)
señal (F.) del tráfico Verkehrszeichen (N.)
señal (M.) indicadora Absperrung (F.)
señalamiento (M.) Anberaumung (F.)
señalar anberaumen
señalar fecha terminieren
señor (M.) Dienstherr (M.), Herr (M.)
señor (M.) de negocio Geschäftsherr (M.)
señor (M.) territorial Grundherr (M.)
señora (F.) Ehefrau (F.), Ehegattin (F.), Frau (F.), Gattin (F.)
señorío (M.) Sachherrschaft (F.)
señorío (M.) inmobiliario Grundherrschaft (F.)
separación (F.) Absonderung (F.), Ausschluss (M.), Aussonderung (F.), Entfernung (F.), Trennung (F.)
separación (F.) conyugal de hecho Getrenntleben (N.)
separación (F.) de bienes Gütertrennung (F.)
separación (F.) de bienes con elementos de la sociedad de gananciales Zugewinngemeinschaft (F.)
separación (F.) de poderes Gewaltenteilung (F.)
separado getrennt
separar absondern, abtrennen, trennen
separarse austreten
sepelio (M.) Beerdigung (F.)
sepultar beerdigen
séquito (M.) Geleit (N.)
ser (M.) Wesen (N.)
ser (V.) apropiado eignen
ser (V.) culpable verschulden (sich)
ser (V.) propiedad gehören
ser (V.) regente de verwesen (verwalten)
ser (V.) útil nützen
ser (V.) válido gelten
sereno (M.) Nachtwächter (M.)
seriedad (F.) Schwere (F.)

seriedad (F.) del hecho Schwere (F.) des Vergehens
serventía (F.) Dienstbarkeit (F.)
servicial gefällig
servicio (M.) Anstalt (F.), Bedienung (F.), Dienst (M.), Dienstleistung (F.), Dienststelle (F.)
servicio (M.) básico Grundwehrdienst (M.)
servicio (M.) cívico Zivildienst (M.)
servicio (M.) civil Staatsdienst (M.), Zivildienst (M.)
servicio (M.) de beneficiencia Wohlfahrtspflege (F.)
servicio (M.) de colocación Arbeitsamt (N.), Arbeitsvermittlung (F.)
servicio (M.) de correos Post (F.)
servicio (M.) de gobierno interior innere Verwaltung (F.)
servicio (M.) de información Geheimdienst (M.)
Servicio (M.) de Inspección Técnica (SIT) Technischer Überwachungsverein (M.) (TÜV)
servicio (M.) de pagos Zahlungsverkehr (M.)
servicio (M.) del Estado Staatsdienst (M.)
servicio (M.) doméstico Hausarbeit (F.)
servicio (M.) exterior auswärtiger Dienst (M.)
servicio (M.) financiero Finanzdienstleistung (F.)
servicio (M.) jurídico Rechtsberatung (F.)
servicio (M.) militar Kriegsdienst (M.), Wehrdienst (M.)
servicio (M.) militar obligatorio Wehrpflicht (F.)
servicio (M.) profesional freier Beruf (M.)
servicio (M.) público öffentlicher Dienst (M.)
servicio (M.) secreto Geheimdienst (M.)
servicios (M.Pl.) preparatorios Vorbereitungsdienst (M.)
servicios (M.Pl.) profesionales freie Berufe (M.Pl.)
servidor (M.) Bediensteter (M.), Diener (M.), Dienstbote (M.)
servidor (M.) de la posesión Besitzdiener (M.)
servidumbre (F.) Dienstbarkeit (F.), Gerechtigkeit (F.), Hörigkeit (F.), Servitut (F.)
servidumbre (F.) administrativa öffentliche Dienstbarkeit (F.)
servidumbre (F.) de paso Wegerecht (N.)
servidumbre (F.) inmobiliaria Grunddienstbarkeit (F.)
servidumbre (F.) legal Legalservitut (F.)
servidumbre (F.) personal limitada beschränkte persönliche Dienstbarkeit (F.)
servidumbre (F.) predial Grunddienstbarkeit (F.)
servidumbre (F.) real Grunddienstbarkeit (F.)
servidumbre (F.) transeundi (lat.) Wegerecht (N.)
servir bedienen, dienen, nützen
sesión (F.) Gerichtssitzung (F.), Session (F.), Sitzung (F.), Tagung (F.)
sesión (F.) judicial Gerichtsverhandlung (F.)
seudónimo (M.) Pseudonym (N.)
severo schwer, streng
sexo (M.) Geschlecht (N.)
sexual geschlechtlich, sexuell
Shengen (F.) Schengen (N.)
sicología (F.) Psychologie (F.)
sicópata (M.) Psychopath (M.)
sicosis (F.) Psychose (F.)
sicoterapia (F.) Psychotherapie (F.)
SIDA (M.) (Síndrome de Inmuno-Deficiencia Adquirida) Aids (N.) (acquired immune deficiency syndrome)
siembra (F.) Saat (F.)
siervo (Adj.) hörig
sigilo (M.) Siegel (N.)
sigilo (M.) profesional Amtsgeheimnis (N.)
signar abzeichnen, unterschreiben, unterzeichnen, zeichnen
signatura (F.) Signatur (F.)
significación Bedeutung (F.)
significar bedeuten
significativo repräsentativ
signo (M.) Merkmal (N.), Zeichen (N.)
silenciar verschweigen
silencio (M.) Schweigen (N.), Verschweigen (N.)
silencioso still
símbolo (M.) Symbol (N.)
símbolo (M.) de la soberanía Hoheitszeichen (N.)
simientes (F.Pl.) Saat (F.)
similar (Adj.) ähnlich
simple (Adj.) einfach
simplificar vereinfachen
simulación (F.) Vorspiegelung (F.), Vortäuschen (N.), Vortäuschung (F.)
simulación (F.) de delito Vortäuschen einer Straftat (N.)
simulación (F.) de denuncia Vortäuschen einer Straftat (N.)

simular fingieren, vorspiegeln, vortäuschen
simultáneo gleichzeitig, simultan
sin antecedentes penales unbescholten
sin capacidad jurídica nicht rechtsfähig
sin compromiso freibleibend
sin conocimiento bewusstlos
sin contenido gegenstandslos
sin demora fristlos, unverzüglich
sin denominación propia unbenannt
sin derecho rechtlos
sin dilación unverzüglich
sin domicilio obdachlos
sin dueño herrenlos
sin efecto schwebend unwirksam
sin gastos gebührenfrei
sin hogar obdachlos
sin nacer ungeboren
sin objeto gegenstandslos
sin oficio ni beneficio hilfsbedürftig
sin patria heimatlos
sin plazo fristlos
sin prejuicios unvoreingenommen
sin previo conocimiento gutgläubig
sin recursos hilflos
sin reserva vorbehaltlos
sin reunir el quórum beschlussunfähig
sin terminar unbeendet
sin titulo eigenmächtig
sin valor wertlos
sinalagmático synallagmatisch
sindicado (M.) Gewerkschaftler (M.)
sindical gewerkschaftlich
sindicalista (M.) Gewerkschaftler (M.)
sindicato (M.) Fachschaft (F.), Gewerkschaft (F.), Konsortium (N.), Syndikat (N.)
sindicato (M.) obrero Gewerkschaft (F.)
sindicatura (F.) Zwangsverwaltung (F.)
síndico (M.) Masseverwalter (M.), Syndikus (M.), Zwangsverwalter (M.)
síndico-presidente (M.) Vorstandsvorsitzender (M.)
singular einzeln
singularizar spezifizieren
siniestrado (M.) Geschädigter (M.)
siniestro (M.) leve Bagatellschaden (M.)
sínodo (M.) Synode (F.)
siquiatría (F.) Psychiatrie (F.)
síquico psychisch, seelisch
sirviente (M.) Diener (M.)
sistema (M.) System (N.)
sistema (M.) bicameral Zweikammersystem (N.)
sistema (M.) de alarma Alarmanlage (F.)
sistema (M.) de concesión Konzessionssystem (N.)
sistema (M.) de información Informationssystem (N.)
sistema (M.) de parentelas Parentelsystem (N.)
sistema (M.) de valores Werteordnung (F.), Wertsystem (N.)
sistema (M.) del derecho Rechtssystem (N.)
sistema (M.) económico Wirtschaftsverfassung (F.)
sistema (M.) electoral minoritario Verhältniswahlsystem (N.)
sistema (M.) electoral proporcional Verhältniswahlsystem (N.)
sistema (M.) inquisitivo Inquisitionsmaxime (F.)
sistema (M.) judiciario Gerichtssystem (N.)
sistema (M.) jurídico Rechtssystem (N.)
sistema (M.) monetario Währung (F.)
Sistema (M.) Monetario Europeo europäisches Währungssystem (N.)
sistema (M.) triangular Dreieckverkehr (M.)
sistemática (F.) Systematik (F.)
sistemático (Adj.) systematisch
SIT (M.) (Servicio de Inspección Técnica) TÜV (M.) (Technischer Überwachungsverein)
sitio (M.) Platz (M.), Stätte (F.)
sito belegen (Adj.), gelegen
situación (F.) Belegenheit (F.), Stand (M.), Status (M.), Zustand (M.)
situación (F.) adquirida Besitzstand (M.)
situación (F.) critica Notlage (F.)
situación (F.) de abandono Verwahrlosung (F.)
situación (F.) de autos Aktenlage (F.)
situación (F.) de necesidad (F.) Notstand (M.)
situación (F.) de pasividad Ruhestand (M.)
situación (F.) de pendencia Schwebezustand (M.)
situación (F.) de siniestro Versicherungsfall (M.)
situación (F.) fuera del derecho Rechtlosigkeit (F.)
situación (F.) inactiva de un proceso Ruhen (N.) des Verfahrens
situación (F.) jurídica Rechtslage (F.), Rechtsverhältnis (N.)

situado belegen (Adj.), gelegen
soberanía (F.) Herrschaftsrecht (N.), Hoheit (F.), Hoheitsbefugnis (F.), Hoheitsgewalt (F.), Hoheitsrecht (N.), Souveränität (F.)
soberanía (F.) del pueblo Volkssouveränität (F.)
soberanía (F.) fiscal Steuerhoheit (F.)
soberanía (F.) judicial Justizhoheit (F.)
soberanía (F.) personal Personalhoheit (F.)
soberanía (F.) popular Volkssouveränität (F.)
soberanía (F.) popular del pueblo Demokratie (F.)
soberanía (F.) sobre el producto Ertragshoheit (F.)
soberanía (F.) territorial Gebietshoheit (F.)
soberano (Adj.) hoheitlich, souverän
soberano (M.) Herrscher (M.), Landesherr (M.), Souverän (M.)
sobordo (M.) Manifest (N.)
sobornable bestechlich
sobornar bestechen
soborno (M.) Bestechung (F.), Schmiergeld (N.)
soborno (M.) de diputados Abgeordnetenbestechung (F.)
soborno (M.) de funcionarios Beamtenbestechung (F.)
sobrecargar überlasten
sobreendeudar überschulden
sobregirar überziehen
sobremedida (F.) Übermaß (N.)
sobrepaga (F.) Zulage (F.)
sobrepasar überziehen
sobreplazo (M.) Fristverlängerung (F.)
sobreprecio (M.) Zuschlag (M.)
sobreseer aussetzen, sistieren
sobreseimiento (M.) Einstellung (F.)
sobreseimiento (M.) en los pagos Zahlungseinstellung (F.)
sobreseimiento (M.) provisional vorläufige Einstellung (F.) des Verfahrens
sobrevenir eintreten
sobrina (F.) Nichte (F.)
socia (F.) Gesellschafterin (F.)
socia (F.) única Alleingesellschafterin (F.)
social gesellschaftlich, sozial
socialismo (M.) Sozialismus (M.)
socialista (Adj.) sozialistisch
socialista (M.) Sozialist (M.)
socialización (F.) Sozialbindung (F.), Sozialisierung (F.), Vergesellschaftung (F.)
socializar sozialisieren, vergesellschaften
sociedad (F.) Außengesellschaft (F.), Gemeinwesen (N.), Gesellschaft (F.), Sozietät (F.), Verein (M.)
sociedad (F.) a medias Gelegenheitsgesellschaft (F.)
sociedad (F.) accidental stille Gesellschaft (F.)
sociedad (F.) afiliada Zweigniederlassung (F.)
sociedad (F.) anónima (S.A.) Aktiengesellschaft (F.) (AG)
sociedad (F.) aseguradora Versicherungsgesellschaft (F.)
sociedad (F.) central Dachgesellschaft (F.)
sociedad (F.) clandestina Innengesellschaft (F.)
sociedad (F.) colectiva (S.C.) offene Handelsgesellschaft (F.) (OHG)
sociedad (F.) comanditaria Kommanditgesellschaft (F.)
sociedad (F.) cooperativa Genossenschaft (F.)
sociedad (F.) de abogados Rechtsanwaltsgesellschaft (N.)
sociedad (F.) de amortización Abschreibungsgesellschaft (F.)
sociedad (F.) de capital Kapitalgesellschaft (F.)
sociedad (F.) de cazadores Jagdgenossenschaft (F.)
sociedad (F.) de control Holdinggesellschaft (F.)
sociedad (F.) de gananciales Errungenschaftsgemeinschaft (F.)
sociedad (F.) de hecho faktische Gesellschaft (F.)
sociedad (F.) de inversión de capitales Investmentgesellschaft (F.)
sociedad (F.) de inversiones Investmentgesellschaft (F.)
Sociedad (F.) de las Naciones Völkerbund (M.)
sociedad (F.) de personas Personenvereinigung (F.)
sociedad (F.) de responsabilidad limitada (SRL) Gesellschaft (F.) mit beschränkter Haftung (GmbH)
sociedad (F.) de seguros Versicherungsgesellschaft (F.), Versicherungsverein (M.)
sociedad (F.) en comandita Kommanditgesellschaft (F.)

sociedad (F.) en formación Gründungsgesellschaft (F.), Vorgesellschaft (F.)
sociedad (F.) en liquidación Abwicklungsgesellschaft (F.)
sociedad (F.) en participación stille Gesellschaft (F.)
sociedad (F.) europea Europäische Aktiengesellschaft (F.)
sociedad (F.) europea anónima Europäische Aktiengesellschaft (F.)
sociedad (F.) familiar Familiengesellschaft (F.)
sociedad (F.) fiduciaria Treuhandgesellschaft (F.)
sociedad (F.) filial Tochtergesellschaft (F.)
sociedad (F.) holding Holdinggesellschaft (F.)
sociedad (F.) individual Einmanngesellschaft (F.)
sociedad (F.) inversora por obligaciones Kapitalanlagegesellschaft (F.)
sociedad (F.) limitada (nueva pequeña) Unternehmergesellschaft (F.)
sociedad (F.) limitada GmbH & Co. KG (F.)
sociedad (F.) madre Muttergesellschaft (F.)
sociedad (F.) mercantil Handelsgesellschaft (F.)
sociedad (F.) momentánea Gelegenheitsgesellschaft (F.)
sociedad (F.) partícipe Beteiligungsgesellschaft (F.)
sociedad (F.) personal Personengesellschaft (F.)
sociedad (F.) por acciones Aktiengesellschaft (F.) (AG)
sociedad (F.) prefundacional Vorgründungsgesellschaft (F.)
sociedad (F.) registrada e. V. (M.) (eingetragener Verein), eingetragener Verein (M.) (e. V.)
sociedad (F.) religiosa Religionsgesellschaft (F.)
sociedad (F.) secreta Geheimbund (M.)
sociedad (F.) tutelar Dachgesellschaft (F.)
sociedad (F.) unipersonal Einmanngesellschaft (F.)
socio (M.) Beteiligter (M.), Genosse (M.), Gesellschafter (M.), Mitglied (N.), Partner (M.), Sozius (M.), Teilhaber (M.)
socio (M.) capitalista Kommanditist (M.)
socio (M.) colectivo Komplementär (M.)
socio (M.) de un partido Parteigenosse (M.)
socio (M.) gestor Komplementär (M.)
socio (M.) único Alleingesellschafter (M. bzw. F.)
socioeducativo sozialpädagogisch
sociología (F.) Soziologie (F.)
sociología (F.) del derecho Rechtssoziologie (F.)
sociología (F.) jurídica Rechtssoziologie (F.)
socorrer beistehen
socorro (M.) Hilfe (F.)
sodomía (F.) Sodomie (F.)
software (M.) Software (F.) (engl.)
solar (M.) Bauplatz (M.)
soldada (F.) Sold (M.)
soldado (M.) Soldat (M.)
soldado (M.) mercenario Söldner (M.)
solemnidad (F.) Formbedürftigkeit (F.)
solicitación (F.) Bewerbung (F.)
solicitador (M.) Antragsteller (M.)
solicitante (M.) de asilo Asylant (M.)
solicitar beantragen, bewerben
solicitud (F.) Anmeldung (F.), Antrag (M.), Eingabe (F.)
solicitud (F.) convencional Verbandsanmeldung (F.)
solicitud (F.) de asistencia judicial Rechtshilfeersuchen (N.)
solicitud (F.) de determinación Feststellungsantrag (M.), Fortsetzungsfeststellungsantrag (M.)
solicitud (F.) de gracia Gnadengesuch (N.)
solicitud (F.) de revocación Löschungsantrag (M.)
solicitud (F.) ex parte Parteiantrag (M.)
solicitud (F.) monitoria Mahnantrag (M.)
solidaridad (F.) Solidarität (F.)
solidaridad (F.) activa Gesamtgläubigerschaft (F.)
solidario (Adj.) gesamtschuldnerisch, solidarisch
soliviantar aufhetzen
soltero (Adj.) ledig
soltero (M.) Junggeselle (M.)
solución (F.) Erfüllung (F.), Lösung (F.)
solución (F.) de recambio Ersatzlösung (F.)
solucionar lösen
solvencia (F.) Bonität (F.), Liquidation (F.), Solvenz (F.), Zahlungsfähigkeit (F.)
solventar zahlen
solvente (Adj.) kreditfähig, kreditwürdig, liquid, schuldenfrei, solvent, zahlungsfähig

someter vorlegen
someter a censura zensieren
sometido anhängig
sometimiento (M.) al convenio colectivo Tarifgebundenheit (F.)
somisario (M.) Verwalter (M.)
sondear ausforschen
sonsacamiento (M.) Abwerbung (F.)
sonsacar abwerben
sordo (Adj.) taub
sordomudo (Adj.) taubstumm
sortear auslosen
sorteo (M.) Auslosung (F.), Ausspielung (F.)
sospecha (F.) Argwohn (M.), Besorgnis (F.), Verdacht (M.), Verdächtigung (F.)
sospecha (F.) de criminalidad objetiva Tatverdacht (M.)
sospecha (F.) de maniobras obstaculizadas Verdunkelungsgefahr (F.)
sospecha (F.) política politische Verdächtigung (F.)
sospechar verdächtigen
sospechoso (Adj.) suspekt, verdächtig, zweifelhaft
sospechoso (M.) Verdächtiger (M.)
sostener unterhalten
SRL (F.) (sociedad de responsabilidad limitada) GmbH (F.) (Gesellschaft mit beschränkter Haftung)
standard (M.) Standard (M.)
standardizar normen, normieren
status (M.) Status (M.)
stock (M.) Lager (N.)
sub judice (lat.) rechtshängig, schwebend
subalquiler (M.) Untermiete (F.), Untervermietung (F.)
subalterno (Adj.) subaltern, untergeordnet
subarrendador (M.) Untermieter (M.)
subarrendamiento (M.) Untermiete (F.)
subarrendatario (M.) Unterpächter (M.)
subarriendo (M.) Untermiete (F.), Unterpacht (F.)
subasta (F.) Auktion (F.), Versteigerung (F.), Zwangsversteigerung (F.)
subasta (F.) forzosa Zwangsversteigerung (F.)
subasta (F.) pública öffentliche Versteigerung (F.)
subastador (M.) Auktionator (M.), Versteigerer (M.)
subastar versteigern
subastero (M.) Versteigerer (M.)
subcomisión (F.) Unterausschuss (M.)
subcomité (M.) Unterausschuss (M.)
subcontratista (M.) Subunternehmer (M.)
subdelegación (F.) Substitution (F.) (Substitution in Österreich), Untervollmacht (F.)
súbdito (M.) Staatsbürger (M.)
subfiador (M.) Nachbürge (M.)
subfianza (F.) Nachbürgschaft (F.)
subgobernador (M.) Landrat (M.)
subida (F.) salarial Gehaltserhöhung (F.)
subir ansteigen, belaufen
súbito sofortig
subjetivo subjektiv
sublevación (F.) Rebellion (F.)
sublocación (F.) Untervermietung (F.)
subordinación (F.) Subordination (F.), Unterordnung (F.)
subordinado (Adj.) gebunden
subordinar subsumieren
subparticipación (F.) Unterbeteiligung (F.)
subpoder (M.) Substitution (F.) (Substitution in Österreich), Untervollmacht (F.)
subprefecto (M.) Oberkreisdirektor (M.)
subrogación (F.) Ersetzung (F.), Forderungsübergang (M.), Rechtsübergang (M.), Surrogation (F.)
subrogación (F.) legal Legalzession (F.)
subrogado (M.) Surrogat (N.)
subscribir subskribieren
subsecretario (M.) Staatssekretär (M.)
subsidiariedad (F.) Subsidiarität (F.)
subsidiario Neben..., subsidiär
subsidio (M.) Subsidie (F.), Subvention (F.), Zuschuss (M.)
subsidio (M.) de enfermedad Krankengeld (N.)
subsidio (M.) de paro Arbeitslosenhilfe (F.)
subsidio (M.) de residencia Ortszuschlag (M.)
subsidio (M.) de seguridad social Sozialrente (F.)
subsidio (M.) de vivienda Wohngeld (N.)
subsidio (M.) diario Tagegeld (N.)
subsidio (M.) familiar por hijos Kindergeld (N.)
subsidio (M.) para cuidados Pflegegeld (N.)
subsidios (M.Pl.) familiares Familienhilfe (F.)
subsiguiente nachträglich
subsumir subsumieren

subsunción (F.) Subsumtion (F.)
subvención (F.) Subvention (F.), Zuschuss (M.), Zuwendung (F.)
subvención (F.) para el alquiler Mietzuschuss (M.)
subvencionar subventionieren, zuschießen
subversivo subversiv
suceder beerben, eintreten, erben, ereignen (sich), folgen, geschehen
sucesión (F.) Erbfall (M.), Erbschaft (F.), Nachfolge (F.), Nachlass (M.), Sukzession (F.), Verlassenschaft (F.)
sucesión (F.) ab intestato (lat.) gesetzliche Erbfolge (F.)
sucesión (F.) de Estados Staatennachfolge (F.)
sucesión (F.) de la función Funktionsnachfolge (F.)
sucesión (F.) en bloque Universalsukzession (F.)
sucesión (F.) en derechos Rechtsnachfolge (F.)
sucesión (F.) estatal Staatennachfolge (F.)
sucesión (F.) fideicomisaria Nacherbschaft (F.)
sucesión (F.) forzosa Noterbrecht (N.)
sucesión (F.) funcional Funktionsnachfolge (F.)
sucesión (F.) hereditaria Erbfolge (F.)
sucesión (F.) intestada Intestaterbfolge (F.)
sucesión (F.) legal gesetzliches Erbrecht (N.)
sucesión (F.) legítima gesetzliche Erbfolge (F.), gesetzliches Erbrecht (N.)
sucesión (F.) mortis causa (lat.) Erbfolge (F.)
sucesión (F.) por línea Gradualsystem (N.)
sucesión (F.) procesal Parteiwechsel (M.)
sucesión (F.) singular Einzelrechtsnachfolge (F.)
sucesión (F.) testada gewillkürte Erbfolge (F.)
sucesión (F.) universal Gesamtrechtsnachfolge (F.), Universalsukzession (F.)
sucesión (F.) voluntaria gewillkürte Erbfolge (F.)
sucesiones (M.Pl.) Erbrecht (N.)
sucesivo sukzessiv
suceso (M.) Geschehen (N.), Vorfall (M.)
sucesor (M.) Erbe (M.), Nachfolger (M.), Nachkomme (M.)
sucesor (M.) jurídico Rechtsnachfolger (M.)
sucesor (M.) universal Universalerbe (M.)
sucumbir unterliegen
sucursal (F.) Filiale (F.), Niederlassung (F.), Zweigniederlassung (F.), Zweigstelle (F.)
suegra (F.) Schwiegerelter (M. bzw. F.), Schwiegerelternteil (M.), Schwiegermutter (F.)
suegro (M.) Schwiegerelter (M. bzw. F.), Schwiegerelternteil (M.), Schwiegervater (M.)
suegros (M.Pl.) Schwiegereltern (Pl.)
sueldo (M.) Besoldung (F.), Gage (F.), Gehalt (N.), Lohn (M.), Sold (M.)
sueldo (M.) base Grundgehalt (N.)
sueldo (M.) pasivo Pension (F.)
suelo (M.) Boden (M.), Fläche (F.), Grund (M.), Land (N.)
suelo (M.) urbanizable Bauland (N.)
suerte (F.) Glück (N.), Los (N.), Schicksal (N.)
suficiente ausreichend
sufragar decken
sufragio (M.) Stimmabgabe (F.), Stimme (F.)
sufragio (M.) igual gleiche Wahl (F.)
sufrir absolvieren
sugestivo suggestiv
suicida (M.) Selbstmörder (M.)
suicidio (M.) Freitod (M.), Selbstmord (M.), Selbsttötung (F.), Suizid (M.)
Suiza (F.) Schweiz (F.)
sujeción (F.) Erfassung (F.)
sujeción (F.) al convenio colectivo Tarifgebundenheit (F.)
sujetar anheften
sujeto (Adj.) a confirmación freibleibend
sujeto (Adj.) a declaración obligatoria anzeigepflichtig, meldepflichtig
sujeto (M.) Gegenstand (M.), Person (F.), Subjekt (N.), Sujet (N.) (franz.)
sujeto (M.) a cuidado Pflegling (M.)
sujeto (M.) activo Gläubiger (M.)
sujeto (M.) causante Verursacher (M.)
sujeto (M.) de derecho Rechtssubjekt (N.)
sujeto (M.) del delito Täter (M.)
sujeto (M.) internacional Völkerrechtssubjekt (N.)
sujeto (M.) jurídico Rechtssubjekt (N.)
sujeto (M.) obligado a la prestación Leistungspflichtiger (M.)
sujeto (M.) procesal Verfahrensbeteiligter (M.)
suma (F.) Betrag (M.), Inbegriff (M.), Summe (F.)

suma (F.) asegurada Versicherungssumme (F.)
sumarial summarisch
sumario (Adj.) summarisch
sumario (M.) Ermittlungsverfahren (N.), Leitsatz (M.), Voruntersuchung (F.)
suministrador (M.) Lieferant (M.)
suministrar liefern, verschaffen
suministro (M.) Lieferung (F.)
suministro (M.) adicional Nachlieferung (F.)
suministro (M.) de obra Werklieferung (F.)
suministro (M.) de servicios Dienstverschaffung (F.)
sumisión (F.) Prorogation (F.)
suntuosidad (F.) Luxus (M.)
superación (F.) Bestehen (N.)
superávit (M.) Überschuss (M.)
superestructura (F.) Überbau (M.)
superficie (F.) Erbbaurecht (N.)
superintendencia (F.) Aufsicht (F.)
superintendente (M.) Superintendent (M.)
superior (Adj.) obere
superior (M.) Vorgesetzter (M.)
superior (M.) en jerarquía Dienstvorgesetzter (M.)
superior (M.) jerárquico Dienstvorgesetzter (M.)
supérstite (Adj.) hinterblieben
supérstite (M.) Hinterbliebener (M.)
supervigilancia (F.) Überwachung (F.)
supervigilar überwachen
supervisión (F.) federal Bundesaufsicht (F.)
superviviente (Adj.) hinterblieben
superviviente (M.) Hinterbliebener (M.)
suplementario zusätzlich
suplemento (M.) Allonge (F.), Ergänzung (F.), Nachtrag (M.), Zugabe (F.), Zulage (F.), Zuschlag (M.)
suplente (Adj.) stellvertretend
suplente (M.) Stellvertreter (M.)
supletoriedad (F.) Subsidiarität (F.)
supletorio ergänzend, subsidiär
súplica (F.) Antrag (M.), Bitte (F.), Klageantrag (M.)
suplicar ersuchen
suplicatorio (M.) Ersuchen (N.)
suplir auferlegen, ergänzen, vertreten (V.)
suponer annehmen, vermuten, voraussetzen
suposición (F.) Vermutung (F.)
suposición (F.) política politische Verdächtigung (F.)
supralegal übergesetzlich
supranacional supranational
supremacía (F.) de la ley Vorrang (M.) des Gesetzes
supremacía (F.) personal Personalhoheit (F.)
supremo (Adj.) oberste
supremo tribunal (M.) Höchstgericht (N.)
supresión (F.) Abschaffung (F.), Beseitigung (F.), Unterdrücken (N.), Verschweigung (F.), Wegfall (M.)
supresión (F.) de enriquecimiento indebido Wegfall (M.) der ungerechtfertigten Bereicherung (F.)
suprimir beseitigen, einstellen, entziehen, unterdrücken, verschweigen
supuesto (Adj.) mutmaßlich
supuesto (M.) Annahme (F.)
surtir efecto wirken
susceptible de revisión revisibel
suscribir unterschreiben, unterzeichnen, zeichnen
suscribir(se) abonnieren
suscripción (F.) Abonnement (N.), Subskription (F.), Unterschrift (F.), Unterzeichnung (F.)
suscripión (F.) Zeichnung (F.)
suscritor (M.) de seguro Versicherungsnehmer (M.)
suspender abbrechen, aussetzen, einstellen, hängen, hemmen, sperren, suspendieren, unterbrechen
suspensión (F.) Abbruch (M.), Aufschub (M.), Aussetzung (F.), Einstellung (F.), Hemmung (F.), Sperrung (F.), Suspension (F.), Unterbrechung (F.), Vertagung (F.)
suspensión (F.) de la ejecución Anordnung (F.) der aufschiebenden Wirkung
suspensión (F.) de la pena Strafaussetzung (F.)
suspensión (F.) de la sentencia Strafaufschub (M.)
suspensión (F.) de pagos Zahlungseinstellung (F.)
suspensión (F.) del otorgamiento de licencias de edificación Veränderungssperre (F.)
suspensión (F.) del resto de la pena Strafrestaussetzung (F.)
suspension (F.) provisional einstweilige Einstellung (F.)
suspensivo aufschiebend, suspensiv

suspición (F.) Verdacht (M.), Verdächtigung (F.)
sustancia (F.) Inbegriff (M.), Inhalt (M.), Wesen (N.)
sustancia (F.) estupefaciente Rauschgift (N.)
sustanciación (F.) del proceso Prozessführung (F.)
sustanciación (F.) oral Mündlichkeit (F.)
sustancial materiell
sustantivo (Adj.) materiell
sustenciar begründen
sustentar unterhalten
sustento (M.) Unterhalt (M.)
sustento (M.) durante separación Trennungsunterhalt (M.)
sustitución (F.) Ersatz (M.), Ersetzung (F.), Substitution (F.), Surrogation (F.), Vertretung (F.)
sustitución (F.) de legado Untervermächtnis (N.)
sustitución (F.) de niños Kindesunterschiebung (F.)
sustitución (F.) ejecutiva Ersatzvornahme (F.)
sustitución (F.) fideicomisaria Nacherbschaft (F.)
sustituir ersetzen, vertreten (V.)
sustitutivo (M.) Ersatz (M.), Surrogat (N.)
sustituto (Adj.) stellvertretend
sustituto (M.) Ersatzerbe (M.), Nacherbe (M.), Stellvertreter (M.), Substitut (N.)
sustracción (F.) Beseitigung (F.), Entwendung (F.), Entziehung (F.), Entzug (M.)
sustracción (F.) de cosa propia Verstrickungsbruch (M.)
sustracción (F.) de la prenda Pfandkehr (F.)
sustraer entwenden, entziehen, wegnehmen

t

tabernero (M.) Wirt (M.)
tabla (F.) Index (M.), Tabelle (F.)
tablilla (F.) Liste (F.)
tácito still, stillschweigend
táctica (F.) Taktik (F.)
talión (M.) Talion (F.)
talón (M.) Coupon (M.), Kupon (M.), Talon (M.)
taloncillo (M.) Allonge (F.)
tanda (F.) Schicht (F.)
tanque (M.) Panzer (M.)
tantear lösen
tanto (M.) por ciento Tantieme (F.)
taquilla (F.) Schalter (M.)
tara (F.) Tara (F.)
tarea (F.) Aufgabe (F.)
tarifa (F.) Fahrpreis (M.), Gebühr (F.), Gebührenordnung (F.), Satz (M.), Tarif (M.), Taxe (F.)
tarifa (F.) de cobro Hebesatz (M.)
tarifa (F.) federal de empleados públicos Bundesangestelltentarif (M.) (BAT)
tarifar tarifieren
tarifario tariflich
tarjeta (F.) de crédito Kreditkarte (F.)
tarjeta (F.) de cuenta Scheckkarte (F.)
tarjeta (F.) de débito Kreditkarte (F.), Scheckkarte (F.)
tarjeta (F.) de residente Aufenthaltsgenehmigung (F.)
tarjeta (F.) del seguro Versicherungskarte (F.)
tarjeta (F.) postal Postkarte (F.)
tarjeta (F.) sanitaria Krankenversichertenkarte (F.), Krankenversicherungskarte (F.)
tasa (F.) Abgabe (F.), Gebühr (F.), Satz (M.), Taxe (F.)
tasa (F.) académica Studiengebühr (F.)
tasa (F.) administrativa Verwaltungsgebühr (F.)
tasa (F.) de administración Verwaltungsgebühr (F.)
tasa (F.) de descuento Diskontsatz (M.)
tasa (F.) de procedimiento Verfahrensgebühr (F.)
tasa (F.) de televisión Fernsehgebühr (F.)
tasa (F.) de utilización Benutzungsgebühr (F.)
tasa (F.) judicial Gerichtskosten (F.Pl.)
tasa (F.) para el período al quedar concluso el juicio para sentencia Urteilsgebühr (F.)
tasa (F.) por perros Hundesteuer (F.)
tasa (F.) suplementaria Zuschlag (M.)
tasa (F.) universitaria Studiengebühr (F.)
tasable gebührenpflichtig
tasación (F.) Besteuerung (F.), Einstufung (F.), Schätzung (F.), Taxe (F.), Veranlagung (F.)
tasación (F.) de costas Kostenfestsetzung (F.)

tasación (F.) de la cuota Beitragsbemessung (F.)
tasar ansetzen, besteuern, einstufen, schätzen, taxieren, veranlagen
tasas (F.Pl.) compensatorias Ausgleichsabgabe (F.)
taxi (M.) Taxi (N.)
técnica (F.) Technik (F.)
técnica (F.) operatoria Knowhow (N.) (engl.)
técnico technisch
tecnológico technisch
tele... fern
telecomunicación (F.) Fernkommunikation (F.), Fernmelden (N.), Telekommunikation (F.)
telefax (M.) Fax (N.), Telefax (N.)
telefonear fernsprechen, telefonieren
teléfono (M.) Telefon (N.)
telegrama (M.) Telegramm (N.)
teleología (F.) Teleologie (F.)
teleológico teleologisch
televenta (F.) Fernabsatz (M.)
televisión (F.) Fernsehen (N.)
tema (M.) Thema (N.)
tema (M.) probatorio Beweisthema (N.)
temblar fürchten
temer fürchten
temor (M.) Besorgnis (F.), Furcht (F.)
temporal zeitlich
temporalidad (F.) Befristung (F.)
temporario vorübergehend
tendencia (F.) Neigung (F.), Tendenz (F.)
tendencia (F.) interna Innentendenz (F.)
tender trachten
tenedor (M.) Halter (M.), Inhaber (M.)
tenedor (M.) de acciones Aktieninhaber (M.)
tenedor (M.) de prenda Pfandgläubiger (M.), Pfandnehmer (M.)
tenedor (M.) por endoso Remittent (M.)
teneduría (F.) de libros Buchführung (F.)
tenencia (F.) Innehabung (F.)
tener halten, innehaben
tener confianza vertrauen
tener en su haber besitzen
tener interés en la causa befangen sein
tentativa (F.) Versuch (M.)
tentativa (F.) de asesinato Mordversuch (M.)
tentativa (F.) no idónea untauglicher Versuch (M.)
teología (F.) Theologie (F.)
teológico theologisch
teoría (F.) Lehre (F.), Theorie (F.)
teoría (F.) administrativa Verwaltungslehre (F.)
teoría (F.) de la adecuación Adäquanztheorie (F.)
teoría (F.) de la declaración Erklärungstheorie (F.)
teoría (F.) de la dirección Willenstheorie (F.)
teoría (F.) de la equivalencia Äquivalenztheorie (F.)
teoría (F.) de la representación Repräsentationstheorie (F.)
teoría (F.) de la representatividad Repräsentationstheorie (F.)
teoría (F.) de los dos Estados Zweistaatentheorie (F.)
teoría (F.) de los dos grados Zweistufentheorie (F.)
teoría (F.) del derecho Rechtslehre (F.)
teoría (F.) del Estado Staatslehre (F.)
teoría (F.) del sacrificio Aufopferungstheorie (F.)
teoría (F.) finalista Handlungslehre (F.)
teoría (F.) fundamental del Estado allgemeine Staatslehre (F.)
teoría (F.) jurídica Rechtstheorie (F.)
terapéutica (F.) Heilkunde (F.), Therapie (F.)
terapia (F.) Therapie (F.)
tercer deudor (M.) Drittschuldner (M.)
tercería (F.) Drittwiderspruchsklage (F.), Widerspruchsklage (F.)
tercería (F.) excluyente Hauptintervention (F.)
tercerista (M.) Intervenient (M.)
tercero (Adj.) dritte
tercero (M.) Dritter (M.)
tercero país (M.) Drittland (N.)
terminación (F.) Beendigung (F.), Einstellung (F.), Fertigstellung (F.), Schluss (M.), Vollendung (F.)
terminación (F.) provisional einstweilige Einstellung (F.)
terminar ablaufen, abschließen, beenden, beendigen, beschließen, fertigstellen, terminieren, vollenden
término (M.) Abschluss (M.), Ende (M.), Frist (F.), Termin (M.)
término (M.) de audiencia Sitzungsperiode (F.)
término (M.) de cortesía Nachfrist (F.)
término (M.) de prescripción Verjährungsfrist (F.)

término (M.) jurídico Rechtsbegriff (M.)
término (M.) medio Durchschnitt (M.)
término (M.) municipal Gemeindegebiet (N.)
término (M.) perentorio Notfrist (F.)
terminología (F.) jurídica Rechtssprache (F.)
terminología Terminologie (F.)
terrateniente (M.) Grundbesitzer (M.)
terreno (M.) Boden (M.), Fläche (F.), Grund (M.)
terreno (M.) edificable Bauland (N.)
terreno (M.) forestal Forsten (M.Pl)
territorial Land..., örtlich, territorial
territorialidad (F.) Territorialität (F.)
territorio (M.) Bezirk (M.), Hoheitsgebiet (N.), Raum (M.), Territorium (N.)
territorio (M.) aduanero Zollgebiet (N.)
territorio (M.) del Estado Staatsgebiet (N.)
territorio (M.) edificable Baugebiet (N.)
territorio (M.) federal Bundesgebiet (N.)
territorio (M.) nacional Inland (N.), Staatsgebiet (N.)
terror (M.) Terror (M.)
terrorismo (M.) Terrorismus (M.)
terrorista (M.) Terrorist (M.)
tesis (F.) These (F.), Vortrag (M.)
tesis (F.) doctoral Dissertation (F.)
tesis (F.) dominante herrschende Meinung (F.)
tesoro (M.) Schatz (M.), Staatskasse (F.)
test (M.) Test (M.)
testador (M.) Erblasser (M.), Testator (M.)
testaférrea (M.) Strohmann (M.)
testaferro (M.) Strohmann (M.)
testamentar testieren
testamentaría (F.) Testamentvollstreckung (F.)
testamentario letztwillig, testamentarisch
testamento (M.) Testament (N.)
testamento (M.) abierto öffentliches Testament (N.)
testamento (M.) correspectivo gemeinschaftliches Testament (N.)
testamento (M.) de mancomún gemeinschaftliches Testament (N.)
testamento (M.) especial Nottestament (N.)
testamento (M.) extraordinario Nottestament (N.)
testamento (M.) mancomunado gemeinschaftliches Testament (N.)
testamento (M.) mutuo wechselbezügliches Testament (N.)
testamento (M.) ológrafo eigenhändiges Testament (N.), holographisches Testament (N.)
testamento (M.) público öffentliches Testament (N.)
testamento (M.) recíproco gegenseitiges Testament (N.), reziprokes Testament (N.)
testar streichen, testieren, vermachen
testificador (M.) Zeuge (M.)
testifical (M.) Zeugnis (N.)
testificar bezeugen, testieren, zeugen
testigo (M.) Zeuge (M.)
testigo (M.) de cargo Belastungszeuge (M.)
testigo (M.) de matrimonio Trauzeuge (M.)
testigo (M.) ocular Augenzeuge (M.)
testigo (M.) principal Hauptzeuge (M.), Kronzeuge (M.)
testimoniar bezeugen
testimonio (M.) Aussage (F.), Zeugenaussage (F.), Zeugnis (N.)
testimonio (M.) ocular Augenschein (M.)
texto (M.) Text (M.)
textual wörtlich
tía (F.) Tante (F.)
tiempo (M.) Dauer (F.), Zeit (F.)
tiempo (M.) de descanso Pause (F.)
tiempo (M.) de garantía Garantiefrist (F.)
tiempo (M.) de grado Dienstzeit (F.)
tiempo (M.) de pendencia Schwebezustand (M.)
tiempo (M.) de prestación Leistungszeit (F.)
tiempo (M.) de reacción Reaktionszeit (F.)
tiempo (M.) de verano Sommerzeit (F.)
tiempo (M.) habil Dienstzeit (F.)
tiempo (M.) laboral Arbeitszeit (F.)
tiempo (M.) libre Freizeit (F.)
tiempo (M.) parcial Teilzeit (F.)
tiempo (M.) paternal Elternzeit (F.)
tienda (F.) Geschäft (N.), Laden (M.)
tierra (F.) Boden (M.), Grund (M.), Land (N.)
timador (M.) Hochstapler (M.)
timador (M.) matrimonial Heiratsschwindler (M.)
timbrar stempeln
timbre (M.) Briefmarke (F.), Wertzeichen (N.)
tío (M.) Onkel (M.)
típico typisch
tipificar subsumieren
tipo (M.) Typ (M.)
tipo (M.) basico Leitzins (M.)
tipo (M.) de descuento Diskontsatz (M.)

tipo (M.) de interés Leitzins (M.), Zinssatz (M.)
tipo (M.) de uso Nutzungsart (F.)
tipo (M.) estimativo Hebesatz (M.)
tipo (M.) imponible Steuersatz (M.)
tipo (M.) legal Tatbestand (M.)
tipo (M.) mínimo geringstes Gebot (N.), Mindestgebot (N.)
tipo (M.) penal Straftatbestand (M.), Tatbestand (M.)
tipo (M.) subjetivo subjektiver Tatbestand (M.)
tirador (M.) Schütze (M.)
tirano (M.) Tyrann (M.)
tirar schießen
tiro (M.) Schuss (M.)
titular (M.) Amtsträger (M.), Geschäftsträger (M.), Inhaber (M.)
titular (M.) de dos exámenes jurídicos Volljurist (M.)
titular (M.) de negocio Geschäftsherr (M.)
titular (M.) de patente Patentinhaber (M.)
titular (M.) del tanteo Vorkaufsberechtigter (M.)
titular (M.) del vehículo Fahrzeughalter (M.), Kraftfahrzeughalter (M.)
título (M.) Abschnitt (M.), Aktienschein (M.), Anrecht (N.), Berechtigung (F.), Buch (N.), Diplom (N.), Papier (N.), Titel (M.), Urkunde (F.), Wertpapier (N.)
título (M.) a la orden Orderpapier (N.)
título (M.) cotizable begebbares Wertpapier (N.)
título (M.) de empleo Ernennungsurkunde (F.)
título (M.) de goce Genussschein (M.)
título (M.) de la ejecución Vollstreckungstitel (M.)
título (M.) de legitimación Legitimationspapier (N.)
título (M.) de participación Anteilsschein (M.)
título (M.) de tradición Traditionspapier (N.)
título (M.) de un derecho Rechtstitel (M.)
titulo (M.) dominical Eigentumstitel (M.)
título (M.) ejecutivo Vollstreckungstitel (M.)
título (M.) gratuito Unentgeltlichkeit (F.)
título (M.) hipotecario Hypothekenpfandbrief (M.)
título (M.) jurídico Rechtstitel (M.)
título (M.) negociable begebbares Wertpapier (N.)
título (M.) nominativo Rektapapier (N.)
título (M.) obligacional Schuldverschreibung (F.)
título (M.) sucesorio Erbschaftserwerbstitel (M.)
título (N.) posesorio Besitztitel (M.)
títulos (M.Pl.) Effekten (M.Pl.)
tobaco (M.) Tabak (M.)
tocar befassen
toga (F.) Robe (F.), Talar (M.)
tolerancia (F.) Duldung (F.), Toleranz (F.)
tolerante tolerant
tolerar dulden, gestatten, tolerieren, zulassen
toma (F.) Abnahme (F.), Einnahme (F.), Übernahme (F.)
toma (F.) de decisión Beschlussfassung (F.)
toma (F.) de posesión Besitzeinweisung (F.), Besitzergreifung (F.), Inbesitznahme (F.)
toma (F.) de rehenes Geiselnahme (F.)
toma (F.) del préstamo Darlehensaufnahme (F.)
toma (F.) en consideración Beratung (F.)
toma (M.) de posesión Besitznahme (F.)
tomador (M.) Abnehmer (M.), Nehmer (M.)
tomador (M.) de crédito Kreditnehmer (M.)
tomador (M.) de garantia Sicherungsnehmer (M.)
tomador (M.) de leasing Leasingnehmer (M.)
tomar abnehmen, entnehmen, fassen, greifen, nehmen
tomar decisiones entscheiden
tomar declaración verhören
tomar en alquiler mieten
tomar en arrendamiento pachten
tomar en préstamo leihen
tomar estado heiraten
tomar interés beteiligen
tomar juramento vereidigen
tomar nota de notieren
tomar prestado borgen, entleihen
tomar represalias vergelten
tomar su seguro versichern (sich)
tonto (M.) Idiot (M.)
toque (M.) de queda Polizeistunde (F.)
tormento (M.) Folter (F.)
tortura (F.) Folter (F.), Marter (F.), Tortur (F.)
tortura (F.) de animales Tierquälerei (F.)
torturar foltern
total (Adj.) brutto, gesamt
total (M.) Summe (F.)

toxico (Adj.) giftig
trabajador (Adj.) werktätig
trabajador (M.) Arbeiter (M.)
trabajador (M.) a domicilio Heimarbeiter (M.)
trabajador (M.) clandestino Schwarzarbeiter (M.)
trabajador (M.) doméstico Heimarbeiter (M.)
trabajador (M.) manual Handwerker (M.)
trabajar arbeiten
trabajo (M.) Arbeit (F.), Bearbeitung (F.), Werk (N.)
trabajo (M.) a domicilio Heimarbeit (F.)
trabajo (M.) a tiempo parcial Teilzeitarbeit (F.)
trabajo (M.) a turno Schichtarbeit (F.)
trabajo (M.) clandestino Schwarzarbeit (F.)
trabajo (M.) doméstico Heimarbeit (F.)
trabajo (M.) domiciliario Hausarbeit (F.)
trabajo (M.) en cadena Kettenarbeitsverhältnis (N.)
trabajo (M.) escrito de examen Klausur (F.)
trabajo (M.) especial Facharbeit (F.)
trabajo (M.) interino Zeitarbeit (F.)
trabajo (M.) juvenil Jugendarbeit (F.)
trabajo (M.) mediante subcontrato Leiharbeit (F.)
trabajo (M.) por turno Schichtarbeit (F.)
trabajo (M.) reducido Kurzarbeit (F.)
trabajos (M.Pl.) de limpieza Reinigungsarbeiten (F.Pl.)
tracción (M.) Zug (M.)
tradens (M.) (lat.) Kommittent (M.)
tradición (F.) Tradition (F.), Übereignung (F.), Übergabe (F.)
tradicional hergebracht
traducir dolmetschen
traer bringen, überbringen
traer a la presencia vorführen
traficante (M.) Händler (M.), Schwarzhändler (M.)
traficante (M.) de personas Schlepper (M.)
tráfico (M.) Handel (M.), Verkehr (M.)
tráfico (M.) clandestino Schwarzhandel (M.)
tráfico (M.) comercial Geschäftsverkehr (M.), Handelsverkehr (M.)
tráfico (M.) de capitales Kapitalverkehr (M.)
tráfico (M.) de influencias Lobby (F.)
tráfico (M.) de mercado Marktwirtschaft (F.)
tráfico (M.) inmobiliario Grundstücksverkehr (M.)
tráfico (M.) jurídico Rechtsverkehr (M.)
tráfico (M.) vial Straßenverkehr (M.)
tráfico (M.) y circulación (F.) de vehículos de motor Kraftverkehr (M.)
traición (F.) Verrat (M.)
traición (F.) a la paz Friedensverrat (M.)
traicionar verraten (V.)
traicionero (Adj.) verräterisch
traicionero (M.) Verräter (M.)
traidor (Adj.) verräterisch
traidor (M.) Landesverräter (M.), Verräter (M.)
tramitación (F.) Abwicklung (F.), Bearbeitung (F.), Rechtszug (M.)
tramitar abwickeln, bearbeiten, erledigen
trámite (M.) Erledigung (F.), Instanzenweg (M.), Instanzenzug (M.)
trámite (M.) judicial Prozesshandlung (F.)
trámite (M.) previo Vorverfahren (N.)
trámite oficial Dienstweg (M.)
tranquilidad (F.) Ruhe (F.)
transacción (F.) Bankgeschäft (N.), Operation (F.), Übereinkommen (N.), Vergleich (M.)
transacción (F.) judicial Prozessvergleich (M.)
transacción (F.) obligatoria Zwangsvergleich (M.)
transacción (M.) Transaktion (F.)
transacciones (F.Pl.) de capital Kapitalverkehr (M.)
transacciones (F.Pl.) inmobiliarias Grundstücksverkehr (M.)
transcribir überschreiben
transcripción (F.) Niederschrift (F.)
transferencia (F.) Auflassung (F.), Privatisierung (F.), Transfer (M.), Übereignung (F.), Übergang (M.), Übertragung (F.), Überweisung (F.)
transferencia (F.) bancaria Banküberweisung (F.)
transferencia (F.) de derechos Rechtsübertragung (F.)
transferencia (F.) de dinero Giro (N.)
transferible abtretbar, übertragbar
transferir anweisen, auflassen, begeben, privatisieren, transferieren, übereignen, übergeben, überleiten, überschreiben, übertragen (V.), überweisen
transformación (F.) Transformation (F.), Umwandlung (F.), Verarbeitung (F.), Wandlung (F.)

transformar transformieren, umwandeln, verarbeiten
tránsfuga (M.) Deserteur (M.)
transgredir übertreten, zuwiderhandeln
transgresión (F.) Überschreitung (F.), Übertretung (F.), Zuwiderhandlung (F.)
transición (F.) Übergang (M.)
transitar verkehren
tránsito (M.) Durchgang (M.), Transit (M.)
translación (F.) de dominio Eigentumsübertragung (F.)
transmarino überseeisch
transmigrar auswandern
transmisión (F.) Übereignung (F.), Weitergabe (F.)
transmisión (F.) de datos Datenübertragung (F.)
transmisión (F.) de derechos Rechtsübergang (M.)
transmisión (F.) de propiedad Eigentumsübertragung (F.)
transmisión (F.) en garantía Sicherungsübereignung (F.)
transmisión (F.) fiduciaria de seguridad Sicherungsübereignung (F.)
transmisión (F.) pasiva Schuldübernahme (F.)
transmitir übertragen (V.)
transmitir por radio funken
transnacional multinational
transparencia (F.) Transparenz (F.)
transpasar überschreiben
transplantado (M.) Transplantat (N.)
transplantar transplantieren
transportar befördern, transportieren
transporte (M.) Beförderung (F.), Transport (M.)
transporte (M.) de mercancías a larga distancia Güterfernverkehr (M.)
transporte (M.) de mercancías por carretera Güterkraftverkehr (M.)
transporte (M.) de personas Personenbeförderung (F.)
transporte (M.) de viajeros Personenbeförderung (F.)
transportista (M.) Frachtführer (M.)
traslación (F.) Versetzung (F.)
trasladar versetzen
traslado (M.) Übertragung (F.), Versetzung (F.)
traspasar abtreten, übereignen, überleiten, überschreiten, übertragen (V.), übertreten, veräußern
traspaso (M.) Abstand (M.), Übereignung (F.), Übergang (M.), Überleitung (F.), Überschreitung (F.), Übertretung (F.), Veräußerung (F.)
traspaso (M.) de derechos Rechtsübertragung (F.)
trasplante (M.) Transplantation (F.)
trastornar umstürzen
trastorno (M.) mental Bewusstseinsstörung (F.)
trata (F.) de blancas Frauenhandel (M.)
trata (F.) de mujeres Frauenhandel (M.)
tratado (M.) Abkommen (N.), Lehrbuch (N.), pactum (N.) (lat.), Vertrag (M.)
tratado (M.) de amistad Freundschaftsvertrag (M.)
tratado (M.) de arbitraje Schiedsvertrag (M.)
Tratado (M.) de Berlín Berlin-Abkommen (N.)
Tratado (M.) de Brussel Brüsseler Vertrag (M.)
tratado (M.) de extradición Auslieferungsvertrag (M.)
tratado (M.) de paz Friedensvertrag (M.)
tratado (M.) de transmisión de poderes Überleitungsvertrag (M.)
Tratado (M.) de Unificación Einigungsvertrag
tratado (M.) estatal Staatsvertrag (M.)
tratado (M.) multilateral Kollektivabkommen (N.)
Tratados (M.Pl.) con el Este Ostverträge (M.Pl.)
tratamiento (M.) Behandlung (F.), Titel (M.)
tratamiento (M.) de residuos Abfallentsorgung (F.)
tratamiento (M.) de textos Textverarbeitung (F.)
tratar behandeln, entsorgen, handeln, verhandeln
tratato (M.) de Lisboa Lissaboner Vertrag (M.), Vertrag (M.) von Lissabon
trato (M.) Behandlung (F.), Verhandlung (F.), Verkehr (M.)
trato (M.) colectivo Tarifverhandlung (F.)
trato (M.) de favor Sondervergünstigung (F.)
trato (M.) discriminatorio Diskriminierung (F.)

trato (M.) igual Gleichbehandlung
trazar entwerfen
tregua (F.) Waffenstillstand (M.)
tregua (F.) territorial Landfriede (M.)
tren (M.) Zug (M.)
tres drei
triangulo (M.) Dreieck (N.)
tribunal (M.) Gericht (N.), Tribunal (N.)
tribunal (M.) administrativo Verwaltungsgericht (N.)
Tribunal (M.) Administrativo Federal Bundesverwaltungsgericht (N.)
tribunal (M.) arbitral Schiedsgericht (N.)
tribunal (M.) cameral Kammergericht (N.) (in Berlin)
tribunal (M.) circuito Bezirksgericht (N.)
tribunal (M.) civil Zivilgericht (N.)
tribunal (M.) colegiado Kollegialgericht (N.)
tribunal (M.) colegial Kollegialgericht (N.)
tribunal (M.) comercial Handelsgericht (N.)
tribunal (M.) competente Gerichtsstand (M.)
tribunal (M.) constitucional Verfassungsgericht (N.)
Tribunal (M.) Constitucional Federal Bundesverfassungsgericht (N.)
tribunal (M.) contencioso-administrativo Verwaltungsgericht (N.)
tribunal (M.) contencioso-administrativo superior Oberverwaltungsgericht (N.)
tribunal (M.) correccional Disziplinargericht (N.)
tribunal (M.) criminial Strafgericht (N.)
tribunal (M.) curial Hofgericht (N.)
tribunal (M.) de apelación Appellationsgericht (N.), Berufungsgericht (N.)
tribunal (M.) de asuntos de seguridad social Sozialgericht (N.)
tribunal (M.) de casación Revisionsgericht (N.)
tribunal (M.) de comercio Handelsgericht (N.)
tribunal (M.) de cuentas Rechnungshof (M.)
tribunal (M.) de distrito Bezirksgericht (N.)
tribunal (M.) de entrada Eingangsgericht (N.)
tribunal (M.) de garantías constitucionales Verfassungsgericht (N.)
tribunal (M.) de guerra Kriegsgericht (N.)
tribunal (M.) de hacienda Finanzgericht (N.)
tribunal (M.) de honor Ehrengericht (N.)
tribunal (M.) de jurados Schöffengericht (N.), Schwurgericht (N.)
tribunal (M.) de justicia Gerichtshof (M.)
tribunal (M.) de Justicia de la Unión Europea Gerichtshof (M.) der Europäischen Union
Tribunal (M.) de Justicia Europea Europäischer Gerichtshof (M.)
tribunal (M.) de la Unión Europea Gericht (N.) der Europäischen Union
tribunal (M.) de marina Seegericht (N.)
tribunal (M.) de navegación Schifffahrtsgericht (N.)
tribunal (M.) de partido Kreisgericht (N.)
tribunal (M.) de patentes Patentgericht (N.)
tribunal (M.) de primera instancia Gericht (N.) erster Instanz
tribunal (M.) de trabajo Arbeitsgericht (N.)
tribunal (M.) de tutelas Vormundschaftsgericht (N.)
tribunal (M.) del caudal relicto Nachlassgericht (N.)
tribunal (M.) del derecho del mar Seegerichtshof (M.)
tribunal (M.) del Estado Staatsgerichtshof (M.)
tribunal (M.) del jurado Schwurgericht (N.)
tribunal (M.) disciplinario Disziplinargericht (N.)
tribunal (M.) económico-administrativo Finanzgericht (N.)
tribunal (M.) ejecutivo Vollstreckungsgericht (N.)
tribunal (M.) especial Ausnahmegericht (N.)
tribunal (M.) especialista Fachgericht (N.)
tribunal (M.) especializada Fachgericht (N.)
tribunal (M.) estatal Staatsgerichtshof (M.)
Tribunal (M.) Europeo de Derechos Humanos Europäischer Gerichtshof (M.) für Menschenrechte
tribunal (M.) federal Bundesgericht (N.)
Tribunal (M.) Federal Bundesgerichtshof (M.)
Tribunal (M.) Federal de Cuentas Bundesrechnungshof (M.)
Tribunal (M.) Federal de Trabajo Bundesarbeitsgericht (N.)
Tribunal (M.) Federal Fiscal Bundesfinanzhof (M.)
Tribunal (M.) Federal Social Bundessozialgericht (N.)
tribunal (M.) fiscal Finanzgericht (N.)
tribunal (M.) industrial Gewerbegericht (N.)

Tribunal (M.) Internacional de Justicia International Court (N.) of Justice (ICJ), Internationaler Gerichtshof (M.)
Tribunal (M.) Internacional de Justicia de La Haya Haager Internationaler Gerichtshof (M.)
Tribunal (M.) Internacional del Derecho del Mar Internationaler Seegerichtshof (M.)
tribunal (M.) judicial Gericht (N.)
tribunal (M.) juvenil Jugendgericht (N.)
tribunal (M.) laboral regional Landesarbeitsgericht (N.)
tribunal (M.) marítimo Seegericht (N.)
tribunal (M.) mercantil Kaufmannsgericht (N.)
tribunal (M.) militar Kriegsgericht (N.)
tribunal (M.) penal Strafgericht (N.)
tribunal (M.) procesal Prozessgericht (N.)
tribunal (M.) profesional Ehrengericht (N.)
tribunal (M.) regional Landgericht (N.)
tribunal (M.) regional superior Oberlandesgericht (N.)
tribunal (M.) sucesorio Nachlassgericht (N.)
tribunal (M.) superior administrativo Verwaltungsgerichtshof (M.) (Verwaltungsgerichtshof in Deutschland)
tribunal (M.) superior de justicia Oberlandesgericht (N.)
tribunal (M.) superior territorial Oberlandesgericht (N.)
Tribunal (M.) Supremo Oberster Gerichtshof (M.)
tribunal (M.) supremo administrativo Oberverwaltungsgericht (N.)
tribunal (M.) supremo del Reich Reichsgericht (N.)
tribunal (M.) territorial Landgericht (N.)
tribunal (M.) tutelar Vormundschaftsgericht (N.)
tributación (F.) Besteuerung (F.)
tributante (M.) Steuerpflichtiger (M.)
tributar homenaje huldigen
tributario (Adj.) fiskalisch, steuerlich
tributo (M.) Abgabe (F.), Steuer (F.), Tribut (M.), Zins (M.), Zoll (M.)
tributo (M.) por concesiones Konzessionsabgabe (F.)
tributos (M.Pl.) locales Gemeindesteuer (F.)
trimestral vierteljährlich
trimestre (M.) Quartal (N.), Vierteljahr (N.)
trocar tauschen
tronco (M.) familiar Stamm (M.)
trono (M.) Thron (M.)
trueco (M.) Tausch (M.), Trucksystem (N.)
trueque (M.) Tausch (M.), Trucksystem (N.)
trust (M.) Trust (M.)
tumulto (M.) Auflauf (M.), Aufruhr (M.)
turbación (F.) en la posesión Besitzstörung (F.)
Turingia Thüringen (N.)
turnar weiterleiten
turno (M.) Schicht (F.), Turnus (M.), Wechsel (M.)
turno (M.) de guardia Bereitschaftsdienst (M.)
turno (M.) de oficio Beratungshilfe (F.)
turno (M.) de preguntas Fragestunde (F.)
Turquia (F.) Türkei (F.)
tutela (F.) Schutz (M.), Vormundschaft (F.)
tutela (F.) de la posesión Besitzschutz (M.)
tutela (F.) de los consumidores Verbraucherschutz (M.)
tutela (F.) estatal Rechtsaufsicht (F.)
tutela (F.) oficial Amtsvormundschaft (F.)
tutela (F.) sobre los municipios Kommunalaufsicht (F.)
tutelado (M.) Mündel (N.)
tutor (M.) Betreuer (M.), Fürsorger (M.), Tutor (M.), Vormund (M.)
tutoría (F.) Vormundschaft (F.)

u

ubicación (F.) Belegenheit (F.), Standort (M.)
ubicado belegen (Adj.), gelegen
UEO (F.) (Unión Europea Occidental) WEU (F.) (Westeuropäische Union)
ujier (M.) Gerichtsdiener (M.), Justizwachtmeister (M.)
ulterior nachträglich, weitere
última disposición (F.) letztwillige Verfügung (F.), Testament (N.)
última palabra (F.) letztes Wort (N.)
última voluntad (F.) letzter Wille (M.)
ultimátum (M.) Ultimatum (N.)
último letzte
ultrajar verächtlichmachen
ultraje (M.) corporal körperliche Misshandlung (F.)
ultraje (M.) público al pudor Erregung (F.) öffentlichen Ärgernisses

ultramarino überseeisch
un ein
unicameralismo (M.) Einkammersystem (N.)
único einzeln
unidad (F.) Einheit (F.), Einheitlichkeit (F.), Stück (N.)
unidad (F.) castral Flurstück (N.)
unidad (F.) de acción Handlungseinheit (F.), Tateinheit (F.)
unidad (F.) de acto Tateinheit (F.)
unidad (F.) de delitos Tateinheit (F.)
unidad (F.) de ley Gesetzeseinheit (F.)
unidad (F.) de resolución criminosa Gesamtvorsatz (M.)
unidad (F.) jurídica Gesamtheit (F.), Rechtseinheit (F.)
unidad (F.) orgánica Organ (N.)
unidad-día (F.) Tagessatz (M.)
unido vereinigt
unificación (F.) del derecho Rechtsvereinheitlichung (F.)
unificar wiedervereinigen
uniforme (Adj.) einheitlich
uniforme (M.) Uniform (F.)
uniformidad (F.) Einheitlichkeit (F.)
unilateral einseitig
unilateral oneroso einseitig verpflichtend
unión (F.) Anschluss (M.), Bund (M.), Union (F.), Verbindung (F.), Verein (M.), Vereinigung (F.), Zusammenschluss (M.)
unión (F.) aduanera Zollunion (F.)
unión (F.) de acciones Klagenhäufung (F.)
unión (F.) de las partes Streitgenossenschaft (F.)
unión (F.) económica Wirtschaftsunion (F.)
Unión (F.) Económica Benelux Benelux-Wirtschaftsunion (F.)
Unión (F.) Europea EU (F.) (Europäische Union), Europäische Union (F.)
Unión (F.) Europea Occidental (UEO) Westeuropäische Union (F.) (WEU)
unión (F.) ilegítima nichteheliche Lebensgemeinschaft (F.)
unión (F.) institucional Realunion (F.)
unión (F.) libre nichteheliche Lebensgemeinschaft (F.)
unión (F.) monárquica Personalunion (F.)
unión (F.) monetaria Währungsunion (F.)
unión (F.) personal Personalunion (F.)
Unión (F.) Postal Universal Weltpostverein (M.)
unión (F.) real Realunion (F.)
Unión (F.) Soviética Sowjetunion (F.)
unir anschließen (sich), verbinden, vereinen, vereinigen, zusammenschliessen
unitario (Adj.) einheitlich
universal allgemein, gesamt, universal
universalidad (F.) Universalität (F.)
universalidad (F.) de cosas Sachinbegriff (M.)
universidad (F.) Hochschule (F.), Universität (F.)
universidad (F.) europea Europäische Universität (F.)
universidad (F.) popular Volkshochschule (F.)
universitario (M.) Student (M.)
urbanismo (M.) Bauplanung (F.)
urbanística (F.) Städtebau (M.)
urbanización (F.) Erschließung (F.)
urbanizar bebauen
urbano (Adj.) städtisch
urbe (F.) Großstadt (F.)
urgencia (F.) Dringlichkeit (F.)
urgente dringend, dringlich, eilbedürftig, sofortig
urna (F.) Urne (F.), Wahlurne (F.)
urna (F.) electoral Wahlurne (F.)
usanza (F.) Brauch (M.), Gebrauch (M.), Usance (F.)
usar benutzen, gebrauchen, nützen
uso (M.) Benutzung (F.), Brauch (M.), Gebrauch (M.), Sitte (F.), Übung (F.), Usance (F.)
uso (M.) comercial Handelsbrauch (M.)
uso (M.) común Gemeingebrauch (M.)
uso (M.) de la palabra Rederecht (N.)
uso (M.) de propia fuerza Eigenmacht (F.)
uso (M.) especial Sondernutzung (F.)
uso (M.) judicial Gerichtsgebrauch (M.)
usos (M.Pl.) del tráfico Verkehrssitte (F.)
usos (M.Pl.) forenses Gerichtsgebrauch (M.)
usual gewöhnlich
usual en el comercio handelsüblich
usuario (M.) Benutzer (M.)
usucapión (F.) Ersitzung (F.)
usucapir ersitzen
usufructo (M.) Fruchtgenuss (M.), Nießbrauch (M.), Nutznießung (F.)
usufructuario (M.) Nießbrauchsberechtigter (M.)
usura (F.) Wucher (M.)
usura (F.) arrendaticia Mietwucher (M.)

usura (F.) crediticia Kreditwucher (M.)
usura (F.) de cosa Sachwucher (M.)
usura (F.) de dinero Kreditwucher (M.)
usurero (M.) Wucherer (M.)
usurpación (F.) Usurpation (F.)
usurpación (F.) de funciones Amtsanmaßung (F.)
usurpación (F.) del estado civil Personenstandsfälschung (F.)
usurpar usurpieren
utensilio (M.) Gerät (N.)
útil nützlich, tauglich, zweckmäßig
utilidad (F.) Einnahme (F.), Nutzen (M.), Zweckmäßigkeit (F.)
utilidad (F.) mercantil Geschäftsgewinn (M.)
utilidad (F.) pública Gemeinnützigkeit (F.)
utilidades (F.Pl.) Einnahmen (F.Pl.)
utilitarismo (M.) Utilitarismus (M.)
utilización (F.) Benutzung (F.), Gebrauch (M.), Nutzung (F.), Verwendung (F.), Verwertung (F.)
utilizar abrufen, ausbeuten, benutzen, gebrauchen, nützen, verwenden, verwerten

V

vacaciones (F.Pl.) Urlaub (M.)
vacaciones (F.Pl.) judiciales Gerichtsferien (Pl.)
vacaciones (F.Pl.) por embarazo Mutterschaftsurlaub (M.)
vacaciones Ferien (F.Pl.)
vacancia (F.) Vakanz (F.)
vacante offen
vacatura (F.) Vakanz (F.)
vacuna (F.) Impfstoff (M.)
vacunación (F.) Impfung (F.)
vacunar impfen
vagabundo (M.) Landstreicher (M.), Lump (M.)
vago (M.) Landstreicher (M.)
vagón (M.) Wagen (M.)
vale (M.) Anweisung (F.), Gutschein (M.), Schuldversprechen (N.)
vale (M.) de correo Postanweisung (F.)
valedero gültig
valer gelten, kosten
validación (F.) Heilung (F.)
validar heilen
validez (F.) Geltung (F.), Gültigkeit (F.)
válido geltend, gültig, rechtskräftig
valioso wertvoll
valor (M.) Valuta (F.), Wert (M.), Wertgegenstand (M.), Wertpapier (N.), Wertsache (F.)
valor (M.) afectivo Affektionswert (M.), Liebhaberwert (M.)
valor (M.) al portador Inhaberpapier (N.)
valor (M.) añadido Mehrwert (M.)
valor (M.) comercial Geschäftswert (M.), Verkehrswert (M.)
valor (M.) comunitario Gemeinschaftswert (M.)
valor (M.) contable Buchwert (M.)
valor (M.) de afección Liebhaberwert (M.)
valor (M.) de la demanda Streitwert (M.)
valor (M.) de la moneda Geldwert (M.)
valor (M.) de venta Verkehrswert (M.)
valor (M.) del excedente Überschuss (M.)
valor (M.) ejecutivo Rechtskraft (F.)
valor (M.) en mercaderías Traditionspapier (N.)
valor (M.) extrínseco Geschäftswert (M.)
valor (M.) fiscal Einheitswert (M.)
valor (M.) mobiliario Wertpapier (N.)
valor (M.) monetario Geldwert (M.)
valor (M.) nominal Nennbetrag (M.), Nennwert (M.), Nominalwert (M.)
valor (M.) nominativo Namenspapier (N.)
valor (M.) nuevo Neuwert (M.)
valor (M.) según libros Buchwert (M.)
valor (M.) unitario Einheitswert (M.)
valoración (F.) Beurteilung (F.), Taxe (F.), Wertung (F.)
valoración (F.) de los bienes jurídicos Güterabwägung (F.)
valoración (F.) en moneda extranjera Valutierung (F.)
valorar beurteilen, bewerten, taxieren, werten
valor-base (M.) Einheitswert (M.)
valores (M. Pl.) positivos Aktiva (N.Pl.)
valores (M.Pl.) bursátiles Effekten (M.Pl.)
valores (M.Pl.) negativos Verbindlichkeiten (F.Pl.)
valorización (F.) Aufwertung (F.), Bewertung (F.), Verwertung (F.)
valorizar aufwerten, verwerten
valuar bewerten
valuta (F.) Valuta (F.)
valla (F.) metálica de protección Leitplanke (F.)

variable beweglich
variar wandeln
vasallo (M.) Vasall (M.)
Vaticano Vatikan (M.)
vecino (Adj.) wohnhaft
vecino (M.) Einwohner (M.), Nachbar (M.)
veda (F.) de caza Schonzeit (F.)
vehículo (M.) Fahrzeug (N.)
vehículo (M.) arrendado Mietwagen (M.)
vehículo (M.) de motor Kraftfahrzeug (N.)
vehículo (M.) de tracción mecánica Kraftfahrzeug (N.)
vejación (F.) Schikane (F.)
vejador (Adj.) schikanös
vejar schikanieren
vejez (F.) Alter (N.)
velar verschleiern
velocidad (F.) Geschwindigkeit (F.)
velocidad (F.) de circulación Umlaufgeschwindigkeit (F.)
velocidad (F.) de rotación Umlaufgeschwindigkeit (F.)
veloz geschwind
venado (M.) Wild (N.)
vencer ablaufen, obsiegen
vencible vermeidbar
vencido fällig
vencimiento (M.) Ablauf (M.), Fälligkeit (F.), Verfall (M.)
vendedor (M.) Ladenangestellter (M.), Verkäufer (M.)
vendedor (M.) ambulante Hausierer (M.)
vendedor (M.) autorizado Vertragshändler (M.)
vender absetzen, umsetzen, verkaufen
vender por las calles hausieren
vender por las casas hausieren
vendibilidad (F.) Absetzbarkeit (F.)
vendible absetzbar, feil
veneno (M.) Gift (N.)
venenoso giftig
venganza (F.) Rache (F.)
venganza (F.) de la sangre Blutrache (F.)
vengar rächen
venidero zukünftig
venta (F.) Absatz (M.), Verkauf (M.), Vertrieb (M.)
venta (F.) a domicilio Haustürgeschäft (N.)
venta (F.) a plazos Abzahlungskauf (M.), Ratengeschäft (N.), Verbraucherkreditgeschäft (N.)
venta (F.) cargada en cuenta Kreditkauf (M.)
venta (F.) clandestina Schwarzhandel (M.)
venta (F.) de cosa genérica Gattungskauf (M.)
venta (F.) de la prenda Pfandverkauf (M.)
venta (F.) de liquidación Schlussverkauf (M.)
venta (F.) de oficio por cuenta del comprador Selbsthilfeverkauf (M.)
venta (F.) domiciliaria Haustürgeschäft (N.)
venta (F.) en remate Versteigerung (F.)
venta (F.) mercantil Handelskauf (M.)
venta (F.) natural Handkauf (M.)
venta (F.) por correspondencia Versandhandel (M.), Versendungskauf (M.)
venta (F.) por gestión directa freihändiger Verkauf (M.)
venta (F.) postal Versandhandel (M.)
venta (F.) según condiciones Spezifikationsverkauf (M.)
venta (F.) según muestra Kauf (M.) auf Probe
venta (F.) simulada Scheinkauf (M.)
venta (F.) total Ausverkauf (M.), Räumungsverkauf (M.)
venta (F.) voluntaria freihändiger Verkauf (M.)
venta-arrendamiento (F.) Mietkauf (M.)
ventaja (F.) Vorteil (M.)
ventaja (F.) económica Vermögensvorteil (M.)
ventaja (F.) patrimonial Vermögensvorteil (M.)
ventajoso nützlich, vorteilhaft
venta-locación (F.) Mietkauf (M.)
ventanilla (F.) Schalter (M.)
ventura (F.) de mar Bodmerei (F.)
ver verhandeln
verano (M.) Sommer (M.)
veraz glaubwürdig
verbal mündlich, verbal, wörtlich
verdad (F.) Wahrheit (F.)
verdadero wahr
verdugo (M.) Henker (M.), Scharfrichter (M.)
vereda (F.) Gehsteig (M.), Gehweg (M.)
veredicto (M.) Schuldspruch (M.)
vergüenza (F.) Schande (F.)
verificación (F.) Kontrolle (F.), Prüfung (F.)
verificador (M.) Kontrolleur (M.), Prüfer (M.)
verificar durchführen, eichen, einsehen, kontrollieren, prüfen, überprüfen
verosimil (Adj.) wahrscheinlich

vertical (Adj.) vertikal
vertido (M.) Einleitung (F.)
vertimiento (M.) Verklappung (F.)
vertir einleiten
veto (M.) Einspruchsrecht (N.), Veto (N.)
vía (F.) Bahn (F.), Weg (M.)
vía (F.) de derecho Rechtsweg (M.)
vía (F.) de dirección única Einbahnstraße (F.)
vía (F.) de equitación Reitweg (M.)
vía (F.) jerárquica Dienstweg (M.), Instanzenzug (M.), Rechtszug (M.)
vía (F.) judicial ordinaria ordentlicher Rechtsweg (M.)
vía (F.) jurídica Rechtsweg (M.)
vía (F.) marítima Seeweg (M.)
viajar reisen
viaje (M.) Fahrt (F.), Reise (F.)
vicario (M.) cooperador Koadjutor (M.)
vicecanciller (M.) Vizekanzler (M.)
vicelegado (M.) Ersatzvermächtnis (N.)
vice-presidente (M.) Vizepräsident (M.)
vicepresidente (M.) del consejo Vizekanzler (M.)
vice-rector (M.) Prorektor (M.)
vicerrector (M.) Prorektor (M.)
vicio (M.) Fehler (M.), Laster (N.), Mangel (M.)
vicio (M.) aparente offenkundiger Mangel (M.)
vicio (M.) de la cosa Sachmangel (M.)
vicio (M.) de la voluntad Willensmangel (M.)
vicio (M.) de ley Rechtsmangel (M.)
vicio (M.) de viaje Reisemangel (M.)
vicio (M.) del consentimiento Einigungsmangel (M.)
vicio (M.) jurídico Rechtsmangel (M.)
vicio (M.) material Sachmangel (M.)
vicio (M.) oculto verborgener Mangel (M.)
vicio (M.) principal Hauptmangel (M.)
vicio (M.) redhibitorio Hauptmangel (M.)
viciosidad (F.) Fehlerhaftigkeit (F.)
vicioso fehlerhaft, mangelhaft
víctima (F.) Geschädigter (M.), Opfer (N.) (Einbuße)
victimología (F.) Viktimologie (F.)
victoria (F.) Sieg (M.)
vida (F.) Bestehen (N.), Leben (N.)
vida (F.) conyugal eheliche Lebensgemeinschaft (F.)
vida (F.) separada Getrenntleben (N.)
video (M.) Video (N.)
videovigilancia (F.) Videoüberwachung (F.)
vigencia (F.) Geltung (F.), Laufzeit (F.)
vigente geltend, gültig, rechtskräftig
vigilancia (F.) Aufsicht (F.), Überwachung (F.)
vigilancia (F.) de conducta Führungsaufsicht (F.)
vigilante (M.) Aufseher (M.)
vigilar überwachen
vigor (M.) Gültigkeit (F.), Kraft (F.)
vil infam, niedrig
vilipendiar verunglimpfen
vinculación (F.) Bindung (F.), dingliche Belastung (F.), Gebundenheit (F.), Sperrung (F.), Verstrickung (F.)
vinculación (F.) social Sozialbindung (F.)
vinculante (Adj.) rechtsverbindlich
vinculante verbindlich
vincular binden, sperren, vinkulieren
vinculatoriedad (F.) Verbindlichkeit (F.)
vínculo (M.) Beziehung (F.), Bindung (F.)
vínculo (M.) del derecho Rechtsbindung (F.)
vínculo (M.) jurídico Rechtsbindung (F.)
vínculo (M.) parental Verwandtschaft (F.)
vínculo (M.) parentesco Verwandtschaft (F.)
vindicación (F.) Rechtfertigung (F.), Rückforderung (F.), Vindikation (F.)
vindicar rechtfertigen, rückfordern, vindizieren
vino (M.) Wein (M.)
violación (F.) Bruch (M.), Notzucht (F.), Überschreitung (F.), Verletzung (F.), Zuwiderhandlung (F.)
violación (F.) contractual Vertragsbruch (M.), Vertragsverletzung (F.)
violación (F.) de cementerios Friedhofsschändung (F.)
violación (F.) de contrato Vertragsbruch (M.)
violación (F.) de deber Pflichtverletzung (F.)
violación (F.) de deber de fidelidad Treuepflichtverletzung (F.)
violación (F.) de depósito Verwahrungsbruch (M.)
violación (F.) de derecho Rechtsbruch (F.)
violación (F.) de deuda alimentaria Unterhaltspflichtverletzung (F.)
violación (F.) de incumbencia Obliegenheitsverletzung (F.)
violación (F.) de mujer Vergewaltigung (F.)
violación (F.) de obligaciones Forderungsverletzung (F.)

violación (F.) de patente Patentverletzung (F.)
violación (F.) de secretos Geheimnisverrat (M.)
violación (F.) de un deber oficial Amtspflichtverletzung (F.)
violación (F.) del derecho Rechtsbruch (F.)
violación (F.) positiva de obligaciones positive Forderungsverletzung (F.)
violar missachten, überschreiten, vergewaltigen, verletzen
violencia (F.) Gewalt (F.), Gewalttätigkeit (F.), Tätlichkeit (F.), Zwang (M.)
violencia (F.) carnal Notzucht (F.), Vergewaltigung (F.)
violentar vergewaltigen
violento gewaltsam, gewalttätig, räuberisch, tätlich
virgen (F.) Jungfrau (F.)
virrey (M.) Vizekönig (M.)
virtual potentiell
visa (F.) Sichtvermerk (M.)
visado (M.) Sichtvermerk (M.), Visum (N.)
visita (F.) domiciliaria Hausdurchsuchung (F.), Haussuchung (F.)
visitación (F.) Inspektion (F.)
visitar besuchen, inspizieren
vislumbrar mutmaßen
vista (F.) Durchsuchung (F.), Gerichtstermin (M.), Gerichtsverhandlung (F.), Gesicht (N.), Sicht (F.), Termin (M.), Verhandlung (F.), Verkündungstermin (M.)
vista (F.) de autos Akteneinsicht (F.)
vista (F.) de causa Hauptverfahren (N.), Hauptverhandlung (F.)
vista (F.) de la causa Tagsatzung (F.) (Tagsatzung in Österreich)
visto (M.) Visum (N.)
vitalicio (Adj.) lebenslänglich
viticultor (M.) Winzer (M.)
viuda (F.) Witwe (F.)
viudedad (F.) Witwenrente (F.)
viudo (M.) Witwer (M.)
víveres (M.Pl.) Lebensmittel (N.Pl.)
vivienda (F.) Wohnung (F.)
vivienda (F.) propia Eigentumswohnung (F.)
vivienda (F.) social Sozialwohnung (F.)
vivienda (F.) ultraeconómica Sozialwohnung (F.)
viviendas (F.Pl.) protegidas sozialer Wohnungsbau (M.)
vivir leben, wohnen
vocero (M.) Sprecher (M.)
volante (M.) Flugblatt (N.)
volante (M.) de asistencia médica Krankenschein (M.)
volar fliegen
volumen (M.) de ventas Umsatz (M.)
voluntad (F.) Wille (M.)
voluntad (F.) contractual Geschäftswille (M.)
voluntad (F.) de actuar Handlungswille (M.)
voluntad (F.) de declaración Erklärungswille (M.)
voluntad (F.) de las partes Parteiwille (M.)
voluntad (F.) de negocio Geschäftswille (M.)
voluntad (F.) de obrar Handlungswille (M.)
voluntad (F.) de realizar la acción Handlungswille (M.)
voluntad (F.) viciada Willensmangel (M.)
voluntario (Adj.) abdingbar, freiwillig, gewillkürt
volver umkehren
votación (F.) Abstimmung (F.), Lesung (F.), Stimmabgabe (F.), Votum (N.)
votación (F.) de desempate Stichwahl (F.)
votación (F.) directa unmittelbare Wahl (F.)
votación (F.) mayoritaria Mehrheitswahl (F.)
votación (F.) por correspondencia Briefwahl (F.)
votación (F.) por grupos Hammelsprung (M.)
votación (F.) secreta geheime Wahl (F.)
votante (M.) Wahlberechtigter (M.), Wähler (M.)
votar abstimmen, geloben, stimmen, wählen
voto (M.) Abstimmung (F.), Gelöbnis (N.), Gelübde (N.), Stimmabgabe (F.), Stimme (F.), Votum (N.)
voto (M.) contrario Gegenstimme (F.)
voto (M.) de censura Misstrauensvotum (N.)
voto (M.) de censura constructivo konstruktives Misstrauensvotum (N.)
voto (M.) de confianza Vertrauensvotum (N.)
voto (M.) de desconfianza Misstrauensvotum (N.)
voto (M.) obligatorio Wahlpflicht (F.)
voto (M.) por cabeza de delegación Listenwahl (F.)
voto (M.) por correo Briefwahl (F.)
voz (F.) Stimme (F.)

voz (F.) activa aktives Wahlrecht (N.)
voz (F.) pasiva passives Wahlrecht (N.)
vuelo (M.) Flug (M.)
vuelta (F.) a contraer matrimonio Wiederverheiratung (F.)
vulgar ordinär, vulgär
vulneración (F.) de deber Pflichtverletzung (F.)
vulnerar brechen, verwunden

y

yacimiento (M.) Beischlaf (M.)
yazer liegen
yerno (M.) Schwiegersohn (M.)

z

zancadilla (F.) Täuschung (F.)
zona (F.) Bereich (M.), Fläche (F.), Zone (F.)
zona (F.) de ocupación Besatzungsgebiet (N.), Besatzungszone (F.)
zona (F.) de peatones Fußgängerzone (F.)
zona (F.) de tres millas Dreimeilenzone (F.)
zona (F.) declarada de atmósfera contaminada Smoggebiet (N.)
zona (F.) industrial Gewerbegebiet (N.), Industriegebiet (N.)
zona (F.) oriental Ostzone (F.)
zona (F.) prohibida Sperrgebiet (N.)
zona (F.) residencial Wohngebiet (N.)